実戦！社会 vs 暴力団

暴対法20年の軌跡

危機管理研究会 編

［編集委員］
危機管理研究会代表 弁護士 **篠崎芳明**
警察庁 **中川正浩**
全国暴力追放運動推進センター **中林喜代司**
弁護士 **深澤直之**
弁護士 **今井和男**
弁護士 **藤川　元**
弁護士 **鈴木仁史**

一般社団法人 **金融財政事情研究会**

刊行にあたって

危機管理研究会代表　篠崎　芳明（弁護士）

　危機管理研究会の創設者である佐長彰一先生（以下「先生」という。）は、昭和54年に日弁連理事として、この頃のマスコミが連日のように暴力団などの違法行為により市民が大きな被害を被っているなど暴力団被害を数多く報道していたこと、この年に警察庁刑事部捜査2課に「民事介入暴力対策センター」が設置され、警察庁から日弁連に民事介入暴力対策に関する協力要請があったことなどから、日弁連に暴力団被害の救済（人権擁護）を目的とした新たな委員会の設置が必要であるとして、当時の執行部に対してその創設を働きかけられた。

　先生が委員会を「民事介入暴力問題委員会」と命名した理由は、この年に九州弁護士会連合会が行った「倒産整理、債権取立、競売、交通事故の示談などに暴力団及びこれに類する者の介入が激しさを加えていることに対して……単位弁護士会は総力を挙げてこのような「民事介入暴力」の絶滅のため法律相談、弁護士紹介などの一層の充実をはかり、あわせて救済センターの設置をはじめとする諸施策を早急に実施し、関係当事者の人権と社会正義の実現をはかる決意である。……」との大会決議があり、この中に弁護士会として初めて「民事介入暴力」の語を用いられたこと、警察庁の「民事介入暴力対策センター」の名称に照らして適切な表現であると思料されたことにある。

　これを受けて、昭和54年度の日弁連理事会は、昭和55年度に時限委員会（1年限りの委員会）として委員9名の「民事介入暴力問題委員会」を新設することを承認し、委員長には先生が自ら就任された。

　この委員会は、翌年から「民事介入暴力対策委員会」（以下「民暴委員会」という。）と名称を変更して通常の委員会（継続する委員会）になった。初代（通算2代）委員長には平井博也弁護士（第一東京弁護士会）が就任された。

　民暴委員会は、その諸活動に対して日弁連委員会として内外から高い評価を得ており、現在も活発に活動している。

　しかしながら、先生は、暴力団対策問題は、継続して専門的・多面的に検

討を重ねなければならないが、民暴委員会は日弁連の会内委員会であるからメンバーは弁護士に限定され、警察、学者、実業界の専門家などが委員になることは不可能であること、弁護士委員の中には、民暴問題の経験が殆ど無い者もおり、また暴力団側の弁護士も委員になり得ること、知識と経験のある委員も任期により交代（退任）していかなければならないことなど、弁護士会内委員会としての限界を承知された。

　先生は、少なくとも警察や検察官などの捜査関係者、現に被害を受けている民間企業の担当者、学者、知識と経験があり暴力団の撲滅に情熱を持つ弁護士が継続して参加する新たな組織を起ち上げることが必要であると思料された。

　そこで、先生は、平成9年に司法研修所同期の原田明夫法務省刑事局長や、かねてより昵懇の関口祐孝警察庁長官に面談して危機管理研究会創設の必要性と意義を説明され、研究会発足への協力を依頼された。そして、いずれからも快諾を得ることができた。

　先生は、香川県弁護士会所属であったことから、会場手配や講師との連絡調整などの実務は、先生の指名により平成元年から2年間民暴委員会委員長をつとめた、東京在住の当職が担うこととなった。

　研究会の会場は、危機管理研究会創設の意図に共感していただいた株式会社きんざいが無償で提供してくれることとなった。

　ちなみに、先生ご自身にも日弁連民暴委員会委員として任期問題があったが、委員会創設の功労者であり、暴力団問題に詳しく、その撲滅に情熱をお持ちになっている先生を、任期を理由に退任させてしまうことは適切ではないとのことから、先生に限っては特別に任期がないこととし、先生は終生委員としてお亡くなりになるまで民暴委員会活動に尽力された。先生に限って終生委員としたことは、日弁連の委員会としてきわめて異例である。

　危機管理研究会の第1回は平成10年（1998）1月に開催された。参加者は、法務省から刑事局参事官、刑事局付検事、民事局付検事が、警察庁から暴力団対策第1,2課長、第2課長補佐が、弁護士界からは先生及び歴代民暴委員会委員長経験者4名、企業から1名の合計12名が参加し、当職が司会を担当して各自が自己紹介と意見表明を行った。第2回の司会は、警察庁が担当することとなり、継続して開催していくことが確認された。

その後、次第に研究会の参加者も増えていき、10年間にわたり57回の研究会が開催され、活発に議論を重ねたのである。

　このように、危機管理研究会は、先生が提唱され警察及び検察官・弁護士・学者・実業界が協力して暴力団など反社会的勢力対策を、立法も視野に入れて継続的に研究し、広く社会に具体的な提言を行うことにより、社会貢献をしようとの発想の下に誕生したのであった。

　この経緯、危機管理研究会の研究活動などの詳細は、社団法人金融財政事情研究会出版の「佐長彰一先生喜寿記念『危機管理の法理と実務』（危機管理研究会編・発起人代表國松孝次）」に詳しく記載されているのでこれに譲る。

○危機管理研究会再開の経緯

　先生は、2010（平成22）年8月10日逝去された。

　危機管理研究会は、先生の病状悪化のために2008（平成20）年10月の第57回を最後に自然休会となっていた。

　先生の逝去直後から、危機管理研究会をあらためて復活しようとの声が起こり、有志により再開の可否をかねて危機管理研究会に参加されていた方々にアンケート調査を行ったところ、大多数から復活を望むとの回答が寄せられた。

　復活後の第1回（通算58回）は、平成22年11月8日に36名の参加を得てきんざい信濃町ビルにて開催された。

　深澤直之日弁連元民暴委員会委員長が「相撲と暴排」をテーマに基調報告を担当し、相撲協会の暴排への取組みが報告された（別稿206頁参照）。

　この際に、参加者全員一致により復活後の危機管理研究会について、以下の決定がされた。

```
名　称
　「故佐長彰一先生記念・危機管理研究会（通称・略称「危機管理研究会」）
組織構成（敬称略）
　　代表・弁護士　　篠崎芳明
　　事務局長・弁護士　深澤直之
　　事務局次長・全国暴力追放運動推進センター　中林喜代司
　　　　・弁護士　藤川　元
　　　　・弁護士　今井和男
規約、会費　略
会　員
　　警察庁、法務省など現公務員の会員は、オブザーバーとし、従前の参加者は会員
　と認め、新規の会員は、代表・事務局の承認事項とする。
```

○本書出版の意義

　研究会は、その後、隔月ごとに開催され、会員も85名に増加した。

　研究会は、その研究成果を出版して、広く社会に還元することは大きな意義があるとの認識の下に本書の出版を行うこととした。

　私は、この時期に危機管理研究会が研究成果を公表する意義はきわめて大きいと思料する。

　日本の暴力団対策は、今大きな分岐点にあると考えるからである。

　かつて、日本社会は、「暴力団は便利だ。」などとして、反社会的勢力の存在を許容し、利用してきた。現に大企業もついこの間まで公然と総会屋を利用した。

　言うまでもないことだが、日本は世界有数の自由主義国家であり、民主主義国家である。その前提の下、自由な輸出により大きな経済的発展を遂げてきた。自由主義国家であることは、ルール（法）の遵守が当然の前提である。ルールが確実に遵守されるからこそ自由主義国家なのである。

　そうとすれば、法を絶対的に無視する暴力団は、まさに社会の敵である。日本が（法律の遵守を前提とする）民主主義国家である以上は、法を無視する暴力団の存在を絶対に許してはならない。

　このようなことから、いわゆる暴力団対策法（以下「暴対法」という。）の制定、企業行動指針の策定、全都道府県での暴排条例の施行や暴対法の改正

などが行われ、企業は自主的に規約や契約書中へいわゆる暴力団排除条項を導入し、反社会的勢力でない旨を表明確約する書面を徴求することなどを行うようになった。

一般の事業者や市民も暴力団などからの不当要求に安易に応じることが少なくなった。

日本社会は、暴力団など反社会的勢力への対応を、「活用」から「断絶」に向けて大きく変化している。

このような社会的潮流を受けて、現に暴力団員数は全国的に減少を続けている。

しかしながら、一方においては、暴力団に対する社会的締め付けの強化が、暴力団による暴力的反撃事件を惹き起し、北九州では、暴力団と思われる者による暴力団排除活動を行っている一般事業者に対する多数の悪質な襲撃事件や暴力団対策を担当してきた（元）警察官に対する銃撃事件（殺人未遂）が発生した。このまま犯人検挙がされない状況が続き、さらなる市民の犠牲者が出れば、北九州地区は無法地帯と言われかねない。この地区内では、弾頭付ロケットランチャーまでが摘発された。

暴力団の反撃は、暴力団に対する社会的締付けの強化が、彼らを大いに苦しめていることへの反射的対応であり、暴対法などの各種施策が暴力団対策として有効に機能している証である。

しかしながら、北九州における暴力団の反撃は手榴弾や火焔瓶の投擲、顔面への刃傷などきわめて悪質である。そして、彼ら（暴力団）は何が何でも犯人を検挙させないことに徹底した工夫をしている。この工夫は、まさにマフィアの手口である。

暴力団のマフィア化は、暴力団員であることの隠蔽、知能化した犯罪手口、犯人検挙予防策の徹底など急速に進んでいる。

マフィア化した暴力団は、自らの意向に逆らえば、たとえ一般市民や元警察官であっても暴力的襲撃の標的になることを明らかにしているのである。暴力団は、事業者に対して暴力と脅しを武器にして、暴力団への資金供与を行うよう要求し、従わない者には容赦なく暴力的攻撃を行い、嘗てのように事業者から容易に莫大な利益を獲得できるように努めているのである。この無法かつ脅迫的な要求に事業者は屈服しなければならないのであろうか。

民主主義国家であることは司法制度が健全に機能していることが前提である。民主主義国家は、まさに法治国家でなければならない。（刑事）司法を

担う警察が犯人を検挙できなければ、日本は法治国家とは言えない。

今警察に求められていることは、北九州における暴力団による事業者や暴力団排除運動を担っている市民をターゲットにした多くの犯罪についてすみやかに犯人を検挙することに尽きる。

弁護士は、警察が犯人を検挙すれば、被害者を代理して組長の使用者責任追及や組事務所撤去訴訟を提起して、暴力団に大きな打撃を与えることができるが、検挙されない限りは、このような対応はできない。

暴力団は、犯人検挙を免れるために法制度の厳格性を逆手に取って緻密な計画的犯行に及んでいる。証拠隠しに全力を挙げているのだ。北九州における犯人検挙がないとすれば、この流れが、全国の暴力団に波及することは必至である。

これに対して、日本警察の捜査手法に限界があると言われている。

そうであれば、たとえば通信傍受が可能な犯罪類型を拡大して、指定暴力団には適用を認めることや司法取引の導入などの工夫もあってしかるべきである。

そして、暴力団のみならず組織犯罪全体を視野に入れた新たな暴対法の制定も考えるべきであろう。

警察がこのまま犯人を検挙できないままとなれば、市民は警察を、日本国家を信用しなくなり、暴力団の不当な要求に屈服せざるを得ないこととなる。すなわち、身の危険を顧みれば暴力団とは断絶できないこととなり、みかじめ料も他に知られないように工夫して拠出せざるを得ないこととなる。

現に、北九州地区の飲食店の中には、「暴力団立入禁止」のステッカーを取り外す動きがあるという。暴力団と上手に付き合おうとする動きであるのかもしれない。

この動きが全国的に広がれば、暴力団とせっかく断絶した芸能人も（暴力団と）復縁をせざるを得ないことになりかねない。そして、日本は自由主義国家、民主主義国家として国際的信用を失うこととなるであろう。

現代の日本に暴力団は必要ない。

暴力団の壊滅は、日本国家の喫緊の課題である。

さらなる対策を更に講じてしかるべきである。

本書は、かかる視点の下に暴対法20年の軌跡をたどり、今後の暴力団対策について、具体的な提言を行うものである。

この時期における本書の出版は、まさに時宜を得たものであり、暴力団撲

滅を生涯の目的とし、本研究会を立ち上げた初代危機管理研究会代表・故佐長彰一先生の墓前に、謹んで本書を捧げるものである。

推薦のことば

警察庁刑事局組織犯罪対策部　部長　**室城　信之**

　平成4年に暴力団対策法が施行されてから20年が経過した。暴力団対策法は、暴力団を法律上初めて反社会的団体として位置付けるとともに、暴力団員の不当な行為を行政的に規制することを可能にした画期的な法律であり、施行以来、平成24年までに、暴力団員の不当な行為に対して4万件を超える中止命令を発出するなど、市民生活の安全と平穏の確保に相当の成果を挙げてきた。また、暴力団対策法の施行を契機として、社会における暴力団排除気運も大いに高まり、暴力団が資金源とするさまざまな事業分野から暴力団を排除するための制度や枠組みが整備されてきたほか、暴力団員の不当な行為の標的となり得る企業、行政機関等さまざまな団体において、暴力団との関係を遮断し、不当な要求を拒絶するために必要な取組みが積極的に進められるようになっている。暴力団を弱体化させ、その壊滅を図っていくためには、警察による取締りのみならず、社会全体での取組みが重要であり、暴力団対策法の施行を契機とする暴力団排除気運の高まりは、暴力団対策上極めて有意義なことといえる。

　一方、暴力団対策法施行以後の暴力団対策の進展を受けて、生き残りを模索する暴力団が、その組織や活動の実態を徐々に変容させ、より巧妙に資金獲得を図っている状況も窺われる。また、対策が進展する中、暴力団がその意に沿わない事業者を襲撃するなどの事件も発生しており、残念ながら、暴力団の存在は引き続き市民生活の重大な脅威となっている。

　このような中、長年にわたって我が国の暴力団対策の進展に力を注いでこられた故佐長彰一先生が立ち上げられた危機管理研究会において、現在の警察や弁護士会を始めとする各界による暴力団対策の姿を描き出し、今後の対策の在り方を論じようとする本書を編集・刊行されることは、実に有意義なことといえる。

　本書に収められた各論文は、暴力団対策に携わる各界の論客が、それぞれの立場での経験や取組みを踏まえて知見を述べ、論じられているものであり、さながら喧々諤々の議論が展開される危機管理研究会の熱気が伝わってくるようである。警察が進める暴力団対策の実務や考え方を紹介するにとどまることなく、出席者が自由闊達な意見を開陳し、さまざまな角度から考察を深めることができるのが危機管理研究会の魅力であり、本書を通してより多くの皆様がその熱気に触れ、暴力団対策への理解と関心を深められることを祈念するものである。

平成25年2月

推薦のことば

日本弁護士連合会民事介入暴力対策委員会　委員長　**成川　毅**

　かねてより、民暴事案に関する先駆的活動と研鑽を行っておられる危機管理研究会が、「実戦！　社会VS暴力団〜暴対法20年の軌跡」を出版されることになりました。

　暴対法が施行され、20年を経ましたが、暴力団は、その血流ともいうべき資金の獲得をあらゆる方法で行っており、暴対法だけでは暴力団の資金獲得活動に楔を打ち込むことに限界があり、暴力団の資金獲得活動を封じ込めるために、官民の連携による強固な社会的包囲網の構築が急務となっています。

　本書は、暴対法施行20年の軌跡をたどりながら、暴追センターの役割と今後の課題、暴対法施行後の弁護士らと暴力団の攻防に関する論稿を収めていますが、暴対法施行後の20年を振り返ることは、暴力団と対峙してきた先達のエネルギーを後進に伝えることになるでしょうし、暴排だけに止まらず、離脱者支援が直面している課題を知ることは、暴力団対策が社会全体の問題であることを想起させる契機となるでしょう。

　平成23年10月に全国で施行されるようになった都道府県における暴排条例、各業界団体における暴排約款、属性情報の収集とそのデータベース化、マネーロンダリング対策などは、暴力団の血脈である資金源を断つために、官・民が共有すべきテーマですが、本書は、これらに関して、実際の現場における事案解決という経験に裏打ちされた先端というべき論稿を収めています。

　日弁連民暴委員会は、暴対法の改正はいわば弥縫策に過ぎないのではないか、といった問題意識から抜本的な暴力団対策として、組織の壊滅を視野に入れた暴力団対策基本法（仮称）の検討を進めてきました。本書は、タブー視されがちな組織犯罪規制や暴力団対策基本法制定という立法提言、さらには、東日本大震災・原発事故における反社排除に関する諸問題をも網羅しており、従来の民暴に関する書籍とは異なった側面をも有しています。

　本書が、民暴事案に対峙する弁護士ばかりではなく、企業や行政機関の担当者らにとって、官民の連携による強固な社会的包囲網構築のための強力なツールとなることを確信しています。

　最後になりましたが、故佐長彰一先生のご遺徳を偲び、危機管理研究会のさらなるご発展をご祈念申し上げます。

『実戦！ 社会VS暴力団～暴対法20年の軌跡』

- 危機管理研究会編
- 編集委員会　弁護士　篠崎　芳明（同）／警察庁　中川　正浩（長官官房参事官）／全国暴追センター　中林　喜代司（同）／
  弁護士　深澤　直之（同）／弁護士　今井　和男（同）／
  弁護士　藤川　元（同）／弁護士　鈴木　仁史（同）

- 【執筆者一覧】　（五十音順。所属・肩書は執筆当時）

相原　秀昭　（全国暴力追放運動推進センター担当部長）
阿久津　正好　（前警察庁刑事局組織犯罪対策部企画分析課理事官兼暴力団対策課付、他の部署へ異動）
麻田　ヒデミ　（麻田総合病院理事長）
渥美　東洋　（中央大学法科大学院名誉教授）
安保　雅博　（弁護士・札幌弁護士会）
安念　潤司　（中央大学法科大学院教授）
今井　和男　（弁護士・東京弁護士会）
宇都宮　健児　（弁護士・東京弁護士会）
蝦名　幸二　（預金保険機構総務部審理役）
尾崎　毅　（弁護士・第二東京弁護士会）
垣添　誠雄　（弁護士・兵庫県弁護士会）
垣見　隆　（弁護士・第一東京弁護士会）
嘉屋　朋信　（警察庁刑事局組織犯罪対策部企画分析課理事官）
木下　貴博　（弁護士・（東京弁護士会）前オリックス債権回収(株)取締役弁護士）
木村　圭二郎　（弁護士・大阪弁護士会）
國松　孝次　（(財)犯罪被害者救援基金常務理事・元警察庁長官）
久保　壽彦　（立命館大学経済学部　教授）
久保田　隆　（早稲田大学大学院法務研究科教授）
黒川　浩一　（元福岡県警組織犯罪対策課長、東京都庁青少年・治安対策本部長）
河野　憲壮　（弁護士・東京弁護士会）
後藤　啓二　（弁護士・兵庫県弁護士会）
後藤　高志　（㈱西武ホールディングス社長）
佐長　功　（弁護士・第一東京弁護士会）

佐々木　基彰　（弁護士・岡山弁護士会）
重成　浩司　（警察庁刑事局組織犯罪対策部暴力団対策課課長補佐）
篠崎　芳明　（弁護士・東京弁護士会）
鈴木　敏夫　（前警察庁刑事局組織犯罪対策局企画分析課犯罪組織情報官、その後
　　　　　　　警視庁へ異動）
鈴木　仁史　（弁護士・第一東京弁護士会）
髙橋　延生　（前都民銀行、㈱髙橋金融研究所代表取締役）
竹内　朗　　（弁護士・東京弁護士会）
竹花　豊　　（元警察庁暴力団対策室長、元東京都副知事、認定特定非営利法人
　　　　　　　「おやじ日本」理事長、パナソニック㈱常務役員渉外本部長）
田中　一郎　（弁護士・大阪弁護士会）
谷　　滋行　（警察庁刑事局組織犯罪対策局暴力団対策課暴力団排除対策官）
中井　克洋　（弁護士・広島弁護士会）
中務　嗣治郎（弁護士・大阪弁護士会）
中林　喜代司（全国暴力追放運動推進センター参与）
行方　洋一　（弁護士・第二東京弁護士会）
成川　毅　　（弁護士・旭川弁護士会）
橋本　基弘　（中央大学法学部学部長・教授）
長谷川　敬一（弁護士・大阪弁護士会）
林　　佑介　（弁護士・札幌弁護士会）
深澤　直之　（弁護士・第二東京弁護士会）
藤川　元　　（弁護士・東京弁護士会）
前田　雅英　（首都大学東京法科大学院教授）
松本　光弘　（警察庁人事課長）
三井　義廣　（弁護士・静岡県弁護士会（浜松支部））
宮本　照夫　（㈱宮本企画代表取締役、焼肉店経営）
武藤　禎康　（預金保険機構総務部調査役）
村橋　泰志　（弁護士・名古屋弁護士会）
安枝　亮　　（警察庁刑事局組織犯罪対策部企画分析課理事官）
山口　寿一　（読売新聞グループ本社取締役経営戦略本部長）
室城　信之　（警察庁刑事局組織犯罪対策部長）
吉田　卓司　（弁護士・大阪弁護士会）
渡邊　一平　（弁護士・愛知県弁護士会）
日本証券業協会　証券保安対策支援センター

はしがき

弁護士　今井　和男

　平成4年3月、ご承知のとおり、我が国で初めて暴力団を反社会的団体として法的に位置づけた暴力団対策法が施行されてから20年を経た。

　暴対法の策定により、市民の生活を脅かし、健全な社会経済を損なわせる暴力団の活動に法的規制がかけられ、警察、暴追センター、弁護士会等の連携、積極的な取組みが展開され、被害者救済も進んだ。

　その一方で、法施行以降、暴力団等は活動を巧妙化・多様化させ、相変わらず合法的な経済活動を装って莫大な利益を獲得し、その勢いは留まっていない。また、暴力団等の活動の不透明化のため、暴力団排除等、コンプライアンス意識が高い企業であっても、暴力団関係企業と認識をしないままに取引を行ってしまうケースも指摘されている。

　このような背景のもと、反社会的勢力との関係遮断を一層推進するため、平成19年6月、「企業が反社会的勢力による被害を防止するための指針」が策定され（資料編646頁参照）、平成23年10月までに、全47都道府県で暴力団排除条例が施行された。

　故佐長彰一先生が中心となって立ち上げられた危機管理研究会では、各界有識者、警察庁、法務省、民事介入暴力対策委員会委員経験者等が幅広い視点から研究、議論を重ねてきたが（詳しくは、「刊行にあたって」篠崎代表序文参照）、反社会的勢力排除の機運が一層高まるなか、これまでの研究成果を集大成し、一層の反社会的排除の取組みの推進に役立てる目的で、本書の編集を行うこととなった。

　以下、簡単に、本書の構成と内容につき紹介する。

　「第Ⅰ章　暴力団対策法20年の軌跡」では、暴力団勢力の推移、警察庁の暴力団対策20年の闘い、暴対法制定・施行後、暴力団はどう変化したか、暴対法改正の概要と暴力団排除活動の進展、今後の法制上の課題等を取り扱っている。「第Ⅰ章－❷　暴追センターの機能と役割の20年」では、暴追セン

ター20年の取組み、適格都道府県センターによる暴力団事務所使用差止請求制度、暴力団離脱希望者と就労対策等を取り上げ、「第Ⅰ章－❸　画期となった暴排・反社会的勢力訴訟20年の攻防」では、暴力団事務所使用差止請求事件・撤去・明渡訴訟、使用者責任訴訟、反社会的勢力との取引遮断をめぐる取締役の善管注意義務と責任、市営住宅の暴力団員建物明渡請求事件、広島ホテル挙式解除事件、プロ野球応援の適正化、人格権を武器にした暴排訴訟事例等を解説している。

「第Ⅱ章　暴力団排除条例による闘い」は、市民・企業の関心が現在もっとも高い暴力団排除条例について、暴力団排除条例の解説及びその適用事例と暴排条例・暴対法についての議論を解説している。

「第Ⅲ章　地域、業域、職域からの暴排運動」は、相撲界、プロ野球界、芸能界、ゴルフ場、金融機関の反社・暴排運動、銀行業界における暴排条項、預金保険機構の反社債権買取制度、証券業界の取組み、企業防衛策の整備等の必要性の提言、店舗からの撃退事例、行政対象暴力との戦い、不動産からの反社・暴排運動、建設業界の取組み、サービサー業界、医療現場からの暴排運動、地域住民による反社会的勢力に対する事前排除の戦い等を網羅的かつ広範な業域、職域、地域にわたって紹介している。

「第Ⅳ章　反社会的勢力の情報収集・データベース化」では、暴力団排除等のための部外への情報提供、データベース活用上の「自助・共助・公助」論再考、反社会的勢力に関する情報の共有に向けての解説をしている。

「第Ⅴ章　犯罪収益移転防止法〜資金洗浄（マネーロンダリング）を断つ戦い」では、犯罪収益移転防止法の解説と運用上の課題、改正法ガイドラインと実務対応上の留意点、マネーロンダリング規制をめぐる国際的動向と日本の課題を取り扱っている。

「第Ⅵ章　治安＝暴力団対策、防災と危機管理」は、ヤクザ"必要悪論"との法的戦いの重要性、東日本の被災地における暴力団排除、東日本大震災・原発事故と危機管理を解説している。

「第Ⅶ章　暴力団対策基本法制への考察」では、国家・社会のあり方と暴力団・組織犯罪規制の原理、結社の自由と暴力団規制、暴対法・暴排条例によるフロント企業の規制は違憲か、暴力団対策基本法制の立法的根拠、暴力

団対策基本法制定への提言、基本法試案の概要等を解説している。

「**追想**」コーナーでは、日弁連民暴対策委員会と危機管理研究会の産みの親・育ての親でもあった故佐長彰一先生を偲ぶ各界の方々の想いを追録した。

本書の執筆陣は、いずれも各界で活躍中の第一人者であり、最強にして最優の陣容となっていると自負している。

本書が幅広い分野において多くの方々の実務に活用され、より公正で健全な社会の実現の一助となることを期待してやまない次第である。

最後に、本書の作成に当たっては、企画、校正、出版の隅々に至るまで、金融財政事情研究会の天利静雄氏、那須厚子氏に大変なご尽力をいただいた。この場を借りて、厚く御礼を申し上げたいと思う。

『実戦！ 社会vs暴力団～暴対法20年の軌跡』

目　次

- 刊行にあたって………… 危機管理研究会代表　篠崎　芳明（弁護士）　i
- 推薦のことば……………………… 警察庁刑事局組織犯罪対策部長
　　　　　　　　　　　　　　　　　　　　　　　　室城　信之　viii
- 　同上　　…………… 日本弁護士連合会民事介入暴力対策委員会
　　　　　　　　　　　　　　　　　　　　　委員長　成川　毅　ix
- 編集委員・執筆者一覧……………………………………………… x
- はしがき………………………………………… 弁護士　今井　和男　xii

第Ⅰ章　暴力団対策法20年の軌跡

- 暴力団勢力の推移～暴力団対策法施行20年を通して
　　………………………………………… 前警察庁　鈴木　敏夫　2
- 警察の暴力団対策20年の闘い
　　………………………………………………… 警察庁　安枝　亮　17
- 暴対法制定・施行後、暴力団はどう変化したか～成立期から今日を考える
　　………… 元警察庁　竹花　豊（パナソニック㈱常務役員渉外本部長）　28
- 平成9年及び16年改正の概要と暴力団排除活動の進展
　　……………………………………………… 警察庁　谷　滋行　46
- 平成20年及び24年の暴対法改正の背景及び概要と今後の法制上の課題
　　……………………………………………… 警察庁　阿久津　正好　58

第Ⅰ章－2　暴追センターの機能と役割の20年

- 暴追センター20年の取組み～その使命と活かすべき機能の検証

　　　　　……………………全国暴力追放運動推進センター　中林　喜代司　78
・適格都道府県センターによる暴力団事務所使用差止請求制度
　〜暴対法改正を受けて
　　　　　………………………………………………弁護士　吉田　卓司　91
・暴力団離脱希望者の存在と就労対策〜暴排進展の背景から社会復帰支援
　を考える
　　　　　……………………全国暴力追放運動推進センター　中林　喜代司　99

第Ⅰ章－3　画期となった暴排・反社会的勢力訴訟20年の攻防

・暴力団事務所使用差止請求事件〜撤去・明渡訴訟にみる
　　　　　………………………………………弁護士　長谷川　敬一　108
・使用者責任追及訴訟〜暴力団の資金源を断つ闘いへ
　　　　　………………………………………弁護士　河野　憲壯　117
・反社会的勢力との取引遮断をめぐる取締役の善管注意義務と責任
　〜蛇ノ目ミシン事件（最判平成18年4月10日）を中心に
　　　　　………………………………………弁護士　中務　嗣治郎　126
・広島市市営住宅からの暴力団員建物明渡請求事件
　〜暴力団員という属性を理由とする差別は許される
　　　　　………………………………………弁護士　中井　克洋　139
・結婚披露宴利用契約を錯誤無効とした事例（広島ホテル挙式解除事件）
　〜広島地裁平成22年4月13日判決
　　　　　………………………………………弁護士　竹内　朗　150
・プロ野球応援の適正化＝「平穏観戦権」による反社会的勢力排除
　　　　　………………………………………弁護士　木村　圭二郎　160
・人格権を武器にした暴排訴訟事例集
　〜『人格権訴訟調査報告書』概要から
　　　　　………………………………………弁護士　尾崎　毅　171

第Ⅱ章　暴力団排除条例による闘い

・暴力団排除条例の概要及びその適用事例について
　　　　　　　　　　　　　　　　　　　　警察庁　重成　浩司　186
・暴排条例・暴対法等についてのいくつかの議論
　　　　　　　　　　　　　　　　　　　元福岡県警　黒川　浩一　198

第Ⅲ章　地域、業域、職域からの暴排運動

・相撲界からの暴排運動～暴力団はもう、「蒙御免」
　　　　　　　　　　　　　　　　　　　　　弁護士　深澤　直之　206
・プロ野球界からの暴力団・反社会的勢力の排除運動
　　　　　　　　　　　　　　　読売新聞グループ本社　山口　寿一　215
・芸能界・プロダクションからの暴力団排除運動
　　　　　　　　　　　　　　　　　　　　　弁護士　竹内　朗　224
・ゴルフ場からの詐欺罪による反社会的勢力・暴排運動
　　　　　　　　　　　　　　　　　　　　　弁護士　渡邊　一平　233
・店舗からの撃退事例　自分の身は自分で守る！
　　　　　　　　　　　　　　　　　　㈱宮本企画　宮本　照夫　241
・金融界における反社会的勢力・暴力団排除の理論と実務
　　　　　　　　　　　　　　　　　　　　　弁護士　鈴木　仁史　250
・実践～銀行業界における暴排条項
　　　　　　　　　　　　　　　　　　　元都民銀行　髙橋　延生　270
・金融機関からの反社会的勢力排除～特定回収困難債権買取制度の活用
　　　　　　　　　　　　預金保険機構　蝦名　幸二／同　武藤　禎康　283
・証券業界における反社会的勢力排除の取組み
　　　　　　　　　　　　　日本証券業協会　証券保安対策支援センター　297
・提言～暴力団等反社会的勢力からの企業防衛策の整備の必要性…弁護士　後藤　啓二　302

- 不動産業からの反社会的勢力・暴排運動
　　　　　　　　　　　　　　　……………………………弁護士　長谷川　敬一　310
- 建設業界における反社会的勢力排除の取組み
　　　　　　　　　　　　　　　……………………………弁護士　鈴木　仁史　317
- 行政対象暴力との戦い〜官公庁・教育現場の反社会的勢力・暴排運動
　　　　　　　　　　　　　　　……………………………弁護士　佐々木　基彰　334
- サービサー業界からの反社会的勢力・暴排運動
　　　　………弁護士（前オリックス債権回収㈱取締役弁護士）　木下　貴博　344
- 医療現場からの暴排活動
　　　　　　　　　　　　　　　……………………………弁護士　深澤　直之　354
- 地域住民による反社会的勢力に対する事前排除の戦い
　　〜愛知県名古屋市梅森坂の住民運動から
　　　　　　　　　　　　　　　……………………………弁護士　村橋　泰志　363

第Ⅳ章　反社会的勢力の情報収集・データベース化

- 暴力団排除等のための部外への情報提供〜「平成23年通達」の概要等
　　　　　　　　　　　　　　　……………………………警察庁　嘉屋　朋信　376
- データベース活用上の「自助・共助・公助」論再考
　　　　　　　　　　……………弁護士　林　佑介／弁護士　安保　雅博　386
- 反社会的勢力に関する情報の共有に向けて
　　　　　　　　　　………………全国暴力追放運動推進センター　相原　秀昭　398

第Ⅴ章　犯罪収益移転防止法〜資金洗浄（マネーロンダリング）を断つ戦い

- 犯罪収益移転防止法改正の解説と運用上の課題
　　　　　　　　　　　　　　　……………………………弁護士　垣見　隆　408

xviii　目次

- 改正犯罪収益移転防止法ガイドラインと実務対応上の留意点
  ………………………………………………… 弁護士　行方　洋一　417
- マネーロンダリング規制をめぐる国際動向と日本の課題
  ………………………… 早稲田大学大学院法務研究科教授　久保田　隆　427

第Ⅵ章　治安＝暴力団対策、防災と危機管理

- ヤクザ"必要悪論"との法的戦いの重要性
  ………………………… 首都大学東京法科大学院教授　前田　雅英　438
- 東日本大震災の被災地における暴力団排除
  ……………………………… 立命館大学経済学部教授　久保　壽彦　448
- 東日本大震災・原発事故における危機管理
  ……………………………………………………… 警察庁　松本　光弘　462

第Ⅶ章　暴力団対策基本法制への考察

- 国家・社会のあり方と暴力団・組織犯罪規制の原理
  ………………………… 中央大学法科大学院名誉教授　渥美　東洋　472
- 結社の自由と暴力団規制
  ………………………………… 中央大学法学部教授　橋本　基弘　481
- 暴対法・暴排条例によるフロント企業の規制は違憲か？
  ……………………………… 中央大学法科大学院教授　安念　潤司　487
- 提言～暴力団対策基本法制定の立法的根拠～団体規制等の国際的検証
  ………………………………………………… 弁護士　田中　一郎　494
- 提言～暴力団対策基本法制定へ～同試案の基本構想と制度設計
  ………………………………………………… 弁護士　垣添　誠雄　509
- 暴力団対策基本法試案の概要
  ………………………………………………… 弁護士　三井　義廣　530

・暴力団対策基本法制定に関する私見
　……………………………………………………弁護士　藤川　　元　556

追想　民暴対策　初代委員長　故佐長彰一先生

・先生を偲ぶ～警察と弁護士を「ひっつけた」恩人
　…………………………………………元警察庁前長官　國松　孝次　568
・「偲ぶ会」～追悼の挨拶より
　…………………………………………前日弁連会長　宇都宮　健児　572
・先生の遺志を受け～西武グループの取組みから
　………………………………㈱西武ホールディングス社長　後藤　高志　574
・先生の遺徳を偲ぶ～民暴委員会の「産みの親・育ての親」
　……………………………………………………弁護士　深澤　直之　577
・民暴の父～先生の遺徳を偲ぶ
　……………………………………………………弁護士　村橋　泰志　580
・地元の主治医のひとりとして～感謝の想い
　…………………………麻田総合病院 理事長　麻田　ヒデミ　588
・父への想い～「一日も早く、詩の栄える国にしたいと念じつつ……」
　……………………………………………………弁護士　佐長　　功　592

資料編

第Ⅰ章分

・暴力団員による不当な行為の防止等に関する法律（改正後・平成24年8月1日公布）……………………………………………………　596
平成4年3月1日施行から平成24年10月、25年1月施行で、第5次改正が行われる。
・企業が反社会的勢力による被害を防止するための指針について

（平成19年6月） ……………………………………………… 646
第Ⅱ章分
・福岡県暴力団排除条例（平成22年4月1日施行） …………… 658
・東京都暴力団排除条例（平成23年10月1日施行） …………… 665
第Ⅲ章分
・普通預金規定等に盛り込む暴力団排除条項の参考例について…… 678
・当座勘定規定　　　同上　　　……………………………… 679
・貸金庫規定　　　　同上　　　……………………………… 680
・銀行取引約上書　　同上　　（一部改正）………………… 682
・当座勘定規定　　　同上　　（同上）……………………… 685
・反社会的勢力への対応に関する保険約款の規定例…………… 688
・日建連・下請業に係る「暴力団排除条項の参考例（ひな型）」…… 691
第Ⅳ章分
・暴力団排除等のための部外への情報提供について（平成23年12月22日）
　………………………………………………………………… 693
第Ⅴ章分
・犯罪収益移転防止法に関する留意事項について［金融庁］……… 699
・　　同上　　（クレジットカード事業者）［経済産業省］…… 702
・　　同上　　（ファイナンスリース事業者）［経済産業省］… 705
・　　同上　　（郵便物受取サービス業者）［経済産業省］…… 708

第 I 章

暴力団対策法20年の軌跡

2 暴追センターの
機能と役割の20年

3 画期となった暴排・反社会的
勢力訴訟20年の攻防

第Ⅰ章 暴力団対策法20年の軌跡

暴力団勢力の推移
～暴力団対策法施行20年を通して

前警察庁刑事局組織犯罪対策部 企画分析課犯罪組織情報官
鈴木　敏夫

　我が国の法律として初めて暴力団を反社会的団体として明確に位置付けた暴力団員による不当な行為の防止等に関する法律（平成3年法律第77号。以下「暴力団対策法」という。）が平成4年3月1日に施行されてから20年以上が経過した。暴力団対策法は、その施行後、4回（平成5年、平成9年、平成16年及び平成20年）にわたり改正が行われ、平成24年8月1日には、暴力団員による不当な行為の防止等に関する法律の一部を改正する法律（平成24年法律第53号）が公布され（資料編596頁参照）、5回目の改正が行われた。

　ここで、暴力団対策法が施行された平成4年から現在に至るまでの暴力団勢力を概観し、同法が暴力団勢力の推移に与えた影響等について考えてみることとしたい。

　本稿中、意見にわたる部分は筆者の私見である。

1　暴力団対策法施行時の暴力団勢力

　警察では、暴力団の構成員及び準構成員（暴力団の構成員ではないが、暴力団と関係を持ちながら、その組織の威力を背景として暴力的不法行為等を行う者、または暴力団に資金や武器を供給するなどして、その組織の維持、運営に協力もしくは関与する者（注1））を暴力団勢力とし、警察白書等でその数値を公表している。

　暴力団勢力は、昭和38年に約18万4,100人でピークを記録し、その後、警

察による昭和39年からのいわゆる第一次頂上作戦、昭和45年からの第二次頂上作戦等を経て、次第に減少した。

　暴力団対策法が施行される直前の平成3年末現在の暴力団の構成員は、約6万3,800人、準構成員は約2万7,200人で、勢力は約9万1,000人であった。これは、平成2年末に比べて約2,700人（3.1％）の増加であった。

　このうち、山口組、稲川会及び住吉会の3団体の勢力は約5万6,100人（全暴力団勢力の61.6％）で、平成2年末に比べて約1万3,400人（31.7％）増加した。とくに、最大の暴力団である山口組の勢力は、全暴力団勢力の38.9％を占めた。3団体の勢力が全暴力団勢力に占める割合は、いわゆるバブル景気の時期に急激に増加し、平成3年末に初めて5割を超えた。平成4年の『警察白書』は、3団体の勢力の増加の割合は、全暴力団勢力の増加の割合に比べて著しく高く、3団体による寡占化が急速に進展していることを示しているとした。

2　暴力団対策法施行後の指定暴力団の指定等

　平成4年3月1日に施行された暴力団対策法は、一定の要件に該当する暴力団を指定し、この指定された暴力団（指定暴力団）の暴力団員（指定暴力団員）の一定の行為を規制の対象とし、指定暴力団員が指定暴力団の威力を示して行う典型的な不当な金品等の要求行為（暴力的要求行為）を規制するほか、対立抗争事件に伴う事務所の使用の制限、少年に対する加入強要の禁止等も規定しており、暴力団の活動を多面的に抑止することが可能となっている。

　同法が施行されて以来、次のとおり28団体が指定暴力団として指定された。このうち、7団体については、指定が取り消されるなどした結果、平成24年末現在、指定暴力団は21団体である。

（注1）　暴力団の準構成員の定義は、平成24年から「暴力団又は暴力団員の一定の統制の下にあって、暴力団の威力を背景に暴力的不法行為等を行うおそれがある者又は暴力団若しくは暴力団員に対し資金、武器等の供給を行うなど暴力団の維持若しくは運営に協力する者のうち暴力団員以外のもの」と改められているが、過去の統計が従前の定義の準構成員の数値を計上しているため、本稿では従前の定義によることとする

平成23年末において指定暴力団の構成員が全暴力団構成員に占める割合は9割を超えており、構成員は広く暴力団対策法の規制の対象となっている。

(1) 指定暴力団

ア 六代目山口組

五代目山口組として、平成4年6月23日に兵庫県公安委員会により初めて指定暴力団として指定された。当時の代表する者は渡邉芳則、勢力範囲は1都1道2府38県、構成員は約2万3,100人であったが、前回、平成22年の7回目の指定の時は、名称は六代目山口組、代表する者は篠田建市、勢力範囲は1都1道2府41県、構成員は約1万8,300人となっている。初めて指定された時も7回目の指定の時も、主たる事務所の所在地は兵庫県神戸市灘区である。

イ 稲川会

稲川会として、平成4年6月23日に東京都公安委員会により初めて指定暴力団として指定された。当時の代表する者は稲川角二、勢力範囲は1都1道22県、構成員は約7,400人であったが、前回、平成22年の7回目の指定の時は、代表する者に代わるべき者は辛炳圭、勢力範囲は1都1道19県、構成員は約4,700人となっている。7回目の指定の後、辛炳圭は代表する者となっている。初めて指定された時も7回目の指定の時も、名称は稲川会、主たる事務所の所在地は東京都港区である。

ウ 住吉会

住吉会として、平成4年6月23日に東京都公安委員会により初めて指定暴力団として指定された。当時の勢力範囲は1都1道1府15県、構成員は約8,000人であったが、前回、平成22年の7回目の指定の時は、勢力範囲は1都1道1府16県、構成員は約6,100人となっている。初めて指定された時も7回目の指定の時も、名称は住吉会、主たる事務所の所在地は東京都港区、代表する者は西口茂男である。

エ 五代目工藤會

二代目工藤連合草野一家として、平成4年6月26日に福岡県公安委員会により初めて指定暴力団として指定された。当時の代表する者は溝下秀男、構

成員は約600人であったが、前回、平成22年の7回目の指定の時は、名称は四代目工藤會、代表する者は野村悟、構成員は約700人となっている。7回目の指定の後、名称は五代目工藤會となっている。初めて指定された時も7回目の指定の時も、主たる事務所の所在地は福岡県北九州市小倉北区、勢力範囲は3県である。

　　オ　旭琉會

　沖縄旭琉会として、平成4年6月26日に沖縄県公安委員会により初めて指定暴力団として指定された。当時の構成員は約570人であったが、前回、平成22年の7回目の指定の後、四代目旭琉会を吸収し、旭琉會に名称を変更した。平成24年3月29日時点の構成員は約520人となっている。初めて指定された時も7回目の指定の時も、主たる事務所の所在地は沖縄県那覇市、代表する者は富永清、勢力範囲は沖縄県内であるが、7回目の指定の後、主たる事務所の所在地は沖縄県沖縄市となっている。

　　カ　六代目会津小鉄会

　四代目会津小鉄として、平成4年7月27日に京都府公安委員会により初めて指定暴力団として指定された。当時の代表する者は姜外秀、勢力範囲は1道2府1県、構成員は約1,600人であったが、前回、平成22年の7回目の指定の時は、名称は六代目会津小鉄会、代表する者は馬場美次、勢力範囲は1道1府1県、構成員は約470人となっている。初めて指定された時も7回目の指定の時も、主たる事務所の所在地は京都府京都市下京区である。

　　キ　五代目共政会

　四代目共政会として、平成4年7月27日に広島県公安委員会により初めて指定暴力団として指定された。当時の代表する者は沖本勲、構成員は約330人であったが、前回、平成22年の7回目の指定の時は、名称は五代目共政会、代表する者は守屋輯、構成員は約290人となっている。初めて指定された時も7回目の指定の時も、主たる事務所の所在地は広島県広島市南区、勢力範囲は広島県内である。

　　ク　七代目合田一家

　五代目合田一家として、平成4年7月27日に山口県公安委員会により初めて指定暴力団として指定された。当時の代表する者は李大康、勢力範囲は4

県、構成員は約370人であったが、前回、平成22年の7回目の指定の時は、名称は七代目合田一家、代表する者は金教煥、勢力範囲は3県、構成員は約170人となっている。初めて指定された時も7回目の指定の時も、主たる事務所の所在地は山口県下関市である。

ケ　四代目小桜一家

四代目小桜一家として、平成4年7月27日に鹿児島県公安委員会により初めて指定暴力団として指定された。当時の構成員は約190人であったが、前回、平成22年の7回目の指定の時は、構成員は約100人となっている。初めて指定された時も7回目の指定の時も、名称は四代目小桜一家、主たる事務所の所在地は鹿児島県鹿児島市、代表する者は平岡喜榮、勢力範囲は鹿児島県内である。

コ　四代目浅野組

三代目浅野組として、平成4年12月14日に岡山県公安委員会により初めて指定暴力団として指定された。当時の代表する者は串田芳明、構成員は約150人であったが、前回、平成22年の7回目の指定の時は、名称は三代目浅野組、代表する者に代わるべき者は森田文靖、構成員は約130人となっている。7回目の指定の後、名称は四代目浅野組となり、森田文靖は代表する者となっている。

初めて指定された時も7回目の指定の時も、主たる事務所の所在地は岡山県笠岡市、勢力範囲は2県である。

サ　道仁会

二代目道仁会として、平成4年12月14日に福岡県公安委員会により初めて指定暴力団として指定された。当時の代表する者は松尾誠次郎、構成員は約510人であったが、前回、平成22年の7回目の指定の時は、名称は道仁会、代表する者は小林哲治、構成員は約850人となっている。初めて指定された時も7回目の指定の時も、主たる事務所の所在地は福岡県久留米市、勢力範囲は4県となっている。

シ　二代目親和会

親和会として、平成4年12月16日に香川県公安委員会により初めて指定暴力団として指定された。当時の代表する者は細谷國彦、勢力範囲は2県、構

成員は約80人であったが、前回、平成22年の7回目の指定の時は、名称は二代目親和会、代表する者は吉良博文、勢力範囲は香川県内、構成員は約60人となっている。初めて指定された時も7回目の指定の時も、主たる事務所の所在地は香川県高松市である。

　ス　双愛会

　双愛会として、平成4年12月24日に千葉県公安委員会により初めて指定暴力団として指定された。当時の代表する者は申明雨、勢力範囲は3県、構成員は約430人であったが、前回、平成22年の7回目の指定の時は、代表する者は塩島正則、勢力範囲は2県、構成員は約240人となっている。初めて指定された時も7回目の指定の時も、名称は双愛会、主たる事務所の所在地は千葉県市原市である。

　セ　三代目俠道会

　二代目俠道会として、平成5年3月4日に広島県公安委員会により初めて指定暴力団に指定された。当時の代表する者は森田和雄、構成員は約230人であったが、前回、平成23年の7回目の指定の時は、名称は三代目俠道会、代表する者は渡邊望、構成員は約180人となっている。初めて指定された時も7回目の指定の時も、主たる事務所の所在地は広島県尾道市、勢力範囲は6県である。

　ソ　太州会

　二代目太州会として、平成5年3月4日に福岡県公安委員会により初めて指定暴力団として指定された。当時の代表する者は田中義人、構成員は約150人であったが、前回、平成23年の7回目の指定の時は、名称は太州会、代表する者は日高博、構成員は約180人となっている。初めて指定された時も7回目の指定の時も、主たる事務所の所在地は福岡県田川市、勢力範囲は福岡県内である。

　タ　八代目酒梅組

　五代目酒梅組として、平成5年5月26日に大阪府公安委員会により初めて指定暴力団として指定された。当時の主たる事務所の所在地は大阪府大阪市中央区、代表する者は谷口正雄、勢力範囲は6府県、構成員は約450人であったが、前回、平成23年の7回目の指定の時は、名称は八代目酒梅組、主

たる事務所の所在地は大阪府大阪市西成区、代表する者は南奥一、勢力範囲は大阪府内、構成員は約80人となっている。

　チ　極東会

　極東会として、平成5年7月21日に東京都公安委員会により初めて指定暴力団に指定された。当時の勢力範囲は1都1道17県、構成員は約2,300人であったが、前回、平成23年の7回目の指定の時は、勢力範囲は1都1道13県、構成員は約1,100人となっている。初めて指定された時も7回目の指定の時も、名称は極東会、主たる事務所の所在地は東京都豊島区、代表する者は曹圭化である。

　ツ　二代目東組

　東組として、平成5年8月4日に大阪府公安委員会により初めて指定暴力団に指定された。当時の代表する者は岸田清、構成員は約210人であったが、前回、平成23年の7回目の指定の時は、名称は二代目東組、代表する者は滝本博司、構成員は約180人となっている。初めて指定された時も7回目の指定の時も、主たる事務所の所在地は大阪府大阪市西成区、勢力範囲は大阪府内である。

　テ　松葉会

　松葉会として、平成6年2月10日に東京都公安委員会により初めて指定暴力団に指定された。当時の代表する者は李春星、構成員は約1,800人であったが、前回、平成24年の7回目の指定の時は、代表する者は荻野義朗、構成員は約1,100人となっている。初めて指定された時も7回目の指定の時も、名称は松葉会、主たる事務所の所在地は東京都台東区、勢力範囲は1都1道8県である。

　ト　三代目福博会

　二代目福博会として、平成12年2月10日に福岡県公安委員会により初めて指定暴力団に指定された。当時の代表する者は和田万亀男、構成員は約340人であったが、前回、平成24年の5回目の指定の時は、名称は三代目福博会、代表する者は金寅純、構成員は約260人となっている。初めて指定された時も5回目の指定の時も、主たる事務所の所在地は福岡県福岡市博多区、勢力範囲は4県である。

ナ　九州誠道会

　九州誠道会として、平成20年2月28日に福岡県公安委員会により初めて指定暴力団に指定された。当時の代表する者は朴植晩、勢力範囲は5県、構成員は約350人であったが、前回、平成23年の2回目の指定の時は、代表する者は朴政浩、勢力範囲は1都5県、構成員は約380人となっている。初めて指定された時も2回目の指定の時も、名称は九州誠道会、主たる事務所の所在地は福岡県大牟田市である。

(2)　指定暴力団としての指定を取り消されるなどした暴力団

ア　石川一家

　石川一家として、平成5年2月18日に佐賀県公安委員会により初めて指定暴力団として指定された。当時の主たる事務所の所在地は佐賀県佐賀市、代表する者は石川清康、勢力範囲は2県、構成員は約100人であったが、その後、五代目山口組の傘下組織となったため、平成7年10月16日に指定を取り消された。

イ　二代目大日本平和会

　二代目大日本平和会として、平成6年4月7日に兵庫県公安委員会に初めて指定暴力団として指定された。当時の主たる事務所の所在地は兵庫県神戸市中央区、代表する者は平田勝義、勢力範囲は2府5県、構成員は約330人であったが、構成員の激減等のため、再度の指定を見送られ、その後、平成9年5月末に解散した。

ウ　三代目山野会

　三代目山野会として、平成4年12月24日に熊本県公安委員会により初めて指定暴力団として指定された。当時の主たる事務所の所在地は熊本県熊本市、代表する者は池田鉄雄、勢力範囲は熊本県内、構成員は約100人であったが、その後、団体が壊滅したため、平成13年11月8日に指定を取り消された。

エ　極東桜井總家連合会

　極東桜井總家連合会として、平成5年7月8日に静岡県公安委員会により初めて指定暴力団として指定された。当時の主たる事務所の所在地は静岡県

沼津市、代表する者は芹澤政雄、勢力範囲は7県、構成員は約500人であったが、その後、団体消滅のため、平成17年5月31日に指定を取り消された。

オ　國粹会

國粹会として、平成6年5月13日に東京都公安委員会により初めて指定暴力団として指定された。当時の主たる事務所の所在地は東京都台東区、代表する者は工藤和義、勢力範囲は1都7県、構成員は約580人であったが、その後、六代目山口組の傘下組織となったため、平成17年10月31日に指定を取り消された。

カ　中野会

五代目山口組から絶縁処分を受けた中野会については、平成11年7月1日に大阪府公安委員会により初めて指定暴力団として指定された。当時の主たる事務所の所在地は大阪府大阪市天王寺区、代表する者は中野太郎、勢力範囲は1道2府5県、構成員は約170人であったが、その後、団体解散のため、平成17年12月22日に指定を取り消された。

キ　四代目旭琉会

三代目旭琉会として、平成4年6月26日に沖縄県公安委員会により初めて指定暴力団に指定された。当時の主たる事務所の所在地は沖縄県那覇市、代表する者は翁長良宏、勢力範囲は沖縄県内、構成員は約430人であったが、平成22年6月に四代目旭琉会として7回目の指定を受けた後、団体消滅のため、平成24年3月29日に指定を取り消された。

3　暴力団対策法施行後の暴力団勢力の推移

(1)　暴力団勢力の推移

暴力団対策法が施行された後の暴力団勢力の推移は、【表1】（次頁下段）のとおりである。

暴力団勢力は、暴力団対策法施行から平成7年末までの間、減少傾向が続いた後、平成8年末から平成16年末までの間、増加傾向が続いた。その後、平成17年末からは減少傾向が続き、平成23年末は前年末に比べて大幅に減少

した。

　このうち、構成員の推移をみると、暴力団対策法施行から平成6年末までの間、大幅に減少（平成3年末から平成4年末にかけて約7,200人（11.3%）の減少、平成4年末から平成5年末にかけて約3,700人（6.5%）の減少、平成5年末から平成6年末にかけて約4,900人（9.3%）の減少）した後は、ほぼ横ばいの状況または微減傾向が続き、平成21年末以降再び大幅に減少（平成21年末から平成22年末にかけて約2,600人（6.7%）の減少、平成22年末から平成23年末にかけて約3,300人（9.2%）の減少）した。

　これに対し、準構成員は、暴力団対策法施行の年である平成4年末に前年末に比べて大幅に増加（約6,800人（25.0%））した後、平成7年末まで微減傾向が続き、その後、数年の例外を除きほぼ一貫して増加傾向にあったが、平成23年末は、前年末に比べて大幅に減少（約5,000人（11.7%））した。

　こうした各数値の推移を踏まえ、暴力団対策法施行から平成23年末までの時期を、
・　構成員が大幅に減少し、暴力団勢力も総数として大幅に減少した暴力団対策法施行から平成7年末までの間（第1期）、
・　構成員がほぼ横ばいまたは微減傾向となる一方で、準構成員が数年の例外を除いてほぼ一貫して増加した平成7年末から平成21年末までの間（第

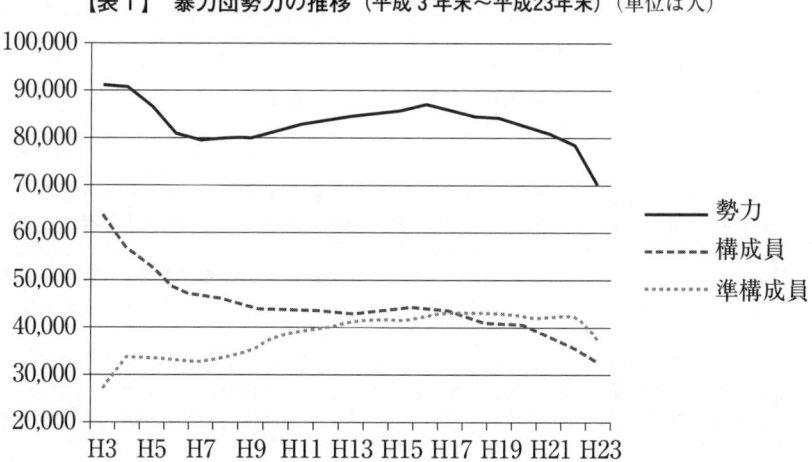

【表1】　暴力団勢力の推移（平成3年末～平成23年末）（単位は人）

2期)、
・ 構成員が大幅に減少し、平成23年末には準構成員及び暴力団勢力も大幅に減少した平成21年末から平成23年末までの間（第3期)、

の3つの期間に分けてみることとしたい(注2)。

ア 第1期

第1期の特徴は、構成員が大幅に減少し、暴力団勢力も総数として大幅に減少したことである。

暴力団対策法による指定暴力団の指定の有効期間は3年間であり、同法が施行された平成4年中に初めて指定を受けた暴力団が2回目の指定を受けたのは平成7年中である。また、上記2にあるとおり、暴力団対策法施行時に存在していた暴力団で指定暴力団に指定されたものは、平成6年中には初めての指定を受けている。そうした意味で、この期間は、同法の施行が定着した時期であるということができよう。

平成5年の『警察白書』は、平成4年末に構成員が大幅に減少したことにつき、警察の暴力団対策の徹底により、暴力団の組織内部に動揺が生じ、暴力団の構成員の組織離脱が進んだことのほか、一部暴力団にあっては、組織防衛ないし暴力団関係企業強化のために構成員を破門、絶縁するなどの動きがみられたことによるものと考えられると分析している。暴力団対策法の施行を受けて、暴力団が構成員を組織から外す動向があったという調査結果もあり(注3)、暴力団対策法の施行を契機に、暴力団排除の気運が飛躍的に盛り上がり、警察による対策も強化されたことにより、構成員が減少し、準構成員の増加も抑えられたとみるのが適当と思料される。

注2：暴力団の構成員数の推移については、基本的に個々の暴力団の自律的な行為である構成員の加入、脱退等につき、個別具体的な分析を積み重ねる必要があるほか、準構成員数の推移は、その定義に該当する暴力団と関係を有する者を警察がどの程度把握できるかに大きく影響されることから、こうした数値の推移の意義を論理的に明らかにすることは、その性質上きわめて困難である。ここでは、そうした事情の中、あえて推論を試みてみた。

注3：平成5年1月から2月にかけて、警察庁が全国の都道府県警察の協力を得て、逮捕、勾留された構成員の被疑者1,440人を対象に実施した調査においては、23.1％の者が、暴力団対策法の施行を受けて、組織から外すなどの構成員の整理が行われたと回答している。

統計上の数値をみたとき、この期間の構成員の減少の割合はとくに顕著であり[注4]、暴力団対策法成立のインパクトが大きかったことが推測される。
　イ　第 2 期
　第2期の特徴は、構成員がほぼ横ばいまたは微減傾向となる一方で、準構成員が数年の例外を除いてほぼ一貫して増加したことである。平成18年末には、統計が残る昭和33年末以降初めて、準構成員の数が構成員の数を上回り、その傾向はその後も継続している。
　平成14年の警察白書は、暴力団対策法施行後、暴力団が事務所から代紋、看板、提灯、当番表等を撤収し、名簿や回状に構成員の氏名を記載せず、暴力団を示す名刺を使用しないなど、自ら属性を名乗らない傾向にあり、こうした動向が、構成員の減少、準構成員の増加という現象の一因ともなっており、構成員でなくなった者の多くが準構成員として組織の外で暴力団と関わりを持つようになっていると分析している。最近の国会審議においても、構成員としての資金獲得活動が困難になってきており、暴力団と一定の関係を保ちつつも、正式な組員としてではなく活動する者が増加しているとされて

　注4：統計が残る昭和33年末以降における構成員数が対前年末比で最高の減少率を記録したのは、平成4年末（対前年末比−11.3％）で、次に減少率が高かったのは、第一次頂上作戦が行われていた昭和40年末（対前年末比−9.9％）、その次は、平成6年末（対前年末比−9.3％）である。
　注5：平成24年6月20日の参議院内閣委員会において、松村龍二委員の質問に対し、栗生政府参考人（警察庁組織犯罪対策部長）は、「平成3年当時に比べ準構成員が増加している背景や要因といたしましては、様々なものが考えられますが、暴力団員に対する規制の強化や社会における暴力団排除の気運の高まりなどから構成員としての資金獲得活動が困難になってきており、暴力団と一定の関係を保ちつつも、正式な組員としてではなく活動する者が増加していることが主なものであるというふうに分析しております」と答弁している。
　注6：上記2にあるとおり、多くの指定暴力団では、前回の指定の時の構成員数は、初めて指定暴力団に指定された時の構成員数に比べて大幅に減少している。28の指定暴力団のうち、7団体については指定を取り消されるなどし、現在指定されている21の指定暴力団のうち、構成員数が増加しているのは、五代目工藤會、道仁会、太州会及び九州誠道会の4団体のみである。
　注7：平成9年の暴力団対策法改正においては、準暴力的要求行為等の規制のための規定の整備が行われ、それまで規制の対象となる暴力的要求行為の主体が指定暴力団員に限定されていたが、準構成員の増加傾向等に鑑み、指定暴力団員と特定の関係を有する指定暴力団員以外の者が指定暴力団員の威力を利用して不当な要求行為を行うことが新たに規制の対象とされた。

おり^(注5)、第2期の数値の推移は、いわゆる暴力団の不透明化が進んだことによるものとみるのが適当と思料される^{(注6)(注7)}。

　ウ　第3期

　第3期の特徴は、構成員が大幅に減少し、平成23年末には、準構成員及び暴力団勢力も大幅に減少したことである。

　この傾向は、最近のものであり、今後の推移もよく見極める必要があるが、暴力団排除条例の成立等により、社会全体による暴力団排除が進展していることも影響しているとみるのが適当と思料される^{(注8)(注9)}。

　統計上の数値をみたとき、平成23年末の暴力団勢力及び構成員の減少の割合は顕著であり、近年の情勢の変化が与える影響が大きいことが推測される^(注10)。

注8：平成21年に佐賀県で佐賀県暴力団事務所等の開設の防止に関する条例が制定、施行されたのを始めとして（同年中は4県で制定）、平成23年10月までにすべての都道府県においていわゆる暴力団排除条例が制定、施行されている。
　国及び地方公共団体は、平成21年12月、犯罪対策閣僚会議の下に設置された暴力団取締り等総合対策ワーキングチームにおける申合せ等に基づき、警察と連携して、受注業者の指名基準や契約書に暴力団排除条項を盛り込むほか、受注業者に対して、暴力団員等に不当に介入された場合の警察への通報等を義務付けるなどの取組みを推進している。
　また、近年、各種事業等から暴力団関係企業等を排除するため、法令等において暴力団排除条項の整備が進んでいる。
　加えて、「企業が反社会的勢力による被害を防止するための指針」（平成19年6月犯罪対策閣僚会議幹事会申合せ）及び平成22年12月のワーキングチームにおける申合せに基づき、警察では関係機関と連携を強化し、各種取引における暴力団排除を推進している。銀行業界においては、平成23年6月、全国銀行協会が会員銀行に対し、当座勘定取引及び融資取引について、暴力団員でなくなった時から5年を経過しない者等を排除対象にすることを明確化した暴力団排除条項の導入を要請するなど、銀行取引からの暴力団等反社会的勢力の排除を推進しているほか、不動産業界においては、平成23年9月までに、不動産関係5団体が同団体の会員に対し、契約の当事者が暴力団員等反社会的勢力でないことを確約する条項や買受不動産を暴力団事務所等に使用することを禁止する条項等を盛り込んだ契約書のモデルの導入を要請するなど、不動産取引からの暴力団等反社会的勢力の排除を推進している。
注9：平成20年のいわゆるリーマンショック以後の我が国の厳しい経済情勢が与える影響も軽視し得ないと思料される。内閣府の国民経済計算（GDP統計）に係るウェブサイト（http://www.esri.cao.go.jp/jp/sna/menu.html）に掲載されている年次GDP成長率によると、実質成長率は平成20年度が－3.7％（7年ぶりのマイナス）、平成21年度が－2.1％、平成22年度が＋3.3％、平成23年度が－0.0％であり、名目成長率は平成20年度が－4.6％（6年ぶりのマイナス）、平成21年度が－3.2％、平成22年度が＋1.2％、平成23年度が－2.0％となっており、過去と比べて厳しい情勢となっている。暴力団に供与される利益の総額にもこうした情勢は少なからず影響するとみるのが適当であろう。

(2) 暴力団の寡占化

　暴力団対策法施行後における、山口組、稲川会及び住吉会の3団体の勢力が全暴力団勢力に占める割合並びに山口組の勢力が全暴力団勢力に占める割合の推移は、【表2】のとおりである。

　山口組、稲川会及び住吉会の3団体の勢力が全暴力団勢力に占める割合は、暴力団対策法施行後、ほぼ一貫して増加し、平成17年末に73.0%を記録した。その後は、ほぼ横ばいの状況にあるが、平成23年末も72.4%であり、3団体による寡占状態が続いている。

　このうち、最大の暴力団である山口組の勢力が全暴力団勢力に占める割合は、暴力団対策法施行後の平成4年末に初めて4割を超え、その後、ほぼ一貫して増加し、平成17年末には47.5%を記録した。平成18年末以降は、微減傾向にあるが、平成23年末も44.1%であり、依然として一極集中の状態が顕

【表2】　全暴力団勢力に占める三団体及び山口組の割合（平成3年末～平成23年末）
（単位%）

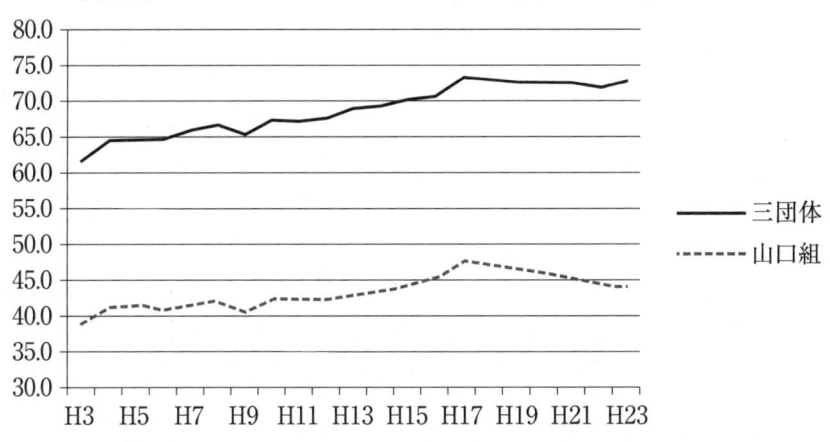

注10：統計が残る昭和33年末以降における暴力団勢力が対前年比で最高の減少率を記録したのは第一次頂上作戦が行われていた昭和40年末（対前年比−11.7%）であり、次に減少率が高かったのが平成23年末（−10.6%）である。構成員数については上記注4のとおり、平成4年末（対前年末比−11.3%）、昭和40年末（対前年末比−9.9%）、平成6年末の順となっているが、その次が平成23年末（対前年比−9.2%）である。

著である。

4 おわりに

　平成4年の暴力団対策法施行後の暴力団勢力の推移をみると、同法施行後数年間に、構成員が大幅に減少しており、同法が暴力団に与えた影響が統計上もみてとれる。近年、社会が一体となった暴力団排除の気運が高まり、官民いずれの分野においても暴力団排除が進んでいることも、平成21年末以降の統計、特に平成23年末の統計に反映していると言えよう。

　他方、暴力団が不透明化し、準構成員が構成員を上回る状態が平成18年末以降定着している。こうした情勢もあり、警察においては、平成23年12月、暴力団の周囲にある者の実態把握を強化するため、従前の準構成員を細分化・明確化し、より効果的な暴力団対策を推進することとし、共生者（暴力団に利益を供与することにより、暴力団の威力、情報力、資金力等を利用し自らの利益拡大を図る者）等に係る区分が新設されることとなった[注11]。新たな区分を踏まえた統計は、平成24年末のものからとなる。

（注11）：暴力団情報の部外への提供の在り方が見直され、共生者等についても、情報提供の対象とすることとされた（警察庁組織犯罪対策部長通達「暴力団排除等のための部外への情報提供について」（平成23年12月22日付け警察庁丙組企分発第42号、丙組暴発第19号）を参照。）。

第Ⅰ章　暴力団対策法20年の軌跡

警察の暴力団対策20年の闘い

警察庁刑事局組織犯罪対策部企画分析課理事官　安枝　亮

　暴力団員等による不当な行為の防止等に関する法律（平成3年法律第77号。以下「暴対法」という。）が平成3年5月15日に成立し、平成4年3月1日に施行され、20年余りが経過した。この間、暴力団は社会経済情勢に対応し、また、警察の取締りを免れるため、組織実態・行動実態の不透明化や資金獲得活動の巧妙化を図るなどしてきたが、警察としても5次にわたり法改正を行うなどにより、暴力団対策を推進してきたところである。

　本稿では、暴力団の成立から暴対法の制定に至るまでの経緯に触れた後、暴対法施行から現在に至る約20年間における暴力団情勢及び警察が講じてきた諸対策を3期に分けて概観することとする。

　なお、文中意見にわたる部分については、もとより筆者の私見である。

1　暴力団の成立から暴対法制定に至るまでの経緯（昭和20年代～60年代）

(1)　暴力団の成立

　昭和20年代、賭博を主な資金源とする博徒、露天商を主な資金源とする的屋といった古くから存在する暴力集団に加え、社会経済の混乱に乗じて愚連隊という新たな暴力集団が発生した。この三者は、それぞれが闇市の支配、

覚せい剤の密売等を行うとともに、これらの利権をめぐって対立抗争や離合集散を繰り返したが、その過程において資金源及び活動に際立った差異はみられなくなり、昭和30年代には、三者を一括して「暴力団」と呼称することが社会的にも定着した。

(2) 暴力団の大規模化・悪質化と頂上作戦の実施

昭和30年代後半には、地域において優位に立った山口組等の一部の暴力団が広く各地に進出を図り、大規模な対立抗争を繰り返しながら次第にその勢力を拡大するとともに、集団的暴力事件を多数引き起こすに至ったことから、国を挙げての暴力排除の気運が盛り上がり、警察は、昭和39年からいわゆる第1次頂上作戦、昭和45年からいわゆる第2次頂上作戦、昭和50年からいわゆる第3次頂上作戦を実施し、中枢幹部等に的を絞った検挙を行った。

(3) 暴力団の寡占化・資金獲得活動の巧妙化等

3次にわたる頂上作戦等の警察の徹底した取締り等により、暴力団全体の勢力は減少し、伝統的な資金獲得活動（覚せい剤事犯、恐喝、賭博等）も打撃を受けたが、山口組等の大規模暴力団はその勢力を伸ばし、また、バブル経済に伴う「地上げ」に絡む不法行為等の民事介入暴力事案や企業対象暴力事案が増加するなど、暴力団の資金獲得活動はより一層多様化、巧妙化していった。さらに、昭和60年代には、いわゆる山一抗争[*1]が発生し、この抗争の終結後も、各地で対立抗争の巻き添えになって市民や警察官が死亡する事件が相次いだ[*2]ことなどから、暴力団対策の強化を求める世論が大きな盛り

---

*1 山口組と、後継者争いを原因として山口組から分裂した一派により新たに結成された一和会との間で発生した対立抗争。昭和60年1月に四代目山口組組長が一和会系暴力団員に射殺されたことを契機として発生し、昭和62年2月の両団体の終結宣言によって終結するまでの間、2府19県において双方合わせて317回の攻撃が敢行され、死者25人、負傷者70人を出した。

*2 平成2年11月、三代目旭琉会と沖縄旭琉会の対立抗争において、沖縄旭琉会傘下組織組員らが三代目旭琉会傘下組織事務所で金網設置作業のアルバイトをしていた高校生を同会組員と誤信して射殺した。また、同月、三代目旭琉会傘下組織組員らが、同対立抗争事件鎮圧のため車両で遊撃警戒中の警察官2名を沖縄旭琉会組員と誤信して射殺した。

上がりをみせるに至った。

2　第Ⅰ期（平成一桁代(ひとけた)前後）

(1)　暴対法の成立・平成5年改正

　前述のように、暴力団が、伝統的な資金獲得活動に加えて巨大化した組織の威嚇力を背景として民事介入暴力事案や企業対象暴力事案を引き起こすとともに対立抗争事件を繰り返していることに対し、効果的な対策が強く求められたことから、平成3年、対立抗争時の事務所使用制限命令や、従来の刑罰法令には触れない類型の暴力的要求行為等に対する中止命令等の行政的措置を行うことを可能とする暴対法が成立した。

　暴対法は、暴力団対策のみを目的とする我が国で初めての立法である。従来は、法規制の対象となる暴力団を法律で明確に限定することが立法技術上きわめて困難と考えられていたこと、暴力団を規制すること自体について憲法で保障される結社の自由や法の下の平等といった基本的人権との関係で一部に懸念が示されていたことなどが理由であるが、一定の厳格な要件と手続による暴力団の指定という手法を採用することなどにより、制定に至ったものである。[*3] なお、暴対法は平成4年3月に施行されたが、その運用を通じて明らかになった暴力団員の活動実態や、バブル経済崩壊後の経済情勢を背景とした株取引に係る不当な要求行為や不動産の競売妨害等の行為の多発等を踏まえ、平成5年8月、暴力的要求行為に係る行為類型の追加等を行う第1次改正が行われた。[*4]

(2)　暴対法の施行等による影響

　暴対法の施行前における警察の暴力団対策は、暴力団の取締りと暴力団排

[*3]　吉田英法「刑事警察と暴力団対策法の法制上の位置付け」警察学論集第45巻第1号42頁。
[*4]　荻野徹「暴力的要求行為の規制関係の改正の背景及び内容について」警察学論集第46巻第8号57頁。

除活動の推進による総合対策を基本としていたが、暴対法の施行を契機に、暴力団対策に係る体制を大幅に強化しつつ、新たに暴対法の運用を加えた三本柱の総合対策を推進することとなった。なお、暴対法が施行された平成4年中には、山口組、稲川会及び住吉会の主要3団体を始めとする15団体を指定暴力団として指定し、指定暴力団員による違反行為に対する中止命令等の発出を開始した。*5

　暴力団の側では、暴対法の施行前から、規制の対象となる「指定暴力団」としての指定を逃れるため、看板・代紋の撤去等により暴力団であることを秘匿したり、法人化等によりその目的を仮装するなど、暴力団としての実態を隠蔽するなどの組織防衛活動が活発化していたが、施行後には、暴力団に対する厳しい情勢がさらに進展したことから、暴力団組織の解散・壊滅の増加、組織離脱者の増加、暴力団相互間の連携（対立抗争事件の自粛傾向やトラブルの早期解決指向の強まり）等の影響がみられた。

　また、暴対法の成立・施行を契機として、暴力団排除活動も大きな盛り上がりをみせた。民間の暴力団排除活動の核となる暴力追放運動推進センターの設立等が相次ぎ、平成4年9月末までに、全都道府県において暴対法に基づく指定が行われ、同年12月には全国防犯協会連合会が全国暴力追放運動推進センターとして指定されるなど、民間における恒常的な全国ネットワークとしての暴力団排除組織が構築され、経済界においても、経団連が暴力団排除を盛り込んだ企業行動憲章を制定するなどの取組みが進められた。さらに、遊技業業界、飲食店業界等の職域団体による暴力団排除活動の展開、地域住民による暴力団排除組織の結成や総決起大会、パレード等が行われるなど、暴力団排除活動が全国各地で積極的に展開された。

　他方、暴力団排除気運の盛り上がり等暴力団側にとっての逆風に危機感を抱き、写真週刊誌編集部乱入傷害事件*6や映画監督襲撃事件*7のように、暴

　＊5　平成24年末現在、21団体が指定暴力団として指定されている。また、暴対法施行後の中止命令と再発防止命令の発出件数（平成23年末までの累計）は、それぞれ39,111件、1,569件に上っている。

　＊6　平成4年8月、山口組系暴力団員らが、文京区内の出版社内の写真週刊誌編集部に乱入し、副編集長の頭部等を金属パイプで殴り、全治1週間の傷害を負わせた事件。

　＊7　平成4年5月、山口組系暴力団幹部らが、民事介入暴力を題材とする映画を製作した映画監督を待ち伏せして襲い、顔面、頭部等を刃物で切り付け、全治3ヵ月以上の傷害を負わせた事件。

力により言論を封殺しようとする凶悪事件を引き起こす動きがみられたほか、企業の幹部等に対するけん銃や刃物を使用した襲撃事件[*8]が多発し、暴力団の悪質性、凶悪性が改めてあらわとなった。

3　第Ⅱ期（平成10年代前後）

(1)　企業活動等からの暴力団排除

　暴対法の施行により盛り上がった暴力団排除の気運は、その後一層の広がりをみせ、次のとおり、証券業界を始め、企業活動等からの排除の取組みが幅広く行われるようになり、警察も積極的にこれらに対する支援を行った。

ア　証券取引からの排除

　証券取引は、犯行の態様によっては短期間で多額の資金を獲得することも可能であり、暴力団にとって魅力的な資金獲得活動の対象であることから、証券取引に係る暴力団等の違法または不当な行為の防止を図り、健全で公正な証券市場を構築する必要性が認識されるようになった。警察は、平成18年11月に日本証券業協会（日証協）等とともに証券保安連絡会を設立するなど、証券関係者との密接な連絡・連携を図り、証券取引からの暴力団排除の取組みを支援した。[*9]

イ　「企業が反社会的勢力による被害を防止するための指針」

　多くの企業が暴力団を始めとする反社会的勢力と一切の関係を持たないことを企業倫理として掲げてさまざまな取組みを進めている一方、暴力団の不透明化や資金獲得活動の巧妙化により、暴力団関係企業等と知らずに経済取引を行ってしまう可能性があることから、政府は、平成19年7月に開催された第9回犯罪対策閣僚会議において、企業が反社会的勢力による被害を防止

＊8　地方銀行副頭取射殺事件（平成5年8月、和歌山）、大手フィルム会社専務刺殺事件（平成6年2月、東京）、大手都市銀行名古屋支店長射殺事件（平成6年9月、愛知）等。

＊9　日証協は、証券取引等から暴力団等を排除する取組みを推進するため、平成21年3月に国家公安委員会から不当要求情報管理機関の登録を受けた。その後、警察庁は、日証協から要望を受け、証券会社が日証協のサーバを介して暴力団員に該当する可能性の有無をオンラインで即時照会できるデータベースを整備し、平成25年1月から運用を開始した。

するための基本的な理念や具体的な対応について定めた「企業が反社会的勢力による被害を防止するための指針」（平成19年6月19日犯罪対策閣僚会議幹事会申合せ）（資料646頁参照）を普及促進することとした。これを受けて、各業界団体において暴力団排除条項のモデルを作成し、会員企業に対しその導入を要請するなどの取組みが広がり、警察はこれらの取組みの支援を行った。

(2) 行政機関等の事務事業からの暴力団排除

企業活動等からの暴力団排除が進む一方、公共部門においても、警察は国及び地方の行政機関と連携し、次のとおり公共工事等からの暴力団排除の徹底、行政機関に対する不当要求への対策等を推進した。

ア 公共工事等からの暴力団排除

従来から暴力団の有力な資金源であった公共工事について、平成18年12月に開催された第8回犯罪対策閣僚会議において、「公共工事からの排除対象の明確化と警察との連携強化」及び「暴力団員等による不当介入に対する通報報告制度の導入」の2つの施策を政府として進めることが決定され、警察庁は、国土交通省を始めとする各府省等と協議を行い、これらの運用を開始した。

さらに、国及び地方公共団体は、公共工事に限らずあらゆる公共事業等から暴力団関係企業等を排除するため、平成21年12月、犯罪対策閣僚会議の下に設置された暴力団取締り等総合対策ワーキングチームにおける申合せ等に基づき、警察と連携して、受注業者の指名基準や契約書に暴力団排除条項を盛り込むほか、受注業者に対して、暴力団員等に不当に介入された場合の警察への通報等を義務付けるなどの取組みを推進し、また、民間工事等に関係する業界及び独立行政法人に対しても同様の取組みが推進されるよう所要の指導・要請を行った。

イ 行政対象暴力対策

暴力団等が、行政機関やその職員を対象として、機関誌の購読、賛助金の提供等を要求して不当に金品を得ようとしたり、公共工事の受注業者に対する行政指導や許認可等の決定を要求して行政権限を自己または第三者の有利となるように行使させようとする違法または不当な行為が一段と顕著にみられるようになったことから、警察は、行政機関を対象とした違法・不当な行為の取締りを強化するとともに、弁護士会、都道府県暴力追放運動推進セン

ター等と連携し、行政機関の職員を対象とした不当要求防止責任者講習の開催、行政機関との連絡窓口の設置等を推進した。[*10]また、生活保護の受給や公営住宅の居住について、各都道府県警察と関係行政機関が連携を強化し、暴力団排除等を推進した。

(3) 代表者等に対する損害賠償請求

　暴力団に対する損害賠償請求訴訟については、昭和60年代前半、不法行為の実行行為者に対する損害賠償請求訴訟の形で提起され、その後、民法第715条（使用者責任）に基づく暴力団の組長への損害賠償請求訴訟の形をとるようになったが、警察では、経済的被害の回復に資する観点と暴力団から資金を剥奪して経済的打撃を与える観点から、暴力団対策の有効な手段として位置付け、危害防止のため関係者の保護対策を徹底し、都道府県暴力追放運動推進センターにおいても訴訟費用の貸付等により積極的に支援を行うようになった。なお、後述のとおり、平成16年4月に代表者等に無過失損害賠償責任を負わせる暴対法改正が行われ、この種損害賠償請求訴訟における原告の負担の軽減が図られた。

(4) 暴力団排除等のための部外への情報提供

　暴力団排除活動に対する支援の一層の充実を図るため、警察は、平成12年9月、暴力団による犯罪、暴力的要求行為等による被害の防止または回復や暴力団の組織の維持または拡大に係る活動に打撃を与えるために必要な場合に、暴力団の活動実態や暴力団員、準構成員等に該当するか等の情報を部外に提供する取組みを開始した。[*11]

---

　*10　警察庁は、平成15年7月、国の行政機関等またはその職員を対象とする行政対象暴力の未然防止とその排除の徹底を図るため、関係省庁等による行政対象暴力対策連絡会議を主催し、行政対象暴力の実態把握、組織的対応の確立等の排除対策の推進等を申し合わせた。平成18年3月には、全国市長会及び全国町村会長に対し、日本弁護士会連合会民事介入暴力対策委員会と全国暴力追放運動推進センターとの三者連名により、行政対象暴力対策の強化、機関誌購読一斉拒否への取組み、関係機関との連携について申入れを行い、併せて、都道府県警察に対し、地方公共団体との一層の連携を指示した。

(5) 金融・不良債権関連事犯の取締り

バブル経済崩壊後、いわゆる住専問題[*12]の処理のための公的資金導入を契機として金融機関役職員による背任事件等の金融機関等をめぐる犯罪の徹底追及が求められるとともに、景気低迷に伴って倒産企業の債権・債務に暴力団が不正に介入して資金源としている実態がみられるようになった。これを踏まえ、警察では、いわゆる貸し手・借り手の刑事責任の追及を図るとともに、競売入札妨害、強制執行妨害等の債権回収妨害事件の検挙を積極的に推進した。

(6) 平成9年改正・平成16年改正

この期間においては、暴力団情勢の変化等を踏まえ、2回にわたり暴対法改正が行われた。

ア 平成9年改正

平成9年の第2次暴対法改正では、指定暴力団等の業務等に関し行われる暴力的要求行為に係る代表者等に対する防止命令、準暴力的要求行為の規制、内部抗争時における事務所の使用制限、不当な態様によって債権を取り立てる行為の暴力的要求行為に係る行為類型への追加に係る規定の整備等が行われた。[*13]

イ 平成16年改正

平成16年の第3次暴対法改正では、対立抗争等による被害の回復について、民法第715条（使用者責任）に基づき賠償資力を有する代表者等に対して

[*11] 「暴力団排除等のための部外への情報提供について」（平成12年9月14日付け警察庁丙暴暴一発第14号（廃止済））。その後、事業者等からの暴力団情報の提供要請が拡大したことから、平成23年12月に暴力団情報の部外への提供の在り方を見直し、「暴力団排除等のための部外への情報提供について」（平成23年12月22日付け警察庁丙組企分発第42号、丙組暴発第19号）により、暴力団排除条例上の義務履行の支援のため必要な場合も情報提供できることとし、共生者等についても情報提供の対象とした。

[*12] 個人向け住宅ローンのために金融機関等の共同出資により設立された住宅金融専門会社（住専）が、銀行等の融資を受けて不動産向け融資を拡大し、バブル崩壊により巨額の不良債権が発生し、破たん処理により金融システムの混乱が懸念される事態となった問題。

[*13] 藤本隆史「暴力団員による不当な行為の防止等に関する法律の一部を改正する法律について」警察学論集第50巻第8号31頁。

責任を問う民事訴訟を提起した場合に、原告に過大な立証負担が生じている等の問題を踏まえ、対立抗争等により被害を被ったことを立証しさえすれば、指定暴力団の代表者等に対し過失の有無にかかわらず、損害の賠償責任を負わせることとする規定の整備等が行われた。[14]

4 第Ⅲ期（平成20年以降）

(1) 暴力団排除条例の全国的制定

この時期において特筆すべきは、暴力団排除条例が全国的に制定されるに至ったことである（関連論考186頁以降参照）。各地方自治体が暴力団排除条例の制定に向けた取組みを推進した結果、平成23年10月までに全都道府県において制定・施行された。都道府県レベルの条例では、公共の事務・事業からの暴力団排除の措置、暴力団関連情報の提供、警察による保護措置等の市民・事業者に対する支援、青少年に対する暴力団排除教育の実施、暴力団の活動や運営を助長する暴力団員等への利益供与の禁止等の規定が盛り込まれており、各都道府県警察では、条例を活用した暴力団排除を積極的に支援し、暴力団との関係遮断の取組みをより一層推進している。

(2) 保護対策等の強化

前述のとおり、暴力団排除条例が全都道府県で制定されるなど社会における暴力団排除気運のかつてない高まりの中、社会全体での取組みを適切に支援し、暴力団排除を一層推進するため、警察庁は平成23年12月、暴力団等による犯罪の被害者、暴力団排除活動関係者、暴力団との取引、交際その他の関係の遮断を図る企業の関係者等の安全確保を目的とした「保護対策実施要綱」を新たに制定した。[15]都道府県警察では、これらの者の安全を確保するため、同要綱に基づいて身辺警戒員をあらかじめ指定して、警戒態勢を強化

---

[14] 堀誠司「「暴力団員による不当な行為の防止等に関する法律の一部を改正する法律」について」警察学論集第57巻第6号22頁。
[15] 「保護対策実施要綱の制定について（依命通達）」（平成23年12月22日付け警察庁乙刑発第11号ほか）。

するなどの保護対策に取り組んでいる。

(3) 山口組・弘道会に対する集中取締り

近年、山口組の一極集中が顕著であり、その弱体化を図ることが喫緊の課題となっていることから、強大化する山口組を事実上支配し、その中枢となって強大化を支えている弘道会及びその傘下組織に対する集中した取締りを全国警察一体となって展開し、平成22年に山口組若頭（弘道会会長）を会社経営の男性からみかじめ料名目で現金を喝取した容疑により検挙するなど、山口組直系組長、弘道会直系組長及び直系組織幹部を多数検挙している。

(4) 平成20年改正・平成24年改正

平成20年以降においても、次のとおり、2回にわたり暴対法改正が行われている。

ア 平成20年改正

平成19年に山口組と住吉会の傘下組織間での対立抗争、道仁会と同会から分離した九州誠道会との間での対立抗争が発生してけん銃が使用されたほか、山口組傘下組織幹部による長崎市長に対するけん銃使用殺人事件、極東会傘下組織組員によるけん銃使用立て籠もり事件、佐賀県内の病院における道仁会傘下組織組員によるけん銃使用殺人事件等が相次いで発生したことに加え、暴力団の威力を利用した資金獲得活動に関連して依然として国民に深刻な被害が発生しており、また、暴力団員が行政庁に対し事業の許認可等を不当に要求するなどの実態が顕著になった。

かかる状況を踏まえ、平成20年、行政庁等に対する不当な要求行為の暴力的要求行為への追加、指定暴力団員に対する損害賠償請求等に対する妨害の規制、対立抗争等における暴力行為の敢行の賞揚・慰労を目的とする金品等供与の規制、指定暴力団員による威力利用資金獲得行為に係る代表者等の損害賠償責任、暴力団排除活動に係る国及び地方公共団体の責務規定の整備等を内容とする第4次暴対法改正が行われた。[16]

---

[16] 島村英ほか「「暴力団員による不当な行為の防止等に関する法律の一部を改正する法律」について」警察学論集第61巻第9号39頁。

イ　平成24年改正

　事業者等に暴力団員からの不当な要求を毅然と拒絶する姿勢が浸透しつつあるのに対し、とくに工藤會を含め5つの指定暴力団の本部が所在する福岡県において暴力団が自らの目的の貫徹を図るために敢行する事業者襲撃等事件が多数発生する状況がみられ、また、道仁会と九州誠道会の対立抗争が継続し、福岡、佐賀、長崎及び熊本の4県下で一般人を含め多数の死者・負傷者を出した。かかる状況を踏まえ、平成24年、特定抗争指定暴力団等及び特定危険指定暴力団等の指定制度の創設、都道府県暴力追放運動推進センターによる暴力団事務所の使用差止請求制度の創設、暴力的要求行為の規制強化、準暴力的要求行為の規制強化、縄張に係る禁止行為に関する規定の整備、罰則の引上げ、国及び地方公共団体並びに事業者の責務に関する規定の整備等を内容とする第5次暴対法改正が行われた（資料編596頁参照）。[17]

　同改正は、一部を除き同年10月に施行され、同年12月、福岡、佐賀、長崎及び熊本の各公安委員会が道仁会及び九州誠道会を特定抗争指定暴力団として指定し、福岡及び山口の各公安委員会が工藤會を特定危険指定暴力団として指定した。

おわりに

　暴対法が成立・施行されてから20年余りが経過した現在、暴力団排除の気運の高まりは目覚ましく、暴力団の違法・不当な活動を封じ込めていくための国民や事業者等の取組みが幅広く推進されるに至っている。かかる取組みを実効あるものとするためには、警察において、暴力団犯罪の取締りを推進するとともに、暴力団排除に取り組む当事者の安全確保等の支援を的確に実施することが不可欠である。暴力団の弱体化・壊滅を願う国民の期待に応えるべく、警察は、5次にわたる改正により取締手段等が拡充された暴対法を活用するなどにより、総合的な暴力団対策を一層強力に推進していく必要があろう。

---

[17]　谷滋行ほか「「暴力団員による不当な行為の防止等に関する法律の一部を改正する法律」について(1)」警察学論集第65巻第11号18頁、同「「暴力団員による不当な行為の防止等に関する法律の一部を改正する法律」について(2)」警察学論集第65巻第12号98頁。

第Ⅰ章 暴力団対策法20年の軌跡

暴対法制定・施行後、暴力団はどう変化したか
～成立期から今日を考える

元警察庁暴力団対策室長　**竹花　豊**（パナソニック(株)常務役員渉外本部長）

　本稿では、暴力団対策法成立前後の暴力団のもたらしていた害悪を振り返り、これを打開するために制定された同法の制定経緯等を改めて思い起こすとともに、法の制定意図は遂行されたのか、その限界はなんだったのか、現在の課題は何かなどについて、当時警察庁捜査第二課暴力団対策室長として法制定に携わり、その後も暴力団問題に関わってきた者として私見を述べることとする。

1　暴力団対策法の成立背景

(1) 暴力団による国民生活に対する脅威の増大

　昭和から平成にかけて、いわゆるバブル経済の下で、地上げなどにより暴力団の収入は急増し、活動資金は豊富になった。それを反映して、暴力団員による乱暴狼藉が広がり、国民の目に余る状況となった。また、利権争いが激化し、拳銃を利用した対立抗争事件が頻繁に発生し、中でも、市民の射殺事件や公衆の場での銃撃戦は、国民を恐怖に陥れた。暴力団は、その存在を誇示し、あたかも社会に公認されたと見まがうばかりであった。平和な先進民主主義国家にふさわしからぬ光景が日常的に国民の前に現れていたのである。

＊　暴力団の現状や現時点での社会的認識から暴対法の基本的骨格を考えると違和感があるかもしれない。本法は、当時の暴力団勢力、活動実態や国民の暴力団に対する認識等を色濃く反映しているので、以下に示す状況等を念頭において考えていただきたい。

＊　彼らの収入を正確に把握することは不可能だが、彼らの生活ぶりから、十分うかがい知れたところである。たとえば、組員クラスが100万円の札束を背広の懐に入れて繁華街を飲み歩き、ホステスにこれ見よがしに遊びまわっていたことなど彼らの豪遊ぶりはしばしば伝えられていた。また、ただの組員だったものが、1ないし2年の間に配下組員を従えて高級外車を乗り回し、捜査員に何時までも下っ端扱いするななどと嘯くケースが報告されていた。

＊　彼らは、しばしば、われわれを暴力団と呼ぶな、われわれを必要とし、頼みに来るかたぎは5万といるのだ、われわれは、それを助けてやっている人助けの組織だといってはばからなかった。傍若無人な振舞いをし、刺青や指を切断した手を見せびらかすように、街中を闊歩し、市民をにらみつけていた。

＊　宅急便の会社も困り果てていた。暴力団関係者に配送すると何かと因縁をつけられ、たとえば、かにを届けると「配送が遅い、おかげでかにが腐った、これでは大事な客に届けられない、大変な損害だ、どうしてくれる。」と何時間も帰してもらえないことが頻繁だったという。そこで、地区の責任者は、配送先をチェックし、暴力団関係者には一番に自ら配送せざるを得ない状況だったという。

＊　高速道路の休憩所に黒い背広を着た若い衆が整列し、高級車に乗った親分らしき者の出迎えがしばしばあり、休憩所を利用する他の客や従業員に恐怖を与えていた。

＊　対立抗争事件が頻発した。その発生回数は、平成元年には156件、同2年には146件。中でも、大阪や沖縄で一般人が巻き込まれて死亡した事件は衝撃的だった。

(2) 追いつかなかった警察の取締り

　当時、警察は、暴力団問題を最重要課題として取り組み、全国警察を挙げて強力な取締りを進めていた。その基本的方針は、「人、物、金」をターゲットに効率的な検挙活動を進めるとともに、暴力団排除活動に取り組むというものだった。これに基づく懸命な取組みも、暴力団側の急速な力の増大に匹敵する力を持ち得なかった。幾多の事件の捜査に忙殺され、対立抗争事件の防止に振り回されていたのが実情であった。暴力団を圧倒する力で彼らを制圧できないでいたといってよい。また、国民も暴力団に恐れをなし、警察に協力して彼らの違法行為の摘発に協力することを容易ではない、と感じていた。

　また、勇気を持って警察に相談された被害者に対して、民事にかかわる複雑な問題や犯罪の構成要件に明確には当たらない、いわゆるグレーゾーンの暴力団員の行為について、刑事事件にすることができず、そのためこれに丁寧に対応することができないでいた。地上げなど暴力団の大きな資金獲得行為にほとんど対応できず、急速な勢力拡大に資金源対策の面でも拱手傍観していたといっても過言ではなかった。

　＊　当時、大阪では金曜日になると繁華街で拳銃発砲事件が発生し、その対応に追われる捜査員は疲労困憊していた。また、羽振りが良くなるばかりの暴力団員の姿に、多くの捜査員が無力感、敗北感に覆われていた。

　＊　私の見方では、警察全体としては、この頃までの暴力団対策は、暴力団との癒着を懸念される特殊な仕事との印象をもたれがちで、その重要性についての認識も国民の切迫した気持ちとは乖離があったように思う。それまで知能犯捜査を中心に主に刑事事件を担当してきた私も、暴力団対策室長になってはじめて、暴力団のもたらす国民・社会への害悪の大きさを知り、この対策は警察の最重要課題であることをようやく確信したものである。

2 求められた新たな対応～暴力団対策法の成立と狙い

(1) 新たな暴力団規制方策の検討と成立

　このような状況を打開することを求める声が急速に高まったのは必然的なことであった。それまでの警察の対応をさらに強化するとともに、警察庁としては、それまでにない抜本的な対応を検討することを求められた。暴力団の活動を規制する法律は作れないか、本格的な検討を迫られたのである。
　対象団体をどのように定義すれば暴力団以外の団体の規制につながらないか、規制内容が暴力団対策上有効なものであるか、憲法その他の法令との整合性はどうか、法律の濫用の恐れのないことについてどのように理解を得るかなどの観点で、幅広く検討がなされた。憲法、行政法、民法、刑事法等の学者、弁護士、経済人、評論家等合計15名で構成される「暴力団対策研究会」を設置し、立法についての意見をいただくなど、多くの方々のご意見を得て、法律案が策定された。

　＊　今となっては笑い話かもしれないが、この法律は警察の権限拡大につながり、また、暴力団といえどもその団体としての活動を規制することには憲法上の疑義があり、強い反対が予想されることなどから、警察の内外から法成立を疑問視する見方が強い中で検討は進められた。
　＊　暴力団対策研究会の意見は、『警察学論集』第45巻第１号137ページ以下を参照されたい。
　＊　規制対象とする暴力団の定義は大きな論点であった。暴力団は、要は、暴力的な威力を用いて金もうけをすることを目的とする団体ではないか、そして構成員の中には犯歴の多い者が、他の団体とは比べものにならないほど多い、そういう団体のことを指すのではないか、これらの要件を満たす団体を指定暴力団として指定しようと考えた。また、暴力団の存在を前提とした

法律では暴力団の存在を認めることになるのではないかとの反対意見も大きかったが、暴力団の活動実態を見ると、その団体の目的が犯罪を行うことにあるということはできず、むしろ暴力的威力を商売道具にしたグレーな存在と見るべきで、そのような資金獲得行為等を規制することにこそ法律策定の意義があると考えたものである。その他多くの論点をクリアーしたのであるが、その詳細は、前記学論集の特集・暴力団対策に詳しい。

　＊　この法律案は、マスメディアによって広く報道されたが、大方の強い賛成を得、その成立を期待する論評一色といってよい状況となった。日本弁護士連合会の慎重審議を求める声はあったが、国会に上程され、平成3年5月、予想に反して全会一致で成立した。

　どの党派もこの法律案に賛成したということに驚きを禁じえなかったが、私は、暴力団問題に苦しむ国民の強い声の反映であると改めて実感した。また、邪念を持たず、国民のためにという一心で取り組めば、大きな困難も乗り越えることができると思い知らされた。

(2) 暴力団対策法の狙いと当初の効果

　この法律の制定意義については、暴力団員による不当な威力利用行為等を規制することが可能になったこととあわせ、暴力追放運動推進センターを指定する規定を設け、暴力追放運動を促進する拠点を設けること（関連論考78頁参照）で弁護士を始め国民参加の暴力団対策に道を拓くことにも重要な意義があると考えていた。

　私は、これに加え、暴力団を反社会的勢力として烙印を押すことにより、その社会的孤立を進め、その活動を大きく制約することにつながり、暴力団にとって大きな痛手となることを期待していた。

　想定していた通り、暴力団は暴対法の施行によって一定の活動が制約され、それまでのような野放図な活動は見られなくなった。対立抗争事件は激減し、目に余る行動はめっきり減少した。

＊　本法の制定意義等について、前期『警察学論集』の国松刑事局長（当時）論文を参照いただきたい。
　＊　法律の制定過程で、暴力団の側に大きな動揺が生じ、彼らが恃みにする弁護士から、その活動のあり方について強い警告を受けていたこともあって、対立抗争事件を始めそれまでの傍若無人な振舞いが相当制約された。
　＊　暴力団の指定手続を進める中での彼らの弁明の主たるものは、彼らが任侠団体であって、人助けを大事にしている存在だというところにあったのは、彼らが反社会的団体であるとのレッテルを貼られることを恐れていたことの現れである。
　＊　本法について「朝日」新聞の佐柄木解説委員は、ジュリスト1991年9月1日号において、「暴力団を指定するという行政措置によって、活動規制の網をかぶせていくという手法は、うまくいけばかなりの効果を挙げうる可能性を秘めている。「指定」の反射的効果として、その団体に社会の厳しい目が集まるかもしれないし、合法、違法を問わず暴力団の活動が事実上制約されるといった事態も予想されないわけではない。……私たちの社会も法も、この集団に対しやはり甘すぎたのではなかったろうか。そうしたこれまでの対応への反省が1つの政策に結実したものとみれば、今回の対策法成立は、やはり時代を画するできごとというべきである。」と述べている。
　＊　対立抗争発生回数は、平成元年には156件、平成2年には146件だったが、暴対法制定準備が報道された平成3年には47件、平成4年には39件だった。

(3) 暴対法に対する懸念

このような狙いを持った法律の成立は画期的なものであったが、本法の施行に関して懸念を持つ意見も少なくなかった。1つは、指定作業が膨大であり、その労力は、決して多くない暴力団対策要員を削ることになり、かえって暴力団取締りの力を弱めるというものであった。さらに、暴力団犯罪捜査

の重要性を薄めるもので、捜査員の士気を落とすことになりかねないという意見もあった。

2つは、それほどまでに労力をかけて指定した割には、規制内容が弱く、取締り効果が期待できないという意見も強かった。暴力的行為の規制は、直罰規定ではなく、行政命令違反に対するさして重くない罰則が規定されているだけであって、生ぬるいというものであった。

3つは、この法律の適用を逃れるため、彼らが地下に潜り、その実態がわからなくなるのではないか、また、内部情報の収集がより困難になるのではないかというものであった。

これらの懸念は、それぞれ理由があると考えられたが、先にも述べたとおり、暴力団問題の現状を変えるためには新たな施策が必要であること、新たな法律であることや法律上も新たな挑戦の部分も多いこと、規制権限は十分なものではなくとも、国民の理解が得られるところでスタートすることが実務上得策であること、さまざまな対応上の工夫をすることで懸念を克服することが可能であること等を説明し、部内外の理解を求めたものである。

この法律の施行後、暴力団がどのように変化するか予測することは困難であったが、本法は、その状況に応じて改正することが当然の前提と考えられていた。

3 暴対法施行後一気には進まなかった暴力団対策

(1) 施行後の状況

暴対法の検討段階から、マスメディアの集中的な報道がなされ、暴力団問題に国民の大きな関心が集まり、警察のこの問題への取組みに強い期待が寄せられた。これも手伝って、施行前後の時期に、暴力団問題の様相が大きく変わったといってよい。対立抗争が激減するなど国民の目にみえる効果を発揮した。警察内部でも、警察庁に暴力団対策部が設置され、2つの課が置かれ、また、都道府県警察においても指定担当の課・係が新たに設置され、取

締体制も強化された。文字通り、暴力団問題は、警察の最重要課題として対処することとなったのである。また、暴力追放推進運動センターがあっという間もなく、すべての都道府県で設置されたのも特筆すべき出来事であった。それまでの受身の暴力団対策から、一気に攻勢に出たといってよい状況が現出した。

担当者をはじめ暴力団対策担当者に対する教養や相互の検討が繰り返し行われ、法の施行準備が緊張感を持って進められた。とりわけ、指定作業や聴聞に対する対応の準備があわただしく進められた。

(2) 暴力団対策の停滞

暴対法は、予想を超えた反響の中で、順調にその効果を発揮していた。その中で、暴力団が身分を隠し、あるいは自らは表に出ないでその周辺者を利用するという動きを強めた。いわゆる、企業舎弟の動きを封ずることが重要と認識され、暴対法の改正が進められることとなる。

このように、暴力団の動きは、暴対法という新しい規範を十分意識しながら、かれらの資金獲得などの活動を工夫していたことが伺われる。たとえば、対立抗争事件は、暴対法によって事務所の使用制限命令がかかるなど、社会からの非難を受けることから、できるだけこれを避けたが、資金獲得行為については工夫を凝らしながら、それなりに確保してきたものと考えられる。これは、暴力団構成員等（準構成員を含む。）が暴対法施行時から顕著に減少し、平成7年には8万人を割り込んだが、その後、8万人前後で推移した後、徐々に増加し、平成16年には8万7,000人に到ったことにも現れている。

この間、法改正を含め、暴力団対策はさまざまな工夫を凝らしながら推進されてきたが、暴力団を追い詰めるまでにはいたらなかった。むしろ、その勢力を温存し続け、巧妙に資金を獲得し、景気が良くならない中でも、金融不良債権問題やサラ金問題で資金を獲得していたことが伺われるのである。

私自身の経験でも、暴力団問題の解決が進んでいないと落胆させるようなものが少なくなかった。金融不良債権に群がる暴力団、暴走族を支配し、公

共工事を牛耳る暴力団、盛り場を支配し、依然としてみかじめ料を召し上げる暴力団。暴力団問題の解決の展望がなかなか見えないなという焦燥感を持たずにはいられなかった。

* 平成9年から11年にかけて2年間、警察庁で金融不良債権問題担当の参事官の職にあったが、一部の金融機関が多額の貸付を暴力団員らにしていたことに驚かされた。また、当時、多くの金融機関の持つ不良債権を回収することを暴力団等が妨害して多額の金品を得ており、これに有効に対処できないでいる金融機関は多かった。

* 平成13年から15年にかけて広島県警察本部長の任にあったが、当時広島の治安上の大問題であった暴走族問題には、暴走族から走り料その他の金員を取り、また、その中で見込みのあるものを組員に取り立てるなどしていた広島共成会の存在があった。暴走族は、暴力団に庇護されて暴走を続けていたのである。これに対する対応につき、『警察学論集』第55巻第10号参照。

* また、同時期に、暴力団が、広島県東部の福山市で行われる公共工事を一手に握って莫大な利益を得ていたシステムを壊滅したが（詳細は、『警察学論集』第56巻第10号）、暴力団の恐怖におびえながら手も足も出ず、警察にも相談できずにいた建設業界の実態を目の当たりにし、おそらく福山だけではあるまいと考えると気が重くなった。その後、この事件をもとに、公共工事という国民の税金で行われる工事のカネが暴力団に流れている状況を一掃しようと呼び掛けて、公共工事から暴力団を排除する新たな全県的な仕組みを作ったが、この網の中で、共成会理事長の解体業支配の実態解明がなされ、ここでも暴力団のしぶとく張り付いた資金獲得活動が明らかにされた。

* 平成15年から17年にかけて、東京都副知事として東京の治安再生を担ったが、当時、新宿歌舞伎町では暴力団の地回りが公然と行われ、跋扈していた客引きから多額のみかじめ料を取り上げていたことにも驚かされた。

4　見えてきた新たな展開

(1)　暴力団を追い詰める底流

　前期のような課題は各地にあったものと思うが、警察においてそれらの問題を１つずつ解決し、また、国民との協力関係を強めながら、暴力団の活動を狭める動きは、着実に進んでいたものと思われる。平成15年ごろから取り組まれたプロ野球からの暴力団排除への挑戦（関連論考215頁参照）、また、各地で暴力団のみかじめ料の徴収が事業者らの抵抗もあって簡単ではない状況が広がっていた。暴対法の活用も含めた暴力団対策が、暴力団の資金獲得行為を確実に制約してきたことは容易に推測できる。

　＊　プロ野球からの暴力団排除が平成15年頃から本格的に始まり、球場前のダフ屋が見えなくなり、プレイヤー等の暴力団との付き合いが禁止されていったのは象徴的な出来事の１つである（前掲同参照）。
　＊　平成19年４月の長崎市長殺害事件の被疑者は、小さな組の組長だったが、上層部への上納金を払う金が集められず、同市長への根拠のない逆恨みから自暴自棄になって反抗に及んだとのことである。また、同月の東京町田市での拳銃発射事件は、みかじめ料の徴収がうまくいかないことを執拗になじる兄貴分を殺害したものとの報道がなされている。これらの事件は、縄張りにおける暴力団の威力のかげりを示すものと考えられる。

---

(2)　犯罪対策閣僚会議を中心とした政・財・官あげての暴力団対策

　このような情勢の下で、暴力団問題を転換させる画期的な動きが生じてきた。それを促したのは、政府の犯罪対策閣僚会議における暴力団対策上の諸決定である。この犯罪対策閣僚会議は、「世界一安全な国、日本」の復活を

目指して、関係行政機関等が連携して取り組むために、全閣僚が構成員となって平成15年9月に設置されたもので、当初、増え続ける犯罪や外国人の組織犯罪等への対策を課題としていた。そうした犯罪抑止対策が成果を上げていく中で、平成18年以降、暴力団問題を課題して取り上げ、広範囲に検討を加えた。これもあって、平成19年の6月には経団連が「企業が反社会的勢力による被害を防止するための指針について」(資料646頁参照) という決定文書を策定し、企業の取引先からの暴力団排除を進める動きが多くの企業ではじまっていった。同時期に「公共事業からの暴力団排除の取り組みについて」と題する文書が出され、本格的な取組みのスタンスが明確に打ち出された。また、金融機関、証券業界、不動産業界等の業界を指導する責任を有する省庁が自らの問題として暴力団問題に取り組み始めたのである。このような政府上げての暴力団対策の推進は、暴力団対策についての社会的な合意、総意を作りだすことに大きな効果を持った。警察は、このような社会全体の動きの中で暴力団対策を進める方向が強化されたことを、「警察対暴力団」から「社会対暴力団」へ暴力団対策の構図が転換されてきたと表現するようになった。

* 銀行の普通預金取引からの暴力団排除の動きは暴力団員にとっても衝撃的だったと推測される。全国銀行協会では、平成20年の11月に、銀行の融資の取引からの暴力団排除の取組みを開始していたが、21年9月、すべての会員銀行に、普通預金からの取引からも暴力団を排除するという通知を出した。暴対法制定当時には考えも及ばないことで、当時、暴力団は、銀行にとって大口取引先であり、銀行によっては暴力団のご用聞きをおいているところもあるということだった。山口組の上納金のシステムを全てクリアーにしたがこれも銀行送金によるものだった。

* 公営住宅における暴力団排除についての裁判所の判断はこのような動きを支えたと思う。広島では、市営住宅入居者である暴力団組長に対して、広島市の条例に違反するとして明渡しを求めて裁判になったが、広島高裁の平成21年5月の判決では「暴力団構成員という身分は社会的身分とは言えず、

暴力団のもたらす社会的害悪を考慮すると、暴力団構成員であることに基づき、不利益に取り扱うことは許されるというべきであるから合理的な差別であって、憲法14条に違反するとは言えない。」とした（関連論考139頁参照）。この判決がその年10月に最高裁でも追認された。

　＊　証券業界では、暴力団員は顧客になることも、上場企業となることも、また、市場仲介者になることからも排除される動きが、22年5月の証券業協会から加盟会員に通知されたことにより、定着していく。

　＊　平成20年の暴対法の改正により、指定暴力団員が行った威力利用資金獲得行為に係る組長の無過失損害賠償責任を定める規定を設けたことも、暴力団が資金獲得行為を行う上で相当の足かせとなったことが推測される。

　＊　平成22年、大相撲をめぐって、暴力団の問題がクローズアップされた。暴力団が絡むかもしれない賭博事件に、多くの関取親方が関与した、あるいは、土俵近くの席で暴力団幹部多数が大相撲を観ていた、といったような問題に端を発して、最終的には、相撲関係者が暴力団と付合うことを許さないこととされたことにも暴力団排除に対する国民の合意レベルを実感させるものであった（関連論考206頁参照）。他の興行やスポーツでも同様の対応が期待でき、この流れは後戻りしないと思う。

(3) 暴力団排除条例制定の動き

　このような動きにさらに追い討ちをかけたのが、平成22年4月に施行された福岡県暴力団排除条例（資料編658頁参照）を嚆矢とする一連の暴力団排除条例制定の動きである。その内容は多岐にわたるが、それぞれの地域にとって必要な施策が盛り込まれており、暴力団を社会から孤立化し、地域社会が全体となって暴力団問題に取り組むことを促すものであった。暴力団は、暴対法にとどまらず、条例でもその行動を制約されることに、強い焦りや不安を感じたに違いない。

　平成20年以降の暴力団構成員等の数値の変化は、暴力団の状況を顕著に示している。暴対法施行後いったん8万人を割り込んだものの、その後平成16

年には8万7,000人に増加したが、22年には7万8,600人、23年には7万300人と激減している。また、ここ数年の暴力団犯罪に、強盗や窃盗などの、らしからぬ犯罪の検挙が増えていることも暴力団の置かれた状況を現している。

＊　福岡県の暴力団排除条例が、暴力団排除のための一歩踏み込んだ規定を設けたことに驚かされた。それは、暴力団等に対する利益の供与に関する一連の規定で、たとえば、暴力団にみかじめ料を支払った事業者等は、悪質な場合には罰則の適用を受け、そうでない場合にも勧告を受け、または事実の公表をされるなどの制裁を受けるというものである。暴力団に脅され、あるいは事業を邪魔されたくないと思って金を暴力団に払っている、いわば自衛的とも言える行為について暴力団という反社会的団体に利益を供与すること、その活動資金を提供すること自体が反社会的であると、この条例は切り込んだのである。福岡県が置かれた状況の深刻さを反映したものと見得るが、これが暴力団と事業者にどのような変化をもたらすか注目されるところである。

5　これからの暴力団対策

(1)　暴対法施行が暴力団をどう変化させたか

　暴対法施行当時、今後暴力団は、どう変化するかとの質問をしばしば受けた。暴力団は、対立抗争等の派手な振る舞いは控えるだろうが、資金獲得行為を工夫して生き残るだろう。ただ、やりにくくなる面はあるだろうから、その勢力は弱体化するし、国民に対する加害行為も顕著に減少するだろう、と答えてきた。それとともに、暴力団組織の中には、この法律を契機に、警察を敵視し、組員に警察との接触を禁じる組織も現れてきたこともあり、よ

り犯罪組織化する組も出てくるだろう。それに対して、どのように対処するかはそのときになって考えるほかないと答えてきた。

　今になって考えてみると、暴対法は、限界はあったものの、暴力団問題を1つの社会的、また、国民的課題として位置づけたことにより、それまでとは異なった局面を作り出し、暴力団の動きを制約してきたことは疑問の余地がない。

　他方で、長く社会に根付いた暴力団を一気に追い払うことは困難だということも明らかになった。その目に見える効果は、暴対法施行後の数年で終わり、それから10年ほど、それなりに法に適応した暴力団が相応の勢力を維持し続けたのである。その間も暴力団を追い詰める流れが彼らの活動を制約してきたが、彼らが築いた利権を簡単に手放すはずがなく、へばりついた病巣を少しづつでも剥していく作業には、相当の努力と期間を要したと言える。

　そして、表面的には長く続いた膠着状態を大きく変えた要因は、暴力団排除の取組みが、政府、自治体、企業、住民、弁護士会等国民各層により、こぞって集中的に行われたことにある。暴対法が国民的支持の中で制定された時と同様に、暴力団に国民の目が照射され、暴力団の活動が大きく制約されたのである。暴対法は、その法自体には限界を抱えながらも、このような国民的運動を支える土台となってきたのである。

　また、指摘しておきたいのは、このような動きに暴力団が黙って白旗を揚げることはない、そんなに暴力団問題は甘くないということである。確かに、暴対法にうまく適応できず、その勢力を弱めてきた組や組員が相当いるが、他方でこれまでの縄張りの利権を守るために、より凶暴性を増し、その地の支配を強める一部の組も残されており、今後彼らにとって抜き差しならない事態として、抵抗を強めてくる組も出てくるということである。たとえば、北九州市の工藤会はすでに戦闘状態であり、今後、名古屋を拠点に活動する弘道会なども、資金獲得に支障が大きくなったと感じたときには、工藤会と同様に抵抗を試みるであろう。

　このように、暴対法以前の暴力団は、その内部での利権争いに明け暮れる中で勢力を維持拡大し、暴力的威力を増すことで資金獲得行為を容易にして

いたが、暴対法施行後、表面的には争いを避け、より巧妙に資金獲得行為を行うとともに、より多様な資金源を求めて活動を拡大する方向に変化してきた。それでも次第に締付けが強まる中で、暴力団の威力を利用しての資金獲得に固執する者も少なくなく、中には、このままでは警察に雪崩を打って助けを求めかねない資金提供者を引き止めるために、彼らの本性をむき出しにして、資金提供を拒む者に対して危害を加えている組があり、これからもそのような動きが顕在化することが懸念されるのである。また、少なからずの者が暴力団の威力とは無関係の資金獲得行為である強盗等で生計を立てようとし、別の者は暴力団構成員であることに意味を見出せず、去っていこうとしている。これが暴対法施行後20年の暴力団の姿だと思う。

(2) 今後の暴力団対策の１つの視点

このような暴力団の状況に対して、警察を中心に、適切に対応していくことを期待するが、ここでは、最近の工藤会の動きに対して、検討していく必要があると考える視点について問題提起をしておきたい。

工藤会が北九州市におけるさまざまな利権にかかわっているという推測はできる（そうでなければ、600人にも上る構成員は生活できない。）が、暴力団の被害を受けている市民や企業からの情報提供が少なく、その実態は良くわかっていないと言って良い。これは、いたって当然のことで、現在の状況では、市民は、警察に届けたくとも届けられないであろう。拳銃発射の被害者も暴力団とのやり取りを警察に語ることをためらうだろう。被害等を警察に届け出れば、それが刑事事件になるにせよ、中止命令をかけるにせよ、被害者が警察に申告したことは暴力団にわかってしまい、凶暴な彼らに自分の命を狙われると思うからである。現状では、市民に勇気を持って警察に届けるようにと働きかけても、また、福岡県の暴排条例に基づき、後に制裁を加えられる恐れがあるにしても、警察への被害申告が今後格段に増えるとの期待はもてないと思う。被害者の申告に頼っている暴力団対策を続けていては、これまでの工藤会対策と同様、彼らに大きな打撃を与えることはできない。

改正された暴対法により、「特定危険指定暴力団」として指定され、その

暴力的資金獲得行為に直罰がかかるとしても、基本的には被害者の届出が必要で、彼らを裁判の場に引き出し、危険にさらすことに変わりはない。

既述のように、工藤会対策の帰趨は、今後の暴力団対策に重大な影響を与える。抵抗すれば従来どおりの利権を維持できるとなれば、他の暴力団に自信を持たせ、工藤会と同様の抵抗をしようとするだろう。その結果、多くの国民を恐怖に巻き込みかねない。その意味でも、今回の工藤会対策は、引き分けでは終われない。警察にとっても、国民にとっても正念場である。

そのような認識に立てば、工藤会対策は、新たな仕組みで戦うことを至急検討すべきである。

その仕組みの基本的な考え方は、被害者が被害申告を容易にできる仕組みを作ることである。まず、被害を申告しても直ちに個別の刑事事件や行政命令事案として処理することをせず、工藤会の活動実態の悪質性を証明する資料として利用するとともに、他に同種の被害申告を蓄積することなどにより、同種の被害をもたらす構成員の行為が組織全体の活動と認定できれば、警察が工藤会の事務所及びすべての構成員の活動を制約することができるようにすること、また、工藤会からその資金源を含め活動実態を聴取するなどの行政上の措置を講じることができるようにすることである。また、やむなく暴力団の要求に応じたがその旨申告してきた者に対して、福岡県の暴力団排除条例によって制裁を科されないように措置しておくことが必要である。

このような仕組みを構築すれば、被害者は被害申告をしやすいし、何よりも勇気を出して被害申告すれば被疑者に対する制裁にとどまらず、工藤会そのものの活動を封じることが期待できるのであるから、申告し甲斐が出てこようというものである。

今回の改正暴対法は、指定暴力団の変貌に対応しようとしたものとして評価できるものであるが、工藤会のような団体は、その指定自体でその活動を縛ることを期待することはできない。むしろ、その規制内容が実際上に効果を持つかどうかが問われるところ、暴力的要求行為等を行った個人及びそれに近接する組織の規制にとどまるものであれば、被害者が申告をすれば報われると信じることはむずかしいと思われる。

このような危険な団体の活動であれば、団体自身の合法性が問われる段階と言っても良いぐらいであり、被害者の勇気に依拠しない行政上の措置を可能にすることに国民の理解は得られるのではないかと考える。

　＊　工藤会などの活動実態から、これを特定危険指定暴力団として指定することは、そのような活動を行う団体の存続を認めるものであり、国民の認識とは乖離があるとの批判が予想される。私は、そのような活動を封じるための手法として国民的な信頼を得た暴対法を活用することには理由があると思う。問題は、その規制が機能して目的を達することができるかであり、本文で述べた懸念が杞憂に終わることのないように、さまざまな新たな取組みを工夫することに期待している。被害者の届けがなく、その協力が得られないことを言い訳にすることはもはや許されないものと思う。
　なお、暴力団を非合法化すべきだとの主張については、法律上の困難性とは別に、非合法化により暴力団を解散させたりする規制が、実質的に暴力団の活動を封じることになるのか疑問である。たとえば、A暴力団を非合法化すれば彼らは直ちにこれを表向き解散し、B暴力団に衣替えして活動を継続させようとするだろう。組織内部の情報の収集が困難な中で、これを脱法行為として規制を継続することはむずかしく、新たな非合法化の手続を進める必要が出てくる。そういうやり方でも一定の効果があるとは思うが、実質的に効果のある手法が別途考えられる以上、そちらを先行すべきと思う。暴力団対策は、社会全体の取組みの中ではじめて効果を持ちうることはこれまでの経験の中で明らかであり、暴対法はもちろんであるが、法律の制定施行に過大な期待を持ってはならないと思う。
　＊　今後の暴力団対策として抜本的に検討を加える必要がある喫緊の課題は、多くの暴力団構成員を社会の中にどのように組み込んでいくのかという点である。これまでも多くの方々の献身的な努力により、暴力団員の社会復帰が図られてきているが、これを格段に拡充する大掛かりなスキームが必要となっている。これができれば、暴力団構成員が雪崩を打って暴力団から離

脱することも期待できるし、彼らが犯罪を犯すことで生計を立てることも防ぐことができる。

　本格的な検討が、警察はもちろん、この問題に関心のある有識者により進められることも必要になっていると思う。

第Ⅰ章 暴力団対策法20年の軌跡

平成9年及び16年改正の概要と暴力団排除活動の進展

警察庁刑事局組織犯罪対策部暴力団対策課
暴力団排除対策官　谷　滋行

　暴力団員による不当な行為の防止等に関する法律（平成3年法律第77号。以下「暴力団対策法」といい、条文の紹介は「法」という。）は、暴力団員による不当な行為を行政的に規制する新たな手法を導入することにより、その後の暴力団対策の在り方を大きく変えた。
　しかし、暴力団は、警察の取締り、社会や経済情勢の変化等に応じ、資金獲得の手口その他の活動形態を常に変化させていくものであり、取締り側としてもそのような情勢の変化を的確に把握し、法令の整備を含め、必要な対策を適切に講じていかなければならない。
　暴力団対策法については、施行の翌年である平成5年に早くも1回目の改正が行われたほか、9年、16年、20年及び24年と計5回にわたって改正が行われ、その時々の暴力団情勢の変化への対応がなされてきた。
　本稿においては、このうち9年及び16年の改正の背景及び概要を紹介するとともに、併せて、同法の制定及びその後の運用と共に大きく展開を遂げた暴力団排除活動の状況に触れることとしたい。なお、文中意見にわたる部分は、筆者の私見である。

1　平成9年改正

(1)　改正の背景

　平成9年当時の暴力団情勢をみると、暴力団勢力[*1]は、暴力団対策法の施

行前である3年末に約9万1,000人であったものが8年末に約7万9,900人へと12.2%減少し、中でも構成員は、約6万3,800人から約4万6,000人へと27.9%の大幅な減少となった一方、準構成員[*2]の数は、約2万7,200人から約3万3,900人へと24.6%の大幅な増加となっていた。

このような情勢の変化については、暴力団対策法の施行後における警察の取締り強化や、バブル経済崩壊以降の経済情勢の悪化による資金獲得活動の困難化等を背景として、構成員とならないことにより警察の取締りを免れつつも、暴力団との関係を維持し、その威力を利用しようとする者等が増加したことや、暴力団関係企業に対する取締りを強化した結果、その過程において暴力団の周辺にいる準構成員を把握したこと等によるものと推測された。

また、暴力団対策法の成立・施行を機に、暴力団による対立抗争の発生は大幅に減少していたが、山口組、稲川会及び住吉会の主要三団体による寡占化の進行等を背景として、異なる指定暴力団の相互間ではなく、同一の指定暴力団内部における傘下組織相互間の資金源をめぐる抗争事件が目立って発生する状況が生じていた。

さらに、暴力団対策法の施行から5年が経過してその運用も定着し、暴力団対策上相当の成果が上がっている一方で、みかじめ料の徴収のように指定暴力団の業務等に関して不当な要求行為が繰り返し行われる例や、指定暴力団員と一定の関係にある者が指定暴力団の威力を示して不当な要求行為を行う例も見受けられる状況にあった。

(2) 改正の概要

以上のような暴力団情勢を踏まえて行われた平成9年改正の主な内容は、次のとおりである。

① 暴力的要求行為に係る行為類型の追加（法9条第6号の2（現第7号））
暴力的要求行為については、暴力団員の資金獲得活動の変化に的確に対応

[*1] 暴力団勢力とは、暴力団構成員と準構成員の総称をいう。
[*2] 準構成員とは、構成員ではないが、暴力団と関係を持ちながら、その組織の威力を背景として暴力的不法行為等を行う者、または暴力団に資金や武器を供給するなどして、その組織の維持、運営に協力しもしくは関与する者をいう。

するため行為類型の追加等の所要の改正を行うべきことが法制定時から予定されていたところであるが[*3]、バブル経済崩壊後の経済情勢を背景として、暴力団が民事にかかわる問題に関与し、効率的な資金の獲得を図ろうとする傾向が一層高まり、暴力団の威力を示して不当な態様で飲食代金等の取立を行う例が多数見受けられる状況にあった。

そこで、人から依頼を受け、報酬を得るなどして、粗野または乱暴な言動を交えるなどの不当な態様で一定の債権の取立をする行為が第9条6号の2として追加され、暴力的要求行為として規制することができるようにされた。

② 指定暴力団等の業務等に関し行われる暴力的要求行為の防止のための規定の整備（法12条の2）

いわゆるみかじめ料の要求のような暴力的要求行為については、上位の指定暴力団員の方針に従って、複数の指定暴力団員が入れ替わり立ち替わり要求を行うようなものも見受けられるところであるが、平成9年改正前の暴力団対策法においては、暴力的要求行為に係る中止命令または再発防止命令は、当該暴力的要求行為の主体である指定暴力団員にのみ発せられるものとされていたため、組織ぐるみで行われる暴力的要求行為を効果的に防止することが困難な状況にあった。

そこで、指定暴力団、上位指定暴力団員等の業務に関して行われる暴力的要求行為について、その業務主に相当する指定暴力団員に対し、防止のために必要な事項を命ずることができることとされた。

③ 準暴力的要求行為等の規制のための規定の整備（法12条の3から12条の6）

平成9年改正前の暴力団対策法は、指定暴力団員に対して暴力的要求行為を要求するなどの行為については、指定暴力団員以外の者が行う場合も規制の対象とされていたが、指定暴力団員以外の者が自ら行う不当な要求行為は規制の対象とされていなかった。

しかし、暴力団対策法による規制逃れ等の目的から、指定暴力団員がその

[*3] 荻野徹「暴力的要求行為の規制関係の改正の背景及び内容について」（警察学論集第46巻第8号）58頁参照

所属する団体の指定暴力団員以外の者に対し、自分に代わって指定暴力団の威力をして不当な要求行為を行うよう要求するなどの例や、指定暴力団員ではないが、指定暴力団員と一定の関係を有する周辺者が指定暴力団の威力を示して不当な要求行為を行う例がみられるようになった。

そこで、一の指定暴力団等の暴力団員以外の者が当該指定暴力団等又はその系列上位指定暴力団等の威力を示して法9条各号に掲げる行為をすることを「準暴力的要求行為」と位置付けた上、指定暴力団員が人に対してその所属する指定暴力団等に係る準暴力的要求行為をすることを要求するなどの行為、指定暴力団員と一定の関係を有する者が当該指定暴力団等に係る準暴力的要求行為をする行為が新たに規制の対象とされた。

④ 対立抗争時の事務所の使用制限に係る規定の整備（法15条）

平成9年改正前の暴力団対策法は、指定暴力団等の相互間に対立が生じ、当該対立に係る指定暴力団等の指定暴力団員により敢行される一連の凶器を使用しての暴力行為が発生した場合において、一定の要件の下で、事務所の使用制限を行うことができることとしていたが、現実の抗争事案においては、その発生の当初の段階では暴力行為が「対立に係る指定暴力団等の指定暴力団員により敢行され」たものであることが判明することは少なく、暴力行為の行為者も対立抗争の終結後に検挙される事例が見受けられる。

また、前述したとおり、特定の指定暴力団による寡占化の進行等を背景として、抗争が同一の指定暴力団内部の傘下組織相互間で発生する状況が生じていたが、平成9年改正前の暴力団対策法に基づく事務所の使用制限は、指定暴力団等の相互間で対立抗争が発生した場合のみが対象とされており、傘下組織相互間の抗争には対処できないという問題があった。

そこで、暴力行為の行為者が判明していなくても、対立に係る指定暴力団等の事務所やその指定暴力団員等の居宅に対して暴力行為が行われた場合には事務所の使用制限を行うことができるようにされたほか、同一の指定暴力団等に所属する集団の相互間の対立に係る対立抗争が発生した場合についても事務所の使用制限を行うことができることとされた。

2　平成16年改正

(1)　改正の背景

　暴力団による対立抗争については、前述のとおり暴力団対策法の成立・施行を機に大幅に減少し、その継続期間も短期化したところである。これは、同法に規定された事務所の使用制限制度の存在が相当の威嚇力になったと考えられるほか、対立抗争を発生させ、組員の発砲により他人に損害を与えた暴力団の組長に対し、民法715条（使用者責任）に基づく損害賠償請求が提起されるようになったことも原因の1つと考えられた[*4]。

　もっとも、減少したとはいえ、平成16年改正の時点においても、平成6年から15年までの10年間で合計398回の暴力行為を伴う72件の対立抗争が発生し、一般市民の巻き添え被害も73回（死傷者数10人）に上るなど、依然として深刻な状況が継続している状況にあった。

　そして、この間、平成9年改正において暴力団事務所の使用制限制度の拡充が行われるなどの対応はとられたものの、前述の民法715条に基づく使用者責任の追及については、対立抗争という犯罪に当たる行為が民法715条の事業に該当するか否かについて疑義があり、裁判例の判断も区々であったほか、同条の適用のために原告側に過大な立証負担が発生するなどの問題があり、対立抗争の巻き添え被害に遭った市民の被害の回復が十分に行われないのみならず、対立抗争の発生を助長するおそれもある状況にあった。

(2)　改正の概要

　平成16年改正では、このような情勢を踏まえて、指定暴力団の代表者等は、当該指定暴力団と他の指定暴力団との間に対立が生じ、これにより当該して暴力団の指定暴力団員による凶器を使用した暴力行為が行われ、当該暴力行為により他人の生命、身体または財産を侵害したときは、これによって

　[*4]　伊藤隆行「暴力団対策法施行10年－暴力団対策の現状と今後の展望－」（警察学論集第55巻第5号51頁参照）

生じた損害を賠償する責任を負うこととする等の規定が整備された。

これは、対立抗争が指定暴力団の組織としての活動であり、指定暴力団がその威力を存立基盤とすることから必然的に発生する性格を有することならびに指定暴力団の代表者等に当該指定暴力団の組織としての活動である対立抗争についての危険責任及び報償責任が認められることに照らし、故意・過失に基づいて他人に損害を与えた場合に加害者が損害賠償責任を負うという過失責任主義の例外として、代表者等の無過失損害賠償責任を定めるものであった。

なお、このような代表者等の責任は、対立抗争以外の暴力団員の不法行為に関しても観念する余地があろうが、平成16年改正の段階では、他の不法行為については、一般的類型的に代表者等の統制の下で行われる指定暴力団の組織的活動というに足りる実態を把握するに至っていなかったため、改正の対象とすることは見送られた。しかし、指定暴力団員の不法行為について民法715条の特則となる規定を創設した意義は大きく、次回の改正となる平成20年改正では、16年改正で課題として持ち越された、その他の不法行為に係る代表者等の責任追及に係る規定の整備が実現することとなった。

3　暴力団対策法施行後の暴力団排除活動の展開

(1)　暴力団対策法の制定と暴力団排除活動

暴力団対策法は、民間の活力を結集した暴力追放運動を推進するため、その中核組織となるべき全国暴力追放運動推進センター及び都道府県暴力追放運動推進センターを指定する制度を創設したほか、事業者がその使用人等の中から不当要求による被害を防止するために必要な責任者を選任し、公安委員会または都道府県暴力追放運動推進センターが実施する講習の受講や警察との連携の強化等を通じて暴力団員等による不当要求に適切に対処していく仕組みを整備するなど、暴力団排除活動の分野においても、重要かつ有効な諸制度を導入し、その取組みを大きく前進させた[*5]。

しかし、暴力団対策法の成立・施行を契機とする暴力団排除活動の進展

は、同法に直接規定されたこれらの制度の導入に止まるものではない。暴力団対策法立案関係者が、同法制定の意義について、「暴力団を反社会的団体として法的に位置付けることによって、暴力団の社会からの孤立化への流れを決定的なものとした」ことを挙げていたとおり[*6]、同法の成立・施行により、社会における暴力団排除気運は大いに高まり、暴力団対策に資する他の法令の整備を始め、さまざまな分野において暴力団排除に向けた取組みが進展することとなった。暴力団対策法の施行後の暴力団排除施策の進展は、多岐にわたるためそのいちいちを挙げることは困難であるが、ここではその一部を紹介することとしたい。

(2) 公共部門における暴力団排除活動

① 公共工事その他の公共事業からの暴力団排除

公共工事については、暴力団員等が活発に介入して違法・不当に資金の獲得を図っている実態があることから、暴力団対策法の制定前から、一部の地方自治体において、公共工事の指名停止基準の中に暴力団関連業者の排除条項を盛り込み、警察から通報のあった暴力団関連業者を公共工事から排除する措置をとるなどの取組みがなされていた。

暴力団対策法の施行後は、国が発注する公共工事からの暴力団排除についても進展がみられるようになり、平成5年、建設省の「地方支分部局所掌の工事請負契約に係る指名基準の運用基準」において「暴力団員が実質的に経営を支配する建設業者又はこれに準ずるもの」が排除対象とされたところであるが、17年には、国土交通省と警察庁との間で、当該基準に基づく排除対象に暴力団員と社会的に非難されるべき関係にある者等が含まれるとの解釈を明確にすること、都道府県警察と地方整備局等との連携を強化すること等が合意された。

[*5] たとえば、暴力団関係相談受理件数は、平成4年の31,231件から平成23年の40,971件へと増加しているが、最近は暴力関係相談の半数以上を暴力追放運動推進センターが受理しており、センターの主要業務である相談事業は完全に社会に定着したといえる。

[*6] 国松孝次「暴力団対策法の成立と今後の暴力団取締りについて」(警察学論集第45巻第1号3頁)

また、政府の犯罪対策閣僚会議においては、18年12月、「公共工事からの排除対象の明確化と警察との連携強化」及び「暴力団員等による不当介入に対する通報報告制度の導入」を推進することとされ、次いで21年12月には、公共工事以外の公共事業や民間工事等についても暴力団排除を進めることとされた。これらを受けて、24年9月までにすべての省庁において公共事業等から暴力団排除を推進するための枠組みが構築されたほか、22年7月には中央建設業審議会の公共工事標準請負契約約款に、暴力団排除条項が導入されるなどの取組みが進められている。

　なお、地方公共団体が発注する公共事業等からの暴力団排除についても、24年12月現在、すべての都道府県において、公共工事の指名基準、契約条項等に暴力団員と社会的に非難されるべき関係にある者等をも排除対象とする暴力団排除条項が導入されているほか、35の都道府県において、排除範囲のあらゆる公共事業等への拡大及び不当要求がなされた際の通報報告制度の導入が実現している。

② **各種許認可等における暴力団排除条項の整備**

　さまざまな事業活動に介入して資金獲得活動を行う暴力団の違法・不当な活動を防止するためには、暴力団員等であることを業の許認可等の欠格要件とすることにより、事業活動からあらかじめ排除することが有効である。

　暴力団員等が営業許可を取得するなどして違法・不当な活動を行うことが懸念される業態のうち、建設業及び不動産業については、暴力団対策法の制定前から、それぞれ建設業法及び宅地建物取引業の既存の規定の解釈により、暴力団員や暴力団員が役員等になっている法人に対して業の許可を与えない運用がとられていたが、暴力団対策法の施行後、暴力団員等を業の許認可等の対象から排除する規定が積極的に整備されるようになり、これまでに、債権管理回収業に関する特別措置法（関連論考344頁参照）、廃棄物の処理及び清掃に関する法律、貸金業法、使用済自動車の再資源化等に関する法律等に関する法律等、30を超える法令で暴力団排除条項の整備がなされるに至っている。

③ **行政対象暴力対策の推進**

　国や地方公共団体等の行政機関やその職員に対する暴力団の不当要求に適

切に対処するため、全国の自治体において、不当要求等に対する組織的な対応を規定する、いわゆるコンプライアンス条例・要綱等の制定が進められている。コンプライアンス条例の制定は、平成15年末には886団体（全地方公共団体の27.3％）にとどまっていたが、24年10月までに全国のすべての地方公共団体で制定・施行されるに至っている。

また、行政機関における不当要求防止責任者の選任も年々増加しており、23年現在、全国で13万1,454人が不当要求防止責任者に選任され、同年中に全国で約２万8,700人が不当要求防止責任者講習を受講した。

④　その他の取組み

このほかにも、暴力団による違法・不当な活動に対処するための幅広い取組みが進められており、暴力団員による不正受給事案が発生している生活保護や各種の給付金、貸付金等の給付の分野のほか、公営住宅や公共施設の利用等、さまざまな分野において、各種の排除施策が展開されている。

(3)　民間取引からの暴力団排除

①　企業が反社会的勢力による被害を防止するための指針の制定

暴力団の違法・不当な行為を封じ込め、市民生活の安全と平穏及び健全な経済取引を確保していくためには、警察による暴力団の取締りや暴力団排除施策の推進等とともに、暴力団の資金獲得活動の標的となる国民や事業者等の側においても、暴力団の危険性をよく認識し、被害の防止に向けてあらかじめ十分な対策をとっておくことが重要である。

平成19年６月、政府の犯罪対策閣僚会議幹事会において申し合わされた「企業が反社会的勢力による被害を防止するための指針」（資料編646頁参照）は、企業が反社会的勢力による被害を防止するための自主的な取組を進めるに当たっての指針となるものであり、①組織としての対応、②外部専門機関との連携、③取引を含めた一切の関係遮断、④有事における民事と刑事の法的対応、⑤裏取引や資金提供の禁止の５点を基本原則として取組を進めること、また、そのために反社会的勢力の情報を集約したデータベースを構築するとともに、契約書や取引約款に暴力団排除条項を導入すること等を促す内容となっている。もとより、取引遮断の具体的な在り方については、事業分

野ごとに異なる取引の態様やこれを規律する法令、慣行等に照らして個別具体的に判断されるべきものであるが、被害を防止するためにとるべき対策の方向性について関係省庁間で合意に至ったことには意義深いものがあり、同指針の策定後、企業における反社会的勢力排除の取組みも大きく進展している状況にある[*7]。

② **各業界における取組み**

暴力団による違法・不当な行為の被害を防止するため、証券業界、金融業界、生命保険業界、建設業界、不動産業界等の様々な業界において、契約書や取引約款への暴力団排除条項の導入、独自のデータベース構築、従業者への研修の実施等、それぞれの業界の実情に応じた積極的な取組が進められている。中でも証券取引の分野においては、警察庁と日本証券取引業協会のサーバと接続し、証券取引に必要な口座開設を申請する者等の暴力団構成員等の該当性について照会を実施するシステムの運用が平成25年1月から開始された。

全国暴力追放運動推進センター、日本弁護士連合会及び警察庁が平成24年7月に全国の事業者等を対象に実施したアンケート[*8]によると、「企業が反社会的勢力による被害を防止するための指針」(前掲同)を知っているという回答は77.4％、同指針に沿った取組みを行ったという回答は56.8％と、2年前の調査におけるそれぞれ43.5％及び30.8％から大きく改善しており、同指針が着実に浸透していることが窺われる[*9]。

(3) **地域からの暴力団排除**

暴力団事務所は、暴力団の活動の拠点であるとともに、対立抗争が発生す

[*7] このような企業の取組に対して、警察は、警察が保有する暴力団情報の提供、暴力団との関係遮断を図る事業者等の安全確保等の支援を行っている。暴力団排除等のための部外への情報提供については、本書掲載論文376頁を参照。

[*8] 詳細については、警察庁ホームページに掲載している「平成24年度「企業が反社会的勢力による被害を防止するための指針」に関するアンケート(調査結果)」を参照されたい。

[*9] 一方、同アンケートによると、過去5年間に不当要求を受けたことがある企業のうち18.4％が不当要求の全部または一部に応じたと回答しているなど(2年前の調査では21.8％)、依然として課題も残されている。

れば、拳銃発砲等による攻撃の標的となる危険もあることから、その周辺の住民は、日常的に暴力団員とのトラブルに巻き込まれる不安を抱き、あるいは対立抗争の巻き添えとなって生命、身体または財産に被害を受ける脅威にさらされている状況にある。

警察においては、暴力団対策法施行後の平成７年に通達[*10]を発出し、賃貸借契約違反を理由とする民事訴訟の提起、人格権の侵害等を理由とする仮処分の申立て[*11]、「建物の区分所有等に関する法律」に基づく義務違反者に対する措置等、法的手続を利用した事務所撤去について必要な支援を実施しており、４年から23年までの20年間の暴力団事務所の撤去件数（進出阻止を含む。）は、3,896件に上っている。

(4) **暴力団排除条例**

暴力団排除に関する条例は、平成21年に佐賀県、福岡県等暴力団情勢の厳しい九州地方の自治体において最初に制定された後（資料編658頁参照）、暴力団排除気運の高まりと共に全国に広がり、23年10月に全ての都道府県でこの種の条例が施行されるに至った。

その規定内容には地域性がみられるが、暴力団対策法が暴力団員による不当な行為の規制を主な内容としているのに対し、暴力団排除条例は、おおむね暴力団排除を推進するための基本施策や規制の導入を内容としており、たとえば、暴力団の威力を利用したり、その活動を助長することになることを知って暴力団に利益を供与する行為や、学校や福祉施設等の周囲に暴力団事務所を開設する行為等が多くの条例で禁止の対象とされている。

暴力団等への利益供与の禁止に違反する行為については、勧告、公表等の

[*10] 「暴力団事務所等の撤去等の推進について」（平成７年12月26日付け警察庁丁暴一発第108号）は警察庁ホームページで閲覧可能。

[*11] 暴力団事務所の存在により平穏に生活を営む権利（いわゆる人格権）を侵害されていることを理由として、周辺の住民等が裁判所にその使用の差止めを請求する事案については、昭和62年に静岡地裁浜松支部仮処分決定（判例時報1254号45頁）において容認されたものがリーディングケースとなり、その後も多数の裁判例の蓄積がなされたが、平成24年の暴力団対策法の改正により、周辺の住民等から委託を受けた都道府県暴力追放運動推進センターが代わって訴訟を提起することができる制度が導入された。同制度の詳細については、本書掲載論文91頁を参照。

措置の対象とされており、22年には全国で5件の勧告が実施されたが、条例が全国で施行された23年には62件、24年には68件となっており、暴力団を利用するなどの悪質な行為の防止に効果を挙げている。

4 おわりに

　社会や経済情勢の変化等に応じて活動を変化させ、多種多様な手口を駆使して資金獲得を図る暴力団に対しては、その動向を的確に把握しつつ、犯罪の取締り、暴力団対策法を始めとする行政的な規制、そして、各種の暴力団排除施策を連動させながら対策を進めることが重要であることは、改めて繰り返すまでもないところである。

　本稿では、平成9年及び16年の暴力団対策法改正と同法施行以後の暴力団排除活動の進展の状況を振り返ったが、たとえば、暴力団事務所に関し、暴力団対策法の規定に基づく事務所の使用制限の強化、民事的な手法を用いた事務所の撤去請求の活性化、暴力団排除条例に基づく事務所の開設制限の創設といったさまざまな手法での対処が同時並行的に進められてきたことは、暴力団対策法の制定・施行を機に、官民が一体となった総合的な暴力団対策がより一層効果的に展開されるようになっていることを示しているものと考えられる。

　近年の社会における暴力団排除気運の高まりには目覚ましいものがあるが、警察としては、そのような気運の下で推進される事業者、国民等による暴力団排除活動を適切に支えつつ、また、これと効果的な連携を図りながら、取締りの強化、さらなる法令の整備等の取組みを不断に続けていく必要があると考えられる。

第Ⅰ章 暴力団対策法20年の軌跡

平成20年及び24年の暴力団対策法改正の背景及び概要と今後の法制上の課題

前警察庁組織犯罪対策部企画分析課理事官兼暴力団対策課付

阿久津　正好

はじめに

　暴力団に対する民事訴訟については、日本弁護士連合会民事介入暴力対策委員会を中核とした弁護士の取組みが起爆剤となって、昭和60年代前半から、損害賠償請求訴訟や暴力団事務所撤去訴訟[1]という形で提起されてきた（関連論考108頁と117頁参照）。

　警察としても暴力団対策の一手法としてこれを積極的に支援[2]してきたところであり、このうち、代表者等に対する損害賠償請求訴訟については、民法第715条適用についての疑義や原告の過大な立証責任の問題があったことを踏まえ、これを立法的に解決するため、平成16年改正[3]で対立抗争に係る指定暴力団の代表者等の賠償責任を規定したところであるが（関連論考117頁参照）、その他の民事訴訟についても立法的に解決すべき課題が認識されていた。

　また、平成16年改正で規定された上記の賠償責任制度の導入には対立抗争に伴う暴力行為を抑止する効果[4]もあったところであるが、暴力団という組

1　人格権に基づく暴力団事務所の撤去が初めて認容されたものとして、いわゆる一力一家訴訟に係る昭和62年10月9日静岡地裁浜松支部決定（判例時報1254号45頁）。
2　平成19年『警察白書』31頁。また、都道府県暴力追放推進センターによる支援について第32条の3第2項第9号（平成24年改正前の第32条の2第2項第8号）参照。
3　改正内容について堀誠司「「暴力団員による不当な行為の防止等に関する法律の一部を改正する法律」について」（警察学論集57巻6号22頁）。
4　平成19年『警察白書』31頁。

織が、そもそも組織的な暴力の行使によって担保される威力を利用して資金獲得活動を行うことをその本質[5]とする組織（暴力団対策法（以下、条文のみ記す）第3条第1号参照）であることからも、引き続き、暴力団による暴力行為の抑止は、暴力団対策における大きな課題であり、このような観点から何らかの法的な措置を講ずることができないかが模索されていた。

加えて、社会における暴力団排除の高まりから、平成19年6月に犯罪対策閣僚会議幹事会において「企業が反社会的勢力による被害を防止するための指針」（以下「反社指針」という。（資料646頁参照））が申し合わされ、これに基づき各種取引から暴力団が排除されるなど、関係機関・団体が一体となった暴力団対策が推進されてきたところ[6]、暴力団対策法についても、こうした情勢を踏まえた改正の必要性が高まっていた。

そこで本稿では、これら「民事訴訟を通じた暴力団対策」「暴力行為の抑止」「暴力団排除活動の推進」等の観点から、平成20年改正及び平成24年改正の背景及び概要について解説するとともに、さらなる法制上の課題について論じることとする。もとより、本稿中意見にわたる部分は、筆者の私見である。

1 平成20年改正

(1) 背景

平成20年改正時の暴力団情勢をみると、平成19年には、山口組と住吉会及び道仁会と九州誠道会との間に計3件の対立抗争事件が発生し、道仁会と九州誠道会との間の対立抗争においては、道仁会傘下組織組員が佐賀県内の病院に入院中の男性を暴力団関係者と誤認して射殺するという事件が発生して

---

[5] 田中勝也「暴力団による資金獲得活動と暴力団対策法の一部改正」（警察学論集61巻9号35頁）。
[6] 反社指針に基づく企業の対策について詳細に論じたものとして、大橋亘「企業における反社会的勢力対策〜その背景と具体的内容〜」（警察学論集62巻10号106頁）、同11号152頁及び同12号135頁。実務の観点から詳細に解説したものとして東京弁護士会民事介入暴力対策特別委員会編『反社会的勢力リスク管理の実務』（商事法務）参照。

いた。このほかにも、同年には山口組傘下組織幹部による長崎市長に対する拳銃使用殺人事件、極東会傘下組織組員による拳銃使用立籠り事件等が連続して発生し、国民の不安が高まっていた。

　また、平成19年の恐喝による暴力団構成員等の検挙件数は1,688件、指定暴力団員の暴力的要求行為に係る中止命令の発出件数は1,604件といずれも高水準で推移しており、暴力団の威力を利用した資金獲得活動に関連して依然として国民に深刻な被害が発生していることがうかがえる情勢にあった。

　さらに、暴力団による資金獲得活動は、ますます多様化・巧妙化し、暴力団関係企業を通じるなどして一般の事業活動に進出して資金を獲得する傾向にあるが、これに伴い、暴力団員が行政庁に対し事業の許認可等を不当に要求するなどの実態が顕著になってきていた。

　平成20年改正は、こうした情勢を受け、暴力団による不法行為に係る被害回復の促進及び暴力団の資金源の封圧、対立抗争等における暴力行為の抑止等を図ろうとしたもの[7]である。

(2) 概　　要

①　威力利用資金獲得行為に係る代表者等の損害賠償責任

　平成16年改正により対立抗争に係る指定暴力団の代表者等の損害賠償責任規定が創設されたところであるが、当該改正時においても、対立抗争以外の場合における不法行為への範囲の拡大が課題として認識されていた[8]。

　そこで、平成20年改正においてさらに理論的検討が進められた結果、指定暴力団の威力利用資金獲得行為に伴う不法行為について、その代表者等に結果予見可能性、結果回避可能性及び上納金制度を通じた利益享受が認められることを踏まえ[9]、指定暴力団員が威力利用資金獲得行為を行うについて他人の生命、身体または財産を侵害したときは、これによって生じた損害について当該指定暴力団の代表者等が賠償責任を負う旨が規定されることとなっ

---

[7]　島村英ほか「「暴力団員による不当な行為の防止等に関する法律の一部を改正する法律の一部を改正する法律」について」（警察学論集61巻9号40頁）。
[8]　平成16年4月9日衆議院内閣委員会太田昭宏議員及び泉健議員ならびに同月20日参議院内閣委員会吉川春子議員に対する政府答弁参照。
[9]　前掲島村ほか論文57頁。

た（第31条の2）[10]。

　また、暴力団排除意識が高揚したことにより、この種の民事訴訟の増加が予想された一方で、被害者が報復をおそれて泣き寝入りしてしまうことも予想され、特に、損害賠償請求や暴力団事務所使用差止請求等については、指定暴力団の存立基盤に影響を与えるものであるため、指定暴力団が組織を挙げてこれを妨害する可能性が高まっていたことから[11]、当該妨害行為を行うことが暴力団対策法上禁止されることとなった（第30条の2）。

② **暴力行為を助長する行為の規制**

　暴力団対策法においては、対立抗争に伴う暴力行為による市民の被害を防止する観点から[12]、制定当初から事務所使用制限制度（第15条）が設けられており、また、平成16年改正で設けられた対立抗争に係る代表者等の損害賠償責任制度（第31条[13]）も対立抗争の防遏に資するものとなっている。

　ところで、指定暴力団には、対立抗争等に伴い殺人等の罪を犯して服役した構成員が出所した場合、多額の功労金を与えたり、検挙前の地位と比べて格段に高い地位を用意して迎え入れたり、「放免祝い」等と称して各地から暴力団幹部を集めて盛大な祝事を開催したりするなどの慣行が存在するが、このような賞揚・慰労行為は、暴力団の新たな暴力行為を助長する結果となっている[14]。

　そこで、指定暴力団の将来の暴力行為を抑止し、市民社会に対する危険を防止するため、対立抗争における暴力行為や暴力的要求行為等の拒絶に報復するため敢行されるなどした暴力行為の賞揚・慰労を目的とする金品等の供与が規制されることとなった（第30条の5）。

10　暴力団対策法制定時において、被害回復のための民事上の制度、暴力団の不正利益の剥奪、上位者の責任追及制度等が残された課題として認識されていたが（内田淳一「暴力団対策法～残された課題と今後の展望～」（警察学論集45巻1号70頁）、平成16年改正と平成20年改正による代表者等の無過失損害賠償責任制度により、これらの課題について相当程度対応がなされたものと考えられる。
11　前掲島村ほか49頁。
12　暴力団対策法制研究会編著『逐条暴力団員による不当な行為の防止等に関する法律の一部を改正する法律』122頁。
13　平成16年改正時においては第15条の2として規定されていた。
14　前掲島村ほか53頁。

③ 行政・事業者による暴力団排除活動の推進

　最近の暴力団の活動を見ると、組織実態を隠蔽する動きを強めるとともに、活動形態においても、企業活動を利用した犯罪、企業対象暴力、行政対象暴力等を引き起こすなど、その資金獲得活動を多様化・不透明化させている。このような暴力団による多様な資金獲得活動に打撃を与え、暴力団員による不当な行為を効果的に防止し、市民生活の安全と平穏を保つためには、警察のみならず、国・地方公共団体や事業者等が暴力団排除活動を推進していくことが従来以上に重要となってきている。

　そこで、国・地方公共団体の責務として、暴力団排除活動[15]の促進を図るため、情報の提供、助言、指導その他必要な措置を講ずるものとすることが規定されるとともに、事業者等が安心して暴力団排除活動の実施に取り組むことができるよう、その安全の確保に配慮する旨が規定されることとなった（第32条）。

　また、暴力団については、産業廃棄物処理業や建設業等の一般の事業活動に進出し、その威力を背景としつつも、一般の経済取引を装って資金を獲得する傾向がみられる。これらの業に係る許認可規定においては、いわゆる暴力団排除条項が整備されているところであり[16]、公共工事の入札についても国・都道府県を中心に、暴力団を排除するための措置[17]が講じられてきた。これに対し、各種事業の許認可、指揮監督、公金支給、公共工事の入札参加者指名等の権限を有する行政庁に、暴力団側が自己または自己の関係者に有利となるような権限行使をするよう要求する傾向が顕著となってきていた。

　そこで、行政に対し、自己または自己の関係者に対し許認可をすることを要求する行為や、公共工事の入札等に参加させることを要求する行為等が暴力的要求行為として位置付けられ[18]、行政による暴力団排除活動の一層の促進が図られることとなった（第9条）。

　15　暴力団対策法においては「暴力団排除活動」ではなく「暴力排除活動（暴力団員による不当な行為を防止し、及びこれにより事業活動又は市民生活に生じた不当な影響を排除するための活動をいう。）」と規定されている。

　16　たとえば、廃棄物の処理及び清掃に関する法律（昭和45年法律第137号）第14条第5項第2号ロ、建設業法（昭和24年法律第100号）第7条第3号等参照。

　17　平成20年改正直前における状況について、平成19年『警察白書』32頁。

さらに、平成16年改正以降の許認可等に係る暴力団排除条項の整備状況等を踏まえ[19]、指定暴力団としての指定要件である犯罪経歴保有者比率の算定等に用いられる暴力的不法行為等に係る罪として、探偵業の業務の適正化に関する法律（平成18年法律第60号）に規定する罪等が掲げられた（法中別表）。

3　平成24年改正

(1)　背　景

　社会における暴力団排除気運が全国的に高まり、民間事業者等においても、暴力団員からの不当な要求を毅然として拒絶する姿勢が浸透しつつある。これに対し、暴力団は、その組織実態を隠蔽し、合法的な企業活動を仮装するなどして資金獲得を図る動きを強める一方で、自己の意に沿わない事業者に対し、凶悪な暴力行為を敢行するなど、暴力性をむき出しにして目的の貫徹を図る事件の発生も相次いでいる。

　暴力団等によるとみられる事業者襲撃等の事件の発生は、平成19年から平成24年6月までに計105件、とくに平成23年中には29件に上り、その態様も、拳銃使用の殺人事件、会社社長宅への手りゅう弾投てき事件、事業所の放火事件等、きわめて危険かつ悪質なものが発生している。中でも、北九州市に本拠を置く工藤會を含め5つの指定暴力団の本部を抱える福岡県においては、平成19年から平成24年6月までに計60件、平成23年中には17件と、この種事件発生の約6割が集中している。

　また、平成20年改正の背景ともなった道仁会と九州誠道会の対立抗争は、平成18年以来足かけ7年にわたって継続し、その間、福岡、佐賀、長崎及び熊本の4県下で計42回の抗争事件が発生し、死者12名、負傷者13名が生じている。

　こうした中、厳しい暴力団情勢を抱える福岡県、北九州市等から国家公安委員会に対し、平成23年から24年にかけて、暴力団対策法の抜本的改正を含

18　前掲田中勝也論文29頁。
19　別表に掲げる罪の考え方として、前掲堀論文31頁。

む暴力団対策の強化についての要請もなされた。

　こうした情勢を踏まえて警察庁が作成した暴力団対策法改正骨子案について、憲法、刑法、行政法、民事訴訟法等の関係学界、法曹界、言論界、金融・建設等の関係業界のほか、関係地方公共団体の代表者等合計13名により構成される「暴力団対策に関する有識者会議」の意見が聴取され、当該有識者会議において改正骨子案について厳密な検討を加え、慎重な議論を重ねられた結果、同骨子案は、必要かつ目的にかなったものであり、内容も妥当であるとの報告書が提出されたことから、当該報告書を踏まえた平成24年改正が行われることとなった（資料編596頁参照）。

(2) 概　　要

① 住民による暴力団事務所使用差止請求訴訟の促進

　人格権に基づく暴力団事務所使用差止請求訴訟については、昭和62年10月9日静岡地裁浜松支部仮処分決定において初めて認容され（関連論考108頁参照）、警察庁が把握するすべての事件において住民側勝訴または有利な和解が得られており、また、最高裁でも認容[20]されているところであるが、上記平成20年改正による請求妨害禁止規定の整備にもかかわらず、暴力団員による報復等への懸念[21]からこれに躊躇し[22]、この種請求を行えないという状況も生じている。

　そこで、消費者契約法（平成12年法律第61号）による適格消費者団体による差止請求制度も参考としつつ団体訴訟制度を導入することを検討したところであるが[23]、人格権による暴力団事務所使用差止請求が実務上も定着[24, 25]し

---

[20] いわゆる赤心会訴訟に係る平成5年3月25日大阪高裁判決（判例時報1469号87頁）の上告審である平成8年12月17日最高裁判決（判例集未登載）。

[21] たとえば、平成19年10月には、山口組傘下組織事務所の撤去を目的として決起大会等を開催するなどしていた付近住民の中心人物が同組関係者に刃物で臀部を刺される事件が鹿児島県において発生している。また、暴力団事務所使用差止請求訴訟のリーディングケースである一力一家訴訟においては原告弁護士が刺傷される被害を受けている（三井義廣「浜松における暴力団追放運動と弁護士の役割」（自由と正義39巻6号18頁））。

[22] 参議院議員又市征治君提出暴力団員による不当な行為の防止等の対策の在り方に関する質問に対する答弁書（平成24年5月29日内閣参質180第116号）四について。

ていることを踏まえると、適格消費者団体による差止請求制度において採用されている固有権構成の差止請求ではなく、当該人格権に係る授権構成による制度を導入することがもっとも適当である、と政府として判断された。

そこで、都道府県暴力追放運動推進センターのうち国家公安委員会が認定したものが、当該センターの暴力団排除に係る自らの任務を達成するため[26]、任意的訴訟担当[27]に係る担当者として付近住民等から委託を受けて、自ら当該差止請求を行うことができることとする制度[28]が、国家公安委員会による適格都道府県暴力追放運動推進センターの認定制度（関連論考91頁参照）と併せ、法律上明定されることとなった[29]（第32条の4）。

② 暴力行為の抑止のための規制の強化

平成20年改正により、暴力行為を一層助長することとなる賞揚・慰労を目的とする金品等の供与が規制されることとなったが、道仁会と九州誠道会に

---

23 適格消費者団体による差止請求制度に触れつつ、都道府県暴力追放運動推進センターによる暴力団事務所使用差止請求制度を提言したものとして、橋本基弘「暴力団と人権〜暴力団規制は憲法上どこまで可能なのか〜」（警察政策13巻23頁）。
24 参議院議員又市征治君提出暴力団員による不当な行為の防止等の対策の在り方に関する再質問に対する答弁書（平成24年6月29日内閣参質180第149号。以下「再答弁書」という。）二について。
25 寺本明広「近隣住民による暴力団組事務所使用差止めの仮処分」（判例タイムズ1078号182頁）。
26 任意的訴訟担当について担当者自身に利益があることを要するとするものとして、中野貞一郎「当事者適格の決まり方」判例タイムズ819号19頁及び822号28頁。平成24年改正においては「暴力団の事務所の使用により付近住民等の生活の平穏又は業務の遂行の平穏が害されることを防止すること」（第32条の3第2項第6号）を暴力団員による不当な行為の防止及びこれによる被害の救済に寄与することを目的（第32条の3第1項第1号）とする都道府県暴力追放運動推進センターの事業として明確化した上で、第32条の4第1項において当該「事業を行う場合において」と規定し、この趣旨を明らかにしている。
27 任意的訴訟担当に係る担当者として適格都道府県暴力追放運動推進センターが暴力団事務所使用差止請求訴訟を追行することが可能であることを初めて理論的に明らかにしたものとして、三木浩一「暴力団追放団体訴訟の立法における理論と展望」NBL969号24頁。
28 本改正については、日本弁護士連合会から「人格権という一身専属的権利を任意的訴訟担当という制度により授権しうるかという疑問がある」などとする会長声明（平成24年2月15日）が発せられた。民事基本法令及び弁護士関係法令を所管する関係省庁からも当該声明以前からまったく同じ理由により消極意見が提起されていたが、最終的に「本制度が最も適当」であるとして改正法案が閣議決定され、前掲再答弁書により政府統一見解としてこのことが明らかにされた。

よる危険な暴力行為を伴う対立抗争は継続しており、また、事業者等に対する報復目的とみられる暴力行為も引き続き後を絶たない現状にある。

他方、当該暴力行為を抑止するための行政上の措置としては、平成20年改正を除けば、対立抗争については暴力団対策法制定当初に規定された事務所使用制限命令（第15条）のみであり、事務所以外の場所で行われる危険な暴力行為を抑止できる仕組みとはなっていないなどの問題があった。

また、暴力的要求行為等については、違反者に対して行政命令を発出することができるのみであり、危険な暴力行為に発展するおそれのある暴力的要求行為等の抑止としては不十分であるという問題があるほか、当該行政命令は個別の組員に対して発出されるものであることから、異なる組員によって次々と暴力的要求行為等が行われた場合に対処することが困難であるという問題[30]があった。

そこで、平成20年改正で設けられた賞揚・慰労の禁止に係る第30条の5各号の規定を踏まえ、とくに危険な対立抗争を行っている指定暴力団を特定抗争指定暴力団として指定し、危険な抗争行為が発生するおそれのある区域を警戒区域として設定した上、警戒区域内における対立抗争に係る暴力行為を誘発するおそれがある事務所の新設、対立相手の暴力団員へのつきまとい、多数での集会等について直罰をもって臨むこととするとともに、暴力的要求行為の拒絶等に関連して危険な暴力行為を行った指定暴力団員等に係る指定暴力団を特定危険指定暴力団として指定し、暴力的要求行為等またはこれに伴う暴力行為が行われるおそれがある区域を警戒区域として設定した上、その構成員が警戒区域内等で行った暴力的要求行為等について直罰をもって臨

29　昭和45年11月11日最高裁大法廷判決（民集24巻12号1854頁）の趣旨に照らせば、明文の規定によらない都道府県暴力追放運動推進センターによる暴力団事務所使用差止請求訴訟が可能という考え方もあり得るが、事案ごとに任意的訴訟担当の要件の有無を裁判所に個別判断させることとなることからも（法務省民事局参事官室編『新しいマンション法』167頁参照）、法律上明定することとされた。なお、人格権訴訟として争われるのが通常である環境権について明文の規定によらない任意的訴訟担当による訴訟追行の可能性を論じたものとして伊藤眞「紛争管理権論再論～環境訴訟への受容を目指して」・竜崎還暦『紛争処理と正義』（有斐閣）203頁参照。

30　平成9年5月13日衆議院地方行政委員会中野正史議員に対する佐藤政府委員（警察庁刑事局長）答弁。

むこととすることにより、危険な暴力行為を抑止することとされた（第15条の2、第30条の8）。

③ 行政・事業者による暴力団排除活動の一層の促進

平成19年6月の反社指針以降の行政・事業者による暴力団排除活動の進展は、目覚ましいものがある。平成20年改正以降も、たとえば、国及び地方公共団体は、平成21年12月、犯罪対策閣僚会議の下に設置された暴力団取締り等総合対策ワーキングチームにおける申合せ等に基づき、警察と連携して受注業者の指名基準や契約書に暴力団排除条項を盛り込んだほか、受注業者に対して、暴力団等に不当に介入された場合の警察への通報等を義務付けるなどの取組みを推進している。また、事業者においても、反社指針等に基づき、各種取引からの暴力団等の排除を進めている。さらに、平成23年10月には、全ての都道府県において、いわゆる暴力団排除条例が施行されることとなった。

平成24年改正においては、こうした行政・事業者による暴力団排除活動の進展を踏まえ、これを一層促進する観点から、下記の改正が行われた。

ア 責務規定の整備

平成20年改正により国・地方公共団体の民間の暴力団排除活動の促進に係る責務規定が設けられたが、国・地方公共団体自らの事務事業に関する暴力団排除活動に係る規定は設けられておらず、また、前述の国・地方公共団体の入札からの暴力団排除についても、その法律上の明文の根拠規定が存在しなかった。

そこで、国・地方公共団体の責務として、入札に指定暴力団員等を参加させないようにするための措置を講ずる旨を規定するとともに、その事務事業に関する暴力団排除に係る責務規定が整備されることとなった（第32条）。

また、事業者において、暴力団の要求に対する適切な対応方法がわからなかったりするなどにより、結果的に暴力団の介入を許す結果を招いている例も見られること等を踏まえ、事業活動を通じて暴力団員に不当な利益を得させることがないよう努めなければならない旨が事業者の責務として明記された（第32条の2）[31]。

イ　暴力的要求行為の追加

　平成20年改正で追加された行政対象暴力に係る暴力的要求行為について、その後の実態を踏まえ、公共工事に係る入札等のみならず売買、貸借その他の契約全般に拡大するなどすることとされた。

　また、暴力団排除条項を設けて取引から暴力団を排除している銀行業界、証券業界、宅地建物取引業界、建設業界等において、事業者等が拒絶しているにもかかわらず暴力団が当該取引を要求する実態が見られたことから、当該取引要求を暴力的要求行為として規定することとし、暴力団排除を行おうとする事業者の拒絶に係る自由な意思を保護し、これら業界における暴力団排除の一層の促進を図ることとされた（第9条）。

　ウ　周辺者規制の強化

　(ｱ)　準暴力的要求行為に係る主体の拡大

　暴力団対策法の施行以降、暴力団が周辺者を用いて資金獲得活動を行うという傾向がみられるようになってきた情勢[32]を踏まえ、平成9年改正[33]により準暴力的要求行為の制度が創設された[34]。

　しかしながら、近年、暴力団排除活動の一層の進展を受け、暴力団の資金獲得活動が更に巧妙化してきている状況を踏まえ、指定暴力団員が準暴力的要求行為を行うことを要求、依頼又は唆す行為のみならず、これを助ける行為も禁止されることとなった（第12条の3）。

　また、最近における準暴力的要求行為に係る実態を踏まえ、準暴力的要求行為が禁止される主体として、指定暴力団の威力を示すことを常習とする元

31　事業者の責務規定に係る趣旨及び解釈として、平成24年6月20日参議院内閣委員会浜田昌良議員に対する松原国務大臣（国家公安委員会委員長）答弁並びに同年7月20日衆議院予算委員会浅尾慶一郎議員に対する松原国務大臣及び栗生政府参考人（警察庁組織犯罪対策部長）答弁等。

32　三浦正充「暴力対策法施行5年の状況と暴力団対策の課題」（警察学論集50巻8号1頁）。

33　平成9年改正の内容について、藤本隆史「暴力団員による不当な行為の防止等に関する法律の一部を改正する法律の一部を改正する法律について」（警察学論集50巻8号31頁）。

34　周辺者規制が暴力団対策法立法当初から課題であったことについて、前掲内田論文77頁。

指定暴力団員（指定暴力団員でなくなってから5年を経過しない者）や利益供与者等が追加されることとなった（第12条の5）。

(イ) 縄張に係る禁止行為に関する規定の創設

債権取立業等、暴力団員が資金獲得活動のために関与・介入するおそれが大きい営業から暴力団員をあらかじめ排除しておくことの必要性については、暴力団対策法制定時から既に認識されており、具体的には、指定暴力団員が当該営業を営むことを禁止するとともに、当該営業者が指定暴力団員を利用したりする行為をした場合における当該営業者に対する指示や、指定暴力団員が当該営業を営んでいる場合における当該営業の廃止命令等を柱とする「指定営業制度」[35]の創設が検討されていた。しかしながら、営業を規制していくことについては、とくに新規立法の場合には謙抑的であるべき[36]であるなどの理由から継続検討とされていた[37]。

その後、各業法において許認可等の欠格事由等としての暴力団排除条項の整備が推進されたことにより、営業者に対する行政庁の処分が可能となる当該営業の範囲は順次拡大していったが、このような業法が存在しない営業については引き続き対処困難であったほか、暴力団排除条項が整備されている業法であっても、暴力団員が当該営業に従業者等として従事することを禁止する旨を定めるものは少数であり、かつ、業法の性格上、営業者ではない当該暴力団員に対して直接行政処分を行うことは、困難であるという問題が存在していた。

平成24年改正においては、当初、指定営業制度と同様、各営業ごとに暴力団排除の必要性が検討されたところであるが、当該営業に係る業法の有無の問題等、制定時と同様の論点があること等を踏まえ、改めて検討が重ねられた。

その結果、暴力的要求行為その他の違法行為に発展しやすい業務という別

---

35 平成3年2月6日「「暴力団」対策に関する法律案の考え方の骨子」（警察庁刑事局案）『警察学論集』45巻1号137頁。
36 平成3年4月19日衆議院地方行政委員会草野威議員の質問に対する國松政府委員（警察庁刑事局長）答弁。
37 前掲内田論文73頁。

の切り口から用心棒業務、契約締結勧誘業務及び債権取立業務が抽出されたことから、これに指定暴力団員が従事すること及び営業者が当該業務に指定暴力団員を従事させることを禁止し、命令で担保する制度が検討されることとなり[38]、さらに暴力団対策法その他の法体系上の整合性を整理した結果、指定暴力団員がその縄張内において営業者のために用心棒行為、訪問による契約締結勧誘行為及び面会による債権取立行為をすること及びこれらを営業者と約束することを禁止し、指定暴力団員に対する中止命令等でこれを担保するとともに、営業者に対しても再発防止命令を発することができることとする制度が創設されることとなった（第30条の 6 ）。

　エ　別表の改正

　平成20年改正以降の許認可等に係る暴力団排除条項の整備状況等を踏まえ、暴力的不法行為等に係る罪として、割賦販売法（昭和36年法律第159号）第 5 章に規定する罪等が掲げられた（法中別表）。

　④　**暴力団の潜在化・巧妙化に対応した規定の整備**

　近年、暴力団はその活動をますます潜在化・巧妙化させており、暴力団対策法による規制から逃れようとする傾向が顕著に見られる。暴力団対策法の規定による命令についても、暴力団員が意図的に所在不明であることを装うことにより、命令の効力の発生[39]を妨げていると見られる事案が発生している。

　このような場合、民法第98条の規定による公示送達の方法をもってこれに代えることができるものと解されているが[40]、同条の規定による簡易裁判所による公示送達によってこの問題に対処することについては、迅速な被害者保護の観点からも限界がある[41]。

　そこで、書類による送達と緊急時の口頭による命令を法律上規定することと併せ、民法第98条の特則として、他の行政法令における公示送達に関する

38　暴力団対策に関する有識者会議報告書50頁。
39　一般に、行政処分については、特別の規定がない限り、意思表示の一般的法理に従い、その意思表示が相手方に到達した時、すなわち、相手方が現実にこれを了知し、または相手方の了知し得べき状態に置かれた時にその効力が生ずるものと解されている（最判昭和29年 8 月24日（刑集 8 巻 8 号1372頁）。

規定を踏まえ、命令の相手方の所在が明らかでない場合に都道府県公安委員会がその掲示板に掲示する方法により公示送達を行うことができる旨の規定が整備されることとなった（第39条の2）。

また、このような潜在化・巧妙化の傾向を踏まえ、第33条第1項の規定による質問検査について、立入検査妨害に加え、当該立入検査時における質問陳述拒否についても新たに処罰することができるよう規定が整備された（第49条）。

4　今後の課題

(1)　民事訴訟を通じた暴力団対策の一層の促進

　民事訴訟を通じた暴力団対策は、現在、総合的な暴力団対策における重要な位置付けを占めるに至っている。

　暴力団対策法においても、平成16年改正以降、損害賠償請求訴訟及び暴力団事務所撤去訴訟に係る規定が順次整備されており、上記のとおり、平成24年改正においては、人格権に基づく暴力団事務所使用差止請求訴訟について、適格都道府県暴力追放運動推進センターが自ら訴訟追行をすることができる制度が創設されたところであるが（前掲同）、人格権に基づく暴力団事務所使用差止請求訴訟以外の訴訟、具体的には、損害賠償請求訴訟や所有権等に基づく暴力団事務所撤去訴訟については、引き続き、損害賠償請求権又は所有権等を有する者が直接暴力団と対峙する必要がある。

40　昭和28年7月28日付け文化財保護委員会事務局長あて内閣法制局第一部長回答。なお、近年の多数説（たとえば、宇賀克也『行政法概説Ⅰ（第2版）』317頁等）は、行政処分の意思表示に対する民法第98条の適用を肯定しているほか、大阪高判平成8年11月26日（判例時報1609号150頁）は、行政処分の意思表示に民法第98条が適用される旨を判示しており、実際、平成23年中にも他法令の規定による行政処分について、民法第98条の規定による簡易裁判所による公示送達が行われた行政実例が存在している。

41　平成23年中の行政実例においては、公示送達の申立てから簡易裁判所による公示送達決定までに49日間を要している。

この点については、暴力団対策に関する有識者会議においても「将来の課題として、暴力団事務所使用差止請求のみならず、損害賠償請求等にも対象を広げていくことを検討すべきであり、またそれを見据えた制度設計とすべきである」[42]との指摘がなされているところであり、今後、検討を進めていく必要があるものと考えられる。また、その際には、適格都道府県暴力追放運動推進センターに委託をする授権者の保護を図るための規定[43]についても併せて検討を進めていくべきであろう[44]。

(2) 暴力行為の抑止のための規制の強化

　事業者等に対する危険な暴力行為を抑止する観点から平成24年改正で設けられた特定危険指定暴力団制度において、暴力的要求行為等は直罰の対象とすることとされたが、当該暴力的要求行為を目的とした面会要求等については命令で対処することとされ、また、準暴力的要求行為について直罰の対象とはなっていない。

　これらの点については、暴力団対策に関する有識者会議において「一般市民は、暴力団につきまとわれたり、うろつかれたりするだけで非常に嫌なものであり、一般市民への危害の防止を徹底する観点から直罰にすべきである」[45]といった意見や「準暴力的要求行為が直罰の対象となっていないことから、指定暴力団がフロント企業等を用いて準暴力的要求行為を用いる方向に移行するのではないか」[46]との懸念が示されたところであり、事務局の警察庁

---

42 『暴力団対策に関する有識者会議報告書』24頁。
43 考え得る具体的な規定として前掲三木論文35頁。
44 河野憲壮「暴力団対策法の改正について」(自由と正義63巻6号13頁)においては、「例えば、上記の団体訴訟においてビデオリンクや遮蔽措置を講じることが可能であることを明確化する規定を導入する」などを検討すべきとしている(17頁)。また、平成24年6月19日参議院内閣委員会における参考人質疑においては小林節参考人(慶應義塾大学法学部教授)から「さっきのつい立ての件ですけども、三権分立とおっしゃいましたけど、弁護団の頑張りも一つですけども、裁判官によって適用にばらつきがあるんであれば、それこそ三権分立ですから、立法府ではこういう場合はこうしますと書いてしまえばいいんです」と陳述されている。
45 『暴力団対策に関する有識者会議報告書』16頁。
46 『暴力団対策に関する有識者会議報告書』16頁。

からは「今後の検討課題とさせていただきたい」旨説明されているところである。したがって、今後、立法事実を踏まえて必要があれば、これらを直罰の対象[47]とすることについて検討する必要があるものと考えられる。

また、特定抗争指定暴力団制度についても、危険な対立抗争を抑止する観点から、第15条の3に規定された禁止行為のみで十分か否かについて、不断の検討を加えていく必要があるものと考えられる[48]。

(3) 周辺者規制に関する規定のさらなる整備

平成24年改正においては、新たに事業者の責務規定が設けられるとともに、縄張に係る禁止行為について営業者に対し行政処分を行うことが可能となった。

前述のとおり、暴力団については、暴力団の威力、情報力、資金力等を利用することによって自らの利益拡大を図る、いわゆる共生者が引き続き大きな問題として捉えられているところ、今後、その実態の変化に対応して、たとえば、縄張に係る禁止行為の対象行為を拡充していくこと等[49]について、引き続き検討していく必要があるものと考えられる。

(4) 暴力団の潜在化・巧妙化に対応した実態解明措置規定の整備

暴力団については、近年、ますます潜在化・巧妙化の傾向を強めている。たとえば、事業者等に対する襲撃事件等の暴力団犯罪については、一般に、

---

47 たとえば、暴力的要求行為の未遂罪等として規定すること等が考えられる。また、準暴力的要求行為を直罰の対象とする場合には、併せて準暴力的要求行為を要求し、依頼し、唆し又は助ける行為（第12条の3）について、これを独立して処罰すること（道路交通法（昭和35年法律第105号）第65条第2項ないし第4項参照）も検討に値するものと考えられる。

48 平成3年の暴力団対策法立案過程において対立抗争時における車両の使用規制等が検討されていたが将来的な検討課題として見送られたことについて、平成3年4月19日衆議院地方行政委員会草野威議員に対する國松政府委員答弁。

49 対象行為の拡充以外としては、たとえば、縄張に係る禁止行為に関する営業者に対する行政処分について、「指定営業制度」を参考とした命令規定を整備したり、命令違反行為に係る両罰規定を整備したりすることのほか、当該制度を実効あらしめる実態解明に係る規定を整備すること等が考えられる。

巧妙な手口により犯行現場にほとんど証拠を残さないようにしている、組織からの報復を恐れて暴力団関係者からの供述が得られない、組織的な証拠隠滅が行われていると見られるといった犯罪組織特有の事情から、物証に加え、とくに人証の確保が困難であるという問題がある。このため、通信傍受の拡充等の捜査手法の高度化が議論されているところであり、平成24年改正においても、たとえば通信傍受について「特に、通信傍受制度については、暴力団犯罪の捜査において、客観証拠による立証を図ることを可能とするために極めて有効であると考えております」などと松原国務大臣（国家公安委員会委員長）から答弁されているところである[50]。

　このような事情は、暴力団の構成員[51]や組織実態[52]等を解明し、当該暴力団を指定暴力団として指定するという制度を採る暴力団対策法の運用にも影響を与え得るものであると考えられる。

　現在、このような暴力団の構成員や組織実態等については、多くの場合、刑事訴訟法等の規定に基づく捜査を通じて解明されているところであるが、指定暴力団としての指定[53]や中止命令等についての要件事実の解明については、平成24年改正で罰則規定が拡充された行政調査によって行うことが想定されていることに鑑みれば、現在、刑事訴訟法等で認められているような手法についても、今後、行政調査としてこれを規定していくことについて検討されるべきではないかと考えられる。

　また、当該検討に当たっては、併せて、たとえば、暴力行為を未然防止するための現場における行政上の即時執行[54]についても検討していくべきであろう。

50　平成24年6月20日松村龍二議員に対する松原国務大臣答弁。
51　暴力団対策法第3条第2号。
52　暴力団対策法第3条第1号及び第3号。
53　平成24年改正に際し、暴力団員による不当な行為の防止等に関する法律の一部を改正する法律施行規則（平成3年国家公安委員会規則第4号）第36条が改正され、指定暴力団等の指定のための暴力団事務所の立入検査が可能であることが明確化された。
54　たとえば、特定抗争指定暴力団・特定危険指定暴力団に係る警戒区域における指定暴力団員に対する即時執行が考えられる。

(5) 暴力団の非合法化

　平成24年改正に当たっては、暴力団対策に関する有識者会議において「新たに事案が発生した都度規定していくというやり方は、モグラ叩きのように見えるので、さらに抜本的に見直し、暴力団を根こそぎ取り締まれるという方法を検討すべきである」[55]という意見が出されたほか、国会審議においても「暴力団はなぜ非合法化できないんですか。要するに違法、存在自体を違法。今回の法律は、暴力団は存在してもいいですよ、しかし厳しく規制しますよ、こういうことでしょう」[56]といった指摘がなされるなど、暴力団の非合法化が論点として取り上げられた。

　憲法に規定する結社の自由の保障（第21条第1項）の解釈として、通説[57]は、犯罪を行うことを目的とする結社は禁止され得るとしており、先進国においては、組織犯罪に対し、大別して、犯罪一般についてその共謀を処罰する方法（英米法）または犯罪組織への参加その他を処罰する方法（大陸法）[58]、すなわち、刑事実体法等によって犯罪として非合法化している[59]。

　しかしながら、前者の共謀罪構成は格別、後者の参加罪構成については、我が国の刑罰法規の体系との整合性[60]から十分な検討が必要[61]になってくるものと考えられる。

　また、行政的な規制についても、現行暴力団対策法上は、指定暴力団は「犯罪を目的とする」団体とは位置付けられておらず、また、「その暴力団員が集団的に又は常習的に暴力的不法行為等を行う」団体でもなく、飽くまでも、暴力団の実態に即して、当該暴力的不法行為等を行うことを「助長する

55　『暴力団対策に関する有識者会議報告書』12頁。
56　平成24年7月20日衆議院内閣委員会平沢勝栄議員。
57　芦部信喜『憲法（第5版）』212頁、野中俊彦ほか『憲法Ⅰ』338頁。
58　平成18年6月2日衆議院外務委員会武正公一議員に対する河野法務省副大臣答弁。
59　平成24年7月20日衆議院内閣委員会平沢勝栄議員に対する栗生政府参考人答弁。
60　平成18年5月17日衆議院内閣委員会川内博史議員に対する大林政府参考人（法務省刑事局長）答弁。
61　平成20年4月17日参議院内閣委員会松村龍二議員に対する泉国務大臣（国家公安委員会委員長）答弁。

おそれが大きい」団体、と規定[62]していることから、指定暴力団をそのままの要件で非合法化することについては、結社の自由との関わりから慎重な検討が必要となろう[63]。

さらに、仮に理論的に非合法化が可能であったとしても、その実効性を確保できるか否かについては別論であり、とくに通信傍受といった捜査・調査権限が認められていない現状[64]においては、暴力団を弱体化ひいては壊滅するという政策目的を達成する手段としてそもそも妥当か否かという観点から[65]慎重な検討が必要になるものと考えられる。

おわりに

平成20年改正及び平成24年改正は、その時々の暴力団情勢を反映しつつ、暴力団対策法制定当初からの課題について、その後の理論的な検討の蓄積や実務の展開を踏まえて盛り込まれた革新的な改正内容が多く、その意味で相当程度抜本的な改正と言い得る[66]ものであると考えられるが、上記4で述べたとおり、引き続き課題として検討されるべき事項[67]も残っている。

警察においては、暴力団犯罪の取締りの徹底、関係者の安全に配慮した暴

62　暴力団対策法第3条柱書。
63　平成24年6月20日参議院内閣委員会松村龍二議員に対する松原国務大臣答弁。
64　平成24年6月20日参議院内閣委員会松村龍二議員に対する松原国務大臣答弁。
65　前掲橋本講演24頁は、都道府県暴力追放運動推進センターによる暴力団事務所使用差止請求制度の創設の提言をしつつ、当該提言について「むしろそのような形で暴力団と向き合う、そういう組織をつくるということのほうが恐らく組織規制、組織そのものを規制する、組織をつぶす、あるいは組織の形成を認めないということよりもはるかに有効な対応策になるのではないかというふうに考えている」としている。
66　平成24年7月20日衆議院内閣委員会平沢勝栄議員に対し栗生政府参考人は「かなり大幅な規制の強化をするものだとは私ども自負はしております」と答弁している。
67　上記4以外の課題としては、たとえば、上位者責任の追及があり、平成24年改正に係る福岡県等からの要望においても「構成員の違法行為に関して使用者を罰する両罰規定の導入」が記載されている。両罰規定導入上の論点として暴力団対策法制定当初に検討された内容について、前掲内田論文80頁。また、政府答弁としては、平成19年銃砲刀剣類等取締法改正における平成19年11月22日参議院内閣委員会風間昶議員に対する片桐裕政府参考人（警察庁生活安全局長）答弁。なお、暴力行為の抑止のため、特定危険指定暴力団の指定の効果として第10条（暴力的要求行為の要求等の禁止）を直罰化することも上位者責任追及の側面から検討に値するものと考えられる。

力団排除活動の推進に加え、暴力団対策法の効果的な運用の3本柱[68]で暴力団の弱体化・壊滅に向けた取組を強化しているところであるが、今後とも、暴力団の弱体化・壊滅に向け、当該課題について不断に検討を加えていく必要があるものと考えられる。

---

68 平成24年7月20日衆議院内閣委員会森山浩行議員に対する松原国務大臣答弁。

第Ⅰ章-❷ 暴追センターの機能と役割の20年

暴追センター20年の取組み
～その使命と活かすべき機能の検証

中林　喜代司（全国暴力追放運動推進センター参与）

1　はじめに～暴追センターの使命と機能の進化～

　暴力団が存在しない安全で住みよい社会の実現は、警察活動のみでなし得るものではない。社会のあらゆる分野の民間活力を結集して暴力団の社会的・経済的基盤を切り崩すことが必要である。暴力追放運動推進センター（以下「暴追センター」）はその使命を担って、平成4年3月1日施行された「暴力団員による不当な行為の防止等に関する法律」（以下「暴対法」）に基づき法的な裏付けを与えられた民間の組織として、国家公安委員会から指定された全国暴追センターと、各都道府県の公安委員会から指定された都道府県の暴追センターとして設置された。

　以来20年余が経過したが、この間、暴追センターは、暴力団等の排除促進を図ることはもとより、暴力団等対象の変容に対応して不当な要求等の相談を受け入れ、相談者本位のサービスを提供するなど「駆け込み寺」としての機能を発揮してきた。また、警察の取締りと並行して、地域・職域等における暴力団排除組織が次々と結成されるなど、官民一体の暴力団排除活動が進んでいるが、暴追センターはそれらの中心的役割を担ってきた。

　一方で、暴追センターの活動が十分に周知されていないことが、自治体の財政悪化事情と相まって出資外郭団体の見直しの対象にされ、長野県のように暴追センターの廃止が答申された極端な例もあった（平成15年12月）。いち早く、「廃止反対」を表明した日弁連をはじめとする各界の行動から暴追セ

ンターの存在意義が理解され、同県暴追センターは存続となったが、その過程で弁護士、警察、暴追センターの三者が暴追センター活性化に向けて理解を深めた意義は、きわめて大きなものであった。暴追センターは、この三者連携のなかでその機能を活かし存在感を増してきたものと実感する。

本稿では、そのような20年余の暴追センターの活動のなかで、活かされてきた「暴追センター機能」について確認し、その機能を高める運営基盤強化の取組みを紹介することとする。

2　暴追センターの事業と活動状況

(1)　暴対法上の事業

暴追センターが行う事業は、暴対法によって規定されている。

都道府県暴追センターについては、①広報・啓発活動、②民間の暴力団排除組織活動の援助、③相談活動、④少年に対する暴力団の影響を排除する活動、⑤暴力団から離脱の意志を有する者を助ける活動、⑥暴力団事務所による付近住民等の平穏等が害されることを防止する活動（「改正暴対法」平成25年１月施行）、⑦不当要求防止責任者講習（以下「責任者講習」）、⑧不当要求情報管理機関の業務を助ける活動、⑨暴力団員による不当な行為の被害者に対して見舞金の支給、民事訴訟の支援その他の救援（32条の三２項各号）とされており、それぞれの都道府県の区域において事業を展開している。

全国暴追センターについては、①２以上の都道府県における広報活動、②暴力追放相談委員等に対する研修、③暴力団の市民生活に与える影響等に関する調査研究、④都道府県センターの事業についての連絡調整等について行うべきこと（32条の一五２項各号）とされている。

直接市民等に接して事業活動を展開する都道府県暴追センターに対し、全国暴追センターは、その活動の向上を図る立場で諸事業を推進している。

(2)　アンケート調査・広報・啓発活動

地域や企業・行政機関等を対象とするアンケート調査を実施、暴力団等の

排除や被害防止等を啓発するホームページ・ポスター・パンフレット・冊子・ビデオ・ＤＶＤ等の作成につなげ、新聞・ラジオ・テレビ等に反映させる広報啓発活動を行っている。とくに、ホームページについては、バージョンアップを図り、アクセスポイントを広げている。

また、暴追センターが中心になって地域・業界から多数の参加者を集めて開催する暴力追放決起大会等は、高校生の参加に裾野が広がるなど暴追機運の醸成に大きく寄与している。

日弁連・都道府県弁護士会の民事介入暴力対策委員会（以下、「民暴委員会」）との共催により毎年全国規模で開催されている民事介入暴力対策全国大会は、時事の暴力団問題を踏まえたものとなって効果を上げており、「暴追センター」をテーマに取り上げた大会もあった（平成18年7月長野大会）。

(3) 暴力団排除組織の結成支援活動

暴追センターは、暴力団排除活動を促進させるため、民間パワーを結集組織化して、その活動を支援する立場にある。関連情報やノウハウの提供、助言、警察等関係機関との連携の橋渡し、助成金の交付等の援助を行っている。

暴力団等から不当要求等を受けやすい建設業、不動産業、盛り場地区の遊技場・飲食店など、それぞれに暴力団排除協議会等の組織が結成され、暴力団排除の仕組みづくりが進んでいる。

(4) 相 談 活 動

暴追センターでは、警察ＯＢ・弁護士・少年指導委員・保護司など専門的な知識を有する暴力追放相談委員によって、①暴力団員による不当な行為に関する相談、②少年に対する暴力団の影響を排除するための相談、③暴力団から離脱する意志を有する者からの相談などを受け入れ、助言等によって解決を図るほか、警察・弁護士等関係機関との連携やそれらの機関等への引継ぎなどの相談活動を行っている。

暴力や威力を背景とする不当行為の波及性を考慮し、直接暴力団構成員が敢行する事案に限らず、民事・刑事を含めて具体的な事件になる前の段階で

も広く相談を受け入れている。相談者本位のサービスを提供していることから、被害を未然に防ぐ暴力団排除活動として高い評価を得ている。

その相談受理は右肩上がりで、平成19年以降警察への相談件数を上回っており、平成23年中、前年比1,664件増の2万1,499件の相談を受理している（警察受理は1万9,472件）。

(5) 責任者講習活動

暴追センターは、公安委員会からの委託を受けて警察と連携し、企業等の事業所単位に選任された不当要求防止責任者（以下「責任者」）を対象に、暴力団等からの不当要求による被害を防止するための講習を実施している。事業所等における体制の整備と相まって、その受講希望も多く、行政対象暴力対策として、公務所職員を対象とする講習も増えている。

平成24年4月1日現在の責任者は、全国で58万6,067人が選任されており、前年に比べ、2万9,528人増加している。業種別選任状況については、公務所関係が14万3,982人（24.6％）ともっとも多く、次いで建設・不動産が8万4,398人（14.4％）、サービス業が8万1,502人（13.9％）、金融・保険業が8万162人（13.7％）、卸売・小売業が6万53人（10.2％）となっている。

(6) 暴力団を相手とする訴訟等の支援活動

暴力団の組事務所は、抗争時の出撃拠点であると同時に襲撃目標にもされる危険な場所として付近住民等に多大な不安を与えていることから、全国各地で絶対許せないという住民パワーが盛り上がり、それを支える暴追センターを中心とする弁護士、住民、警察の連携によって「人格権」を法的根拠とする訴訟が確立、次々と組事務所撤去を勝ち取っている（関連論考108頁参照）。

また、改正暴対法による威力利用資金獲得活動に係る代表者（組長）等に対する使用者責任追及訴訟が定着し、暴力団を相手方とする訴訟に弾みがついている（関連論考117頁参照）。

暴追センターは、それら被害関係者の前面に立ち、訴訟費用について予算措置を取るなどして支援し、事案に応じて弁護士の紹介、見舞金の交付、身

辺保護用資器材の貸出し等を行っている。

3 暴追センターの「ネットワーク機能」による効果

　暴追センターは、文字通り暴力追放ネットワークの中心となって諸活動を効果的に推進させる役割を担っている。暴追センター間及び警察との密接な連携を軸に、地域・職域の暴力排除協議会等の活動を支援しつつ、関係機関と相互に補完し合う連携を図っている。
　以下、効果をあげている「暴追センターのネットワーク機能」を紹介する。

(1) 暴追センター相互連携機能の効果

　各地の暴追センターは、自センター区域外にわたる相談事案の解決・情報の交換などについて、関係する暴追センターと相互に連携しており、全国暴追センターは、その連絡調整に当たっている。とくに、経済取引等の広域化によってそのニーズは高まっており、複数の暴追センター間による迅速かつ適切な連携、協力による解決がみられるなど、効果を上げている。
　このようなセンター間の連携機能は、暴追センター職員に警察・弁護士を交えた効果的な全国研修会や関係暴追センターによる責任者講習の共同開催等によって、そのレベルアップが見られるところである。

(2) 暴追センター活動を効果的に機能させる警察の援助措置

　暴追センターの事業を一層適正かつ効果的に推進する上で重要であるのは、暴対法（31条8項）によって、暴追センターは、その業務の運営について警察と密接に連絡するものとされ、警察は、暴追センターに対しその業務の円滑な運営が図られるように「必要な配慮」を加えるものとされていることである。「必要な配慮」については、暴追センター規則（11条）によって、都道府県暴追センターの申出があったときは、その内容に応じて、①暴力団等の活動の状況等に関する情報の提供、②相談に係る暴力団員に対する警告、③相談の申出人等の保護等、④その他警察が採ることが適当であると認

められる措置を採ることと規定されている。

　暴追センターにとってこのような警察の後ろ盾は、法的なツールを得ることであり、これらの警察の情報提供、警告、保護等の措置を暴追センター活動に有効に機能させることにより、警察活動との相互補完とあいまって暴力団排除活動上大きな力となっている。とくに、暴力団排除活動の推進のためには、暴力団に関する情報提供が欠かせないことから、暴追センターに対して警察が積極的な情報の提供を図っていく必要がある。

　この関係で効果をあげている一例として、全国暴追センターで構築している「暴力団情報検索システム」がある。各都道府県暴追センターの申出により、同センター区域内の関係警察から提供された「暴力団関連事件等広報」にかかる「広報資料等」を、各センターからの送付によりインデックスデータを作成、蓄積しており、これらデータ・ベースを各地の暴追センターの接続機により検索、相談活動・訴訟支援等に役立てている。

(3) **暴追センターの仲介機能による警察・弁護士（民暴委員会）との連携活動効果**

　暴追センターの仲介機能によって警察の刑事的手法と弁護士の民事上の対抗手段が同時に活かされ、刑事・民事の両面作戦として功を奏している。とくに、民事介入暴力（以下「民暴」）事案対応、縁切り同盟結成による一斉拒否行動、暴力団組事務所の立退訴訟、威力利用資金獲得活動に係る組長等に対する損害賠償請求訴訟において顕著である。

　平成10年から各都道府県の警察・暴追センター・弁護士会民暴委員会の三者において、民暴対策に共同して対処することを申し合わせた「三者協定」が交わされ、平成12年から定期的に情報交換等を行う「民暴対策連絡協議会」（「民暴研究会」）が結成されるようになり、全都道府県において緊密な連携活動により成果を上げている。

4　「責任者講習機能」と「相談機能」の相乗効果

　既述のとおり、暴追センターには、責任者講習などのように市民や業界に

向けて積極的に暴力団情勢や被害防止のノウハウを提供する「発信機能」と、広く相談を受入れて適切な助言により解決を図っていく「受信機能」がある。この2つの機能を多角的に活かし、有機的に連動させるなどの取組みによって相乗的な効果をあげている。

とくに、その効果によってもたらされる暴力団事件の端緒情報、不当要求等の手口等を集積・分析・還元することによって有効な活用を図っているところである。

以下、主な活動効果を取り上げる。

(1) 講習前の「もちかけ効果」と講習後の「アンケート効果」

不当要求されやすい対象に対して、暴追センターが警察本部主管課と連携するなどして責任者講習をもちかける活動は、暴力団に関する「本音の話」がもたらされる場となっている。また、同講習の終了時に実施している「アンケート調査」からは、暴力団対策の貴重なデータを得ている。

これらは、暴力団等に関する事件化の端緒となって検挙につなげているほか、講習・広報・啓発等に還元して活用することで相乗的な効果をあげている。

(2) 顔を会わせることによる「ホットライン効果」

管轄する警察署に責任者の選任届を提出する段階と責任者講習を受講する段階で、同署や暴追センターの担当官と顔を合わせることから、単なるノウハウ等の習得にとどまらず、警察・暴追センターとのホットラインが構築されることとなり、以後の相談に活かされる効果を生んでいる。

市役所幹部に対する責任者講習を契機に連絡体制が確保されたことにより、「職員が管理職に昇任すると新聞の購読を要求されている」旨の相談を受理、同市役所全体で年間約5,000万円に上る新聞ゴロが発行・販売するミニ新聞の購読料が支払われている実態が明らかとなり、警察・暴追センター・弁護士会が連携して対策を協議、一斉に購読拒否の内容証明郵便を発送し関係遮断した事例がある。

(3) 責任者講習の「受講終了書」の「ツール効果」

責任者講習の終了時に交付される公安委員会発行の「受講修了書」は、目に付くところに掲示することによって、事業所の職員に対しては、暴排意識を高揚させ暴力団と対峙する際のツールとなり、同所を訪問する暴力団等の対象者に対しては牽制・抑止のツールとなっている。

「暴追ポスター」や「暴力団排除宣言ステッカー」等と併せて活用を図ることで一層その効果をあげている。

(4) 相談内容の「集約・共有・広報効果」

全国暴追センターでは、随時、都道府県暴追センターの協力を得て、各地の暴追センターが取り扱った相談の内容を集約、還元して活用しているほか、企業・行政・個人の被害対象別、クレーム等の行為別、暴力団・右翼ゴロ・同和ゴロ等の属性別に集約して、年度別に比較するなどしてホームページに公表している。

これらはマスコミ等の注目と相まって、大きく取りあげられ報道されることによって暴追センターの知名度アップの効果にもなっている。

5 「暴追センター機能」を最大限活かしたネットワーク活動の展開

既述の通り、暴追センターは、警察との緊密な連絡を軸に文字通り中心に位置して、民暴弁護士をはじめ関係機関・市民等との効果的な連携のなかで、その諸機能を活かしている。

今後、暴追センターの有する機能が最大限に活かされる戦略的なネットワークの展開が期待されるところである。

(1) 「相談機能」をさらに充実させる「連携・仲介機能」

暴追センターの相談活動は、その取扱件数の増加にみられるように重要度が増している。相談委員による助言等によって被害を未然に防止するなど、その解決率も高いところであるが、暴力団の不透明化傾向から相談機能のさ

らなる充実が求められるところである。

　暴追センターでは、その「連携・仲介機能」を活かし、相談者の不安感を解消して解決への自助能力を与え、相談から解決まで組織的に対応できる暴追センターを中心とする警察と弁護士の三者の連携による相談活動の展開によって効果を上げている。

　とくに、個々の相談事案に応じて、暴対法に基づく警察との緊密な連絡による情報の提供・警告・保護等を法的ツールとしてタイムリーに活かし、暴追センターの相談委員になっている民暴弁護士等との連携を図っていくことで相談機能を充実させている。この三者の戦略的連携による相談から解決までのさらなる成果が期待される。

(2) 勇気を与え勇気を守る「身辺保護支援機能」

　暴力団が存在している限り暴力団と対峙する関係者には常に恐怖感が付きまとう。被害者、情報提供者、暴追運動に従事する人、暴力団を離脱する組員等々、それぞれ立場は違っても暴力団が存在している限り同様である。

　暴追センターは、それらの関係者に勇気を与え、勇気を守る支援活動を有効に推進する立場にある。相談活動を通じて危害が及ぶ可能性について把握し、警察等への連絡、避難場所の紹介、見舞金の交付、緊急通報用資機材の貸出等を積極的に行って、被害者等の精神的ストレスの除去に当たっているところであるが、さらに、暴追センターの機能を活かした新たな身辺保護支援活動の展開が期待されるところである。

　一例として、A県暴追センターは、民間人の暴追運動リーダーの身辺を保護支援するため、A県の補助金により、同センターを事業主体として、同リーダーら暴追運動関係者の身辺及び関係個所について民間警備委託による巡回警備、機械警備による保護支援を実施、関係者から「安心して暴追運動ができる。」などの感想が寄せられている。

(3) 暴力団を相手とする訴訟等の不安・負担を軽減する「訴訟支援機能」

　暴追センターは、警察や弁護士と連携して暴力団事務所の明け渡し、また

は使用差止請求、暴力団員の不当行為による損害賠償請求などの民事訴訟の提起・民事執行・保全等に伴う必要な支援活動をしており、暴力団を民事の面から排除する成果をあげている。

　それらの訴訟費用等の経済的負担を支援するため、すべての暴追センターでは、訴訟支援貸付金制度を設けて対応している。また、精神的負担を軽減するため、暴追センターが当該暴力団被害者当事者に代わって前面に立ち、被害回復等の訴訟を提起している。

　一例として、暴追センターが暴力団被害者等から債権譲渡や業務委託を受け、原告として訴訟を提起することによってその目的を達成している。また、競売に付された暴力団関連の建物・土地について、暴追センターが買取基金等を活用して落札する等の取組みにより暴力団側への移転を阻止している。

　このような暴追センターが前面に立った支援活動の実績が見られるなかで、改正暴対法の成立（平成24年7月）により、暴追センターが暴力団事務所の付近住民から委託を受け、原告として自ら差止請求訴訟等ができる制度が創設された。さらに、暴追センターの立場と機能を活かした新たな手法による支援活動が期待されるところである。

(4)　不当要求情報管理機関を育成する「情報集約機能」の強化

　業界や地域において暴力団排除を目的に結成された団体〔前記2－(3)参照〕は、情報の集積と活用があってこそ、その活動を活性化させるものである。暴対法は、「不当要求情報管理機関」を公安委員会が登録する制度を設け、暴追センターがこれを支援すること（32条の三2項7号）としている。しかし、現在、同機関は、国及び東京都の公安委員会の登録を受けた4法人にすぎない。今後、さまざまな業界の同一の業種等の事業者等による暴力団等の情報の蓄積・共有・活用の仕組みが整備され、「不当要求情報管理機関」を育成する「情報集約機能」を強化していくことが望まれる。

　このように暴力団等の情報を社会的に共有するためには、関係機関が保有する情報や公開情報を活用したデータ・ベースの社会的共有が必要であり、「暴力団情報検索システム」〔前記3－(2)参照〕の拡充や暴追センターの相談

活動によって得られる情報の活用など、暴追センターの「情報集約機能」が一層期待されるところである。

(5) 矯正施設内指導と連動する「離脱・就労支援機能」

暴力団を排除する活動が進展している現状では、比例して離脱組員の就労先となる受入れ事業所の確保と就業先での定着が必要である（別稿99頁参照）。困難が伴う問題であるが、今こそ必要な施策を傾注していくべき最重要課題である。各地の暴追センターでは、離脱組員を一定期間雇用した事業者に対する「給付金制度」を設けるなどの運用を図り、離脱組員の一時的な宿泊所の確保、当面の生活費の支給、住民登録閲覧禁止措置支援、身分の保証等の物心両面の対応による支援活動をしている。

とくに、「刑事施設及び受刑者の処遇に関する法律」（平成17年法律第50号）施行後に強化されてきた離脱指導・就労支援活動は、暴追センターの中継機能によって矯正施設内指導と施設外支援機関連携の相乗効果により、離脱就労の意志を強固にする成果を上げている。このような矯正施設内指導と連動する離脱・就労支援機能をさらに進化させ、暴力団離脱者の社会復帰の定着を図っていかなければならない。

6 暴追センターの運営基盤の強化に向けた取組み

(1) 暴追センター活性化行動計画の樹立と実践

全国暴追センターは、各地の暴追センターの財務の健全性と活動の継続性を有効に両立させるため、その運営、財政、事業活動の各分野について把握した実態に基づいてその現状と課題を浮き彫りにし、平成18年1月、「暴追センター白書」にして内外に示した。

各地の暴追センターでは、同白書を踏まえ、地域・職域の支持を広げるため何が課題かを見極め、事業活動の一層の活性化を目的として、平成18年度から5年以内に達成可能と見込まれる目標を設定した行動計画を策定、毎年度、進捗状況を検証し実践した。

(2) 運営体制・財政基盤の充実強化に向けて

　すべての暴追センターは、公益法人の一類型としての財団法人として設置され、公益法人改革関連法の施行（平成20年12月）に伴い、公益法人への移行申請を行い、公益認定されている。

　その運営の機能化に向けて、専門的知識を持つ理事の構成の見直しを図っており、民暴弁護士を理事に選任する暴追センターは、全国で36センターに及んでいる（平成23年度）。財政基盤については、各暴追センターとも講習委託費、補助金、基本財産運用収益は、依然として伸び悩んでおり、財政的自立を目指し賛助金・寄付金の獲得に努力しているところである。

　暴追センター運営に関する地域・職域の理解と支持に努め、資産管理運用委員会や有識者アドバイザーの委嘱等により財政基盤の改善を図っている。

　全国暴追センターでは、広域性・緊急性等優先度の高い事業に着手する暴追センターに対し、助成金制度を通じて各暴追センターからの求めに応じた活動資金の援助を行っている。

(3) 警察・弁護士・暴追センターの連携強化に向けて

　民暴弁護士の暴追センターとの関わりは、すべての暴追センターにおいて、暴追センター相談委員に民暴弁護士を2人～44人の幅で委嘱しており（平成23年度）、41の暴追センターにおいて、責任者講習の講師に民暴弁護士を1人～50人の幅で委嘱し、1年間に延べ544人の弁護士が講師を務めており（平成23年度）、年々増加している。

　また、暴追センター職員研修会における警察・民暴弁護士の参加、暴追センター機関誌への民暴弁護士・警察関係者の寄稿、弁護士会主催の全国民暴大会の協議会やブロック会議等への警察・暴追センターの参加により、相互理解を深めている。

7　おわりに～暴追センターを活かそう

　平成19年警察白書は、暴力団の資金獲得活動を「放置すれば、我が国全体

の利益が侵奪されることになりかねない」と警告して、社会全体で対策を進める必要性を指摘した。その対策は、同年6月政府が示した「企業が反社会的勢力による被害を防止するための指針」（以下「政府指針」・資料編646頁参照）が起爆剤となって社会に機能して以降、急速な前進をみるところとなり、全国すべての都道府県で「暴力団排除条例」が施行され、企業のみならず市民社会においても暴排気運が高まっている。

　一方、暴力団側は、巧みな自己防衛を図り、暴力団関係企業や共生者を先鋭化させるなど多様な資金獲得活動で社会を惑わしているが、日本の社会は暴力団との関係遮断に向けて本気で動きだし、社会のあらゆる場面から暴力団を排除する活動が加速している。

　暴追センターは、「政府指針」において、警察、弁護士と並び専門機関として位置付けられ、企業等が平素から緊密な連携関係を構築する先、不当要求された場合に積極的に相談する先、内部統制システムを整備するうえで通報や連絡を手順化しておく先として、また、反社会的勢力の被害を防止するための情報の保有と共有、活用、暴追センター等が行う暴力団排除活動への参加、不当要求防止責任者講習の受講等に関して、紹介、解説されているなど、その果たしていくべき役割は大きい。

　今こそ、20年余積み重ねた「暴追センター機能」をさらに活かしていくときである。

第Ⅰ章 −2 暴追センターの機能と役割の20年

適格都道府県センターによる暴力団事務所使用差止請求制度～暴対法改正を受けて

弁護士 吉田 卓司

1 暴対法改正の経緯

(1) 暴対法改正前の暴力団事務所排除の状況

暴力団事務所排除の方法としては、暴対法による規制、暴力団排除条例による規制、訴訟等による使用差止請求等の方法が存在していた。

ア 暴対法による規制

暴対法による規制としては、①対立抗争時の暴力団事務所の使用禁止命令（暴対法15条）、②暴力団事務所における一定の行為の禁止（暴対法29、30条）が規定されている。

しかしながら、①は、場面も、対立抗争時かつ暴力団事務所が対立抗争のための用に供されている場合に限定され、また、命令の対象も、暴力団事務所の管理者に限定されており、命令の効力外の配下組員の事務所使用は規制対象外であった。そして、②も暴力団事務所自体を排除し得るものではなく、規制として不十分であった。

イ 暴力団排除条例による規制

暴力団排除条例では、①不動産譲渡等の際の暴力団事務所にしないことの確認努力義務、②暴力団事務所の開設等の禁止等が規定[1]され、②については罰則も規定されている。現に、②の規定の適用により罰金が科され、これを契機に暴力団事務所が排除された事例もある。

しかし、②について、すべての都道府県で、既存の暴力団事務所の運営が規制対象外とされている。また、本規定により処罰されたあとも、暴力団事務所としての使用をやめない場合に、これを新たな「暴力団事務所の運営」ととらえて処罰することに慎重な運用がなされている[2]などの問題がある。

ウ　訴訟等による暴力団事務所排除（人格権訴訟等）

(ア)　裁判例の状況

暴力団事務所が賃貸物件である場合には、一般に、賃貸人が賃貸借契約を解除し、暴力団事務所が排除されている。

これに対し、暴力団事務所の建物が暴力団側の所有物件である場合には、暴力団事務所の付近周辺住民が、暴力団事務所の存在により平穏な日常生活を営む権利が侵害されているとして、人格権の侵害を理由として暴力団事務所の使用差止を求める仮処分、訴訟等（以下まとめて「人格権訴訟等」という。）により暴力団事務所の排除を行ってきた（関連論考171頁参照）。

このリーディングケースは、静岡地決浜松支部昭和62年10月9日判例時報1254号45頁（浜松一力一家事件）であるが、その後も現在に至るまで20件を超える仮処分命令申立・訴訟が提起され、そのすべてにおいて仮処分決定、請求認容判決または周辺住民側に有利な和解がなされてきた。

(イ)　問題点

人格権訴訟等は、暴力団事務所による権利侵害が広範であることを立証するためや暴力団からの妨害や報復を防止するため、通常、多数の付近周辺住民等が当事者となって行われているが、これらの者、とくに先導役に対して、暴力団からの嫌がらせや危害が加えられることも多く、付近住民等が当事者となることを躊躇し、人格権訴訟等を提起できないケースも存在していた。

これに対しては、暴対法上、訴訟妨害に対する中止命令・防止命令（暴対

---

[1] 東京都、大阪府をはじめ多くの都道府県では、学校等の施設から半径200mの範囲での暴力団事務所の開設、運営を禁止している。一方、兵庫県では、学校等に加え、住宅街から半径200mの範囲での暴力団事務所の開設、運営を禁止している。

[2] なお、この暴力団事務所の継続使用は、処罰により一度遮断された後の新たな暴力団事務所の運営であり、一事不再理の原則には反せず、処罰対象となる。この点、積極的な運営が望まれる。

法30条の2、30条の3、30条の4）の制度もあるが、これらの規定による保護は限定的であり、一般市民である周辺住民にとり暴力団と直接対峙するという重い負担の軽減につながるものではないとの問題点も残っていた。そのため、付近住民ではなく、国、都道府県、都道府県暴力追放運動推進センター（通称暴追センター）等が付近住民に代わって当事者となる制度が長年強く望まれていた。

2 平成24年暴対法改正の経緯

これらの問題点、要望に対応するため、第180回国会において「都道府県暴力追放運動推進センターによる暴力団事務所の使用差止請求制度」（以下「適格都道府県センター訴訟等制度」という。）の設立を含む暴対法の一部改正が行われた（資料編596頁参照）。本制度に係る規定の施行は、平成25年1月30日である。

3 改正の概要

(1) 概　要

適格都道府県センター訴訟等制度は、国家公安委員会の認定を受けた暴追センターが、管轄区域内にある指定暴力団等の事務所の使用により、その生活の平穏または業務の遂行の平穏が違法に害されている付近住民から、当該事務所の使用及びこれに付随する行為の差止めの請求の委託を受けたときは、当該委託をした者のために自己の名をもって、当該請求に関する一切の裁判上または裁判外の行為をする権限を有することとするものである（改正暴対法32条の4第1項）。

ア　適格都道府県センターとは

適格都道府県センターとは、改正暴対法32条の2第1項に基づき認定された暴追センターのうち、当該都道府県の区域に所在する暴力団等に対して適格都道府県センター訴訟を適正かつ確実に行うために必要な人的体制や経理

的基礎等を備えているもので、国家公安委員会により認定されたものである（改正暴対法32条の4第1項）。

この認定を受けるための要件として、差止請求関係業務を行う部門において暴力追放相談委員及び弁護士からの助言または意見聴取の体制を含む（改正暴対法32条の5第3項2号）差止請求関係業務の実施の方法（改正暴対法32条の5第1号）、差止請求関係業務を適切に遂行するための組織的体制、差止請求関係業務に関して知り得た情報の管理及び秘密の保持の方法（改正暴対法32条の5第3項1号）等が整備され、これらを記載した業務規程が整備されていること、及び差止請求関係業務を適切に遂行するに足りる経理的基礎を有すること等が挙げられている（改正暴対法32条の5第3項3号）[3]。

イ　適格都道府県センターの権限、手続追行
(ア)　適格都道府県センターと付近住民との内部関係

適格都道府県センターは、付近住民からの委託を受けたのち、その他の付近住民が委託する機会を確保するために、通知その他の適切な方法により周知する努力義務を負う（改正暴対法32条の4第2項）[2]。

適格都道府県センターが付近住民から受けることとなる委託の民法上の性質は、委任であると考えられる。そのため、適格都道府県センターは、付近住民に対し、善良な管理者の注意をもって忠実に差止請求関係業務を遂行する義務や報告義務等の諸義務を負う。また、適格都道府県センターは、人格権の授権を受けることから、付近住民の意思を適切に集約し、尊重する義務を負う。

この点、適格都道府県センターは、情報提供の程度・内容及び付近住民の意思の集約方法[4]（多数決など）等の業務遂行の詳細について、委任契約書（委託契約書）、業務規程に定めその義務の範囲を明確にすべきである。

適格都道府県センターに委託した後も、付近住民は、いつでも委託を取り消すことができる（改正暴対法32条の4第5項）。これに対して、適格都道府県センターが付近住民に対して、いつでも委託を取り消すことができるかは

3　密行性の高い仮処分等を行う前などには、仮処分等を行うとの情報が漏洩しないように、通知する付近住民の範囲、通知の方法等を慎重に検討する必要がある。
4　とくに、和解の場面など付近住民の意見が分かれる場合に問題が先鋭化する。

問題である[5]。

　適格都道府県センターは付近住民に対して、差止請求関係業務に対する報酬を請求することはできない（改正暴対法32条の4第4項）が、費用についての明文の規定はなく、この点も委任契約書、業務規程等にて定めておくほうがよい。

　(イ)　**適格都道府県センターの地位**

　適格都道府県センターは、付近住民の委託を受け、「一切の裁判上又は裁判外の行為」をする。すなわち、①裁判外の請求及び交渉、②保全処分の申立手続、③本案訴訟、④間接強制その他の執行の申立手続、⑤裁判上の和解をすることが予定されている[6]。

　このうち、②～⑤の手続については、弁護士代理の原則（民事訴訟法54条1項）から、弁護士に訴訟追行させなければならないとされている（内閣参質180第116号、改正暴対法32条の4第3項）。

　適格都道府県センターが民事訴訟手続を行う場合の訴訟物は、付近住民等に帰属する平穏な生活・業務の遂行権としての人格権に基づく暴力団事務所の使用差止等請求権である。そして、適格都道府県センターの当事者適格を基礎づけるのは、「法律の明文に基づく任意的訴訟担当」[7]としての地位である[8]。

　適格都道府県センターは、「一切の」裁判上の行為ができると規定されており、民事訴訟手続上、訴訟行為一切を特別の授権なく行うことができる。つまり、訴訟代理人と異なり、訴えまたは上訴の取下げ、和解、請求の放棄・認諾等の訴訟行為も付近住民の特別の委託なく行うことができる。また、逆に、委託行為の中でこれらの訴訟行為を制限しても無効である[9]。

---

[5]　付近住民からの適格都道府県センターに対する委託については、選定当事者、区分所有建物の管理者の規定等を参考に、委託の取消しの方法（選定当事者について民訴法36条2項）及び効果、追加委託の可否及びその終期（選定当事者について民訴法144条）、訴訟手続の中断及び受継（選定当事者について民訴法124条1項6号）等を法定する必要があると思われる。三木浩一「暴力団追放団体訴訟の立法における理論と展望」NBL969号29頁も参照。

[6]　三木浩一「暴力団追放団体訴訟の立法における理論と展望」NBL969号29頁参照

4　改正暴対法の課題

　紙面の都合上、問題点の指摘に留まるが、以下では適格都道府県センターの実効性を確保するために必要不可欠な問題点を述べることとする。

(1)　付近住民の保護について

　適格都道府県センター訴訟においては、適格都道府県センターは、当事者として訴訟追行し、訴状、判決書等に当事者として記載される。

　これに対し、付近住民については、訴状や判決書に、既判力の範囲の確定に必要な情報（氏名・住所）が記載されることになる（民訴法115条2項）。また、民事訴訟手続中、暴力団事務所性や権利侵害の主張・立証のために準備書面等に付近住民を特定する情報が記載されたり、証人尋問が必要となる可能性がある。

　これらの場合に、付近住民を特定する情報が暴力団に知られたり、暴力団の面前で証言させられる場合があれば、付近住民の生命・身体の安全が害される可能性がある。その結果、付近住民が委縮し、委託を差し控えるなど制

7　「法律の明文に基づく任意的訴訟担当」としては、手形の取立委任裏書（手形法18条）、区分所有建物の管理者（建物区分所有等に関する法律26条4項）、サービサー（債権管理回収業に関する特別措置法11条1項）、選定当事者（民事訴訟法30条）が代表例として挙げられる。

　なお、改正案作成段階では、任意的訴訟担当構成ではなく、消費者契約法に基づく消費者団体訴訟制度のような固有権構成も検討されていた。すなわち、本来、暴力団対策は、市民が自らの利益を守るために自ら危険を冒してすべきものではなく、市民、国民が平穏な生活・業務を行える環境を整えるべき地方公共団体や国が責務を負うものであるため、準公的役割を有する適格都道府県センターが固有権をもち、対策を講じるべきであるからである。しかしながら、固有権構成は、事務所使用制限命令についてすでに定めている現行の暴力団対策法の体系との整合性が問題となる一方、任意的訴訟担当構成は、現在周辺住民が主体的な努力で行っている実務とも整合的であるとのことから、後者がとられたものである。

　適格都道府県センター訴訟制度についての理論的な検討は、三木浩一「暴力団追放団体訴訟の立法における理論と展望」NBL969号29頁が詳細である。

8　「訴訟行為をするのに必要な授権は、書面で証明しなければならない」（民事訴訟規則15条）ため、民事訴訟手続等を行う場合には「授権書」を作成することが必要である。

9　選定当事者について、最判昭和43年8月27日判例時報534号48頁参照。

度自体が機能不全に陥ることが予想される[10]。そこで、次のような方法を通じて、付近住民の安全を確保することが必要である。

そもそも、既判力の範囲を確定するため付近住民を特定する事項が記載されている書面（授権書、訴状・判決の当事者欄）は、訴訟要件審理に必要であるにすぎないため、裁判所にのみ開示する扱いとする[11]。さらに、同書面については、閲覧・謄写制限とする[12]。

実体審理に必要な書面については、個人の特定までは不要とし、その表記を、「住所：当該暴力団事務所から半径〇m内、氏名：伏字」で足りることとする。万一、付近住民を特定する情報を暴力団側に開示する必要がある場合（付近住民の架空性が争われる場合等）であっても、開示者を暴力団側の代理人弁護士限りとし、暴力団に伝えることを禁止とする[13]。

次に、これまでの多くの人格権訴訟においては、付近住民の陳述書自体不要であるとした事例も多く存在する。また、陳述書は必要としても、陳述書だけで立証十分とし、証人尋問は不要とした事案も多く存在する。さらに、付近住民が特定できる陳述書に代えて、無記名の付近住民アンケートでの立証が認められた事案も存在している。このような立証の工夫は、適格都道府県センター訴訟でも必要である。万が一、付近住民の証人尋問が必要とされる場合であっても、ビデオリンク方式による尋問（民訴法204条２号）、遮へ

10　平成24年６月20日付参議院内閣委員会附帯決議五では、「暴力団事務所の使用差止請求等にかかる裁判においては、証言を行う者が暴力団等から精神的な圧迫や危害を受けることがないよう、十分な配慮が望まれる。」とされ、平成24年７月20日付衆議院内閣委員会附帯決議七では、「暴力団事務所の使用差止請求等に係る訴訟においては、証言を行う者が暴力団等から精神的な圧迫や危害を受けることがないよう、十分な配慮が望まれる。とくに、証人尋問における遮へいや遮へい等の措置が認められるよう、都道府県暴力追放運動推進センター等と連携して情報提供等の支援を行うこと」とされている。

11　民事訴訟法及び同規則上、訴状・判決書の授権者の氏名及び住所の記載が絶対的に必要かは明文がない。

12　ただし、現行民訴法では運用がむずかしく、民訴法の特則としての立法化が必要であるとの指摘もある。三木浩一「暴力団追放団体訴訟の立法における理論と展望」NBL969号36頁。

13　このような制度として参考になるのが、秘密保全命令（不正競争防止法10条、独占禁止法83条の５）や配偶者からの暴力の防止及び被害者の保護に関する法律23条１項などである。同様に、被害者情報秘匿制度（刑事訴訟法290条の２）も参考になる。

い措置（民訴法203条の3）、「傍聴人の退廷」（民訴法規則121条）等を用いて、付近住民の負担を軽減することが必要不可欠である[14]。

(2) 適格都道府県センターに対する費用面の支援体制

改正暴対法32条4第4項では、適格都道府県センターは付近住民に対して、使用差止業務に対する報酬を請求できないとの規定とされている。弁護士費用等の費用についての定めはないが、適格都道府県センター訴訟制度を実効性あるものとするためには、費用も適格都道府県センターが負担することが望ましい。

しかしながら、現在暴追センターの中には、財政状況が厳しいものもあり、国、地方公共団体を中心に、財政基盤を充実させるための環境整備が望ましい[15, 16]。

---

14 三木浩一「暴力団追放団体訴訟の立法における理論と展望」NBL969号35頁。
15 平成24年6月20日付参議院内閣委員会附帯決議二では、「各都道府県に置かれた暴力追放運動推進センターが、暴力団事務所の使用差止請求業務を含めた事業を適切に行えるよう、財政状況の改善など環境整備のための方策を検討すること。」とされ、平成24年7月20日付衆議院内閣委員会附帯決議四では、「都道府県暴力追放運動推進センターが、暴力団事務所に係る使用差止請求関係業務を含めた各種事業を適切に行えるよう、人員及び人材の充実、財政状況の改善など環境整備のための方策を検討すること。」とされている。
16 なお、警察法37条1項は、国庫が支出できる「(警察の) 経費」として、「警備等に要する経費」「国の公安に係る犯罪その他特殊の犯罪の捜査に要する経費」を挙げている。適格都道府県センター訴訟に要する費用は、これらに当たると解釈できるため、国の積極的予算措置が望まれる。

第Ⅰ章 -2 暴追センターの機能と役割の20年

暴力団離脱希望者の存在と就労対策
～暴排進展の背景から社会復帰支援を考える

中林　喜代司（全国暴力追放運動推進センター参与）

1　はじめに～進む暴力団排除で暴力団の内情は？

　暴力団対策は、平成4年3月、「暴力団員による不当な行為の防止等に関する法律」（以下「暴対法」）が施行され、暴力団を反社会的集団と位置付けて規制、国と各都道府県に暴力追放運動推進センター（以下「暴追センター」）が設置されるなどの取組みにより、国民には暴力団を排除する意識が浸透、暴力団側には組員の離脱が顕著となるなど、いわゆる「暴対法効果」を呈した。しかし、暴力団は、暴力団関係企業や共生者を先鋭化させる等の多様な資金獲得活動によって生き延びている。

　平成19年警察白書は、「我が国全体の利益が侵奪されることになりかねない。」と警告し、社会全体で対策を進める必要性を指摘した。

　その対策は、同年6月政府が示した「企業が反社会的勢力による被害を防止するための指針」（以下「政府指針」・資料編646頁参照）と、翌20年に施行された「暴対法」の一部を改正する法律（以下「改正暴対法」）が、社会に機能して以降、急速な前進をみるところとなり、全国すべての都道府県で「暴力団排除条例」（以下「暴排条例」）が施行されるなど大きく進展している（関連論考186頁参照）。

　日本の社会が暴力団との関係遮断に向けて本気で動き出し、社会のあらゆる場面から暴力団を排除する取組みに弾みがついてきた実感がする。警察と

全国暴追センターに身を置き、長年この問題に関わってきた者として感慨無量である。と同時に、排除される暴力団の内情等の現実を直視した社会復帰対策に全力を傾注する努力を怠ってはならないとの思いが込み上がっている。本稿では、それらの思いを踏まえ、暴力団排除の進展と暴力団離脱希望者の存在する背景を確認しつつ、暴力団離脱指導・就労支援現場の一端を紹介することとする。

2　暴力団排除が進展する背景

(1)　「政府指針」が起爆剤となって広がる暴排活動

　「政府指針」の大きな意義は、政府が正面切って暴力団の排除を社会的責任と位置付け、その「一切の関係遮断」を求めたことである。暴力団が暴力団関係企業を使い、取引をする等の多様な資金獲得活動をしていることから、取引自体が暴力団側の資金獲得を助長することになることを見据えての要請といえる。そのため、この「政府指針」による主管行政省庁の監督・指導により、暴力団と関係がある企業は、金融機関の融資や預金取引ができなくなり、公共事業の指名から外されるなどの実例による啓発効果もあって、暴力団排除が本気度を増している。まさに「政府指針」は暴力団対策を急進展させる起爆剤となっている実感がする。

　あわせて、「暴力団排除条項」の実効性を支える上級審の判決が相次ぎ、暴力団排除活動の追い風となり、経済活動のみならず、ホテル、ゴルフ場の施設やプロ野球等スポーツ界等にも広がりをみせている。地区・地域・職域・業界で暴力団排除の協議会等が次々と結成され、一店、一事業所、個社単位の自助努力だけでなく、関係事業所やグループ企業、業界、地域における真剣な努力が全国に広まっている。

(2) 暴力団側の「威力」を消沈させる「民事の頂上作戦」「賞揚等の規制」

　暴力団は、その「威力」を最大限に利用することで資金獲得を優位に導いてきた。しかし、「改正暴対法」の「威力利用資金獲得活動に係る指定暴力団代表者等の損害賠償責任の拡大」によって、末端の組員が起こした生命身体の損害や財産的損害について、系列トップの組長にまで責任が及ぶこととなり、次々と直属の組長や系列最上位の組長に損害賠償請求の法的追及がなされてきた。すでに、山口組、住吉会、稲川会の三大暴力団の全てのトップの賠償責任を勝ち取るなど、「民事の頂上作戦」として打撃を与えている。

　また、同法の「対立抗争等に係る暴力行為の賞揚等の規制」により、全国の警察が対立抗争に絡んで服役した指定暴力団組員に関し、関係する組の幹部等に金品や昇進ポストの提供などの出所祝いを禁じる「賞揚等禁止命令」の仮命令、本命令を一斉に発出、多額の資金を送金していた悪質なケースでは、強制捜査による摘発に乗り出している。

　このように、組の「威力」を背景に子分が資金稼ぎをすれば、即座に親分が民事訴訟で訴えられ、加えて組を守る抗争等で体を張っても多額な賞揚金などの見返りを望めないとあって、暴力団側の「威力」が消沈する状況である。

(3) 市民側の不安や諦め等を解消させる「暴排条例」

　国や地方公共団体の暴排活動促進を義務付けた平成20年の「改正暴対法」によって、全国の自治体で、公共事業をはじめ全ての契約から暴力団を排除する取組みが強化された。これらの流れは、新たな条例の制定や既存条例の改正、官民挙げての暴力団排除の取組みへと広がり、福岡県では、暴力団を利用・暴力団に利益を提供する市民や業者に制裁を科すことを含めた暴力団排除条例が施行された。この条例は、罰則を含む実効的・総合的な条例であることから全国のモデルとなり、昨年10月までに全部の都道府県に施行され、市町村にも広がっている。

その内容は、全国でほぼ共通して、暴力団と決別する官民の「努力義務」を明示したうえで、事業者等に対して暴力団の活動を助長する「利益供与」や「名義貸し」を禁止し、違反者に対する勧告、公表等の制裁を規定している。

　このような条例による努力義務と制裁は、暴力団に対する不安や誤解を払拭し、黙認や諦めを解消させ、勇断をもって暴力団との関係を断ち切るきっかけを与え、後押しするツールとなっている。

3　暴力団離脱希望者の存在と社会復帰支援活動

(1)　暴力団排除機運の高まりと離脱希望者・偽装離脱者の存在

　平成23年末現在、全国の暴力団構成員・準構成員は、前年に比べると約8,300人減少して約7万300人となった。その減少幅について、警察庁は、暴力団排除の機運が高まったことなどがその背景にあるとみている。

　暴力団が根絶する過程は、組織を支える資金の枯渇であり、人の面では構成員はもとより共生者や周辺者も存在しなくなっていく状態である。集金力があり、勢力を伸ばす勝ち組と、「カネ」がなく衰退する弱小組が混在する中で組員や共生者は離合集散する。既述したとおり、社会が暴力団を排除する取組みに本気で動き、その進展が著しい現状では、暴力団稼業に嫌気がさし、離脱を目指す組員が多くなるのも必然の流れである。

　一方で、暴力団本体の潜在化を企てる計画的な「偽装破門」等や、生活保護費の受給を目論み、また、服役組員の仮釈放狙い等、さまざまな意図による「偽装離脱」の動向も見られ、注意を要するところである。

(2)　暴力団離脱・就労の指導・支援を確かなものとするために

　暴対法に基づく「組からの脱退を妨害する中止命令」は、集金力の弱まった組に多く見られるところである。離脱を成功させた多くは、組の壊滅・解散、組員自身の検挙・服役、子供の成長等が契機となっている。

とくに、暴力団排除が進展している現状では、これらの背景を踏まえ、離脱する意思を有する組員（以下「離脱希望者」）を早期に発見し、指導、支援の機を失しない取組みが求められる。暴追センターでは、駆込み相談のアクセスポイントを多くするなど、その受入れに努め、離脱希望者のタイムリーな把握とその決意を確実なものにしていくため、警察や関係機関等との連携を強化しているところである。

　警察庁のまとめによると、平成23年中に警察及び暴追センターが援助の措置等を行うことにより暴力団から離脱することができた暴力団構成員の数は、約690人（前年比約60人贈）、離脱に関する相談受理は、警察、暴追センター合わせて1,055件を数えている。

　組員の暴力団組織からの離脱と更生を阻害している要因は、暴力団の本質に係る暴力・カネ・恐怖・打算と一致する。暴力団の看板でカネになる魅力に取りつかれ、打算的に組に残り続けることや離脱の志をもっても制裁の恐怖からあきらめてしまうこと等である。一方で、受刑そのものが出所後の組内における地位を高める場合等の事情も介在する。

　暴対法は、離脱希望者に対する就労の円滑化や脱退を妨害する行為の予防措置について、警察や暴追センターの援助の役割を定め、「社会復帰アドバイザー制度」（＊1）を設けるなど、暴力団との離脱交渉の仲介、矯正保護機関との連携等について規定している。同法による「脱退妨害中止命令」の積み重ねや「賞揚等の規制」効果によって、組員に離脱を促す基盤が確立され指導、支援を確かなものとしている（関連論考99頁参照）。

　離脱者の就労先となる受入れ事業所の確保は、各都道府県単位に、警察、職業安定所等の行政機関や協賛企業等によって構成される「協議会」の取組みなどによる支援活動によって推進されている。

　暴力団の離脱・就労支援等に関して、全都道府県の「暴排条例」を概観す

＊1　「暴力団離脱希望者」が、円滑に就労を果たすサポート役としてその知識・経験を有する警察職員であった者を社会復帰アドバイザーとして都道府県警察が採用、警察や暴追センター、矯正施設、受入れ事業所等と連携するなど、離脱希望者に対する指導、助言等に当たる。

ると、13の都府県に「離脱促進のための必要な措置」等の規定がみられるが、就労支援等に踏み込んで明示したものはない。「一歩進めて、暴力団脱退のための就職あっせん等の規定を明文で入れ込むべきではないか」（＊2）との意見もあるところである。

(3) 施設内指導と施設外支援の融合効果

　矯正施設内における暴力団離脱指導は、施設外の支援機関との連携によりなされてきた。その連携は、「刑事施設及び受刑者の処遇に関する法律」（平成17年法律第50号）の施行以後さらに強化されたことで、出所後における本人及び家族等の不安感を払拭するなど、施設内指導と施設外支援の相乗効果による離脱意志を強固にする成果を上げている。

　筆者は、平成17年10月以来、府中刑務所からの講師派遣要請により同所の暴力団離脱指導カリキュラムにおいて、各期（年4期）離脱意思の固い10名前後の選抜された受講対象者（以下「受講者」）に対し、離脱・就労意志を強める啓発をしてきた。その間、全国暴追センターの立場から、全国にまたがる各センター間の支援ネットワークや具体的な離脱、就労成功事例等の現況、そして社会の暴力団排除の取組みの進展などについて話す中で、受講者の真剣な姿勢に触れ、社会復帰への決意を固めていく確かな手ごたえを実感している。とくに、末端層組員において離脱意思が顕著である。

　同所の工場担当職員による日々の「担当訓話」や悩みごと相談等が更生意欲を高め、暴力団離脱指導の受講者を多くさせていることを知り、府中刑務所内各部門の連携の総合力による適切な導きに敬意を深くしている。

　指導担当者からは、筆者講話の、①暴追センターの離脱希望者に対する全国的な支援活動、②『組抜けしたくとも断念している者は被害者である』との啓発、③報道特集映像による社会復帰アドバイザーの就労支援成功事例の紹介、④各都道府県の暴追センター間の連携によって、組の影響がない居住地・就労先の選定や住民登録の「閲覧の禁止」措置ができること等が、各期

　＊2　「暴力団排除条例制定上の課題と展望」鈴木秀洋（自治研究第88巻第3号128頁）。

グループワーク受講者の自信と励みとなって「離脱の意思が強くなっていく」指導効果の報告に接し、大変心強く思っている。

(4) 暴力団離脱者の社会復帰の定着を図るために

既述のとおり、社会全体の暴力団を排除する活動が進展している現状では、比例して離脱組員の就労先となる受入れ事業所の確保が必要である。企業の社会的貢献として呼びかけるなど幅広い職種を協賛企業とするべく、雇用事業者の理解と信頼を獲得しつつ、就業先での定着を図っていかなければならない。困難が伴う問題であるが、今こそ必要な施策を傾注していくべき最重要課題と受け止めている。

各地の暴追センターでは、なすべき基本的な事項に関する規程を制定するなどして、受入れ事業所の確保と就労定着の促進を図るため、一定期間雇用した事業者に対する「給付金制度」を設けるなどの運用を図っている。就労に付随する支援活動としては、一時的な宿泊所の確保、当面の生活費の支給、住民登録、身分の保障等、物心両面の対応をしている。

また、暴追センターが事務局となって都道府県単位に結成されている「暴力団離脱者社会復帰対策協議会」は、警察、刑務所、社会復帰アドバイザー、保護観察所、保護司会、公共職業安定所、弁護士会、雇用能力開発機構、商工会議所、協賛事業所等で構成されており、暴力団員の離脱就労問題について検討協議、円滑な就労とその定着に向けた連携、支援が図られているところである。同協議会の構成員からは、「受入れ事業所が少ない。もっと多くしなくては…」等の真剣な声も聞かれる。

受入れが進まない背景には雇用事業者側に、「不安感」があることから、先入観や誤解を払拭する地道な広報・啓発活動が必要とされるところである。暴力団離脱者や多数の出所者を受け入れてきたK県の建設業S社長は、「就労者は健康でやる気があれば良い、資格があればなお良い。」と断言、「保証のようなものがあれば有り難い。」と要望している。F県の暴力団離脱者社会復帰対策協議会のI会長は、21年間で60名を就労させた更生活動体験から、理解ある受入先事業所を常時開拓し、継続就業させるアフターケアを

することがもっとも大切と強調する。

　暴力団が存在する限り、その組織から離脱した者、離脱者の支えとなる家族等の近親者、そして離脱者を受け入れる雇用者の側には、常にその勢力からの危険が及ぶ不安感が付きまとう。それらの精神的ストレスを軽減するため、暴追センターが警察とのパイプ役となって身辺の保護にきめ細やかな連携を図っているところである。これらの活動を一歩踏み込んだ具体的な施策として拡充し、就労関係者に勇気を与え、勇気を守る支えとしなければならない。

　社会復帰アドバイザーは、離脱、就労後のアフターケアをマンツーマンで行い、就業先での社会復帰の定着に大きく貢献している。H県警察本部のA社会復帰アドバイザーは、18年余の活動をふりかえり、49人の就労を支援して26人が社会復帰しているが、その成功は雇用主の理解につきると総括し、そのような事業所は、「温かい血の通った信頼関係があってこそ確保できる。」と述懐している。社会復帰アドバイザーの存在が暴力団離脱希望者に励みを与えているところであり、その役割が期待される。

(5) 離脱組員の告発的情報による一網打尽効果

　過去、暴力団組織から離脱する組員を継続的に保護・支援する過程において、告発的秘密の暴露供述を得て、組織ぐるみ事件を立証して組長以下の組員を一網打尽とし、その判決、服役の過程で同組を壊滅、組員を更生に導いた事例は何例もある。既述したような暴力団排除の進展や法の規制効果により、組員個々の心情の動揺は必至である。その境遇にある組員の保護・支援を着実に進めることが、離脱・悔悛を促進させることとなり、組織の内情や組長以下組織ぐるみ犯罪等の暴露につながる。

　そのような伺い知れない組内部の実態把握を可能にする、より制度的・法的な裏付けのある保護・支援の仕組みを構築することが求められる。

4　おわりに～暴力団排除の真の道筋とは

　暴力団排除が進展する裏で、犯罪的サブカルチャーの存在や組織的な偽装離脱動向も見られところである。それらを許さぬ対策を進めつつ、「更生すれば生きていける道がある」ということを社会が示めしていくことが暴力団排除の真の道筋である。前記Ａ社会復帰アドバイザーは、「離脱した組員を支え、社会で生きていく自信を育てれば、多くの場合成功する。現状を放置していては、本当の意味での暴力団排除はありえない。」と熱く訴える。

　暴力団排除の取組みが進展する今こそ、「本当の暴力団排除」にするために、暴力団を辞める組員の完全離脱と、その受入れ継続就労を保証する「自助・共助・公助の社会復帰ネットワーク」を活性させていくときと痛感している。

第Ⅰ章 −3 画期となった暴排・反社会的勢力訴訟20年の攻防

暴力団事務所使用差止請求事件
～撤去・明渡訴訟にみる

弁護士　長谷川　敬一

1　暴力団事務所排除の必要性

(1) 暴力団事務所の現状

暴力団事務所とは、暴力団の活動の拠点となっている施設または施設の区画された部分を言う[1]。

それは、「内部的には暴力団としての対立抗争やシノギにかかる活動についての謀議を行い、またその活動にかかる組織の指揮命令連絡の機能の中枢としての役割をし、外部的には他の暴力団、一般市民に対して組織の勢力を誇示するもの」とされる[2]。

(2) 暴力団事務所が社会に与える危険性・害悪

暴力団抗争が発生した場合、対立する暴力団の事務所が拳銃等の凶器による襲撃の対象となることが多く、まさに市民生活への脅威となる。

たとえば、平成18年以降継続している九州誠道会と道仁会の対立抗争においては、平成23年末までに少なくとも15件の相手方暴力団事務所あるいはその関係先を標的とする銃撃が繰り返されている[3]。

1　暴力団員による不当な行為の防止等に関する法律15条。
2　日本弁護士連合会民事介入暴力対策委員会編『暴力団事務所排除の法理』30頁。
3　平成24年1月5日『暴力団対策に関する有識者会議報告書・別添資料1』参照。

そして、暴力団抗争においては、過去一般市民がその流れ弾に当たるなど、巻き添えとなって悲惨な被害を被った事例が、これまで数多く存しているのである[4]。

また、暴力団事務所の存在により、組員による周辺への違法・迷惑駐車、住民の営業活動への直接・間接の妨害、環境の悪化、児童・青少年等に与える悪影響、周辺地価の下落など周辺住民に与える不利益は多大である[5]。

(3) 暴力団事務所排除の方策

以上から、周辺住民の生命・身体・財産を守るため、暴力団事務所はこれを排除する必要がある。

この点、「暴力団員による不当な行為の防止等に関する法律」（以下「暴力団対策法」という）15条では、対立抗争のための用に供される恐れのある暴力団事務所について、その管理者に事務所使用制限命令を発出することができる旨定められており、また平成23年10月までに全国で制定されるに至った暴力団排除条例の多くには、学校その他青少年の健全な育成を図るための良好な環境をとくに保全する必要のある施設の近辺において、暴力団事務所の新規開設・運営を禁止するなどの規制が課されている[6]。

しかし、これらの規制は、いずれも既存の暴力団事務所自体に対しその使用差止・撤去・明渡まで実現しうるものではなく、暴力団事務所の排除の効果は限定的である。

この点、これまで一般市民及び民事介入暴力対策に取り組む多くの弁護士により、民事手続を駆使する方法による暴力団事務所使用差止・撤去・明渡等の取組みがなされてきた。むしろ、過去何よりも成果を上げてきたのが、民事手続による暴力団事務所の排除であるといっても言い過ぎではない。

4　例として、平成2年6月、大阪においてＮＴＴ職員が暴力団幹部と間違えられて銃撃され死亡、平成2年11月、暴力団抗争中、アルバイトとして組事務所周囲の工務作業に従事していた高校生が暴力団員と誤認して銃撃され死亡、平成7年8月には、抗争中暴力団事務所周辺を警備していた警察官が、組員と誤認されて銃撃され死亡、平成9年8月、神戸で五代目山口組宅見若頭（当時）に対する銃撃の流れ弾に当たり歯科医師が死亡など、多くの事案がある。
5　前掲『暴力団事務所排除の法理』42～49頁。
6　東京都暴力団排除条例22条・大阪府暴力団排除条例18条など。

そこで以下、民事手続による代表的な暴力団事務所使用差止・撤去・明渡事例を紹介する。

2 前史前期

(1) 一力一家事件（浜松・昭和59年～昭和63年2月）

ア 事案の概要

静岡県浜松市内の建物が暴力団山口組国領会一力一家の組事務所として使用されるに至り、周辺住民らがこれに対する反対運動を継続したところ、暴力団側から住民に対し慰謝料請求訴訟が提起された。かかる経緯から、周辺住民ら515名がその人格権に基づき、静岡地裁浜松支部に対して暴力団事務所使用禁止の仮処分申立てをなしたものである。

なお、住民の上記反対運動に対し、一力一家の暴力団員による住民への襲撃、住民代理人弁護士への刺傷などの事件が発生していた。

イ 法律上の問題点

人格権を根拠として暴力団事務所の使用禁止が認められた最初の例である。

ウ 事案の結果

裁判所は、本件建物が一力一家の組事務所として公然と使用される限り、周辺住民らの平穏な生活を不可能ならしめ、その人格権を侵すとして、暴力団事務所の使用禁止を認めた[7]。

後、本案訴訟において、暴力団事務所使用禁止を内容とする和解が成立した。

(2) 赤心会事件（大阪・平成3年7月～平成8年12月）

ア 事案の概要

大阪府堺市内において暴力団山口組黒誠会赤心会組長の内妻名義でなされ

---

7 静岡地浜松地決昭62年10月9日・判例タイムズ654号241頁。

た建物の建築に対し、当該建物が暴力団事務所として使用される恐れがあるとして、その周辺住民ら529名が大阪地裁堺支部に暴力団事務所使用差止めの訴えを提起したものである。地裁で請求認容。暴力団側が控訴。

イ　法律上の問題点

前記一力一家事件と同じく、周辺住民の人格権に基づき暴力団事務所使用差止請求がなされたものである。ただし本件ではとくに、いまだ使用されていない建物について、暴力団事務所として使用される切迫した恐れが認められるか否かが問題となった。

ウ　事案の結果

大阪高裁は、本件建物がいつ暴力団組事務所等として使用開始されるかも知れず、その場合周辺住民らの生命、身体、平穏な生活を営む権利が受忍限度を超えて侵害される蓋然性は大きいとして、やはり暴力団事務所としての使用禁止を認めた[8]。暴力団側が上告したが平成8年12月17日棄却され、確定した。

3　後　期

(1)　大阪市港区Y会事件（平成18年10月～平成20年3月）

ア　事案の概要

大阪市港区の市有地が、六代目山口組四代目山建組Y会の暴力団事務所として使用されていたものである。

すなわち、本件土地を含む一帯の土地は、終戦直後まで民間会社が所有していたが、高潮対策などの工事のために市が昭和24年に買い取り、以後市の事業として、以前から住んでいた数千世帯の住民に土地を賃貸していた。その後、借地人が何度か入れ替わり、昭和50年ころから当該暴力団組長が賃借していたとのことである。

暴力団組長との正式な借地契約が存することもあり、市は、当初は排除困

8　大阪高判平5年3月25日・判例タイムズ827号195頁。

難と判断し暴力団事務所の退去を求めないでいた。しかし、このような市の姿勢がマスコミにより報道され批判された[9]ことなどから、市もやむなく暴力団事務所の排除に向けて動き出した次第である。

平成18年10月、借地契約の解除を主張し、大阪地裁に対し建物収去土地明渡しを求めて提訴。

イ　法律上の問題点

借地上の建物を暴力団事務所として使用したことが、借地契約上の信頼関係破壊事由に該当するかが問題となった。

ウ　事案の結果

第１審で建物収去土地明渡請求認容判決。

暴力団側控訴を経て、**大阪高裁平成20年３月27日控訴審判決**。

同高裁判決では、組事務所は暴力団活動の拠点であり、とくに他の暴力団組織からの攻撃目標、とりわけ銃器による攻撃目標ともなるときは、住民に非常な不安を与えることになるとして、かかる使用行為は、土地の賃借人としての義務に違反すること甚だしく、賃貸借関係の継続を著しく困難ならしめる不信行為である旨、明確に判示された。

また、これまで一度も抗争に巻き込まれたことはないとの暴力団側の主張に対しては、これまではそうであっても、今後巻き込まれないという保証はなく、現に、本件各建物が他の暴力団組織の攻撃目標とされるような事態を想定し、そのための防御の砦とすべく、これに対応した機能を備えたものに改造しているといえるのであるとしてこれを排斥した。

(2)　道仁会事件（福岡・平成20年８月～）

ア　事案の概要

福岡県久留米市内の建物３棟が、平成４年ころ以降、指定暴力団四代目道仁会の本部事務所等として使用されていたのに対して、平成20年８月、周辺住民ら約600名らが、人格権を根拠として福岡地裁久留米支部に事務所使用禁止の仮処分命令を申し立てた。

9　平成18年１月21日朝日新聞大阪版夕刊。

なお、当時九州においては、とくに道仁会と九州誠道会間における暴力団抗争が激化しており、前年の平成19年11月には、佐賀県武雄市内の病院で一般市民が誠道会の関係者と誤認され、道仁会系組員に射殺されるという事件も発生していた。
　本件仮処分申立て後、道仁会側は3棟の建物のうち1棟から動産類を撤去し、別の1棟を解体した。
　イ　法律上の問題点
　一般的には、人格権に基づく暴力団事務所の使用差止については、前掲一力一家事件以降、認容例が相次いでいたことから、本件ではむしろ具体的事情として、動産類が撤去された建物等についても、依然暴力団事務所としての使用の恐れが認められるかが問題となった。
　ウ　事案の結果
　平成21年3月27日付け福岡地裁久留米支部決定では、3棟のうち1棟のみについて暴力団事務所使用差止を認めたが、動産類が撤去された1棟、解体された1棟については、ともに暴力団事務所としての実態がすでに失われているとして、これを認めなかった。
　そこで、住民側が即時抗告。なお、1棟が解体されたのに伴い、使用禁止の一部対象を解体された1棟の敷地に変更した。
　同年7月15日、**福岡高裁において即時抗告審決定**。
　同決定では、被保全権利の有無の判断に当たっては、使用差止めの対象となる建物が現に暴力団事務所等として使用されているか否かのみならず、これが将来使用される可能性があるか否かも検討する必要があるとの前提のもと、動産類が撤去された1棟についても、建物の使用については道仁会の意のままになるものと推認される以上、いったん搬出された動産類を再度搬入することは容易かつ短期間に行い得るとして、現在は暴力団事務所としての実態が失われているとしてもなお、その使用差止めを認めることができるものと判断した[10]。

10　平成21年7月17日付西日本新聞では「仮に暴力団が荷物搬出などで『偽装工作』しても司法は認めないとする先例となり、各地で取り組まれている暴力団追放運動の追い風になりそうだ」と報道されている。

ただし、同高裁決定でも、解体された1棟の敷地については、差止めを認めなかった。

本稿執筆時点で、訴訟継続中である。

(3) 東京都台東区K組事件（平成22年3月〜）

ア 事案の概要

東京都台東区内に所在する4階建て鉄骨造建物が、平成22年3月ころ以降、六代目山口組二代目弘道会K組の暴力団事務所として使用されるおそれがあるとして、周辺住民ら168名が人格権を根拠とし、暴力団事務所の使用禁止等を求めて、東京地裁に対し仮処分命令の申立てをなした事案である。

イ 法律上の問題点

本件では、具体的に本件建物が暴力団事務所として使用される恐れがあるか否か、また暴力団事務所としての使用を禁止するとしても、さらに暴力団組長個人の立ち入りをも禁止することが認められるかが問題となった。

ウ 事案の結果

平成23年3月30日、**仮処分申立認容決定**。

裁判所は、暴力団事務所としての使用禁止については、本件建物において暴力団事務所として使用しうるスペースが十分あること、屋内駐車場や監視カメラなど暴力団事務所として使用するための設備も十分備えていることなどから、本件建物が暴力団事務所として使用される恐れがあるとしてこれを肯定した。

一方、暴力団組長個人の立入禁止についても、周辺住民が危害を被ることのないよう暴力団事務所使用行為を確実に防止する緊急の必要性がある一方、当該暴力団組長が自由に本件建物内に立ち入ることができるとすれば、暴力団事務所使用行為を確実に防止することが困難になることなどから、民事保全法24条所定の「必要な処分」として、これを認めた。

暴力団事務所としての使用禁止のみにとどまらず、組長の立入禁止までもが認められた最初の事案であるとされる[11]。

---

11 平成23年3月31日毎日新聞東京版。

その後暴力団側から起訴命令の申立てがあるなどして本案訴訟が提起され、本稿執筆時点で、訴訟継続中である。

(4) 福岡市Ａ組事件（平成22年5月～）

　ア　事案の概要

　福岡市内に所在する約100戸からなる区分所有マンションの1戸が、平成22年5月以降、指定暴力団7代目合田一家Ａ組の暴力団事務所として使用されるに至ったことから、共同生活上の障害が著しく他の方法によっては共同生活の維持を図ることが困難であるとして、同マンション管理組合法人が、福岡地裁に対し**区分所有法59条に基づく競売請求の訴え**を提起した事案である。

　なお、同マンション管理規約では、専有部分を暴力団事務所として使用することはもちろん、住戸以外の用途に供してはならないとの定め、さらには暴力団構成員等を居住させもしくは反復して出入りさせてはならないなどの定めが存した。

　イ　法律上の問題点

　マンションの専有部分を暴力団事務所として使用することが、他の区分所有者の共同生活上の障害が著しく、競売以外の方法によっては、共同生活の維持を図ることが困難であるといえるか。

　ウ　事案の結果

　平成24年2月9日、福岡地裁において競売請求を認容する判決が下された。

　裁判所は、福岡県暴力団排除条例において学校・公民館等の施設から200メートル以内における暴力団事務所の新規開設・運営が禁じられているところ、本件暴力団事務所は小学校及び公民館から200メートル以内の距離に位置している事実、福岡県では道仁会と九州誠道会をめぐる暴力団抗争が継続しており、一般市民が巻き込まれた殺人事件もある事実、本件マンション近辺でも暴力団構成員に対する殺人事件が発生している事実などを踏まえ、本件専有部分を暴力団事務所として使用することは、区分所有者の共同の利益に反する行為であり、これによる区分所有者の共同生活上の障害が著しい程

度に至っているものと認めた。

　また、実際に暴力団側が共同生活上の障害を解消するために、何らかの具体的行動をしていることを裏付けるに足りる証拠はないこと、本件専有部分の区分所有権を第三者に譲渡するとしても困難が伴うことが予想されることなどから、他の方法によってはその他の区分所有者の共同生活の維持を図ることが困難であるとして、競売請求を認容した。

4　最後に

　平成24年に暴力団対策法が改正され（資料編596頁参照）、適格都道府県センターによる暴力団事務所使用差止制度が導入されたことにより[12]、暴力団事務所使用差止に関し、一般市民が前面に立って暴力団と争わなければならなくなる局面は減少する可能性がある。

　しかし、当該制度により対応が可能なのは、住民の人格権侵害を法的根拠とする事案において、暴力団事務所の使用自体を差止めする場合に限られ、明渡しや競売までもが認められるわけではない。

　前述のとおり、暴力団事務所にはさまざまな態様があることから、今後もやはり、暴力団事務所の排除にはあらゆる民事手続を駆使する必要性が、依然高いと言わざるを得ないのである。

12　平成24年改正暴力団対策法32条の4（資料編596頁参照）。

第Ⅰ章―3　画期となった暴排・反社会的勢力訴訟20年の攻防

使用者責任追及訴訟
～暴力団の資金源を断つ闘いへ

弁護士　河野　憲壯

1　使用者責任追及訴訟の沿革～被害回復のために

(1)　指定暴力団の一次組織の組長（最上位組長）に対する不法行為責任の追及訴訟の実践は、弁護士による民事介入暴力対策活動の歴史と重なる部分が多い（注1）

　その中で、最上位組長に対する使用者責任（民法715条）という法的構成を採ることの目的は、当初はもっぱら実効性ある民暴被害の回復にあった。
　使用者責任に関し、森島昭夫教授は、「使用者責任の規定が、社会に生ずる損失の分配という政策的考慮によって基礎づけられていることに注目したい。715条は、さまざまな社会関係を対象とするから、社会関係のタイプによって損失分配のしかたが違いうる。今後、715条を解釈するにあたって、われわれが課題とすべきは、なにか1つの使用者責任の根拠を見つけ出し、そこから演繹的に解釈していくことでなくして、一方では715条が適用されているさまざまな社会関係を分析して、同じような政策的判断（損失の分配）が与えられている社会関係を類型化し、そこでの政策的判断を根拠付けたものは何かを論ずることであ」る（注2）と示唆に富む指摘をされている。こ

（注1）　日弁連民暴対策委員会編『暴力団の不法行為責任－組長と使用者責任法理』（有斐閣）、同委員会編『民暴対策論の新たな展開』（きんざい）、同委員会編『反社会的勢力と不当要求の根絶への挑戦と課題』（きんざい）が参考になる。
（注2）　有斐閣『注釈民法(19)債権(10)』269頁。

の考え方こそが、最上位組長に使用者責任を適用するに当たり、根底にある思考である。

(2) 組長に対する使用者責任追及訴訟の系譜

ⓐ 平成2年、沖縄県下での沖縄旭琉会と三代目旭琉会の抗争事件において、沖縄旭琉会下部組織構成員による高校生誤殺事件、三代目旭琉会下部組織構成員による警察官誤殺事件が連続して発生した。弁護団は、下部組織構成員の行為につき最上位組長に損害賠償請求をする構図が、下請負人の被用者の不法行為につき元請負人が使用者責任を負う場合（注3）に類似することから、損害賠償請求訴訟において、最上位組長に対し、使用者責任に基づく損害賠償請求を追及した。なお、これら2件の訴訟では、使用者責任だけでなく共同不法行為（民法719条）の主張もされている。

沖縄の上記2件の事件に関し、那覇地裁は、いずれも使用者責任に基づく損害賠償請求を認容した（注4）。

当該訴訟を契機に、資金獲得活動（いわゆるシノギ）に関連して、栃木事件（注5）、千葉事件（注6）、さいたま事件（注7）と使用者責任追及訴訟が提起され、いずれも裁判所は使用者責任を認容した。ただこれら事件は、実行者の直属組長に対する使用者責任の追及であり最上位組長に対する責任追及ではない。そのため、直属組長の資力の問題もあり、必ずしも被害回復は実効性あるものとはなっていなかった。

また、抗争事件に関連して、尼崎事件、大阪事件でも使用者責任追及がなされ、そのうち大阪事件では最上位組長たる五代目山口組組長に対し使用者責任の追及がなされた。これら2事件は、いずれも和解によって解決し、被害回復は図れたが、使用者責任に関し裁判所の判断は示されていない。

　（注3）　最高裁第二小法廷判昭和37年12月14日・民集16巻12号2368頁が参考になる。この判決は、階層的使用関係のケースにつき、使用者が直接間接の指揮監督関係にあることが判断基準になるとしている。
　（注4）　高校生誤殺事件につき平成8年10月23日・判例時報1605号114頁
　　　　　警察官誤殺事件につき平成14年3月14日・判例時報1803号43頁。
　（注5）　栃木事件（宇都宮地裁栃木支部　平成8年1月23日・判例時報1569号91頁）。
　（注6）　千葉事件（千葉地裁平成9年9月30日・判例時報1659号77頁）。
　（注7）　さいたま事件（さいたま地裁平成13年12月21日・判例時報1774号17頁）。

ⓑ　ところが、福岡高裁那覇支部は、沖縄の2事件について使用者責任に基づく請求を認めなかった。福岡高裁那覇支部は、「民法第715条の『事業』には、不法行為を行うことを事業の内容とするものを含まないことは自明のことである」、「……暴力団の対立抗争は、………それ自体暴力的不法行為であって公序良俗に反する違法な行為として許されないことは明らかであるから、右主張の対立抗争は、民法715条の『事業』とはなりえない。」(注8)、「ひとを殺すこと又は傷つけることのように不法行為を行うこと自体を直接の目的とする活動については、……、当該活動自体が本来『事業』ないし『仕事』として社会的に認容される余地の全くないものであるから、ひとを殺し又は傷つけるために他人を使用するというような活動は、同条が規定する使用者責任の発生する基礎となる『事業』には含まれ」ない(注9)等と述べて使用者責任の適用を否定した。

もっとも、これら2事件では、会長に対して共同不法行為に基づく損害賠償義務を認めている。ただ、共同不法行為構成では、広域指定暴力団のように下部組織と最上位組長とに距離があるケースでは、関連共同性が認められ難く、最上位組長の責任を認めるのは著しく困難となる。

高校生殺害事件につき、平成12年12月19日、原告の上告が棄却され、さらに警察官殺害事件控訴審判決の下された平成14年12月5日以降、「最上位組長に対する使用者責任追及」という構成には暗雲が立ちこめた。

(3)　京都事件～五代目山口組組長に対する使用者責任追及訴訟

ⓐ　事案の概要

五代目山口組の三次組織の組員らが、四代目会津小鉄の系列組織との間で紛争が生じた際、警察官を会津小鉄の構成員と誤って射殺した。これを受けて、警察官の遺族が原告となり、実行犯らのみならず、五代目山口組組長に対して使用者責任等に基づき損害賠償を請求した事案である。

(注8)　高校生誤殺控訴事件（平成9年12月9日・判例時報1636号68頁）。
(注9)　警察官誤殺控訴事件（平成14年12月5日・判例時報1814号104頁）。

ⓑ　訴訟経過

京都地裁は、本件は抗争の前段階であり五代目山口組の抗争とは認められないとして、使用者責任に基づく請求を棄却した（平成14・9・11　注10）。

しかし大阪高裁は、本件を（初期段階ではあるが）対立抗争と評価した上で、五代目山口組組長の使用者責任を認容した（平成15・10・30　注11）。

これが最上位組長の高裁レベルでの初めての使用者責任認容判決である。

最高裁は、使用者性及び事業ないし事業執行性を認め、本件事件に関する五代目山口組組長の上告を棄却した（平成16・11・12　注12）。

ⓒ　被害救済、及び暴力団資金の剥奪という考えの芽生え

京都事件では、判決確定後、被害者に対し認容額が支払われた。これによって、使用者責任追及の結果としての最上位組長への賠償請求に暴力団の収益剥奪の効果があるとの認識が次第に強まった。下部組織構成員の違法行為件数は非常に多く、その都度、賠償義務を負うことは最上位組長にとって脅威となる。

(4)　京都事件後の使用者責任追及訴訟（注13）

ⓐ　韓国人留学生誤殺事件〜住吉会代表者への使用者責任追及訴訟

(a)　事案の概要

誤殺された韓国人留学生（当時24歳）の遺族らが、実行犯らのみならず、その最上位団体である住吉会の代表者の使用者責任及びナンバー2である住吉会会長の代理監督者責任を追及した事案である。

（注10）　京都地裁判例時報1820号100頁。
（注11）　本判決については、民集58巻8号2078、判例時報1882号21頁、判例タイムズ1170号134頁等、多くの評釈がなされているが、その中でも、
　　①　淺田敏一、菅原英博「暴力団組長に対する損害賠償責任追及訴訟と山口組組長の使用者責任を認めた最高裁判決について（上）（中）（下）」（『警察學論集』58巻5号48頁、同7号156頁、同8号171頁）、
　　②　最高裁判所判例解説59巻1号213頁、
　　③　浦川道太郎・ジュリスト1291号（平成16年度重要判例解説82頁）が参考になる。
　　①、②は、本件の下級審の判断状況についても詳述している。
（注12）　最高裁判例解説59巻1号244頁〜246頁同旨。

(b) 訴訟経過

　東京地裁は、連合体的要素を有する住吉会最上位組長に使用者性を認めた。さらに同判決は、下部組織構成員の行った報復・みせしめ行為に関し、その事業執行性を認めた（平成19・9・20判決　注14）。
　なお本件判決は、住吉会ナンバー2である住吉会会長についても、代理監督者としての責任を認めている。

(c) 被害救済及び暴力団資金の剥奪

　本件は、控訴審で第1審判決を踏まえた勝訴的和解により解決した。
　本件では、賠償金は和解の席で全額支払われた。

ⓑ　前橋事件～住吉会代表者に対する使用者責任追及訴訟

(a) 事件の概要

　群馬県前橋市内のスナックで、住吉会三次団体の構成員が、元稲川会傘下組長を報復行為として射殺しようとした際、同店内に客として同席したため巻き込まれて射殺された被害者の遺族らが、実行犯だけでなく、その最上位組長である住吉会代表者に対し使用者責任を住吉会会長に対し代理監督者としての責任を追及した事案である。

(b) 第1審での和解

　本件は、韓国人留学生誤殺事件の判決もあり、第1審で勝訴的和解で解決した。

(c) 被害救済及び暴力団資金の剥奪

　本件も賠償金は、和解の席で全額支払われている。

ⓒ　横浜鶴見事件～稲川会代表者に対する使用者責任追及訴訟

(a) 事案の概要

　横浜市鶴見区内で、稲川会三次組織の組員らが自らの縄張を守ろうとして

（注13）　平成21年10月23日開催の民事介入暴力対策横浜大会の協議会資料『組長訴訟の到達点と今後の展望～3大暴力団トップへの責任追及を中心として～』は、京都事件、韓国人留学生誤殺事件、前橋事件、横浜鶴見事件を詳細に比較分析しており、資料価値が高い。

（注14）　判時2000号54頁に掲載。評釈として、長尾敏彦「指定暴力団住吉会代表者らに対する使用者責任追及訴訟とその認容判決」（『警察學論集』61巻2号21頁。

起こした暴行事件に巻き込まれて死亡した被害者の遺族が、実行犯らのみならず最上部団体代表者である稲川会総裁に対し、民法第715条1項の使用者責任を追及した事案である。

(b) 訴訟経過

本件は、事案としては勝訴的和解で終了した。ただ、中間判決において、裁判所は、稲川会においてもその代表者に使用者性を認め、さらに縄張内の秩序維持ないし縄張内における稲川会等の威信の維持活動も代表者の事業であるとした（注15）。

(c) 被害救済及び暴力団資金の剥奪

本件でも賠償金は、全額支払われた。

(5) 3大指定暴力団すべてに関し、最上位組長への使用者責任を認める判決が出揃う

この結果、下部組織構成員による加害行為につき被害救済が実効性あるものとなるとともに、使用者責任の追及が暴力団資金剥奪に繋がるとの認識が普及するに至った

2 使用者責任追及訴訟～暴力団資金の剥奪から資金源を断つ闘いへ

(1) 暴対法改正（注16）

ⓐ 民事介入暴力対策は、暴対法制定以降、警察や弁護士による実務的対応と、その時々の立法事実に立脚した暴対法の制定及び改正を車の両輪として推進されてきた。平成20年5月、指定暴力団の代表者等は、当該指定暴力団の指定暴力団員が、威力利用資金獲得行為を行うについて、他人の生命、身体または財産を侵害した場合、無過失賠償責任を負う旨の規定が新たに設けられた（暴対法第31条の2）。当該規定は、みかじめ料等のシノギに関連す

（注15）判例時報2046号110頁。
（注16）島村英・工藤陽代・松下和彦「『暴力団員による不当な行為の防止等に関する法律の一部を改正する法律』について」（資料編596頁参照／『警察學論集』第61巻9号39頁）。

る損害が１件ごとに見れば比較的少額であり、その被害回復のために最上位組長に対し損害賠償請求をするのは実現性が乏しかったことから、威力利用資金獲得活動に関連する損害について最上位組長への損害賠償請求を容易にすることを志向するものである。

　当該規定に基づく損害賠償請求の実践は、指定暴力団のシノギに対する脅威となり、それは暴力団の資金獲得活動を経済的にも割に合わないものとし、シノギ自体をより困難にする効果が期待できる。

(2)　同法31条の２に基づく最上位組長への賠償責任追及の実践

　暴対法31条の２に基づく最上位組長に対する損害賠償請求訴訟ですでに解決を見た事件は、現時点で筆者の把握する限り、以下の４案件である。

ⓐ　上　野　事　件
(a)　**事件の概要**
　六代目山口組三次組織の構成員３名は、自らが縄張としている東京都台東区内でタイ人がタイ式カード賭博をしているとの情報を得て、タイ人女性の経営する店舗に押し入り、店内を破壊し、店内にいたタイ人男女８名に対し、暴行脅迫の上、精神的苦痛を含む損害を与えた。

(b)　**訴訟経過**
　当該訴訟においては、実行犯のみならず、六代目山口組代表者を被告としており、暴対法第31条の２の最初の訴訟事案となった。
本件は、平成23年１月24日、第１審で勝訴的和解で解決した。

(c)　**被害救済及び暴力団資金の剥奪**
　賠償金は、全額支払われた結果、実行者らの行為は、経済的に見合わない行為となった。

ⓑ　朝　来　事　件
(a)　**事件の概要**
　六代目山口組四次組織組長は、自らの縄張内で運転代行業を営む会社の代表取締役らに対し、所属組員を従業員として使用するよう再三要求した。代表取締役がこれを拒否したため、代表取締役らを脅迫し、さらに会社に対す

る営業妨害行為を繰り返した。中止命令が発令されたが、さらに当該組長は組員を使って、2トンダンプカーを会社の関係者の車両に故意に衝突させ、関係者の従業員に傷害を負わせ、車両を大破させた。……させた上、さらに、当該ダンプカーを会社事務所出入口に故意に衝突させ、建造物損壊による業務妨害を行った。
(b) **訴 訟 経 過**
　当該訴訟においては、実行犯のみならず、六代目山口組組長、同若頭を被告としており、これは暴対法第31条の2に基づき指定暴力団の代表者を訴える2例目の訴訟となった。
　本件は、第1審で勝訴的和解で解決した。
(c) **被害救済及び暴力団資金の剝奪**
　賠償金は全額支払われ、その結果、実行者らの行為は、経済的に見合わない行為となった。

ⓒ　**立 川 事 件**
(a) **事件の概要**
　中古車販売会社を営む被害者が、六代目山口組三次組織の構成員から暴力団の脅威を示され要求を拒否できないまま、金員の喝取、金員の詐取、融資の強要、携帯電話契約の強要、車両の強奪等の被害を被った事案である。
(b) **訴 訟 経 過**
　当該訴訟では、実行者のみならず、六代目山口組組長を被告としており、これは暴対法第31条の2に基づき指定暴力団の代表者を訴える3例目の訴訟である。
　本件は、第1審で勝訴的和解で解決した。
(c) **被害救済及び暴力団資金の剝奪**
　賠償金は、全額支払われており、実行者らの行為は経済的に見合わない行為となった。

ⓓ　**豊 橋 事 件**
(a) **事件の概要**
　被害者は、豊橋市で飲食店の雇われ店長であった。被害者は、生活費に困り、山口組二次組織に属する複数の組員らからトイチやシュウイチで金員を

借入するようになった。被害者は高額の利息を支払うものの、元本は減らなかった。被害者は、借入先ではない者が代理として取立に来たことに不信感を持ち、借入先組長にその取立を止めるよう諭ってもらった。

これに立腹した代理を名乗る者は、被害者に必要な暴行を加え、重傷を負わせた。その後も代理を名乗る者の取立は続き、被害者はストレスから胃潰瘍穿孔性腹膜炎となり、1週間の入院加療を要した。

(b) 訴訟経過

当該訴訟で、実行者のみならず、暴対法第31条の2に基づき、六代目山口組組長も被告とした。
本件は、第1審で勝訴的和解で解決した。

(c) 被害救済及び暴力団資金の剥奪

賠償金は、和解の席で全額支払われている。和解金額からも実行者らの行為は経済的に見合わない行為となった。

(e) 千葉では中古販売業者が、住吉会の三次団体の組長から多額の金銭を収奪された事案に関し、暴力団対策法31条の2に基づき住吉会の代表者を訴えている事案もあり、その解決が待たれる

他にも、いくつか暴対法31条の2に基づく損害賠償請求訴訟が準備されている。

(3) 暴力団の資金源を断つ闘いへ

一般市民が損害を被る都度、代表者に責任を追及すれば、威力利用資金獲得行為自体が金銭的に割の合わない行為となり、暴力団のシノギを困難にする結果にも繋がり得るものである。

そのためにも、より多くの同種訴訟を実践していかなければいけない。訴訟の積み重ねにより請求が定型化されれば、たとえば請求を催告した段階で、被害回復が図れる事案も増えるであろうし、威力利用資金獲得活動が暴力団にとって不合理なものとなり、暴力団の資金源を断つという効果もより実効性を帯びるものとなる。

第Ⅰ章-3 画期となった暴排・反社会的勢力訴訟20年の攻防

反社会的勢力との取引遮断をめぐる取締役の善管注意義務と責任
～蛇ノ目ミシン事件（最判平成18年4月10日）を中心に

弁護士　中務　嗣治郎

1 はじめに

　社会から反社会的勢力を排除することは、社会の秩序を維持し、人間の平穏で安全な生活と経済活動を守るために、きわめて重要な課題であることは言うまでもない。国家が反社会的行為のうち一定の悪質なものを犯罪行為として処罰の対象として規制していることは、この目的を達成するための最低限の制度であると言える。そして、社会の法意識の変化により、その弊害が顕著になった反社会的行為については、直接法規制の対象となったものもある。かつて、企業社会に巣くっていた総会屋の反社会的行為については、商法改正により、これを直接的なターゲットとして「株主の権利行使に関する利益供与の禁止」が法制化され、これを犯罪として処罰の対象とするとともに民事責任を明文化したのはその典型である。

　そして、株主代表訴訟の貼用印紙の低額化に伴い、総会屋に対する利益供与に関連して取締役に対する責任追及の株主代表訴訟が提起されたことは周知のとおりである。

　平成4年3月、反社会的勢力の中核として位置づけられていた暴力団の構成員による不当行為につき「暴力団員による不当な行為の防止等に関する法律」（以下、「暴対法」という）が施行された。そして、企業がその行動理念として、反社会的勢力との関わりを断ち、これと断固として対決することを表明されることが一般的となった。

　しかしながら、企業が反社会的勢力との断絶を、単に理念として宣言する

だけでなく、業務規範として具体的な業務執行の各場面で実効的に機能させるには、さらに状況の変化と社会の意識改革が必要であった。

　それは、暴対法の施行により、暴力団対策としては一定の成果があったものの、暴力団がその組織実態を隠蔽する動きを強め、活動形態においても企業活動を仮装するなど不透明化を進展させ、資金獲得活動を巧妙化させていく現象が顕著になり、企業の従業員や株主を含めた企業自体に多大な被害を生じさせ、反社会的勢力との関係遮断が企業防衛の観点から必要不可欠となっていった経緯がある。

　平成19年6月19日、犯罪対策閣僚会議幹事会申合せによる「企業が反社会的勢力による被害を防止するための指針」（以下、「政府指針」という）（資料646頁参照）が公表された。これを受けて、政府は企業やその役職員はじめその関係者が反社会的勢力から被害を受けることを防止するための施策を強化し、さまざまな取組みがなされた。

　金融庁では、金融機関やその役職員及び顧客などさまざまなステークホルダーが反社会的勢力によって被害を受けることを防止するため、反社会的勢力を金融取引から排除することが求められるとして、そのための態勢整備ができているかどうかについてきめ細かい監督指針を公表しているところである。

　これら国の施策と社会の暴排意識の向上とが相まって、各業界において取引約款や契約書の中に反社会的勢力を排除する条項を導入することが定着するようになった。

　そして、平成23年を中心に全国の都道府県において暴排条例が制定施行されるところとなり、地域社会の経済活動に至るまで反社会的勢力との関係遮断が求められている。

　ところで、企業が反社会的勢力との関係を遮断するための方策としては、端的に、反社会的勢力それ自体を規制し、あるいはその構成員の不当行為を規制の対象とする方策、反社会的勢力と対峙し、その関係を遮断しようとする企業及びその関係者をさまざまな視点から支援し、保護することによって反社会的勢力の活動を封じる方策、万一企業が反社会的勢力に対し経済取引によってその勢力を保持し、助長させるような行為をした場合には、企業及

びその関係者に一定のペナルティを課すことによって、間接的に反社会的勢力及びその活動を封じようとする方策など多岐にわたっている。

本稿では、日常の業務執行の中で反社会的勢力と対峙し、その関係を遮断するために苦労している企業の取締役を対象に、関係遮断の業務執行に関し取締役に課せられている善管注意義務と責任に焦点を当てて検討したい（注1）。

2　蛇ノ目ミシン事件最高裁判決にみる反社会的勢力に対する取締役の善管注意義務と責任

まず、反社会的勢力の不当な要求に対し適切な対応をしなかったことにより、取締役の任務懈怠責任が認められた代表的な蛇の目ミシン事件（以下、「本事件」といい、蛇の目ミシン工業株式会社を「B社」という）を紹介したい。

(1)　本事件は、バブル期の経済犯罪事件として、また、反社会的勢力に対し利益供与した取締役の責任を追及する株主代表訴訟事件として衆目を集めた著名な事件である。

事実関係は複雑であるが、取締役の責任が問題となっている点は、いわゆるグリーンメーラーとして知られるAが大量に取得したB社株を暴力団の関連会社に売却するなどとB社の取締役らを脅迫した場合において、Aの要求に応じて約300億円という巨額の金員を交付することを提案し、またはこれに同意した取締役について、善管注意義務違反による賠償責任があるかどうかという点にある。

一審は、Aが大株主としての権利を濫用して会社の経営に混乱を生じさせる旨脅迫し、その威力を背景に自己の利益を図ろうとした不当な要求に対し、取締役らがB社が企業として存立していくためのやむを得ない選択として、Aの要求に応じたものであって、通常の企業経営者として善管注意義務

注1　取締役は会社に対し善管注意義務（会社法330、民法644）と忠実義務（会社法355）を負うとされているが、忠実義務は善管注意義務を敷衍し、一層明確にしたにとどまるとしている最高裁判決の趣旨に鑑み、本稿では両義務をあわせて単に「善管注意義務」として記述する。

違反があったと評価することができない旨判示し（東京地裁平13．3．29）、原審はAに対する利益について、外形的には善管注意義務違反があったと認定しながらも、Aの狡猾で暴力的な脅迫行為を前提とした場合、このまま放置すれば優良会社としての会社のイメージは崩れ、会社そのものが崩壊すると考えたことから、巨額の利益供与もやむを得ないものと判断したものであって、当時の一般的経営者として誠にやむを得ないものとして取締役としての職務執行上の過失があったとは言えないと判示した（東京高裁平15．3．27）。

本判決の要旨は、次のとおりである。

原審が確定した事実関係によれば、「Aには当初から融資金名下に交付を受けた約300億円を返済する意思がなく、被上告人らにおいてこれを取り戻すあてもなかったのであるから、同融資金全額の回収は困難な状況にあり、しかも、B社としては金員の交付等をする必要がなかったのであって、上記金員の交付を正当化すべき合理的な根拠がなかったことが明らかである。被上告人らは、Aから保有するB社株の譲渡先が暴力団の関連会社であることを示唆されたことから、暴力団関係者がB社の経営等に干渉してくることにより、会社の信用が毀損され、会社そのものが崩壊してしまうことを恐れたというのであるが、……会社経営者としては、そのような株主から株主の地位を濫用した不当な要求がなされた場合には、法令に従った適切な対応をすべき義務を有するというべきものである。前記事実関係によれば、本件において、被上告人らはAの言動に対して、警察に届け出るなどの適切な対応をすることが期待できないような状況にあったということはできないから、Aの理不尽な要求に従って約300億円という巨額の金員をI社（注：Aが主宰する会社）に交付することを提案またはこれに同意した被上告人らの行為について、やむを得なかったものとして過失を否定することは、できないというべきである。」（最判平18．4．10金融法務事情1808号48頁）。

(2) 本事件は、バブル経済の当時に発生したもので、今日ほど反社会的勢力との関係遮断に関するコンプライアンス態勢が整備され、社会のコンセンサスも成熟していたわけではない。

本判決は、会社に対して不当な要求がなされた場合には、法令に従った適切な対応をすべき義務を有することを明言したうえ、当時の社会状況と法的

意識の下において、取締役らが「Aの言動に対して警察に届け出るなどの適切な対応をすることが期待できないような状況にあったということはできない。」と判示したのである。

　反社会的勢力と対峙する場合の原則の1つとして「外部専門機関との密接な連携」が提唱されて久しいが、本事件では、Aの不当な要求に対して弁護士など外部の専門家の意見を徴することもなく、Aの恐喝の犯罪行為に対して警察に届け出るなど法令に従った適切な対応をしないで、安易に会社の対外的信用が傷つけられ、会社そのものが崩壊してしまうと判断したものであって、任務懈怠の責任は免れないものと考えられる(注2)。

　本判決を契機に、企業が反社会的勢力と対峙するに際しては、警察など外部の専門機関との密接な連携や法令に従った適切な対応をすることが社会的コンセンサスを得ることになり、平成19年6月に公表された前掲政府指針では、反社会的勢力による被害を防止するための基本原則として、

○　組織としての対応
○　外部専門機関との連携
○　取引を含めた一切の関係遮断
○　有事における民事と刑事の法的対応
○　裏取引や資金提供の禁止

が公表されたところである(注3)。

　なお、本件訴訟において、取締役らは本件業務執行について「経営判断の原則」の適用の主張をしていたことが窺われるが、本判決はこれに触れずに取締役の任務懈怠責任を認めた。Aに対する本件利益供与は商法(平成12年法律第90号による改正前のもの)294ノ2第1項にいう「株主ノ権利ノ行使ニ関シ」利益を供与する行為に当たるとされたのであるから、本件取締役らの

注2　本事件の差戻控訴審では、本文の利益供与以外に、Aから別件債務の肩代わりを求められ、B社が関連会社を通じた債務の肩代わり及び保証等を行った行為を含め、取締役らに約583億円という巨額の損害賠償が命じられ(東京高判平20.4.23金融商事判例1292号14頁)、取締役らの上告及び上告受理申立が退けられ、確定した。なお、Aについては、本事件にかかる恐喝について有罪判決が確定している。本事件では、取締役らは刑事事件として訴追されなかったが、法律上特別背任罪を構成するおそれがあったことは否定できない。
注3　その詳細については、政府指針の全文及びこれに附属する解説を参照されたい。

Aに対する利益供与行為は、法令違反行為に該当する。経営判断の原則とは、取締役の行う意思決定についてその意思決定が経営判断に係る事項である場合には、その権限の範囲で広い裁量が認められるべきであり、仮にその判断が会社に損害をもたらす結果となった場合でも、行為当時の状況に照らして合理的な情報収集、調査、分析検討を行い、その状況と取締役に要求される能力水準に照らして著しく不合理な判断がなされなかった場合には、当該取締役に善管注意義務違反の責任（任務懈怠責任）を問うべきでないという法理である（注4）。

　しかしながら、取締役には法令違反行為を行うか否かの裁量はないと解されており（注5）、本件取締役らの行為は、法令違反行為である以上、経営判断の原則を論ずべき事案でない。

　本事件の教訓は、反社会的勢力から会社に対して脅迫、恐喝その他不当な要求がなされた場合には、弁護士、暴追センター、警察など外部の専門機関と連携して、これを拒絶する毅然とした対応をとり、それが犯罪を構成すると思われる場合は刑事告訴を行い、必要な場合には民事上法的手続を執るなど適切な対応をすることが取締役の善管注意義務の内容をなし、安易な妥協をした場合には任務懈怠責任を免れないことを判示した点にある。今日の経済社会においては、確立した法的常識といえる。

　本稿では、さらに進んで、日常的に発生する反社会的勢力との取引遮断について検討したい。

3　取締役の反社会的勢力との関係遮断態勢構築義務とその責任

　健全な会社経営を行うためには、会社の規模、事業の種類、性質等に応じて生じる各種のリスクの状況を正確に把握し、適切に制御するリスク管理が不可欠であり、取締役会は会社経営の根幹に関わるリスク管理体制の大綱を

注4　最高裁も概ねこの法理を承認している（最判平22年7月18日・判例時報2091号90頁　アパマンショップ事件）。
注5　東京地方裁判所商事研究会編『類型会社訴訟』Ⅰ244頁。

制定し、業務執行を担当する代表取締役及び業務担当取締役は、大綱を踏まえ、担当する部門におけるリスク管理体制（内部統制システム）を具体的に決定することを要し、取締役は取締役会の構成員として代表取締役及び業務担当取締役がリスク管理体制を構築すべき義務を履行しているか否かを監視する義務を負う。これもまた取締役としての善管注意義務の内容をなすとされる（注6）。

　会社の規模が大きくなればなるほど、取締役は他の取締役や従業員の職務執行のすべてを把握し、個別具体的に監視し監督することが不可能になるから、取締役の善管注意義務の1つとして会社の業務執行が適正かつ効率的に行われることを制度的に確保するシステムを構築する必要があるのである。会社法では、大会社はこの体制の整備について取締役会で決議することが義務づけられている（会社法362条4項6号）。この内部統制システムの法令遵守態勢の中に、政府指針の基本原則で示された反社会的勢力との関係遮断への態勢構築義務が含まれることは論を俟たない。

　その具体的内容については、会社の業種、規模、業務内容に応じて合理的なものであることを要するが、参考となるのは前記政府指針及びこれに関する解説である。金融機関においては、金融庁の監督指針において反社会的勢力との関係を遮断するための態勢が整備されているかどうかの検証をする場合の留意点が示されている。

　その主要な点は、

　第1に、反社会的勢力とは一切の関係を持たず、相手方が反社会的勢力であると判明した場合には可能な限り速やかに関係を解消できるような取組みをおこなうこととしているかどうか、

　第2に、反社会的勢力による不当要求が発生した場合の対応の総括部署を整備し、反社会的勢力による被害を防止する一元的な管理態勢が構築され、機能しているかどうか、

　第3に、反社会的勢力から不当要求がなされた場合には、取締役等の経営陣が適切に組織として積極的に外部専門機関と連携し、法的対抗手段を講じ

注6　大地平12年9月20日・判例時報1721号3頁・大和銀行事件。

ているかどうか、

　第4に、事業活動や従業員の不祥事を理由に反社会的勢力から不当要求がなされた場合には、反社会的勢力対応部署の要請に応じて速やかに事実関係を調査することとしているかどうか、
などである。

　金融機関においては、これを踏まえ、各種取引約款に反社会的勢力排除条項（以下、「暴排条項」という）が導入され、反社会的勢力との取引遮断が具体的に遂行されている。

　日本証券業協会においても、いち早く金融商品取引及び金融商品市場から反社会的勢力の排除を図る取組みを行い、平成22年7月1日から「反社会的勢力との関係遮断に関する規則」を施行し、会員に対し反社会的勢力との関係遮断のための基本方針の策定と公表、これを実現するため社内規則の制定、有価証券の売買その他の取引等に係る取引約款等に「暴排条項」の導入などを義務化させた（関連論考297頁参照）。

　さらに、政府の関係業界に対する政府指針の普及、啓発活動と相まって、企業活動における反社会的勢力との関係遮断活動は、金融機関の取引や証券取引だけでなく、建設業界、不動産業界、保険業界をはじめ多くの民間業界において促進されているところである。さらに、前述した全国的な暴排条例の施行により、地域経済社会において反社会的勢力に対する利益供与が反社会的行為として一定の規制が行われることになり、関係遮断が企業社会の通念になっている。

　このように、取締役はその会社の業種、規模、業務内容に応じて、反社会的勢力との関係遮断の基本方針を策定し、社内規程においてその具体的なルールを制定する義務を有すると言わなければならない。業務担当取締役がそのルールを無視しあるいはこれに違反して、反社会的勢力に対して利益供与した場合には、善管注意義務違反を構成し、これによって会社に損害を与えた場合には、任務懈怠による賠償責任を負うことになる。

　もし、反社会的勢力との関係遮断態勢を構築せず、あるいはその管理態勢が不備であったために上記のような不当行為が発生した場合には、それに直接関与しない取締役についても、反社会的勢力との関係遮断の適切な管理態

勢を構築する義務を懈怠し、あるいは構築することを監督、監視しなかった任務懈怠の責任を負うことになる(注7)。

4 反社会的勢力との既存の取引関係を解消する取締役の善管注意義務とその責任

(1) まず、当該企業に反社会的勢力との関係遮断の基本方針が策定される以前に成立した継続的取引がある中で、反社会的勢力との関係を遮断するという基本方針が策定され、かつ相手先が反社会的勢力であることが判明した場合、取締役は、善管注意義務の点から当該取引についてどのような対応すべきかを検討する。

すでに、成立している取引関係を解消するには、取引契約上これを解消する法的根拠がなければならない。取引契約書の中に暴排条項がない場合には、原則として相手方が反社会的勢力であることを理由に契約を解約ないし解除することはできない。

しかしながら、基本方針の中で可能な限り速やかに反社会的勢力との関係を解消することが謳われている以上、業務担当取締役としては反社会的勢力対応部署と協議し、弁護士など外部専門家の意見を徴し、当該取引契約上、契約を解消できる事由がないかどうかの法的検討をすべきである(注8)。もし、法的に取引解約事由がない場合でも、取引量について法的拘束力がなく、交渉によってその都度取り決める内容になっている場合には、取引量の縮小に向けた交渉を行い、できる限り取引の解消に向けた努力を行うべきで

注7 適切な内部統制システムが構築され、実効的に機能している場合には、偶々不正行為が巧妙に偽装され、通常容易に想定し難い場合には、それに関与しなかった取締役には任務懈怠責任がないとされている(最判平21年7月9日・金融法務事情1887号111頁・日本システム技術事件)。

注8 相手方が暴力団関係企業として大きく新聞等に報道され、取引の継続をすることが社会的に非難されるような状況にあるときは、取引を継続する信頼関係が破綻されたとして一般条項を活用して取引の解約をすることも認めら得る場合がある。なお、取引の解消とは、将来に向かって取引関係を終了させる「解約」、取引契約を当初に遡って失効させる「解除」、その他、「期間満了」、「合意解約」による解消などさまざまであるが、本稿では「解消」という表現を用いている。

ある。

　なお、当該継続的取引が企業側が制定した普通取引約款によって規律され、法律上その取引約款の変更が企業側に委ねられている場合には、後日、当該取引約款に暴排条項が導入された場合でも、取引の相手側はこの拘束を受けることとなる。ほぼすべての金融機関において、普通預金取引約款に暴排条項が導入されているが、その導入以前に開設された普通預金取引についても、同条項によって普通預金取引を解約することが認められるのはその一例である。

　(2)　つぎに、導入された暴排条項によって、反社会的勢力であることを根拠に取引を解消することができる場合について検討する。

　この検討項目として、次の視点を無視することはできないと考える。

　第1に、相手方が反社会的勢力であるかどうかの認定は、必ずしも一義的に明確にできない場合が多い点である。とくに、暴対法の施行後、反社会的勢力の活動はその属性を隠蔽して、正当な企業活動を標榜して巧妙化していることに加え、反社会的勢力の概念が、暴力団、暴力団員、暴力団準構成員、暴力団関係企業、総会屋、社会運動標榜ゴロ、政治活動標榜ゴロ、特殊知能暴力集団その他これに準ずる者（以下これらを「暴力団員等」という）から一歩踏み込んで、

　①暴力団員が経営を支配していると認められる関係を有すること、

　②暴力団員等が経営に実質的に関与していると認められる関係を有すること、

　③自己、自社もしくは第三者の不正の利益を図る目的または第三者に損害を加える目的をもってするなど、不当に暴力団員等を利用していると認められる関係を有すること、

　④暴力団員等に対して資金等を提供し、または便宜を供与するなどの関与をしていると認められる関係を有すること、

　⑤役員または経営に実質的に関与している者が暴力団員等と社会的に非難されるべき関係を有すること、などが反社会的勢力の概念の中に取り入れられつつあるところから、

　その境界線に位置する企業について反社会的勢力であるかどうかの認定自

体容易でなく、曖昧になるおそれがある。

　第2に、その反社会性の濃淡についても、その反社会的勢力が行った違法、不当な活動の内容から考えて反社会性がきわめて強いものから、その程度が弱いものまで千差万別である。さらに、当該取引先の反社会性が濃く、社会認識としてそこと取引関係があることによって反社会的勢力の維持や勢力拡大に加担し助長しているとして社会的に非難されるおそれのあるものから、そのような関係にないものまで、当該企業の業務執行に対するレピューテーショナルリスクにも大きな差異がある。

　第3に、反社会的勢力に該当すると判断する情報や資料、証拠についても、情報収集能力の差によって差異が生じるだけでなく、その情報の精度や証拠価値あるいは資料を法廷に提出できる顕出可能性まで考えると、企業が特定の対象者について反社会的勢力であると認定する判断も必ずしも容易ではない。

　そして、暴排条項を適用して取引の相手方が反社会的勢力であるという要件事実を根拠に取引を解消する場合には、反社会的勢力であることを主張・立証しなければならず、最終的に司法判断を求めざるを得ないものであるから、その主張・立証について問題がないかどうかについてあらかじめ検証しておく必要がある。

　第4に、既存の取引を解消する時期と方法によって自社及び関係する他の善良なステークホルダーが経済的に大きな損失を被るおそれがある場合もある。経済的利益のみを基準に反社会的勢力との取引遮断を断念することは認められないが、自社の損失を最小限に抑え、ステークホルダーの利益も考慮する方策は取締役として善管注意義務の内容をなすもので、これを無視することはできないと考えられる。

　第5に、既存の取引を解消する時期と方法により、相手方である反社会的勢力に事実上多大な利益を供与する結果になることが必至と思われる場合がある。取引解消自体によって反社会的勢力を利する場合には、その解消の時期や方法についても検討要素の1つになる。

　第6に、反社会的勢力との関係遮断には、当該企業にとってリスク管理の点から相当の負荷がかかる。現実の事務対応能力を超えて形式的に実行した

場合には、適切な結果が得られないおそれが生じる。

このような留意点を考えると、企業の経営を担う取締役は、自社の取引先が反社会的勢力であると判った場合には、
・その反社会性の濃淡が強いものであるかどうか、
・反社会性の立証について提出できる資料や証拠が確実なものであるかどうか、
・反社会的勢力との取引解消に伴って、自社及び関係するステークホルダーがどの程度の経済的損失をうけるおそれがあるのか、それを回避しながら取引遮断する方策があるのかどうか、
・さらには、当該解消行為によって反社会的勢力に対し事実上不当な利益供与をしたのと同様の結果になるかどうか、
等について、自社の反社会的勢力の対応部署とともに警察当局や弁護士等外部専門機関の意見を徴し、適切な分析と検討を行ったうえ、自社の基本方針に則って、自社の事務対応容量を考えながら、必要度の高いものから順次可及的速やかに、取引解消の業務執行をすべきものであり、これが反社会的勢力との取引解消の業務執行における善管注意義務の内容をなすものと考えられる。そして、その判断の過程が合理的であり、その判断内容について社会的に非難されるような著しい不合理がない場合には、取締役として任務懈怠責任を問われないと考えられる。

5 反社会的勢力との新規取引を未然に防止すべき取締役の善管注意義務

反社会的勢力との取引関係を遮断するには、何よりも取引関係に入ることを未然に防止することが重要である。そのためには、取引申込者の属性についての適切な事前審査が欠かせない。この事前審査が有効に機能するためには、反社会的勢力対応部署において常に反社会的勢力に関する情報を積極的に収集し、これを分析して一元的に管理し、営業の担当部署は事前審査の際にこれを積極的に活用しなければならない。反社会的勢力との取引遮断を会社の基本方針としている以上、これは取締役の善管注意義務の内容をなすも

のと考えられる。営業担当取締役が新規取引を開始するにつき、この事前審査を怠り、安易に新規取引を締結し、反社会的勢力との新たな関係が生じ、それに起因して会社に損害を与えた場合には、任務懈怠の責任を負うことになる。

この新規取引関係の遮断は、いったん取引関係が成立した契約の解消と異なり、原則として契約自由の原則が適用されると解され、反社会的勢力であることを相手方に説明したり、立証したりする必要はない。したがって、成立した契約関係を解消する際に検討を要した属性情報に関する資料や証拠の精度あるいはその顕出可能性を考慮する必要はないことになる。さらに、既存取引の解消の際には、検討要素の1つであった相手方の反社会性の悪性、濃度についても考慮する必要はないと考える。

相手方が反社会的勢力であると判断している以上、その相手方との新しい取引関係は一切認めるべきではないからである。反社会的勢力と対峙する際の「入口対策」と「出口対策」の差である。

なお、この属性情報については、常に最新のものを収集し、これを見直していく必要があることは言うまでもない。

現代の企業社会においては、企業を経営する取締役は、反社会的勢力との関係を一切遮断することが法令遵守の根幹の1つをなすものであり、日常の業務の中でこれを具体的に実践する善管注意義務が課せられていることを認識されんことを切望する次第である。

第Ⅰ章 －3 画期となった暴排・反社会的勢力訴訟20年の攻防

広島市市営住宅からの暴力団員建物明渡請求事件
～暴力団員という属性を理由とする差別は許される

弁護士（広島弁護士会民事介入暴力問題対策委員会委員長）　中井　克洋

1　はじめに

　広島において、われわれ広島弁護士会民事介入暴力問題対策委員会は公立住宅から暴力団員を排除することを規定した条例改正に関与しただけでなく、その改正条例に基づいて実際に暴力団員に対して広島市市営住宅から立退きを求める訴訟にも関与した（なお、「公営住宅」からの暴力団排除という言葉が使われることがあるが、「公営住宅」とは、公営住宅法に基づいて設置された公立住宅のことであり、自治体が運営する住宅には「公営住宅」以外の住宅もあるので、ここでの暴力団員排除の対象となる自治体の住宅は「公立住宅」ということにする）。

　暴力団員であることを理由として、公立住宅に住むという生存権、居住権などの人権を制限できるか、という憲法上の重要な問題に直接関連する条例だけに、条例改正段階では行政において慎重論も多くあったが、結果的には、司法はその差別の可否についてはあまり問題視せず、当然のように認めた。

　この訴訟の結論は、公立住宅への居住権さえ制限できるのだからということで、その後の全国の暴力団排除条例など暴力団員に対する多くの社会生活上での制約が広がることに1つのきっかけになったと指摘されることもあり、関与したわれわれが当時、思っていた以上の意義を評価されることがある。

　しかし、他都道府県では、公立住宅からの暴力団員排除を定めた条例がで

きたのに依然として暴力団員の居住が続いている自治体もまだまだ多くある、との情報に接すると、他の自治体がやりやすくなるようにとの思いから清水の舞台から飛び降りるような気持ちで、広島の行政担当者が極めて難しい施策を推進した経過を目の当たりにしたわれわれとしては残念に感じる。

　また逆に、暴力団員であるからといってすぐに追い出せるとまでのことを裁判所が認めたわけでなく、退去にあたっては自治体もなすべきこと、詰めるべきことがあることも示唆している。なすべきこと、詰めるべきことも行わないまま、安易に退去請求を行ってしまうと、その結果、敗訴してしまう可能性があり、そのため公立住宅からの排除施策の推進にあたっては、判決の示唆するところをしっかりと把握してもらうことが必要である。

　そこで、条例改正過程の議論から訴訟終了までの状況をもう一度整理することによって、本条例についての論点や判決をふまえて自治体がなすべきことをまとめておきたい。

2　条例改正の経過

(1)　改正前の広島県の状況

　広島県は「仁義なき戦い」で有名な抗争事件をはじめとして、数多くの暴力団関連事件によって市民が多大な被害を受けてきたことから、後の暴力追放センターのモデルとなる暴力追放広島県民会議が暴力団対策法制定前から自発的に設立されるなどもともと暴排意識が高かった。

　そして、暴力団対策法の制定にも尽力され、また後に東京都の副知事として招請されることになった竹花豊氏が平成13年に広島県警本部長に就任後、より一層、暴力団対策が積極的に推進されるようになった（同筆者論考28頁参照）。

　竹花氏在任中に進められた、繁華街からの暴走族排除と面倒見の摘発を目的とする広島市暴走族排除条例（平成14年4月施行）、公共工事への不当介入に対する重点摘発と「広島方式」と呼ばれることになる公共工事からの不当介入排除施策（平成15年7月開始）のほか、その退任以降も、個人や法人を誹謗する街宣行為を禁止する不当街宣防止条例（平成18年1月施行）など、

全国的にみても積極的と思われる取り組みは続いている。

その積極的な暴排活動の流れのなかで、平成15年ころ、公立住宅に住んでいた組長が窃盗にあって多額の被害届を出したとか、高級車に乗った暴力団員が公立住宅に住んでいるのおかしいのではないか、という批判がマスコミなどでされるようになった。

(2) 条例改正過程での議論

そこで、平成15年10月から、公立住宅からの暴力団員排除の可否について、広島県警察、広島県、広島市、呉市、福山市、暴力追放広島県民会議、広島弁護士会民暴委員会をメンバーとする意見交換会が何度も開かれた。

この意見交換会において、各自治体の濃淡はあったが、公立住宅から暴力団員を排除する内容の条例改正について消極的なところが多く、法的に難しいという意見はもちろんのこと、そもそも警察がやるべきことをなぜ自分たちがやらなければならないのか、というところすらあった。自治体から示された主な法的問題点は、本稿で論じる訴訟でも争点となった。

① 民間住宅と異なり、公立住宅で暴力団員という属性を理由にして入居拒否したり、退去させるのは、生存権、居住権、平等権、結社の自由の侵害であり、憲法違反ではないか、

② 仮に憲法論として許されるとしても、民事法的にみて条例改正後の入居申込者に対しては排除できるかもしれないが、改正前から入居している者については一方的な条件変更だから、暴排条項を適用できないのではないか、

という点であった。

これに対して、われわれ民暴委員会は、①②の懸念に対して、後述の訴訟で被告として反論したものと同趣旨の意見を提出した。

(3) 改正された条例の内容

そのほかにも、暴力団対策法や公営住宅法など上位の法規範との整合性についての議論もあったが、いろいろ議論を重ねた結果、公立住宅からの暴排条例改正自体は行う方向で一致した。

ところが、改正自体は意見が一致したものの、条例改正前からの居住暴力

団員には適用しないという案と、改正前からの入居暴力団員に対しても適用する（運用として、当該暴力団員に対して脱退勧告をし、応じなければ明渡しを請求する）という案に分かれた。

そして、これについてもいろいろ議論があったのちに、最終的に、条例改正前後の入居者を区別しないという内容でいくことになった。

その結果、平成16年6月から平成19年6月にかけて、広島県、広島市をはじめとして県内全ての自治体で条例改正が行われた。

本稿で論じる広島市市営住宅に関して、平成16年6月28日に施行された広島市市営住宅条例の改正内容は、以下のとおりであり、第40条6号が追加された（改正とは直接の関係はないが、後述の訴訟には第22条も関連しているので、ここで記載しておく）。

広島市市営住宅条例本件関連部分抜粋

（迷惑行為の禁止）
第22条　入居者及び同居者は、周辺の環境を乱し、又は他に迷惑を及ぼす行為をしてはならない。

（市営住宅の明渡し）
第40条　市長は、次の各号のいずれかに該当する場合においては、入居者に対して、市営住宅の明渡しを請求することができる。

追加：(6)　入居者又は同居者が暴力団員であることが判明したとき。
(7)　市長が市営住宅の管理上必要があると認めたとき。
(8)　入居者又は同居者がこの条例又はこれに基づく市長の指示若しくは命令に違反したとき。

3　広島市市営住宅訴訟の経過

(1)　条例改正後の状況

　このように広島県内の全自治体において、公立住宅からの暴力団員排除条例が施行されていき、県内の公立住宅からの排除活動が実行されていった。
　説得により任意に出ていく者が多かったが、広島市において、頑強に退去を拒絶する暴力団員がいた。そのためその暴力団員に対して、広島市から明渡請求訴訟が行われることになった。
　その暴力団員に関する事実を時系列でまとめると、以下のとおりとなる。

平成7年5月1日　対象者入居。再開発住宅
平成16年6月28日　広島市市営住宅条例改正
平成16年12月　同部屋において、同居人（女性）への傷害と脅迫（17年3月逮捕　罰金40万円）。
平成18年9月　同部屋において、傷害、逮捕監禁（同月逮捕、罰金30万円）。
平成19年2月27日　広島市からの同年3月末をもって使用許可を取消す旨の通知が対象者に到達。

---

(2)　裁判の経過

①　第1審（広島地裁：平成20年10月21日判決）
ア　審理経過と結論
　第1審の審理経過は、以下のとおりである。
　平成19年4月17日に、請求原因につき以下の条項に該当するとして、対象者に対して明渡と明渡時までの使用料相当損害金について請求訴訟を提起した。
　①　暴力団員であることが条例40条1項6,7号に該当する。

②　傷害や監禁行為が条例22条違反に該当し、そのため明渡事由の40条1項7、8号に該当する。

そして、平成19年6月12日の第1回から平成20年10月6日まで8回の弁論ないし弁論準備が開かれ、最終弁論の平成19年10月6日からわずか2週間後の10月21日に判決が下された。

判決では、明渡と損害金の請求が全面的に認められた。

イ　裁判所の主たる関心

裁判所は暴力団員排除の合憲性についての議論は、あまり問題視していなかったようであり、それは当然許されることを前提として、むしろ公的関係とはいえ契約関係に準ずる市営住宅の利用関係について、なぜ、一方当事者が後から契約条件を変更することができるのか、という点を問題視していた。

②　控訴審（広島高裁：平成21年5月29日判決）

ア　審理経過と結論

対象者がすぐに控訴し、平成21年1月30日の第1回から同年4月6日まで8回弁論が開かれた。対象者側から本人尋問が要求されたが、要件事実的には何ら争いがないということで却下となり、弁論終結し、平成21年5月29日に判決が下された。

争点は第1審と同じであり、判決は控訴棄却であった。

イ　裁判所の主たる関心

控訴審では論点についての双方への釈明はほとんどなかった。

③　最高裁（平成21年10月1日決定）

すぐに上告及び上告受理申立がされたが、何の審理もなく、上告棄却、上告申立不受理。

暴力団員という属性による差別が確定判決として認められた。

4　主たる争点と判決概要

(1)　主たる争点

条例改正時に論じられた論点とほぼ同様に、
①　暴力団員であることを理由として差別的取扱をすることが憲法違反になるのか（平等原則違反）、
②　一方当事者によって後から変更された契約条件が相手方を拘束するか（不利益変更）、
の2つが本件訴訟での争点となった。

その争点についての原告、被告双方の主張は、以下のとおりであった。
①　平等原則違反について
（被　告）
本件条例は、被告が暴力団員であるとの一事をもって他の住民とその取扱いを異にするものであるから、地方自治法244条（公の施設利用の差別的取扱の禁止）及び憲法14条の平等原則に違反し、無効である。
（原　告）
暴力団員であるという属性を理由に市営住宅への入居を制限することは、平等権、生存権、居住権などの侵害ではない。暴力団を脱退すればよいだけであり、換言すると、本件条例による被侵害利益の本質は平等権、生存権、居住権などではなく、暴力団員という属性を継続する、ということである。自らの意思により暴力団員という属性を継続しつづけることにより、結果として、平等権、生存権、居住権などの利益を享受できなくなっても、それは暴力団員という属性を継続しつづけることによる反射的不利益にすぎない。

他方、本条例による保護目的は、入居者ないし周辺住民の生活の安全である。これらの被侵害利益と保護法益との比較でみた場合、その保護の必要性の度合いは明らかである。

よって本件条例が結果として、平等権、生存権、居住権などを侵害することがあるとしても、合理的制限として許容される。
②　不利益変更について

(被告)

　原・被告間の市営住宅使用関係は賃貸借契約である。そして、被告（暴力団員たる賃借人）に対する市営住宅への入居許可が下りて被告が入居を開始したのは平成7年であったところ、当時の条例には賃借人が暴力団員であることを使用許可取消事由とする定めはなく、そのような規定は、その後の条例改正によって改正されたものである。とすれば、本件の原・被告間の賃貸借契約関係に改正後の条例を適用するのは被告の同意なく一方当事者によって契約内容が変更されたことを意味する。しかし、被告の同意なく変更された契約条件が被告を拘束することは契約法上ありえない。

(原告)

　以下の4つのいずれかの考え方により、不利益変更も相手方を拘束することは可能である。

① 地方自治法（特別法）から直接、その拘束力が導きだされるという考え方（労働基準法における、就業規則に関する「法規説」的な考え方）。

② 本件条例による管理は定型（附合）契約関係であり、またその変更も合理的である限り、個々の入居者においてこれに同意しないことを理由として、その適用を拒否することはできないという考え方（就業規則における「定型契約説」＋秋北バス最高裁判決的な考え方）。

③ 本件条例による管理は定型（附合）契約関係であり、当初の入居の合意内容に最新条例の管理条件に服するという意思が含まれるという考え方（就業規則における契約説を徹底したような考え方）。

④ 本件暴力団員排除条項の内容は、既存の市営住宅に関する条例の条項を具体化したものと捉え得ることによる考え方（契約内容が変更されたものではないから、当然、他方当事者が拘束されるという考え方）。

(2) 判　旨

　これらの争点について第1審と控訴審の判旨は以下のとおりであった。両者ともに結論は原告の主張を認めたが、その根拠付けが異なっている。

① 平等原則違反について

　ア　第1審判決

　暴力団員であることを理由とする入居許可取消条項は、「地方自治法の該

当条項に照らせば、市営住宅の適正な供給とその入居者ないし周辺住民の生活の安全と平穏の確保という観点から暴力団員であることを理由として市営住宅の供給を拒絶することは相当であって不合理な差別であるということはできず」地方自治法244条および憲法14条に反しない。

　イ　控訴審判決

「暴力団構成員という地位は、暴力団を脱退すればなくなるものであって社会的身分とはいえず、…暴力団構成員であることに基づいて不利益に取り扱うことは許されるというべきであるから、合理的な差別であって憲法14条に違反するとはいえない」。

② 不利益変更について

　ア　第1審判決

市営住宅の利用関係は、「一般の私法上の賃貸借関係とは異なり地方自治法及び…条例によって画されることは当該利用しようとする者にとっては自明のことであるから、その者は…利用関係の変更をあらかじめ承諾しているものと解すべきで」ある。

地方自治法によると、「普通地方公共団体が公の施設を設けるのは住民の福祉を増進する目的によるものとされ、…地方自治体において上記目的を達成するために必要かつ合理的な範囲で当該公営住宅の利用関係を定めることは当然の責務で」ある。そして、本件の暴力団員であること等を理由とする取消事由の規定は、「当事者にとって想定した範囲を超える」変更とはいえないから、本件当事者の契約関係にもその適用が認められる。

　イ　控訴審判決

市営住宅のような公の施設の「設置又はその管理に関する事項は、条例で定めなければなら」ず、また、その利用関係は「給付行政上の行政契約に基づくもの」であるから、「一律平等に実施されなければなら」ない。そして、市営住宅の管理条例は「入居者と市との間における市営住宅の使用関係を規律する拘束力を有し、入居者はその拘束力の下に、市営住宅に入居し、これを使用すべきものとされ、…特に『管理』条例としての特質から、法令の改正、時代の要請、社会情勢の変化等に伴いその内容が修正、補足、具体化されるべきものであることは明白であるから、…入居者には、当然に、改正後の当該管理条例が適用され」る。

③　両判決の比較と検討

まず、平等原則違反について、ともに合理的差別論で処理している点は同じであるが、合理的とした理由が、第1審は他の入居者や周辺住民の安全や平穏との比較考量による結果であるのに対し、控訴審は暴力団構成員という地位にあるというだけで不利益処分を行うことは当然に許されるとして他の利益との比較考量すらしなかった点で、異なる。

次に、不利益変更につき、第1審は、想定の範囲内の入居者（被告）の承諾に基づく変更であるから適用されるとした（原告主張の前記1⑵の③④に近い考え方のように思われる）のに対し、控訴審は、改正後の条例が入居者（被告）に適用されるのは条例というものの特質から当然（原告主張の前記1⑵の①②に近い考え方のように思われる）としており、結論は同じながら、その理由や理論構成は明らかに異なる。

この2つの判決を比較すると、第1審は両論点の基本的ないし伝統的な解釈方法に忠実に従いつつ解決を図ったのに対し、控訴審は条例や暴力団構成員の特性から端的に結論を導き出した点に特色がある。

両判決がともに今後の暴排・反社対策に重大な一石を投じたものであることに変わりはないが、特に控訴審が「暴力団構成員という地位は、暴力団を脱退すればなくなるもの」「暴力団構成員であることに基づいて不利益に取り扱うことは許される」と断じている点は直截的で、説得力もあり、われわれ民暴に携わる者には何か勇気を与えられたように感じられる。

④　信頼関係破壊法理について

ところで、本件の控訴審判決では、当該暴力団員に改正後の条例が適用されることを前提としつつ、賃貸借関係において検討される信頼関係を破壊するとは認めがたい特段の事情の有無の点についての検討がされている。そしてそこでは、当該暴力団員において、①過去に本件建物（被告居住室）内で第三者に暴行を加えるなど暴力団特有の事件を2回にわたって引き起こしたことやそれらが報道されて本件建物のある市営住宅の入居者に多大な精神的影響を与え、ひいては市営住宅自体のイメージを著しく損ねたものといえること、②市が、暴力事件が発覚後、当該暴力団員に対し、暴力団から脱退するか、本件建物から自主的に退去するかのいずれかを求めたにも関わらず、当該暴力団員がこれに一切回答しなかったこと、に照らして、信頼関係を破

壊するとは認めがたい特段の事情があるとはいえない、と判示している。

5 裁判結果を踏まえた今後の課題〜自治体がなすべきこと

　このように本件裁判により、条例改正前からの入居者であっても暴力団員であれば改正条例の適用の対象となり、信頼関係を破壊するような行為があれば使用関係を解消して退去請求が認められることが明らかとなった。
　現在、全国の自治体で本件と同様の暴排条例を整備しながら、条例改正前から居住している暴力団員に対して、具体的な問題行動がないことを理由に明渡請求を躊躇しているという報道がなされている。確かに、そのような場合にまで明渡しが可能かどうかは、本件裁判例の射程として明らかでない。
　しかし上述のとおり、控訴審判決において「暴力団から脱退するか、退去することを繰り返し求めているにもかかわらず、脱退もせず退去もしないこと」が信頼関係破壊を考慮する上での要素の１つとして挙げられていることは注目されるところである。
　この点を重視すれば、とくに問題行動がなくても、自治体が条例改正前から入居している暴力団員に対して、暴力団から脱退することを繰り返し求めていき、それを暴力団員が拒否すれば、そのような不作為自体が信頼関係を破壊する事情として認められることにも十分ありうるところであろう。
　とすれば、暴排条例を定めながら、具体的な問題行動がないことを理由に暴力団の脱退を要求する行動すら行わないというのは、条例を改正した行政の行動として住民の目からみて不適切に見えるだけでなく、実現の可能性が十分にあることをしないという点で法的にも行政の不作為の責任が問われるべき問題のように思われる。
　本件判決後、広島県下において各自治体は広島県警察の協力を得ながら公立住宅に入居中の暴力団員に対して退去を求めていった。その結果、平成23年２月時点で広島県下の公立住宅において暴力団員の居住事例はなくなっているとの報道がされ、本稿を書いた平成24年11月時点でもその状態が続いている。

結婚披露宴利用契約を錯誤無効とした事例
（広島ホテル挙式解除事件）～広島地裁平成22年4月13日判決

弁護士　竹内　朗

1　はじめに

　広島地判平成22年4月13日（請求棄却、確定）は、暴力団員によるホテルの結婚披露宴の利用契約を、「当事者が暴力団員かどうかは、ホテル側にとって、挙式の契約をするかどうかを判断する上で重要な事項であり、これを知らなかったとすれば、単なる動機の錯誤に止まらず、要素の錯誤に該当する」として無効としたものである（判例時報2145号58頁）。利用契約に暴排条項が盛り込まれていないケース、あるいは利用契約締結時に暴排条項を明示していないケースであっても、関係遮断の余地を認めるものであり、今後の有効活用が期待される画期的先例といえる。

2　事案の概要

　(1)　原告らは、平成21年2月8日、広島市所在の被告が経営するaホテルで結婚式を挙げようとした男女である。うち、原告X1は、暴対法上の指定暴力団であるb会に属し、その下部組織c組幹部の地位にある。

　(2)　被告は、国内外でホテル、旅館等の経営及び経営の受託等を目的とする株式会社である。

　(3)　被告には、ご結婚披露宴規約が定められており、その11条(2)には、「暴力団員による不当な行為の防止等に関する法律（平成4年3月1日施行）

による指定暴力団及び指定暴力団員並びに反社会団体及び反社会団体員等（暴力団及び過激行動団体など、ならびにその構成員）の方々が申込み又はご出席される場合は、お申込みに応じられません。また、ご成約後にその事実が判明した場合には、その時点で直ちにご利用をお断りいたします。」と定められている。

(4) 原告らは、平成20年11月9日ころ、本件ホテルのブライダルフェアに行き、さらに、同月18日、本件ホテル従業員に対し、被告側所定の承書を提出して、平成21年2月8日正午から結婚式を、同日午後1時15分から披露宴をそれぞれ実施するための申込みをした。これにより、平成20年11月18日、原告らと被告との間で、本件ホテルにおいて結婚式及び披露宴を開催するとの利用契約が締結された。また、原告らは、同日、本件ホテル従業員に対し、予約金10万円を支払った。

本件契約申込みの際、本件ホテル従業員は、原告らに対し、上記規約を示さず、また、原告X1は、承書に、自己の勤務先をd産業株式会社と記載し、自己が暴力団員であることを明らかにしなかった。

(5) 原告らは、本件ホテルに何度か赴き、結婚式や披露宴のための打合せをした。

(6) 被告は、平成21年1月になって、警察当局から原告X1が暴力団員であるとの情報を得たため、原告らに対し、同月9日ころ、本件契約を解約したいとの申入れをした。しかし、原告らは、本件契約に基づく結婚式及び披露宴には暴力団関係者を招待するものではないとして、合意解除を拒絶した。

そこで、被告は、原告らに対し、同月15日、本件契約を上記規約11(2)に基づいて解除するとの意思表示をした。被告は、同日と、同月20日にも原告らと面談し、本件契約の解除に伴う損害賠償、原告X1が暴力団員と知った経緯等について話し合った。被告は、同月26日、警察当局から原告X1が暴力団員であるとの情報提供を受けたことを明らかにした。

(7) 原告らは、本件契約におけると同じ日時である同年2月8日正午から、広島市内のeホテルというホテルで、結婚式等を行い、そのため相応の費用を要した。

(8) 原告らの請求する損害額は、超過費用120万8,000円（同日同じ時間で

式場を押さえて120万円も高額な費用を要した、招待客100名に郵便で式場の変更を通知し計8,000円の切手代も要した）、慰謝料100万円（原告1人当たり50万円）、弁護士費用25万円である。

3 解除の正当性に関する原被告の主張

(1) 原告らの主張

- 原告らは、本件契約に際し、上記規約があることを知らなかった。
- 本件契約に基づく結婚式及び披露宴には、暴力団関係者の招待客はおらず、資金集めのパーティでもなく、原告X2が初婚だから式を挙げたいというだけの理由で開催を予定したものである。
- 原告らは、平成21年1月9日から同月15日までの被告との話合いの中で、その旨主張したが、取り合って貰えず、最終的には、挙式予定日まで30日を切った段階で一方的に本件契約を解除された。
- 原告らは、それまでに知人等に披露宴の案内状を送って返信を受けたり、当日着用予定の衣装を予約したり、料理や引出物を決めたり、当日の進行の打合せをしたりしていたところ、上記のとおり本件契約を解除されたため、結婚式場等の変更を余儀なくされ、多大な迷惑を受けた。このような本件契約の解除は、不法行為に該当する。
- 暴力団員といえども、結婚式を挙げること自体が公序良俗に反するとか暴対法が禁止する義理がけに該当するとの解釈は、憲法13条に反する。

(2) 被告の主張

ア 規約に基づく解除

上記規約11条(2)に基づき、本件契約を解除した。
上記規約の趣旨は、被告経営のホテルが、①暴力団の集金活動に結果的に協力することになるのを回避する、②円滑な業務及び信用を守る、③利用客や従業員が暴力団抗争に巻き込まれる危険を回避する、という目的によるも

のであり、社団法人日本ブライダル事業振興協会のモデル約款にも上記規約と同旨の規定がある。

イ　錯　誤

被告らは、原告Ｘ１が暴力団員であることを知らず、普通の会社員であると信じて本件契約を締結した。契約申込者が暴力団員であるかどうかは、契約締結上重要な要素といえる。仮に、原告Ｘ１が暴力団員であることを知っていたならば、被告は、本件契約を締結しなかった。したがって、本件契約における被告の意思表示には錯誤があり、無効となる。

ウ　公序良俗違反

原告Ｘ１は、本件契約に基づき、本件ホテルで挙式・披露宴を行うことにより、これを契機に暴力団関係者から「義理がけ」、すなわち結婚祝金名目で暴力団組織活動のため集金活動を行おうとしていた。本件契約は、そのような目的を助長しかねないものであるから、公序良俗に反して無効である。

エ　正当防衛類似行為

本件ホテルで原告らの結婚式等を行おうとすれば、暴力団員による発砲、襲撃等、さまざまな事件が発生することが予見された。被告は、ホテル利用者、従業員等の生命身体財産の安全を守るため、本件契約を解約した。危険が差し迫っていないので、正当防衛自体ではないが、契約を履行しようとすれば、危険が発生することが明らかであるので、契約履行期目前まで待つ必要はなく、あらかじめ解除することが許される。被告は、これによる損害につき、賠償責任を負わない（民法720条類推）。

オ　情報提供義務違反の債務不履行による解除

暴対法、政府指針、被告内部の「△△グループ反社会的勢力対応基本規程」等において、企業が暴力団組織等の反社会的勢力と関係を持たない（解消する）、これを助長するようなことをしない等が指針となっている。また、本件ホテルは、企業暴力追放対策協議会会員であるから、事業所相互間及び警察その他の関係機関が密接な連携をとることにより、暴力追放活動その他暴力犯罪の予防活動に努めなければならない。

原告Ｘ１は、暴力団員であるから、以上のようなことを承知していたはずであり、契約交渉過程を支配する信義則に照らし、途中で本件契約が解除さ

れてそれまでの準備が無駄になる等、相互に不利益な事態を生じないよう、本件契約に際し、被告に対し、自らが暴力団員であるとの情報を提供すべき義務があった。しかし、同原告は、そのような情報を提供しなかったため、被告は、これを理由に、本件契約を解除することができる。

4　判　旨

　本判決は、まず①暴力団組織は、これまで場所をわきまえず、駅、ホテル等でも抗争事件を起こし、一般人を巻き添えにしてきた、②企業と暴力団組織との関わりについても、暴力団組織の資金源につながること等から、これを慎むべきであるとの傾向が社会的に顕著となっている、③被告においても、上記傾向に沿って、前記前提事実のとおり、規約を設けた、という事実を認定した上で、争点について、次のように判示した。
　(1)　暴力団員がホテルで結婚式を挙げること自体が公序良俗に反するとか、暴力団員による不当な行為の防止等に関する法律が禁止する義理がけに当たるとの解釈をとるには躊躇される。
　しかし、暴力団員がホテルで挙式をするとなると、通常人の挙式とは異なり、暴力団員が多数参加することによるトラブルも懸念され（本件では、暴力団関係者の参加予定はなかったとのことであるが、ホテル側からすると、その真偽を容易には確認できない。）、トラブル防止のため警備態勢をとることを検討しなければならないが、万一の事態に備え厳重な警備態勢をとるとすれば相当なコストもかかり、他の客のキャンセルも予想され（同日の利用予定者には警備を要する挙式があることを告げない訳にはいかないであろう。）、暴力団との関わりを避けるべきであるという最近の社会情勢からすると、当該ホテルの信用失墜にもつながるところであり、当該ホテルにとって不利益が大きい。そうすると、当事者が暴力団員かどうかは、ホテル側にとって、挙式の契約をするかどうかを判断する上で重要な事項であり、これを知らなかったとすれば、単なる動機の錯誤に止まらず、要素の錯誤に該当すると解される。
　このことは、民法567条ないし570条（対価関係の均衡を欠く場合に解除を認

める。）の法意等に照らしても、是認されるべきである。
　また、このように解釈したとしても、本件契約当時の社会情勢からみて、あながちおかしなことではなく、被告の内部において規約があるだけでなく、たとえば、社団法人日本ブライダル事業振興協会のモデル約款にも上記規約と同旨の規定があるなど、一般的にも予測可能といえる。
(2)　よって、被告の錯誤の主張には、理由がある。
　そうすると、本件契約における被告側の意思表示が無効となるから、本件契約も無効となる。
　そこで、本件契約の不履行を前提とする原告らの請求は、その余について判断するまでもなく、理由がないことに帰する。
　なお、以上とは別に、本件契約締結の際に原告らが支払った10万円の予約金については、速やかに返還されるべきである。

5　ポイント解説

(1)　本件では、ホテルのご結婚披露宴規約の中に暴排条項が定められていたが、ホテル従業員が原告らに対し、この規約を示さなかったことから、暴排条項に基づく解除の効力は否定されている。
　教訓として、暴排条項は規約に盛り込むだけでなく、契約締結時に相手方にきちんと示す運用が確保されることが重要である。
(2)　錯誤無効については、①暴力団員がホテルで挙式をするとなると、ホテル側が万一の事態に備え厳重な警備態勢をとるとすれば相当なコストもかかる、②同日の利用予定者には警備を要する挙式があることを告げないわけにはいかず、他の客のキャンセルも予想される、③暴力団との関わりを避けるべきであるという最近の社会情勢からすると、当該ホテルの信用失墜にもつながる、というホテルにとっての具体的な不利益を指摘した上で、「当事者が暴力団員かどうかは、ホテル側にとって、挙式の契約をするかどうかを判断する上で重要な事項であり、これを知らなかったとすれば、単なる動機の錯誤に止まらず、要素の錯誤に該当する」と述べ、④本件契約当時の社会情勢からみておかしな解釈ではなく、⑤被告の内部において暴力団排除の規

約があり、⑥社団法人日本ブライダル事業振興協会のモデル約款にも上記規約と同旨の規定があることからして、一般的にも予測可能といえるとして、錯誤無効を認めた。

したがって、利用契約に暴排条項が盛り込まれていないケース、あるいは利用契約締結時に暴排条項を明示していないケースであっても、上記①ないし⑥のような事情が認められれば、錯誤無効により関係遮断できる可能性が広がる。

(3) 上記判示②が、同日の利用予定者には警備を要する挙式があることを告げないわけにはいかないと述べるのも重要な指摘である。裏を返せば、この点を告げずに、同日の利用予定者が不快な思いをした場合には、ホテルに告知義務違反による損害賠償責任が認められる余地があることを示唆するものである。

(4) 加えて、上記判示③が、暴力団との関わりを避けるべきであるという最近の社会情勢からすると、暴力団員がホテルで挙式することはホテルの信用失墜につながる、との指摘も重要である。

ホテルやゴルフ場などの施設利用業者にとっては、暴力団員が出入りすることによる信用失墜、ブランド毀損、優良顧客の散逸は、もっとも恐れるべき事態であり、こうした経済的利益は民事手続のみならず刑事手続でも保護されて然るべきである。みかじめ料を支払わない店舗に対する脅迫文言として、「明日から毎日客として来てやるからな」という常套句が使われるのは、暴力団員が毎日来店したらその店舗の優良顧客が散逸することの裏返しである。

暴力団員によるゴルフ場の利用が詐欺罪を構成するかどうかが刑事手続で争われているが、詐欺罪という個別財産に対する罪のほかにも、信用毀損罪や偽計・威力業務妨害罪、あるいは建造物侵入罪での立件も検討される余地があり、そうした立論の基礎として上記判示③の指摘は重要な意味を持つ。

6　その後の展開

本判決を受けたその後の展開として、次の3つの判決を紹介する。

(1)　姫路信用金庫対兵庫県信用保証協会事件（神戸地裁姫路支部平成24年6月29日判決（請求棄却、控訴）、金融・商事判例1396号35頁）

被告（信用保証協会）が保証し、原告（信用金庫）が金銭を貸し付けた債務者が弁済を怠り、原告が被告に保証履行を求めたところ、債務者が暴力団員であったことを理由に被告が保証履行を拒否したため、原告が訴訟を提起した。貸付時には、原告も被告も債務者が暴力団員でないと信じていたという事案である。

判決は、次のように述べて原告の請求を棄却した。

被告が反社会的勢力について保証しないことは、被告と取引関係にある金融機関には広く表明されていた。原告が、被告においては反社会的勢力との関係継続が許されるなどと考える余地はない。保証契約に暴排条項はないが、金銭消費貸借契約と保証委託契約には暴排条項があり、保証契約においてのみ債務者が反社会的勢力かどうか問題にしない前提であったとは考えられない。原告は、被告が反社会的勢力について保証しないことを当然認識していた。債務者が反社会的勢力でないことは保証契約の当然の前提となっており、被告は、債務者が反社会的勢力であると認識していれば保証することはなかったから、債務者が反社会的勢力であったことは要素の錯誤である。被告には、債務者が反社会的勢力でないと信じたことに重過失も認められず、保証契約は錯誤無効となる。

この判決でも、平成19年6月に政府指針が公表され、平成20年6月の「信用保証協会向けの総合的な監督指針」で反社会的勢力との関係遮断が求められているという社会情勢や、信用金庫の金銭消費貸借契約と信用保証協会の保証委託契約に暴排条項が入っていたことが、錯誤無効を導く要素とされている。

(2) 大阪ホテル挙式解除事件（大阪地裁平成23年8月31日判決（請求棄却、確定）、金融法務事情1958号118頁）

　事案は、被告（ホテル運営会社）が、原告らとの間で締結した結婚披露宴を行う契約について、原告が暴力団員であることを理由に、宴会規約中の暴排条項に基づいて解除したところ、原告らが被告に対して債務不履行または不法行為に基づき結婚指輪代や慰謝料等の損害賠償を請求したというものである。

　原告らは、①暴排条項について説明を受けていなかった、②契約締結の前に暴力団を破門されていた、③結婚披露宴という反社会性を有しない目的での利用には、暴排条項は消費者契約法10条または公序良俗に違反し無効である、と主張した。

　判決は、次のように述べてXの請求を棄却した。
　①　被告担当者は宴会規約を示しており、原告らは、暴排条項を認識し少なくとも容易に認識できたし、暴排条項を読み上げてまで説明すべき義務はなかった、②破門によって暴力団員でなくなるかどうかは明らかでなく、破門後も関係を継続していること、破門の時期と契約締結時が近接していることからして、破門により原告が契約締結時に暴力団員でなかった（暴排条項の適用対象に当たらない）ということはできない、③暴排条項は、利用者の属性に基づくものであり、利用者が暴力団員であることにより他の不特定多数の利用客が襲撃に巻き込まれる危険性があるから、結婚披露宴という目的で利用する場合に暴排条項が無効になるとはいえない。

(3) ゼネコン建築請負工事履行請求事件（東京地裁平成24年12月21日判決（請求棄却、控訴取下げ。確定）、東京弁護士会民事介入暴力対策特別委員会編『企業による暴力団排除の実践』（商事法務、2013年176頁）

　事案は、被告（ゼネコン）が原告との間で建物建築請負契約を締結したが、その後、原告が暴力団の密接交際者であることや、近隣住民が建築反対運動をしていることを知り（関連論考363頁参照）、建築請負工事の履行を拒

絶したところ、原告が工事の履行を求めて提訴したものである。
　判決は、次のように述べて原告の請求を棄却した。
　①被告は、契約締結時までに、原告が暴力団と密接な関係を有する者でないことが契約締結の動機であることを黙示に表示した**（動機の表示）**、
　②原告は、暴力団と密接な関係を有する者であり、被告は、契約締結の際、原告が暴力団と密接な関係を有しないものと信じて契約を締結したから、契約は錯誤によって締結された**（錯誤）**、
　③被告は、原告が暴力団と密接な関係を有する者であることを認識していれば契約を締結せず、一般の建築業者も契約を締結しなかった**（要素性）**。
　この判決は、錯誤無効の対象となる取引相手を、暴力団員のみならず密接交際者にまで拡大した点で、重要な意義が認められる。

7　おわりに

　実務法曹の間では、錯誤というのは講学上の概念であり、「実務に錯誤なし」と久しく言われてきたところである。
　しかし、企業取引からの暴力団排除が社会的要請となり、企業取引における「公序」となって、企業社会全体に暴力団排除の機運が浸透していくに連れて、「相手が暴力団員だと知っていれば取引しなかった」、「相手が暴力団員かどうかは取引するかどうかを判断する上で重要な要素であり、これを知らなければ要素の錯誤に当たる」という事理は、企業取引におけるスタンダードになりつつある。
　暴排条項がないケースでも錯誤無効による関係遮断を認める判例法理が今後ますます有効活用されて、暴力団排除の強力な武器に育っていくことが期待される。

第Ⅰ章 ─3 画期となった暴排・反社会的勢力訴訟20年の攻防

プロ野球応援の適正化＝「平穏観戦権」による反社会的勢力排除[1]

弁護士　木村　圭二郎

1 プロ野球私設応援団と反社会的勢力対策

(1) プロ野球の応援と私設応援団

　プロ野球は、我が国の国民的スポーツである。一般的には、プロ野球の応援団または応援行為と、反社会的勢力排除との関連性を想像することは困難ではないかと思われる。トランペット、カネ、太鼓等の鳴り物（楽器）を利用した応援（以下、「応援団方式の応援」という）は、我が国独自のものであり、昭和50年ころ、広島カープが初優勝した年にその応援方法が確立したと言われている[2]。そのような応援方法のあり方がスポーツ観戦にふさわしいものであるかについて賛否は分かれるが、そのこと自体につき、法的に何らかの対応が必要であるというわけではない。

(2) 私設応援団の悪質行為

　応援団方式の応援が当然に規制される訳ではないとしても、応援行為が集団によってなされる場合、応援する球団の敗戦等といった試合に対する不満

---

[1] 本稿の作成にあたっては、大阪弁護士会の藤内健吉弁護士に資料収集等でお世話になった。冒頭にお礼を申し上げたい。
[2] 山口寿一、「プロ野球応援団問題（近弁連研修レジュメ）」、平成16年度近畿弁護士会連合会、民事介入暴力委員会及び非弁護士活動対策委員会夏期研修会配布資料、1頁。

が群集心理によって過激化し、客同士の喧嘩、グラウンドへの物の投げ入れといったトラブルとして、散見されていた。

そのような行為への対応として、昭和62年（1987年）には、竹内寿平コミッショナー（当時）は、悪質行為への退場処分、場合によっては、警察による検挙で対処するという強い姿勢を打ち出した[3]。

そのような対応にもかかわらず、昭和63年に発生した、阪神タイガースの私設応援団が応援の仕方をめぐるトラブルで中日ドラゴンズの私設応援団に暴力を振るったことで、4人が逮捕された事案[4]や中日ドラゴンズの私設応援団が同球団の別の私設応援団の集いに乱入し、暴行を働き、18名が逮捕されたという事案[5]のように応援団の活動をめぐる暴力事案が報道されている。

その後も、阪神タイガースの私設応援団が球場警備員にクレームを付けて傷害を負わせた事案[6]、中日ドラゴンズの私設応援団が外野自由席を占拠し、一般ファンを締め出した事案[7]、横浜ベイスターズの私設応援団が球団の対応への不満から警備員を殴ったり、ドアのガラスを割ったりした事案が報道され[8]、とりわけ平成10年前後から私設応援団の悪質な行為が指摘されるようになった[9]。

(3) 反社会的勢力対策としての私設応援団問題

そのような私設応援団の暴力行為が、何らかの対処を必要とするものであることは言うまでもないが、さらに、私設応援団問題の「闇」を露わにする事案が続出した。

---

3 山口寿一、注1。
4 昭和63年（1988年）9月29日読売新聞夕刊。
5 昭和63年（1988年）11月28日読売新聞朝刊、平成元年（1989年）2月13日読売新聞夕刊。
6 毎日新聞記事情報/G-Search　平成8年（1996年）8月1日。
7 朝日新聞記事情報/G-Search　平成9年（1997年）4月5日。
8 毎日新聞朝刊、平成11年（1999年）4月5日。
9 平成11年（1999年）5月22日付毎日新聞夕刊では、「トラブル続発　困っトラ、関東の球場で悪行ざんまい　本当にファン？阪神半疑」のみだしで、選手の応援の横断幕を作ると称したカンパ集め、乱闘騒ぎへの苦情、外野自由席を立ち見客に売りつけ、発煙筒や花火を使った騒動、外野席で旗を広げた場所の占拠といった苦情が報道されている。

すなわち、暴力団組員が阪神タイガースの私設応援団で知り合った会社員を恐喝した事案[10]、暴力団組長、読売ジャイアンツ私設応援団長及びドームの警備員が、応援団が占拠した外野自由席を客に割り振って現金を受け取ったとして東京都迷惑防止条例違反で逮捕された事案[11]、阪神戦のチケットを買い占めた上で常習的に転売したとして阪神タイガースの私設応援団員8名が同条例違反で逮捕された事案[12]、阪神タイガース私設応援団の会長及び会長代行（元暴力団員及び暴力団員）が「六甲おろし」の歌唱順位に関し阪神甲子園球場長らを脅迫した事案[13]において、悪質私設応援団の背後に暴力団が関わっており、私設応援団の活動が暴力団の資金源とさえなっていた事実がそれである[14]。

私設応援団の実態が明らかになり、その問題が、私設応援団のマナーに関わるものでも、単なる暴力事案でもなく、反社会的勢力への対策問題として取り扱われるべきことが明らかとなったのである[15]。

2　プロ野球界の対応

(1)　プロ野球暴力団排除対策協議会の設立

この事態に対し、平成15年（2003年）11月18日、社団法人日本野球機構（以下、「日本野球機構」という）は、プロ野球暴力団等排除対策協議会（以下、「プロ野球暴排協議会」という）を設立した。同組織は、コミッショナー、コ

10　平成12年（2000年）9月22日共同通信記事情報/G-Search。
11　平成15年（2003年）2月20日産経新聞朝刊。
12　平成15年（2003年）10月3日読売新聞夕刊。
13　平成15年（2003年）11月1日読売新聞朝刊。同記事では、悪質応援団の背後に暴力団が絡んでいることを指摘している。
14　平成15年（2003年）11月21日日経新聞朝刊では、応援に使われるジェット風船や阪神タイガースの応援歌である「六甲おろし」の歌詞カードの不正販売の利益が、暴力団に上納されていた旨の報道がなされている。
15　私設応援団の悪質行為及びそこに絡んでいる暴力団の実態を調査し白日のもとにさらしたのが山口寿一氏（当時、読売新聞法務部部長）であった（関連論考215頁参照）。山口氏は、近畿弁護士会連合会の夏期研修においてパネリストを務め、民事介入暴力に関わる弁護士に、この問題の重要性を説明し、運動を広げることに貢献された。

ミッショナー事務局、セントラル野球連盟会長、セントラル野球連盟事務局、パシフィック野球連盟会長、パシフィック野球連盟事務局、セントラルリーグ及びパシフィックリーグに所属する12球団等を会員とする組織である。

同協議会は、上部組織として、プロ野球暴力団等排除対策中央協議会（以下、「中央協議会」という）を、下部組織として、個々の球団を中心に設立されるプロ野球暴力団等排除対策地区協議会（以下、「地区協議会」という）を持つ。プロ野球暴排協議会は、同年12月9日、第1回中央協議会を開催し、暴力団及び悪質応援団の排除に関する宣言を出し、その取組姿勢を明確にした。

(2) 悪質応援団団員に対する入場券販売拒否

プロ野球暴排協議会の設立により、反社会的勢力排除の体制を固めたプロ野球界は、その後、平成16年3月、各地区協議会からの通知により、球場職員への脅迫行為、ダフ屋行為、ショバ代徴収行為、応援グッズの球場内での無許可販売等を行う等し、暴力団関係者の関与が明らかな応援団4団体の団員全員に対し、その悪質性に鑑み、プロ野球試合の入場券の販売拒否の措置を採った。

それまでにも、球団ごとに問題のある個人に対し入場券の販売拒否の措置が採られることはあったが、そのような個別の球団の対応では、処分をした球団以外の主催試合では通常の活動ができたことから、ペナルティとしての実効性は乏しかった。全球団による悪質応援団の団員全員への入場券の販売拒否という抜本的措置は、この問題に対するプロ野球暴排協議会の姿勢を示した点で画期的な出来事であった。

(3) 特定非営利活動法人の認証申請問題

このようなプロ野球界の措置に対抗するかのように、私設応援団は、「プロ野球応援協会」という名称で、大阪府に対し特定非営利活動法人の認証申請を行った[16]。

当該特定非営利活動法人には、過去にトラブルを起こした者が重要なポストに就いていた[17]。その事業計画に掲げられた、「野球場内およびその周辺で

の迷惑行為・危険行為の防止、トラブル等の仲裁」は、主催球団の行う警備についての施設管理権に関わる事柄であったし、また、「野球場内の観客席を確保し、無料で提供する」ことは、応援団が自由席を占拠し、自らの判断で一般観客に観戦場所を提供することを意味しており、主催球団の外野席の施設管理権に関わる事柄であった[18]。このような団体に認証が与えられることになれば、プロ野球界の暴排運動の大きな障碍となると考えられたため、日本野球機構は、認証を却下すべき旨の要望書を大阪府に提出し、平成16年（2004年）6月24日、大阪府は、同法人の認証申請を認めない旨を決定した。

(4) 試合観戦契約約款の制定

① 試合観戦契約約款制定の経緯

プロ野球の観戦に関しては、野球協約のほか、球場ごとに定められた規則や応援ルールはあったものの、試合観戦に関する権利義務を定めた約款は存在しなかった。

民事介入暴力対策としては、行為者の自由気ままな振舞を規範により規制し、違法性判断に基づく措置を取りうる体制を整えることが重要であり、プロ野球暴排協議会のこの問題に対する議論が、試合観戦契約約款の制定に向かったことは自然であった。そして、平成16年（2004年）12月より、プロ野球暴排協議会は、試合観戦契約約款の作成に取り組むこととなった。

プロ野球の試合は、一般の公式戦については各球団が、日本シリーズ及びオールスターゲームについては日本野球機構が、それぞれ主催するが、試合観戦契約約款の制定が、反社会的勢力排除施策として実施されるものである以上、その内容が統一される必要があった。

② 試合観戦契約約款の内容

---

16 平成16年（2004年）3月7日付毎日新聞朝刊に、暴力団排除組織の結成の動きに対し、応援団側の「『主催者側から応援団を一方的に選別されたり伝統的な応援が著しく制限される』との危機感から、『発言力をつけることが大切』と昨年末から全国の応援団幹部らが協議を続けてきた」ことが報道されている。
17 平成16年（2004年）3月23日日経新聞朝刊。
18 他に、「プロ野球応援協議会」という名称そのものが、社団法人野球機構が商標権を有する「プロ野球」の語を一部に使用していることから、同機構が公認したかのような誤解を招きかねないという理由も挙げられる。

試合観戦契約約款の作成は、民事介入暴力対策に詳しい弁護士を選任して行われた[19]。また、その基本理念として、平成16年（2004年）12月8日、近畿弁護士会連合会の弁護士有志がプロ野球暴排協議会に提出した意見書で提案された「平穏観戦権」が採用されることとなった。
　応援団方式の応援は、これを望まない一般観客にとっては観戦の支障にさえなりうるものである。また、応援団方式の応援を適正に行うために必要な座席の確保も、一般観客にはない「特権」である。したがって、応援団方式の応援は、入場券を購入した観客の一般的な権利ではなく、主催球団から許可があった場合にのみ認められるものとされた。どのような応援を認めるかは、各球団の経営判断に属する事項であり、主催球団の判断は、自由な裁量に基づくものである。特別応援許可規程は、そのことを当然の前提として作成された。試合観戦契約約款の作成にあたっては、反社会的勢力の取引排除に関する手法が利用されることとなった[20]。入場券の販売拒否は、いわゆる反社排除条項に類するものとして、属性に基づく規制と行為に基づく規制として対応がなされている。
　まず、規制される属性については、暴力団等及び暴力団員等、過去5年以内に暴力団員等であった者、暴力団等と組織的または業務的な関係を有している者、暴力団等と社会的に相当と認められない密接な関係を有する者を規定する。次に、規制される行為については、転売禁止の入場券を取得した者、試合に関する行為で刑事罰を受けた者、販売拒否対象者として指定された者[21]が列挙され、販売拒否対象者として、試合に持込禁止物を持ち込んだ者、禁止される応援行為を行ったもの、その他約款に違反した者等が規定されている。
　試合観戦契約約款の草案は、中央協議会の場で各球団の検討に付され、そこでの意見を取り入れて条文の修正が重ねられ、最終的に平成17年6月に全会一致で採択され、同年7月19日から施行されることとなった。

19　第2東京弁護士会所属の深澤直之弁護士を中心に、大阪弁護士会所属の著者が担当することとなった。
20　現在では当然のこととして運用されている、これら手法は、平成15年（2003年）12月に大阪で開催された日本弁護士連合会及び大阪弁護士会の共催で開催された民暴対策協議会において確立された。

3 中日ドラゴンズ私設応援団訴訟

(1) 中日ドラゴンズ私設応援団訴訟の概要

試合観戦契約約款（以下、「本件約款」という）及び特別応援許可規程（以下、「応援許可規程」という）の法的有効性は、中日ドラゴンズ私設応援団が提起した訴訟において試されることとなった。

同訴訟の事案の概要は、以下のとおりである。

日本野球機構及び各球団は、中日ドラゴンズの2つの私設応援団に対し、当該団体の役員の属性が応援許可規程の不適格事由に該当することを実質的な理由として、応援団方式の応援を許可せず、また、そのうちの1つの団体（以下、「販売拒否対象団体」という）について、そのような属性を有する役員が存在するにもかかわらず、そのような属性の者がいないとして、特別応援許可申請書に虚偽の記載をした点で本件約款に違反することを理由として、当該役員を含む応援団員全員を、入場券の販売拒否対象者に指定した。

応援団方式の応援が認められなかったことについて、両団体及びその団員は、人格的権利の侵害、継続的契約関係違反、権利濫用及び独占禁止法違反を根拠として、応援団方式の応援の不許可の違法を主張し、応援団方式の応援の妨害等の禁止、応援団方式の応援を認めない旨の通知の撤回、損害賠償を求めて提訴し、さらに、販売拒否対象団体及びその団員は、拒否販売拒否対象者の指定の違法を主張し、入場券の販売拒否をする旨の意思表示の無効確認、試合観戦等の妨害の禁止及び販損害賠償請求を求めて提訴した。

(2) 中日ドラゴンズ私設応援団訴訟第1審判決

中日ドラゴンズ私設応援団訴訟の争点は多岐にわたるが、反社会的勢力排除対策として問題に関しては、①私設応援団が訴訟提起の当事者能力を有しているかどうか、②販売拒否対象者の指定は、意思表示ではなく、将来契約

---

21 「販売拒否対象者」は形式的には行為者属性であるが、実質的には、販売拒否の対象となった行為が問題となるので、その実質は行為規制として捉えられる。

の申込みがなされても、その申込みを承諾しないという意思の伝達に過ぎず、法的な効果は発生しないことから、無効確認は単なる事実の確認として違法であるかどうか、③応援許可規程における許可及び販売拒否対象者指定の裁量性を挙げることができる。

　第1審判決（名古屋地判平成22年1月28日判時2075号62頁）は、①の争点について、私設応援団が、私設応援団が民事訴訟法29条の当事者能力がないという被告の主張を容れて、それら団体による請求は却下し、②の争点については、「その争いは、後述のとおりのプロ野球の公共的な性格を考慮すると、販売拒否対象原告らの法的な利益と何ら関係のない単なる事実上の争いと見るのは相当でなく、法律上の争訟の範ちゅうに属するものと見るのが相当である。そして、仮に、本件販売拒否対象者指定の無効が確認されれば、販売拒否対象原告らは、その他の販売拒否事由及び入場拒否事由に該当しない限り、一般の観客と同じように入場券を購入して球場に入場し、退場させられることなく試合観戦をすることができるようになることが合理的に期待できるから、本件販売拒否対象者指定の無効確認を求めることは、上記の紛争を解決するための有効、適切な方法であるということができる。」と判示した。

　そのうえで、③の争点について、応援団方式の応援については、「その応援方法によっては、他の観客に迷惑をかけ、球場における秩序を乱すことがあり得るものであるから、応援団方式による応援を認めるか否か、その際にどのような条件を付するかなどについては、本来的に主催者が自由に決定できるものである。また、主催者は、どのようなイメージのスポーツを目指すか、観客席の雰囲気をどのようなものにするかなど、その運営に関する事項をすべてその裁量によって決定することができることからすると、当該団体について球場の秩序を乱す具体的な危険が認められなくとも、主催者が応援団方式による応援をするのにふさわしくないと判断した場合には、これを不許可とすることも許されるものと解される。」として、主催球団の自由裁量を認めた。

　しかしながら、販売拒否対象者の指定については、本約款の販売拒否対象者の指定事由を限定的に解釈したうえで、「主催者として、円滑な試合進行と観客の安全かつ平穏な試合観戦の確保を目的として本件約款及び本件許可

規程を定め、これらをホームページ等で公表しているのであるから、これらの定めに従ってプロ野球を運営すべき」とし、「販売拒否対象者の指定は、球場での観戦自体を制限するものであるから、応援団方式による応援のように、他の観客に迷惑をかけ球場における秩序を乱す危険性を内在する行為を制限する場面とは異なり、その制限についてはより慎重にすべきであり、本件約款の定める販売拒否対象者指定の要件を欠くにもかかわらず、その指定を行うことは、入場券の販売に関し主催者が裁量権を有することを考慮しても、その裁量権の範囲を逸脱するものとして、許されないというべきである。」と判示し、販売拒否対象者の指定の無効を確認し、販売拒否対象団体の団員の慰謝料請求を認める判断を示した。

　第1審判決の問題について指摘されるべき点は多いが、とりわけ、契約自由の原則（契約締結の自由）が制限されるのは、国籍や人種等を根拠とする差別の場合に限定されるという従来の裁判例[22]を無視している点で不当なものであった。球団側は、この判決に対し直ちに控訴した。

(3) 中日ドラゴンズ私設応援団訴訟控訴審判決（名古屋高判平成23年2月17日　判時2116号75頁）

　中日ドラゴンズ私設応援団訴訟**控訴審判決**は、全面的に被告球団側の主張を容れ、第1審判決を取り消した。

　上記②の争点である確認の利益については、「販売拒否対象者指定は、単に、将来、販売拒否対象1審原告らから、個々の試合の主催者である1審被告12球団及び1審被告Y2に対し、入場券の購入の申込みがされても、同1審被告らは承諾せず、同1審原告らの入場を拒否するとの方針を採用し、そのことを事前に伝達したものに過ぎず、それ自体が直接的に法律効果の発生に向けられた行為ということはできない。」とし、「仮に、販売拒否対象者指定が無効である旨宣言したとしても、それによって、1審被告12球団及び1審被告Y2に対し、当然に入場券の販売に関する契約（以下「観戦契約」と

---

[22]　東京地判昭56年9月9日（判例時報1043号74頁）、大阪地判平5年6月18日（判例時報1468号122頁）、東京地判平7年3月23日（判例時報1531号53頁）、静岡地判平11年10月12日（判例時報1718号92頁）、札幌地判平14年11月11日（判例時報1806号84頁）等。

いう。）の締結義務が課されるわけではなく、まして、観戦契約の成立が擬制されるわけでもない。したがって、本件販売拒否対象者指定は、無効確認の対象たる適格を有しない上に、その無効確認を求めることは上記の紛争を解決するための有効、適切な方法であるとは認められず、請求１(3)に係る訴えは、確認の利益を欠くというべきである。」と判示した。

　さらに、販売拒否対象者の指定に関する実体判断においても、「球場でプロ野球を観戦することや応援団方式による応援をすることが生活上不可欠なものであるとは認められず、その性格は、生活上必須の電気、ガス、水道等を提供するいわゆるライフラインや電車、バスなどの公共交通サービス等とは、全く異なるものであるとともに、これらとは関わりのないものというべきであって、権利濫用の法理を適用することによって、プロ野球の主催者である１審被告12球団及び１審被告Ｙ２が観戦契約を締結する義務を負う場合があるということはできない。」と明言した。

　そのうえで、契約締結の自由が制約される場合として、「観戦契約の締結や球場への入場を現に拒否し、かつ、その理由が性別や人種等による不当な差別に該当するとか、その他憲法の人権規定の精神に反したり、公序良俗に反するなど、我が国の法秩序上、許容し難いものと認められる場合」を挙げ、本件がそのような場合に該当しないことを確認した[23]。

　控訴審判決は、従来の契約自由の原則に関する裁判例を無視した第１審判決を是正するものとして高く評価される。

4　本判決の反社会的勢力対策における意義と位置付け

　反社会的勢力への対策は、警察による刑事事件の立件を中心になされた、いわゆる第１次・第２次頂上作戦に始まる。反社会的勢力は刑事立件を回避するため、組織の広域化・資金源の多様化を模索し、民事事件に介入してきた。そこで、弁護士が対峙し、反社会的勢力対策は、攻撃を受ける被害者を防御するための方策にウェイトが置かれ、民事介入暴力対策として注目され

23　同判決に対しては、第１審原告より上告がなされている。

ることとなった。

　暴力団員による不当な行為の防止等に関する法律が制定され、民事介入暴力に関する警察と弁護士との協調関係が進み、民事介入暴力への弁護士側の対策が確立し、これを受けて、反社会的勢力の被害者及びその弁護士は、組事務所の明渡や組長責任訴訟等を通じ、暴力団被害者が暴力団への反撃を開始した。その間、反社会的勢力に対し、資金提供をした企業の責任が追及されるようになり、反社会的勢力対策の社会的広がりが認識されるようになった。

　また、新興上場企業等の不十分な内部統制体制に付け込み、反社会的勢力は、「共生者」とともに、新興上場企業の株式取引を利用しまたはそのような企業を支配して一般株主の利益を害するような不当な行為が繰り返されることになった。このような事態に対し、反社会的勢力排除に関する施策を見通した画期的な提言が、平成15年（2003年）12月に大阪で開催された日本弁護士連合会及び大阪弁護士会の共催で開催された民暴対策協議会（以下、「民暴大阪協議会」という）でなされることとなった。

　民暴大阪協議会は、「不法勢力の取引社会からの排除」をテーマとして開催され、そこで、コンプライアンスプログラムを利用した不法勢力排除や暴排条項を利用した取引拒絶等に関する社会からの暴力団排除に関する包括的施策の導入の必要性が提言された。

　平成19年（2007年）6月19日、全閣僚を構成員とする犯罪対策閣僚会議の幹事会で公表された「企業が反社会的勢力による被害を防止するための指針」は、大阪民暴協議会の提言と軌を一にし、社会からの包括的な反社会的勢力の排除を推進することを求めるものであった。そして、プロ野球試合観戦契約約款は、まさに、民暴大阪協議会の施策を業界として実行した最初の例といえよう。

　反社会的勢力排除条項は、あらゆる取引に応用される反社会的勢力排除のための手法であり、取引社会から反社会的勢力を排除するための有効な施策である。

第Ⅰ章 −3 画期となった暴排・反社会的勢力訴訟20年の攻防

人格権を武器にした暴排訴訟事例集
～『人格権訴訟調査報告書』概要から

弁護士 尾崎 毅

1 人格権訴訟調査の端緒

(1) 暴対法改正による適格団体訴訟制度の導入

　今年の暴対法改正において、国家公安委員会の認定を受けた適格団体（都道府県暴追センター）が暴力団事務所の付近住民から委託を受けて、自らが原告となり組事務所使用差止訴訟を遂行することができる制度が導入された。

　暴力団組事務所周辺住民の人格権を根拠として、事務所の使用差止めを求める手法が初めて用いられた昭和62年の浜松一力一家事件の仮処分申立てから25年、四半世紀が経過した。その間、全国で、周辺住民の人格権に基づく組事務所の使用差止めを求める仮処分及び本案訴訟（併せて、「人格権訴訟」という）が複数申し立てられ、目覚ましい成果を上げてきたが、その成果を得る前提として、丸腰の住民が、暴力団と対峙し、時に、暴力団のさまざまな攻撃に遭いながら住民運動を繰り広げ、次いで当事者となり仮処分、本案訴訟、その執行という法的手続を進める現在の手続は、手続の当事者（仮処分における債権者、訴訟における原告）となる住民に、さまざまな負担を強いることとなる。この負担は、「怖い」という精神的な負担にとどまらず、暴力団からの攻撃により身体に危害を加えられ、生命の危険に直面する、という場面にも及んでいる。

暴力団組事務所の周辺住民を、かかる危険から遠ざける手法として導入されたのが適格団体訴訟制度である。

(2) 財団法人社会安全研究財団の調査について

当職ら4名（河野憲壯弁護士、鶴巻暁弁護士、鈴木仁史弁護士、及び当職）は、平成23年3月、財団法人社会安全研究財団から、人格権に基づく暴力団組事務所使用差止請求訴訟についての調査を委託された。これを受けた当職らは、調査対象を、人格権訴訟の第1号事案である「浜松一力一家事件」から、最近時の案件である「入谷竜泉小松組事件」まで全**24事件**（なお、なかには沖縄・旭琉会事件のように、同時期に複数の仮処分、訴訟が提起されたものもあるので、正確には24件ではないが、ほぼ同時期、同地域の事件を1件として扱っている）とすることとし、各事件の当事者、弁護団からのヒアリングと収集した資料の分析を行い、各事件の発端、住民運動の展開状況、法的措置の内容、弁護士の関与形態及び費用、警察・暴追センター等をはじめとする関係各者の連携状況等広範な事項について調査を実施した。

調査は、対象事件が北は旭川、南は沖縄事件と、ほぼ全国に分布していることや、時間の経過による資料の散逸などの壁に阻まれたが、東京三弁護士会から各5名、全15名の精鋭の若手弁護士の力を借りて行われ、同年12月に500ページを超える報告書（非公表）が完成した。

調査対象の24事件には、それぞれ特殊性があり、適格団体訴訟制度が運用された後においても、仮処分、訴訟や執行などの法的手段の内容と手続、住民運動の進め方、住民と弁護団との信頼関係の構築、警察や暴追センターとの連携、住民や弁護団の保護対策など、当該訴訟に関わるものにとって、数多くの教訓が含まれている。

本稿では公表しても差し支えない範囲で各事件の概要を俯瞰することとする。

2 調査対象となった各地の人格権訴訟について

(1) 浜松・一力一家事件

　すでに周知であるが、住民の人格権に基づいて暴力団組事務所の使用差止めを求めた第1号事件である。

　昭和59年、浜松市内の建物を山口組系の暴力団一力一家組長が購入し、組事務所を移転したことをきっかけに、付近住民による組事務所排除運動が展開されたところ、暴力団側が住民に対し慰謝料請求訴訟を提起した。この慰謝料請求訴訟に対応するために弁護団が組織され、さらにはこれに対抗するべく、住民側が公害訴訟における人格権訴訟（差止請求）の法理を用いた、人格権に基づく組事務所の使用禁止を求める訴訟を、いわば「逆提訴」をしたのが、本件である。

　昭和62年8月の第1次仮処分申立ての債権者は周辺（「組事務所から○○メートル」という距離制限はない）住民365名、同年9月の第2次仮処分申立ての債権者は150名、全国の弁護士300名が弁護団に名を連ねて、この運動をバックアップした。

　同年10月に仮処分決定、11月には、組事務所として使用した場合（1日にのべ7名以上の構成員の立入りあるいはその容認）には1日につき100万円（申立は500万円）を支払う旨の間接強制決定が出された。

　次いで、昭和62年11月、住民573名を原告とする本訴が提起され、3回の弁論期日を経て、翌63年2月に訴訟上の和解（組事務所として使用しない旨の仮処分決定と同内容）が成立した。

　本件は、完全所有型の暴力団組事務所の使用差止めにつき、周辺住民の人格権を用いたという理論的な手法のみならず、住民運動のあり方、法的手続の内容、弁護団と住民の信頼関係の重要性など、その要素のすべてがその後の人格権訴訟の指針となっている。とくに、逆提訴を報道発表した後、本訴の和解成立後まで、暴力団から住民及び弁護士に対する、直接的な攻撃（刃物による刺傷事件）が多数回発生したほか、通学中の小学生に罵声を浴びせ

る、自宅の襲撃や、飼い犬にカミソリ入りの肉団子が与えられるなど、さまざまな卑劣な嫌がらせが続くなか、これに屈することなく、住民と弁護団、警察が強い信頼関係を築き、結果を勝ち得たことは、その後の同種案件の関係者のバイブルとなっている。

　一方、暴力団と住民が直接対峙する人格権訴訟が、住民や弁護士を暴力団からの攻撃に晒すというリスクを伴うことも示した事例であり、今般の適格団体訴訟制度の運用においては、こういった過去の教訓を活かす必要がある。

(2) 沖縄・旭琉会事件

　平成2年9月、沖縄旭琉会の内部分裂による抗争が発生、2ヵ月余の間に熾烈かつ凶悪な38件の抗争事件が発生し、うち、4件は一般市民を巻き込み、高校生1名、警察官2名の計3名が死亡した。これを機に、県内の暴排気運が高まり、全島の住民、弁護士会、警察を挙げて、旭琉会の主流派、反主流派の事務所に対する使用差止仮処分、本訴を提起した案件である。14の原告団7470名（延べ人数1万1001名）に及ぶ多数の住民が当事者になった点、短期間に全24ヵ所という多数の暴力団組事務所を対象とした法的手続を取った点、仮処分命令に従わない暴力団に対し、間接強制や各種強制執行手続を取り、3,500万円にも上る多額の制裁金を獲得した点等が本件の特徴である。

(3) 秋田・佐藤会事件

　平成2年6月の極東会系の暴力団佐藤会の内部分裂による対立抗争が始まった後、平成3年2月に発生した組事務所付近の拳銃発砲をきっかけに、暴力団排除運動が一気に高まり、平成3年4月、周辺住民83名を債権者とする仮処分申立てをした案件である。

　本件においては、組事務所移転当初（昭和58年頃）より反対運動はあったものの法的手段には至らず、対立抗争による発砲事件を機に住民運動を強化した点、暴力団から住民へのいやがらせ（威迫、迷惑行為など）が頻発する中、ミニコミ誌の発行を含む、活発な住民運動を繰り広げた点、仮処分においては、無担保、無審尋で決定（執行官保管を含む）が出され、決定日の同

日に執行官保管を行った点等の特徴を見ることが出来る。

(4) 大阪・赤心会事件

平成2年6月、堺市内の一角に、山口組系暴力団である赤心会の組長の元親族が所有する土地上に同人を所有者とする5階建ての建物の建築工事が開始されたが、建物の構造からみて、同建物が赤心会の組事務所として使用される疑いがきわめて濃厚であったことから、近隣のマンションを中心とする周辺住民が仮処分（債権者は、事務所から半径100メートル以内に位置する住民のうち227名）申立て及び訴訟（原告529名）を提起した案件である。

本件は、暴力団事務所として使用される前の、しかも未完成建物について、近い将来組事務所として使用されることが確実であり、その場合には周辺住民の生命身体に対する具体的危険が生じる蓋然性が高いことを理由として、組事務所としての使用禁止を求め、建物完成後に組長が暴力団構成員を立ち入らせたことに対し、間接強制の決定（仮処分命令違反1日につき100万円）が下された案件である。

(5) 旭川・旭導会事件

平成3年9月、山口組系暴力団関保会（後に旭導会）の本部事務所において内部抗争で、暴力団関係者の死傷者2名が出る発砲事件が起きた。これを機に、周辺住民が暴力団組事務所排除運動を開始し、平成3年12月、周辺住民268名（組事務所からの距離は問わず）を債権者として、仮処分を申し立てた案件である。仮処分決定後も旭導会側から和解の申し入れがあったものの、その直後、仮処分決定では債務者となっていなかった人物が旭導会の新会長に就任した。そのため、新しい会長に対する仮処分申立てを検討する中、旭導会側が建物から自主的に退去したケースである。

(6) 兵庫・加藤総業事件

平成4年2月、兵庫県西宮市に山口組系暴力団加藤総業が事務所を開設したことに対し、周辺住民が暴力団排除の住民運動を展開し、平成6年2月、事務所から半径300メートル内に居住する住民275名を債権者として仮処分を

申し立てた。

神戸地裁尼崎支部は、抗争事件等の具体的な危険の疎明なしとして住民の請求を却下したが、大阪高裁の抗告審は、上部団体との関係から具体的危険を認定して請求を認容し、さらに、差止内容を審理すべく神戸地裁で行われた差戻審では、当番員を置くことも禁止する決定が出された案件である。

なお、本件においても、暴力団側から住民に対する種々の嫌がらせ（脅迫めいた文書の交付、監視小屋を取り囲む、尾行等）が報告されている。

(7) 兵庫・中野会事件

平成7年7月、阪神淡路大震災で神戸市の事務所を焼失した中野会が同地に事務所を再築したが、宅見組長射殺事件への関与で抗争激化を懸念した警察の警備が強化されたことをきっかけに住民運動が展開された。

平成9年11月、周辺住民59名を債権者として事務所使用禁止の仮処分申立て、1回の審尋期日を経て執行官保管を伴う仮処分決定が下され、決定5日後に執行（執行官保管）着手、執行の4日後に中野会側が自主退去を約束する等、仮処分申立てから解決まできわめて短期間であったことが特徴である。

(8) 静岡・森田一家事件

平成9年、稲川会系暴力団森田一家関係者が静岡市内の建物を競売により取得した。住民の反対運動にもかかわらず組事務所としての使用（自宅使用名目）が開始されるなか、平成13年になり対立抗争による事務所への発砲事件が発生したため、同年8月、事務所から半径500メートル内の住民342名が債権者となり、仮処分申立て、同年12月に仮処分執行（執行官保管）が行われた。次いで、14年8月、事務所使用禁止及び慰謝料請求の本訴を提起し、途中、建物所有権が第三者に移転したが、平成17年、和解により終了した案件である。

(9) 和歌山・小宮組事件

平成9年、山口組若頭宅見勝射殺事件によって山口組と抗争が激化した中

野会小宮組の本部事務所兼組長居宅の隣地駐車場でペットボトル爆弾によって主婦が重傷を負う事件が発生、これを機に、周辺住民の暴排運動が高まり、平成10年7月、事務所から半径500メートル内に居住する住民322名を債権者として、仮処分を申し立てた。同年8月に無担保にて執行官保管を内容とする決定が出され、同月執行を申し立て、同年9月の執行直前に小宮組関係者が全員退去した案件である。平成13年に競売によって同物件を一般人が競落し、現在に至っている。

(10) 鳥取・村上組事件

平成10年、山口組系大同会村上組組長が関係者名義で事務所併用住宅新築し、組事務所としての使用を開始したところ、間もなく周辺住民による住民運動が展開され同年9月、周辺住民16名を債権者として仮処分を申し立て、同10月に仮処分決定、同11月に間接強制（仮処分違反1日につき100万円）の申立をすると同時に、使用差止めの本訴提起（当初原告16名、第2次訴訟では176名）を提起した。平成12年5月に住民側が全面勝訴する判決が出され、6月に確定、その後、業者が不動産を買い取り、村上組が立ち退いた案件である。本件の進行中に暴力団追放の立看板を組員が棄損して逮捕される事件も起きている。

(11) 鳥取・大同会事件

平成3年、山口組系大同会組長の親族が建物を購入し、組事務所として使用を開始したが、平成13年、抗争事件が発生し、本件建物に銃弾4発が撃ち込まれたことをきっかけに事務所監視活動等の住民運動が展開され、同年12月に組事務所使用禁止仮処分（事務所から半径500メートル以内の住民991名が債権者）と本訴（仮処分の債権者991名が原告。後に、半径200メートル以内の住民76名に絞り込んだ）を提起した。平成14年3月の仮処分決定では、執行官保管を除くその余の申立てが認容され、平成15年3月の本訴判決では、住民の請求が全面的に認容された。

なお、判決後も建物名義は組長の親族のままであるが、組事務所としては使用されていない。

⑿　神奈川・吉田総業事件

　平成11年、山口組系暴力団吉田総業が、第三者法人名義で取得した建物に組事務所を開設したが、平成14年、稲川会系暴力団との間でおきた喧嘩を発端とした射殺事件が発生したことに対し、行政や議会への積極的な働きかけを含む広範な住民運動が展開され、平成14年8月、住民12名（当初住民913名を債権者にする予定だったが、費用の関係から各自治会会長12名に絞られた）を債権者とする仮処分が申し立てられた。同15年1月に執行官保管、監視カメラ・投光器撤去などを除く事務所使用禁止が認められた。仮処分決定後、暴力団側は、しばらくして建物から退去した（ただし、本件建物から数百メートルの距離にある建物を購入して現在も事務所を構えているようである）。

⒀　岐阜・正木組事件

　昭和63年、山口組黒誠会正木組の組長の親族が本件建物を競売にて取得し、以後組事務所として使用し、住民への嫌がらせなども起きていたが、平成14年に発砲事件が発生したことを端に住民運動が活発化し、事務所から半径500メートル内に居住する住民467名（後に、半径300メートル内の住民373名に変更）を債権者として、同年12月に仮処分を申し立て（平成15年4月に決定）、次いで、平成15年3月に、半径500メートル内の住民667名を原告として、組事務所使用禁止及び慰謝料請求訴訟を提起し、平成18年6月に、暴追センターが建物を買い取る内容の和解が成立したが、かかる和解内容は、人格権訴訟では過去に例を見ないものであった。

　なお、住民リーダーの強いリーダーシップで展開された住民運動は、現在の暴排活動にも受け継がれている。

⒁　福島・会津角定一家事件

　平成16年、山口組系暴力団奥州会津角定一家の関係者が、温泉街の建物を競落し、翌17年当初より組事務所として使用開始したことに対する住民運動が展開されたため、事務所を市内の別の場所に移転したところ、同地でも大規模かつ強力な住民運動が展開された。平成19年11月、住民ら2371名が原告

となり、組事務所使用差止訴訟を提起、同20年10月、和解成立。その後、所有名義は変わっていないが、事務所として使用されることなく現在に至っている。会津若松市内の事業者、住民多数が住民運動に参加した点、原告数が多数である点（事務所から半径１キロメートルの居住者を基本とする）、抗争事件がなかったため仮処分を経ることなく、訴訟に着手し、和解した点が特色である。

(15) **福岡・西村会事件**

平成10年、山口組系暴力団西村会組長が福岡市内のマンションの一室を競落により取得し、暴力団事務所として使用していたところ、平成17年８月、対立する暴力団員が同部屋を襲撃して拳銃２発を発射したうえ、住戸ドア前で手榴弾を爆発させ建物に甚大な被害を与える事件が発生した。

そこで、同年12月、マンション居住者27名を債権者とする仮処分（執行官保管）が申し立てられ、無審尋・無担保にて仮処分決定が出され、申し立てより11日後に執行（執行官保管）を行った案件である。翌平成18年２月の保全異議審において和解が成立し、本件建物を管理組合資金で買い取り、終了した。

(16) **兵庫・小西一家事件**

平成17年末、本拠地の静岡から神戸進出を図った山口組系暴力団小西一家が総長の親族が土地建物を取得し、翌18年１月頃から組事務所として使用されるに至った。この情報を得た住民が警察と連携し、300名を超える住民による７回の決起集会（集会では暴追の歌や寸劇等が実施された）、夜回り、広報活動等の活発な住民運動が展開された。平成18年７月、事務所から半径300メートル内に居住する住民（当初、343名による申立てを予定したが、印紙代等の関係で５名に絞る）を債権者として仮処分を申し立て、平成18年11月に和解が成立した案件である。

(17) **長崎・九州誠道会事件**

平成19年３月、誠道会永石組組員が建物を競落し、同年９月頃から組事務

所として使用されてはじめたことをきっかけに住民運動が始まる。平成21年7月、事務所から半径200メートル内に居住する住民165名を債権者として仮処分を申し立て、3回の審尋期日を経て同年11月仮処分決定、12月に保全執行（執行官保管）に着手し、同月、訴訟（原告192名）を提起した。訴訟においては建物買取りを内容とする和解協議が進められたが、合意に至らず、平成24年4月、原告勝訴判決が下された。

(18) **鹿児島・松同組事件**

平成18年から19年にかけて、山口組系暴力団松同組組長が鹿児島市内の土地建物を取得し、建物に改良（外付け階段開口部や窓に鉄板を貼り付ける、監視カメラを備えるなど）を加え、組事務所として使用を開始したことに対する住民運動が展開された。その最中、平成19年10月、住民リーダーに対する刺傷事件（実行犯の組員と共犯として組長が逮捕、起訴されている。組長は懲役7年6月の実刑判決を受けた）が発生した。平成20年1月、事務所から半径200メートル内の住民50名を債権者とする仮処分の申立てをするとともに、同年2月、刺傷事件に対する住民リーダーの損害賠償請求権をもって不動産に対する仮差押え、同年3月に周辺住民101名の慰謝料請求権をもって仮差押えを申し立て、同年5月、事務所使用差止めの本訴及び、上記各慰謝料請求訴訟を提起した。平成20年12月、土地建物が不動産会社に売却され、松同組が撤退したため、各本訴取下げ（住民リーダーの慰謝料請求訴訟は請求放棄）により終了した。

本件は、住民リーダーへの傷害事件につき組長が実刑判決を受けるという経緯の中、組事務所使用差止請求と併せてリーダーや住民の慰謝料請求訴訟も提訴された特徴がある。本事件をきっかけに、鹿児島県では「鹿児島県暴力団排除活動の推進に関する条例」が成立、「鹿児島県暴力団排除活動推進資金」が設置され、組事務所排除運動に対する資金的な援助も行っている。鹿児島県のかかる制度は、適格団体訴訟制度の資金的なバックアップとして参考になる制度である。

⑲　宮城・東海興業事件

　平成18年、仙台市内の建物（個人名義）が山口組系暴力団東海興業の事務所として使用されるようになる。平成20年に組事務所排除の住民運動が始まり、同年9月、組長が刑事事件で逮捕されたことをきっかけに活発化した。平成21年4月、周辺住民499名（和解成立時には489名）を原告に、組長及び建物名義人に対し、建物使用目的制限等請求訴訟を提起した。

　訴訟においては、宮城県暴追センターが建物を買い取る方向での和解協議（とくに、金額に関する交渉）が進められ、平成22年5月、和解が成立した。同年12月、和解条項に基づく代金の支払と所有権移転登記手続が行われて、本件が終了した。暴追センターが買い取る形態は、岐阜・正木組事件に次いで2例目であった。

⑳　福岡・道仁会事件

　平成4年頃から平成18年にかけて、久留米市内の隣接する三棟の建物（建物1ないし3）と敷地の所有権を道仁会関係者が取得、本部事務所として使用されているとして、平成20年8月、周辺住民602名が債権者となり仮処分を申し立てた。平成21年3月、福岡地裁は、3棟の建物のうち、1棟のみについて、組事務所としての使用禁止及び執行官保管を内容とする仮処分決定を出したが、他の2棟については、組事務所使用の実態なしとして申立てを却下、同年7月の抗告審決定においては、原審で却下された2棟のうち1棟については仮処分決定（認容）を出したが、うち1棟が一審の仮処分決定の前後に取り壊されたため、住民らは当該建物の敷地について使用禁止を求めたが、却下された。なお、その間の平成21年5月本訴提起がなされている（原告584名）。

　平成21年12月、当初の仮処分決定に基づく執行官保管の期限が近付いたため、建物1について第2次仮処分の申立てをし、本訴の準備期日及び第2次仮処分の審尋期日が継続する中、平成22年2月、道仁会側から住民（債権者・原告）に対する損害賠償請求訴訟が提起され、同年9月、住民側から反訴提起がなされている（現在継続中）。

本件は、道仁会の会長就任に異議を唱えた傘下組織（後に、九州誠道会を結成）と道仁会との抗争が激化し、複数の死傷者（誤射事件も発生）するというきわめて危険な状況の中、住民運動、訴訟手続が取られている案件である。また、訴訟手続においては、住民の尋問に対する裁判所の対応に疑義が唱えられるなど、法的手続においても種々の課題が提示されている案件である。

(21)　東京・稲川会本部事件

　平成21年1月、稲川会総本部が赤坂のビルに移転するとの報道を受け、周辺住民が抗議活動等の住民運動を展開し、平成21年2月に建物から半径500メートル内の居住者及び就業者157名を債権者として仮処分を申し立て、同年4月に成立した和解により組事務所移転を阻止した案件である。東京で最初の人格権訴訟手続である点、稲川会の本部事務所移転にかかわる案件である点、事務所設置前に阻止した案件という特色がある。

(22)　東京・小松組事件

　平成19年、山口組弘道会小松組の組長が代表者を務める法人が台東区内の土地建物を取得したことを端所として、平成22年12月、建物から半径500メートル以内に居住、就業する住民168名を債権者として仮処分を申し立てた。同仮処分は、組事務所としての使用禁止とともに、組長の建物立入りの禁止を求める点に特徴があり、平成23年3月の仮処分決定及び、保全異議審における同年7月の保全認可決定において、組事務所の使用禁止とともに組長の立入禁止を求めた住民側の申立てが認容された。

　なお、同年4月の起訴命令（組長及び所有者の法人から債権者168名のうち10名に対する起訴命令の申立てを受けたもの）を受けて住民が提訴した本訴一審の判決（平成24年9月）においては、組事務所使用禁止（管理カメラと投光器の設置禁止を除く）は認容されたが、組長立入禁止については棄却されたため、現在、控訴審において審理中である。

⑶　大阪・荒牧組事件／⑷大阪・和仁興業事件

　昭和63年、山口組二代目宅見組荒牧組組長が競売によりマンション一室を取得し、組事務所として使用。その後、宅見組組長射殺に伴い警戒強化されるなどの事件があった。平成15年に入り、管理組合関係者から弁護士に相談があり、平成16年、マンション住民と区分所有者10名を債権者として人格権に基づく組事務所使用禁止仮処分を申し立て、さらに、区分所有法57、58条に基づく訴訟を提起した案件である。

　区分所有マンションにおいて、人格権に基づく組事務所使用差止の仮処分を先行させ、その後、区分所有法に基づく訴訟を提起する手法は、山口組系暴力団和仁興業の組事務所使用差止めの案件（平成20年6月に、人格権に基づく仮処分申立て、同年12月に区分所有法60条に基づく占有移転禁止仮処分申立てと人格権及び区分所有法57条、58条、60条に基づく組事務所使用禁止請求訴訟を提起）にも共通するものである。

3　調査対象事件の概略の紹介を通して

　これら事案の蓄積は、新しい事件に直面した際の、重要な先例となっている。

　今般、導入された適格団体訴訟制度において、法的手続の当事者は、住民から委託を受けた適格団体認定を受けた都道府県暴追センターになるが、住民らの暴力団事務所排除運動なくして当該制度の運用は不可能である。過去の事例は、住民運動において、リーダーシップを発揮する中心人物の存在がきわめて重要であることを示しているが、一方、「目立つ」存在になれば、暴力団の攻撃対象になりやすいというジレンマがある。

　今後は、いかに住民を危険に晒さずに効果的な住民運動を展開するかが、警察、暴追センター、弁護士らに課された大きなテーマであることは言うまでもない。

第Ⅱ章

暴力団排除条例による闘い

第Ⅱ章 暴力団排除条例による闘い

暴力団排除条例の概要及びその適用事例について

警察庁刑事局組織犯罪対策部暴力団対策課課長補佐　重成　浩司

1　はじめに

　官民一体となった社会からの暴力団排除の気運の高まりが、全国的な潮流となり、警察による集中的な捜査活動と相まって、暴力団にとって活動が困難な社会に向かいつつある。
　このような暴力団排除の気運の高まりを示すものとして、全国各地における暴力団排除に関する条例の制定が挙げられる。この種条例は、平成21年7月以降約2年間で全都道府県において制定・施行され、さらに市町村においても制定が進んでおり[*1]、まさに、全国的な気運の高まりの象徴であるとともに、その規定の適用等を通じて、気運の一層の高まりにも役割を果たしている。
　そこで、本稿においては、都道府県の暴力団排除に関する条例(以下「暴力団排除条例」という。)について、その制定経緯、概要及び適用事例を述べたいと思う。
　なお、暴力団排除条例の条文については、各都道府県警察のHPに掲載さ

＊1　平成24年上半期までに、22の県において全市町村で制定された。松山市暴力団排除条例のように、県条例の規定を補強する「暴力団排除特別強化地域における特定の接客業からの暴力団排除」の規定を導入したものや、府中市暴力団排除条例のように、刑務所出所者の出迎え等について市長が警察署長に対して市民等の安全・平穏な生活を確保するための必要な措置を講ずるよう要請できる旨の特徴的な規定を導入したものもみられる。

れているので、参照して頂きたい。また、それぞれの条例の解釈については、条例ごとに定まるものであるが、たとえば、東京都暴力団排除条例（資料編665頁参照）については、警視庁のHPに「東京都暴力団排除条例Q&A」[*2]として示されており、こちらも参照いただきたい。

また、本稿中意見にわたる部分は、個人的見解であることを申し添えておきたい。

2 暴力団排除条例の制定経緯及びその概要

暴力団排除条例は、まず、平成21年7月1日に佐賀県において施行され、続いて、平成22年4月1日に、長崎県、鹿児島県及び福岡県において施行されることとなった。佐賀県、長崎県及び鹿児島県の暴力団排除条例は、不動産所有者等に対し、譲渡等をした不動産において暴力団事務所の開設が判明したときの無催告解除等の条項を不動産取引の契約内容に含める努力義務等を規定するなど、不動産の譲渡時等の措置に特化した条例であった[*3]が、福岡県の暴力団排除条例（資料編658頁参照）は、この種規定のほか、県民及び事業者が、暴力団が社会に悪影響を与える存在であることを認識した上で、暴力団の利用、暴力団への協力及び暴力団との交際をしないことを基本として、県、市町村、県民及び事業者が相互に連携し、及び協力して暴力団の排除を推進するといった基本理念を定め、

○ 県の事務・事業からの暴力団排除の措置
○ 暴力団関連情報の提供、警察による保護措置等の市民・事業者に対する支援実施
○ 青少年に対する暴力団排除教育の実施
○ 学校等の周辺200メートル区域内の暴力団事務所の新規開設・運営の禁止
○ 暴力団の威力利用目的で行う、又は暴力団の活動や運営を助長する暴

[*2] http://www.keishicho.metro.tokyo.jp/sotai/haijo_q_a.htm。
[*3] 佐賀県は平成23年9月30日に、長崎県は平成23年12月16日に、それぞれ条例を全部改正し、より総合的な内容の暴力団排除条例とした。

力団員等への利益供与の禁止
　○　契約時、契約内容が暴力団の活動を助長するおそれがある場合、相手方が暴力団員等でないことを確認し、また、契約書等に暴力団排除条項を盛り込む努力義務
　○　不動産が暴力団事務所に利用されることを知って取引することの禁止等を規定するなど、より総合的な内容の条例として制定された[*1]。

　福岡県の暴力団排除条例立案者によると、本条例は、暴力団に直接的な規制を課すことよりもむしろ、暴力団を排除するという県民の決意を示すとともに、暴力団排除活動を警察のみならず関係機関も含め県民が一体となって取り組むことを条例化することを基本として内容を具体化していったとされている[*2]。

　その後、平成22年8月1日に愛媛県で暴力団排除条例が施行されてからは、九州各県のみならず、全国でこの種条例の制定・施行がなされ、平成23年10月1日の東京都（資料編前掲同参照）及び沖縄県の条例施行をもって、全都道府県で施行されることとなった【別添1参照】。

　これら条例は、福岡県の暴力団排除条例の内容を参考としつつも、各都道府県の暴力団情勢等に応じた規定を設けるといった特徴がみられた。特徴的なものとしては、例えば、
　○　行事主催者等に対する祭礼等における暴力団排除の義務（愛媛県、島根県、静岡県等）
　○　暴力団排除特別強化地域の設定（京都府、愛知県、熊本県等）
　○　暴力団事務所に準ずる施設の一定区域内での運営等の禁止（兵庫県）
　○　暴力団員による青少年への悪影響を及ぼす行為の禁止（愛知県、三重県、福島県等）
　○　暴力排除活動等に対する妨害行為の禁止（東京都）

＊1　福岡県は、平成23年10月7日に、条例の一部改正を行い、暴力団事務所において青少年に対する有害行為が行われた場合は暴力団事務所の使用制限命令（開設・運営禁止区域内の暴力団事務所の場合は廃止命令）を発出することができることとする規定を盛り込むなど、より充実した内容の暴力団排除条例とした。
＊2　黒川浩一「福岡県暴力団排除条例の制定について（上）」警察学論集第62巻第12号4頁

○　暴力団員による他人の名義利用の禁止（東京都）

等が規定された。【別添2・3参照】

3　暴力団排除条例の適用

　暴力団排除条例においては、禁止規定に違反した者に対する罰則による処罰、勧告・公表、中止命令等の措置が規定されているが、平成23年におけるこれらの実施件数は、全国で勧告が62件（公表2件を含む）、指導が5件、中止命令が2件、検挙が3件であり、また、平成24年上半期では、勧告が33件（公表3件を含む）、指導が1件、中止命令が1件、検挙が4件である。
　これらの規定が適用された主な事例は、次のとおりである。
【事例1】
　太州会傘下組織組長を支援するために地元事業者等で結成された団体の役員らが、毎月数万円を会費名目に集金し、同組長に対し、暴力団の活動又は運営に協力する目的で現金を供与していたことから、同支援団体役員らと同組長に勧告し、有力な資金源となっていた30名以上による支援団体を解散に追い込むこととなった（平成22年9月、福岡県）。
【事例2】
　秋祭りにおいて、みこし取締会の役員らが、山口組傘下組織幹部らを、同取締会の役員に就かせるなどして祭礼の運営、行事に関与させたことから、同取締会役員ら2名に勧告を実施したところ、県内の祭礼関係者に講習を実施するなどの効果的な広報・啓発活動と相俟って、祭礼からの暴力団排除の気運を高揚させることとなった（平成22年12月、愛媛県）。
【事例3】
　松葉会傘下組織組長を支援する事業者団体の会員らが、同組長に対し、飲食店内で開催された親睦会において、暴力団の活動又は運営に協力する目的で現金を供与していたことから、当該会員、同組長及び親睦会の場所を提供した飲食店店長らに対し、勧告を実施した（平成23年4月、群馬県）。
【事例4】
　稲川会傘下組織組員らが、20歳未満の少年であることを知った上で、少年

2名を正当な理由なく自己が活動の拠点とする暴力団事務所に立ち入らせたことから、同組員らに対し、中止命令を発出した（平成23年6月、神奈川県）。

【事例5】
建設会社の代表取締役が、山口組傘下組織組長に口利きを依頼し、同組長を介して暴力団の威力を利用して解体工事の契約を取りつけ、その見返りとして同組長に現金を供与したことから、当該代表取締役と当該組長に勧告を実施し、当該建設業者については、大阪府及び大阪市に通報し、公共事業から排除した。（平成23年8月、大阪府）。

【事例6】
暴力団排除特別強化地域内の飲食店経営者が、トラブルがあったときに用心棒を依頼する目的で、暴力団員らに対し、造花のリース代名目で現金を供与していたケースで、組員らを逮捕し、長年続いた事業者と暴力団との不適切な関係を遮断することとなった（平成23年9月、熊本県）。

【事例7】
デリバリーヘルスの経営者が、客とのトラブル等の解決を依頼する目的で、山口組傘下組織幹部に、毎月、用心棒料名目で現金を供与していたことから、同経営者と幹部に勧告を実施した（平成23年11月、長野県）。

【事例8】
造園業者が、極東会傘下組織が資金源としている観葉植物リース業務を代行し、その縄張内の飲食店等における植物の交換や代金回収をするなど、同組織に利益を供与していたことから、当該造園業者と当該組織の責任者の幹部に勧告を実施し、暴力団の片棒を担ぐ者を更生させた（平成23年12月、東京都）。

【事例9】
会社役員が、トラブル等を解決してもらうため、共政会傘下組織組員に用心棒料を供与していたことから、同役員と同組員に勧告を実施した（平成24年1月、広島県）。

【事例10】
　産業廃棄物処理会社の経営者が、暴力団の活動に協力する目的で、稲川会傘下組織組長に普通乗用自動車を無償で貸与していたことから、同経営者と同組長に勧告を実施した（平成24年２月、岐阜県）。

【事例11】
　山口組傘下組織幹部が、暴力団排除特別強化地域において、飲食店店長から用心棒料を受けていたことから、条例違反として、同幹部と同店長を検挙した（平成24年５月、京都府）。

【事例12】
　水道工事会社の経営者が、工事代金の回収やトラブル等を解決してもらうため、山口組傘下組織幹部に用心棒料を供与していたことから、同経営者と同幹部に勧告を実施した（平成24年６月、神奈川県）。

4　最　後　に

　暴力団排除条例の効果は、必ずしも勧告や公表等の措置規定の適用によってのみ発揮されるものではない。制定された条例の精神、趣旨等が周知徹底されることにより、それらを十分に理解し、自主的に暴力団との関係遮断、取引拒絶等に取り組む事業者等が増えることもまた大きな効果であろう[*1]。
　警察としても、暴力団排除を推進する地域住民、事業者等への情報提供等の支援を充実させるほか、そのような地域住民や事業者等に危害が及ぶことのないよう、保護対策はもとより、暴力団対策法による行政命令等を効果的に活用するなどして、その安全の確保に万全を期すことが必要である。

[*1]　たとえば、平成22年以降も、栃木県、山梨県、岐阜県、三重県、広島県、愛知県等において、飲食店等が団体を結成し、暴力団にみかじめ料支払拒否を通知するなどの運動が推進されている。

【別添１】

暴力団排除に関する条例の制定状況

平成24年末現在

県　名	条　例　名	施　行　日
北海道	北海道暴力団の排除の推進に関する条例	平成23年4月1日
青森	青森県暴力団排除条例	平成23年7月1日
岩手	岩手県暴力団排除条例	平成23年7月1日
宮城	暴力団排除条例	平成23年4月1日
秋田	秋田県暴力団排除条例	平成23年3月14日
山形	山形県暴力団排除条例	平成23年8月1日
福島	福島県暴力団排除条例	平成23年7月1日
東京	東京都暴力団排除条例	平成23年10月1日
茨城	茨城県暴力団排除条例	平成23年4月1日
栃木	栃木県暴力団排除条例	平成23年4月1日
群馬	群馬県暴力団排除条例	平成23年4月1日
埼玉	埼玉県暴力団排除条例	平成23年8月1日
千葉	千葉県暴力団排除条例	平成23年9月1日
神奈川	神奈川県暴力団排除条例	平成23年4月1日
新潟	新潟県暴力団排除条例	平成23年8月1日
山梨	山梨県暴力団排除条例	平成23年4月1日
長野	長野県暴力団排除条例	平成23年9月1日
静岡	静岡県暴力団排除条例	平成23年8月1日
富山	富山県暴力団排除条例	平成23年8月1日
石川	石川県暴力団排除条例	平成23年8月1日
福井	福井県暴力団排除条例	平成23年4月1日
岐阜	岐阜県暴力団排除条例	平成23年4月1日
愛知	愛知県暴力団排除条例 （平成24年3月27日改正）	平成23年4月1日 （平成24年6月1日）
三重	三重県暴力団排除条例	平成23年4月1日
滋賀	滋賀県暴力団排除条例	平成23年8月1日
京都	京都府暴力団排除条例	平成23年4月1日
大阪	大阪府暴力団排除条例	平成23年4月1日
兵庫	暴力団排除条例	平成23年4月1日
奈良	奈良県暴力団排除条例	平成23年7月1日
和歌山	和歌山県暴力団排除条例	平成23年7月1日
鳥取	鳥取県暴力団排除条例	平成23年4月1日
島根	島根県暴力団排除条例	平成23年4月1日
岡山	岡山県暴力団排除条例	平成23年4月1日
広島	広島県暴力団排除条例	平成23年4月1日
山口	山口県暴力団排除条例	平成23年4月1日
徳島	徳島県暴力団排除条例	平成23年4月1日
香川	香川県暴力団排除推進条例	平成23年4月1日
愛媛	愛媛県暴力団排除条例	平成22年8月1日
高知	高知県暴力団排除条例	平成23年4月1日

福岡	福岡県暴力団排除条例 （平成23年10月7日改正）	平成22年4月1日 （平成24年2月1日等）
佐賀	佐賀県暴力団排除条例 （平成23年9月30日全部改正）	平成24年1月1日
長崎	長崎県暴力団事務所等の排除に関する条例 長崎県暴力団排除条例（平成23年12月16日全部改正）	平成22年4月1日 （平成24年4月1日）
熊本	熊本県暴力団排除条例	平成23年4月1日
大分	大分県暴力団排除条例	平成23年4月1日
宮崎	宮崎県暴力団排除条例	平成23年8月1日
鹿児島	鹿児島県暴力団排除活動の推進に関する条例	平成22年4月1日
沖縄	沖縄県暴力団排除条例	平成23年10月1日

【別添2】

暴力団排除に関する条例の標準的な規定

1 総則
　○　県は、暴力追放運動推進センター等の関係各機関と連携した総合的な暴力団排除施策を推進すること。
　○　県民・事業者は、県の暴力団排除施策に協力し、暴力団排除に資する情報を県へ提供するよう努めること。
2 暴力団の排除のための基本的施策等
　○　県は、公共工事等県の事務・事業から暴力団を排除するために必要な措置を講じること。
　○　警察は、暴力団から危害を加えられるおそれのある者に対して保護措置を講じること。
　○　県は、暴力排除活動に取り組む住民等への支援、広報・啓発、市町村への協力等の措置を講じること。
3 青少年の健全な育成を図るための措置
　○　学校等の周辺200メートル区域において、暴力団事務所を新規に開設・運営してはならない。
　【違反した場合、1年以下の懲役又は50万円以下の罰金】
　○　学校等において、生徒を暴力団に加入させないための教育等を実施すること。

4　事業者の暴力団員等に対する利益供与の禁止等

○　暴力団の威力を利用する目的で、財産上の利益の供与をしてはならない。

【違反した場合、勧告（勧告に従わない場合、事業者名等の公表）】

○　暴力団の活動を助長し、又は暴力団の運営に資することとなることを知って、暴力団員等に対して財産上の利益の供与をしてはならない。

【違反した場合、勧告（勧告に従わない場合、事業者名等の公表）】

○　事業に関し、暴力団員等に対して不当に優先的な取扱いをしてはならない。

○　事業に関し、暴力団の威力を利用してはならない。

○　暴力団員等は、事業者に財産上の利益の供与をさせてはならない。

【違反した場合、勧告（勧告に従わない場合、事業者名等の公表）】

5　事業者の契約時に講ずべき措置

○　これから行おうとしている取引が、暴力団の活動を助長するなどの疑いがある場合は、取引の相手方が暴力団員等でないことを確認するよう努めること。

○　契約の相手方が暴力団員等であると判明した場合は、相手方に無催告で契約を解除できる旨の条項を、契約内容に導入するよう努めること。

6　不動産の譲渡等をしようとする者の講ずべき措置等

○　不動産契約の相手方に対して、当該不動産が暴力団事務所に利用されないことを確認するよう努めること。

○　当該不動産が暴力団事務所に利用されることを知って、取引やその代理等をしてはならない。

【違反した場合、勧告（勧告に従わない場合、事業者名等の公表）】

○　当該不動産が暴力団事務所に利用されていることが判明した場合は、相手方に無催告で契約を解除できる旨の条項を、契約内容に導入するよう努めること。

【別添3】

暴力団排除に関する条例の特徴的な規定

1　公共工事等からの暴力団排除のための措置
　○　公共工事等（下請け、物品納入含む。）からの暴力団排除のための措置を具体的に規定（事業者に誓約書を提出させる等）
　【虚偽の誓約書を提出するなどした場合、罰則】（京都、熊本、大阪（大阪は違反した場合、公表））

2　暴力団排除特別強化地域の設定
　○　暴力団排除特別強化地域において、風俗営業等の特定接客業者が、暴力団員を用心棒にすること、及び暴力団員にみかじめ料や用心棒代を供与することを禁止
　【違反した場合、罰則】（京都、愛知、熊本、新潟、福井（福井は違反した場合、勧告→公表））
　○　暴力団排除特別強化地域において、風俗営業等の特定接客業者が、暴力団員を接客業務に従事させることを禁止
　【違反した場合、罰則】（京都、熊本）
　○　暴力団排除特別強化地域において、風俗営業等の特定接客業者が、公安委員会が定める様式の暴力団員立入禁止標章を営業所に掲示できることを規定
　【暴力団員が標章のある営業所に立ち入った場合、命令→罰則】（熊本、福岡）

3　暴力団事務所に準ずる施設の一定区域内での運営等の禁止
　○　暴力団事務所に準ずるものとして「準暴力団事務所」を新たに定義し、一定区域内での運営を禁止するとともに、準暴力団事務所の周辺での著しい粗野乱暴行為を禁止
　【違反した場合、命令→罰則】（兵庫）

4　暴力団員による青少年へ悪影響を及ぼす行為の禁止
　○　暴力団員が、青少年を暴力団事務所に立ち入らせることを禁止

【違反した場合、命令→罰則】（愛知、三重、広島、神奈川、東京、千葉、福島、埼玉、福岡、佐賀、長崎、福井（福井は違反した場合、勧告→公表））

○ 暴力団員が、少年に対し、つきまとい、連続電話・電子メールをすることを禁止

【違反した場合、命令→罰則】（福島）

5 特定の事業者に対する暴力団排除のための措置についての努力義務

○ 旅館等の特定事業者に対して、約款、規約等に暴排条項を盛り込むなどの努力義務を規定

【事情を知って契約した場合、勧告→公表】（三重、群馬、福島、栃木、長野（栃木、長野は措置規定なし））

6 行事主催者等に対する祭礼等における暴力団排除の義務

○ 祭礼等において、行事主催者等が暴力団を利用し、又は暴力団員を関与させることを禁止

【違反した場合、勧告→公表】（愛媛、島根、静岡、鳥取、福島、香川、高知（高知は露店を出させる行為のみを禁止）、大分、東京、長野（大分、東京、長野は措置規定なし））

7 暴力団員等に対する利益供与の禁止等

○ 事業者が、威力利用目的でする暴力団員等に対する利益供与を禁止

【違反した場合、罰則】（福岡。事業者一般を対象に直罰は福岡独自）

○ 事業者が、暴力団員等に対する暴力的不法行為や暴力的要求行為を行うことの対償としての利益供与の禁止

【勧告→公表→命令→罰則】（東京）

○ 事業者が、暴力団員等に利益供与を申込み、又は約束することまで禁止

【違反した場合、勧告→公表】（群馬）

○ 事業者が、暴力団員等から利益供与を受けることを禁止

【違反した場合、勧告→公表】（宮城、神奈川）

○ 暴力団員等が、利益供与等の条例違反をするよう他人に要求する

ことを禁止

【違反した場合、勧告→公表】（広島）
- ○ 事業者が、暴力団員等が不正に得た物品（主に密漁品等を想定）であることを知りながらこれを譲り受けることを禁止

【違反した場合、勧告→公表】（北海道）

8 暴力団員による他人の名義利用の禁止等
- ○ 暴力団員が他人の名義を利用することを禁止

【違反した場合、勧告→公表】（東京、福岡）

9 暴力排除活動等に対する妨害行為の禁止
- ○ 暴力排除活動等を、威迫、つきまとい等の不安を覚えさせるような方法を用いて妨害することを禁止

【違反した場合、命令→罰則】（東京）

10 自主申告した者の特例措置
- ○ 暴力団員等に対する一定の利益供与や名義貸しの違反事実を自ら進んで警察に自己申告し、以後違反を行わない旨の意思を示した誓約書を提出した事業者を制裁手続の適用から除外することを規定（東京）

11 暴力団排除アドバイザー
- ○ 県民等による暴力団排除の取組に対し、専従で指導、助言等を行う暴力団排除アドバイザーを置けることを規定（千葉、佐賀）

12 表彰・顕彰
- ○ 暴力排除活動に功労のあった者に対して、表彰・顕彰することを規定（千葉・香川）

13 暴力団事務所における青少年有害行為に対する措置
- ○ 暴力団事務所において青少年に対する有害行為が行われた場合、暴力団事務所の使用制限命令を発出できることを規定（開設・運営禁止区域内の暴力団事務所は、廃止命令）

【違反した場合、命令→罰則】（福岡）

第Ⅱ章 暴力団排除条例による戦い

暴排条例・暴対法等についてのいくつかの議論

元福岡県警察本部組織犯罪対策課長　黒川　浩一

　暴対法や暴排条例に関しては、本書でも官民の専門家がさまざまな角度から論述しているため、ここでは、総合的なものとしては全国初となる福岡県の暴排条例（平成22年4月1日施行（資料編658頁参照））の制定に携わった者として、また、平成24年の暴対法改正の検討に関与した者としての個人的な雑感をコラム的に書くこととしたい。当然、内容は、福岡県警、警察庁、執筆時の所属である東京都庁青少年・治安対策本部のいずれの見解を示すものではなく、筆者の私見である。

1　条例をめぐって

(1)　条例か、法律か

　福岡県内には、全国最多の5つの指定暴力団が本拠を構え、また、筆者が福岡県警に着任した平成20年当時は、拳銃発砲事件の件数が5年連続で都道府県別のワースト1を記録するなど、福岡県内の暴力団情勢は、非常に厳しいものがあった（そして、残念なことに、現在も情勢は依然として厳しい。）。

　その状況に対して、住民の安全を守るべき福岡県としても、あらゆる暴力団対策を講じる必要があり、その重要なツールとして検討・制定されたのが、暴排条例である。全都道府県で暴排条例が制定されたという結果に事後的に着目すれば、「国が暴排法を制定すべき」との声にも一理あるが、制裁の軽重等、地域の実情に応じてそれぞれの条例の中身は微妙に異なる部分も

あり、そもそも暴力団情勢に地域差がある以上、地方自治・住民自治の尊重の観点からも、条例による暴力団対策の推進は、当然ともいえる。

(2) 条例の意義と課題

これまで摘発事例はないが、福岡県条例では、暴力団の威力を利用する目的での暴力団員等への利益供与は、罰則付きで禁止されており、地区が限定されているものなどの一部の例外を除けば、事業者による利益供与の直罰規定は、全国唯一である。暴対法における暴力団員に対する命令制度との比較等の法制面から「直罰は厳しすぎる」との議論もあったが、結論だけを言えば、福岡県においては、それほどの規定が必要であるくらい暴排が強く求められる状況にあった。暴力団の威力を利用する目的で暴力団に資金提供する事業者が間違いなく存在していたのである。

暴排条例に対しては、警察が暴力団犯罪を十分検挙できないから暴排の責任を民間に押し付けたといった批判的な声があるが、事件検挙と暴排は暴力団対策の両輪なのであって、トレードオフの関係にあるわけではなかろう。犯人を捕まえるのは警察の仕事だが、強盗や空き巣の被害を防止するために戸締りをすることは、個人が行うべき領域である。暴排条例は、民間事業者に過度な取組を求めるものではなく、「相手が暴力団だと知りながら、暴力団を利するような行為をしない」ことに集約されている。

さて、福岡県条例第3条は、基本理念として「暴力団の排除は、県民等が、暴力団が社会に悪影響を与える存在であることを認識した上で、暴力団の利用、暴力団への協力及び暴力団との交際をしないことを基本として、県、市町村及び県民等が相互に連携し、及び協力して推進されなければならない。」と規定されている。この基本理念をどの程度まで具体化して暴力団排除に取り組むかは、結局は程度問題ではあるが、暴排の理念を社会の「お約束」から、条例の理念という「決まりごと」として再認識したことの意義は否定されるべきではない。

しかし、「暴力団と交際しないこと」は、基本理念であって、換言すれば、基本理念にとどまるのであり、一定の利益供与はともかく、暴排条例は、暴力団との交際自体を禁止しているわけではない。他方、暴力団を利しな

い、暴力団に金を出さない、暴力団を恐れないという「3ない運動」は、暴排条例の制定以前から謳われていたことである。平成23年に有名タレントの引退騒動があったが、暴排条例とは直接無関係の出来事である。他方、暴力団との交際等を理由に大物歌手が紅白歌合戦の出場を辞退するなどの例は、昭和の時代にもたびたび見られた。

2　行うべきでない利益供与とは何か

　各都道府県の条例で禁止される暴力団に対する「利益の供与」が何を指すのか分かりにくいといった指摘がある。各条例の条文の構成等が多少異なることには注意を要するが、基本的な考え方は同じであると思われるので、ここでは、福岡県条例を例にして（前掲同）、多少の議論を試みたい。

＜福岡県暴力団排除条例第15条第3項＞
3　事業者は、(略) その行う事業に関し、暴力団員等又は暴力団員等が指定した者に対し、情を知って、暴力団の活動を助長し、又は暴力団の運営に資することとなる（＊金品その他財産上の）利益の供与をしてはならない。ただし、法令上の義務又は情を知らないでした契約に係る債務の履行としてする場合その他正当な理由がある場合は、この限りでない。

　紙幅の関係で第1項と第2項は省略したが、もっとも関心が高いのが第3項であると思われる（福岡県条例では違反に制裁はないが、これと同様の条項違反に勧告→公表という措置を伴う条例も存在する。）。1つのポイントは「情を知って」である。金銭の支払、商品の販売といった利益供与が、「暴力団の活動を助長し、又は暴力団の運営に資する」ことになるという事情を知っているのに、それでもそうした利益供与を実行すれば違反になる。逆にいえば、そうした事情を知らなければ、違反にはならない。もちろん、「未必の故意」のように、どの程度の認識があれば「知って」と言えるのかという議論は別途存在するが、ここでは省略する。

　では、相手が暴力団員であるとか、取引先が暴力団事務所であるとあらか

じめ知っている場合、「暴力団の活動を助長し、又は暴力団の運営に資することとなる」とは、具体的にはどの程度のことをいうのかが議論になり得る。暴排条例になじみのない事業者にとっては、もっとも関心が高い点でもあろう。

　基本的な想定例については、すでに読者諸賢がそうしておられるように、各都道府県警察のホームページや各種の解説書をあたっていただくとして、では限界事例はどの程度か、という議論があり得る。しかし、筆者としては、結局は、個別具体の事例により判断すべきであり、例の「暴力団事務所へのピザ屋の宅配問題」を議論することにはあまり意味がないと考えている（ピザ屋の宅配は、そもそも条例違反ではないという考え方もあり、あくまで限界事例の別称としての「ピザ屋の宅配問題」である）。

　ただし、ビジネスの現場では、こうした厳密な法律論よりむしろ、世間からの評判といった、条例の規定や解釈とは直接関係のないコンプライアンスの部分を重視すべきではなかろうか。法律論としては条例に違反していなくても、結果的に暴力団を利したと世論の批判を浴びることはあり得るし、逆に、形式的には条例に違反していても、事案全体の状況からして、実質的に批判を受けないような場合もあろう。

　条例に話を戻せば、取引当時は相手の素性が不明だったが、結果的に暴力団員や暴力団事務所であった場合の取引まで禁止しているのではない。また、契約に暴排条項を整備するのは暴排条例の要請だが、未整備に制裁があるわけではない。つまり、整備しないことの不利益は、暴力団関係者との商取引による、外部からの評価も含めた各種のリスクの現実化であり、これは、暴排条例の有無にかかわらず、避けた方がよいものだろう。

　こうした例がある。
　福岡県では、条例制定以前だが、指定暴力団の組織的な会合に、地元の有力小売業者が毎年豪華な弁当を多数配達していた。この弁当には組長の威勢を配下の者に示す役割があることは言うまでもなく、その事情を知って弁当を納入していたこの事業者の行為は、条例制定後なら、「組織運営の助長」といった利益供与禁止規定に抵触していた可能性もあるが、当時は条例が存

在せず、違法行為でも何でもない。にもかかわらず道義的責任が問われ、地元紙にも大きく採り上げられ、この事業者は謝罪に追い込まれた。何が違法か、条例違反かではなく、何が社会的に許されないのかが重要という典型的事例であろう。ネットでの「炎上」のように、他者の欠点・失策を針小棒大にあげつらう寛容性の低い現代日本の社会状況は、とても残念であるが、ビジネスのリスクとして重視すべきは、条例の解釈間違いよりも、暴排についての世論との温度差であろう。逆に「暴排、暴排といくらなんでもやり過ぎじゃないか」「○○くらいは、まあ、やむを得ない面もある」というのが世論であるなら、それはそういうことである。

警察も、確信犯的な利益供与であれば、条例に従って「勧告→公表」といった対応を取ることになろうが、暴力団の不当な利益供与要求に屈した被害者に対して厳しい対応を取るとは考えられない。そもそも、禁止行為に対する条例上の初期的な措置は「勧告」だから、意図しない利益供与なら、勧告を受けた時点でやめればよい。あるいは「条例違反に抵触する可能性があるから、もう取引はできない」などと、条例を反社会的勢力との関係遮断の口実にすればよいのである。一人で暴力団に対して言うのは怖いとしても、条例をきっかけに皆で声を上げることで暴力団を排除していくための規定が、利益供与禁止規定なのである。

3 暴力団対策のあり方

暴排条例に対する批判、警察当局の暴力団施策に対する批判として「暴対法で暴力団を実質的に合法化しておきながら、条例では非合法的な存在として扱っている。矛盾しているし、そこまで暴力団が問題なら、外国のように犯罪組織を明確に非合法化すべきである」といったものがある。

確かに、警察が暴力団の組織実態を把握した上で各団体を指定しており、少なくとも非合法化はしていない以上、議論すべき論点ではあろうが、もちろん、事はそう単純ではない。

憲法の「結社の自由」は絶対的なものではないだろうが、そもそも、「非合法化」とは、法規範として具体的に何か（たとえば、組織に加入すること、

組織に加入させること、財産権の制限等）から議論する必要がある。また、仮にこうした「非合法化」をしたとしても、反社会的な職業犯罪者「集団」自体が社会から消滅するとも言い切れない。いわゆる地下組織や、より緩やかなネットワークとして犯罪者は連携を続けることも想定されるし、現に、（詳細はさておき）犯罪組織を非合法化したと言われる国においても、マフィア等が消滅はしていないのではないか。もちろん、職業犯罪者が「組織の看板を使って仕事をする」ことが困難になることには意義があるし、暴対法の制定意義の１つはそこにあったわけだが、それは「暴力団的なるもの」への本質的な解決ではない。他方、暴排条例においては、組織の存在を前提とし「われわれの社会の内にあるべきではないアウトロー」と位置付けて、排除を進めることとしているのであり、法律と条例とは決して矛盾していない。「暴力団の存在は事実としては認め指定などの措置は講じるが、容認はしない」のである。

　ところで、暴対法は、組織ではなく、暴力団員個人の不法行為に着目してこれに厳しい規制を課すことで暴力団対策を推進するというのが基本思想である。その中で、平成24年暴対法改正による「特定危険指定暴力団」制度の創設（資料編596頁参照）といったいわば「指定の上乗せ」は画期的であるが、これによって、暴力団問題が一挙に解決するということは、残念ながら、厳しいだろう。

　となると、改正法の着実な施行の次の一手は何か、である。

　必要に応じて、上記のような非合法化、またはそれに近いような制度もあり得るだろうし、あるいは、暴力団対策法制の検討に限らず、通信傍受の要件の緩和等を含めた一般的な捜査手法の高度化といったことも、当然検討されなければならないだろうし、現に法制審議会で検討されている。

　こうした検討や具体的な対処が迅速に進んでいないという批判（あるいは激励）を耳にすることもある。その批判（激励）ももっともであり、しかし、現代日本の精緻な法治国家において、捜査手法等に限らず、画期的な制度ほど導入への課題も多いこともまた事実であろう。ただ、１ついえることは、戦後レジームは、あらゆる面で、バブル崩壊・昭和の終焉（四半世紀も前！）とともに、ターニングポイントを迎えているのである。昭和の時代の暴力団

は、事務所に大きな代紋を掲げ、組員は、いかにもな格好で街を闊歩していたが、そうした形態は、いまや暴力団社会の中でも、負け組、絶滅危惧種であろう。現代の犯罪組織に対応した現代の武器（法律）が必要ではないだろうか。

4　将来に向かって

　暴力団排除、反社会的勢力の排除に向けて社会全体での地道な取組みが進められており、当然、一朝一夕にこれが実現するわけではない。だからこそ、俯瞰的に見たときにもっとも重要なのは、暴力団員の組織離脱の促進もさることながら、子供に対する教育であると確信している。子供の育つ社会環境、家庭環境が成長に大きな影響を与えるのであり、判断力の不十分な子供が「任侠の人はかっこいい」「暴力団だけが悪いわけではない」（それ自体は間違ってはいないが）といった考え方に慣れ親しんでしまえば、そして、他に就くべき職業がないといった状況に置かれてしまえば、その子供は暴力団に加入しかねない。暴力団に加入することも、最終的には個人の職業（？）選択の問題だとしても、暴力団への加入を防止し、その組織を弱体化させるためには、時間をかけて反暴力団教育を徹底していくほかない。福岡県内のある暴力団員がこう言っていたという。「上部組織から、暴対法や今度は暴排条例の利益要求禁止などと勉強させられる。子供のころから勉強ができなくてヤクザにでもなるしかなかったのに、結局勉強させられている。」。もちろん、学校のお勉強がすべてではないが、彼は、勉強すべき時期と内容を間違えたとしか言いようがない。もし、暴力団に加入する者がいなくなれば、理屈の上では、数十年で暴力団は自然に社会から姿を消す。

　社会的に重要なことは、許されざる犯罪組織とは何か、財産犯や暴力犯のほか、反社会的勢力への利益供与も含めて、許されざる行為とは何かの議論であり、またこうした「許されざるもの」に対して、関係者がどういう役割分担で、何を、どの程度すべきかの議論であり、その実践である。

　暴力団排除には、息の長い取組みが必要である。

第Ⅲ章

地域、業域、職域からの暴排運動

第Ⅲ章 地域・業域・職域からの暴排運動

相撲界からの暴排運動～暴力団はもう、「蒙御免」

弁護士　深澤　直之

1　野球賭博、維持員席、八百長相撲などの不祥事による「角界存亡の危機」

　大相撲は神事から始まり、長い歴史と伝統がある。力士は現代でもまげを結い、鬢付け油の香を漂わせ、着物を着て雪駄を履いている。化粧まわしに明け荷、行司や呼出の装束、露払いに太刀持ちを従えての横綱の土俵入り、土俵作り、塩をまく所作、相撲文字と番付、御免札の掲示に風に旗めく幟り、相撲甚句に櫓太鼓など、古くからの多くの日本の伝統美と文化を受け継いでいる。勝敗に重点が置かれたスポーツの要素も加わった興行で、年6回開催される本場所の15日間は、NHKのラジオ・テレビで中継放送され、優勝者には天皇賜杯や総理大臣賞が授与され、天覧試合までも。自他ともに国技と称され、公益財団法人として、105名の親方衆のもと、相撲部屋に所属する力士や行司ら約1,000人弱の協会員で構成され、大相撲の興行を主催してきたのが、その財団法人日本相撲協会である（以下、相撲協会、協会という）。

　ところが、野球賭博、暴力団問題、八百長相撲などの不祥事報道が続き、協会の公益認定問題も重なって、世間の非難を浴び続ける事態が生じた。

　平成22年5月、大関琴光喜が野球賭博に関与し、暴力団関係者から恐喝されていたと報じられ、賭博への関与を親方・力士らが自己申告した。野球賭博に29人、賭け麻雀や花札等も含めると65人もが関わっていた。文部科学省から調査と根絶に向けた解決を要請された協会は、外部者による調査委員会の調査を受け、大関琴光喜や大嶽親方（元関脇貴闘力）らの解雇や大量の処

分者を出した。維持員席で暴力団幹部多数が観戦していたことも発覚し、切符手配の木瀬親方（元前頭肥後ノ海）と清見潟親方（元前頭大竜川）が暴力団との交際を認めて降格処分され、木瀬部屋も閉鎖された。賭博開帳等図利容疑で、阿武松部屋、境川部屋など40数ヵ所に、警察の家宅捜索が入った。この年の7月場所では、賭博関与の謹慎休場力士多数を出し、NHK中継もなかった。角界は、未だに暴力団と関係があり、ごっつぁん体質で不祥事の温床、ガバナンスが不出来ゆえと、厳しい非難にさら

「**1 立合者について**
◎以下の条件に該当する方は立ち合うことができません
◎------------------」

反社会的勢力者

され、暴力団との関係遮断と不祥事払拭に向けた体制造りのため、外部委員による「**ガバナンスの整備に関する独立委員会**」（座長　奥島孝康早稲田大学元総長）が設けられた。

　協会は、同委員会から「維持員席問題」と「暴力団排除体制や排除宣言」等の提言を受け入れて実施し、不祥事報道も一段落したと思われた翌年2月、野球賭博捜査中の警視庁が力士の携帯電話メールの中に八百長関連メールを見つけ、八百長相撲の報道や協会バッシングがまた続くこととなった。協会は、特別調査委員会による調査をし、この年の3月大阪場所は開催せず、引退勧告及び除名の力士ら25名のほか、多数の所属親方を処分し、同年5月場所も技量審査場所として無料で一般開放し、放送も巡業も中止とした。外国人力士の活躍に比べ日本人力士の活躍が少なく、相撲人気が低迷する中で生じた連続不祥事で、場所も未開催、放送も中止などにより、市民の相撲離れは加速する一方であった。開催された場所の入場者も激減し、協会の興行収入は減り、大相撲存亡の危機とされた。

　一連の不祥事の中で筆者は、平成22年7月から平成24年2月まで、**ガバナンスの整備に関する独立委員会**、**暴力団排除対策委員会**、および故意による無気力相撲（いわゆる「八百長相撲」の意）**特別調査委員会**の各委員として関与した。八百長相撲の調査では、相撲賭博や暴力団が絡んでいた事実は認め

られなかったものの、本稿は、テーマについて、筆者の経験に"偏見"を加味して記したものであり、協会や委員会の見解とは無関係である。

2　暴力団等排除宣言

協会は、「ガバナンスの独立委員会」の提言を入れ、平成22年8月、**「暴力団等排除宣言」**（下段参照）をし、国技館はじめ本場所の相撲競技会場に掲示し、場内アナウンスも繰り返して警察官による警備を続けた。結果、大相撲会場などへの暴力団等の入場は拒絶されたのである。以降、協会と協会員の暴力団排除への認識は、大幅に変わったと評価されるが、反社・暴排の意識が全協会員に浸透したから大丈夫とは明言はできない。大相撲はじめ歌舞音曲やプロレスなど、暴力団の関与なしには興行できなかった過去等から、角界と暴力団の関係は根深く濃密だったうえ、タニマチ等有力後援者からの支援・付合いなしには相撲部屋経営がむずかしいことから、反社・暴排の意識が未だに低い親方が少なからずいると危惧しているからである。

暴力団排除宣言は、平成15年のプロ野球界からの宣言を基本に（関連論考215頁参照）、「企業が反社会的勢力の被害を防止するための指針」（資料編646頁参照）を参考に、中学を卒業して相撲部屋に入門する力士はじめ、誰にでも理解しやすいように、平易でより具体的なものに工夫されて作られた。

暴力団等排除宣言

「だれもが安心して相撲の観戦を楽しむことができ、力士が取組に専念できる相撲競技と土俵を守るために、また相撲の将来を担う後継者を健全に育成するために、私たち親方、力士をはじめとする日本相撲協会関係者は社会的責任を自覚し、暴力団など反社会的勢力の排除に取り組むことを宣言します。

1　暴力団など反社会的勢力を、国技館など本場所会場、巡業会場、部屋、後援会、祝勝会などに入れません。
2　興行、部屋・宿舎の運営や車・金銭の貸借などのあらゆる取引に反社会的勢力を関与させません。

3　反社会的勢力から金品や便宜、もてなしを受けません。また飲食、ゴルフをともにするなどの交際はいっさいしません。
　4　野球賭博などの違法行為はしません。次代の力士を育成する部屋の責任を自覚し、地域に開かれ、地域に守られた健全な運営に努めます。
　5　協会関係者と反社会的勢力の接触を知ったときには、ただちに協会に報告し、その関係を絶ちます。
　6　以上のことに違反した協会関係者に付いては、慎重な調査の上、場合によっては解雇もふくむ厳正な措置をとります。
　7　国技館をはじめとする競技会場における粗暴行為、ダフ屋行為、物品の無許可販売など、不正行為に対しては、断固たる措置をとります。
以上のことをファンをはじめとする観客、視聴者、広く国民のみなさまにお約束し、過去の悪習と縁を切り、一日も早く信頼を回復し、相撲界が生まれ変わって伝統と文化のうえに明るい未来を築けるよう全力を挙げてまいります。
　厳しい叱咤激励をお願いいたします。　　　　　平成22年8月30日
　　　　　　　　　　　　　　　　　　　　　　財団法人日本相撲協会

3　角界の不祥事の歴史

相撲協会でのこれまでの不祥事の歴史を、下記に挙げてみた。

(1) 昭和40年〜平成7年　暴力団関係事件に集約される30年間
- 大関Wが拳銃不法所持で逮捕され、廃業となる。T部屋などの捜索により、拳銃3丁が押収され、横綱OやKの拳銃不法所持までも判明。
- 大関Dが拘置所内の暴力団員に面会、文部省から注意を受ける。
- 横綱Kが暴力団から、のぼりと懸賞金を受領。
- 小結Rと前頭T山が、暴力団組長の恐喝現場に同席していた。
- 横綱K、大関M、関脇K、幕内T山が、暴力団組長と会食。
- 小結Rが暴力団幹部と賭け麻雀。
- 元十両Sの花が週刊誌で八百長相撲を告発。
- 関脇Mと幕内S山が、暴力団組長と料亭で会食し、組員が発砲。
- 横綱Cの結婚披露宴に、元横綱K親方が、暴力団員を出席させた。

- 大関Kが暴力団幹部と会食し、T親方が減俸処分をうける。
- N親方（元関脇K）が暴力団組員と麻雀賭博中に現行犯逮捕される。
- 元関脇KのN親方と後援会長が週刊誌で八百長相撲を告発。

(2) 平成7年～同11年　　納税の申告漏れ事件の5年間
- 元横綱のK親方が1億3,000万円の申告漏れで修正申告。
- 元大関TのN親方が年寄株の売買で3億円申告漏れ。
- T山の弟子の横綱T、Wも申告漏れ。
- 相撲協会が、3年間に3億5000万円の申告漏れで1億円の追徴課税。
- 元大関KのM親方が、5年間に2億2000万円の申告漏れで9000万円の追徴。

(3) 平成12年～同22年　　暴力行為、傷害致死、部屋襲撃、大麻事件など。
- 幕内Tが禁止されている自動車運転で死亡事故。
- 横綱Aが酒に酔って暴れ、T部屋のガラスを割り、パトカーが臨場。
- 元大関KのI親方が八百長と薬物疑惑を週刊誌で語る。
- 外国人RとCの関取同士が取組後口論、風呂場のガラスを割り厳重注意。
- 外国人関取Rがカメラマン2名に暴行し負傷させ、出場停止3日間。
- 週刊誌が横綱Aの八百長疑惑を報道し、協会と力士が訴訟提起。
- 外国人関取Kが、相撲協会の規定に反して乗用車を運転し、人身事故。
- 元小結FのT親方と弟子達が取的Tへの傷害致死事件で逮捕。
- 横綱Aが巡業を休み、無断帰国中にサッカーをしたとして2場所出場停止。
- 元横綱Wが現役時代の化粧まわしを暴力団に売却していたことが判明。
- 元小結Kが暴力団組長から、金鉱開発に絡み恐喝される。
- 元小結KのO部屋へ、投石やトラックが突入、催眠スプレーで襲撃される。
- 外国人関取W、Wが大麻取締法違反で逮捕、R、Hが大麻の陽性反応で解雇。
- 本場所中、横綱Aが泥酔した上知人に暴行し、引退。

事件の歴史が、相撲界と反社・暴力団との深い関係を示している。特に、(1)の30年間に顕著であったために、昭和46年、協会は、生活指導部を設け、関係を持たぬよう指導に乗り出さざるを得なかったほどである。(2)の税金問題を経た後、(3)で関係事件は激減したが、外国人力士による不祥事や、暴力団の影がちらつく薬物事件発生の流れの中で、今回の不祥事に至っている。

4　協会が行った反社・暴力団排除運動

今回の不祥事の最中、協会はマスコミに叩かれ、非難の嵐に約1年間ももまれ、どの協会員も憔悴しきって、まさに協会存亡の危機であったといえよう。しかし、だからこそ暴力団との関係遮断ができ、「(時代遅れで、暴力団と根深い関係にみえた) 角界さえも暴排宣言をし、関係を遮断し始めた」と、社会に向けた反社・暴力団排除運動展開のための宣伝効果をあげ、「社会対暴力団」を社会に浸透させることができたのである。

それは、外部者を理事・監事の役員や委員として迎え、外部者の意見や特別調査や提言を取り入れ、協会の改革を実践していった理事長の（元横綱三重ノ海）武蔵川親方と（元大関魁傑）の放駒親方の英断によるところが大きい。「相撲も協会のことも判らないのに外部の者がなんだ」などと、なにごとも105名の親方衆を中心に諮られ、進められてきた閉ざされた角界では、協会員から外部者に対する不信感や抵抗感が強く、協会員を強力にリードし、ガチンコで外部者の意見を取り入れ、強力に改善していくリーダーが不可欠だった。

外部の力を借りての排除活動ではあったが、不祥事発覚前の平成22年5月、協会は、平成19年の政府からの「企業が反社会的勢力の被害を防止するための指針」を受け、これに倣って寄附行為施行細則を改正していた。「協会の社会的責任に関する規定」も設け、反社会的勢力を「政府指針」と同一に定義し、協会の社会的責任と明記して、「反社会的勢力には、毅然たる姿勢で対応し、一切の関係を持たない」、「協会員・職員は、社会的責任を自覚し、反社会的勢力に対し、毅然たる対応をしなければならず、利益・便宜供

与、社会的に非難されるような一切の関係を持たない」、「関係者が反社会的勢力であると判明したら、直ちに関係を断たなければならない」と規定した。

これは、協会外部理事に村山弘義元東京高検検事長と伊藤滋早稲田大学教授、監事に吉野準元警視総監が就いていたこともあり、警察と暴追センターからの指導により、早期に導入されていた。警視庁の主催で協会が全協会員を対象にした暴力団排除講習会を実施しようとした矢先、不祥事報道がなされ、講習会は実施環境が整う10月まで延期されざるを得なかったのである。

不祥事報道後、ガバナンスの整備に関する独立委員会の提言を受け、協会は、日本プロフェショナル野球機構はじめ12球団が成功させていた「プロ野球からの暴力団等悪質応援団の排除活動」を手本とし、速やかに暴排活動を実施した。平成22年8月、「暴力団排除宣言」を行い、維持員席に暴力団が座ることがないように維持員券の販売・転売を禁止し、維持員制度の見直しが行われた。協会の維持と存立を確実にし、協会の事業全般を後援するのが維持員であり、維持員が「土俵溜」に座るのは、観戦ではなく、本場所競技への立ち会いであり、提言等を行うものであることを明記した「維持員ガイドブック」を作成して配付したのである（207頁イラスト参照）。

反社会的勢力は、維持員資格もなく、維持員が入場するには「維持員証」と「維持員券」が必要とされ、代理立会者の入場チェックも厳格化され、実施されている。協会員や職員に対する「賭博常習者、暴力団等との交際等の禁止規定」を設け、交際等違反事実を知った協会関係者の告知義務をも定め、違反者には解雇も含む厳罰を科すと定めた。反社会的勢力についての相談通報先として、相談窓口と専任担当者を常設したうえ、警察、弁護士会、暴追センターの関連専門機関による支援体制を設け、外部者を加えた「暴力団等排除対策委員会」を発足させた。

以降、同委員会は定期的に開催され、協会の取引契約等の審査や取引先のチェックを行い、率先して暴排条項を導入した他、協会は各地の警察との情報交換と協力要請も行って着実に成果を上げていった（なお、平成24年2月、北の湖理事長体制になってからは、暴力団等排除対策に力点を置いて活動してきた同委員会は、より広く不祥事防止に力点を置いた「危機管理委員会」に組織替

えされた。)。

　協会は、暴力団等排除対策委員会作成の（複製不許と記された）「**暴力団等排除対策マニュアル**」を、全協会員に配布した。しかし、暴力団等にわざわざ手の内を明かすことになりかねないため、公表は禁じられているが、46問の具体的な問答形式で、暴力団等とはどういう人達か、具体的にありがちなケースにおいて、親方や力士達は、どのように対応したら良いのか等の疑問点や対応の仕方と考え方が、平易に解説されている。全協会員・職員を国技館に集め、警視庁主催による上記暴力団等排除講習会も実施され、恐怖感や危惧の払拭のため、相撲部屋の留守を預かる女将さんやマネージャーらをも対象とした暴排講習会も行われた。「暴力団排除宣言」は、相撲部屋や本場所会場に掲げられ、取組案内表にも印刷されて全入場者に配布されている。本場所中は、館内放送で暴力団の入場を断る旨のアナウンスが繰り返され、警察官による暴力団員チェックも続けられている。平成24年1月、プロ野球界の「試合観戦契約約款」をそのまま踏襲した「相撲協議観戦契約約款」までもが実施され、反社会的勢力・暴力団の入場を拒絶し、チケットの販売も禁止されたのである。

　このようにして、相撲界からの暴排運動は、一挙に進められた。協会関係者等を反社会的勢力から守って関係遮断を推進するべく、強力な上記支援体制の下、常設相談窓口と専任担当者が何時でも気安く、守秘義務を持って相談に乗り、関係者のバックアップやフォローをしていく旨、力強くアナウンスされた効果はとくに大きい。

　本場所の取組みは、NHK中継され、華やかにマスコミに取り上げられる派手な角界は、生活ぶりも派手に映るが、それは横綱、大関などごく一部の著名力士と部屋だけのようである。横綱Tが、山口組三代目田岡一雄組長から贈られた山菱の代紋入り化粧まわしを着けて神社で土俵入りの奉納をした姿が放映されたように、暴力団は、タニマチとして威勢を示すことに角界を利用し、伝統文化など、角界との共通点も多いこともあり、暴力団に角界ファンが多かったようである。角界も、経済的支援者、興行元として、互いに利用しあっていた過去を否定することはできない。しかし、タニマチ後援者の中にいた暴力団そのものと角界の関係は遮断されたものとみていいだろ

う。また、暴力団が大相撲の興行に関わることは、現在はないと思われる。大相撲開催施設は、体育館など公共施設がほとんどで、その主催、後援、協賛者は、自治体や有力マスコミ、地元の優良企業で、暴排運動の趨勢からして、属性チェックは徹底され、暴力団や関係者が入り込めそうにないからである。協会自体も、相撲案内所をはじめとする協会の取引先からの反社チェックなどの暴排活動を実践し、興行主チェックを自らも行い、巡業先では関取衆による暴排啓発活動までしているほどである。

しかし、全協会員、とくに親方が、暴力団関連企業、暴力団関係者など周辺者らとの関係遮断ができているとは言えそうにない。仮に、ある親方に対し、「部屋の激励会などのチケットを多量に購入している有力後援者に、暴力団との密接交際者と思われる者がいるので、関係を速やかに遮断することが最善」との注意がなされたとしても、「長年、支援して貰っている相手で、暴力団ではない。明白な証拠もなく、明示もできないまま推測で支援を断ったり、疑わしいからとか、関係者だからと言って拒絶などとんでもない。相手に失礼で、断れない」との回答が予想されるからである。

角界においては、「疑わしき相手とは、交際しない」との「企業指針」の実践までは、未だ道のりは遠く、油断は禁物である。絶えず、緊張感を持って継続し続けなければならないのが反社・暴排運動での基本原則であるので、なおさらである。

番付表の中央上段には、「蒙御免」と大書されている。江戸時代、大相撲は、勧進相撲として江戸幕府から興行を許されたという意味で「ごめんこうむる」と読む。本場所開催時には、「御免札」が今でも立てられる。相撲協会、協会員は「蒙御免」になぞらえ、「暴力団と不祥事は二度ともう、ごめんこうむる」との心境で一致しているはずである。

同様に、企業指針が勧める反社会的勢力との関係遮断や暴排条例の実施も、全企業と国民あげて、「反社会的勢力からの被害や関与は、一切ごめんこうむるとして、力士のように突っ張って社会の土俵から押し出す」イメージで、実現されなければならない。

まさに、具体的な角界の暴排宣言と、角界でさえ実践してきた暴排活動は、その象徴である。

第Ⅲ章 地域・業域・職域からの暴排運動

プロ野球からの暴力団・反社会的勢力の排除運動

読売新聞グループ本社取締役経営戦略本部長　山口　寿一

1　発　端（平成14年～15年）

　プロ野球は、平成15年12月9日に暴力団等排除宣言を行った。この当時、暴力団等反社会的勢力の排除に乗り出したプロスポーツ界はほかになく、プロスポーツ以外の分野を見渡しても、業界一丸となって広域的な暴排活動の体制を整えた点で、先進事例の1つだったのではないかと思われる。
　暴排宣言のきっかけとなったのは、球場の主として外野席に陣取る私設応援団の存在だった。以下に述べるように、利権を生み出し、暴力団と結び付き、応援団自体が粗暴化して反社会的傾向を強めていた。こうした実態は、従来ほとんど知られておらず、プロ野球界でも特に問題視してこなかった。組織立った対応が取られない間に、事態は深刻化していたのであった。
　私設応援団の問題は、プロ野球側の自発的な調査から浮かび上がった。平成14年4月から5月にかけて、東京ドームの巨人戦のことで読売新聞社に多数の苦情が寄せられた。「応援団が外野の自由席を大量に占領してしまって、一般の観客は徹夜で並んでも座って観戦することができない」「球場の係員や警備員に文句を言っても、まともに取り合ってもらえない」といった内容だった。
　当時、筆者が所属していた読売新聞社法務部が中心となって調べたところ、東京ドームのライト側の巨人の応援団が毎試合、数百席から1,000席余の外野席を占領していた。レフト側のビジターチームの応援団も、程度の差はあったものの、それぞれ外野席の占領を行っており、とくに阪神の応援団

が巨人と同等に大量の席を支配していた。

　自由席は、指定席と違って「早い者勝ち」となる。東京ドームでは、球場のゲートが開かれると同時に猛ダッシュで外野席に飛び込んだ応援団員らが、開場後わずか数分の間に数名から十数名の手勢で大量の席を占領し終わっていた。

　「席取り」の手際は実に磨かれていた。拾ってきた外れ馬券を座席に次々と置いたり、チラシを置いたり。中には、レジャーシートをテープ状に細長く裂いて巻き物を何本も手作りし、それを座席の各列の端から端まで転がして、効率的に「席取り」を行っていた応援団もあった。

　大量に占領した席を、応援団は一般客に高値で転売していた。東京ドームの外野自由席の定価は当時1,200円だったが、応援団は1席8,000円前後で売っていた。占領した席が足りないと、「立ち見券」として1枚6,000円前後で転売することもあった。

　一般客にとって、巨人戦チケットは手に入りにくかった。そのような状況で応援団は、あの手この手でチケットの買占めを行った。前売りの都度、応援団員や取り巻きの常連ファン、さらに日雇いで雇ったホームレスを動員して列に並ばせ買占めたほか、球場の出入り業者等と関係を結び、そのルートで外野席のみならず、内野指定席のチケットも入手していた。

　応援団は、ダフ屋と結託したヤミツアーも企て、約40名のバスツアー客を外野席に入れる行為を繰り返した。インターネットオークションを用いたチケット転売も活発に行った。また、Tシャツ等のグッズに高値を付け、球場内で販売していた。阪神の応援団はジェット風船を売っていた。球団が認めた正規の商品ではなく、応援団が知合いの業者に頼んで、製作した非正規品を球場内で許可なく販売していたのだった。

　チケット転売が常態化した結果、応援団はチケットを頻繁に買ってくれる外野席の常連客を囲い込むようになっていた。応援団の「準会員」「一般会員」等の呼称でリスト化し、これらの客にチケットと座席を優先販売するのと引き換えに、客からは入会金や会費を取った。外野席の常連客は、トランペットや太鼓を使った鳴り物応援の熱烈な支持者たちでもあった。

　応援団にとっては、「一般会員」等の会費が収入源となったばかりか、取

り巻きを増やすほどに勢力が強まり、鳴り物応援の主導権を握ることができた。同じ球団の応援団同士で「一般会員」等の数を競う争奪が繰り広げられ、利権と勢力争いに目を付けた暴力団員があちこちの応援団に介入した。球場内で暴力が日常茶飯となり、応援団は球場職員や警備員には手に負えない存在となっていた。

暴排宣言を読み上げる小笠原選手と宮本選手（平成23年1月）

やっかいだったのは、応援団が球場のトラブル対応に介入する習慣が出来ていたことだ。球場職員や警備員の人手には限りがあるが、トラブルは切りがない。けんか、酔客等、もめごとが起きれば応援団が駆けつけてにらみを利かすのが当たり前になっていた。管理側の一部には「応援団は必要悪」という見方や、「応援団がいないと事態はもっと悪くなる」と応援団に依存する心理が生まれていた。定職に就かず、応援団の「シノギ」をしながら各地の球場を渡り歩く応援団幹部が球場を支配し、支配力が増すにつれて利権が膨らみ、しかも見えにくくなる悪循環が深まりつつあった。

こうした状況にあった平成15年、プロ野球側の要請に応じて警察が動き、事件が相次ぎ検挙された。

一連の検挙を受け、プロ野球オーナー会議は暴排活動への取組みを機関決定したうえ、上述のとおり、平成15年12月9日に12球団とそれぞれの本拠地

プロ野球をめぐる暴力団・反社会勢力検挙事例

▽　平成15年2月、警視庁が、暴力団組長、巨人応援団幹部、阪神応援団員ら5名を東京都迷惑防止条例違反（常習ショバ屋行為）容疑で逮捕。東京ドー

プロ野球からの暴力団・反社会的勢力の排除運動　217

ムの外野自由席を大量に占領して転売、場所代を稼いでいた。
▽　同年10月、警視庁が阪神応援団員ら8名を東京都迷惑防止条例違反（ダフ屋行為）容疑で逮捕。巨人対阪神戦のチケットを買い占め、ネットオークションで転売、不正に稼いでいた。
▽　同年10月、警視庁が暴力団幹部2名、巨人応援団員1名の計3名を暴行と傷害容疑で逮捕。暴力団幹部2名は巨人応援団員でもあった。読売新聞社の巨人戦担当社員らに球場内で因縁をつけ、暴行するなどした。
▽　同年10月、兵庫県警が暴力団幹部1名、阪神応援団幹部1名の計2名を暴力行為等処罰法違反（集団的脅迫）容疑で逮捕。暴力団幹部は阪神応援団幹部でもあった。前年の巨人の優勝のかかった試合で、阪神球団が試合後の「六甲おろし」より原監督の胴上げを優先する方針でいたことを知り、「認められん。六甲おろしを先に歌わせろ」と甲子園球場長らを脅迫、胴上げを六甲おろしの後に回させた。
▽　同年11月、警視庁が暴力団幹部1名、阪神応援団員2名の計3名を恐喝未遂容疑で逮捕（暴力団幹部は兵庫県警が逮捕した者）。東京ドーム社員らに因縁をつけ、チケットや商品券を脅し取ろうとした。

球場が中心となったプロ野球暴力団等排除対策協議会を発足させ、暴排宣言を行った。
　宣言は、だれもが安心して観戦できる球場、選手がフェアプレーに専念できる球場を守ることを表明し、そのための重点として、「暴力団と悪質応援団を球場に入れない」、「暴力団と悪質応援団に選手や監督を接触させない」、「暴力団と悪質応援団の不当要求に屈しない」、「粗暴行為や不正行為に対しては断固たる措置を取る」―の4つを掲げた。

2　初期の活動とそれに対する抵抗（平成16年）

　プロ野球暴排では、広域にわたる活動を同一の水準で推進するために、本拠地球場ごとの地区協議会とその上部の中央協議会を同時に設立し、2層建ての組織を一体の「プロ野球暴力団等排除対策協議会」として運営する手法を採った。

地区協議会は、その地区を本拠地とする球団、球場のほか、球場で稼働する警備会社、飲食物販業者等を会員とし、当該地区の警察本部、所轄警察署、暴追センター、弁護士会に参加を要請した。地区は、北海道、宮城、埼玉、千葉、東京、神奈川、愛知、大阪、兵庫、広島、福岡の11都道県にわたった。設立は、巨人、ヤクルト、東京ドーム、神宮球場等で構成する東京地区協議会がもっとも早く、平成16年1月19日。他の地区も次々と協議会を発足させ、同年3月23日までにすべての地区協議会が設立総会を開いて暴排宣言を行った。初動の体制をプロ野球公式戦の開幕に間に合わせたのである。選手や監督が設立総会に出席し、宣言を読み上げた地区協議会もあった。

　これら地区協議会において、球場の注意書き看板やチケットの裏面に「暴力団及び暴力団関係者の入場はお断りします」旨の表示を加えるなどの実務作業に取りかかる一方、中央協議会の体制も急ぎ足で整備した。

　中央協議会は、各地区協議会にコミッショナー、同事務局等を加えた構成とし、警察庁、全国暴追センター、日弁連、全国警備業協会に参加を要請した。後述するが、中央協議会にはのちにプロ野球選手会も加わった。

　中央協議会には、球団、球場の責任者だけでなく、実務者がだれでも出席できるようにし、コミッショナー、球団幹部、警備員を含めた担当者、警察関係者、弁護士ら（約80名～90名）が一堂に集まって協議し、取り決めた対策が球場の現場で確実に実施される運営をめざした。

　原則として、中央協議会は年2回の開催とし、必要に応じて臨時会議を開くこととしたが、設立当初は、平成15年12月から翌16年5月までの半年間に3回開いた。検察庁幹部も出席するなど関係機関の関心も高かった。

　初期の協議の中で、暴力団との密接なかかわりが明らかになった巨人の応援団3団体と阪神の応援団1団体の計4団体に対し、暴排宣言に従い、球場に入れないとする排除処分を決め、その旨を当該各団体の代表者に面接のうえ告知、または代表者あての内容証明郵便で通知した。

　処分を実効あるものとするため、オープン戦の段階から、とくに東京ドーム、神宮球場、甲子園球場では、警察が最大、数十名動員の監視態勢を敷き、球場のゲートや外野席の警戒に当たった。

警察力を強調したおかげで、暴力団、悪質応援団の排除は、目立ったトラブルもなく滑り出した。東京ドーム、神宮球場、甲子園球場ではダフ屋の検挙が相次ぎ、球場の浄化、健全化は急速に進んだ。外野席の占領・転売は姿を消し、球場内の暴力も激減した。試合中のクロスプレーの際に決まって起きていたメガホン等の投げ入れによる中断も、めったに起きなくなった。

　しかし、球場外では抵抗が起きた。排除対象となった４団体のうち、最盛時約900名を擁し、最大勢力だった阪神の応援団「中虎（ちゅうとら）連合会」は、開幕後まもなく署名活動を各地で始め、復帰をめざす動きを見せた。

　これとは別に、排除対象とならなかった他の応援団の実力者らが発起人となって、各地の私設応援団を束ねる全国規模のNPO法人を設立するという申請を大阪府に提出した。会員5,000名から年間約3,000万円の会費を集め、プロ野球の発展に寄与する活動を行うという申請内容だったが、役員予定者の中にNPO法上、不適格な人物が含まれていたうえ、球場のトラブルを仲裁した応援団員に報酬を払うことが事業活動の一環として計画され、これが暴力団の用心棒代に似ていることなどが問題となった。

　暴排に対抗する勢力の結集という狙いがあったと考えられ、プロ野球側は、根来泰周コミッショナーと12球団の連名で、このNPO申請を認証しないよう求める要望書を大阪府に提出した。これを受けて大阪府は、不認証とする異例の決定をした。これら抵抗勢力の動きに対処しようと、弁護士会の間で理論的研究が進んだ。近畿弁護士会連合会の有志151名は平成16年12月、プロ野球暴排推進を支持する意見書をコミッショナーに提出し、その中で「**平穏観戦権**」という概念を打ち出した。球場を訪れる観客には安全に野球観戦を楽しむ権利がある、という考え方で、平穏な生活を営む権利として判例上認められた人格権から導き出した。近弁連の提案は、**プロ野球観戦契約約款**を作る際の基礎となった。

3　体制の整備（平成17年〜20年）

　近弁連が意見書をまとめた平成16年12月から半年をかけ、平成17年6月、

暴排条項を装備したプロ野球試合観戦契約約款が完成した。

観客の「平穏観戦権」を確保するために、暴力団や反社会的勢力を球場から排除するという理念を軸とし、私設応援団の許可制を導入して、約款の制定と同時に、特別応援許可規程を設けた。

約款では、排除対象を「暴力団またはこれに類する反社会的団体に所属する者」、「暴力団等と社会的に相当と認められない密接な関係を有する者」、「ダフ屋行為を目的として入場券を取得する者」、「球場管理区域内での行為または組織的な応援活動に関連して罰金以上の刑を受け、確定から5年を経過しない者」、等と定め、その他「約款に違反し、その行為を主催者が悪質と判断した者」も排除対象に指定できるとした。

排除実行の方法としては、試合の主催者である球団がチケットの販売を拒否できると定め、暴力団等がチケットを入手して入場しようとした場合は入場を拒否でき、入場してしまった場合は退場させることができるとした。

危険物等の持ち込み禁止物、グラウンドへの物の投げ入れ等の禁止行為を明確にし、禁止行為の1つに自由席を過度に占領する行為を加えた。

応援団については、1シーズンごとに審査を行い、許可された団体のみが鳴り物を使った特別な応援を行えることとした。暴力団等と関係のある団体、禁止行為を行った団体等は許可せず、事情によっては排除対象に指定できるとした。

応援団には、名簿を添付した許可申請書の提出を義務づけ、それをもとに各球団が毎年、中央協議会の場で合同審査を行い、合議により許可団体を決めることにした。

体制の整備が進む一方、新たな事件の検挙もあった。

これらの事件は、応援団の違法・不当な収益源が、自由席とチケット以外にも広がっていた実態を明らかにした。

許可制の運用に当たっては、応援団全員の顔写真の提出、トランペット・太鼓等応援技術の申告など審査項目を年々充実させ、より厳密なものとしていった。許可制導入後初の審査だった平成18年シーズン前の審査では、191団体約5,000名の許可申請があったが、不許可や排除等の措置、「一般会員」

その後の新たな検挙事例

▽　平成17年3月、兵庫県警が、元暴力団員の阪神応援団幹部と音楽ソフト会社員を著作権法違反容疑で逮捕。球場で使う応援歌の作詞、作曲者が応援団であるように偽り、これら応援歌を集めたCDの販売により不当な収益を得ていた。
▽　平成18年2月、警視庁が、右翼団体幹部2名を政治資金規正法違反容疑で逮捕。右翼団体幹部2名はヤクルト応援団幹部、ソフトバンク応援団幹部でもあった。右翼団体の機関紙の購読料名目でプロ野球応援団員らから違法に寄付金を集めていた。

を減らす指導等を重ねた結果、団体数、構成員数とも次第に減少し、平成24年シーズン前では144団体約2,000名の申請となった。

　厳格化に伴い、悪質ファンは応援団から離れたが、代わって「サークル」と称するグループを作る動きが目立つようになった。不良サークルが乱立し、暴力が再発した。

　平成20年7月、甲子園球場で阪神サークルの1名が警備員に暴行を加え、兵庫県警に逮捕された。同月、ナゴヤドームでは、別の阪神サークルの数十名が球場近くの路上で中日ファン3名を取り囲み、集団で暴力を振るってけがをさせ、加害者のうち4名が愛知県警に逮捕された。

　プロ野球暴排協議会は、犯罪の行為者を排除指定等とする一方、サークル対策ガイドラインを策定して、集団の威を借りて悪質行為を行うサークルへの対処法を取りまとめ、問題に歯止めをかけた。

　プロ野球の約款は、暴力団と密接な関係のある応援団等に対し、団体丸ごと入場制限を行うところに特色があった。平成20年6月に中日応援団が起こした訴訟では、この点が1つの争点となった。プロ野球側は、名古屋地裁で一部敗訴、名古屋高裁で全面勝訴の判決を得たが、詳細については木村圭二郎先生の論考（160頁参照）が掲載されているので参照していただきたい。

4　新たな展開

　プロ野球暴排では、研修に力を入れ、新人選手に対する研修会を平成17年以降、球場職員や警備員らに対する実務者研修会を平成19年以降、毎年行っている。新人選手研修会の講師は警察関係者や弁護士、実務者研修会の講師は、東京3弁護士会に数名ずつの派遣を依頼している。東京で開く実務者研修会の参加者は年々増え、全国から約300名が集まる規模となっている。

　新人選手研修会では、ドーピングの講座も行い、実務者研修会ではさまざまなクレーム対応も課題としている。研修の幅を広げることで暴排の意識をより高めるのが狙いだ。

　功労のあった球団・球場職員や警備員らを表彰する制度も平成21年から始めた。

　平成23年1月には、プロ野球選手会がプロ野球暴排協議会に加入した。大相撲の賭博事件を対岸の火事と見過ごさず、選手会としても反社会的勢力を遮断する決意を示すことにした。同月20日に開いた暴排協議会総会で、加藤良三コミッショナー、警視総監らが見守る中、巨人の小笠原道大選手とヤクルトの宮本慎也選手が暴排宣言を読み上げた。新しい宣言では、「反社会的勢力と一切かかわらない」、「試合に関する不正行為は断固拒否する」、「不当要求から球場を守る」—の3項目を重点に掲げた。

　選手会の参加を機に、1軍主力選手約40名を集めた講習会、2軍選手約330名を対象とした講習会を新たに始めたほか、個々の選手から直接相談や緊急通報を受ける仕組みの整備、著名選手がプロダクション等と結ぶマネジメント契約への暴排条項の導入等を図り、相談窓口の構築と合わせてプロ野球に従事する警察OBの連絡体制も作りつつある。

　プロ野球界が熱心に暴排活動に取り組んできた背景には、昭和40年代の黒い霧事件の苦い教訓がある。反社会的勢力にどう対処するかはプロ野球の盛衰を左右する。そうした問題意識を共有していたから、私設応援団という死角で生じた変化に反応し、球界一丸の活動を推進できたのだと考える。

第Ⅲ章 地域・業域・職域からの暴排運動

芸能界・プロダクションからの暴力団排除運動

弁護士 竹内 朗

1 芸能界の近況

　昔から、芸能界や興行の世界は暴力団とは切っても切れない関係にある、芸能界に属する「業界人」たちは暴力団とも仲良くしないとやっていけない、などとささやかれ続けてきた。
　しかし、放送局や報道機関といった公共性の高い業種では、こうした過去の悪弊とは毅然と決別し、他の業界と歩調を合わせるように、芸能界であっても暴力団排除という社会の要請に応えて行かなければならないという意識を強め、現実の行動を始めている。キー局といわれる放送局には、上場会社も複数存在するが、そうした会社は、自分たちだけが企業社会の「公序」の例外にはなり得ないことを十分に承知している。
　そして、大小数多ある芸能プロダクションは、こうした社会の要請とはまったく別の観点から、もし暴力団との交際が表沙汰になってしまえば仕事が止まってしまう、収入が途絶えてしまう、息の根が止められてしまう、というビジネス上の深刻かつ致命的なリスクとしてこの問題を捉え始めている。
　もちろん、他の業界もそうであるように、芸能界にもそうした時代の流れを感じ取ることができない業者は一定割合存在するだろうが、そうした時代錯誤の業者が市場で淘汰されていくのは時間の問題である。
　ここ1、2年の間に、芸能界における暴力団排除の機運は、一気に高まっ

たというのが筆者の率直な印象である。芸能界と暴力団との腐れ縁が切れるはずはないという論者もいるが、末端の瑣末な業者が縁を切れなかったとしても社会的な影響はないに等しく、暴力団の資金源としても意味を持たない。

　少なくとも芸能界のメインストリームに関していえば、芸能界からの暴力団排除について、筆者は楽観的な見通しを持っている。そして、私たちの使命は、芸能界を汚れた業界と突き放すのではなく、きれいな水を芸能界に注ぎ込み続けて時間をかけても浄化していくことである。

2　推進の契機

　芸能界における暴力団排除の機運を高めた1つの契機は、2011年10月までに全都道府県で**暴力団排除条例が施行**されたことである。2007年6月に公表された政府指針（企業が反社会的勢力による被害を防止するための指針（資料646頁参照））が法的拘束力を伴わない「指針」だったのに対し、暴力団排除条例は、暴力団の活動を助長する取引（助長取引）を利益供与として禁止し、これに違反した事業者に勧告の制裁を加えるという法的拘束力を備えた点で画期的であった。

　そして、芸能界における暴力団排除の機運を一気に高めたもう1つの契機は、2011年8月23日夜、トップタレントとして芸能界に君臨していた**島田紳助氏が突然の引退宣言の記者会見**を行ったことである。

　本件は、警察が暴力団排除条例のプロパガンダとして仕掛けたと言われることもあり、その真偽は筆者には知る由もないが、暴力団排除条例の企業やお茶の間への周知浸透に本件が絶大な効果を発揮したことだけは確かである。

　本件については、さまざまな見方があり、視聴者層の中には、島田氏に同情する声や復帰を望む声があるのも事実である。筆者は、本件を次のように見ている。

　十数年前に島田氏が抱えた右翼団体とのトラブルを、知らない間に暴力団幹部が解決してくれた。この暴力団幹部からは金銭を要求されなかったが、

このとき、島田氏は、暴力団幹部に大きな借りを作ってしまった。島田氏は、記者会見の中で、暴力団幹部がトラブルを解決してくれたと知ったとき、これは良くないことが起こったと感じた、と述べていた。
　その後、島田氏は暴力団幹部に恩義を感じ、交際を続けてきたが、実際に会ったのは十数年間で４、５回とのことだった。しかし、この十数年間の両者の関係というのは、島田氏からすれば、何かトラブルがあったらこの暴力団幹部が解決してくれるという見えない「盾」であり、暴力団幹部からすれば、トップタレントに貸しがあり面倒を見てやっているという「箔」であった。
　メディアへの露出度がトップクラスのタレントが、暴力団幹部と十数年間このような関係を続けてきたことは、昨今の社会情勢に照らしても、また所属プロダクションの企業としての物差しからしても、完全に「アウト」であった。
　そこで、所属プロダクションは、島田氏に対し、暴力団幹部とのこのような関係を断つように要請したが、島田氏はこれを拒否し、暴力団幹部との関係を断つよりも、芸能界との関係を断つことを自ら選択した。
　島田氏のこの選択について、暴力団幹部への恩義を貫いたという見方もできなくはない。しかし、筆者には、暴力団への恐怖心に支配され、冷静で合理的な判断ができなかったように思えてならない。一度暴力団に借りを作ってしまったら、この暴力団を敵に回すことは、その暴力装置のスイッチを押すことに等しく感じられ、その恐怖の呪縛から一生逃れられない。このような心情に思いを致すとき、島田氏には同情の余地がある。
　筆者としては、暴力団による恐怖の呪縛を乗り越えて、衆人環視の中で見事に暴力団幹部との関係遮断を成し遂げて、堂々と芸能界に復帰してほしいと願うものである。こうした成功体験を広く世に知らしめて、同じ呪縛に捉われて冷静で合理的な判断能力を喪失している多くの被害者を救済してほしいと願うものである。そのためには、所属プロダクションと警察当局の手厚いバックアップが不可欠である。

3　放送局の取組み

前項に挙げた2点を契機として、放送局における暴力団排除の取組みが推進されることとなった。以下、日本放送協会（以下、NHKという）と社団法人日本民間放送連盟（以下、民放連）とに分けて述べる。

(1)　NHKの取組み

2011年11月9日、NHKは、放送総局長名で「出演契約における暴力団等の排除についての指針」と「調達契約における暴力団等の排除についての指

> NHKは、これまでも、暴力団等社会の秩序や安全に脅威を与える団体や個人に対しては、不当な要求には応じず、常に毅然とした態度で臨んできたところですが、暴力団等排除の社会的な動向に鑑み、出演契約における暴力団関係者の取り扱いについて、次のとおり指針を定めます。
> 　1．この指針は、次の各号の一つに該当するとNHKが判断した出演者、または、出演者が所属する企業・団体（当該団体・団体の役員、従業員等を含みます）を対象とします。
> 　(1)　暴力団、暴力団員・準構成員、暴力団関係企業、特殊知能暴力集団その他これらに準ずる者（以下「暴力団等」といいます）、または、暴力団等に協力し、もしくは暴力団等を利用するなど暴力団等と密接な関わりを有する者
> 　(2)　自ら、または、第三者を利用して、暴力的な要求行為、法的責任を超える過剰な要求行為、詐術・脅迫的行為、業務妨害行為その他これらに準じる行為を行った者
> 　2．NHKは、前項に該当するおそれがあると認めたときは、期日を定めて、報告書の提出を求めることがあります。この場合、該当するおそれがない旨を合理的に判断できるまでの相当の間、NHKは出演契約上の義務の履行を停止することがあります。
> 　3．NHKは、第1項に該当する者について、その出演または出演契約の履行が、暴力団等の活動を助長し、または、暴力団等の組織運営に寄与するおそれがあると判断した場合は、出演契約を何らの催告なく、直ちに解除することがあります。

針」を策定した。

　前者は、暴力団等の排除の社会的な動向に鑑み、次のようなものである。[1]

(2)　民放連の取組み[2]

　民放連では、2011年9月15日の会長会見で、暴排条例への対応を進めていることがコメントされた。

　同年10月31日には、**放送基準審議会が「反社会的勢力に対する基本姿勢」**を策定し、

　社団法人　日本民間放送連盟（民放連）は、反社会的勢力排除についての社会的な動きが高まりをみせている状況に鑑み、放送業界においても民放連加盟各社が経営トップから制作現場に至るまで一丸となり、反社会的勢力に介入の隙を与えないという態度を徹底するため、出演契約における反社会的勢力への対応につき、以下の事項を各社の行動の基本とすべく、指針を定めます。

1．この指針が対象とするのは、次の各号に該当すると判断される出演者、または出演者が所属する企業もしくは団体（当該企業または団体の役員及び従業員等を含みます）です。
   (1)　暴 力 団
   (2)　暴力団員及び準構成員
   (3)　暴力団関係企業
   (4)　特殊知能暴力集団
   (5)　その他上記各号に準ずる者（以下第1号ないし本号を総称して「暴力団等」といいます）
   (6)　暴力団に協力しまたは暴力団等を利用するなど暴力団等と密接な関わりを有する者

2．出演契約の相手方または出演者が前項に該当する者であることが判明した場合、あるいは、出演契約の履行が、暴力団等の反社会的勢力の活動を助長し、またはその組織運営に寄与するおそれがあると判明した場合は、出演契約を催告なく解除することができるものとします。

- 常に市民としての良識を持って「放送基準」や「報道指針」を遵守する。
- 反社会的勢力に介入の隙を与えないために、経営トップから現場に至るまで、社内一丸となって行動する。
- 番組制作や催事等については、各地の暴力団排除条例において契約の相手方が反社会的勢力やその関係者ではないことの確認等の努力義務規定が設けられていることに留意する。

ことが宣言された。

同年12月16日には、次の内容の「**出演契約における反社会的勢力排除についての指針**」が示された（前頁下段参照）。これは、会員社が出演者やプロダクション等との間で取り交わす契約実務の対応に資するもので、出演契約が書面によらない慣行なども踏まえ、民放連が策定して公表することで、業界共通の契約約款としての役割を担うことを意図したものである。

さらに、同月26日には、「**出演契約における暴力団排除条項モデルと解説**」が示された。これは、会員社が出演契約を書面で締結する際、契約書に盛り込むことを想定しているが、自社の実情に合わせて、必要に応じて内容を変更、追加して活用できるものである。

民放連のこのような取組みを受けて、民放連に所属する会員社は、出演契約からの暴力団排除を進めている。

(3) 放送業界において留意すべき点

放送業界において暴力団排除の取組みを進める際には、次のような留意点がある。

　ア　番組への起用（キャスティング）

暴力団との関係が取り沙汰されている芸能人を、番組に起用して出演させ、公共の電波を使ってお茶の間に放映することは、当該放送局が（あるい

1　http://www.nhk.or.jp/pr/compliance/pdf/keiyaku-shishin.pdf
2　初出・拙稿「暴力団排除条例と企業に求められる対応—放送業界における留意点」月刊民放2012年4月号32頁以下参照。

は放送業界全体が）暴力団排除に真摯に取り組んでいない、というメッセージを視聴者に送ることになる。放送の社会的影響力の大きさを考えれば、その悪影響は計り知れない。芸能人の番組への起用（キャスティング）の場面では、こうした観点から細心の注意を払わなければならない。

　もっとも、暴力団排除条例の施行により社会の要求水準が格段に高まった（ある意味でルールが変わった）ことも併せ考えれば、過去の暴力団との関係を非難しても仕方のないことである。大事なのは、暴力団排除条例の施行により暴力団との関係を断ち切る絶好の機会を与えられたにもかかわらず、なおも暴力団との関係を続けている芸能人やプロダクションを見極めて、明確に排除対象とすることである。

イ　番組制作の下請発注

　番組の制作は、放送局だけで完結するものではなく、芸能人やプロダクションのほか、制作会社など多くの協力会社が関与するのが実際である。中には二次下請、三次下請など発注が数次にわたることもある。

　しかし、この中に暴力団関係者が紛れ込んでいれば、放送局がスポンサーから収受した金銭の一部が暴力団関係者に流れ、暴力団の活動を助長することになる。こうした事態は、放送局にとってもスポンサーにとっても許容しがたいはずである。

　契約書に暴力団排除条項を盛り込み、契約締結時に取引先の属性確認を励行することにより、知らずに暴力団関係者と手をつないでしまうことを避け、万が一暴力団関係者と手をつないでしまっても即座に手を離せる手段を確保しておくべきである。

　なお、二次下請、三次下請など発注が数次にわたる場合でも、暴排条項に「関連契約」という概念を盛り込むことにより、容易に手を離すことができる。たとえば、東京都暴力団排除条例18条2項2号及び3号は、下請負人が暴力団関係者であった場合、元請負人に対して下請負人との契約を解除するよう求め、元請負人がこれに応じないときには、元請負人との契約を解除するという形の契約条項を盛り込むよう求めている。このような契約条項を連鎖させることにより、発注が数次にわたる場合でも排除する手段を確保できる。

ウ　制作現場の取組みに対する支援

　放送業界には、番組制作を担う現場のプロデューサーに広範な裁量を与え、その裁量を奪ってはならないという信念があるように感じられる。優れた番組作りにこうした信念が欠かせないのはもとよりであるが、こうした聞こえのよい弁解を盾にして、現実にはキャスティングや下請発注における暴力団排除の取組みを制作現場のプロデューサーに丸投げして押し付けるような事態が生じていないか、強く懸念されるところである。

　民放連が策定した上述の「**反社会的勢力に対する基本姿勢**」が要請するように、「反社会的勢力に介入の隙を与えないために、経営トップから現場に至るまで、社内一丸となって行動する」ことが重要である。コンプライアンス部門を中心とした管理部門は、暴力団排除の取組みを「ヨゴレ仕事」として制作現場に丸投げして押し付けてはならず、現場での取組みを組織が一丸となってしっかり支援していかなければならない。

4　芸能プロダクションの取組み

　芸能プロダクションが組織する業界団体において、暴力団排除の取組みを推進したという情報には接していない。

　しかし、島田紳助氏の引退と、その後のＮＨＫ及び民放連による出演契約における暴力団排除の推進によって、「暴力団と交際するタレントは起用されない」ことが業界の新常識になっている。

　タレントにとって暴力団と交際することは、自らの商品価値を落としめる行為にほかならない。芸能プロダクションにとっても、所属タレントが暴力団と交際することは、貴重な無形資産であるタレントの商品価値が暴落することを意味し、また芸能プロダクションの経営者が暴力団と交際することは、当該プロダクションに所属するすべてのタレント全員の商品価値を暴落させる行為であり、当該プロダクションの業績を著しく悪化させる自殺行為にほかならない。今や、芸能プロダクションにとって、暴力団と交際することに経済合理性は一切認められない。

　他方で、暴力団にとっては、タレントやスポーツ選手と交際することは、

アクセサリーを身にまとうのと同じく「箔付け」になり、メリットがある。したがって、有名なタレントになるほど、暴力団が接近してきて関係を持ってしまうリスクは高まる。そして、一度関係を持ってしまえば、そのこと自体が格好のスキャンダルとなり、そのネタを暴力団に握られることになるから、無傷で関係を遮断することは相当むずかしくなってしまう。

したがって、芸能プロダクションに必要なのは、所属するタレントに対して教育研修をしっかりと行い、薬物使用と同じように暴力団との交際によってタレント生命が断たれることを繰り返し伝えていくことである。

5 表現内容について

芸能界からの暴力団排除でむずかしいのは、表現内容についてである。

ニュース報道であれ、芸術表現であれ、憲法上保障された表現の自由や報道の自由のもつ本質的価値は、社会で暴力団排除が進展してもいささかも損なわれるものではない。

もっとも、たとえば福岡県では、暴力団を美化・擁護するような書籍や雑誌が、青少年に対し暴力団に対する誤った憧れを抱かせるなどの悪影響を懸念して、青少年が多数来店するコンビニエンスストアにおいて、こうした書籍等を店頭から撤去するという活動が行われている。

いわゆる、有害図書や有害番組という範疇の中には、青少年に悪影響を与えるという意味で、暴力団を美化・擁護するような番組や表現も含まれるのではないかと思われる。

限りある公共の電波を使用している放送局としては、出演契約における暴力団排除から一歩進んで、番組や表現における暴力団排除についても、次なる課題と認識することを期待したい。

第Ⅲ章 地域・業域・職域からの暴排運動

ゴルフ場からの詐欺罪による
反社会的勢力・暴排運動

弁護士　渡邊　一平

1 暴力団員等反社会的勢力によるゴルフ場利用について、詐欺罪が成立するか

　近時、施設利用約款において、「利用者が暴力団員または、その関係者と認められるとき」の利用を禁止しているゴルフ場が増えている。
　しかし、暴力団員であることを秘し、または偽名を用いてゴルフ場を利用することが少なくなく、この場合詐欺利得罪が成立するのかが問題となる。
　詐欺罪の成否が刑事裁判で争われた事例を紹介する。
　この事例は、ゴルフ場利用詐欺で24年12月までで唯一裁判所の判断がなされたものである。

＜事案＞
　被告人X　山口組弘道会共生者
　被告人Y　山口組弘道会若頭
　平成22年のある日、長野県所在のゴルフ倶楽部において、X及びYは暴力団組員であることを秘してゴルフ場の施設利用を申し込んだ。
　本件ゴルフ倶楽部は、ゴルフ場利用約款により、暴力団員の入場及び施設利用を禁止していたところ、XとYは、Yが暴力団員であることを秘してゴルフ場利用を申し込んだ。しかし、その際Yは、実行を担当しておらず、Xが、従業員に対し「Y」と他の参加者と記載した組み合わせ表等をXが提出

し、プレーヤーの署名簿へのYの氏名の記帳を依頼するなどして、Y名義のゴルフ場の施設利用の申込を行った。

上記申込により同ゴルフ倶楽部従業員はYが暴力団員でないと誤信したため、Yとゴルフ倶楽部との間でゴルフ場利用契約が成立し、X及びYは同ゴルフ場施設を利用した。なお、XとYは同ゴルフ場施設利用に際して、利用代金（対価）は、支払っている。

Xは事件当時、本件ゴルフ倶楽部の会員であった。同倶楽部の入会に際しては、入会手続及び入会審査を経ることになっており、Xもかかる手続及び審査を経て入会した。Yは他のゴルフ場において暴力団員であることを理由として、ゴルフ施設の利用を断られたことがあった。

＜判　決＞
X　懲役2年6月の執行猶予4年の有罪判決
Y　ゴルフ場利用詐欺につき無罪（他の詐欺事実では有罪）
検察官　無罪について控訴、24年12月現在係争中

無罪になった理由は、故意がないということであるが、これについては、後に述べる。

2　ゴルフ場利用詐欺は、不真性不作為犯か

不作為による詐欺であるとするなら、詐欺罪は作為犯として規定されているので、不真性不作為犯となる。当該ゴルフ場が、暴力団員の利用を禁止しているにもかかわらず、それを知りながら、ゴルフ場の利用を申し込み、プレーをする場合、不作為による詐欺とするなら、告知義務の存在を前提にそれを告知せず、プレーを申し込むことが不作為による欺罔行為となりうるが、告知義務の存在が必要となるのである。

このことに関連して参考になる判例を検討する。

札幌地裁平成19年3月1日判決平成18(ワ)1196号は、いくつかの事実に基づき複数の詐欺罪の成立を認めた上で、被告人を借主とする賃貸借契約の申込みに当たって、勤務先等につき虚偽の事項を告げ、賃借権を詐取したという

事案については無罪としたのである。同事案の不動産賃貸借契約には、賃借人及び同居人が「暴力団・極左・右翼・暴走族等の構成員及び関係者等であることが判明したとき」について無催告解除できる旨の暴力団排除条項が置かれていた。
　しかしながら、裁判所は、上記の暴力団排除条項をもって、入居申込者に暴力団構成員であることの告知義務があると認めることには疑問があり、賃貸借契約締結の際に、暴力団構成員であることの自主的な申告が一般的に期待されているという実情があるとは認められないから、慣習上あるいは信義則上、上記の告知義務があるということもできないとしている。また、裁判所は、賃借人等の暴力団加入等の有無が賃貸人にとって重要な関心事であることは、上記条項からも明らかであるが、そうであるならば、賃貸人としては、そのことを勤務先や同居人に関する項目と同様に、入居申込書の記載項目としたり、申込受付時に口頭で確認したりすればよいのであり、それ自体は容易なことである（暴力団構成員ではないと答えれば、それが欺罔行為となりうる。）としている。
　この判例は暴力団員であることを告げないと言う不作為をもって、欺罔行為の有無を検討し、告知義務が認められない故に、欺罔行為がなく、詐欺罪の成立を否定している。
　この判旨にしたがえば、ゴルフ場において単に暴力団の利用禁止を知っていながら、黙ってプレーを申し込むだけでは、詐欺罪の成立は否定されることになる。
　確かに、賃貸借契約の場合もゴルフ場でのプレー契約の場合も、慣習上または信義則上、告知義務があるのか疑問がある。生命保険契約に際し、既往症を告知しなかった場合、告知義務に違反することは明らかであるが、賃貸借やゴルフの場合に、告知義務があるというのは経験則上不自然さが残る。
　たとえば、最初から支払の意思がなく、食堂で注文して飲食する行為は、不作為の欺罔にもみえるが、注文の際には支払意思を伴うのが通常であるから、支払意思があることを装って注文するという作為による欺罔と解して良いのである（最決昭和30年7月7日・刑集9巻9号1856頁、西田典之『刑法各論』第6版194頁）。

無銭飲食をしようとする者、暴力団員でないと装ってゴルフプレーをしようとする者に対して、告知義務を要求することは不自然であり、むしろ飲食物を注文すること自体やゴルフプレーを申し込むこと自体が挙動という作為による欺罔行為と評価すべきではないか。
　なお、前掲札幌地裁判決は、申込用紙へ記載する形式や、口頭による確認を要求　している。しかし、それらは詐欺罪の成否という実体法上の問題ではなく、立証上（立証の容易性）の問題ではなかろうか。
　暴力団員利用禁止であることを知りながら、暴力団員がそれを告げずにゴルフプレーを申し込む行為は、挙動という作為の欺罔行為と言うべきである。

3　ゴルフ場利用詐欺の故意

　暴力団の幹部とその暴力団の共生者と目される人物が、ゴルフ場において暴力団員であることを秘してゴルフ場でプレーした事案について、平成24年3月29日名古屋地裁刑事4部は、共生者について詐欺罪として有罪としたものの、同年4月12日、名古屋地裁刑事1部は暴力団幹部につき故意がないとして無罪とした。なお、この事案はゴルフ場利用詐欺に関して初めて立件され、裁判所の判断が示されたものである。
　有罪判決は、「被告人は暴力団幹部と共謀の上、判示ゴルフ場が暴力団構成員の入場及び施設利用を禁止していることを認識しながら、暴力団構成員であることを秘し、本件ゴルフ場を利用した」としており、故意としては「暴力団員による施設の利用を禁止していることを認識していること」であるとしている（有罪となった共生者は故意を否定していない。）。
　これに対し、無罪判決は、故意の認定あたって以下の基準を定立している（無罪となった暴力団幹部は故意を否認している。）。
　その内容は、①本件ゴルフ倶楽部の施設を利用しようとする者が暴力団構成員であるか否かが、同倶楽部従業員においてゴルフ場利用契約を成立させた上、同倶楽部の施設を利用させるか否かの判断の基礎となる重要な事項であることを認識していること（以下、「第1要件」という。）、②同伴してゴル

フプレーをしようとする者の中に暴力団構成員がいることを告げずに同倶楽部の施設利用を申し込む行為自体、当然にその中に暴力団構成員はいない旨の事実を表す行為であることを認識していること（以下、「第2要件」という。）、という2つの要件から構成されている。

更に①の判断要素として、③暴力団員によるゴルフ場利用禁止の趣旨まで理解していることを要求している（以下、「要件③」という。）。

(1) ①の要件について

この要件は、簡単にまとめれば、ゴルフ場にとって暴力団員を利用させないことは重要なことであることを認識しているということである。要するに、暴力団の利用は堅く断っている、利用禁止であり契約させないと言うことである。この要件は更に要約すれば暴力団員によるゴルフ場利用は禁止であることを認識していると言う事であり、ある意味当然の要件であって、有罪判決と軌を一にすると言える。

(2) ②の要件について

本件は、暴力団幹部は自らプレーの申込をしていない。したがって、有罪となるならば共生者との共謀共同正犯として詐欺罪の共犯として有罪となる。

共謀共同正犯の成立においては、実行を担当しない共謀者が実行者の具体的実行行為の内容を細部にわたり逐一認識する必要はないというのが判例であり（最判昭和26年9月28日・刑集5巻10号1987頁）、共謀の本質的な点について認識の食い違いがない限り共謀共同正犯は成立する。②の要件は、実行担当者の具体的行為の意味内容の認識を要求しているのであり、共謀共同正犯における故意の要件としては不要であると言わざるを得ない。

(3) ③の要件について

ゴルフ場利用禁止の趣旨の認識が必要か。

暴力団員によるゴルフ場利用が禁止されていることを認識していれば足り、なぜ禁止しているのか、と言う禁止の趣旨を理解していることまでは不

要である。

　そもそも、故意とは犯罪事実の認識である。暴力団員によるゴルフ場利用禁止を知っていれば足りるはずである。

　しかも、この判決は利用禁止の趣旨を「暴力団構成員がゴルフ場を利用することにより同人らと一般のプレーヤーとの間でトラブルが発生することを予防し、プレー環境を整備するため」としている。他方、共生者に対する有罪判決では、利用禁止の趣旨を「ゴルフ場に暴力団員が出入りすることを許可すれば、同所が暴力団の社交の場となり、暴力団と無関係な一般人がその利用を敬遠するようになったり、暴力団と関係のある企業としてその信用が著しく毀損されるなど、本件ゴルフ場の経営の根幹に関わるような重大な問題が生じる可能性があるため」と理解しており、暴力団幹部に対する無罪判決とは異なる理解をしている。

　ゴルフ場が、暴力団員の利用を禁止する理由は、複数のものがあり得るが、後者の理解の方が一般的ではないかと考えられる。

　いずれにせよ、なぜゴルフ場の利用を禁止するのか、その理由を理解することは故意の要件として不要であるし、理由もまちまちなのであるから、要求すること自体無意味である。

4　財産上の不法の利益

　ゴルフ場利用詐欺事案では、ゴルフ場の施設利用料を支払っているため、それにもかかわらず、財産上の不法の利益を得たものと言えるかが問題となる。

　「財産上の損害」については、判例は、欺罔行為に基づく個別財産の移転について相当の対価が交付された場合でも詐欺罪の成立を認めており（最決昭34年9月28日・刑集13巻11号2993頁等）、全体財産の減少は必要としていない。さらに、判例は、基本的に、個別財産の移転等の場合には詐欺により個別の財産権を喪失したこと自体が損害であるとする、いわゆる「形式的個別損害説」に立つものと解されている（『注釈刑法(6)』236頁）。通説も形式的個別損害説であるといって良いと思われる。

これに対しては、個別財産の喪失だけでなく、実質的な財産上の損害を必要とする「実質的個別損害説」も近時有力である（西田前掲・203頁、前田雅英・『刑法講義各論』（第5版）350頁等）。実質的個別損害説では、「損害の有無は被害者が獲得しようとして失敗したものが、経済的に評価して損害といいうるものかどうかということにより決定すべきである」などとされ、判例を実質的個別損害説的な観点から説明しようとする試みもなされている。

ゴルフ場利用詐欺事案については、判例通説である形式的個別的損害説によれば、財産上の損害が認められると考えられるが、有力説である実質的個別的損害説によると、一回的な契約に過ぎない場合、正規の施設利用料の支払も受けていることから、財産上の損害は否定される余地がある。とくに、暴力団員よるゴルフ場利用禁止の趣旨を、前記無罪判決の様な他のプレーヤーとのトラブル防止と理解した場合には、トラブルが発生する余地がない時には、財産上の損害は否定される可能性がある。

これに対し、ゴルフ場の企業としての信用失墜と理解するなら、暴力団員による利用自体が損害であるとして肯定される余地がある。

5　反社会的勢力にゴルフ場を利用させないために

現在は、大多数のゴルフ場が暴力団員等の利用を拒否している。

暴力団員が利用するゴルフ場ということになると、ゴルフ場の評判は低下し、信用を失うことは確かであろう。

いずれにせよ、暴力団等反社会的勢力を明確に拒絶し、利用した場合には確実に詐欺罪となるための工夫がゴルフ場にも求められるところである。

明確に、暴力団員等利用を断っているゴルフ場の申込用紙のサンプルの一部を紹介する。

当ゴルフ場は、以下の方の利用はお断りしております。
1　暴力団員である方
2　暴力団員に対して資金や便宜を提供する関係にある方
3　暴力団または暴力団員の威力を利用している方

4　その他暴力団員と社会的に非難される関係にある方
5　入れ墨のある方

以上に該当しないことを確認の上、ご署名下さい。

私は上記の者には該当しません。
署名

第Ⅲ章 地域・業域・職域からの暴排運動

店舗からの撃退事例
自分の身は自分で守る！

株式会社宮本企画　渉外担当　宮本　照夫

　最盛期には、8店舗のクラブなどを経営。現在は、東京・麻布十番と川崎で2店舗の焼肉店を経営し、「暴力団お断り」の営業方針は、48年間一貫して守り続けている。

● 決意の発端

　川崎の下町に、昭和39年に6坪の焼鳥屋をオープン。近隣は、バー（今ならスナック）ばかり。毎夜どこかの店で喧嘩が始まり、そのうち暴力団が出てくるという環境だった。

　当時は、石油コンビナートなどの建設ラッシュによって京浜工業地帯が急成長した時期で、川崎には、全国から労働者が集まり、夜の歓楽街は大盛況。夜の10時も過ぎるとタクシーが拾えないのが常態だった。気の荒い連中が浴びるように酒を飲むのだから、9時を過ぎるころには、あちこちで喧嘩が勃発。歓楽街は暴力団の支配下、無法地帯と化し、暴力団のやり放題だった。川崎警察署の110番は、始終話し中で繋がらない。110番しても来ないことがあった。

　そんな光景を目の当たりにしながら、「どうすればこの商売を成功させることができるのか」ばかりを考えていた。

　のれんを出せば、早い時間から来るお客は酔っ払いもいる。そのためにトラブルを起こす。ヤクザも多く、他のお客に迷惑をかけるため、常連になりかけていたお客も足が遠のいていく。

　良い客で一杯にするには、どうしたらいいのか思案した。「酔っ払ってい

る人は御免」「うちは、おにぎり屋なので、お酒は出せません」といって、タチの悪い酔客やヤクザの入店を断るようにした。

こうして「ヤクザを入れない店にしよう」という決意が少しずつ固まっていった。

● 事件勃発

そんな方針を続けていたが、梅雨の土砂降りの深夜、事件は起きた。

その夜お客は入らず、早めに店を閉めて、白衣のまま自転車で帰宅していた。傘を差し、ぬかるみの悪路を走っていると、いきなり自転車ごと道路に投げ出された。気がつくと、目の前に男が仁王立ちして「ヤクザをなめんじゃーねえよ！」と大声を張り上げ、殴る蹴るの暴行を加えてきた。私は27歳、そう簡単にねじ伏せられはしない。果敢に応戦し、取っ組み合いになった。男は、両手で私の急所をがっちりと掴み、同時に腹に噛みついてきた。

意識はだんだん遠のいていく。5分あるいは10分だったのか、まったく記憶にないが、がむしゃらに抵抗しているうちに、偶然、親指が強く男の両目に入ったようで、ようやく離れて去っていった。

茫然自失——。

泥だらけのまましばらく雨に打たれていたが、やっと我に返り、店に戻った。ストーブで体を温め、急所は水道水で冷やし、噛みつかれた腹の傷口は酢で消毒した。この傷は20年くらい消えず、歯型の標本のように残った。その後は、帰り道のコースを毎日変えた。

● 営業方針の確立

「こんな恐ろしい目に遭うなら、いっそ商売をやめて田舎に帰ろうか」
そういう思いにも駆られた。

しかし、故郷に残してきた親や友人のことを思うと、こんなことで白旗を上げて、おめおめと引き揚げる訳にはいかない。また、いろいろなお客さんから励まされた。

当時、方言の長州弁丸出しで、
「宮本さん、どこの生まれ？」
「山口県です」
「おー、長州か」
そんなやり取りから、長州人としての志が少しずつ湧いてくる。

近代日本の礎を築き、凶弾に斃れた明治の元勲、伊藤博文は、同じ光市の出身。国のために命を賭して闘ったこの政治家のことも頭をよぎる。

また、明治生まれの父親は、バカ正直で働き者、梃子でも動かないその鋼鉄のような性格を思い浮かべた。その父に反発して上京したことなども頭をよぎった。帰るに帰れない。

「よーし、長州人の意地をみせてやる！」
そういう思いの中で、少しずつ営業方針を組み立てていった。

初めてのお客さんには、注文を聞く前に、「当店は、店やお客さんに迷惑をかける人、暴力団関係の人はお断りしています。これが営業方針です」「ご理解した上でご注文をいただきます」と確認するようにした。これは、現在も続けている。嫌がられながらも、同じ人にも繰り返した。もちろん、未成年者には、酒を飲まさなかった。

今思うと、いわゆる暴力団対策法にいう中止命令に似た、予防措置、予防命令を出していたのではないか。いずれにしても、営業方針をきっちり伝えて断るという行為は、ヤクザを水際で止め、店を守るための基本的なことだと思う。その場合、人間対人間、真剣ににになって心の底からお願いしなければならない。

なぜ、最初に営業方針を伝えて断っておくべきかといえば、5回も飲みに来ていたお客が、その後ヤクザと判明。しかし、最初に営業方針を説明していない。8千円しか飲んでいないのに1万円を置いていく。彼らは、最初のうちは気前がいい。4回、5回とそれを受け取っていた場合、その後、「ヤクザだからお断りします」とは言えなくなる。「なぜ、最初から言わなかったのか！」と、やり返されるのがオチだろう。

そうならないためにも、最初に営業方針を繰り返し伝えておけば、毅然とした態度が取りやすくなる。

● 徹底して実行

　営業方針を説明し、きっぱりと断る。これは、ヤクザやタチの悪いお客を排除し、誰もが安心して過ごせる店にするための必須条件。

　営業方針の伝え方はむずかしいかもしれないが、誠心誠意をもって行うこと。その積み重ねが大切で、これをしつこく続けていくことが安心できるお客さんの入りやすい店となり、ひいては繁盛に結びつく。

　しかし、お客さんの中には、こちらの真意を誤解、曲解して機嫌を損ねて帰っていくケースがあったことも事実。

　後でトラブルになるよりも、最初のうちにその芽を摘んでおくことが肝心。その方がトラブルは小さくてすむ。こういう地道な努力の積み重ねによって、営業方針がどんどん確立され、店の風紀を乱すような、雪駄、下駄履き、ダボシャツ、そのような格好の方もお断りしてきた。

　現在、店の入口をはじめ至る所に「刺青、タトゥの見える方、暴力団関係者の方、泥酔状態の方、他のお客様や店に迷惑をかける方、以上の方には来店を固くお断り致します。」という営業方針を大きく掲げている。

● 撃退事例

事例(1)　警察、市民（お客）の支援と協力

　私が経営する川崎の平間のスナックに、ヤクザ風の客３人がやって来て、いきなり大声で「カラオケやめろ！」「もっとマシな女はいねえのか！」などとわめきながら騒ぎ放題。その挙げ句、ボトルを注文し、そこにはマジックで大きく「山川一家浜川興業山原組」と書かれていた。

　店長は、警察に通報したものの、飲んで騒いだだけなので警察官は彼らに注意をすると引き揚げた。これが４～５回続き、何度か警察を呼んだが、事件としては取り扱われなかった。

　しばらくして、組長が若頭と子分を連れて、「水商売とヤクザは持ちつ持

たれつだろう。店を守ってやる。強情を張ってると、商売できなくなるぜ」
と凄んで、手を組まないかと迫ってきた。

　私は、何度も店で騒がれ迷惑している、ヤクザ関係の方の出入りは営業方針でお断りしている、ご理解下さいと真剣に毅然とした態度で話した。会話は、テープにとっておいた。

　彼らは、その後も何回か店に来て嫌がらせをし、エスカレートの様子が見えたので、警察と相談し、告訴に踏み切った。

　若頭、次いで組長が逮捕され、横浜地裁川崎支部で裁判が始まったものの、これからが大変だった。証人調べが始まった。私一人で地裁に行くと、高級外車がズラリと並び、玄関、法廷入口、傍聴席（50席）にはヤクザがビッシリと固め、入口から法廷まで脅迫的な視線は、恐怖感を煽るのに十分過ぎた。私、そして従業員、お客さんは、組員らの威嚇に怯えながらも勇気を奮って証言し、その結果被告人には実刑判決が下り、服役となった。また、この間には見張られ尾行されたこともあり、恐怖心に悩まされ続けた。その後、組事務所の家主に民事訴訟を起こさせて事務所がなくなり、組もまたなくなった（事務所ができてなくなるまで4年の歳月だった）。

事例(2)　弁護士の力を借りる

　川崎駅近くの、大型スナック『ナポレオン』を舞台に、家主とのトラブルが10年にわたって繰り広げられた。これは、契約年限をめぐる争いだが、家主の「出て行け！」の一点張り。契約書の条件を守らない家主の非道な対応に長期戦を強いられた事案。

　この間、不当な追い出しを図る家主側のあの手この手の嫌がらせを受けた。やって来たのは、代理人と称するエセ右翼3団体、暴力団2組織、弁護士5、6人。街宣車を回すだの、犬猫の死体を店に放り込むといった前歴があると聞いていたので、精神的には弱気に陥っていた。何しろ、「民事不介入」の時代。

　弁護士と彼らの行為を想定、検討し、街宣行為禁止の仮処分、面会強要禁止の仮処分、営業妨害禁止の仮処分などの申請準備をした。また、毎夜弁護士とは、自分の店や川崎の街を飲み歩いた。

こうして、営業妨害行為を跳ね除けて『ナポレオン』は、16年間の営業を続けた。

● 暴力団対策の基本～教訓

いくら注意をしていても、スキを突いてやってくるのが暴力団。些細なことで因縁を付け、トラブルを引き起こし、金を巻き上げようとする。そうした暴力団に食い物にされないための基本的な対策を紹介しよう。

(1) 一人で抱え込まない

暴追センターでは、暴力団を「恐れない」「金を出さない」「利用しない」「交際しない」という指導をしているが、これに「一人で抱え込まない」を付け加えたい。

「一人で抱え込まない」とは、「一人で問題を抱えない」「一人で悩まない」「一人で苦しまない」「一人で会わない」ということである。トラブルに巻き込まれたとき、つい何とか一人で解決しようとしてしまう。しかし、一人でいると、相手のペースに乗ってしまい、主体的な判断力が損なわれ、余計な恐怖が湧きあがるなど、悪いことばかりを連想してしまう。私自身、暴力団とのトラブルを何度も経験しているが、眠れない夜が何日も続き、精神的にも体力的にもボロボロで、薬や酒などの力を借りることもあった。そんなとき、大きな力となったのが警察からの助言や指導だった。

もし、一人だったら、暴力団との戦いはとても続かなかっただろう。問題が発生したら、一人で抱え込まず、誰かに相談することが大切であることを身をもって体験した。

(2) 最初が肝心

とにかく、「最初が肝心」。これに尽きる。これは暴追センターでも、警察でも同様のことをいっている。

私の店で続けている、最初に営業方針を伝えるという行為は、暴力団対策法にいう予防命令を出しているようなものなので、仮にトラブルが起きたと

しても小さい。鉄則は先手必勝。最初にきっぱりと断ることである。

(3) 無二の親友の顔もつぶせ

たとえば、ビジネスの上でお世話になっている人や個人的に親しい人が、ヤクザを紹介してきたら、付き合いが切れてもいい、きっぱりと断る。しかし、これがなかなかできない。

私の店にも、地元の名士といわれる人が、自分の下請け会社の人を7、8人連れてきたことがある。

「宮本さんここに座れよ。この人、東京の稲川会の偉い人で、なかなかの人格者だよ」

と、紹介された。

「ああ、そうですか。見た限り、私もそう思います。しかし、トップは人格者でも、その下の人たちはどのようなビジネスをしていらっしゃるのでしょうか」

下の人があって、人格者が成り立っているということだが、こんなことをいうと、まず嫌われる。二度と店に来なくなる。それでも、「ヤクザお断り」の信念を曲げるわけにはいかない。

だから、たとえ無二の親友であっても、顔もつぶさなければならないときがある。とくに、若い人に対して、このことを教育指導しなければならない。

(4) 市民協力の重要性

何か事件が起きたとき、市民の協力なくしては立件できない。また、公判を維持するためには、従業員、お客さんなどの証言が必要。これがなければ裁判は勝てない。

前述した「撃退事例　事例(1)」の場合のように、お客さんや従業員が証人になってくれて裁判に勝つことができた。とはいえ、自分の時だけ助けてもらいたいという利己的な輩もいる。

警察がいかに一生懸命に捜査しても、市民が協力し、心が1つにならない限り、暴力団を完全に排除することはできない。

(5) 経営者の責任と義務＜勉強・準備・連携＞

　飲食店の経営者には、口癖のように言っていることがある。
　「経営者はもっともっと勉強しなさい」「暴追センター行ってポスターもらってきなさい。指導してもらいなさい」「所轄の警察署に行って、暴力団担当に相談してきなさい」と。
　ある小料理屋の例だが、かつてヤクザは来なかったのに、急に来るようになった。そこで、店主に「自分の足で警察に行って相談するように」とアドバイスをした。
　すると、店主は警察の指導を受け、シールをもらって貼るようになったのだが、それでもまだ来ているという。こうなったら、来るたびに警察に相談にいくべきだと伝えた。
　自分の足で相談に行かなければ、やはり身に付かない。勉強、準備（テープレコーダ、監視カメラ等）、連携、これは経営者としての責任と義務だと思う。
　自分の商売をどうするか。みかじめ料を払ってまで続けるのか。その金は、料金に跳ね返り、結局お客さんへの上乗せになってしまうということを自問しなければならない。

(6) お礼参りは滅多にない！　あったら、相談こそ先手必勝！

　これは、飛行機墜落事故の確率以下だと断言していいと思う。その証拠に、48年間、「暴力団お断り」を貫いてきた私が、こうして無事に生きている。（一連の北九州の事件には胸の痛みを禁じ得ない）
　出所後5年以内の再犯はすべて実刑になる。そのことは、素人よりヤクザの方が良く知っている。つまり、"お礼参り""エセ右翼に狙われる"などは、滅多にあることではない。心配なら、これらに対してもすべて先手必勝。専門の弁護士や暴追センターに相談して、対策を練ろう。そうすることで、暴力団排除は実現できると思っている。
　暴対法のお陰？で施行後、私は組合、協会、商店会等、すべての会合に出席しないことにした（会費は納めている）。何故か？こうした団体の幹部は、

裏ではこれまで通り、暴力団と繋がっている人物もおり、二枚舌、三枚舌を使って世間を欺いているからだ。

追　記：
　私がこれまでに相対した反社会勢力や悪質客の暴力を伴う数々の脅迫行為も、当時無我夢中で毎日を過ごしていたため、その危険に対する感覚はややもすれば薄れていた。しかし、今思い起こすと、私にとっては薄氷を踏む死と背中合わせの危機一髪の出来事の連続であったことが良く分かる。まったく冷や汗ものだ。少し大げさになるかもしれないが、"死線を越えて"来たというのが、今の正直な実感だ。
　孤独な闘いだが、やはり１人でやり抜くしかないと自分に言い聞かせている。現在74歳、こうして生きているのは、警察、そして従業員や心あるお客さんのお陰と改めて感謝している。

第Ⅲ章 地域・業域・職域からの暴排運動

金融界における反社会的勢力・暴力団排除の理論と実務

弁護士 鈴木 仁史

　金融界においては、平成19年6月に犯罪対策閣僚会議幹事会申合せとして公表された「企業が反社会的勢力による被害を防止するための指針」(以下「政府指針という。」資料編646頁参照)および平成20年3月の金融庁監督指針改正などを受け、各種業界団体で暴力団排除条項(以下「暴排条項」という。)の参考例が策定されている。

　本稿においては、金融界のうち銀行、協同組織金融機関(信用金庫・信用協同組合等)、保険会社につき、反社会的勢力排除の理論と実務を概観する。

1　反社会的勢力排除をめぐる施策の進展

　以下に述べるとおり、金融界における反社会的勢力排除をめぐる施策は、目覚しく進展している。

(1)　政府指針の策定

　平成19年6月に犯罪対策閣僚会議幹事会申合せとして政府指針が策定され、①組織としての対応、②外部専門機関との連携、③取引を含めた一切の関係遮断、④有事における民事と刑事の法的対応、⑤裏取引や資金提供の禁止という基本5原則が定められた。

(2) 金融庁監督指針の改正

　金融庁は、平成19年2月に金融検査マニュアルの改正を行っているほか、政府指針を受け、平成20年3月に「主要行等向けの総合的な監督指針」、「中小・地域金融機関向けの総合的な監督指針」、「保険会社向けの総合的な監督指針」などを改正した。

(3) 全国における暴力団排除条例の施行

　福岡県を皮切りに、平成23年10月に東京および沖縄において暴力団排除条例（以下「暴排条例」という。）が施行され、全国47都道府県において暴排条例が施行されるに至った（関連論考186頁参照）。
　暴排条例は、「警察対暴力団」から「社会対暴力団」のパラダイムシフトの下、事業者に対して契約時の属性確認（反社スクリーニング、表明確約手続）や暴排条項の導入義務を定めるほか、暴力団員等への利益供与の禁止を定めている。

(4) 金融庁の検査基本方針

　反社会的勢力対応は金融庁の検査基本方針などでも近年、重点的検証事項とされている。
　金融庁が平成24年8月28日に公表した「平成24検査事務年度検査基本方針」においても、反社会的勢力対応（法令等遵守態勢の整備）については、重点事項の1つとされており、平成23検査事務年度検査基本方針に比しても記載の分量が大幅に増加している。
　検証ポイントとして、①関係機関と緊密に連携し、反社会的勢力に関する情報を収集・分析するなど取引を未然に防止する態勢が整備されているか、②反社会的勢力との関係が遮断できるような実効性のある態勢（たとえば、取引開始時の事前審査、取引開始後のモニタリングや取引解消に向けた取組み等）が整備されているか等について、それぞれの営業地域における状況等も踏まえつつ、重点的に検証する、③平成25年4月に施行予定の改正犯罪収益移転防止法に対応するための態勢整備の状況、④反社会的勢力への対応、マ

ネー・ローンダリングおよびテロ資金供与の防止に対して、金融機関が組織的に取り組むため、関係部門間での横断的な協力態勢や情報を共有する態勢が整備されているかについて、重点的に検証することとされている。

2 全国銀行協会における普通預金、融資等に関する暴排条項

(1) 全国銀行協会における暴排条項改正

全国銀行協会（以下「全銀協」という。）は、平成20年11月に融資（銀行取引約定書）、平成21年9月に普通預金取引、当座勘定取引、貸金庫取引の各約款について暴排条項参考例を策定した。さらに、平成23年6月、融資取引および当座勘定取引について、暴排条項を明確化するために、共生者類型および元暴力団員に関する規定（5年規定）を導入した新たな暴排条項参考例を策定した（資料編678頁以下参照）。

上記の改正の背景は下記のとおりである。

① 共生者5類型

上記参考例改正にあたっては、「東日本大震災の復興事業への参入の動きなど、暴力団を中核とする反社会的勢力が暴力団の共生者等を利用しつつ不正に融資等を受けることにより資金獲得活動を行っている実態に対して、より適切かつ有効に対処するため」という理由が明記されている。

その他、金融界においては、暴排条項の導入、表明確約手続などが普及するに従い、暴力団員等が自己名義でなく、共生者を利用した契約締結をする動きが見受けられ、今後もこのような動きがますます広がる可能性があり、金融取引より共生者を排除すべき必要性がある。

具体的な共生者5類型の内容は、下記のとおりである。

ⓐ 「暴力団員等が経営を支配していると認められる関係を有すること」（反社会的勢力経営支配者）

「経営を支配」については、具体的には、設立の経緯・設立者、人事権、出資・融資の有無や金額、有償契約の金額、取引先等経営の決定権などから

判断されるものと解される。実質的に判断されるため、たとえば暴力団員の家族（内妻等）が代表取締役を務めていても、暴力団員が経営を支配していることが考えられるし、また代表取締役は反社会的勢力でなかったとしても、出資・融資等を通じて会社に影響力を有する者が反社会的勢力である場合もありうる。

　ⓑ　「暴力団員等が経営に実質的に関与していると認められる関係を有すること」（反社会的勢力経営関与者）

　ⓐと、ほぼ同義と解される[1]。

　ⓒ　「自己、自社もしくは第三者の不正の利益を図る目的または第三者に損害を加える目的をもってするなど、不当に暴力団員等を利用していると認められる関係を有すること」（反社会的勢力利用者）

　暴力団員等を利用すること自体が「暴力団三ない原則」に反するほか、暴力団員等を利用して不当要求がなされたり、利用の対価として暴力団員等に利益が供与されたりする可能性があるために許されないものである（ⓓの資金・便宜供与が明らかでない場合に本要件が利用される場面も想定される。）。

　「利用」とは、暴力団員等であることの認識が前提となるものと解されるところ、政府指針の「一切の関係遮断」の観点からみて、反社会的勢力と認識して取引を行っている場合には、取引条件の正当性にかかわらず「反社会的勢力を利用」に該当しうるものと解される。

　ⓓ　「暴力団員等に対して資金等を供給し、または便宜を供与するなどの関与をしていると認められる関係を有すること」（反社会的勢力資金等供与者）

　暴力団員等への資金等や便宜を供与すること自体が、暴力団員等との密接な関係を裏付けるものであり、暴力団員等を介して不当要求に関与する可能性も高く、暴排条例においても利益供与が禁止されている。

　「資金等」とは、金銭等財産上の利益などを指し、和解金の支払も含まれうるところである。「便宜」とは、金銭以外の経済的利益（特定の施設の優先的利用、優待利用券など）が想定される。暴力団員等の資金獲得活動への影響等の観点からは、「資金」の供給のほうがより悪質であるものの、「便宜」

1　日本建設業団体連合会の暴排条項参考例にⓐの類型がないのも、ⓑとほぼ同義なためと思われる。

の供与を行う者も共生者としての実態があり、排除の必要性が認められるため、要件として加えられたものと解される。

ⓔ 「役員又は経営に実質的に関与している者が暴力団員等と社会的に非難されるべき関係を有すること」（密接交際者・反社会的勢力親交者）

この密接交際規定は、公共工事の指名からの排除において規定が設けられてから、共生企業の排除において多数の実績があり、効果を発揮しており、他の業界にも普及してきた条項である。

「社会的に非難されるべき関係」とは、暴力団に対して直接的に資金を提供したり、積極的に利用したりしているとまでは認定できないが、そのような関係を生じさせるような密接な交際や、暴力団の威力の維持・拡大につながるような行為を行う関係がある場合を指す。この点の解釈について、大阪地決平成22年8月4日（大阪高決平成23年4月28日において維持。公刊物未登載）は、たとえば、暴力団員が関与する賭博や無尽等に参加していたり、暴力団員やその家族に関する行事（結婚式、還暦祝い、ゴルフコンペ等）に出席するなど、暴力団員と密接な関係を有している場合を指すものと判示している。

その他、暴力団幹部の葬儀における供花をしている場合、暴力団員等と旅行に参加している場合、暴力団の事務所に出入りしている場合、暴力団関係企業と知りながらリース契約を締結している場合などが想定される。

この密接交際者についての警察の認定は、事実関係の積み重ねにより交際の密接度を慎重に判断されるものであり、ゴルフの回数など定量的な基準でのみ判断できるものではないとされている。

本規定は、新参考例で追加された要件の中でもとくに明確性の観点から問題となりうる。前記大阪地裁決定は、当該要件が規範的で曖昧であるとの主張に対し、暴力団ないし暴力団員と何らかの関係を持つ者すべてを公共事業から排除するのでは広範に過ぎることは明らかであるところ、「社会的に非難される」などの規範的要素をもって要件を定めることはやむをえないと考えられ、曖昧とまではいえない旨の判断をしている。

② 元暴力団員の規定（5年規定）
ⓐ 規定の必要性

(a) 元暴力団員の活動実態

暴力団員の偽装脱退・偽装破門が実務上多く、偽装でないとしても、その後も暴力団との関係（人的・資金的つながり）が断ち切れておらず、暴力団員と共犯で犯罪を行ったりするケースが多いという実態がある。

暴力団員でなくなってから5年を経過しない者については、その活動実態にかんがみて、暴力団の資金源となりやすい融資や当座勘定取引からの排除が必要であると認められる。

(b) 条項の明確性・具体的網羅性

5年規定は、上記の活動実態にかんがみて、排除すべき者をより具体的に網羅することとなり、また条項の範囲も明確となる。

(c) 規定の必要性（情報提供との関係）

旧参考例における「暴力団員」、すなわち現役の暴力団員か否かについては、警察の調査・情報収集（所在確認や行動確認）が必要となり、回答が容易でない面があり、よって暴力団員であることの立証は必ずしも容易でない面がある。

他方で、暴力団員でなくなってから5年を経過しない者については、警察が過去5年以内に暴力団員と認定している場合には、「過去5年内に暴力団員であった」旨の回答を受けられることから、5年規定を要件として盛り込むことにより、立証が容易になる。

ⓓ 規定の許容性

貸金業法、警備業法など各種業法において、暴力団員でなくなった時から5年を経過しない場合は、当該職業に就くことができない旨を定めている（業の主体からの排除）。これは、暴力団員でなくなった時から5年間を経過しない者は、暴力団員と同様に各種の資金獲得活動を行う蓋然性が高く、職業選択の自由（憲法22条）を制限されてもやむをえず、平等権（憲法14条）にも反しないという判断が根底にある。

上記業法との比較において、契約自由の原則が妥当する民・民の契約においてはなおさら、暴力団を脱退した元暴力団員といえども、いったんは自らの意思で暴力団に加入したことの不利益として、5年間という一定期間は、取引から排除することが許容される。

(2) 預金、融資についての排除

① 預　金
ⓐ 生活口座について

　預金契約の解約にあたっては、生活口座が問題となることが多いため、以下に検討する。

　生活口座について問題となるのは、平成20年3月の金融庁監督指針の「コメントの概要及びコメントに対する考え方（反社会的勢力による被害の防止関連）30、31項において、「口座の利用が個人の日常生活に必要な範囲内である等、反社会的勢力を不当に利するものではないと合理的に判断される場合にまで、一律に排除を求める趣旨ではありません」と述べられているためである。また、主要行等向けの総合的な監督指針及び中小・地域金融機関向けの総合的な監督指針各Ⅱ-3-1-4-2において、反社会的勢力との関係遮断のための態勢整備の検証につき、「個々の取引状況等を考慮しつつ」とされている。

　この点、生活口座について「一律に排除を求める趣旨ではない」根拠については、「口座を利用する反社会的勢力の権利・利益に配慮したからというよりは、むしろ公共料金や税の徴収事務等に支障を来すおそれもあり、このような生活口座等まで一律に認めなかった場合、かえって一般国民との間で不公平な結果を招来するおそれもある」ためとされている[2]。

　以上の観点からすると、生活口座について解約しないことについては限定的に解すべきであり、単に「生活口座」であることを理由に解約をしないというのは問題であり、原則として解約するとしつつ、例外的事由に該当するかを検討すべきである（実務上も「生活口座」について解約しているケースは多くみられる）。

　例外的に解約等を行わないとしても、口座の利用状況・不正利用の有無等について、従前よりもモニタリング（継続監視）のレベルを上げ、反社会的勢力に不当な利益を供与したり、不正な行為に利用される手段を与えるもの

---

[2] 金融庁監督局総務課課長補佐嶋田幸司「反社会的勢力による被害の防止にかかる監督指針の改正」（金融法務事情1835号26頁）参照。

であることが判明した時点で、速やかに疑わしい取引の届出を行うとともに、解約（関係遮断）を行う態勢整備を実践していくべきである。

生活口座の中で例外と解されやすいのは、口座としての代替性がなく、かつ暴力団の活動との関連性がない場合が該当する。たとえば、学費や給食費の支払いに関する預金口座について、預金口座振替の金融機関や支店を学校側が指定しており、現金での支払を認めない場合などである。

② 融　資
ⓐ　既存の契約との関係

銀行取引約定書や信用金庫取引約定書は普通預金規定のような約款ではなく個別契約であるため、既存の契約について顧客の同意なしに一方的に変更することはできない。すなわち、顧客の同意を得て、銀行取引約定書等の変更に関する覚書を交わすなどして、暴排条項を追加することが必要である。

以下において、融資契約への暴排条項導入の有無を場合分けして検討する。

ⓑ　期限の利益喪失について
(a)　暴排条項が導入されている場合

融資契約に暴排条項が盛り込まれている場合、暴排条項の期限の利益喪失事由に該当するところであるし、反社会的勢力による被害防止のため、契約更新や条件緩和を行わないことが求められる。

融資契約において、銀行取引約定書等の暴排条項に「不適切と認める場合」との条項が入っている。すなわち、暴排条項に該当しても、当然に期限の利益を喪失するのではなく、状況に応じて金融機関の請求によって債務者の期限の利益を喪失させることを可能としており、金融機関に一定の裁量が認められるところであり、この判断基準が問題となる。

この点、融資取引は、資金獲得活動を目的とする暴力団等反社会的勢力にもっとも利益を与えるものであり、融資取引を継続し、期限の利益を与え続けること自体が一切の関係遮断に反し、また利益供与として暴力団の活動を助長しうる。また、反社会的勢力との融資取引について期限の利益を喪失させると、金融機関にとって回収額が少なくなることもありうる。しかし、反社会的勢力との関係継続によってもたらされる金融機関や社会に対する害悪

の大きさ、期限の利益を喪失させないことにより債務者（たとえば、暴力団関係企業）が違法な収益をあげ続ける可能性もあること、金融機関の業務の公共性を踏まえれば、金融機関は長期的な視点で関係遮断の意思決定を行うことが求められる。すなわち、期限の利益喪失（関係遮断）によって損失が生じたとしても、反社会的勢力の属性要件や期限の利益喪失の可否について合理的な認定プロセスを経て、関係遮断との結論に至った場合には、善管注意義務違反の責任を問われることはない、と解される。

よって、融資取引に関しても、反社会的勢力の属性要件に該当することが判明した時点で新たな融資等を行わないのみならず、既存融資については暴排条項を適用して期限の利益を喪失させ、残額を回収することを原則とすべきである。

ただし、前記のとおり、期限の利益喪失時期の判断を慎重にすべき側面があるから、反社会的勢力と判明した場合であっても、関係各部署に情報を連携し、適宜弁護士のリーガル・オピニオンを徴求しつつ、直ちには期限の利益喪失には踏み切らないことも経営判断として認められうる。ただし、属性のほか、融資金の使途、返済状況、行為態様などのモニタリング（継続監視）を行い、期限の利益喪失の機会をうかがいながら、新規融資を控え、次第に融資額を減少させることが必要である。

(b) **暴排条項が導入されていない場合**

暴排条項が定められていない場合に、銀行取引約定書の「本項各号のほか乙の債権保全を必要とする相当の事由が生じたとき」といった包括条項を根拠に、反社会的勢力の融資の期限の利益を喪失させられるかが問題となる。

この「相当の事由」については、ⅰ債権保全を必要とする事情が客観的に認識可能であること、（客観的認識可能性）、ⅱ当該融資先と金融機関との間の信頼関係が破壊されたと評価するに足りる事情が存在すること（信頼関係破壊）、ⅲ金融機関に損失が生じる可能性があること（金融機関の損失可能性）という３つの要件を満たすことを基準として、個別具体的に判断すべきと解されている[3]。

よって、上記の３要件にあてはめると、金融機関が、①債務者が反社会的勢力であることが客観的事実として認識可能であり、②それにより金融機関

との信頼関係が破壊され、債務者たる反社会的勢力の信用力低下により経営が悪化し、債務の返済が困難となって金融機関が損失を被る可能性があることを主張立証し、包括条項に該当するとして期限の利益を喪失させ、取引の解消を図ることとなる。

この点、属性の濃淡、行為要件の有無、融資金の使途、当初の資金使途と異なる使途（とくに、暴力団の活動を助長するもの）への流用の有無、融資実行時に提出された書類に虚偽のものが含まれていないか、負債額の大小、期限の利益を喪失させる場合と、させない場合の回収可能性の比較などの事情も考慮することが考えられるが、このような要件を主張立証しうるのは、限定的な場合となるであろう。

3　協同組織金融機関における会員・組合員の排除に関する定款改正

(1)　定款における暴排条項参考例

①　定款の一部改正

全国信用金庫協会（以下「全信協」という。）や全国信用組合中央協会（以下「全信中協」という。）は、前記2の全銀協と同様に暴排条項参考例を策定しているが、協同組織金融機関に特有のものとして、会員・組合員からの排除の問題がある。

全信協は、平成24年3月30日、反社会的勢力の会員からの排除に関して信用金庫定款例を一部改正し、全信中協も同年4月13日、同様に信用組合定款例を一部改正し、それぞれ会員・組合員に通知した。これをもとに、多くの信金・信組が平成24年6月の総代会において定款の一部改正を承認可決している。

3　大西武士「銀行取引約定書5条2項5号と信義則」（金融法務事情1367号109頁参照）。債権保全相当事由の該当性が問題となった裁判例として、大阪高判昭和45年6月16日（金融法務事情589号32頁）、仙台高判平成4年9月30日（判例タイムズ812号220頁）、東京地判平成19年3月29日（金融商事判例1279号48頁）などがある。

② 信用金庫定款例の概要（加入の未然防止と加入後の排除）

　会員・組合員から反社を排除するにあたっては、入口段階で反社会的勢力の加入を未然に防止するとともに、加入後に会員・組合員が反社と判明し、または反社会的勢力に属性を変更した場合に脱退させることが必要である。信用金庫定款例と信用組合定款例は同じ構造をとっているため、本稿では、改正後の信用金庫定款例をもとに解説する。

　ⓐ　会員資格への属性要件追加

　従前、「会員たる資格」は、地区や従業員数、資本金等の規模により制限されてきたが、定款例5条2項において、資料（信用金庫定款例）の【別表3】の属性要件に該当する場合に、会員となることができないものとしている。属性要件のなかには、元暴力団員（暴力団員でなくなったときから5年を経過しない者）およびいわゆる「共生者5類型」も定められている。会員資格は、融資を受けうる地位とも関係するため、融資取引と属性要件の範囲を同一にする要請があり、また普通預金などと異なり、元暴力団員なども含め広く排除しても問題がないと解されるためである。

　定款例において、会員資格の消極的要件として属性要件が定められたことから、当該属性要件に該当する場合には、会員資格を喪失し、法律上脱退する。

　ⓑ　加入申込書への表明確約導入

　会員資格に暴排条項を導入することとなったが、信用金庫は、加入の承諾をするにあたって、会員資格を有しない者との間で契約を締結しないよう、加入申込者の会員資格を十分に確認することが必要である。

　そこで、加入申込みに関する定款例10条1項も改正され、①属性要件に現在および将来にわたって該当しないことの表明確約、②行為要件を行わないことの確約が追加された。

　ⓒ　除名事由の追加

　定款例15条の別表4において、次の2つの場合について除名事由として追加している。

　(a)　行為要件に該当する場合

　暴力的な要求行為、法的な責任を超えた不当な要求行為などをした場合で

ある。

(b) 加入時の表明確約違反が判明した場合

前記のとおり、会員になろうとする者が、資料（信用金庫定款例）の【別表3】の属性要件に現在該当しないことの表明、および将来にわたっても該当しないことの確約などを記載した加入申込書を会員に差し出すこととされており、この表明確約に関して虚偽の申告をしたことが判明したときである。

(2) 会員・組合員からの反社会的勢力排除方法

改正後の信用金庫定款例をもとに、会員・組合員からいかに反社会的勢力を排除するかが今後の実務上の課題となる。

以下において、信用金庫を例にとり、加入の未然防止と既存会員の排除に分けて実務対応を整理する。

① 加入の未然防止

信用金庫は、会員の加入申込時に、反社会的勢力の加入を未然に防止する態勢を整備する必要がある。

定款例に追加された表明確約は、牽制・予防効果（会員加入への未然防止）があるし、表明確約違反が認められることによって悪質性や信頼関係破壊が認められやすく、事後的な排除（除名）を確実に行うにも有効である。

また、加入申込者の属性の確認方法としてはさまざまあり、加入申込み時には、表明確約手続を履践するほか、会員として申し込んできた者の風体や言動などに注視するとともに、自金庫のデータベースとの照合などを行う必要がある。この結果、反社会的勢力と疑われる場合には、必要に応じて警察へ照会するなどして加入を謝絶することとなる。相続人が属性要件に該当する場合も、定款例5条2項によってその者は、「会員となることができない」ことから相続加入はできず、加入を拒否することができる。

② 既存会員の排除

ⓐ 会員の資格喪失

既存の会員についても、自金庫の反社データベースに該当した場合、暴力団員として報道された者について会員と氏名や年齢幅が一致した場合、風体

や威圧的言動から反社会的勢力と疑われる場合などについて、警察へ照会し、その結果、反社であることが判明した場合、会員からの資格喪失手続を行う必要がある。理論的には、属性要件に該当することによって、通知の有無にかかわらず当該会員は脱退することとなるが、実務上は各金庫において送付時期等を適宜定め、脱退した旨および出資相当額の受領方法等を知らせる通知書を送付することが考えられる。

また、属性要件に該当することが疑われるグレー事案については、継続監視（モニタリング）を行い、属性要件該当性が立証できるだけの資料がそろった場合には、会員資格喪失の手続をとる必要がある。

ⓑ　除名手続

既存の会員について、行為要件該当性や表明確約違反が判明した場合、除名を検討することとなる。

行為要件については、行為の継続性・反復性・悪質性など、表明確約違反については悪質性・重大性などをそれぞれ考慮して決定する必要があり、定款例15条においても、「除名することができる」と金庫側の裁量を認める規定の仕方となっているが、属性要件に該当する場合には、当然に会員資格を喪失することとの比較からも、裁量権の濫用によって除名を回避することがないよう留意が必要である。

除名については、総（代）会の10日前までに、会員に対してその旨通知し、かつ総（代）会において弁明の機会を与える必要があり、警察と連携し、安全確保措置などの態勢整備を行う必要がある。

なお、表明確約違反の場合において、表明確約をした時点および現時点の双方において属性要件に該当する場合（暴力団員でなくなったときから5年を経過しない者を含む）、会員となることができず（定款例5条2項）、会員たる資格を当然に喪失して脱退するため、表明確約違反を理由に除名することができる対象とはならない。これに対し、表明確約をした時点では属性要件に該当したが、現時点では該当しない場合、会員たる資格の喪失事由には該当せず、よって除名することができる対象となる。

4　保険会社

(1)　保険契約についての暴排条項

①　生命保険契約
ⓐ　生命保険協会の約款規定例の内容

　生命保険協会（以下「生保協会」という。）は、平成24年1月、「反社会的勢力への対応に関する保険約款の規定例」を公表しているが（資料編688頁以下参照）、各生命保険会社はこれを受け、重大事由解除規定の一事由として約款に暴排条項を盛り込み、金融庁から約款改訂認可を受け、同年4月から導入・施行している。

　生保協会が公表した前記規定例において、暴排条項は、重大事由解除（保険法57条、86条）の包括条項の明確化として位置づけられている。保険契約者等が反社会的勢力という属性に該当することは、故意の事故招致や保険金詐欺に準じた信頼関係の破壊が認められ、重大事由に該当しうるものと解される。

　告知義務違反や危険増加による解除ではなく、重大事由解除に位置づけられたのは、契約締結時の告知が必要となる告知義務違反と異なり、暴排条項の規定されていない既存の契約についても重大事由解除の包括条項により解除が理論的に可能となること、重大事由解除は、告知義務違反や危険増加による解除と異なり、除斥期間や因果関係不存在特則の適用がなく、解除規定としての実効性を確保しやすいことなどが理由としてあげられる。

　生保協会の規定例における属性要件の範囲として、暴力団、暴力団員、暴力団準構成員、暴力団関係企業等などが列挙されているほか、暴力団員の中には「暴力団員でなくなった日から5年を経過しない者」（元暴力団員）を含むこととされ、また共生者類型が網羅されている。

ⓑ　解除の効果

　保険契約解除の効果は、解除時から将来に向かって生じる（保険法59条1項、88条1項、約款規定例1項柱書）。ただし、保険契約の解除前に保険金の

支払事由が発生していた場合であっても、保険金の支払事由発生が解除事由発生後であれば、保険金の支払が免責される（保険法59条2項3号、88条2項3号）。保険金の支払事由発生が解除事由発生後であるにもかかわらず、すでに保険金を支払済みの場合は、保険会社は、保険金相当額の返還を請求できる（約款規定例2項1号）。

ただし、反社会的勢力に属するのが複数の保険金受取人の一部のみの場合には、重大事由解除による保険金支払免責の効果は、保険金のうち、その保険金受取人に支払われるべき保険金に限定される（約款規定例2項1号）。契約者（の一部）または被保険者が反社会的勢力であって契約が解除された場合には、保険金等支払義務の全部が免責される。

保険契約を解除するため、解約返戻金がある場合には、保険契約者に対して支払うこととなる（約款規定例2項1号）。ただし、死亡保険金や高度障害保険金の支払事由が発生した場合において、反社会的勢力に該当するのが複数の保険金受取人の一部であり、当該受取人に対してのみ保険金を支払わないときは、支払わない保険金に対応する割合の解約返戻金を保険契約者に支払うこととなる（約款規定例4項）。

② 損害保険契約

日本損害保険協会（以下「損保協会」という。）は行動規範（行動指針）[4]に、「市民社会の秩序や安全に脅威を与える反社会的勢力および団体に対しては、介入を排除するための具体的措置を講ずるとともに、その資金洗浄の防止に取り組む」ことを定めている。

また、不正請求等防止制度の運営を通じて、反社会的勢力等からの保険金の不当・不正請求を防止する取組を行っているほか、反社会的勢力からの情報をデータベース化し、平成22年1月から全社で参考情報として利用できるよう運営を開始している。

損害保険契約における暴排条項導入については、さまざまな商品種目があり、とくに賠償責任保険など、被害者保護との関係に留意する必要があるという特殊性があることから、損保協会において、損害保険契約の商品種目ご

---

4 http://www.sonpo.or.jp/news/file/00162.pdf

とに暴排条項参考例の慎重な検討がなされている。本書脱稿時点において、暴排条項参考例が公表されていないが、近日中に策定されるものと予想される。

(2) 保険契約についての排除方法

① 反社会的勢力との取引を未然に防止するための態勢

ⓐ 契約締結時におけるスクリーニング

保険会社が反社会的勢力といったん保険契約を締結してしまうと、継続的契約理論等から解除が困難となるケースもあるため、契約締結時に未然に防止する態勢整備が必要である。この点、前記のとおり、金融庁の平成24検査事務年度検査基本方針においても反社会的勢力対応（法令等遵守態勢の整備）は重点的検証事項とされている。また、暴排条例においても、契約時の措置として、相手方が暴力団関係者でないかの確認が努力義務化されているところである（東京都暴排条例18条1項など）。

よって、契約締結時（引受段階）において、従前より行ってきた第一次選択、医学的診査などに加え、自社におけるデータベースや業界データベースを活用し、保険契約関係者（生命保険については、保険契約者、被保険者、保険金受取人）についてスクリーニングを行うなどの審査態勢を整備し、反社会的勢力との取引を未然に防止する必要がある。保険金受取人についても、生命保険契約の暴排条項における排除対象者に含まれていることから、氏名や被保険者との続柄のみならず、生年月日や住所などの情報を取得し、排除の実効性を高める必要がある。

ⓑ 損害保険契約における留意点

損害保険契約については、主要な募集チャネルである損害保険代理店（以下「代理店」という。）に契約締結権限（代理権）が付与されていることが多いため、損害保険会社において引受審査をしているところは少ないと思われる。この点、金融庁は、反社会的勢力との取引を未然に防止するための「事前審査」には保険契約に加入する際の事前審査も含むとの見解を示してお

---

5 監督指針に「反社会的勢力による被害を防止」を挿入する改正に関するパブリックコメント（平成20年3月26日）における「金融庁の考え方」を参照。

り[5]、代理店において反社会的勢力情報を収集したり、損害保険会社から代理店に対して反社会的勢力に関する情報を提供し、代理店において反社会的勢力との取引を未然に防止したりする態勢の構築が検討されるべきである。ただし、反社会的勢力に関する情報はセンシティブな情報であるため、万一漏えいしないよう、情報管理に最新の留意を払うべきであり、代理店との間で当該保険契約について引受の可否という結論のみを伝えるシステム構築なども検討課題である。

② 保険契約締結後の排除態勢
ⓐ 保険契約締結後の定期的スクリーニング等

保険契約締結後における反社会的勢力排除態勢（スクリーニング）も重要である。とくに、生命保険契約は継続的契約であって契約が長期間に及び、顧客の属性は変化しうるし、また反社データベースも更新されることから、継続的顧客管理として、顧客情報と反社データベースとを定期的または必要に応じて（前記引受け時のほか、契約者変更・受取人変更など契約異動時、支払時など）突合し、その時点での顧客の反社会的勢力該当性をチェックする必要がある。

損害保険契約について、引受け時のスクリーニングをしない場合であっても、契約締結後できる限り早い段階でスクリーニングを行い、反社会的勢力と判明した場合には解除を行うことによって、保険事故発生後に解除するような場合に比して重クレームを防ぐことが可能となる。

ⓑ 解除権行使にあたっての留意点

反社スクリーニングの結果、データベースにヒットしたことなどを契機として、警察情報の照会を行い、暴排条項の属性要件に該当することが判明した場合、解除を検討することとなる。

保険契約に関し、属性要件に該当するのみで保険契約を解除することが可能であるが、重大事由解除規定はモラルリスク排除等を目的とし、本来は例外的な適用を前提として導入されたものであり、また重大事由解除の包括条項が広範であるとの批判もある[6]。

---

6 衆参法務委員会において解除権の濫用に関する附帯決議がなされ、金融庁監督指針においても重大事由解除の濫用に関する記載がある。

よって、実際の運用にあたっては、解除権の濫用にならないよう、また訴訟リスクを低減する観点も踏まえ、属性要件該当性のみで機械的・形式的に判断するのではなく、事実関係を十分に調査し、⒤為要件、⒤⒤モラルリスクに関連する事実、⒤⒤⒤保険取引に関連する事実（例：取引の性質・内容・金額・継続期間）、⒤ⅴ契約時における暴排条項の存在（旧約款契約か否か）や説明の有無なども総合考慮し、故意の事故招致や保険金詐欺に比肩するような重大な事由に該当するかを検討する必要がある。ただし、保険会社が重大事由に該当する事実を知りながら、不当に解除権の行使を遅延させることは適切でないところであり、合理的な期間内に解除権を行使するような態勢整備をする必要がある。

　なお、生命保険契約については、たとえば、⒤保険金受取人を変更したいとの申出があり、新たな保険金受取人が反社会的勢力に該当する場合、まずは解除対象となる旨を通告し、受取人変更の撤回を示唆するなどの措置をとるべきか、あるいはこのような措置をせずに解除すべきか、⒤⒤主契約更新によって暴排条項導入後の新約款が適用される契約について、更新前の契約を締結した当初は、暴排条項が存在しなかったこととなるが、解除が可能か、など個別の問題がある。

　この点については、個社において方針を決定すべき問題であるところ、本書の目的や紙幅の関係で詳細を論ずることはできないが、各社において法務等関連部門や弁護士の意見を徴求するなどし、実務方針を構築することが望ましい。

5　終わりに

(1)　適切な暴排条項適用態勢の構築

　金融庁の検査基本方針において、反社会的勢力との取引を未然に防止するための態勢整備が重点の検証事項とされ、検査の指摘事例においても未然の防止態勢が中心となっている。金融機関においても新規取引の謝絶については事例が蓄積してきているが、既存取引の排除に関し、すでに相当数の暴排

条項適用事例があるところと、まだ適用事例がないところに分かれている。

　反社スクリーニング等を通じて反社会的勢力との取引を把握した場合も、反社会的勢力の認定や解除の法的リスクにつき、リーガルチェックなど社内プロセスを経たうえで関係遮断せず、モニタリングを続けるという結論に至ることは別として、何ら具体的対応策を検討せずに「伝家の宝刀」のように暴排条項を適用しないのでは態勢として十分とはいえず、今後検査において指摘の対象となる可能性がある。

　以上みてきたとおり、暴排条項の各種約款等への導入が行われ、反社会的勢力の実態も踏まえて融資等については、暴排条項の属性要件が明確化され、警察からの情報提供についても平成23年通達において拡大の傾向にある。すなわち、金融機関にとって暴排条項適用の環境が整備されてきているところであり、「暴排条項導入」から一歩進め、「適切な暴排条項適用態勢」を構築する必要がある。

(2)　犯罪収益移転防止法と反社会的勢力対策の統一的対策

① 改正犯罪収益移転防止法における取引時確認事項

　暴排条項や暴排条例に基づく反社会的勢力排除の取組みが進展する中、反社会的勢力は、潜在化を進めており、金融機関の反社会的勢力対策にあたっては、平成25年4月1日に施行される改正犯罪収益移転防止法（以下「改正犯収法」という。(関連論考第Ⅴ章408頁以下を参照)）に基づく取引時確認が有効である。

　すなわち、改正犯収法においては、従前の本人特定事項に加え、取引目的、顧客等が自然人であれば職業、顧客等が法人であれば事業内容および実質的支配者の本人特定事項についても一律確認が求められることとなった（改正犯収法4①）。

　これらの確認は、反社会的勢力の事前審査にも有益である。すなわち、暴力団員自体が株主として実質的支配者となっているケースは近年少なく、暴力団関係企業の判断が困難になりつつあるが、法人の実質的支配者の情報を求めることにより、抑止・牽制効果を期待しうる。また、暴排条項における共生企業（前記の暴力団員による「経営の支配」や「経営への実質的関与」）の

認定に資するためにも、改正犯収法で定められているよりも、さらに深度ある確認を行うこと（たとえば、FATFの要請する「究極の実質的支配者」(Ultimate Beneficial Owner)）も1つの方法である。

② 金融庁のパブコメの結果

金融庁が平成24年11月28日に公表した「『主要行等向けの総合的な監督指針』及び『金融検査マニュアル』等の一部改正（案）に対するパブリックコメントの結果等について」の「コメントの概要及びコメントに対する金融庁の考え方」[7]において、①取引の相手方が暴力団員等またはその疑いがあることは、継続的取引である特定取引についてなりすましの疑いがある場合、契約時確認事項を偽っていた疑いがある場合というハイリスク取引に該当するかを判断する1つの要素として考慮すべき内容であること、②金融機関が改正犯収法に基づく取引時確認および疑わしい取引の届出を行うに際しては、政府指針の趣旨を踏まえ、反社会的勢力との関係遮断を念頭において態勢を整備し、適正にこれらを実施する必要があるという考え方が示されている。

筆者としては、以前より反社会的勢力対策とマネー・ローンダリング対策については統一的な内部統制構築を行うべきであると提唱してきたところであるが[8]、金融庁の考え方としても、反社会的勢力対策は、犯収法に基づくマネー・ローンダリング対策において重要な要素となり、相互に関連付けて態勢整備を行っていく必要があることが明らかになったといえる。

反社会的勢力の潜在化に対する有効な排除態勢構築のためにも、金融機関は、改正犯収法に基づく対策と反社会的勢力対策を「金融犯罪対策」として有機的に関連付けることにより、反社会的勢力との関係遮断およびマネー・ローンダリング防止の双方に役立てる態勢を構築していく必要がある。

7　http://www.fsa.go.jp/news/24/ginkou/20121128-2/01.pdf
8　鈴木仁史＝山崎千春『「反社」と「マネロン」統一的な内部統制構築に向けて（上）（下）』（週刊金融財政事情2901、2902号）。

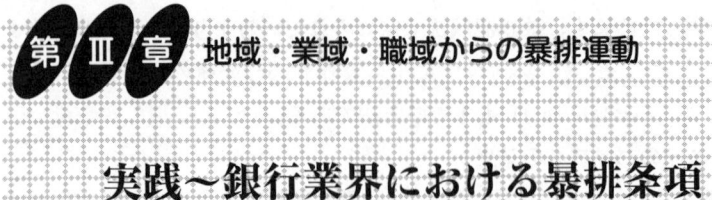

第Ⅲ章 地域・業域・職域からの暴排運動

実践～銀行業界における暴排条項

髙橋金融研究所　所長　髙橋　延生

1　金融機関が標的になっていた実態

(1)　暴対法以前、私の体験……えせ同和、えせ右翼、総会屋に遭遇

　私が銀行の営業店に勤務したのは約20年間で、暴対法施行以前は、随分と彼等に脅かされた。とくに、新宿地区は、融資課長と支店長と２度勤務したが、いろいろとひどい目に会った。代表的な３事例を経験談として記述したい。

　【事例①】　昭和54年頃の課長時代、いわゆる『えせ同和』による強制融資である。とても、融資できるような案件ではない申込みが、区の制度融資である斡旋融資の形式で、信用保証協会を通してあった。保証協会に「疑問案件」の電話を入れると、『断れるなら、断って下さい』という。変なことをいうなと思いながら、社長に謝絶の電話を入れる。翌日、屈強な男が４人、社長と来店。「俺たちを差別するのか」「制度融資を断っていいのか」といきなり怒鳴り出した。名刺を見ると大きな名刺に、黒々と○○同和会、会長□□□□となっている。なんと、今でいう「行政対象暴力」であった。

　こっちは差別するも何も、初面である。４人が大声で喧嘩腰の抗議。案の定、６ヵ月後、不渡りを出して、取引停止処分となった。後日、実態は、高額の手数料を取る融資斡旋業である、ということを聞いた。

　この事件とは別と思うが、この時期、新宿では、隣の某銀行の支店長が自

殺に追い込まれた事件が新聞で報道された。また、線路の反対側の某銀行支店長が階段から突き落とされる事件があった。まさに、当時新宿地区は、ヤクザ屋が跳梁跋扈する地域であった。

【事例②】　昭和61年頃、新宿の某支店に支店長で着任したが、事務ミスが発生。何と100万円の不渡り手形を二重に引き落し。直後に、本人の代理人が店頭で支払請求、残高がないので支払を拒絶してしまった。支店長に、「首を洗って待っていろ」と捨て台詞を残して帰った、という。
　これは、こちらの一方的ミスが原因であったので、直ぐ事務所に電話したが、留守電。何とか自宅を探し出し、その日の深夜、自宅を謝罪訪問。「タダでは済まねえぞ、どう落とし前を付けるんだ！」と脅された。
　「明日の夜、銀座でお前が迷惑をかけた先方さんと手打ちをやるが、お前も来て、事情を説明して、詫びをいれな！もちろん、勘定は、テメエ持ちだ！」「融資の１本も出しな、それから、当座も３本な」、抵抗すると、「誠意をみせろ」。結局は、「株付けするから……」、「今度の株主総会が楽しみだな」、などとうそぶく。
　翌日、総務部長に報告するとこっぴどく怒られた。後日判明したのは、ミスした相手が運悪く、表看板が高利貸しで、裏稼業が『総会屋』、とのことであった。

【事例③】　平成４年頃、次の支店では、今度は自宅に『エセ右翼』が街宣活動を仕掛けてきた。銀行の支店前の街宣では、大きな道に面しているから、あまり困難な状況にはならない。しかし、自宅の細い４Ｍ道路をバックで入り、「〇〇銀行〇〇支店長、高橋延生出てこい！」。運転手も合唱して「出てコーイ！」と連呼された時には、本当に困窮した。車の拡声器と住宅の窓の間隔が１Ｍで、その爆音に耐えられず、また、ご近所の迷惑は、と考ると……。
　「当時の警察は、「民事不介入」、「政治不介入」が大前提のようで、直ぐに警察に電話したが、なかなか来てくれず、やっと来てくれた時は、それを見届けるように立ち去るのが通例であった。いつ来るか分からず、年老いた実

母は米屋の出身で、「昔、子供の頃の『米騒動を思い出す』」とかで、恐怖におののき、家族中が土日は不安」で、落ち着かなかった。

どうも、この事件は、某取引先の関係者が、自社の内部抗争を決着させるために、えせ右翼の威力を利用したのではないか、との評判であった。

(2) 暴対法以前の本部対応
　　　　……暴力団を上手く処理するのが"支店長の仕事"

正直、平成4年、暴対法が施行されても、銀行本部の対応は「われ、関知せず」と、相変わらず支店任せであったように思う。報告に行っても、明らかに迷惑な顔をされ、こちらの落ち度を逆に追及され、「何のために支店長手当をもらっているんだ」、「解決するのが支店長の仕事だろう」と皮肉をいわれる始末。

しかし、今、考えてみれば、この時期、仮に政府指針が出ても、やっぱり「組織対応」は出来なかったし、何の行動も起きなかったであろう。まだ、その時期がくるのには、長い時間が必要であった。

(3) 第一勧銀・四大証券事件と蛇の目ミシン判決が事態を急旋回へ

そのキッカケは何と言っても、総会屋小池隆一による約400億円にのぼる強制融資等の、第一勧銀・四大証券事件（平成9年5月）という衝撃的な事件が勃発して、多くの犠牲を払ったことであろう。また、この事件が引き金で大蔵省・日本銀行の特別接待事件（平成10年1月）が惹起されて、金融監督庁（同年6月）、金融庁（12年7月）が発足。『反社会的勢力』なる用語もこの時期に同庁により使用され（10年12月）、定着したといわれている。

明らかに、潮の流れが変わったのは、会社法成立（平成17年7月）で可能になった蛇の目ミシンの最高裁逆転判決（平成18年4月）だと考えられる（詳しくは、第Ⅰ章の126頁参照）。さらに、某銀行の飛鳥会事件に対する業務停止命令（平成19年2月）と続き、平成19年6月の「政府指針」（資料編646頁参照）で、やっと「組織対応」という方向が定まった。2年という短期間に、事態が急速に回転した。

(4) 金融庁の監督指針改正、平成20年3月
　　　……全銀協、暴力団排除条項の参考例、平成20年11月

　反社会的勢力に関する政府指針を受けて金融庁の監督指針及び検査マニュアルが改正された。そして、反社会的勢力との「一切の関係遮断を解消し」、また、同勢力との取引を「未然に防止する態勢が整備されているか」についても、重点的に検証することとなった。
　要するに、「入口と出口」の双方を検査することに決定した。ここで、明確に本部も変化した。
　この金融庁の改正監査指針を受けて、全銀協もこれに従い、先ず融資業務につき「銀行取引約定書に盛り込む場合の暴力団排除条項の参考例」を発表（平成20年11月）。そこで、翌年21年よりこれに沿った融資業務に関する約定書を各金融機関が採用し始めた。全信協、全信中協等、各業界もこれに追従した。また、21年9月、普通預金、当座勘定、貸金庫に関する約款の「暴排条項参考例」を追加した。
　また、協同組織金融機関では、全信協が平成24年3月、全信中協が同年4月、反社の既存会員からの排除に関して、定款例を一部改正して除名を可能にした。

2 暴排条項参考例の内容

(1) 暴排条項は何故、必要なのか？

　一切の関係遮断のポイントは、反社と判明した時に事後的に取引を解消する法的な根拠である。他の解除事由に該当するといった事情がない限り、当時は、法律上はむずかしい。裁判所で勝利するために、ぜひとも必要なものである。
　「公序良俗」とか、「信義誠実の原則」あるいは預金約款等の一般的な道徳的な包括規定を持ってきても、相手が相手で説得力はなく、相手にも有力な

弁護士が付き、勝訴は困難となる。
　そこで、この暴排条項が力を発揮するのである。いままで、多くの諸先輩が苦労に苦労を重ねてきた、反社に対する融資の拒絶手段として、強力な武器を与えられたことになった。

(2) 最初の暴排参考例は、どういう内容のものか？

第○条（反社会的勢力の排除）
① 　私または保証人は、現在、次の各号のいずれにも該当しないことを表明し、かつ将来にわたっても該当しないことを確約いたします。
　1　暴力団
　2　暴力団員
　3　暴力団準構成員
　4　暴力団関係企業
　5　総会屋等、社会運動等標ぼうゴロまたは特殊知能暴力集団等
　6　その他前各号に準ずる者

(注)　普通預金約款もほぼ同趣旨、「該当する場合には、当行はこの預金口座の開設をお断りするものとします」としている。

① 第1項は、属性要件と呼ばれるものである

　反社でないこと、つまり、暴力団やその関係者でないことを自らの表明と確約である。この条項の目的は、融資申込みをする反社に対して、一種の威嚇を行い、相手を警戒させ、入り口から抑制効果・牽制（けんせい）効果を狙ったものである。

② 第2項は、行為要件と呼ばれるものである

　前項の暴力団等の関係組織に所属する等の事実がなくても、実際に暴力的

不当要求行為等があった場合は、当方としては結果的に前項の暴力団等の関係組織に所属していると同じことになる。そこで、これを全面的に禁止し、行わないことを確約してもらう。

③　第3・4項は、期限の利益喪失条項と呼ばれるものである

即座に「すべての借入金を返して下さい」と要求できる条文である。要件は、属性要件と行為要件、どちらかに該当することが明らかになった場合である。また、当然喪失とせず、請求喪失とした。これは、取引先や保証人は通知を受けなければ本条項が適用されることを認識できないこと、また、金融機関が取引事情を考慮して柔軟に対応できるからである。

(3)　平成23年6月「参考例」が改正……"社会的非難されるべき関係"

属性要件の第1項1号の暴力団、同2号の暴力団員と同3号以下とは大きく異なる。とくに、同6号の「その他前各号に準ずる者」は、包括規定で後者は一般的に不明確の部分があることは否めない。
　そこで、全都道府県に暴排条例の施行にともない、排除対象を明確化する必要があるという趣旨の改正が行われた（拡充ではないという位置付け）。

改正参考例の要旨…新要件の追加等23.6
(1)　暴力団員でなくなってから5年を経過しない者（元暴）
(2)　共 生 者…暴力団準構成員、暴力団関係企業、その他準ずる者
　①　暴力団員等が経営を支配している株主・役員
　②　暴力団員等が実質的に経営に関与している……人事介入、取引先選定・条件介入
　③　暴力団員等の威力を利用して、不正な利益を図る、もしくは損害を加える……競合他社排除、談合参入圧力・入札辞退強要
　④　暴力団員等に資金・便益を提供・供与する関係を有する……架空外注費で資金提供、組長車の提供

⑤　暴力団員等と社会的非難されるべき関係を有する…通称・密接交際者
　　22.8「大阪地裁の判断」、A.関係に至った原因、B.暴力団員と知った時期、C.その後の対応、D.交際内容の軽重、E.その他の情状を総合的に判断する
　　イ）　賭博、ノミ行為、無尽に参画、参加
　　ロ）　共犯事件で逮捕など、妥当性を欠く内容の関係を有する
　　ハ）　結婚式、還暦祝、ゴルフコンペ、旅行等、親密な関係を有する
(3)　免責・損害賠償規定
　「暴排条項の適用で私に損害が生じても、賠償を請求しません。銀行に生じさせた場合はその責任を負います」。

(4)　金融機関は、ゴルフコンペや旅行会等に厳重注意
　　　　　　　　　　　……"密接交際"の風評リスク

【事例研究】　建設業の東西興業社長が支店長を訪ねて来店、応接室にて。
・社　長「小さいがマンションの仕事が獲れそうなんだよ」
・支店長「ソリャ有難い話ですね、厳しい今のご時世で……」
・社　長「そこで、頼みなんだが、今度のお宅の支店ゴルフ会、その施主の高橋さんを呼んでもいいかな？高橋さんも友人を一人連れて来るんだが……」
・支店長「地元有力者の高橋さんですか？ウチは、取引がないのでぜひ紹介して下さいよ。呼ぶことは構（カマ）いませんよ、社長以外に二人ですね」
・社　長「よかった、これで受注が正式に決まると思うよ」
・支店長「その代わり、社長、運転資金はウチを使って下さいよ」

　　　　　―――――2ヵ月後、店内、支店長席
・渉外課長「支店長、東西興業の件で、ちょっと気になる話を聞いたんですけど……」
・支店長「どうしたんだい、暗い顔して？」

・渉外課長「施主の高橋さんなんですけど、噂なのですが、○○組の幹部と交際があるようで、……」
・支店長「交際って？」
・渉外課長「ゴルフ友達だそうで、お互いの息子さんの結婚式に招待し合ったりしているそうです。それから……、ウチのゴルフ会も連れて来たようで！」
・支店長「エッ！それホントに！じゃあの人が……でも、ウチが施主に貸すわけではないから、関係ないだろう！」
渉外課長「そりゃ、そうなんですが、地元で評判になっていまして……高橋さんと暴力団幹部との関係が……そして、ウチのゴルフコンペが！」

さて、このような観点から、この事例をチェックしてみる。

地域金融機関にとって風評リスク、つまり、単なる噂であっても、情報の重要性が増した現代では、不測の事態、事件によって『企業の評価』を低下させる風評が流れる可能性がある。『人の口に戸は立てられない』だけに恐ろしいものである（レピュテーショナル・リスク）。

したがって、今後は懇親会のメンバーに留まらず、一般参加者にも厳重に注意する必要がある。ちなみに、歌手の吉幾三氏が平成23年5月、神戸市内で開かれたファン主催の食事会で指定暴力団○○組の直系組長と同席していたことが報道された。しかし、吉幾三氏は組長とは面識がなく、ファンが呼んだものと推測され、条例には抵触しないと認定された。

このようなことが「金融機関の支店長に起きたら……」と考えただけでも恐ろしいことである。

(5) **属性情報では反社との確証が得られない場合、行為情報のポイントはどのような点か？**

具体的ケースでさまざまであるが、一般に、指摘されている点は、その反社と疑われる者の下記行為の悪質性、反復性、継続性を判断することが「認定」の決め手になる。

① 暴力的な不当な要求行為

② 取引に関して、脅迫的な言動をし、または暴力を用いる行為
③ 風説を流布し、偽計を用いまたは威力を用いて当行の信用を毀損する行為
④ 当該金融機関の業務を妨害する行為

したがって、その判断は、具体的には専門的知識を要する。

まず、その不当要求行為等の悪質性である。一般常識や類似事例と比較、その異常性等、悪質性を検討する。次に、どのくらいの密度で反復性され、どのぐらいの期間に渡って継続性されているか。これらの点を総合判断する（既往取引先に限定しない）。

しかし、以上のような行動があった場合は、取引がなくても登録基準を定め、とにかく反社データに登録しておくことが重要である。というのは、当該者が他の支店にいって、その店が取引を開始してしまうことがあるからである。「認定」は、後日の問題である（末尾「反社格付」24頁参照）。

(6) 反社データの収集とスクーリングが重要
……平成23年7月、金融検査指摘事例集

適正に暴排を実施するには何といっても各金融機関独自のデータセンターの充実が重要である。それには、業界や警察・暴追センター等の協力が欠かせない。これを自助・共助・公助といっている。しかし警察は、「取引の解消を検討している先があるんだが、この先は反社会的勢力に該当するかどうか」という相談、これには原則応じてくれる。単なる情報提供やリスト等の提供には応じない（平成23年12月通達）。

金融検査で指摘されているのは、本支店間（たとえば、総務部と支店）あるいは支店間（A支店で謝絶、B支店で開設）で情報を共有することが出来てない点である。各店で日々起きている不正口座、疑わしい取引口座、捜査協力の要請口座、住民運動の対象口座、重大事件の報道口座等の情報は、この反社データセンターに集約、情報を一元化する必要がある。

取引開始に当たっては、このデータセンターに照会するとともに、定期的

にスクーリングを行い、取引開始後であっても洗い出し、反社の格付（別紙、14頁参照）を行い、モニタリングを実施することが必要である。

(注) 平成23年２月、広島地検、暴力団組員でないと偽り、通帳とキャッシュカードを詐取したとして、詐欺罪で起訴。暴排条項適用の全国初めてのケースである。

(7) **反社と認定するのも現実は容易でなく、訴訟されるリスクもあると思いますが？**

取引先が反社との確証が得られない段階での解除は、その契約解除に伴うリスクを適切に管理する必要がある。つまり、契約解除する"訴訟リスク（判断が誤っていて、裁判で負けた場合の影響）"と、"貸金回収を行う必要性"とのバランス検証を金融機関内で十分行うことが大切である。

金融庁の監督指針では、先ず、相手方が反社との疑いを持ったら、直ちに調査を開始する必要がある、としている。そして、その調査結果により取引関係の解消に乗り出すことになる。

政府指針では、反社との関係解消についてその疑いの濃淡で３段階に対応を分けている。つまり、認定に正確性・合理性が金融機関に求められるために、関係解消にもその程度により、対応が分かれるのが現実的といえる（政府指針に関する解説４）。

A. 直ちに契約を解消する

　　種々の観点から反社と認定できる、黒であれば取引解消の事務手続に入る。

B. 契約解消に向けた措置を講ずる

　　反社とするには材料が足りない、厳密には認定できない場合、さらに材料を追及、一定の猶予期間を経て、取引解消の措置をさらに検討する。

C. 関心を持って継続的に監視する

　　漫然と放置することなく、引き続き将来の取引解消に備え、モニタリングを継続。これらの期間については、とくに標準期間・期限が設

けられているわけではない。

(8) 反社と認定された場合、直ぐに取引を解消しなくてはいけないのか？

　全銀協の銀行約定書参考例では、"継続することが不適切の場合には"という文言が記載されている。つまり、条件のような事項があり、銀行の判断の余地を残した条文となっている。

　警察等で正式に反社と認定された場合、原則は直ちに期限の利益を喪失させるべきあるが、個別事情で、現実的に非常に困難が伴う場合等デリケートな問題であり、「一律に全て実施しなければならない」という、結果責任が求められているとは、必ずしも解釈されてはいない。

　しかし、公共性に富む金融機関として、少なくとも「暴力団排除条項を適用する検討を開始しなければならない」、その〝プロセス〟が重要で、この文言に甘えることは許されない。つまり、「職員の身体的安全」を口実に、やたらに態勢整備を遅らせる等は許されないということである。

　なお、「当該返済が滞りなく行われていたとしても」、この問題は反社というコンプライアンスの問題であるから、少なくとも前頁の政府指針のB、またはCの対応をして、しっかりとモニタリングする必要がある。

　　㊟　平成20年4月、「暴力団との取引に社会の批判がこれほど高まる中、取引を排除する体制がなかった」として、某信用金庫に〇〇財務局から業務改善命令が出された。

(9) 実務では「反社格付」を勧める
　　　　　　　　……世論の流れは早い、随時これを見直す

　平成23年は、大相撲で元力士等4人逮捕、延暦寺が山口組の法要・参拝の拒否通知、島田紳助の引退会見、暴排条例が全国で施行完了と、暴力団関係のニュースが続いた。国民の意識、世論の変化は素早い。

　そこで、金融機関の暴排に関する判断・常識も常に変化に曝されているので、十二分に注意しなければならない。

　そこで、多方面から、いろんな角度から反社をモニタリングする意味で、

反社格付と定期的な見直しが必須である。

　まず、『反社の認定』でマトリックス的に分かりやすいように属性情報と行為情報で、たとえば、ＡＣとか、ＢＡとするのである（末尾24頁参照）。

　もう１つ重要な見方が『排除実施のチェック』で『社会的要請』と『訴訟リスク』の両面から同じように格付する。双方のチェックポイントを図表で示した、参考に願いたい。これを実行すると、チェック項目のすべてが目で確認できる。たとえば、認定でＡＢ、実施でＡＡであれば、ＡＢ・ＡＡとなり、即、実施ということになる。

　事例をあげると、反社の認定等、多少問題があっても暴力団事務所の排除運動が地元で行われていれば、率先して暴排条項適用を実行するのが公共機関たる金融機関の責務となる。

(10)　金融機関の本人確認義務の強化
　　　　　　　　　　　……平成25年４月、改正犯収法の施行

　現在、利殖勧誘事犯の被害増加により警察庁から、法人口座の即日開設停止と実在確認を要請されている。また、金融庁も「犯罪による収益の移転防止に関する法律」の施行に備え、その準備体制を検査する旨の12検査年度の基本方針を公表している。

　各金融機関は、顧客等の本人確認、取引記録等の保存、疑わしい取引の届出等の措置を講ずることを求められている。とくに、法人の場合、取引の目的や事業の内容及び実質的な支配者の確認等も要請され、現場は準備に追われている。

　今後もこの流れは、加速されることはあっても停滞、あるいは後退することは、現在は考えられない。

(11)　排除条項の実施と反社の格付制度（次頁）

　反社関係者の登録、監視、さらに暴排条項の実施を決断する場合等、各段階でチェック・リストとして使用願いたい。

排除条項の実施と反社の格付制度

1. 反社認定の基本と対応（H19.6 政府指針に関する解説 4)
   ① 直ちに契約解消　② 解消に向けて措置を講ずる　③ 継続的に監視

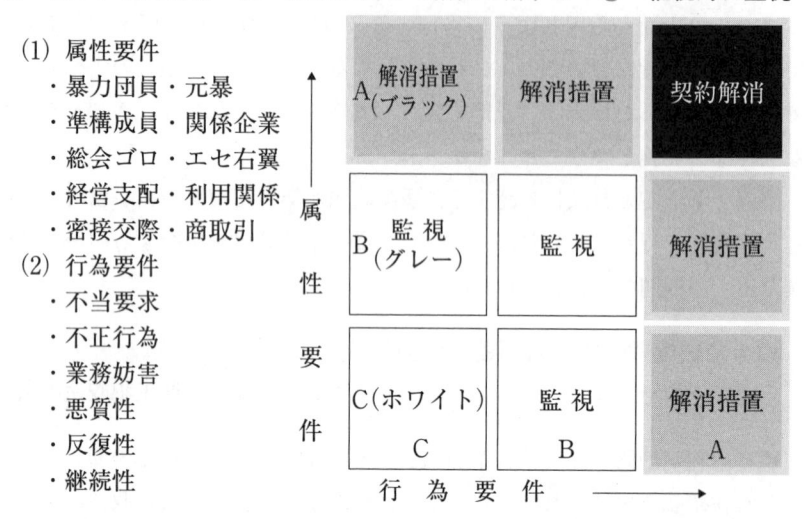

   (1) 属性要件
   ・暴力団員・元暴
   ・準構成員・関係企業
   ・総会ゴロ・エセ右翼
   ・経営支配・利用関係
   ・密接交際・商取引
   (2) 行為要件
   ・不当要求
   ・不正行為
   ・業務妨害
   ・悪質性
   ・反復性
   ・継続性

属性要件 ↑	行為要件 →		
A (ブラック)	解消措置	解消措置	契約解消
B (グレー)	監視	監視	解消措置
C (ホワイト)	監視 C	監視 B	解消措置 A

2. 反社排除実施のチェック
   ……ステークフォルダー対策、クライシスマネジメント
   公共性と組織の安全性とのバランス、「取引を継続することが不適切」の援用

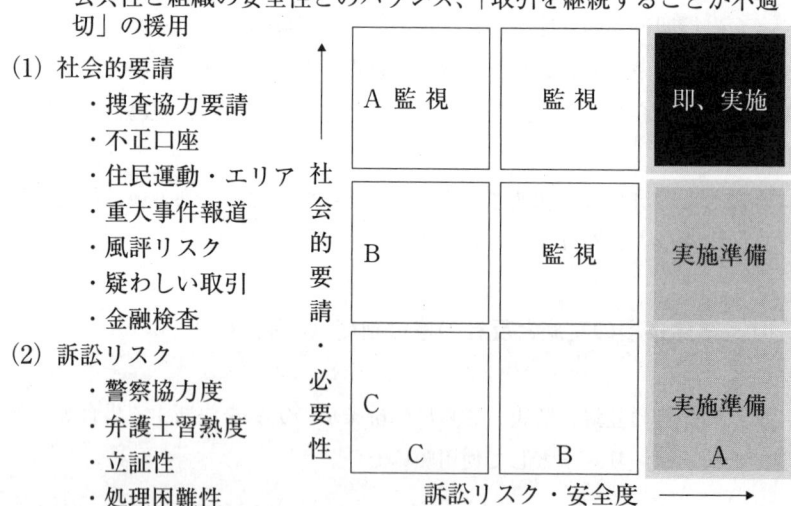

   (1) 社会的要請
   ・捜査協力要請
   ・不正口座
   ・住民運動・エリア
   ・重大事件報道
   ・風評リスク
   ・疑わしい取引
   ・金融検査
   (2) 訴訟リスク
   ・警察協力度
   ・弁護士習熟度
   ・立証性
   ・処理困難性

社会的要請・必要性 ↑	訴訟リスク・安全度 →		
A 監視	監視	即、実施
B	監視	実施準備
C C	B	実施準備 A

第Ⅲ章 地域・業域・職域からの暴排運動

金融機関からの反社会的勢力排除
～特定回収困難債権買取制度の活用

預金保険機構総務部　　審理役　　蝦名　幸二
　　　　　　　　　同部調査役　　武藤　禎康

　平成23年5月13日に成立した「預金保険法の一部を改正する法律」により、特定回収困難債権買取制度が創設され、預金保険機構（以下「機構」という。）は、本制度に基づき、金融機関から特定回収困難債権を買い取ることが可能となった。
　機構では、本法及び関係法令の規定等を踏まえ、同年10月29日には買取対象債権の範囲及び当該買取りに関する手続等について定めたガイドラインを公表し、特定回収困難債権の買取り及び制度に関する質問や個別の買取相談に対応している。そこで、特定回収困難債権の買取り業務の運用について、「特定回収困難債権の買取りに係るガイドライン」（本稿未掲載）の解説も含め、その主なポイントを紹介したい。
　なお、意見にわたる部分については、筆者の私見であることをお断りする。

1　特定回収困難債権買取制度の概要

(1)　制度創設の経緯・趣旨

　特定回収困難債権の買取制度は、平成23年4月1日に国会に提出され、同年5月13日に成立した「預金保険法の一部を改正する法律」により導入された制度である。同法は、整理回収機構（以下「RCC」という。）において、住専債権の回収等が平成23年12月を目処として完了するものとされていたこと

を踏まえ、住専債権の回収等の業務を円滑に終了するための措置を講ずるとともに、当該業務の終了に伴いRCCの機能を見直す等の措置を講ずる為に改正されたものである。

　RCCの機能を見直す措置として、RCCの業務を民間で代替困難な機能に特化するとともに、新たに承継銀行機能の付与と、機構・RCCによる特定回収困難債権の買取制度が導入された。これは、健全な金融機関であっても、反社会的勢力（以下「反社」という。）等に対する債権を保有する事態となれば、金融機関の財務内容の健全性が失われていく可能性があるとの観点、及びこれまでRCCが破綻金融機関の破綻処理を通じて反社等に対する債権の回収ノウハウを蓄積してきたとの側面も踏まえ、預金保険法（以下「法」という。）の目的に金融機関から反社等に対する債権を含む特定回収困難債権を買い取ることを加えることにより、金融機関の財務内容の健全性を確保し、もって信用秩序の維持に資することができるとの考え方に基づいている。

(2) 特定回収困難債権の定義

　特定回収困難債権とは、法第101条の2第1項において、「金融機関（破綻金融機関、承継銀行及び第110条第2項に規定する特別危機管理銀行を除く）が保有する貸付債権又はこれに類する資産として内閣府令・財務省令で定める資産のうち、当該貸付債権の債務者又は保証人が暴力団員（暴力団員による不当な行為の防止等に関する法律第2号第6号に規定する暴力団員をいう。）であって当該貸付債権に係る契約が遵守されないおそれがあること、当該貸付債権に係る担保不動産につきその競売への参加を阻害する要因となる行為が行われることが見込まれることその他回収のために通常行うべき必要な措置をとることが困難となるおそれがある特段の事情があるもの」と定められ、具体的な類型として、①「当該貸付債権の債務者又は保証人が暴力団員……であって当該貸付債権に係る契約が遵守されないおそれがあること」、②「当該貸付債権に係る担保不動産につきその競売への参加を阻害する要因となる行為が行われることが見込まれること」の2つが例示されている。前者は、債務者等の属性に着目するもの（以下「属性要件」という。）であり、後者は、

債務者等の行為に着目するもの（以下「行為要件」という。）である。これは、特定回収困難債権は①及び②に該当する必要があるということではなく、①もしくは②という類型に属するものを含む「金融機関が回収のために通常行うべき必要な措置をとることが困難となるおそれがある特段の事情があるもの」が特定回収困難債権であることを意味している。

「貸付債権又はこれに類する資産として内閣府令・財務省令で定める資産」の具体的内容については預金保険法施行規則第29条の2が「手形に係る債権、債券に係る債権、金融機関と債務者との取引契約の違約金又は当該取引契約を実行するための手数料に係る債権その他の当該取引契約に基づく債権」と定めている。金融機関の財務内容の健全性を維持するという法の趣旨を実現するため、金融機関と反社等との関係遮断を確実に行うことを目的に、貸付債権のみならず、それに付随する手数料や違約金のような他の債権も含むこととしている。

(3) 特定回収困難債権の買取手続

特定回収困難債権の買取に対しては、その性質上適正な手続きの確保が要求されることから、法第101条の2において、特定回収困難債権の買取りを行う場合には、①「内閣総理大臣及び財務大臣があらかじめ定めて公表する基準」に従うこと（同条第2項）、②機構が買取りを行う決定にあたって、運営委員会の議決を経ること（同条第3項）、③買取りを行う決定をした際には、直ちに、その決定に係る事項を内閣総理大臣及び財務大臣に報告すること（同条第4項）が求められている。とくに、「内閣総理大臣及び財務大臣があらかじめ定めて公表する基準」においては、買取りを行おうとする債権が特定回収困難債権であること及び買取価格について、第三者から意見を聴くなど適正な手続を経ることとされている。

これらの規定を踏まえ機構では、①金融機関が特定回収困難債権の買取りを申し込む際は、特定回収困難債権に該当すること及び買取価格の審査に資する書類を提出すること、②機構に第三者委員会を設置し、特定回収困難債権の該当性や買取価格を審議すること、③RCCと金融機関との資産買取契約において、債権を買い取った後に当該債権が特定回収困難債権に該当しな

いことが判明した場合には、契約解除する旨の条項を付すこと、④債務者から特定回収困難債権の該当性について異議申出があれば、上記第三者委員会で再検討し、申し出が認められた場合、契約を解除することとしている。また、特定回収困難債権に対しては、その性質上厳正な回収が期待され、反社債権の回収に優れたノウハウを有するRCCを回収主体とすることが有効であるため、法附則第15条の5第1項において、機構が協定銀行であるRCCに特定回収困難債権の買取業務ならびに当該買取債権の管理及び処分を委託することができる旨規定されている。その一方で、必要に応じ機構の財産調査権を活用できるように、同条第8項において、機構による財産調査が認められている。

なお、特定回収困難債権の買取業務は、機構の一般勘定で経理され、機構に対する預金保険料により経理されることとなる（法附則第23条7項、法40条の2）。

2 特定回収困難債権の買取りに係るガイドライン

前述した法令の規定等を踏まえ、機構としての特定回収困難債権の買取範囲及び当該買取りに関する手続について定めたものが「特定回収困難債権の買取りに係るガイドライン」（以下「ガイドライン」という。）である。法が特定回収困難債権について、「属性要件」と「行為要件」の2類型を例示していることを踏まえ、ガイドラインにおいては、当該類型に従って、「属性要件」と「行為要件」の内容を具体化し、そのいずれかに該当すれば、買取り可能としている（本稿末資料参照）。

(1) 属性要件

属性要件とは、債務者または保証人が当該要件に該当すれば、その事実をもって特定回収困難債権に該当すると考えられる要件である。すなわち、債務者が例えば暴力団員である場合は、当該事実そのものが「金融機関が回収のために通常行うべき必要な措置をとることが困難となるおそれがある特段の事情」にあたると考えられることから、特定回収困難債権として買い取る

こととしている。

　具体的には、①暴力団、②暴力団員、③暴力団準構成員、④暴力団関係企業、⑤総会屋等、社会運動等標ぼうゴロ又は特殊知能暴力集団等、⑥暴力団員でなくなった日から5年を経過しない者、⑦暴力団又は暴力団員と密接な関係を有する者その他上記①～⑥に準ずる者が債務者又は保証人である債権を属性要件に該当する債権としている。これらの具体的な考え方はガイドライン【Ⅰ-2属性要件】のとおりであり、これらの定義は、おおむね警察庁が定めている「組織犯罪対策要綱」の定義と同様のものである。

(2) 行為要件

　行為要件は、競売妨害や暴力等の回収妨害行為などを捉えて特定回収困難債権に該当するか否かを判断するもので、行為主体の属性は問わない。例えば、正常な競売を妨害する目的で担保物件を不法に占拠する行為や、金融機関や金融機関職員に対する暴力・脅迫行為、営業妨害行為などは、一般的にはこれらの行為により「金融機関が回収のために通常行うべき必要な措置をとることが困難となるおそれがある」と考えられることから、行為要件に該当すると考えられる。

　なお、行為要件の行為者は、債務者または保証人に限らず、その委託を受けた者等（以下「債務者等」という。）を含む。また、暴行・脅迫等の場合は、その対象が金融機関職員である場合のみならず、その親族等が対象となった場合を含む。

　具体的な行為要件に該当する行為としては、①暴力的な要求行為、②法的な責任を超えた不当な要求行為、③取引に関して、脅迫的な言動をし、または暴力を用いる行為、④風説を流布し、偽計を用いまたは威力を用いて貸出先の信用を毀損し、または貸出先の業務を妨害する行為、⑤その他上記①～④に準ずる行為が行為要件に該当する行為である。行為の具体的な考え方は、ガイドライン【Ⅰ-3行為要件】のとおりであり、その具体例は本稿末の【特定回収困難債権の買取対象となる具体例（参考）】のとおりである。

　以下、ガイドラインに示した行為の具体的な考え方について補足したい。

　②「法的な責任を超えた不当な要求行為」とは、当該要求行為が金融機関

の些細な業務上のミス等につけ込んだ著しく不当な要求である場合や、暴力団若しくは暴力団員を介入させて債務の減額を要求した場合等明らかに「金融機関が回収のために通常行うべき必要な措置をとることが困難となるおそれがある特段の事情」がある場合を指し、債務者側の資金繰り等の事情による単なる債務・利息の減免要求や返済条件の緩和要求はこれにあたらないと考えられる。

　③「取引に関して、脅迫的な言動をし、又は暴力を用いる行為」に示された「脅迫的」「暴力」については、必ずしも犯罪の構成要件を満たさないような行為であっても、金融機関職員と債務者等との間での正常な交渉を阻害する要因となり得る行為を指す。たとえば、単に大きな声で交渉し机を叩いたという行為であっても、周囲の状況から総合的に判断して通常人に畏怖の念を抱かせるに足る程度の行為であれば、行為要件に該当するといえる。

　④「貸出先の業務を妨害する行為」については、行為の態様のみならず、実際に金融機関の業務を妨害しているか否かについて実態に即して判断することが必要となる。

　ここまで行為要件について解説したが、行為要件においては前記行為要件①～⑤のいずれに該当する場合であっても、行為の態様のみに着眼するのではなく、当該行為が「金融機関が回収のために通常行うべき必要な措置をとることが困難となるおそれがある特段の事情」と評価し得るか否かについて、債務者等の属性、金融機関との関係、交渉経過等から総合的に判断されるべきものと考えられる。

3　買取価格

　特定回収困難債権の買取りにおいては、特定回収困難債権の該当性のほか、買取価格の算定が重要な問題である。買取価格は、対象債権が①担保付債権なのか、②無剰余・無担保債権なのかにより大きく算定方法が異なる。

　まず、①担保付債権については、特定回収困難債権という債権の性質上、原則として競売による担保処分を前提として算出することとしている。具体的には、金融機関の担保評価を参考とし、RCCが実査等により評価額を算

出し、それに、競売市場修正、占有修正等の要因を加味したうえ、必要な費用を控除して決定する。ただし、RCCの評価額については、金融機関が外部評価を実施している場合には、当該評価額をベースに算定する。

他方、②無剰余・無担保債権については、原則として備忘価格での買取りとしている。ただし、キャッシュフロー弁済等が想定しうるような特段の事情がある場合には、個別に検討することとしている。

4 買取手続及び買取申込時の添付資料について

(1) 買取手続等

買取手続の概要については、本稿末のガイドライン【Ⅱ買取手続（別紙）】に示している。

まず、金融機関からの特定回収困難債権の買取りの申込みに際しては、特定回収困難債権の該当性を判定するための資料及び買取価格を算定するための資料の添付を求めた上、申込みを受け付けることとしている。

その上で、機構理事長は、金融機関からの提出資料を基に第三者により構成される買取審査委員会に買取りの適否及び買取価格について諮問し、同委員会での審議の結果を踏まえ、運営委員会において買取りの可否を決定する。なお、実際の買取りに際しては、機構から協定銀行であるRCCへ特定回収困難債権の買取りを委託し、委託を受けたRCCが金融機関から対象債権を買い取ることとなる。

買取審査委員会は、その審議内容に鑑み、弁護士や不動産鑑定士等を含む第三者で構成することとしているほか、債務者から特定回収困難債権の該当性について異議の申出があれば再検討し、同委員会の審議において申出の内容が正当であるとの意見がなされた場合、運営委員会の決定により買取契約を解除することとなる。

買取りのスケジュールについては、毎年1回、3月末頃に資産買取契約締結を行うことを予定している。なお、具体的なスケジュールについては、その都度、機構ホームページに掲載することとしている。

(2) 買取申込時の添付資料について

　買取申込時の添付資料は、買取審査委員会等において特定回収困難債権の該当性及び買取価格を判断するうえでの基礎となる資料であるため、十分な資料が揃っていることが望ましい。しかし、通常の債権売買において、とくに特定回収困難債権の該当性に関する資料を求められることは少なく、金融機関において資料の選定に迷うことがあることと推察する。

　そこで、提出資料の具体例を挙げると、属性要件の該当性に関する資料としては、金融機関が属性要件に該当すると判断するに至った新聞記事や関係機関への照会結果、債務者等属性要件該当者を識別するための住民票、印鑑登録証明書、運転免許証等の写し等が考えられる。また、行為要件の該当性に関する資料としては、行為要件に該当する行為が行われた際の交渉記録、街宣や誹謗中傷が行われた際の報告書、交渉を記録した録音記録等が考えられる。

　なお、これら属性要件を確認するための新聞記事や、行為要件が行われた際の録音記録等はあくまで例示であり、金融機関が属性要件に関する資料を独自に収集することが困難な場合や、録音等の準備のない予期せぬ状況で行為要件に該当する行為が敢行される場合も少なくないため、すべての資料の提出が必須というわけではない。提出資料の選定にあたっては、これらの例を参考に、金融機関において保有している資料の中から、属性要件又は行為要件の存在を疎明するとの観点で選定していただければと考えている。

5　おわりに

　本制度は、あくまで金融機関の財務内容の健全性の確保を目的としたものであるが、同時に金融機関が反社等との関係を遮断するうえで非常に有効な手段となり得るものである。

　金融取引からの反社等の排除という社会的要請が日々強くなっている現状を踏まえ、本制度が金融機関において懸案となっているであろう反社等の関与する債権の処理を促進するための一助となることを願っている。

特定回収困難債権の買取りに係るガイドライン

平成23年10月29日

(預金保険機構)

　本ガイドラインは、預金保険法(昭和46年法律第34号。以下、「法」という。)第101条の2第1項に定める「特定回収困難債権」の買取りを行うに際し、当該事務をより円滑に行うため、その範囲にかかる具体的な運用に際しての考え方及び買取手続を定めるものである。

Ⅰ　買取対象債権

1　基本的な考え方

　今般、法改正により、金融機関が保有する「特定回収困難債権」の買取制度が導入された。本制度導入の目的は、法第101条の2第1項に規定のとおり「金融機関の財務内容の健全性の確保を通じて信用秩序の維持に資するため」である。

　買取対象債権については、同条第1項において、金融機関が保有する貸付債権のうち「金融機関が回収のために通常行うべき必要な措置をとることが困難となるおそれがある特段の事情があるもの」と規定されている。ここにいう「回収のために通常行うべき必要な措置」は、競売などの担保処分や資産の差し押さえに限られず、債務者又は保証人への督促行為等も含まれる。

　また、「回収のために通常行うべき必要な措置をとることが困難となるおそれがある特段の事情」については、その具体的な事例として以下の2つの類型が例示されている。

　第1の類型は債務者等の属性に着目するもの(属性要件)であり、「当該貸付債権の債務者又は保証人が暴力団員であって当該貸付債権に係る契約が遵守されないおそれがあること」と例示されている。第2の類型は債務者の行為に着目するもの(行為要件)で、「当該貸付債権に係る担保不動産につきその競売への参加を妨害する要因となる行為が行われることが見込まれること」と例示されている。

以下、上記の類型に従って、具体的にどのような債権が「金融機関が回収のために通常行うべき必要な措置をとることが困難となるおそれがある特段の事情があるもの」として特定回収困難債権に該当するかの考え方を明らかにする。

2　属性要件
　属性要件は、債務者又は保証人が当該要件に該当すれば、その事実をもって特定回収困難債権に該当すると考えられる要件である。すなわち、債務者が例えば暴力団員である場合は、当該事実そのものが「金融機関が回収のために通常行うべき必要な措置をとることが困難となるおそれがある特段の事情」に当たると考えられることから、特定回収困難債権として買い取ることができるとするものである。
　属性要件に該当する者の要件及びその考え方等については以下のとおりである。
　(1)　要　件
① 　暴力団
② 　暴力団員
③ 　暴力団準構成員
④ 　暴力団関係企業
⑤ 　総会屋等、社会運動等標ぼうゴロ又は特殊知能暴力集団等
⑥ 　暴力団員でなくなった日から5年を経過しない者
⑦ 　暴力団又は暴力団員と密接な関係を有する者その他上記①～⑥に準ずる者

　(2)　考え方
　上記(1)の要件にかかる各々の考え方は以下のとおりである。
① 　「暴力団」とは、その団体の構成員（その団体の構成団体の構成員を含む。）が集団的に又は常習的に暴力的不法行為等を行うことを助長するおそれがある団体をいう。
② 　「暴力団員」とは、暴力団の構成員をいう。
③ 　「暴力団準構成員」とは、暴力団員以外の暴力団と関係を有する者であって、暴力団の威力を背景に暴力的不法行為等を行うおそれがある者、

又は暴力団若しくは暴力団員に対し資金、武器等の供給を行うなど暴力団の維持若しくは運営に協力し、若しくは関与する者をいう。
④　「暴力団関係企業」とは、暴力団員が実質的にその経営に関与している企業、準構成員若しくは元暴力団員が実質的に経営する企業であって暴力団に資金提供を行うなど暴力団の維持若しくは運営に積極的に協力し、若しくは関与するもの又は業務の遂行等において積極的に暴力団を利用し暴力団の維持若しくは運営に協力している企業をいう。
　　なお、「暴力団員が実質的にその経営に関与している企業」とは、暴力団員が商業登記簿上の役員や株主・出資者である企業だけでなく、顧問・相談役等として企業の経営に影響を与えている場合や、人的関係・融資関係・資本関係・取引関係等を通じて事業活動に相当程度の影響力を有する企業をいう。
⑤　「総会屋等」とは、総会屋、会社ゴロ等企業等を対象に不正な利益を求めて暴力的不法行為等を行うおそれがあり、市民生活の安全に脅威を与える者をいう。
　　「社会運動等標ぼうゴロ」とは、社会運動若しくは政治活動を仮装し、又は標ぼうして、不正な利益を求めて暴力的不法行為等を行うおそれがあり、市民生活の安全に脅威を与える者をいう。
　　「特殊知能暴力集団等」とは、暴力団との関係を背景に、その威力を用い、又は暴力団と資金的なつながりを有し、構造的な不正の中核となっている集団又は個人をいう。
⑥　「暴力団又は暴力団員と密接な関係を有する者その他上記①～⑥に準ずる者」とは、暴力団又は暴力団員が実質的に経営を支配している法人等に所属する者など2(1)①～⑥には直接当てはまらないが、暴力団等との関係などに着目し、その言動等からみて実質的に同一とみなすことができる者をいう。

3　行為要件

　行為要件は、競売妨害や暴力等の回収妨害行為等を捉えて特定回収困難債権に該当するか否かを判断するもので、行為主体の属性は問わない。例えば、正常な競売を妨害する目的で担保物件を不法に占拠する行為や、金融機関や金融機関職員に対する暴力・脅迫行為、営業妨害行為などは、一般的にはこ

れらの行為により「金融機関が回収のために通常行うべき必要な措置をとることが困難となるおそれがある」と考えられることから、行為要件に該当すると考えられる。

行為要件の行為者は、債務者又は保証人に限らず、その委託を受けた者等を含む。また、暴行・脅迫等の場合は、その対象が金融機関職員である場合のみならず、その親族等が対象となった場合を含む。

行為要件に該当する行為の要件及びその考え方等については以下のとおりである。

(1) 要　件
① 暴力的な要求行為
② 法的な責任を超えた不当な要求行為
③ 取引に関して、脅迫的な言動をし、又は暴力を用いる行為
④ 風説を流布し、偽計を用い又は威力を用いて貸出先の信用を毀損し、又は貸出先の業務を妨害する行為
⑤ その他上記①～④に準ずる行為

(2) 考え方
上記(1)の要件にかかる各々の考え方は以下のとおりである。

① 「暴力的な要求行為」とは、要求内容の如何を問わず、要求手段に着眼し、当該手段が「金融機関が回収のために通常行うべき必要な措置をとることが困難となるおそれがある特段の事情」に該当するものをいう。具体的には、犯罪行為である傷害・暴行・脅迫・強要・業務妨害行為等が該当するほか、これに至らない脅迫的な行為等であっても、それによって金融機関が職員の安全確保等の観点から回収のために通常行うべき必要な措置をとることが困難となる場合には、本要件に該当する。
② 「法的な責任を超えた不当な要求行為」は、要求内容に着眼するもので、いわゆる「過大要求」に該当するものをいう。具体的には、当該金融機関で発生した些細な業務上のミスや個人情報の漏洩事件などに乗じた債務・利息の減免要求、債務返済のリスケジュールの要求等がこれに当たる。

③ 「取引に関して、脅迫的な言動をし、又は暴力を用いる行為」は、要求行為を伴わなくとも、取引に関する脅迫的な言動や暴力など、当該行為が「金融機関が回収のために通常行うべき必要な措置をとることが困難となる特段の事情」に該当するものをいう。

　「脅迫的な言動」は、犯罪としての脅迫行為に限られず、脅迫罪を構成するに至らない金融機関等に対する脅迫的な言動も含まれる。また、相手の生命・身体・財産などに対する危害の内容を具体的に言及した場合のみならず、これらに具体的に言及していない脅迫的言辞を弄した場合も含まれる。

　「暴力を用いる行為」には、相手に直接暴力をふるう行為のほか、物を投げ付ける（相手を狙ったものに限らない）、壁を蹴るといったような、相手の心神に影響を与える行為も該当する。

④ 「風説を流布し、偽計を用い又は威力を用いて貸出先の信用を毀損し、又は貸出先の業務を妨害する行為」における「風説を流布し、」とは、具体的には、インターネット上に当該金融機関に関する根拠のない誹謗中傷を書き込むケースや、取引先などに同様の書類を送付するなどの行為をいう。

　「偽計を用い又は威力を用いて貸出先の信用を毀損し、又は貸出先の業務を妨害する行為」とは、具体的には、大音響のマイクを駆使して当該金融機関へ誹謗中傷を繰り返す街宣行為や、窓口で大騒ぎをすることにより窓口業務を滞らせるなどの行為をいう。

⑤ 「その他上記①～④に準ずる行為」とは、前に掲げる定義には直接当てはまらないが、当該行為により、金融機関が回収のために通常行うべき必要な措置をとることが困難となるおそれを生じさせる行為をいう。

Ⅱ　買取手続

　特定回収困難債権の買取りに際しては、手続の適正性を確保するため、当該債権の該当性及び価格について第三者により構成される買取審査委員会の意見を聴くこととし、別紙に定める手続により行うこととする。

平成23年10月29日

特定回収困難債権の買取対象となる具体例（参考）

行為要件を根拠に買取る場合の具体的な事例

ガイドラインの行為要件		具体的な事例
3．(1)①	暴力的な要求行為	・職員との面談時、債務者が「競売すれば火をつける。」等の言動があった事案。 ・回収担当者に対し「競売を続けたら殺す。」と脅迫した事案。
3．(1)②	法的な責任を超えた不当な要求行為	・競売申立の通告を受けた債務者から依頼されたとする第三者が、暴力団の名刺等を示し、債務の減額を要求した事案。
3．(1)③	取引に関して、脅迫的な言動をし、または暴力を用いる行為	・職員が訪問した際、日本刀をちらつかせたり、「自分の生活を守るためには、敵は殺す。」といった脅迫的言動を行った事案。 ・債務者法人の代表者が返済交渉に際して、「ふざけた事をしていたら首をとるぞ。」と脅迫的発言をした事案。 ・債務者が刃物を持ち出したうえ、「過去の支店長と担当者を探し出して刺し違える。」等の脅迫的言動があった事案。 ・債務弁済交渉中、債務者が怒り出し、回収担当者の胸を両手で突き、止めに入った職員の脇腹を蹴った事案。
3．(1)④	風説を流布し、偽計を用いまたは威力を用いて当該金融機関の信用を棄損し、または当該金融機関の業務を妨害する行為	・債務者が、社会運動標榜ゴロ等を利用し、金融機関に対して根拠のない誹謗中傷を行うこと等により、日常業務を妨害した事案。 ・土地の競売に際し、当該土地上にプレハブ小屋を建て居酒屋を営業等し占有する他、虚偽の賃貸契約書を作成する等して競売妨害を行った事案。 ・金融機関の賃料差押えを妨害するために、元暴力団組員との間の仮装の金銭消.貸借契約証書を公証人に提出。元組員に建物の賃料債権を譲渡したように装い、賃料を元組員の口座に振り込ませて隠匿した事案。
3．(1)⑤	その他上記①から④に準ずる行為	・債務者法人の代表者が元暴力団幹部である不動産会社の担保物件（マンションの1室）を、暴力団が組事務所として占有のうえ、隣室との間の壁を壊す等の改造を行い、競売を妨害した事案。 ・債務者法人の代表者が自社の株式を反社会的勢力と繋がりがある第三者に譲渡したため、債務者の役員と従業員全員が当該第三者の関係者に変更となった、いわゆる債務者である会社が反社会的勢力に乗っ取られた事案。なお、当該会社乗っ取りグループは、債務者法人の経.支払いを停止し、担保不動産の賃料収入等の売り上げを流失させた。 ・担保物件に対し、ガソリン等により放火した事案。

第Ⅲ章 地域・業域・職域からの暴排運動

証券業界における反社会的勢力排除の取組み

日本証券業協会　証券保安対策支援センター

1　はじめに

　証券業界における反社会的勢力排除についての組織的な取組みに関しては、平成3年に発覚した大手証券会社による暴力団との不適切な関係及び損失補填問題、さらには、平成9年に発覚した総会屋への利益供与事件等を受けて、日本証券業協会において、理事会決議により暴力団等の反社会的勢力との決別を宣言し、各証券会社においても、反社会的勢力との関係遮断に向けた施策を推進してきた。しかしながら、バブル崩壊後低迷を続けていた証券市場が上昇基調に移りつつある時期において、証券市場には、いわゆる伝統的な資金獲得活動に加え、一般社会での不正な資金獲得活動を活発化させている暴力団等反社会的勢力が、格好の資金獲得の場として、あるいは不正に獲得した収益のマネーロンダリングの場として介入してくる危険性が危惧されるようになり、証券業界にとっては証券取引等における反社会的勢力への更なる対応が喫緊の課題となってきた。

2　反社会的勢力排除の方向性

　このような現状を踏まえ、平成18年11月、証券市場における反社会的勢力の排除の推進及び連携のため、金融庁、警察庁、東京証券取引所、大阪証券取引所、ジャスダック証券取引所（当時）及び日本証券業協会による、「証

券保安連絡会」が設置され、さらに、同連絡会は、反社会的勢力の排除に向けた実効的な対策について具体的に検討するため、下部機関として「証券保安連絡会実務者会議」を設置することとした。同実務者会議では、証券保安連絡会の方針を踏まえ、証券市場における反社会的勢力への具体的な対応を図るための検討を行い、2回にわたり中間報告として取りまとめた。

中間報告「証券取引及び証券市場からの反社会的勢力の排除について」は、証券取引、証券市場における反社会的勢力排除の現状を把握し、問題点等を分析した上で、

- 〇 証券取引・証券市場における反社会的勢力排除に関する基本原則
- 〇 基本原則実施のための具体施策
- 〇 反社会的勢力排除のための情報収集・情報交換・情報集約
- 〇 証券版「不当要求情報管理機関」としての登録と業務内容

等を盛り込んだものであり、証券業界における反社会的勢力排除に向けた取組みの方向性を示すものとなっている。

3 反社会的勢力排除の態勢と活動

(1) 都道府県別「証券警察連絡協議会」の設置と活動状況

反社会的勢力排除については、一民間企業である証券会社単独で対応するにはおのずと限界があり、平素から証券会社相互間の意思疎通を図るとともに、警察、暴力追放運動推進センター等関係機関との連携を密にし、反社会的勢力に対応できる態勢を構築することが必要である。前述の中間報告においてもその旨の提言がなされており、とくに、地域における細かな情報の共有、相互の連携は、大きな効果を上げ得ると言える。

そこで、各地域において警察当局等との連携強化を図るため、各都道府県ごとに、証券会社、警察、暴力追放運動推進センター、財務局、弁護士会等から構成される「証券警察連絡協議会」が設置されている（平成20年5月までに全都道府県に設置）。

証券警察連絡協議会は、証券市場・証券取引からの反社会的勢力排除の対

策に関し、警察等関係機関との連携及び排除実務の向上を図る上できわめて効果的なシステムであり、各都道府県の協議会においては、年1回総会を開催し、それぞれの地域にあった活動方針を決定するとともに、定期的に、あるいは必要の都度随時に研修会を開催し、反社会的勢力に関する情報交換や反社会的勢力排除のノウハウの修得を行っている。

　研修については、日本証券業協会の職員が証券業界における反社会的勢力排除の対策等について説明を行うほか、警察、暴力追放運動推進センターから暴力団情勢、不当要求等の対処方策等を、また弁護士会からは反社会的勢力排除の法律的見地からの現場対応等を、さらに財務当局からは証券市場をめぐる情勢等についての講演が行われている。研修の方法については、通常の講義形式だけではなく、パワーポイントの活用やビデオ上映によるビジュアル的な研修、ロールプレイングを取り入れた実戦的な研修等、効果が上がるよういろいろ工夫を凝らしながら実施しており、また、反社会的勢力と直接対峙する実務担当者に対する研修だけではなく、経験の浅い新入社員あるいは代表者や責任者等をも対象に、それぞれの立場で求められている対応要領に沿った研修を行うなど、研修の内容も画一的なものにならないような工夫がされている。なお、このような証券警察連絡協議会の活動に対し、各都道府県の警察及び暴力追放運動推進センターから相次いで表彰を受けているところであり、関係機関からも高い評価を受けている。

(2) 「証券保安対策支援センター」の設置と「不当要求情報管理機関」としての登録

　前述の中間報告における、反社会的勢力に関する情報を一元的に収集、管理し、反社会的勢力の照会等を主たる業務とする専門の機関を新たに設立することが望ましく、その機能を十分に果たすために、暴力団対策法に規定されている「不当要求情報管理機関」の登録を受ける必要がある、旨の提言等を踏まえ、日本証券業協会では、証券取引及び証券市場から反社会的勢力を排除するため、各証券会社の取組みを支援することを目的として、協会内に、「証券保安対策支援センター」を設置するとともに、平成21年3月、国家公安委員会から、暴力団対策法上の「不当要求情報管理機関」としての登

録を受けた。暴力団対策法では、「不当要求情報管理機関の業務を助けること」が暴力追放運動推進センターの事業の1つとして規定されており、日本証券業協会では、「不当要求情報管理機関」としての登録を受けることにより、暴力追放運動推進センターから更なる支援を得られる態勢が整った。

証券保安対策支援センターは、「不当要求情報管理機関」である日本証券業協会における反社会的勢力排除のための中核組織であり、反社会的勢力に関する情報の収集、集約、管理を行うとともに、各会員証券会社から「反社会的勢力の疑いがある者の照会」を受け、反社会的勢力に関する情報の有無等を回答することとしている。

また、同センターでは、**各証券会社が実施する反社会的勢力排除の取組みを支援するため、**

- ○ 証券会社から、反社会的勢力の排除実務に係る個別の相談を受け対応する
- ○ 職員が直接各証券会社を訪問し反社会的勢力の排除に係る具体的な検討を行う
- ○ 各証券会社が実施する社内研修に際し、講師として職員を派遣する
- ○ 「反社会的勢力排除マニュアル」等の参考資料を作成・配付する
- ○ 証券警察連絡協議会の運営を支援する

等の業務を行っている。

(3) 自主規制規則の制定

日本証券業協会は、金融商品取引法に基づく「認可金融商品取引業協会（自主規制機関）」として自主規制の業務を行っており、ルールを策定し、遵守状況につき監査を実施し、さらに、違反等に対しては制裁（ペナルティー）を科し、再発防止に努めるという強力な権限を持っている組織である。

反社会的勢力対策についても、反社会的勢力の証券取引・証券市場からの排除を図り、資本市場の健全な発展及び投資者の保護に資することを目的として、平成22年5月、**「反社会的勢力との関係遮断に関する規則」**を制定したところである。反社会的勢力との関係遮断は単なる倫理上の問題ではなく、法令遵守に関わる重大な問題とされているが、証券業界においては、自

主規制規則の制定ということを通し、反社会的勢力排除の実効性が制度的に担保されるシステムを整えている。

同規則の骨子は、次のとおりである。
- ○ 反社会的勢力との間の有価証券の売買その他の取引等の禁止、反社会的勢力への資金提供その他便宜供与の禁止
- ○ 反社会的勢力との関係遮断のための基本方針の策定及び公表義務
- ○ 「新規顧客」から口座開設申込み前に「反社会的勢力でない旨の確約」を受ける義務
- ○ 契約書又は取引約款等へのいわゆる「暴力団排除条項」の導入義務
- ○ 「新規顧客」及び「既存顧客」の反社会的勢力該当性に係る審査義務
- ○ 反社会的勢力と判明した顧客に対する契約禁止又は関係解消の義務
- ○ 反社会的勢力に関する情報収集義務
- ○ 社内研修の実施、社内規則の制定、社内検査の実施等、反社会的勢力との関係を遮断するための管理態勢の整備義務
- ○ 反社会的勢力との関係遮断に関する日本証券業協会及び警察その他関係機関との連携・協力義務

証券各社においては、従前から、反社会的勢力に関する情報の収集、取引約款等への暴力団排除条項の導入、顧客審査の実施等、自主的に反社会的勢力の排除に取り組んできたところであるが、自主規制規則の制定により、証券業界全体としてその取組みがより一層推進されることとなった。

(4) 反社情報照会システムの構築

日本証券業協会では、各証券会社が行う顧客審査を支援するために、反社会的勢力に関する照会システムを構築している。

これは、証券会社からの照会に対して、日本証券業協会等のデータベースで反社会的勢力に関する情報の有無をチェックし、その結果を回答しようとするものである。証券会社からの照会に対し迅速に、かつ、大量に対応できるシステムで、警察情報の有効活用も可能となっており、今後、証券取引から反社会的勢力を排除していく上で、強力な武器になるものと期待される。

第Ⅲ章 地域・業域・職域からの暴排運動

提言～暴力団等反社会的勢力からの企業防衛策の整備の必要性

弁護士　後藤　啓二

1　現行法のもたらす弊害

　現行法上、暴力団関係者や株式を大量に買い占めて高値で買取りを要求し、あるいは経営者に高株価を要求し自らは高値で売り抜けるグリーンメーラーと呼ばれる者による株式の買占行為に対して、会社側が講じることができる対抗策はまったく整備されていない。

　これまでも、元山口組系暴力団組長による雅叙園観光の乗っ取り、タクマ株の買占め、稲川会会長による東急電鉄株の買占め、山口組フロント企業天正興業によるクラボウ株の買占め、仕手集団による不二家株・森永製菓株の買占め、国際航業の乗っ取り、蛇の目ミシン株の買占めなどの事例が現実に起こっている。最近では、真の金主が不明なファンドとよばれる者による、買占めも行われている。

　多くの場合、企業側は高値で買い取らされるか（その場合に、株主の権利行使に関する利益供与、自己株式取得の禁止に該当する行為を行い、取締役は株主代表訴訟を起こされ、巨額の損害賠償責任を負わされる場合まである。）、脅迫に応じて多額の融資をするか（取締役は株主代表訴訟を起こされ、巨額の損害賠償責任を負わされることとなる。）あるいは、高配当政策、自己株式の取得等本来必要でない対策を求められ、彼らが高値で売り抜けるのを待つか、いわゆるホワイトナイトなど第三者の傘下に入ることにより決着が図られているように思われる。その結果、これらの者に巨額の利益を供与することとなっ

ている。

　暴力団・グリーンメーラーに株式を大量に買い占められた場合に、このような結果が生じることについて、最近よく聞かれる「会社は株主のもの」というお題目によれば、仕方がない、あるいは当然のこととなるのだろうか。

　2006年4月に出された蛇の目ミシン株主代表訴訟最高裁判決では、「証券取引所に上場され、自由に取引されている株式について、暴力団関係者等会社にとって好ましくないと判断される者がこれを取得して株主となることを阻止することはできない」と判示された（関連論考126頁参照）。これは、「上場会社だから暴力団・グリーンメーラーに株を買い占められ、支配されても仕方がない」ということなのであろうか。

　しかし、金にものを言わせて、株を大量に買い占めて高値に吊り上げ、困惑する企業に金を出させる、あるいは売り抜けてボロ儲けをする、このようなやり方を行う者に巨額の利得を得させることを容認していいはずがない。また、能力も社会的責任の自覚もないのに、公共性のある企業を乗っ取ろうとする行為が是認できるはずもない。ブルドックソース事件高裁決定は、「真に会社経営に参加する意思がないにもかかわらず、専ら当該会社の株価を上昇させて当該株式を高値で会社関係者等に引き取らせる目的で買収を行うなどのいわゆる濫用的買収者が、濫用的な会社運営を行うないし支配することは、会社の健全な経営という観点を欠くのであるから、結局はその株式会社の企業価値を損ない、ひいては株主共同の利益を害するものであり、このような濫用的買収者は株主として差別的取扱を受けることがあったとしてもやむを得ない。」としている。

　「会社は株主のもの」＝「反社会的勢力やグリーンメーラーに買収されても仕方がない」ことは当然ではありえない。健全な社会常識に基づいて、制度を整備する必要がある。

　また、制度の整備に当たっては、反社会的勢力（この点については、グリーンメーラーも同様のものと取り扱っていいであろう）に巨額の利得を得させないという公益上の要請がきわめて高いことも考慮する必要がある。

2　議決権行使の制限

　反社会的勢力やグリーンメーラーなど企業価値を毀損する蓋然性の高い者からその株式を買い占められた会社側が、企業価値を守り、かつ、これらの者に巨額の資金を与えることなく、また、心ならずもライバル企業の傘下に入るしか解決することができないようなこととならないよう、正面から正当な方法で対抗できるルールを整備するべきであると考える。

　そもそも、反社会的勢力・グリーンメーラーが上場会社の経営に影響を与え、ないしは経営を支配することは反社会的勢力対策、健全な資本主義社会構築の観点から看過しがたいことであり（公共性の高い事業ではなおさらだが）、これらの者が上場会社の経営に影響を与え、支配し、さらには巨額の不当な利益を取得することを許さないという法規範を定立することが必要であると考える。

　具体的には、反社会的勢力・グリーンメーラーについて、上場企業（公共性・公益性の高い企業のものに限定することも考慮）の株式の一定割合以上を取得した場合には議決権の行使を認めず、あるいは一定割合以上の株式の取得を制限する法制度が１つの現実的な法規範たりうるものと考える。

　反社会的勢力・グリーンメーラーが大株主として経営を支配あるいは重大な影響を及ぼし、巨額の利得を得ることは、反社会的勢力対策の観点からは座視しがたいことであるし、企業価値を毀損すること甚だしいからである。

　そして、かかる法制度の整備はわが国現行法上も十分可能であると考える。現行法においても、特定の業態についてであるが、外国人の議決権行使が制限されている（放送法、ＮＴＴ法）。前述のとおり、小谷光浩に株式を買い占められていた国際航業が、会社に高値で買い取らせる目的でその手段として議決権を行使することは議決権の濫用にあたり許されないとして、議決権行使禁止の仮処分を申請した事案で、裁判所が議決権行使禁止の仮処分決定を出した例もある（東京地裁昭和63年６月28日国際航業議決権行使禁止仮処分事件決定）。

　したがって、反社会的勢力・グリーンメーラーが経営に実質的な影響を与

える一定割合（たとえば20％以上）以上を取得した場合には、その議決権行使を制限することができるという法制度とすることは可能であると思われる。

　会社側から議決権行使禁止措置を課せられた株主は、仮処分で争うことができ、その場合、自らが反社会的勢力・グリーンメーラーでないことを疎明する（グリーンメーラーについては、これまで高値買取要求行為や高株価対策を要求しては自らは売り抜けるなどの行為をしたことがないなど）こととする仕組みが考えられる。

　問題となる株主の属性に関する情報について、警察、証券取引等監視委員会等の関係機関に対して情報提供を求めることができるなどの規定を設け、会社側がその認定を適正に行うことが可能となる仕組みを整備することが必要であると考える。

　このような者の議決権行使を制限することは、行き過ぎであるとの見解もありうると思う。しかし、そのような見解に従えば、このような場合に第三者割合増資や新株予約権を使ったライツプランを行使することも行き過ぎということになる。いずれも、反社会的勢力やグリーンメーラーから企業価値を守るために行われるもので、手段として、正面から議決権行使を制限するか、ある種の技巧的な手段を駆使して議決権を希釈化させるかの違いがあるだけであると考えられるからである。

　なお、ブルドックソース事件最高裁決定では、特定の買収者について当該買収者が「濫用的買収者に当たるといえるか否かにかかわらず」、株主総会の特別決議により議決権を希釈する対応策が正当なものと認められたが、反社会的勢力あるいはグリーンメーラーであることが疎明された場合には、取締役会決議で議決権行使を制限することを（法律を整備しても）認めない趣旨ではないと解される。反社会的勢力対策という公益上の要請があること、株主の意思を問うまでもないこと、さらに、緊急に対応する必要があると考えられるからである。

3　主要株主規制

　次に、一定割合以上の株式の取得の制限については、現行法においても銀行、保険会社、証券会社等についてはいわゆる「主要株主規制」が導入され、債権管理回収業（サービサー）については、暴力団員等がその事業活動を支配する株式会社を許可の欠格要件と定められている（関連論考344頁参照）。

　銀行法では、５％を超えて株式を保有する場合は届出制とされ、経営に実質的な影響力を有する株主（原則20％以上の株式を所有する株主等）については、「主要株主」と位置づけ、十分な社会的信用を有するかどうかなどの審査基準による審査を経て認可を受けなければならないこと、公益を害する行為をしたときなどは、認可の取消し等の処分を課されることとされている。

　また、証券取引法では、証券会社の登録拒否事由として、主要株主に暴力団対策法、刑法等一定の罪を犯した者がいる場合等が掲げられ、登録拒否事由に該当した場合には、内閣総理大臣が主要株主でなくなるための措置を命じることができると定められている。

　したがって、公共性の高い業について、その個別の業法において、反社会的勢力・グリーンメーラーについて経営に実質的な影響力を有する割合の株式を保有する場合を業の欠格要件とし、これらの者が買占め等により一定割合以上の株式を取得した場合には、保有する株式の売却命令等の措置を講ずることができるとすることは可能であると思われ、鉄道事業、航空事業、放送事業、通信事業、電力事業等特に公共性、公益性の高い業態については、むしろ必要な措置であると考える。

　なお、出資者を明らかにしていない投資ファンドについては、出資者に反社会的勢力・グリーンメーラーがいないかを含めた出資者の情報を明らかにしなければ、このような規制の目的は達せられないことから、少なくとも投資ファンドが経営に実質的な影響力を有する一定割合以上の株式を買い占める場合には、出資者の開示を義務付ける必要があると考える。

4 証券市場から反社会的勢力を排除する制度整備の必要性

　反社会的勢力が証券取引及び証券市場を利用して多額の利得を得、また、新興市場に関係する企業を上場させ、あるいは新興上場企業などの経営を支配するなどして、経済取引に積極的にかかわってきているところである。

　2007年7月、証券業界関係者や金融庁、警察庁からなる証券保安連絡会は「証券取引及び証券市場からの反社会的勢力の排除について」を公表したが（関連論考297頁参照）、同報告書において、証券業界では、業界あげて、証券取引、上場市場、証券会社から反社会的勢力を排除する方針を打ち出したほか、JASDAQでは、2007年6月に上場廃止基準を改正し、上場会社が反社会的勢力と関係を有していると認められるときは、上場廃止とするなど資本市場からの反社会的勢力の排除の取組みが進められている。

　このような取組みが進む中で、反社会的勢力が大量の株式を保有することに、何らの対抗手段を企業に与えないことは、かかる取組みの大きな欠陥となる。すでに述べたように、実際に、反社会的勢力やグリーンメーラーによる株の買占めは頻繁に行われているのである。政府あるいは立法府は、反社会的勢力による株式の買占めから、企業価値を守り、これらの者に巨額の利得を得させないような制度を整備する必要があると考える。

　まず必要なのは、法規範の定立である。ブルドックソース事件東京高裁決定では、

　「本件は、前記認定のとおりの属性を有し濫用的買収者と認められる抗告人関係者が、日本国内で堅調にソースの販売製造事業を行っている相手方を本件公開買付けによって買収しようというものである。このような事態に直面した相手方が自らの企業価値ひいては株主共同の利益を守るために自己防衛手段をとることは理由のあることである。」、とした。

　ところが、これまで、反社会的勢力・グリーンメーラーに大量に株式を買い占められた場合は、高値での株式買取り、必要以上の高配当の実施、あるいは新株予約権の無償割当等により、相手方に多額の利得を得させる方法でしか、対抗することができていない。このような者に多額の利得を与えるこ

となく、また、技巧的な仕組みを駆使することなく、反社会的勢力に対抗できる制度を整備する必要性はきわめて高いと考える。

併せて、反社会的勢力に対する融資やこれらの者が運用する投資ファンドへの出資については、法規制も含めて制限を検討すべきである。また、このような者の行為により出資者が得た利得についても、そのまま保有させることが適当かどうかについても検討する必要がある。

5 情報提供の仕組みの整備

反社会的勢力からの買収防衛を効果的に行うためには警察等からの情報提供が必要であるが、そのほか、M＆A、事業提携が活発に行われる現在の企業社会の中においては、企業がM＆A・事業提携の相手方が反社会的勢力でないかどうかという情報を入手することが、大変重要となっている。

アドテックス民事再生法違反事件で摘発された同社副社長は元暴力団組長であり、株式会社ゆびとまの代表取締役にも就任していた。同社との事業提携が他のIT関連企業との間で進行していたが、直前にとりやめとなるという事案も生じており、反社会勢力の支配する企業と知らずして提携してしまうという危険は現実に生じているところである。

これらは、個別の企業の利益のために必要なものというよりも、反社会的勢力に経済社会を支配されないようにために必要なことであり、警察からの情報提供はより積極的になされるべきであると考える。

そのため、現在、通達により行われている情報提供の仕組みについて、上記の必要性を踏まえ、要件、手続等について明確に定め、経済社会のマフィア化を防ぐために適切に対応していくことが必要であると考える。

一方で「経済のマフィア化」は、着実に進んでおり、企業としては、警戒を要する対象として暴力団（員）だけとすることは十分ではない。会社ゴロなど企業を対象として違法不当な行為を継続して行うもの、あるいは証券市場を利用して違法不当な利得を得ているものを含めて、警戒の対象とする必要がある。

その意味で、警察による情報提供に頼るにはいかないわけで、このような

輩の対象となりやすく、また、情報入手もしやすい立場にある銀行業界、証券業界で収集した情報を収約して上場企業等に提供する仕組みを設けることができれば反社会的勢力からの企業防衛に大変資することになると考える。

第Ⅲ章 地域・業域・職域からの暴排運動

不動産業からの反社会的勢力・暴排運動

弁護士 長谷川 敬一

1 暴力団が不動産及びその周辺住民に与える不利益

(1) 暴力団事務所による不利益

暴力団事務所が開設された場合、その周辺住民の受ける不利益は多大である。

たとえば、暴力団同士の抗争が発生した場合、対立する暴力団事務所への襲撃が実行されることが多く、過去にも暴力団とは関係のない一般市民がその巻き添えにより死亡するなどの事案が数多く発生している。

日常的にも、暴力団が青少年に与える悪影響、不動産価値の下落などの多くの問題が指摘されている[1]。

(2) 暴力団事務所の類型

暴力団事務所には、大きく分けて賃借型と自己所有型とがある。

前者は、テナントや賃貸マンションの1室などを賃借し、これを暴力団事務所として使用するケース、後者は、組長自身または組長の親族、もしくは暴力団関係企業等が不動産を購入してこれを暴力団事務所として使用するケースである。

---

1 日本弁護士連合会民事介入暴力対策委員会編「暴力団事務所排除の法理」42〜49頁。

前者の場合、不動産賃貸借契約時には、自らが暴力団員であることや暴力団事務所に使用することを秘して契約し、後に暴力団事務所としての使用を開始することが多い[2]。

不動産賃貸をなす側にとっては、自己の賃貸不動産の1室が暴力団事務所として使用された場合、当該暴力団によるルール違反、賃料不払い、不当要求等のリスクにさらされることはもちろん、同建物内の他の居室・テナント等の借手がなくなるなど、経済的にもその打撃は大きい。

(3) 暴力団員の居住による不利益

なお平成2年には、それまで暴力団員が居住していた家屋に、それと知らず転居して来た一般市民が、暴力団抗争時に暴力団員と間違われて射殺された事案がある一方、平成13年には札幌地裁で、暴力団関係者が入居しているため住環境が悪化したとして、北海道住宅供給公社に対し、他のマンション居住者への損害賠償が命じられた事案もある[3]など、必ずしも暴力団事務所でなくとも、暴力団員の居住による他の住民や建物賃貸人の不利益ははなはだ大きい。

2　契約における暴力団排除条項の導入

暴力団員が入居することによる上記不利益に鑑み、まず提唱されたのが、不動産賃貸借契約への暴力団排除条項の導入である。

すなわち、賃貸物件が暴力団事務所として使用されたり、賃借人が暴力団員であった場合、賃貸人には多大な不利益が生じ、賃貸借関係における相互の信頼関係が破壊されることから、上記を賃貸借契約解除事由とするものである。

たとえば、全国暴力追放推進センターの要請によりまとめられた、暴力団排除条項推進委員会編著『暴力団の介入を防止するために◆暴力団排除条項

---

[2] 最近では、自らが暴力団であることや暴力団事務所に使用することを秘して契約した場合、これが詐欺罪として刑事立件される事例も複数生じている。
[3] 札幌地判平成13年5月28日判時1791・119。

の知識と普及◆』(平成19年)では、借主・入居者等が暴力団等の反社会的勢力に該当したとき、物件に暴力団等反社会的勢力を居住させたとき、反復継続して暴力団等反社会的勢力を出入りさせたときその他の場合には、貸主は、何らの催告を要せず、本賃貸借契約を解除することができる旨の条項例が紹介されている。

3 政府指針および公営住宅等からの排除

(1) 政府指針の公表

平成19年6月、政府犯罪対策閣僚会議は、その幹事会申合せとして「企業が反社会的勢力による被害を防止するための指針」を公表し、企業防衛及びコンプライアンスの観点に基づき、企業があらゆる取引から反社会的勢力を排除すべく努めるよう求めた。

(2) 公営住宅等からの暴力団員の排除

これと並行し、公的事業の点でも反社会的勢力の排除の取り組みがなされていたところであったが、その1つに公営住宅等からの暴力団員排除がある。すなわち、税金で賄われた補助等により低廉な家賃で供給された公営住宅に暴力団員を入居させることは、結果的に暴力団に不当な利益を与え、その維持存続を助長するものであるとの観点からは、公営住宅等から暴力団員を排除する必要がある[4]。

以上を踏まえ平成19年、国土交通省は公営住宅・公共賃貸住宅について暴力団員排除の基本方針を定めた[5]。

---

4 中井克洋・森谷長功「公立住宅からの暴力団員の排除」日本弁護士連合会民事介入暴力対策委員会編「反社会的勢力と不当要求の根絶への挑戦と課題」182頁。
5 平成19年6月1日付け都道府県宛通知(国住備第14号)。同年12月13日付け都道府県及び政令指定都市宛通知(国住備第70号、国住市第237号)。

(3) 広島高裁判決

　広島市は、上記国交省方針に先立ち、すでに平成16年6月から公営住宅における暴力団排除を定めた条例を制定しており、平成19年4月には現に広島市の市営住宅に入居していた暴力団員に対し、上記条例を適用して明け渡し訴訟を提起した（詳しくは、別稿139頁参照）。

　市の請求を認容する判決[6]に対し暴力団員側が控訴したが、平成21年5月29日、控訴棄却の判決が下された[7]。

　上記広島高裁判決では「暴力団構成員という地位は暴力団を脱退すればなくなるものであって社会的身分といえず、暴力団のもたらす害悪を考慮すると、暴力団構成員であるということに基づいて不利益に扱うことは許されるというべきであるから、合理的差別であって、憲法14条に違反するとはいえない」との判示がなされている。

4　不動産取引からの排除

(1) 国土交通省によるとりまとめ

　前記企業取引からの反社会的勢力排除の観点ならびに居住空間からの暴力団排除が憲法14条に違反しないとの判例を踏まえ、不動産取引からの反社会的勢力排除をさらに推し進めるため、国土交通省は「不動産取引からの反社会的勢力の排除のあり方検討会」を発足、平成21年3月にはそのとりまとめ結果を公表した[8]。

---

[6] 広島地判平成20年10月21日裁判所ホームページ
http://www.courts.go.jp/hanrei/pdf/20090310211337.pdf.
[7] 暴力団員側より上告がなされたが、平成21年10月1日上告棄却及び上告不受理決定により確定。
[8] 国土交通省ホームページ
http://www.mlit.go.jp/common/000036775.pdf#search='%E4%B8%8D%E5%8B%95%E7%94%A3%E5%8F%96%E5%BC%95%E3%81%8B%E3%82%89%E3%81%AE%E5%8F%8D%E7%A4%BE%E4%BC%9A%E7%9A%84%E5%8B%A2%E5%8A%9B%E6%8E%92%E9%99%A4'

(2) 不動産取引モデル暴排条項

さらに、平成23年6月には、不動産流通4団体によるモデル条項として、反社会的勢力排除のための不動産売買契約の条項例、同不動産媒介契約書の条項例、同賃貸住宅契約書の条項例がいずれも公表された[9]。

このうち、とくに不動産売買契約の条項例においては、買主が暴力団等の反社会的勢力であったなどの場合には、売主は当該売買契約を解除でき、売買代金の20％相当額を違約金として買主に請求できること、買主が対象物件を反社会的勢力の事務所等に供したことにより売主が当該売買契約解除した場合には、さらに売買代金の80％相当額の違約罰（違約金とあわせて100％）を請求できるなどの定めが設けられているところに特徴がある。

現在、多くの不動産業者において、かかるモデル条項にならった契約条項が使用されているという。

5 暴力団排除条例の制定

平成23年10月1日、東京都と沖縄県で暴力団排除条例が施行されたことにより、全国すべての都道府県で暴排条例が施行されるに至った。

かかる暴排条例にも、不動産取引の観点からの暴力団排除にかかわる条項が設けられている。

たとえば、平成22年4月1日施行の福岡県暴力団排除条例19条では、福岡県内に所在する不動産の譲渡または貸付けをしようとする者に対し、当該契約の相手方に対し、当該不動産を暴力団事務所の用に供するものでないことを確認し、また契約には、当該不動産を暴力団事務所の用に供したことが判明したときは、当該契約を解除し、または当該不動産の買戻しをすることができる旨などを定めるよう努めるべき義務を課している。

この点、文言は多少異なるにしても、他の多くの都道府県における暴力団排除条例において、同趣旨の規定がある[10]。

---

9 国土交通省ホームページhttp://www.mlit.go.jp/report/press/sogo16_hh_000056.html

6　区分所有建物からの排除

(1)　区分所有建物における不利益の切実性

　建物が暴力団事務所として使用され、あるいは暴力団が入居するなどにより周辺住民がこうむる不利益は、マンションにおいては、住民同士の距離が近接することからより切実となる。さらに昨今、大阪市内の某区分所有マンションにおいて、住民である暴力団組長が当時の管理組合理事長と共謀し、管理組合の金員2500万円を不正に領得したとして逮捕されたとの報道もなされている[11]など、マンションが区分所有形態でありかつ大規模であれば、その管理に関わる利権も大きなものとなるため、暴力団等反社会的勢力が介入する余地を生むこととなる。
　以上から、区分所有マンションから暴力団を排除する方策についても、やはりこれを進める必要がある[12]。

(2)　標準管理規約への暴排条項導入

　この点、国土交通省は区分所有マンションにおける管理規約のモデルとしていわゆる標準管理規約を定め、これを公表しているところ、平成22年よりその改正作業が行われ、暴力団排除条項の導入が検討されている[13]。
　平成23年1月には、いったん標準管理規約改正に関するパブリックコメントの募集が実施され、同年7月にはこれに対する国土交通省の考え方及び改正条項の発表がなされている[14]が、そこでは「暴力団排除条項に向けての社会的な取組みと政府の方針を踏まえれば、個々の管理組合が参考とする標準

10　事務所の用に供しない確認努力義務は40都道府県の暴排条例で、契約への暴排条項導入努力義務は44都道府県の暴排条例で、いずれも定められている。
11　平成22年5月23日朝日新聞大阪版。なお本稿執筆時点で、当該暴力団組長らは起訴事実を否認し刑事裁判継続中。
12　拙稿「区分所有マンション管理規約による反社会的勢力排除条項導入の必要性」事業再生と債権管理128号109頁参照。
13　平成24年2月28日には、筆者も国土交通省において、区分所有マンションからの反社会的勢力排除に関するヒアリングに応じた次第である。

管理規約に暴力団排除条項を導入すべきである」との意見に対し、早期に措置する旨の回答がなされている。

7　今後の課題

　以上のように、不動産取引の面においても社会を挙げての暴力団排除対策が取り組まれているところから、今後は暴力団等の反社会的勢力に対し不動産が供給され、これが暴力団事務所の用に供される事態は大幅に減少するものと解される。

　しかし、筆者らが経験する多くの事案では、暴力団等が競売により不動産を取得している事案に遭遇することがきわめて多い。

　社会全体が、反社会的勢力による被害を防止するため、暴力団等への不動産供給防止に取り組んでいるとき、ただ裁判所のみが、漫然暴力団への不動産供給を継続することは、司法の社会的責任の観点からはなはだ不適切というべきである。

　国は、迅速に法改正を行うなどし、競売手続からの反社会的請求排除に取り組むべきであると考える。

14　国土交通省ホームページhttp://www.mlit.go.jp/report/press/house06_hh_000065.html

第Ⅲ章 地域・業域・職域からの暴排運動

建設業界における反社会的勢力排除の取組み

弁護士 鈴木 仁史

　建設業界は後記のとおり、反社会的勢力の資金源として狙われやすいという特色があるところ、公共工事からの排除について以前より取組みが進められてきたほか、業界団体が暴力団排除条項の参考例を公表するなどし、反社会的勢力排除の取組みが進められている。

　本稿においては、建設業界における反社会的勢力排除の取組みについて概観する。

1　建設業界の特色と反社会的勢力

　建設業界は以下の理由から、反社会的勢力から資金源として狙われやすく、建設業界における反社会的勢力排除の取組みはきわめて重要である。

(1)　取引の構造

　たとえば、銀行と顧客の取引は、二当事者の相対の契約であるのに対し、建設業界の取引については、複数の事業者が関与をして施工を行い、施主との建設請負契約、建設資材の購買契約、建設機材のリース契約、労働者派遣契約など契約も多数にわたることが多く、また、商流に関しても、下請ないし再委託契約が連鎖することが多い。

　以上のような取引の構造にかんがみて、反社会的勢力が下請やコンサルタントとして取引に介入してくるリスクが通常の取引に比して高い。

(2) 業者数の多さ

建設業界においては、大手ゼネコンから中小業者まで、金融業界（銀行、保険会社、証券会社）などに比べて業者数が圧倒的に多く、また下請や孫請等を含め、多様な工事を請け負っているため、反社会的勢力からすれば不当要求や介入のターゲットが多い。

(3) 取引金額

建設関連の契約は、1件あたりの取引金額が多額となり、また国・地方機関の発注する公共工事の事業費も巨額であり、反社会的勢力の関与による得る利益も多額となりやすい。

(4) 反社会的勢力による不当介入のおそれ

警察庁が平成19年に行った建設業に対するアンケート（警察庁組織犯罪対策部「建設業における不当要求等に関する実態調査」）[1]によれば、建設工事に関する不当要求としては、①機関誌購読要求、②下請参入の強要、③資材やプレハブの納入の強要、④自動販売機の設置や弁当の販売の強要、⑤特定の警備員、運送業者、廃棄物処理業者、清掃業者等の雇用の強要、⑥工事に関しての因縁（質問状や抗議文を含む）、⑦挨拶料、寄付金等の名目での金品の提供の強要などが上位を占め、工事に関連し、経済取引を仮装するものが多いのが特徴である。

また、上記アンケートにおいては、複数の建設業者が昔から暗黙の了解のもと、慣習として暴力団等に資金を提供していると聞いたことがあると回答した者は14.4％であり、そのうち資金提供の趣旨としては、建設工事に関するトラブル解決の見返り、建設工事の受注を建設業者に割り振る見返り、建設業者による談合を維持・容認する見返りなどであった。

建設工事については、施工過程において、騒音、振動、排水、道路利用などに関連してもともとトラブルとなりやすく、反社会的勢力から不当要求や

---

1 http://www.npa.go.jp/sosikihanzai/kikakubunseki/bunseki3/kensetsugyo.pdf.

工事妨害などの不当介入がなされやすい。また、暴力団関係企業が暴力団の威力を利用し、公共工事に関して他の受注希望者を入札から排除するなど、公正な競争市場をゆがめるケースもみられる。

　また、反社会的勢力は、東日本大震災の復興のための公共工事等へ参入し、資金源としようとする動きがある。復興事業への反社会的勢力の介入および排除事例として、①山口組傘下組織幹部らが、被災地における仮設住宅建設工事の下請契約を解除されたことに因縁をつけ、仲介業者を脅迫して現金を脅し取ろうとした事例（山口）、②「神戸建設関連事業協同組合」を名乗る者から県に対して災害復興関係工事への参入の申入れがあり、調査したところ、同人らが会津小鉄会傘下組織関係者等であることが判明したことから、排除した事例（宮城）などがある[2]。

(5)　受注業者の立場の弱さ

　受注業者は、上記(4)のような不当介入を受けた場合、工期の遅れや今後の施主からの受注への悪影響をおそれ、経済取引に仮装したり、近隣対策費などの名目で金銭に応じやすい立場にある。

2　建設業界における反社会的勢力排除の取組み

(1)　建設業の主体からの排除

　建設業界において反社会的勢力を排除するためには、建設業の経営からの反社会的勢力排除が必要である。

　建設業は、建設業法（昭和24年法律第100号）により、当初登録制とされていたが、昭和47年に同法が改正され、許可制となった。

　建設業法7条3号において、「請負契約に関して不正又は不誠実な行為をするおそれが明らかな者ではないこと」という要件が建設業の許可の基準とされ、昭和47年に建設省（現国土交通省）が発出した通達において、「いわ

　2　警察庁組織犯罪対策部暴力団排除対策官「暴力団排除の展開と課題」（金融法務事情1938号34頁）参照。

ゆる暴力団等の経営に係るものについては、関係機関と連携の上、本号の厳格な運用を図ること」とされている。

また、昭和61年12月、建設省は**「建設業からの暴力団排除の徹底について」**という通達を発出し、各都道府県の知事に対し、「建設業の許可を受けようとする者が暴力団の構成員である場合には、建設業法7条3号に掲げる基準に該当しないものとして許可しないこと」を求めている。

警察庁と建設省はこれを受けて協議を行い、各都道府県の警察本部と許可主管課の間の申合せに基づき、新規許可申請及び更新手続の際、都道府県知事名の照会に対し、警察本部が許可主管課に暴力団該当性の有無を通報する制度の運用を開始することとなった。

なお、現行の建設業法7条3号においては、文言上、暴力団等でないことが建設業の許可の要件となっておらず、また暴力団等であることが許可の取消事由ともなっていない。廃棄物の処理及び清掃に関する法律、貸金業の規制等に関する法律など各種業法において、許可や登録の欠格事由として暴排条項を定める法整備が進んでいるが、建設業法においても暴力団関係企業や暴力団を利用し、資金提供をするなどしている共生企業を許可要件および許可の取消事由とするなど、業の主体から排除する明確な暴排条項を定めることが求められている。

(2) 公共工事からの排除

(ア) 指名停止基準等への暴排条項導入

公共工事から暴力団関係企業を排除するため、発注者である国および地方公共団体等は、指名停止基準・指名基準に暴力団排除条項を導入し、暴力団関係企業を指名しない、または一定期間指名を停止する対応を進めている。

建設省は、昭和61年12月に発出した前記(1)の通達により、国および地方公共団体において「暴力団が実質的に経営を支配している等の不良業者が、公共工事の指名を受けることのないよう十分な資格審査を行う」ことを指示している。

また、平成12年に「公共工事の入札及び契約の適正化を図るための措置に関する法律」（平成12年法律第127号）が制定され、平成13年、同法に基づく

公共工事の入札及び契約の適正化を図るための指針（平成13年総務省、財務省、国土交通省告示第1号）が閣議決定された。同指針において、国・地方公共団体は、公共工事から暴力団関係企業を排除し、また暴力団関係企業による不正行為を排除するため、警察本部と緊密に連携し、情報交換等を十分行うように努めることが規定されている。

警察庁は上記指針を受け、平成13年6月11日付「公共工事からの暴力団排除対策の推進について」を発出し、各都道府県警察本部に対し、①都道府県契約担当部局との連携強化、②公共工事の指名基準または指名停止基準に暴排条項の整備を積極的に働きかけることが指示されている。

さらに、平成17年6月に警察庁と国土交通省との協議により、公共工事の発注者である国・地方公共団体の指名停止基準等における暴排条項において、指名業者から除外する対象者を「暴力団員と社会的に非難されるべき関係を有する業者」（密接交際者）に拡大するとともに、都道府県警察と国土交通省地方整備局等との連携を強化することとされた。

(イ) 犯罪対策閣僚会議、暴力団取締り等総合対策ワーキングチームの施策

平成18年7月、公共事業からの暴力団排除について検討する「暴力団資金源等総合対策ワーキングチーム」（平成19年7月に**暴力団取締り等総合対策ワーキングチーム**」に改組）が設置された。

第8回犯罪対策閣僚会議は、平成18年12月19日に、①公共工事からの排除対象の明確化と警察との連携強化、②暴力団員等による不当介入に対する通報報告制度の導入という施策を合意している。これを請け、警察庁と国土交通省は、平成19年3月、公共工事等の請負者に対し、暴力団員等から不当介入を受けた場合における警察への通報および発注者への報告を義務付け、これを怠った場合にペナルティを課す制度（通報報告制度）の運用を開始した。

警察庁は、平成19年6月、上記①②の施策に関する通達モデル案を策定し、通報報告制度の普及を図っている。

犯罪対策閣僚会議幹事会申合せとして、平成19年6月19日、「企業が反社会的勢力による被害を防止するための指針」（以下「政府指針」という。（資料646頁参照））を公表し、取引を含めた一切の関係遮断など、反社会的勢力による被害を防止するための基本原則を策定している。

また、犯罪対策閣僚会議の下に設置された暴力団取締り等総合対策ワーキングチームは、平成21年12月4日、「**公共事業等からの暴力団排除の取組について**」[3]を策定している。

この内容としては、①公共工事からの排除対象の明確化と警察との連携強化、②暴力団員等による不当介入に対する通報報告制度の導入、③入札参加者からの暴力団員等の除外や、下請・再委託契約等を含む契約書への暴排条項の導入等による、あらゆる公共事業等からの暴力団排除、④民間工事等からの暴力団排除　独立行政法人や地方公共団体においても同様の取組みを行うことができるよう、関係強化を図ることである。

(3)　業界団体の取組み

平成19年6月に公表された政府指針を受け、大手ゼネコンなどを会員とする社団法人日本建設業団体連合会（以下「日建連」という。）は、平成19年12月に「**日建連等企業行動規範2007**」第2の3において「反社会的勢力の排除」を宣言し、具体的な行動指針を規定している。

さらに、日建連は平成22年4月、政府指針および暴力団取締り等総合対策ワーキングチームが策定した「公共事業等からの暴力団排除の取組について」を受け、会員に「**暴力団排除条項の参考例（ひな型）**」（資料編691頁参照）を示し、導入を求めている（具体的内容は、後記のとおりである。）。

民間（旧四会）連合協定工事請負契約約款委員会は、平成23年5月、中央建設業審議会において、建設工事に関する標準請負契約約款が改正されたことを踏まえ、民間（旧四会）連合協定工事請負契約約款の改正を行い、暴排条項を導入し、同年6月、上記約款の市販が開始された。

また、一般社団法人全国建設業協会は、平成23年7月、元請・下請間、下請・再下請間に使用される標準的な工事下請基本契約書、工事下請基本契約約款および個別工事下請契約約款に、前記民間（旧四会）連合協定工事請負契約約款と同様の暴排条項を盛り込み、市販を開始した[4]。

さらに、社団法人セメント協会は、会員各社に対して「**暴力団排除条項の**

3　http://www.kantei.go.jp/jp/singi/hanzai/kettei/091222/haijo1.pdf
4　http://www.gccccc.jp/contract/23-5/explain1-16.pdf

採用・導入について」と題する提言を行っている[5]。

3　暴力団対策法の改正

平成20年に暴力団対策法が改正され、国等が行う公共工事の入札・契約に関連するものとして、**以下の行為類型が暴力的要求行為として追加された**。公共工事に関連した行政対象暴力対策に関するものである（関連論考334頁参照）。

① 国等に対し、自己または自己の関係者を当該国等が行う公共工事の入札に参加させることを要求すること。
② 国等に対し、特定の者を当該国等が行う公共工事の入札に参加させないことを要求すること。
③ 国等に対し、特定の者を当該国等が行う公共工事の相手方とさせないことを要求すること。
④ 国等に対し、当該国等が行う公共工事の契約の相手方に対し自己または自己の関係者から当該契約に係る役務の提供の業務の全部または一部の受注等の受入れをすることを求める指導等をすることを要求すること。

4　暴力団排除条例

全国47都道府県において、暴力団排除条例（以下「暴排条例」という。）が施行されている。暴排条例の中には、前記の暴力団排除措置要綱の内容を条例に盛り込むものもある。

東京都暴排条例（資料編665頁参照）においては、都発注の公共工事について、契約の相手方または代理・媒介をする者が暴力団関係者であることが判明した場合、都が無催告で解除することができることを契約に定めるものとしている（東京都暴排条例7条2項）。なお、東京都暴排条例の上記「暴力団関係者」について、「暴力団員または暴力団もしくは暴力団員と密接な関係

5　http://www.jcassoc.or.jp/cement/3pdf/jb3d.pdf

を有する者」と定義付けられているところ（東京都暴排条例2条4号）、条例においては具体的な内容が記載されていないが、東京都契約関係暴力団等対策措置要綱[6]においては「排除措置の対象者」として、①暴力団等経営支配者、②暴力団等雇用者、③暴力団等資金提供者、④暴力団等利用者、⑤暴力団等親交者、⑥その他の暴力団等関係者、⑦下請負人等契約解除拒否者、⑧不当介入通報報告義務違反者を列挙しており、参考になる。

また、京都府暴排条例13条2項においては、京都府と請負契約を締結した者（元請契約者）は、下請契約または請負契約に関連する資材その他の物品の納入・役務の提供を受ける契約を暴力団員等との間で締結してはならない旨を定めている。また、同13条5項においては、上記の遵守のため、暴力団員等でないことの誓約書を徴求することを規定している。

建設業界に関する暴排条例の適用事例として、平成23年6月に兵庫県において、指定暴力団山口組系組員に用心棒代数万円を渡したとして、県内の建設業者に対し、暴力団に利益を供与しないよう条例に基づく勧告が実施された事例や、平成23年7月に奈良県において、暴力団事務所として使われることを知りながら、内装工事を請け負った県内の建設業者に対し、是正勧告がなされた事例などがある。

5　日建連の暴排条項参考例

以下において、日建連から示された暴排条項参考例（資料編691頁以下参照）について、日建連のウェブサイトに掲載されている解説[7]も踏まえて検討する。なお、日建連の暴排条項参考例においては、乙（一次下請）が甲（元請）に対して一方的に義務を負う形（片務契約）となっているが、甲（元請）および乙（一次下請）の双方が義務を負う形（双務契約）とすることを妨

6　東京都が公共工事その他売買、貸借、請負等都が締結する一切の契約から暴力団等を排除するために整備されたものである（http://www.e-procurement.metro.tokyo.jp/html/youkoukaisei-haijo221008.pdf）。各地において、反社会的勢力排除に関する基本的事項を定めた暴力団排除措置要綱が定められている。

7　ひな型および解説について、日建連のウェブサイト参照（http://www.nikken-ren.com/about/haijo.html）。

げるものではないと解される。

(1) 契約解除条項

(ア) 属性要件・行為要件（日建連参考例Ⅰ1）

契約解除条項において属性要件および行為要件が定められている。

日建連参考例は、反社会的勢力のさまざまな形態や潜在化の観点から、広範囲に排除することを志向しつつ、暴排条項の裁判規範としての機能の観点から、条項としての明確性も意識している。

日建連参考例が列挙している属性要件・行為要件は下記①～⑥のとおりであるが、対象となるのは乙（一次下請）に加え、その代表者、責任者、実質的に経営権を有する者も含まれ、下請負が数次にわたるときはそのすべてを含むものとされている（この点は後述する）。反社会的勢力の潜在化の傾向にかんがみて、代表者のみでなく、責任者や実質的に経営権を有する者も対象とする必要があるためである。「責任者」については、一定の権限ないし影響のある社員をさすものと解される。

① 暴力団、暴力団員、暴力団準構成員、暴力団関係者、総会屋その他の反社会的勢力に属すると認められるとき
② 反社会的勢力が経営に実質的に関与していると認められるとき
③ 反社会的勢力を利用していると認められるとき
④ 反社会的勢力に対して資金等を提供し、または便宜を供与するなどの関与をしていると認められるとき
⑤ 反社会的勢力と社会的に非難されるべき関係を有しているとき
⑥ 自らまたは第三者を利用して、甲または甲の関係者に対し、詐術、暴力的行為、または脅迫的言辞を用いたとき

上記のうち①は、従来型の属性要件である。②ないし⑤は、いわゆる共生者条項であり、全国銀行協会が平成23年6月に改正した暴排条項参考例と趣

旨を同じくするものであり（ただし、元暴力団員に関する5年規定は設けられていない）、このような条項を盛り込むことにより、警察情報を受けやすくし、属性要件を立証しやすくする効果がある[8]。

上記のうち、⑤のいわゆる密接交際規定は、平成17年6月に警察庁と国土交通省との協議により、公共工事の発注者である国・地方公共団体の指名停止基準等における暴排条項において、指名業者から除外する対象者を「暴力団員と社会的に非難されるべき関係を有する業者」に拡大したことなどを契機として、普及してきた条項である。暴排条例における地方公共団体の公共工事その他の事務事業における暴力団排除措置における人的範囲においても、密接交際規定を用いるものが多い。日建連解説においては、契約対象の工事現場において反社会的勢力が意味もなく出入りしている場合のほか、当該業者ならびにその構成員が当該現場以外の場所において反社会的勢力と不適切な関係にあるとの公式発表等があげられている。

また、⑥が行為要件である。暴力団対策法に違反した場合を行為要件として例示するケースもある。

(イ) **下請負に関する条項（日建連参考例Ⅰ１）**

1項柱書において、甲（元請）は、乙（一次下請）の下請負者等が反社会的勢力に該当する場合も解除要件として定めている。また、下請負が数次にあたるときは末端まで含め、そのすべてを含むものとされている。

東京都暴排条例においても、工事における事業に関する契約の相手方と下請負人との契約（関連契約）についても、契約当事者等に暴力団関係者の関与が判明した場合、事業者が契約の相手方に対し、関連契約の解除その他必要な措置を講ずるよう求めることができること（18条2項2号）、必要な措置を求めたにもかかわらず、契約の相手方が正当な理由なくこれを拒否した場合、事業者が契約を解除することができることを契約書に定めるよう努力義務が定められている（18条2項3号）。

---

[8] 全銀協の共生者条項の具体的内容は本書における拙稿「金融界における反社会的勢力排除の理論と実務」250頁参照。また、共生者条項と警察情報の提供については、拙稿金融法務事情1926号8頁「金融機関の暴排条項の発展型および適用上の留意点（中）－全銀協暴排条項参考例の改正を受けて」参照。

前記のとおり、建設業界の特徴として、元請、一次下請、二次下請…と数次にわたり下請が連鎖する契約構造となっているが、元請としては、直接契約関係にない下請が反社会的勢力であるとしても、レピュテーショナル・リスクが存在し、末端の下請に至るまで反社会的勢力を排除しなければ実効性を欠く。

(ウ) **無催告解除条項（日建連参考例Ⅰ1）**

甲（元請）は、乙（一次下請）側が前記の属性要件または行為要件に該当する場合、何らの催告を要さずに、契約を解除することができるものとされている。

各地の暴排条例においても、契約の相手方等が排除対象者（属性要件）に該当する場合、催告することなく解除できる旨の条項（無催告解除条項）を規定することとしているものが多い（東京、宮城、北海道、広島など）。

暴排条項は、継続的契約たる賃貸借契約と同様、信頼関係破壊法理を基礎としており[9]、催告によって暴力団から脱退したとしても、従前の交友関係が続いているケースが多く、また現実には偽装脱退も多いため、属性要件に該当する場合にはそれのみで信頼関係破壊を決定付けるものといえる。また、これに加えて、属性要件に該当した場合には、政府指針において反社会的勢力との一切の関係遮断が求められる中、「重大な不履行」に該当し、通常の債務不履行解除などと異なり催告が無意味であると解される（ただし、後記7(2)(イ)の下請が連鎖する場合の催告は別である）。

(エ) **免責・損害賠償条項（日建連参考例Ⅰ2）**

甲（元請）が乙（一次下請）側の属性要件または行為要件該当性を理由として個別契約を解除した場合、乙に損害が生じても甲は何ら賠償・補償する責任を負わないこと（免責条項）、解除により甲に損害が生じた場合、乙は損害賠償し、賠償額は甲及び乙が協議して定めること（損害賠償条項）を規定している。

暴排条項の適用が有効である場合に解除した側が責任を負わないことは当然であるところ、これが無効であっても、上記免責規定によって解除権を行

---

9 「政府指針」解説2頁。

使した甲が常に免責されるかについては争いがありうるところであり、免責・損害賠償条項は反社会的勢力への牽制効果に期待されるところも大きい。

(2) **通報・報告条項**

(ア) **通報・報告義務（日建連参考例Ⅱ1）**

乙（一次下請）は、自己またはその下請負者が反社会的勢力から不当要求または工事妨害（不当介入）を受けた場合、自らまたは下請負者をして断固として拒否し、不当介入があった時点で速やかに甲（元請）に報告し、甲の捜査機関への通報および発注者への報告に必要な協力を行うことが規定されている。

すなわち、下請業者が不当要求や工事妨害（不当介入）を受けた場合、元請業者への報告および元請業者の通報・報告への協力義務を負うこととしたものである。

従前より、安全衛生に関しては下請から元請に対する情報連携の態勢を構築しているところが多いが、反社会的勢力の不当介入についても下請に元請に対する報告義務を課すことで、情報の共有化を図るとともに、反社会的勢力の不当介入に対して一致団結して対応することを目的としている。

また、下請に反社会的勢力との関係や交際が認められるような場合、報告義務を怠ったことも解除理由となりうるため、解除をしやすくなるという効果がある。

なお、通報・報告義務に関連し、元請は、下請が暴排条項に該当すると疑われる合理的な事情がある場合、一次下請の調査を行うことができ、一次下請はこれに協力する旨の調査協力条項を盛り込むことも考えられる。

(イ) **通報・報告義務を怠った場合の解除条項（日建連参考例Ⅱ2）**

乙（一次下請）が上記(ア)に正当な理由なく違反した場合、甲は無催告で個別契約を解除することができることが規定されている。

これは、広島県が平成15年7月以降、同県が発注する公共工事に関して実施している暴力団排除施策と共通する考え方に基づく。同施策は、「広島方式」と呼ばれている先進的取組みであるが、公共工事等の受注者に不当要求

等があった場合の発注者への報告、警察への通報を義務付け、違反した業者に指名停止や指名除外などのペナルティを課すものである。

　不当要求を受けた者は、「被害者」との考え方が従前はあったが、政府指針や暴排条例は、不当要求等に応じる者は暴力団等の資金獲得に加担するものとして「加害者」であるという考え方にパラダイムシフトがなされているところである。また、政府指針においては、外部専門機関との連携や有事における民事・刑事の法的対応を基本原則として定めているところである。以上より、不当介入を受けた場合も通報・報告に協力する必要がある。

(3)　表明・確約条項（日建連参考例Ⅲ）

　乙またはその下請負者（下請負が数次にわたるときはそのすべてを含む）は、反社会的勢力でなく、反社会的勢力が経営に実質的に関与している法人等でないことを表明し、かつ将来にわたっても該当しないことを確約することが規定されている。

　いったん契約が締結されるととくに、契約締結から長期間が経過している場合、関係遮断について相手の不利益が大きい場合などには、解除等のハードルが高くなることもある。このような場合、表明確約条項をもうけ、この手続を履行していることによって、取引相手が虚偽の申告（不実表示）をしたことが明らかとなった場合、相手が真実を申告していれば元請側では契約を謝絶しえたのであるから、信頼関係破壊を基礎付けるものであり、解除等の法的リスクを軽減する効果がある。

　表明・確約条項は、前記(2)の通報・報告条項とあわせて規定すると、より効果がある。単なる表明・確約のみではなく、元請の下請に対する調査権限を規定する方法もある。ただし、末端の業者まで調査することは困難なので、下請業者全社に表明・確約条項の書面を提出させる方法もある。

7 実務上の対策

(1) 暴排条項の導入

(ア) 導入の範囲

　建設業者としては、日建連参考例などを参考に、参考例の示された建設工事請負契約のみならず、各種契約に暴排条項を導入する必要がある。

　政府指針においては反社会的勢力との一切の関係遮断が求められているし、各地の暴排条例においても、事業者の契約時における措置として、暴排条項の導入が努力義務化されている（東京都暴排条例18条2項など）。

　また、本業に関する契約について態勢を構築すると、反社会的勢力がそれ以外の手薄なところに介入しようとしてくることも予想されるところであり、建設工事請負契約のような継続的・典型的取引のみならず、アスファルトの材料や製品の販売など一回的（スポット）取引のほか、労働者派遣契約、産業廃棄物処理契約、保守・点検契約などあらゆる契約に暴排条項を盛り込むべきである。

　また、前記のとおり、末端の下請業者にも導入されなければ実効性を欠くため、末端の下請業者まで導入する態勢を整備する必要がある。

(イ) 導入方法

　暴排条項は、建設工事請負契約書に導入する方法が典型的であるが、個別に契約を締結せず、注文書と請書による取引の場合には、注文書に暴排条項を盛り込んだ基本契約約款を添付することでも問題ない。

　ただし、表明確約条項については、基本契約約款に内容が記載されているのみでは十分でないため、注文書に表明確約条項を盛り込むか、注文書とは別途に表明確約を徴求する必要がある。というのは、個別契約と異なり、約款においては明示の意思表示を盛り込むことが理論的になじみにくいためである。

　全国銀行協会の普通預金規定等約款規定において、暴排条項自体に表明確約条項が入っておらず、「口座開設申し込み時にした表明確約に関して虚偽

の申告をした…」とされているのも、このためである。

(2) 事前・事後の排除態勢

建設業者においては、単に暴排条項を導入するのみでなく、これをどのように運用していくかが重要である。

㋐ 契約締結時

ⓐ 事前排除の必要性

反社会的勢力との関係遮断については、契約締結前の謝絶と契約締結後の解除に分けられるが、以下の理由により、まずは前者により水際排除することが重要である。

① 反社会的勢力といったん契約を締結すると、相手が反社会的勢力であるとの確実な証拠がなければ暴排条項の適用ができず、また継続的契約理論などが適用されうるため、排除が困難となりうるところである。他方で、契約締結時であれば、契約自由の原則が適用されるため、反社会的勢力との契約を総合的判断に基づいて自由に謝絶することができ（政府指針解説(5)）、少なくとも反社会的勢力との疑いがあれば足りるため、リーガルリスクの問題が生じない。

② 契約締結後のモニタリングや反社会的勢力との疑いが生じた場合の調査は、時間・費用面でのコストが大きいため、未然防止が有効である。

③ 一度でも反社会的勢力と取引関係に入ると、レピュテーショナル・リスクも存在する。

ⓑ 暴力団関係企業か否かの確認方法

反社会的勢力との取引を事前に排除（謝絶）するためには、契約締結時に暴力団関係企業でないかの確認が必要となる。この点、暴排条例においても、事業者の契約時における措置として、契約の相手方等が暴力団関係者でないかの確認義務（努力義務）が定められているものが多い（東京都暴排条例18条1項など）。

相手方の属性等の確認方法について、暴排条例においては具体的な規定がないが、たとえば、表明確約書の徴求などのほか、自社のデータベースや日経テレコンなどによる事前審査、取引先の商業登記簿・ホームページなどの

チェック、警察や暴追センターからの情報の確認などが考えられる[10]。暴力団関係企業との疑いの程度が大きい場合には、リスクベースアプローチに基づき、表明確約書の徴求のみならず、上記の各確認方法を適宜組み合わせることが態勢整備として望ましい。

(イ) 契約締結後

ⓐ 暴排条項該当性の認定

契約締結後に前記6(1)の契約解除条項に該当することが判明した場合、解除を行うことが必要である。前記(ア)の契約締結時と異なり、相手方が暴力団関係企業等反社会的勢力であることの確実な証拠が必要となるため、自助、共助、公助（警察・暴追センター等からの情報）をもとに認定を行う必要がある。

なお、建設工事請負契約の特徴として、末端の下請まで含むと暴排条項の対象が広範になるところであり、とくに末端の下請が反社会的勢力の場合には、元請にとって認定が困難なケースも多い。前記の通報・報告義務についても末端の下請まで含まれるが、信頼関係破壊理論の観点から、解除権の行使については慎重にすべき面がある。

解除が困難な場合、有期契約については契約更新拒絶などの手段もあるし、その他、新規取引の停止などを行うこともありうる。

ⓑ 下請の場合

下請が反社会的勢力の場合、前記6(1)(イ)の下請負に関する条項と関係し、二次下請（その下を含む）が暴排条項に該当する場合、一次下請は、二次下請との契約を解除しなければならず、一次下請が二次下請との契約を解除しない場合、元請業者はこの解除しないという一次下請の対応が解除事由に該当するものとして、一次下請との契約を解除することとなる。この点、たとえば、二次下請が暴排条項に該当する場合、直ちに解除するのではなく、東京都暴排条例18条2項2号に照らし、二次下請に対して関係解消を求め、こ

---

10 国土交通省は、ウェブサイトにおいて「ネガティブ情報等検索システム」を公開しており、そのうち「建設業者（指名停止関係）」において、処分年月日、事業社名、都道府県の検索が可能であり、指名停止処分を受けた業者名、本社所在地、違反行為の概要等の把握が可能である。

れに応じない場合に解除するという方策が考えられる。

　また、暴排条項に基づく下請契約の解除を行った場合、代替業者を探して工期の遅延がないようにすることが考えられるが、工期の遅延を回避できないことも想定される。下請からの損害賠償請求については、免責される旨の条項があるにせよ、発注者から工期の遅延について損害賠償請求を受ける可能性がある。

　そのためにも、末端の下請まで暴排条項の導入や、契約時や契約後の早期に反社チェックを行うことが必要である（日建連の暴排条項参考例も、末端の下請まで暴力団関係者等でないかの確認を行うことを前提としている）。

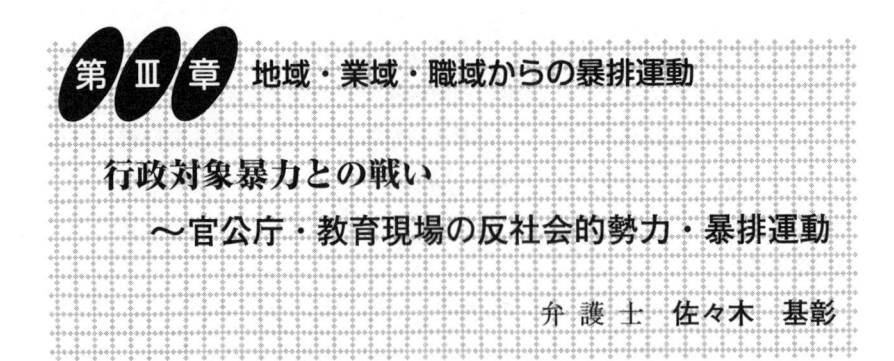

第Ⅲ章 地域・業域・職域からの暴排運動

行政対象暴力との戦い
～官公庁・教育現場の反社会的勢力・暴排運動

弁護士　佐々木　基彰

1　はじめに

　国や地方公共団体のような行政機関は、法律・条例等に基づき市民・企業等に対し公平・公正に対応することが求められているところ、暴力団を始めとする反社会的勢力は、行政機関やその職員を対象として不当要求を行う傾向を10数年ほど前から強めていった。

　平成13年には日弁連民事介入暴力対策島根大会にて、「行政対象暴力地方公共団体を標的とした民暴対策」がテーマとなり、平成14年11月警察庁は、「行政対象暴力対策の推進について」と題する通達を発出し、その後現在に至るまで行政対象暴力に対するさまざまな施策がとられるようになった。

　法律面では、平成20年の暴対法改正により、行政に対する一定の不当要求行為を暴力的要求行為に追加し、規制を強化した。

　また、行政対象暴力に適切に対応するため、ほぼ全自治体で、コンプライアンス条例・要綱が制定されている。

2　全国各地における行政対象暴力排除の具体例

(1)　機関紙一斉購読拒否

　平成12年、福井市において、行政職員が購読していた機関紙等の発行元59

社に対し、一斉に購読拒否の通知を行い打ち切りに成功した。

その後、山梨、宮崎、高知、三重、石川、岡山など150以上の自治体で同様の取組みがなされた。

(2) 暴力団排除協定

公共工事等からの暴力団排除するため、必要な情報を警察から行政機関に提供するため、行政機関と警察との間で締結されるもので各行政において暴力団員の排除を徹底し、行政の適正な運用を図る目的を有するものである。

近年は、補助金交付、物件関係契約、公営住宅、生活保護の分野等その範囲を広げ、行政機関が、対象者が暴力団構成員であるか否かの情報を迅速かつ的確に入手でき、行政の各分野における暴力団排除実現に向けた有効な手段である。

(3) 暴力団排除条項

たとえば、公営住宅に関する条例の中に、入居者またはその同居者が暴力団構成員であることが判明した場合、明渡請求ができる旨規定するなど、条例の条項中に暴力団排除に関する規定を新設することにより、当該領域から暴力団排除を測るものである。

(4) 暴力団排除条例

社会からの暴力団排除を目的とし、暴力団を排除するために行政機関や当該行政区域に居住する住民及び事業者の果たすべき役割や、暴力団排除に関する基本施策、暴力団員等に対する利益の供与の禁止などを定めるもので、平成21年に福岡県が全国に先駆けて制定したのを受け、全都道府県で制定された。

(5) 外部機関との連携

地方自治体においては、行政対象暴力対策を目的として警察官が出向しているケースは多い[1]。

行政機関が弁護士との連携しているケースとして、名古屋市の適正職務サ

ポート制度[2]や、大阪市のリーガルサポーターズ制度も存する[3]。

　上記のように、各自治体では行政対象暴力に関するさまざまな施策等がとれられているが、これまでの行政対象暴力対策の中でも残された課題もあり、以下では国に対する不当要求排除、及び教育現場における不当要求排除を検討するとともに、生活保護からの暴力団排除に関する近時裁判例を検討したい。

3　国に対する不当要求排除

(1)　国の行政に対する不当要求排除の遅れ

　市民生活に直結する行政は大半が市町村・都道府県等の各地方公共団体で賄われるものであり、国が直接市民生活に関与することはそれほど多くはない。そのため、国との関係では行政対象暴力が議論されることはそれほど多くはなかった。

　とはいえ、たとえば国道を新設・拡幅する際の用地買収では、国土交通省地方整備局の国道事務所が対応するところ、用地取得担当者に対し、不当に高額での用地買収（営業補償を含む）を要求したり、国道工事の際には、下請け参入の要求、下請業者に対する地元対策費の請求等を行うケースは後を絶たない。

　他方、地方公共団体と異なり、国の出先機関の場合、地元に顧問弁護士がいなかったり、警察官の出向という地元警察との連携もなく、不当要求対策について、国が地方に遅れを取っているという状況が存した。

1　たとえば、岡山市では、不当要求行為に対する組織的取組みとして平成16年以降、現職の警視クラスの警察官が出向する「行政執行適正化推進課」を設け、相談業務、職員への研修を行っている。

2　公平・公正な職務執行により、市政に対する市民の信頼を確保することを目的として、平成17年から実施され、顧問弁護士とは別に不当要求事案に精通した弁護士がコンプライアンス・アドバイザーとして的確な指導・助言などを行うもの。

3　コンプライアンス実践のため、よりタイムリー、より適確なリーガルチェックをするため、各専門分野に精通した弁護士に適時に相談が受けられる制度であり、電話一本で相談予約を入れて相談できるという「気軽さ」が好評を得ている。

(2) 国土交通省と弁護士会との連携

　平成19年から日弁連民暴委員会と国土交通省とで協議を行い、その結果、平成21年6月、国土交通省通達「**用地取得業務における不当要求行為に対する警察及び弁護士会との連携について**」[4]が発出され、そこでは、用地取得の際の不当要求事案に対しては、警察及び弁護士会の不当要求行為等担当部署（民事介入暴力対策委員会等）と連携を図り、また、定期的な情報交換や講師招聘を行い、不当要求への対処方法を習得させるなどの職員の意識啓発を努めることが記された。

　これに基づき、全国各地の弁護士会と用地取得業務を担当する地方整備局等との間で協力体制が取られ、用地取得に関する不当要求に対して適時の相談体制が取られるとともに、定期的な意見交換が実施されている。

　さらに、不当要求は用地取得以外のケースでも存することから、たとえば関東地方整備局では、用地取得業務以外においても、警察及び弁護士会との連携を活用していくことになり、その他の地方整備局においても、用地取得業務以外の不当要求においても弁護士への相談がなされている。

(3) 今後の課題

　国土交通省地方整備局と弁護士会との連携は、上記のように用地取得をきっかけにしたものであるが、現時点では法律相談レベルで終わっているのが大半である。訴訟手続等の法的手続については、いわゆる「法務大臣権限法」[5]により、法務大臣が国を代表し委任することが必要な関係で、実務上、容易に委任状交付を受けることができないのが現況であり、これについては今後法務省との協議を含めた改善が必要である。

　もっとも、法的手続を含まない地権者との交渉等、不当要求行為者に対する交渉についての委任に関しては、地方整備局管下の事務所長から委任状の交付を受け弁護士が用地取得担当職員と同席して地権者に対応・発言等の交渉を行っているケースも存する。

4　平成21年6月1日　国土用第12号。
5　国の利害に関係のある訴訟についての法務大臣の権限等に関する法律。

また、用地取得交渉の際、地権者が反社会的勢力に交渉を委任したり、同行するケースもあることから、近畿地方整備局では、受任者が暴力団等反社会的勢力でないことなどの確認事項を記載した定型の委任状以外の委任を認めない、という方針をとっている。

4　教育現場における不当要求排除（教育対象暴力[6]）

(1) 学校現場で今何が起こっているか。

　生徒同士が学校内でけんかになり、教師が双方に謝罪させたところ、一方の保護者から、「うちの子は納得していないのに、謝罪させたのはおかしい。土下座して謝れ。」と要求され、他の生徒もいる中、教師が土下座で謝罪させられた。

　何度も保護者に督促したが修学旅行の代金を払わないことから、生徒を修学旅行に連れて行かなかったところ、宿泊先に3時間立て続けに苦情電話を掛け、さらに、校長を自宅に呼びつけ、夜8時から12時まで「退職しろ」、「退職金を慰謝料として差し出せ。」等罵声を浴びせられた。

　不登校の生徒の親が「学力保障しろ」、「担任を替えろ」、「仲のいい子がいるクラスにクラス替えしろ」と何時間も電話で要求してくる。

　廊下を走った生徒に「自分でげんこつを入れよう。」と注意したところ、保護者から「げんこつを入れろ、という指導は体罰だ。」として経緯を詳細に説明するよう要求してきた。

　これらのことが実際の教育現場で起こっている。

(2) 教師のうつ病

　文部科学省の全国調査によると、平成22年度にうつ病などの精神疾患による病気で休職した小中高などの公立高校の教師は5,407人に上り、10年間で

　6　「教育対象暴力」という表現は聞き慣れない言葉であろうが、企業対象暴力、行政対象暴力等と同様に、教育現場において暴力・威力等を用いて保護者らが自己の主張を要求する行為として、日弁連民事介入暴力対策委員会では用いられている。

約 3 倍になった[7]。一般的な精神疾患患者数の伸びが10年間で約1.6倍であることと比較すると、教師が精神疾患になる率はきわめて高い。教師の疲労度調査においても、「とても疲れる」と答えた教員は約45％であり、一般企業の約14％を大きく上回っている。

(3) 教育対象暴力対策の必要性と問題点

民間企業や地方公共団体等の行政機関への不当要求については、各企業や行政機関等でマニュアル等も作成され、不当要求排除のシステムが構築されている。

ところが、教育現場においては、不当要求を実際に行うのは保護者等であるが、彼らを排除しても、保護者には、子どもに教育を受けさせる義務が存する[8]ことから、教師が親との関係を完全に断つことは不可能に近い。

ただ、不当要求を繰り返す保護者らは教師の上記の弱みにつけ込み、時間・曜日を問わず学校等にクレームを言い、教育現場がこれに疲弊してしまうことで、その保護者の態度を見ている子ども達も教師に対する尊敬の念を失っていると考えられる。

教師の精神疾患発症率は尋常ではなく、教師の支えとなり、援助することで優秀な人材を教育現場に確保することが、ひいては国民の教育を受ける権利を確保することにつながると考える。

教師は、保護者からのクレームにどこまで対応すべきなのか、トラブルの内容は法的にはどう解決されるべきか、等について、教育現場では専門知識を十分に有していない場合も存すると考えられる。それに対して弁護士が法的アドバイスをすることによって、保護者からの要求を適切に処理できることができれば、終局的には全体としての教育水準を上げる一助になると考える。

重要なのは、保護者らの不当要求を適切に対応し、教師が十分に授業・子どもへの指導に専念できる環境を確保することである。

---

7 平成24年1月22日 文部科学省 初等中等教育局初等中等教育企画課発表。
8 憲法26条第2項。

(4) 全国各地での対策

① 学校問題解決サポートセンター

東京都教育委員会では、平成21年4月から、学校と保護者等との間で生じた、学校だけでは解決困難な問題について、公平・中立の立場で相談に応じるサポートセンターを開設し、弁護士、精神科医、臨床心理士、警察OB等の専門家からの助言を受けながら解決策を提言する制度を立ち上げた[9]。

② 東京都港区

平成19年から、港区内の弁護士グループに委託し、学校問題に対して校長等が直接相談できる体制を構築している。

弁護士への相談料は区から支給されるが、弁護士は、教育委員会に相談件数と相談類型のみを報告し、学校名・相談概要を明らかにしない体制をとり、校長からも本音を言えると好評であり、毎年30件超の相談が寄せられている。

相談を受ける弁護士によれば、「授業中おしゃべりや勝手な行動をしている子どもがいても先生は注意せず、聞いている子どもだけを相手に授業を進めていく、という図は例外的なことではない。『教育』とは、子供に学力を付けること以前に、人間社会で生活し、生き抜く知恵を付け、その基本として『何が正しく、正しくないか。何をすべきで、すべきでないか。』というけじめをきちんとわきまえさせることが要諦であり、子供のために『叱る、叱れる』教育現場作りに貢献したい、と論考されている[10]。

③ 教育対象暴力無料法律相談（岡山弁護士会）

文部科学省の平成22年度調査結果[11]によると、岡山県は、小中高生の暴力行為発生率、小学校の不登校発生率がともに全国最悪と発表された。学校の荒れは、教育現場が保護者からのクレームに適切に対応できていないことも原因の1つではないかと考え、平成24年1月から1年間の期限付きで、学

---

9 同様の学校問題支援事業は、千葉県、埼玉県、鳥取県、京都市、豊中市（大阪府）、岡山市、新潟市等多くの自治体の教育委員会で立ち上げられている。
10 網取孝治 弁護士「学校、教育問題について弁護士からの提言」日本教育平成20年1月号（No.364）。
11 児童生徒の問題行動等生徒指導上の諸問題に関する調査。

校・教師からの専門の法律相談窓口を開設した。面談相談が原則であるが、簡易な案件や緊急を要する案件は、電話相談で対応し、平成24年11月末現在で18件の相談を受けた[12]。

5　生活保護からの暴力団排除

(1)　補足性の要件

　生活保護法は、「健康で文化的な最低限度の生活を営む権利」（憲法25条生存権）を実現するため、「法律の定める要件を満たす限り、（生活）保護を、無差別平等に受けることができる」とした上で、利用できる「資産」や「能力」その他あらゆるものを利用してもなお、最低限度の生活をすることができない場合に生活保護を受けることができると定めている（生活保護法第4条　補足性の要件）。

　他方、厚生労働省の平成18年通達[13]によれば、暴力団員については、急迫状況にある場合を除き、生活保護の申請を却下するとしており、その理由は、①暴力団員は、正当に就労できる能力を有すると認められ、稼働能力の活用要件を満たさないこと、②違法・不当な収入を得ている可能性が高く、収入に関する申告が期待できない上、生活実態の把握や資産等に関する調査が困難であり、資産・収入の活用要件を満たしていると判断できないこと、とされている。

　生活困窮者が生活保護の受給申請をした際、「暴力団員」であるとして申請が却下されたことから、その取消しを求めた事案について、近時裁判がなされたものがあり、これについて解説する。

(2)　事案の概要

　生活保護を申請したＸに対し、市が警察に問い合わせたところ、「暴力団

12　岡山弁護士会では、他方で、子どもの困りごと（いじめ、体罰、虐待など）無料相談を子どもの権利委員会メンバーが中心に行っている。
13　社援保発第0330002号　平成18年3月30日　厚生労働省社会・援護局保護課長。

員である」との回答を得たことから、「Xは暴力団員であり、生活保護の開始要件を満たさない」として申請を却下したことにつき、Xは暴力団をすでに離脱したとして、申請却下の取消し等を求める訴訟を提起したもの。

(3) 判決内容

　第1審判決は、Xにはめぼしい資産、収入がなく、障害があり、就労不能のため生活保護申請の補足性の要件を満たし、また、暴力団に脱退届を出し、除籍通知も出されているとして、Xが暴力団に所属して収入等を得ていたとは認定できないし、警察の暴力団該当情報のみに依拠して暴力団の認定を行うことは何ら正当化されない、としてXの請求を認めた[14]。

　控訴審判決は、Xが特定人から1年間に合計約270万円の金員を受領していたことから高利貸しをしていたと推認でき、また、所持していた時計や指輪を売却して合計150万円程度換価金を得ていたこと、Xが現役の暴力団員として組事務所に出入りしていたかどうかは不明だとしても、種々の事情から暴力団組織やその関係者と強く結びついていると推認できること等から、高利貸をしているXが、暴力団組織やその関係者との結びつきが強く、福祉事務所においてXの不労所得を的確に把握することが困難な状況にある以上、保護申請における補足性の要件を満たさないとして、Xの請求を棄却した[15]。

　なお、本件事件は、現時点（平成24年12月）で確定しておらず、最高裁の判断を待つ状況である。

(4) 解説

　暴力団員のように、市民生活を脅かすおそれのある団体に自己の意思で加入している暴力団員に不労所得を与えることは、暴力団員の不法活動を助長するものであること、また、暴力団員は上部組織に上納金を納めており、それが武器購入、暴力団の勢力維持拡大の資金に利用されることとなり、国民の血税でまかなわれ、国民の福祉のために使われるべき公金が、違法活動を

14　宮崎地方裁判所　平成23年10月3日判決。
15　福岡高等裁判所宮崎支部　平成24年4月27日判決。

援助助長する団体のために使われる結果となり、公共の福祉に反することになるから、暴力団員には生活保護を受給させない必要性は高いし、また、暴力団から真に離脱すれば、他の要件を満たす限り保護費を受給できるのであり許容性も存する。

　ところで、厚労省通達によれば、暴力団員については補足性の要件を満たさないとして受給申請を原則却下する、としているが、生活保護法上の要件としては、「暴力団員」か否かが要件となっているわけではなく、あくまでも「補足性」が要件となっており、司法の場においては、「補足性」を認定する上で、暴力団員性やその周辺者か否かも検討材料になる、ということになる。

　上記事例で控訴審にて結論が逆になったのは、資産や収入等が真実存しないか否か、高利貸等の不労所得の有無などの詳細な証拠が控訴審裁判所に提出され、認定されたことに基づくものである。控訴審において積極的に「暴力団員」との認定があえてなされなかったのは、前述のごとく「暴力団員」か否かは生活保護法上の要件でないため、「暴力団員であること」を認定してもそれのみで請求を棄却できるのではなく、結局「補足性」の要件の検討をしなければないこと（暴力団員か否かは、直接の争点（要件事実）ではない）、逆に補足性の要件が満たされないと判断されれば、その時点で、「暴力団員」か否かにかかわらず請求は棄却されることから、それ以上に「暴力団員」との認定を積極的に行う作業が司法判断においては不要だったからと思われる。

第Ⅲ章 地域・業域・職域からの暴排運動

サービサー業界からの反社会的勢力・暴排運動

弁護士　木下　貴博（前オリックス債権回収（株）取締役弁護士）

1　サービサー法の特徴について

(1)　債権管理回収業に関する特別措置法（以下「サービサー法」という）

　サービサー法は、バブル経済崩壊当時における金融機関等の不良債権の効率的な処理の要請、これに関連し債権の流動化の進展も予想されたことから、これらに対応すべく債権管理回収業を適正・公正なものとして確立するため、平成11年に制定された。

　同法に規定する債権の管理回収業（サービサー法2条2項（注1））は、従来、弁護士法において、弁護士以外の者が、報酬目的で債権者から委託を受け、取立てのための請求、債務の免除等の行為を業として行うこと、さらに何人も他人の権利を譲り受け、訴訟その他の手段による権利実行を業とすることが禁じられていたものである（弁護士法72条、73条）。同条の趣旨は、非弁護士による他人の法律事件への介入が国民の公正な法律生活の侵害につながることから、そのような弊害を防止することにある。そして、債権回収の場面においても、暴力団、事件屋等が関与するという弊害がみられたところ

（注1）　債権管理回収業とは、弁護士又は弁護士法人以外の者が委託を受けて法律事件に関する法律事務である特定金銭債権（サービサー法2条1項各号に規定されるもの）の管理及び回収を行う営業又は他人から譲り受けて訴訟、調停、和解その他の手段によって特定金銭債権の管理及び回収を行う営業である。

である。
　サービサー法は、この弁護士法の特例として制定されたのであるが、同法によって債権管理回収業務を民間業者（サービサー）に解禁するにあたって、これを法務大臣による許可制とし、許可にあたり暴力団等反社会的勢力による介入を排除する仕組みを構築するとともに、許可業者に必要な規制・監督を加え、債権回収過程の適正を図っている。

(2) サービサーの許可基準（サービサー法5条）

　サービサー法は、その許可要件（5条）において、暴力団排除の観点からいくつかの厳格な許可要件を置き、サービサーの有意の人的構成に暴力団員等が入り込めないようにしている（『逐条解説サービサー法（四訂版）』91頁（きんざい））。具体的にいうと、以下に該当する許可申請者には許可が与えられないようになっている。
　①「暴力団員による不当な行為の防止等に関する法律」（平成3年法律第77号）第2条第6号に規定する暴力団員（以下この号において「暴力団員」という。）、または暴力団員でなくなった日から5年を経過しない者（以下「暴力団員等」という。）が、その事業を支配する株式会社（5号）（注2）。
　②暴力団員等をその業務に従事させ、またはその業務の補助者として使用するおそれのある株式会社（6号）。
　③「取締役若しくは執行役（相談役、顧問その他いかなる名称を有するものであるかを問わず、会社に対し取締役又は執行役と同等以上の支配力を有すると認められる者を含む。）、又は監査役（以下この号において「役員等」という。）のうちに次のいずれかに該当する者のある株式会社」（7号）として「暴力団員等」（同号ヘ）が挙げられている。

(3) 業務における暴力団員等使用の禁止（サービサー法18条1項）

　サービサーは、暴力団員等をその業務に従事させ、またはその業務の補助者として使用してはならない（注3）。
　サービサーにおける暴力団員等の排除の要請は、各社の設立時のみなら

（注2）　事務ガイドライン2―1―(2)では、「事業活動を支配する」とは、株主権を背景として事業活動に相当の影響力を及ぼし得る地位にあることだけでなく、例えば、融資、人的派遣又は取引関係等を通じて、債権回収会社の事業に相当程度の影響力を及ぼし得る場合などを含む、とする。

ず、設立後の業務遂行の過程においても貫かれなければならないものであり、そのため、このような規定が設けられている。

(4) 債権譲渡先の制限（サービサー法19条2項）

サービサーは、その債権（債権管理回収業に係る債権）を、暴力団員等、暴力団員等が運営を支配する法人その他の団体やそれらの構成員に対して譲渡することができない。

サービサーにおける暴力団員等排除の要請は、債権譲渡の場面においても求められる。悪質・暴力的または不適正な取立て等を行うおそれのある者に債権が譲渡されるときは、結果的に適正な債権回収が行われなくなるおそれがあり、債務者保護が図れないためである。このためサービサー法は、譲受け制限者の規定を設け、暴力団員などへの債権譲渡を禁止している。

(5) 警察による援助（サービサー法28条）

サービサーは、暴力団員による回収妨害等によって、被害を受けるおそれがあるときは、警察庁長官に対し、援助を受けたい旨の申出をすることができ、警察庁長官が申出を相当と認めた時は、助言その他必要な援助を行うものとしている。

債権回収の場面で暴力団員等の妨害により適切な回収ができなくなる事態が少なくないといわれ、そのような事態からサービサーの業務の円滑を確保する必要性は高い。そこで、サービサー法では、サービサーにより警察に援助を求められる旨の規定を置き、債権管理回収業からの暴力団排除を強力に推進することとしている。

(6) 業務改善命令

サービサー法上、債権譲渡あるいは回収委託の相手方について規制する定めはない。

しかし、暴力団員等との間で上記のような取引をすることは、暴力団員等による債権回収業務への介入を招くおそれがある。このため、債権回収会社

（注3）　そもそも、そのようなおそれのある株式会社は法務大臣による営業許可がなされない（サービサー法5条6号）。また、営業を許可された会社がそのような行為をした場合には、許可の取消しあるいは業務停止の処分を受ける（同18条1項、24条1項3号）。さらに、刑事罰も規定されている（同35条6号）。

の審査・監督に関する事務ガイドライン（以下「事務ガイドライン」という。）4―3において、業務改善命令（サービサー法23条）が発せられる場合の具体例の1つとして、このような相手方からの債権譲受け、回収受託を挙げている。

2　サービサー業界における暴排取組みについて

(1)　「債権管理回収業の業務運営に関する自主規制規則」（以下「自主ルール」という。）の制定

サービサー業界では、サービサー法その他関係法令等の遵守及び業務の適正な運営を確保するため、サービサー会社各社を会員とする一般社団法人全国サービサー協会（以下「サービサー協会」という。）が、通称「自主ルール」と呼ばれる規則を定めている。サービサー法における眼目の1つである暴力団員等（サービサー法5条5号参照）の債権回収業務への介入排除を実現するため、自主ルールにおいても次のような規定が設けられている。

(2)　業務への関与の排除に関する規定

サービサーは、その業務に暴力団員等（注4）を従事させたり、業務の補助者として使用しない態勢を整備しなければならないとされている（自主ルール4条）。これは内側からの暴力団排除を目指すものである。

(3)　反社会的勢力の排除に関する規定

① 　反社会的勢力（以下「反社」という。サービサー法でいう暴力団員等を含み、これより対象範囲が広い。（注5））への対応態勢について

サービサーは、反社への対応態勢につき実施すべき事項の基本方針を制定しなければならず（自主ルール92条1項）、断固たる態度で反社との関係を遮断し、排除する態勢を整備しなければならないとされる（同2項）。

当該規定実施の具体例として、反社との関係遮断のための規程・マニュアルの整備や事業所ごとの不当要求防止責任者の選任、従業者に対する教育指

（注4）　自主ルール2条(9)の2の「暴力団員等」も、サービサー法5条5号とほぼ同定義である。

導、被害発生時の適切な対応ルール策定と実施、暴力団排除組織との連携などといった方策が考えられる。

② 債権回収受託、債権譲受けについて

サービサーは、反社から債権回収の受託、債権譲受けをしてはならないとされる（自主ルール93条）。前述の事務ガイドライン4―3を受けたもので、回収受託あるいは債権の譲受けを通じ反社との関係が生じる可能性があるため、これを禁じることで取引関係を遮断する趣旨である。

③ 債権譲渡について

サービサーは、債権を譲渡する場合には、譲渡先が暴力団または暴力団員等運営を支配する法人その他の団体などでないことを検証する態勢を整備しなければならないとされる（自主ルール94条）。

サービサー法19条2項の債権譲渡の制限規定を受け、自主ルールでは、サービサーが同条の違反行為をしないための検証態勢を整備しなければならないことを規定し、譲渡対象先から反社の排除・遮断を図ったものである。

④ 兼業との関係

サービサーは債権管理回収業を本業とし、その他法務大臣より許可を受けた兼業を営むことができる（サービサー法12条（注6））が、反社排除の要請は、もちろん兼業業務においても妥当する。

（注5） 自主ルール2条(9)の3では、反社会的勢力とは、①暴力団、暴力団員（暴力団の構成員（同条(9)））、暴力団員でなくなった日から5年を経過しない者、暴力団準構成員、暴力団関係企業、総会屋等社会運動標ぼうゴロ又は特殊知能暴力団等、その他これらに準ずる者のいずれかに該当する者、②①に該当する者が経営を支配していると認められる関係、①に該当する者が経営に実質的に関与していると認められる関係、自己、自社若しくは第三者の不正の利益を得る目的又は第三者に損害を加える目的をもってするなど、不当に①に該当する者を利用したと認められる関係、①に該当する者に対して資金等を提供し又は便宜を供与するなどの関与をしていると認められる関係、その他①に該当する者と社会的に非難されるべき関係のいずれかの関係を有する者、③暴力的な要求行為、法的な責任を超えた不当な要求行為、取引に関して脅迫的な言動を行い又は暴力を用いる行為、風説を流布し、偽計又は威力を用いて相手方の信用を毀損し又は相手方の業務を妨害する行為、その他これらに準ずる行為のいずれかに該当する行為をした者、と定義する。

（注6） 兼業の承認を申請できる業務は、債権管理回収業を営む上において支障を生ずることがないと認められたもの（サービサー法12条参照）。実例として、事件性・紛争性のない正常債権の集金代行業務、本業である債権回収業と関連を有する業態の貸金業務、担保不動産の隣地の周辺に存在する土地の売買等の代理、仲介のような本業と関連する業態の不動産業務などがある（（改訂3版）『実務サービサー法225問』225頁（商事法務））。

このため、自主ルールにおいては、兼業の承認申請を行うにあたっては、その業務が反社の関与しやすい業務でなく、主要取引先が暴力団員等またはその支配する会社でないことに留意して当該申請の当否を判断することとされる（自主ルール60条(3)）。また、承認された兼業業務を実施するにあたっても、新規取引先の開拓は反社を関与させないよう取引先の選定を適切に行わなければならない（同71条）とされる。

3　サービサーの業務における反社規制・排除の方策

(1)　債権の譲受け・回収受託の場面

①　反社からの債権譲受け・回収受託の禁止

サービサー業界では、前述の自主ルール93条により、反社からの債権譲受け・回収受託を禁止している。そのような譲受け・受託を排除し、反社との取引関係を遮断していくためには、譲受け・受託の引合があった時点で取引の相手方が反社会的勢力であるか否かをチェック（以下「反社チェック」という。）することが必要である。

②　反社チェックの方法

相手方の取引先等からの情報、相手方と面談交渉した時に受けた印象（肩書き、話し方、話の内容等）を確認する方法、反社についてのデータベース（以下「DB」という。）を持っていれば、それによる照会、過去の新聞等の記事の検索、各都道府県の暴力追放運動推進センター（以下「暴追センター」という。）等の暴力団排除組織への相談などが考えられる。そして、これらのチェックから得られた結果を基に反社か否かを判定することになる。

また、反社について判定をした後、そのための資料、判定結果を記録に残すこと、さらには、反社チェックの方法、該当が判明した後の取扱いについての規程（マニュアル、業務フロー）を整備することも、効率的な反社チェック、反社排除の取組みの実施に有効であると考えられる。

③　反社に関するDBの活用

反社チェックには、反社に関するDBを備え活用することも有効な手段の1つと考えられる。ただ、DBの構築には、データの蓄積のあることが前提となる。サービサー各社にとっては、データを蓄積しDBを構築することも将来に向けての課題になると考えられる（前述の記録を残すことは、DB作り

の基礎となりうるであろう)。

　もっとも、自社にDBがない場合でも、親会社・グループ会社でDBを構築していれば、それを活用する方法も考えられるであろう。

　④　暴追センターへの相談

　暴追センターに相談する場合は、各社でなし得る限りの調査を行い、ある程度情報を把握して相談の対象を明確にしておくこと、事件性のある事案なので相談しているということを明確にしておくことが必要となる。このため、暴追センターへの相談は、まず各社において前述のような反社チェックを行い、反社であるとの確定的な判断ができない場合に行う必要がある。

　⑤　暴排条項の導入

　このように、取引相手方の反社該当の有無につき事前のチェックを実施する他、受託、譲受けの契約時には、契約書に反社でないことを表明・確約させ、違反した場合の解除・損害賠償を併せて規定することが考えられる。たとえば、前述のサービサー協会では、サービサー業界向けに、次のような暴排条項のサンプルを作成している。

＜反社会的勢力排除条項サンプル＞

第●条

　甲及び乙は、反社会的勢力（暴力団、暴力団員、暴力団準構成員、暴力団関係企業、総会屋等、社会運動標ぼうゴロ又は特殊知能暴力集団その他これらに準ずる者をいう。以下同じ。）に該当しないことを確約するとともに、将来もこれに該当しないことを確約する。

第●条

　1　甲及び乙は、相手方が反社会的勢力に該当し又は反社会的勢力と以下の各号の一にでも該当する関係を有することが判明した場合には、相手方に対して何らの催告を要せず、本契約を解除することができる。

　(1)　反社会的勢力が経営を支配していると認められるとき

　(2)　反社会的勢力が経営に実質的に関与していると認められるとき

　(3)　自己、自社若しくは第三者の不正の利益を得る目的又は第三者に損害を加える目的をもってするなど、不当に反社会的勢力を利用したと認められるとき

　(4)　反社会的勢力に対して資金等を提供し又は便宜を供与するなどの関与をしていると認められるとき

(5) その他反社会的勢力と社会的に非難されるべき関係を有しているとき
　2　甲及び乙は、相手方が自ら又は第三者を利用して以下の各号の一にでも該当する行為をした場合には、何らの催告を要せず、本契約を解除することができる。
(1) 暴力的な要求行為
(2) 法的な責任を超えた不当な要求行為
(3) 取引に関して、脅迫的な言動を行い又は暴力を用いる行為
(4) 風説を流布し、偽計又は威力を用いて相手方の信用を毀損し又は相手方の業務を妨害する行為
(5) その他前各号に準ずる行為
第●条
甲又は乙が前条により本契約を解除した場合には、解除した当事者は、相手方に損害が生じてもこれを賠償又は補償することは要せず、また、当該解除により解除した当事者に損害が生じた場合には、相手方はその損害を賠償するものとする。

　他の業界団体のものと基本的な構造はほぼ同じと思われるが、さまざまな相手（委託元、譲渡人等）との契約締結が予定されるので、どのような場面でも使えるようになっている（サービサーは、甲乙いずれの当事者にもなりうる。）。また、3番目の条項は、反社を理由に解除するため、解除した当事者（サービサー）は、損害賠償義務を負わず、相手方（反社）は、損害賠償義務を負うという形式になっている。

(2) 債権譲渡（再譲渡）の場面

　サービサーが債権譲渡を行う場合、サービサー法19条2項により暴力団員等、暴力団員等が運営を支配する法人その他の団体やそれらの構成員に対する譲渡は禁止されている（以下「譲受け制限者」という。）。そして、自主ルールにおいては、譲受け予定者がサービサー法所定の譲受け制限者に該当しないか、検証する態勢を整備しなければならないとされる（自主ルール94条）。

(3) 債務者への対応

① 反社が交渉に介入するケース

　債務者側に暴力団員などの反社が関わる場合として、債務者・保証人の代

理人などとして債務者本人に代わり、あるいは同席して交渉を行うケースがある。

もともと、弁護士法72条において、非弁護士が報酬を得る目的で法律事件に関する法律事務を取り扱うことは禁じられている。弁護士ではないこのような人物（もちろん、弁護士法との関係でいえば「反社」に限らない。）が債権回収における弁済交渉という法律事務に代理人等と称して関与することは同法に抵触しうる行為で、かかる交渉を行うことは、サービサーとして容認できるものではない。

そのようなことから、交渉の際、基本的に代理人は、弁護士（あるいは認定司法書士）に限り、同席者についても、代理人弁護士以外であれば税理士等の専門家その他同席することが合理的に必要と認められた者に限る（ただし、この場合はあくまで「同席者」であって、「代理人」とは扱わない。）、などというような交渉時のルールを社内で決めることが望ましいであろう。そして、弁護士でない反社が、代理人あるいは同席者として交渉に介入しようとした場合、かかるルールに基づきこれを謝絶するといった対応をすることになろう。

② 債務者等に対する回収

また、サービサーが譲り受け、または回収受託した債権の債務者あるいは保証人が暴力団員等と判明する場合も考えられる。

暴力団員等については、東京都その他各道府県の暴排条例で「利益供与」の禁止が定められている（注7）が、回収交渉を進めるにあたって、こういった相手方が債務者等であると回収に特別な労力あるいは時間のかかることが予想され、できるだけ早期に和解等で回収を終了させたいとの意識が回収する側に働く可能性も考えられるところである。

しかしながら、和解等によって債務の一部を免除したり、回収をしないまま債権をいわゆる「塩漬け」状態にして、結果、時効が完成し請求ができなくなってしまうと、「利益供与」に該当する可能性が生じるので注意が必要である。

（注7） たとえば、東京都暴力団排除条例24条など。同条例24条3項では、「暴力団の活動を助長し、または暴力団の運営に資することとなることの情を知って」利益供与をしてはならないとする。

(4) **委託先への対応**

サービサーが業務を外部委託する場合（例：自己競落した担保物件の売却のための不動産業者等）、前述の(1)、(2)の場合と同様、契約前に反社チェックが必要と考えられる。そして、契約時には暴排条項を入れて契約する方法をとることになろう。

(5) **従業員への対応**

前述の自主ルール4条において、業務への暴力団員等の関与の排除を実現すべく、そのための態勢整備を規定しているが、その具体例としては、従業員との雇用あるいは委任契約において、暴排条項を入れた契約をすることが考えられる。しかし、雇用契約で個別の従業員と書面を作成するケースは、必ずしも多くないと思われる。契約書を作成しない場合であれば、反社でないことの誓約書（注8）を従業員の入社時に提出してもらうといった方法が考えられる。

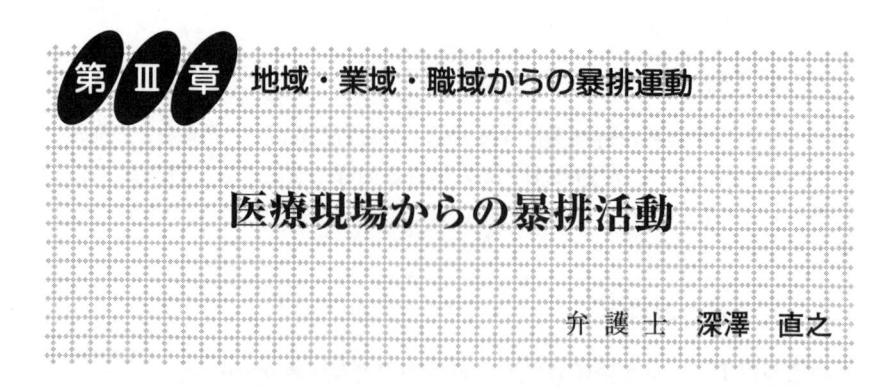

第Ⅲ章 地域・業域・職域からの暴排運動

医療現場からの暴排活動

弁護士　深澤　直之

　患者、医師や看護師ら医療従事者が、病院内で殺傷され、暴行、暴言をを受ける事件が頻発し、医療従事者に対する理不尽なクレームやセクハラ事件も増発し、病院といえども安全な聖域ではない。その状況と病院の安全回復のための暴排活動について考察した。

1　病院の安全神話の崩壊

(1) 医療従事者・患者の殺傷事件等

　2012年11月、全国暴力追放運動中央会議で、宮元篤紀さんが暴力団被害者として講演をした。2007年11月、当時34歳の夫の洋さんが佐賀県武雄市の病院の病室で、暴力団道仁会系組員に抗争中の暴力団関係者と間違われて射殺されたのである。「暴力団の危険に関心を」と題した講演では、「市民は無関心で無防備に暮らしている。当時、道仁会と九州誠道会の対立抗争が毎日のように報じられていたが、入院中の夫が人違いで撃たれるなどとは考えもしなかった」と、暴力団の危険性を訴えた。疾病治療の病院、安心と思われている病室で、まさか誤殺されるとは思ってもみなかったのである。犯人には無期懲役刑が言い渡された。
　出勤途中の医師が京浜急行の青物横丁駅の改札口で、患者に拳銃で射殺されたのは、平成5年であった。手術を受けた患者が、執刀医に体内に何かを入れられ人体実験をされたと被害妄想にかかり、暴力団から購入した拳銃で

執刀医を射殺したのである。「ヤクザや患者が暴れている」との通報で、警察官が病院に臨場する事件も増えた。

バブル経済の破綻以降、金融機関から過剰融資を受けて経営難に陥った病院が手形を乱発するなどして倒産、反社会的勢力から乗っ取とられる事件も勃発した。その餌食とされた病院では、暴行や脅迫を受けた医療従事者は逃げ出し、入通院患者らが医療を受けられず放置される被害も多発した。1994年7月、日弁連民暴対策委員会が北九州市で開催した第40回日弁連民暴対策大会協議会では、「病院倒産と民事介入暴力」をテーマとして実情報告と対策が協議された。この頃から、医療事故報道のみならず、医療過誤訴訟が急増し、医療に対する不信が増大していった。

(2) 権威的医療から「患者の権利」重視の「納得医療」へ

かつて、医療とは、「医療専門家である医師が、医学知識と技能に基づいて適切と判断した医療行為を、知識もその理解能力もない患者に対し、権威的に施していくもの」であり、患者からすれば、「疾病のことは医療専門家のお医者様に任せて身を委ね、最適と医師が判断した医療行為を施して貰うもの」であった。まさに、「医師の権威的医療」であり、「患者からのお任せ医療」ともいうべきものであった。

1973年、アメリカ病院協会で「患者の権利宣言」が制定され、1981年には世界医師会総会で同様の「リスボン宣言」が採択された。「患者の権利」宣言とは、「患者は、最善の利益に即して適切な治療を受ける権利を有し、他の医師の意見を求める権利を有し、自身に関わる自由な決定を行うための自己決定権を有し、自己の医療上の情報を受ける権利を有する」などとするものである。

我が国でも、この「患者の権利」が重視されていった。下段の「インフォームド・コンセント」（次頁※参照）、すなわち、患者が医師から納得のいく説明を受け、それへの同意のうえでの「患者納得医療」が病院に導入され、診察や手術、投薬等の医療行為に具現化されて実践されるようになった。

(3) 医療過誤訴訟と「お医者様」から「患者様」へ

　患者・家族は、医療従事者から受けた医療行為についての説明に納得がいかない場合、医療過誤が明白で医療従事者の刑事責任性が問われる事件でなければ、真相を解明すべく医療過誤訴訟を提起することになる。2001年、東京地裁・大阪地裁をはじめとする10の地方裁判所民事部に「医療集中部」が設けられた。これは、医療過誤訴訟が増大し、その専門性が高く難解で特殊な医療裁判で審理が長期化したため、適正で迅速な審理ができるように改善するためであった。

　今日、その成果は上がっているが、医療過誤訴訟は増化している。患者の権利意識が高まり、納得医療が広く認識されたからである。「お医者様」に対し、ものを申すことなど到底できなかったお任せ医療の患者が、納得がいかない医療行為につき、対立当事者として主張・要求し、訴訟を提起する時代となったのである。

　また、2001年、国立病院向けの「医療サービスに関する指針」により、「国立病院の患者には原則として姓（名）に『様』を付するように」との要請がされた。国立病院で患者のことを「〇〇さん」から「〇〇様」と呼ぶように変えたのである。そして、医療もサービス業の意識の下、患者なしには

※「インフォームド・コンセント」とは：患者の生命や身体についての最終決定権は、患者自身にある。生命身体への侵襲行為を伴う医療行為については、医師にお任せしてしまうのではなく、当該患者が、担当医から自身の病状や病気についての説明を受け、「何のためにどのような手術を受け、手術の危険度はどれほどか？治療費用や所要期間は？」、「なぜこの薬を飲むのか？薬効は？副作用は？」、「投薬や手術を忌避したらどうなる？その他の選択肢はどのようなものがあるか？」など、患者自身の腑に落ちるような説明を受けて理解することが第1である。そのうえで、自身に施される医療行為を受け入れるか否かなど、患者の自由意思で決定して、医師の施術に同意や拒否をしていくものものに他ならない。

病院経営は成り立たず、他院とのサービス差別化、競争原理も働き、事業者が顧客一般を「お客様」と呼ぶように、病院で「患者さん」を「患者様」と称し始め、広まっていった。まるで、医師が「お医者様」と敬意を持って呼称されていた権威的医療やお任せ医療の終焉をみるかのように、これを機に、医師と患者の立場が入れ替わり、逆転した。

「患者様」の呼称に慣れた患者の中には、医療もサービス業との誤った認識の下、増長するものが現れ、医療事故や萎縮する医療現場と医療訴訟の報道などとも相まって、「患者の権利行使」として、病院や医療従事者に対し、大声でもの申す患者が増大しはじめた。

「地域住民を患者とする病院では、トラブルやクレームは禁物」の呪縛が強い病院は、秘密裏での言いなり解決、誠意を尽くし過ぎでの穏便円満、大甘処理で事を納めていた。

以降、勘違いし増長した患者側からの、誤った権利行使や悪質なクレーム、不当要求が急増し、「モンスターペイシェント」を生み出したのである。こうして、病院では、患者側からの不当クレーム、暴言、暴行、非違行為などが、日常茶飯事の受難時代を迎えている。

2　医療現場の被害実態

患者は、「良い医療行為が受けられる安全な病院で、安心して医療行為を受け、早期に健康を回復したい」と望む。その安全であるべき病院が、①暴力団が暴れているとして、警察官が頻繁に臨場、②暴力団が多く入・通院している暴力団御用達、③病院側に対し、暴言・暴行をはたらく患者が多い、④医療費未払い患者が多い、⑤院内規則も守られず無秩序、⑥声や態度が大きい患者だけが特別待遇、⑦救急車をタクシー代わりに利用する常連患者がいる、⑧医療従事者が暴言・暴行を受けても何の抵抗もできず無防備、⑨医療従事者の顔色が暗く、覇気のない病院、または⑩医療従事者の離職率が多いなどであれば、患者から病院は敬遠されていく。結果、病院経営がたち行かなくなるのは自明である。

しかし、評判を気にしてトラブル表面化の禁物意識が強い病院は、「患者

は、病気を抱え辛い状況下の病人、医療従事者は、多少は我慢すべきが当然。健常者ではない病人の病因がなせるワザで、通常の暴力・暴言とは違うのだから、我慢が当然。患者から暴力被害にあった医療従事者が、事件を誘発したのであり、医療従事者の対応の仕方が悪い。医療従事者の能力が低く、被害発生を防げなかったこと自体が問題。患者への接近接触は医療や看護では不可欠、胸やお尻を触られるのも職務の範囲内で、我慢が当然。これまでもそうだったし、それが医療で看護」などとして放置し、医療従事者の個人負担に帰していた。

こうして、医療従事者への「人権侵害行為」には目をつぶり、誤った「献身的医療」や「医学界の声」で、医療従事者個人に対し、犠牲と忍耐を無理強いしてきた。これでは、疾病を治すべき医療従事者や病院そのものが病む一方で、患者への安全で健全な医療提供など望むべくもない。

株式会社医学書院発刊の「管理看護2012」(増刊号vol.22 no.8)の横内昭光氏の記述によれば(652 p以下「職員の安全を守るために　警察OBとしての役割と今後に向けて」)、奈良県医師会の平成22年のアンケート調査によっても、医師、看護師の60％が患者からの暴力・暴言の被害を受け、医師の30％、看護師の約20％が「仕事への意欲が低下した」、「仕事に不安を感じている」とのことである。医療従事者が患者側から被害を被る状況は、全国各地の病院で生起し、担当医師や看護師不足を常態化させてもいる。

3　HKO会(病院に勤務する警察OBの会)の発足と活動

横内氏によれば、2004年、東京慈恵会医科大学付属病院で、森山寛院長の英断により、警察OBの横内氏が初めて採用された。この頃から、暴言・暴力などから医療従事者と患者の安全を守るため、病院での警察OBの採用が始まり、2005年、横内氏が中心となって、病院勤務の警察OB10名によりHKO会が創設された。

以降、病院の渉外室に勤務して院内トラブルを解決してきた同氏らの労苦で、警察OBは「病院内交番」の役割を果たすようになった。毎年、HKO会は開催され、研修と情報交換が行われ、2012年には、病院勤務の警察OB150

名の内の百余名に医療関係者も加わり、「院内暴力対策として今なにをなすべきか―悪質クレーム・暴力の具体的対応方法―」と題するパネルディスカッション等が行われている。

　HKO会会員の果たしてきた役割は大きい。同会員が常駐する院内での暴力や罵声や怒声、不当要求行為等に対しては、専任担当者や警備員が速やかに駆けつけ、毅然と対応する。下段のようなポスター（下段※参照）を堂々と貼る病院も増えつつある。医療従事者を守る病院は、患者の安心・安全を守る病院である。医療従事者が安心して明るく働きやすい病院では、より良い医療環境下で、より良い医療提供がなされるとして、受診患者は増え、地域に根ざしたよい病院との評価を得、発展することは自明である。

4　医療現場からの暴排に必要な視点

　2012年、筆者は、『医療現場のクレーマー撃退法　法的クレーム処理＆ケーススタディ99』（東京法令出版社）を出版し、「医療契約が準委任契約である以上、病院と患者との間には、互いの信頼関係が不可欠。契約当事者間に信頼関係の毀損、崩壊があれば、医療行為の継続は無理」との法的観点から、医療現場からの暴排の推進と具体的なQ&A事例を著した。筆者が指摘

※「当院利用のみなさんへ　快適な医療環境を皆様に提供するために、下記は是非、お守りください。当院規則も含め、守られない方には、警察通報や強制退院など断固たる措置を取らせていただきます。
- ・暴力、器物破損行為、セクハラ、ストーカーなどの犯罪行為はしない。
- ・暴言、威嚇などの迷惑行為や非違行為など、快適な医療環境を壊す行為はしない。
- ・飲酒や喫煙などの治療効果を妨げる行為はせず、治療に専念し、協力します。
- ・医療費は、決められた日までに支払います（経済的理由で困難な場合には、会計課にご相談下さい）。」

したい医療現場からの暴排活動のポイントは、以下の(1)～(5)までの5点である。

(1) 患者至上主義の呪縛

医療に対する社会の認識が、医師中心から、患者の権利の重視にシフトし、病院も企業の「顧客至上主義」と同様、「患者至上主義」の呪縛に強く拘束されたため、医療従事者が患者を「腫れ物に触るように」扱い、患者の中には、誤った権利意識を振りかざす者まで登場してきた。患者の権利意識の強化の下、医療従事者に対し、不当主張や非違行為を平然と行うようになった。病院は、患者の権利を重視しすぎ、風評や訴訟提起、難クレームに怯え、医療法・医師法等の法令遵守に萎縮して、患者に施す診療行為が、準委任契約関係に基づく契約相手への契約の履行であることを忘れてきた。その上、誤った「市民至上主義」に陥っている公立病院にあっては、「公立である以上、市民の患者の診断や要望は拒否できない」との誤解の浸透し過ぎのため、「患者様」への萎縮度は、始末に負えない状況下にある。国家公務員法と地方公務員法のいずれにも、「公務員は、市民を平等に取扱わなければならない」と法規定されている。暴言・暴力を振るったり、不当主張や要求を平然と行う「特殊な市民」だけに特別なサービス提供行為はもちろんのこと、その人だけに煩わされて多大な時間の労費も公務員法違反である。大半の善良な市民（患者）と平等に扱うことを徹底すれば、問題市民（患者）からの診断や要望は、拒否しなくてはならないのである。公立病院を守るための、市民（患者）平等取扱い原則が忘れられている。

(2) 医療契約

患者の権利意識の強化に伴い、「病院に行けば、病気を治して貰える。医師の指示通りに薬剤を飲み、手術すれば病気は治る」と勘違いした患者が、「治らない」として、非違行為や不当要求を「権利行使」する心得違いが増化した。医療契約を「完治の請負契約」と誤解した患者の増大である。「体調が悪いので、病原を探して快癒したい」と願う患者が、病院に診療の申込みをし、それを承諾した病院が患者に、「病的症状の医学的解明と治癒に向

けての適切な医療行為を施す」のが準委任契約の医療契約である。生命身体の不可思議からして、医師は、「病気は治る」との保証などできず、してもいないのである。呆れた誤解をした患者らの勘違いや心得違いは、病院が「違う！」と明言して是正すべきである。それが、病院の安全・安心を回復するための良薬に他ならない。

(3) 応招義務

医師法19条に「診療に従事する医師は、診療治療の求めがあった場合には、正当な事由がなければ、これを拒んではならない」と、応招義務が規定されている。病気の治癒に向け努力することを生業とする医療従事者は、「応招義務の呪縛」に強く拘束され、拒絶の正当事由を狭義に解しすぎている。重篤時に拒否できないなど、状況に応じた的確な理解と判断で、信頼関係のない患者に対しての診療拒否で、不当患者は遮絶し、暴排もすることで、医業の正常化が図られる。病院内規則を遵守もせずに暴言や暴行、不当要求をする等の患者に対しては、病院として信を置けない患者として「診療拒否」を明言することである。なお、契約自由の原則に則って、病院の安全・安心を守るために、「暴力団お断り」を原則として掲げ、公知させるがいい。

(4) 患者の義務

病院と医療契約を締結した患者は、診療を受けたら診療報酬を払わねばならないのと同様、医師からの「問診に正確に答え」、「投薬や診断を受ける」等医療従事者の指示に的確に従い、治療に向けての協力義務がある。しかし、患者の権利の強調の一方で、患者の義務はおざなりにされてきた。たとえば、問診にも答えようとしない患者に対し、占い師ではない医師は的確な医療行為を施すことなどできないのである。病院内の規則も守らずに、大声で怒鳴ったり、看護師の指示も守らずに服薬を拒んだり、検診も拒否、喫煙飲酒も平然とする患者も同様であり、診療拒絶や退院を求めて当然である。患者の権利ばかりが強調されてきたが、「患者の協力義務」に着目することで、患者の暴言・暴行、不当要求の排除や暴排活動は容易となるのである。

(5) 説明義務の誤解を解く

　医療法第1条の4に、「医療従事者は、医療を提供するに当たり、適切な説明を行い、医療を受ける者の理解を受けるよう努めなければならない」と、説明責任を尽くす努力義務規定がある。患者から医師への「お任せ医療」、「権威的医療」の排除であり、インフォームド・コンセントを規定したものである。医療は、患者の身体への投薬や手術などの侵襲行為を伴い、適切な医療方法が体調の変化に応じ流動的に決められる。患者自身が、確と病状等を理解し、納得のうえで治療が進むよう、病気や施術などの適切な説明への患者の理解が不可欠である。

　しかし、この規定について、「手術を受けたが治らない、薬効がない。納得できない」等と治癒への不満を表す「不平患者を納得させ、患者が納得するまで説得努力すべきもの」とまで医業界では誤解されている。ために、医療従事者は、「患者にご納得頂けるよう、誠意を持って誠実に説得」努力を繰り返すが、勘違い患者からは、暴言や執拗な言動が続く。医療従事者は、「到底納得しない執拗な患者」への誠意対応に疲弊し、うつ状態から病院を辞めざるを得なくなったりして、暗い職場化していた。合理的で相当な範囲や程度の説明をしても納得しない患者を、納得させる方法などないのである。

　このような場合、インフォームド・コンセントとそうでないことの区別をした上で、説明についての限度、限界を知り、「説明責任は十分尽くした」として放置し、あとは排除に乗り出すのみと病院を守るために判断し、実践すべきである。

第Ⅲ章 地域・業域・職域からの暴排運動

地域住民による反社会的勢力に対する事前排除の戦い
～愛知県名古屋市梅森坂の住民運動から

弁護士　村橋　泰志

1　事件の発端～怪文書が届く

　愛知県名古屋市の東部に梅森坂という閑静な住宅街がある。西は名門愛知カンツリークラブと広大な牧野が池緑地公園に隣接し、北は猪高緑地をのぞむ。東は日進市の田園地帯に連なり、南には道１本隔てて国立東名古屋病院がある。

　緑深く、水豊かで、空気は澄み、住民も既にリタイアして、静かな余生を楽しんでおられる家庭が多い。春の陽だまりのように暖かく落ち着いた地域である。

　平成20年10月２日、突如としてその内の数軒に怪文書が舞い込んできた。

　「Ｊ銀行と広域暴力団山口組弘道会との黒い関係」というおどろおどろしい題名の書かれたビラであった。

　暴力団関係者の建物が出現するかもしれないというまったく予想外の不意打ちを受け、住民たちは震えあがった。

・山口組弘道会の企業舎弟で、中区錦を拠点に全国にファッションヘルスやデリバリーヘルスなど風俗の店を展開する社長が梅森坂に広大な土地を購入した。

・Ｊ銀行は、暴力団の拠点作りを手伝った。

・巨大売春宿か暴力団の拠点事務所か、山口組は、六代目組長と若頭が名

古屋の同じ組織から就任したため、内部抗争により一触即発の状態にある。
近隣住民の皆さんが巻き込まれることがないようにご注意されたし。

などと書かれていたのである。差出人が不明の封書であることも、不気味であった。

2　何者か？―反社の大物らしい！

(1)　これまで、平和に暮らしていた住民たちは周章狼狽し、途方に暮れたが、やがて、何をするにしても、とにかく事態を正確に把握することが先決だと思いつくに至った。

そこで、手を尽くして問題の建築主の素性を調べたところ、次第に次のような事実が浮かび上がった。相手のＳが既に平成20年8月18日、土地を取得しており、なおかつ、いわゆる反社会的勢力の大物であることも明らかになってきた。

・名古屋市の最大の繁華街である、いわゆる錦三地区の風俗店を取り仕切るＢグループの総師である。他に不動産業、貸金業、進学塾の実質的なオーナーもしており、豊富な資金を持っている。
・弘道会若頭で高山組組長であるＴ・Ｓと関係が深く、弘道会の有力な資金源の1つであるとうわさされている。
・「名古屋やくざ戦争統一への道」という弘道会実録DVDシリーズを製作し、出演もしている。これは、弘道会が名古屋の地元暴力団との抗争に勝ち抜いていく歴史をたどり、弘道会を礼賛するものである。

このような事実を知れば知るほど、住民らの不安が募った。

(2)　平成21年3月28日、Ｋ設計事務所が、建築概要の説明書を持って、4軒の住民宅を訪れ、砂防工事の同意を求めてきた。工事を阻止したいと願って、地元の区役所の「まちづくり相談」のコーナーに行ったが、「砂防工事

は、住民の同意がなくてもできるので、工事は阻止できない。」と言われた。
　次に、地元の名東警察署に相談に行ったが、「暴力団事務所が建つとか、司組長の自宅ができるというようなウワサだけでは警察は動けない。個人住宅の建設は法律上中止できない。しばらく様子を見たらどうか。」というような紋切り型の反応しか得られなかった。
　「警察が動いてくれない以上、黙認するほか仕方ないのではないか」という悲観的な意見が強まるのもやむを得ないところであった。

3　住民運動開始の決断

　(1)　平成21年5月1日、夜遅く、住民数名が突然私の自宅まで、相談に来られた。
　私が民暴事件を手掛けていることや、地元名東区に居住していることを聞きつけ、一刻も早くと飛んで来られたのであった。

　私のアドバイスは、簡単なことであった。
　・警察は、刑事事件の取締りをするところであるから、民事問題には、本来介入できない。
　・住民の一人一人は無力だが、団結すればこんなに強いものはいない。
　・「自分たちの町は、自分たちで守る」と決意し、立ち上がれば、必ず支援の輪はできる。私たち弁護士も多数駆けつける。

　(2)　住民たちの反応は敏感であった。
　まず、平成21年5月11日、住民数名が県警本部に相談に行くところから始めた。「直接支援はできないが」という留保付きで、住民が立ち上がるよう期待するという激励を受けた。
　その話を聞いて、住民たちは、やはり、自分たちで住民運動を始めるほかには途はないと決断した。
　私も弁護団を作り、その代表として応援していくことを約束した。
　(3)　5月27日、前山・梅森坂両学区合同連絡協議会（以下、「連絡協議会」

と言う。）を開き、両学区合同で取り組むことを確認した（梅森坂地区は、両学区にまたがる）。

　6月8日、両学区は、名東区防犯協会連合会会長に対し、「両学区が暴力追放活動を開始することの理解と支援を求める」旨の要望書を提出した（以後、同連合会は、積極的に支援するようになった。）。

　6月10日、名東区長に面会し、同じく協力要請をしたが、こちらは期待に反し、区の問題ではないという鈍い反応であった（ただし、住民運動の盛上りに連動して、次第に理解を示すようになった。）。

4　異様な建物

　(1)　平成21年7月1日、心配していた事態が発生した。問題の場所に「建築確認の概要」を記した看板がたてられた。

　その内容を見ると、土地は約5000m^{2}と広大であり、地上2階・地下1階RC造専用住宅で、建築面積約980m^2、延べ面積が約1800m^2、工事着手予定時期平成21年8月15日頃とされていた。個人の専用住宅というにはあまりにも大きすぎる建物であった。

　しかも、この土地は道路面より数メートルも高いところにあるのに、その上に4mの擁壁と2mのフェンスを築くというのである。

　住民は、小さな要塞のような観を呈する建物ができるのではないかと脅えた。

　(2)　その上、収監中の六代目山口組司忍組長出所の時期が平成23年4月であると予想されているところ、建築完成予定が同年5月とされていたため、この建物が出所後の住居になるのではないかという風説もたてられるようになり、住民の不安はいやがうえにも増すばかりであった。

5　住民説明会

　(1)　平成21年7月17日、連絡協議会は、梅森坂コミュニティーセンターで、第1回住民説明会を開催し、S本人が出席して、住民に対する説明を行

うよう求めた。しかし、S本人は出席せず、代理人1名が出席した。住民参加者は、127名にのぼり、活発な質問をしたが、代理人は、問題はないという答弁を繰り返えすにとどまった。

(2) 同年8月9日、同協議会は、第2回の説明会を開催したところ、住民の参加は380名の多数となり、会場の梅森坂小学校体育館は、はちきれんばかりとなったが、S本人も代理人も出席しなかった。

(3) 同年8月26日、第3回目の住民説明会が同所で開かれ、住民325名が参加した。S及び代理人が出席したが、Sは、「あのビラはデマだ。妻と暮らし、暴力団には転売も転貸もしない。」と大声で一方的に話すだけで、住民の質問に対しては、誠意をもって答えなかった。

その威嚇的な態度は、巷間の風評をうなづかせるものであり、住民らの不信感は大きく膨らむばかりであった。

(4) 同年9月1日、その住民説明会の余波として、S代理人T弁護士より、私の事務所へ次の内容の「確認書」が郵送されてきた（S本人の署名・捺印入りであった。）。

・S本人は、風俗店経営に関わっていない。
・弘道会とは無関係である。
・本物件は、あくまでも個人住宅である。
・本物件を暴力団への貸与・使用・転売は絶対にしない。

しかしながら、この書面は、住民を安心させることができないどころか、その警戒心を一層強めることになった。

6 住民運動の進展―ひとみの会発足

(1) 平成21年10月15日、名東区防犯協会連合会（以下、「防犯協会」と言う。）主催による暴力追放名東区民大会が700人の規模で開催され、名東区の中心部で集会とパレードを行った。当然、梅森坂の住民も多数参加した。

(2) 同年12月5日、前山・梅森坂安心安全まちづくり協議会（略称：梅森

坂ひとみの会　以下、「ひとみの会」と言う。）を発足させ、運動の主体を明確にした。今後の住民運動は、この会が中心となって展開していくことになった。

(3)　運動には資金が必要である。そこで、直ちに、第1回目の寄付を募ったところ、短期間で約110万円が集まった。

(4)　同年12月27日「暴力団は町の敵」などと大書したのぼりを多数発注し、梅森坂地区の主要道路の沿道に設置した。

(5)　翌平成22年1月18日、梅森坂に交番の設置を求める署名活動を開始した。要するに、住民の願いは、自分たちの街を安全・安心な地域にしたいというところに根本があるのであって、反社会勢力や暴力団の排除は重要であるが、その内容の1つにすぎないのであった。

(6)　同年4月25日、ひとみの会主催による第1回の「前山・梅森坂安全安心まちづくりの集い」（以下、「安全安心の集い」と言う。）を梅森坂小学校で開催した。名東署長に対し、交番設置を求める要望書を手渡した。総参加者は706名と多数となり、本件土地の前を通り牧野ケ池緑地公園まで約1キロのコースをデモ行進した。翌日、各紙の朝刊で大きく報道された。

(7)　同年5月25日、ひとみの会は、6,425名分の交番設置を求める署名を、愛知県警本部長に提出した。

(8)　同年7月25日、第2回目の安全安心の集いを開いたところ、県警本部警視が講師として登壇した。参加者は452名であった。県警が初めて住民運動の表面に出てきたのである。

(9)　同年8月28日、名東区選出の県会議員と市会議員を招き、交番設置の要望をした。名東区の公職者7名全員が参加し、協力を約束したのであった。

(10)　同年11月13日、防犯協会主催の暴力追放大会が区内のサンプラザシーズンズという会館で開かれた。これは、まさに梅森坂の住民運動を支援することを目的としたものであった。神戸市長田区暴力団事務所追放協議会のリーダーである和田幹司さんや渡邊一平愛知県弁護士会民暴委員長の講演が行われた。梅森坂の住民は、バス5台を借り上げて300名が参加した。

7　住民運動のさらなる前進〜交番設置と暴排条例の改正の要求

(1)　平成23年1月15日、ひとみの会の幹部と弁護団が新年会を開き、運動のさらなる前進を誓った。

(2)　同年3月、第2回目の寄付の募金を開始して1カ月で約104万円が集まった。

(3)　同年5月8日、名東区の公職者との第2回目の懇談会を開き、交番設置等、住民運動への理解と協力を求めた。

(4)　同年5月22日、第3回目の「安心安全の集い」を前記小学校で開き、前回と同様、数百名による集会とパレードを行った。

集会では、宣言を発表し、従来と同じく交番の設置を求めたが、それに加えて、新たに「公安委員会が暴力団排除条例による暴力団禁止規則を定める」ことを求めた。法の改正による暴排運動を推進するという新たな展開を求める行動が開始されたのである。

(5)　同年6月17日東海テレビ、同年7月19日中京テレビで、梅森坂の住民運動がニュースとして取り上げられ報道された。新聞だけではなく地元のテレビも注目するようになったのである。

(6)　同年9月5日、梅森坂地区において、月曜日と金曜日にパトカーが半日ではあるが、常駐することになった。完全な形ではなかったが、交番設置を求める署名活動の成果であった。

(7)　同年12月4日、梅森坂小学校で、防犯協会とひとみの会は、共催による暴力追放大会を開いた。県警本部組対課長が講演をし、好評であった。参加者の減少が心配されたが、350名と多くの人がつめかけ、住民の意識が衰えていないことが明らかとなった。

8　暴排条例の改正の実現

(1)　愛知県暴力団排除条例は、教育施設等の周囲から200m以内の区域における、暴力団の事務所の開設及び運営の禁止を定める条項を設けている

(同条例18条)。

　しかし、本件の土地・建物からはこの禁止に該当する教育施設がなく、この条項を適用することができない。

(2)　そこで、本件についても適用されるよう、同条項の改正を求めるため、積極的な運動を開始することとした。

(3)　平成24年1月より、署名活動を開始した。「都市公園及び病院より200m以内の地域を対象とするよう条例を改正せよ」と求めたのである。

　約1ヵ月の間に、なんと、合計約2万通の署名が集まった（愛知県議会議長に対して11,088名、公安委員会に対しては9,549名。)。

　同年2月22日、これを同議長及び委員会にそれぞれ提出したところ、反応は大きく、すべての新聞各紙がニュースとして、取り上げ、報道した。

(4)　同年6月3日、本年度の「安全・安心の集い」を開いたところ、参加者は600名にのぼる大盛会となった。

(5)　このような住民運動のうねりを追い風として、遂に、同年9月の愛知県議会で、同条例が改正され、都市公園法に定める都市公園の敷地の周囲200m以内で、暴力団事務所の開設と運営が禁止され、これに違反するときは、50万円以下の罰金、1年以下の懲役に処せられることとなった。

　梅森坂地区に隣り合う広大な牧野が池緑地公園は、まさにこの条項の適用をうける都市公園であるため、本件建物もその適用を免れることはできない。

　この改正は、平成25年1月1日に施行される。

(6)　平成24年10月15日、名古屋国際会議場で、「安全なまちづくり愛知県民大会」が開催された。参加者は、2,300名に達する大集会であった。そのプログラムの1つとして「街を守ろう！みんなのチカラで」と題する寸劇が演じられた。

　これは、梅森坂の住民運動を題材にとったものであり、住民も住民役になって、舞台に登場したのであった。

9　暴力団との関係を明らかにせよ〜質問書

(1)　平成22年9月2日、S代理人弁護士から、ひとみの会幹部の数名に対し、内容証明郵便が郵送されてきた。
　「住民運動の中止を求め、もし、継続するならば、損害賠償請求訴訟を提起することも辞さない」という脅迫的な内容であった。
(2)　同月24日、弁護団はこの文書に反発し、「住民運動は、安全安心を守る正当な斗いであるから、今後も継続していく。」旨の回答書を返した。
(3)　すると、翌10月25日、S代理人弁護士より、「回答書の趣旨は理解した。今後は、住民としっかりした確認書を取り交わしたい。また、暴力団排除運動に住民と共に参加したい。」旨の文書が送られてきた。手のひらを返したような内容に驚かされた。
(4)　また、12月28日、S本人から、ひとみの会のメンバー15名に対し、確認書を締結したい旨を催促する手紙が送られてきた。
(5)　これに対し、同日、弁護団は、S代理人弁護士に対し、質問書を送った。
　その趣旨は、「確認書を取り交わしたいとか住民運動に参加したいというが、直ちには信用できない。どこまで真意なのか、あるいは暴力団との関係がどこまで深いのか誠意をもって具体的に解答せよ」というものであり、質問事項は50問と多く、かつ多岐にわたった。

10　正体—白日の下に

(1)　質問書に対する回答は、S本人やS代理人のいずれからも一向に送られてこなかった。
　しかし、その事実上の回答が意外なところから返ってきた。
(2)　平成23年1月、Sは、名古屋地方裁判所に詐欺、傷害等4件の罪名で起訴されたことが新聞紙上で報道されたのである。
　詐欺罪は、2件であったが、いずれも前記二代目弘道会若頭T・Sとの密

接な関係に基づき、T・Sのため、マンションのローン設定やゴルフ場利用に便宜を図ったものである。これまで、Sは、暴力団との関係を否定してきたが、そのウソが白日の下にさらされたのであった。

長期にわたる勾留の末、平成24年3月29日、すべての罪名につき、有罪（懲役2年6月、執行猶予4年）の判決が言い渡されたのであった。

(3) さらに、Sは平成25年1月5日、Sと弘道会との関係を捜査していた愛知県警を脅迫したとの疑いで逮捕された。

11　訴　訟

(1)　K社に対する謝罪広告・慰謝料請求訴訟
・K社の写真週刊誌に本件について記載された記事に関し、Sの名誉を毀損するとして、謝罪広告と慰謝料を請求したもの。
・東京地裁へ平成22年7月2日提訴。平成23年10月5日S敗訴。Sは控訴したが、平成24年5月控訴棄却され、確定した。

(2)　建設会社たる株式会社Iに対する建物建築工事契約履行請求事件
・平成22年3月19日に締結された本件建物建築工事請負契約につき、I社が錯誤無効を主張して工事に着手しないことにつき、Sがその履行を求めたもの。
・東京地裁へ平成22年8月10日提訴。平成24年12月21日、I社の全面勝訴判決（関連論考150頁参照）。平成25年1月、Sは控訴したが、その後取り下げられ、判決は確定した。

12　総括と展望

(1)　本件では、まだ、暴力団事務所が開設されたり、暴力団員による被害が現実に発生しているわけではない。それどころか、S本人が暴力団との関係を否定したうえ、「本件建物は自分の専用住宅にするものであって、暴力団に利用させたり、売却したりすることはない」旨さえ誓約しているのである。いわば、事前予防の暴力排除運動なのである。これは一般の組事務所排

除運動と比べるときわめて特異な事例ではなかろうか。

(2)　怪文書が郵送された平成20年10月からは4年以上経ち、住民運動が始まった平成21年5月からでもすでに4年近くの長い年月が経過した。このような長期間、粘り強い運動を継続している中心部隊は、すでに仕事をリタイヤした60才代、70才代の高齢者である。恐るべし、無名の老人パワーである。

(3)　当初、自信も経験もなかった住民は、のぼりを立て、多くの署名や寄付を集め、交番設置を求め、暴排条例の改正を求め、数々の集会とパレードを成功させ、寸劇に参加するなど、創意をこらして運動を成長させかつ継続してきた。住民主導の運動なのである。

(4)　住民運動が盛り上がるとともに、地元警察、県警本部、地元区役所、地元公職者の理解と協力が得られるようになった。

(5)　現在は、住民運動の前半戦が終わったところである。
　ＳとＩ社との建築工事履行請求事件の判決が言い渡された後が後半戦となる。

　平成24年12月21日、言い渡された判決は、Ｓの全面敗訴、Ｉ社の全面勝訴であった。その後、Ｓは控訴したが、平成25年2月5日、控訴が取り下げられ、判決は確定することとなった。しかし、その判決では、Ｉ社が建築工事をすべきか否かが問われただけである。Ｓが敗訴しても、Ｓの土地所有権が奪われるわけでもないし、ましてやＳの反社会性が様変わりするわけでもない。Ｓは、別の建設会社を見つけてくることもできるし、他に売却することも自由である。いずれにせよ、Ｓは、次の手段をいろいろ講じてくることであろう。住民側にとって、別の形で困難な状況が到来することは予測にむずかしくない。

　梅森坂地区に完全な安全と安心を勝ち取るまで、この住民運動は継続し、かつ成長しなければならない。そして、私たち弁護団の責任も重いことを自戒したい。

第IV章

反社会的勢力の情報収集・データベース化

第Ⅳ章 反社会的勢力の情報収集・データベース化

暴力団排除等のための部外への情報提供
～「平成23年通達」の概要等

警察庁刑事局組織犯罪対策部企画分析課
理事官　嘉屋　朋信

はじめに

　すべての都道府県において暴力団排除条例が施行されるとともに、各業界での暴力団排除が大きく進展するなど、近年、社会における暴力団排除の気運が全国的に高まっており、警察が保有する暴力団情報の提供要請が拡大している。

　こうした状況の中、警察庁においては、平成23年12月、暴力団排除等に向けた取組みを適切に支援するとともに、事業者等からの情報提供の要請に的確に対応し、暴力団情報を積極的かつ適切に提供していくべく、「暴力団排除等のための部外への情報提供について」（平成12年9月14日付け警察庁刑事局暴力団対策部長通達。以下「12年通達」という。）を11年振りに見直し、新たに「暴力団排除等のための部外への情報提供について」（平成23年12月22日付け警察庁刑事局組織犯罪対策部長通達。以下「23年通達」という。（資料編693頁参照））を発出した。23年通達における暴力団情報の部外提供に対する警察の基本的な考え方は、12年通達から大きく変わるものではないが、全国的な暴力団排除条例の制定等の近年の情勢をより的確に踏まえた内容となっている。

　本稿では、暴力団排除等に向けた暴力団情報の部外提供に対する警察の取組みをご理解いただくとともに、社会における暴力団排除の取組みの一層の推進にご活用いただけるよう、23年通達の概要等について、その項目立てに

沿う形で解説することとしたい。

なお、文中の意見にわたる部分は筆者の私見であることをあらかじめお断りしておく。

1 基本的な考え方

23年通達は、暴力団情報の部外提供を行っていく上での基本的な考え方として、以下の4点を挙げている。

(1) 組織としての対応の徹底

暴力団情報は、暴力団等による犯罪の捜査その他公共の安全と秩序の維持という警察としての行政上の目的を達成するために収集・管理されているものであることから、その部外提供については、個々の警察官が依頼を受けて個人的に対応することがあってはならず、必ず、警察本部暴力団対策主管課長または警察署長の責任において組織的な判断を行うべきことが明らかにされているものである。

(2) 情報の正確性の確保

ある時点で暴力団員として把握されていた者であっても、その後に組織を離脱するなど事実関係に変更が生じている可能性もあることから、暴力団情報を部外に提供するにあたっては、必要な補充調査を実施するなどして、当該情報の正確性を担保すべきことが明らかにされているものである。

(3) 情報提供に係る責任の自覚

暴力団情報については、これを部外に提供することによって関係者の利益に関わる問題が生ずる場合もあるため、警察が提供した情報に基づき講じられた具体的な排除措置等をめぐって訴訟が提起される可能性がある。このことを踏まえ、部外に提供する情報の内容及び提供の正当性については、警察が立証する責任を負わなければならないとの認識を持って対応すべきことが明らかにされているものである。

(4) 情報提供の正当性についての十分な検討

暴力団員等の個人情報については、行政機関の保有する個人情報の保護に関する法律や個人情報保護条例の適用があることから、その提供は、これらの法令の規定に従って行うべきということが確認的に明らかにされているものである。とくに、相手方が行政機関以外の者である場合には、法令の規定に基づく場合のほかは、当該情報が暴力団排除等の公益目的の達成のために必要であり、かつ、警察からの情報提供によらなければ当該目的を達成することが困難であるか否かの検討を要することとされている。

2 積極的な情報提供の推進

暴力団情報の部外提供については、前記1で明らかにされている基本的な考え方や後記3に定められた基準等に基づき、その可否及び提供範囲について、個別具体的な事案の内容に応じた判断をすることが必要となるところ、本項目では、暴力団情報を提供することに類型的に暴力団対策上高度の公益性が認められるなど、とくに積極的な情報提供を検討すべき場合が明らかにされているものである。

(1) 民事訴訟支援の場合

暴力団犯罪の被害者の被害回復訴訟において組長等の使用者責任を追及する場合や、暴力団事務所撤去訴訟等暴力団を実質的な相手方とする訴訟を支援する場合は、暴力団による犯罪等の被害の回復や暴力団組織の維持または拡大への打撃に資すると考えられることから、とくに積極的な情報提供を行うべきこととされている。

(2) 法令に基づく場合や申合せ等が締結されている場合

債権管理回収業に関する特別措置法や廃棄物の処理及び清掃に関する法律等のように、提供することができる情報の内容及びその手続が法令により定められている場合は、法令に基づき積極的に情報提供を行うべきことが明らかに

されている。また、他の行政機関、地方公共団体その他の公共的機関との間で暴力団排除を目的とした暴力団情報の提供に関する申合せ等が締結されている場合には、申合せ等に基づき積極的に情報提供を行うべきこととされている。

(3) 条例上の義務履行等のために提供する場合

条例上の義務履行の支援、暴力団に係る被害者対策、資金源対策の視点や社会経済の基本となるシステムに暴力団を介入させないという視点から、3に定める情報提供の基準等に従い、可能な範囲で積極的かつ適切な情報提供を行うべきこととされている。

3 情報提供の基準等

暴力団情報を部外に提供するにあたっては、情報を提供する必要性（公益性）、提供の相手方における情報管理体制、提供すべき情報の範囲等について十分な検討を実施する必要がある。本項目では、これらの検討項目の詳細を「情報提供の基準」として明らかにした上、提供する暴力団情報の内容に係る注意点及び都道府県暴力追放運動推進センターに対する情報提供について定めている。

(1) 情報提供の基準

暴力団情報については、警察がそれを厳格に管理する責任を負っているため、情報提供によって達成される公益の程度により、情報提供の要件及び提供できる範囲・内容が異なってくる。

そこで、提供の必要性、適正な情報管理及び提供する暴力団情報の範囲の3点から検討を行い、暴力団対策に資すると認められる場合にのみ暴力団情報を当該情報を必要とする者に提供することとされているものである。

① 提供の必要性
　ア　条例上の義務履行の支援に資する場合その他法令の規定に基づく場合
　　近年、全国各地の自治体において、社会における暴力団排除を促進するための条例の制定が相次いでおり、事業者に対し、暴力団の活動を助

長することになる利益供与を禁止するなどの義務が課せられていることから、こうした条例上の義務の履行に必要と認められる場合には、当該義務の履行に必要な範囲で情報を提供すべきことが定められている。

また、「その他法令の規定に基づく場合」には、当該法令の定める要件に従って提供すべきことが併せて明らかにされている。

イ　暴力団による犯罪、暴力的要求行為等による被害の防止または回復に資する場合

情報提供を必要とする事案の具体的内容を検討し、被害が発生し、または発生するおそれがある場合には、被害の防止または回復のために必要な情報を提供することとされている。たとえば、暴力団員とみられる者から不当な要求を受けている事業者から、その者が暴力団員であれば契約を解除することができるとして、相談を受けたというケースがこの場合に該当するものと考えられる。

ウ　暴力団の組織の維持または拡大への打撃に資する場合

暴力団の組織としての会合等の開催、暴力団事務所の設置、加入の勧誘、名誉職への就任や栄典を受けること等による権威の獲得、政治・公務その他一定の公的領域への進出等を防ぐ場合のように、暴力団排除活動を促進する必要性が高く暴力団の組織の維持または拡大への打撃に資する場合に、必要な情報を提供することとされている。

12年通達では、暴力団の組織の維持または拡大への打撃に資する場合としてどのようなケースが該当するかの例示がされていなかったところ、情勢を踏まえたより的確な情報提供に資するべく具体例が示されたものである。

② 適正な情報管理

情報提供は、その相手方が、提供に係る情報の悪用や目的外利用を防止するための仕組みを確立している場合、提供に係る情報を他の目的に利用しない旨の誓約書を提出している場合、その他情報を適正に管理することができると認められる場合に行うものとされている。

暴力団情報の部外提供を積極的に実施する一方で、提供された情報が提供の目的に沿って適正に利用されることも併せて確保する必要があること

から、適正な情報管理がなされていることが情報提供を行う場合の判断基準として明記されているものである。
③ 提供する暴力団情報の範囲
　ア　条例上の義務履行の支援に資する場合その他法令の規定に基づく場合
　　　暴力団情報の提供は、提供の目的となる公益の実現に必要な範囲で行われるべきものであることから、条例上の義務履行の支援に資する場合等には、その義務履行に必要な範囲で提供すべきことが明らかにされている。
　　　なお、契約の相手方等が当該契約等に定める排除対象者の属性のいずれかに該当する旨の回答で足りる場合には、その旨の回答を行うにとどめるのが原則ではあるが、たとえば、提供された情報を利用して講じられる具体的な排除措置の実施に当たって必要があるとして事業者から要請があるような場合には、排除対象者の具体的な属性情報を提供することも許されよう。
　イ　暴力団による犯罪、暴力的要求行為等による被害の防止または回復に資する場合及び暴力団の組織の維持または拡大への打撃に資する場合
　　　以下の順に、慎重な検討を行うこととされている。
　　(ア)　暴力団の活動実態についての情報の提供
　　　　暴力団が特定の場所を事務所としているなどの暴力団の活動実態についての情報の提供、すなわち個人情報以外の情報の提供によって足りる場合は、これらの情報を提供する。
　　(イ)　暴力団員等該当性情報の提供
　　　　公益実現の観点から、暴力団員等該当性情報の提供が必要な場合は、暴力団員等該当性情報を提供する。
　　(ウ)　暴力団員等該当性情報以外の個人情報の提供
　　　　公益実現のため上記以外の個人情報の提供が必要と認められる場合は、住所、生年月日、連絡先その他の個人情報を提供する。
　　　　なお、前科・前歴情報は、個人のプライバシーの最たるものであるため、そのままでは提供しない。提供に際しては慎重に検討の上、被害者等の安全確保のためにとくに必要があると認められる場合に限

り、過去に犯した犯罪の態様等の情報を提供する。たとえば、殺人や傷害等の前科・前歴を有する暴力団員が、恨みを抱いている者に危害を加えかねない状況において、危害の発生を防止するため「過去に恨みを抱いている者を刃物で刺したことがあるので十分警戒する必要がある」などと情報提供するという場合が考えられる。

(2) 提供する暴力団情報の内容に係る注意点

近年の社会における暴力団排除施策の進展を踏まえ、指定暴力団以外の暴力団、暴力団準構成員等のほか、共生者、「暴力団員と社会的に非難されるべき関係にある者」等暴力団の周辺にある者に関する情報を提供する上での留意点が明らかにされているものである。

① 指定暴力団以外の暴力団

指定暴力団以外の暴力団については、消長の激しい規模の小さなものもあることから、暴力団対策法第2条第2号に規定する「団体の構成員が集団的に又は常習的に暴力的不法行為等を行うことを助長するおそれがある団体」に該当することを明確に認定できる資料の存否について確認すべきこととされている。

② 暴力団準構成員

暴力団準構成員については、暴力団員と異なり、暴力団との関係の態様及び程度もさまざまであることから、暴力団または暴力団員の一定の統制の下にあることなどを確認した上で、情報提供の可否を判断することとされている。

③ 元暴力団員

元暴力団員については、暴力団との関係を断ち切って更生しようとしている者もいることから、過去に暴力団員であったことが法律上の欠格要件となっている場合や、現に暴力団準構成員、共生者、「暴力団員と社会的に非難されるべき関係にある者」、総会屋及び社会運動等標ぼうゴロとみなすことができる場合は格別、過去に暴力団に所属していたという事実だけをもって情報提供してはならないこととされている。

④ 共 生 者

共生者については、暴力団への利益供与や暴力団の利用に関する実態等の共生関係を示す具体的な内容を十分確認した上で、具体的事案ごとに情報提供の可否を判断することとされている。

⑤ 暴力団員と社会的に非難されるべき関係にある者

「暴力団員と社会的に非難されるべき関係にある者」については、暴力団が主催するゴルフコンペや誕生会への出席等、その態様はさまざまであることから、暴力団員と交際しているといった事実だけをもって漫然と情報を提供してはならず、交際の内容の軽重等を踏まえ、具体的事案に即して情報提供の可否を判断することとされている。

⑥ 総会屋及び社会運動等標ぼうゴロ

総会屋及び社会運動等標ぼうゴロについては、活動の態様はさまざまであることから、漫然と総会屋であるなどと情報提供することなく、個別の事案に応じ活動の態様について十分な検討を行い、現に活動が行われているか確認した上で情報を提供することとされている。

⑦ 暴力団の支配下にある法人

暴力団の支配下にある法人については、役員等に占める暴力団員等の比率、法人の活動実態等についての十分な検討を行い、現に暴力団が法人を支配していると認められる場合に情報を提供することとされている。

(3) 都道府県暴力追放運動推進センターに対する情報提供

都道府県暴力追放運動推進センターは、法に基づき相談事業を実施しており、その職員は守秘義務を負っていることから、センターに対して相談があった場合に、警察からセンターに情報を提供し、センターが相談者に当該情報を告知するということが可能であることが明らかにされている。

4 情報提供の方式

暴力団情報を積極的かつ適切に提供していく上では、当該情報が提供の目的に沿わない形で利用されるということがないよう情報管理の徹底を確保することが必要となるため、本項目では、これに資する情報提供の方式につい

て定めている。

(1) 条例上の義務履行の支援に資する場合その他法令の規定に基づく場合

条例上の義務履行等のためのさまざまな事業者等からの照会に対しては、警察が積極的かつ適切に暴力団情報の部外提供を行っていく必要があるところ、こうした情報提供を行うことと併せて、適正な情報管理を確保する必要がある。このため、対象者の氏名等が分かる資料及び取引関係を裏付ける資料等の提出を求めるとともに、提供情報を他の目的に利用しない旨の誓約書の提出を求めることとされている。

(2) 提供の方法

情報提供の相手方に守秘義務がある場合等、情報の適正な管理のために必要な仕組みが整備されていると認められるときを除いては、文書による回答ではなく、口頭による回答にとどめることとされている。

(3) 提供の相手方

原則として、情報を必要とする当事者に対し、相談の性質に応じた範囲内で行うこととする一方、当事者の委任を受けた弁護士に提供する場合のように、情報提供を受けるべき者本人に提供する場合と同視できる場合は、当事者以外への提供も可能であるとされている。

5 暴力団情報の提供に係る記録の整備

暴力団情報の提供については、前記1の基本的な考え方において示されているとおり、警察本部暴力団対策主管課長または警察署長の責任において組織的な判断を行うべきとされているところ、本項目では、こうした組織的対応を確保するという観点から、その提供に係る記録の整備について定められている。

(1) 確実な記録化

部外への暴力団情報の提供に際しては、警察部外への情報提供のみならず、警察部内の主管部門以外への情報提供も含めて、照会の概要、提供の是非の判断理由及び結果等について、決裁取得後、確実に記録として残すこととされている。

(2) 所属長等による判断

情報提供を行うことについて緊急かつ明確な必要が認められる場合を除き、事後報告とすることは許されず、所属長またはこれに相当する上級幹部が実際に最終判断を下すこととされている。

(3) 警察本部暴力団対策主管課による定期的な把握

照会及び回答の状況については、情報の適正な管理に万全を期す観点からも、警察本部暴力団対策主管課において定期的に把握することとされている。

おわりに

すべての都道府県において暴力団排除条例が施行され、各業界での暴力団排除の取組みが大きく進展するなど、社会における暴力団排除の気運は、全国的な高まりをみせている。自らの利益の実現のために各種犯罪行為や国民への危害行為も厭わない暴力団を社会から排除していくためには、国、地方自治体、事業者、国民等社会全体が一体となった取組みを推進していくことが不可欠である。

警察としては、暴力団情報を厳格に管理する責任を有しているということを踏まえつつも、23年通達にのっとり、事業者等からの情報提供の要請に的確に対応することにより、こうした社会における取組みを適切に支援していく必要がある。

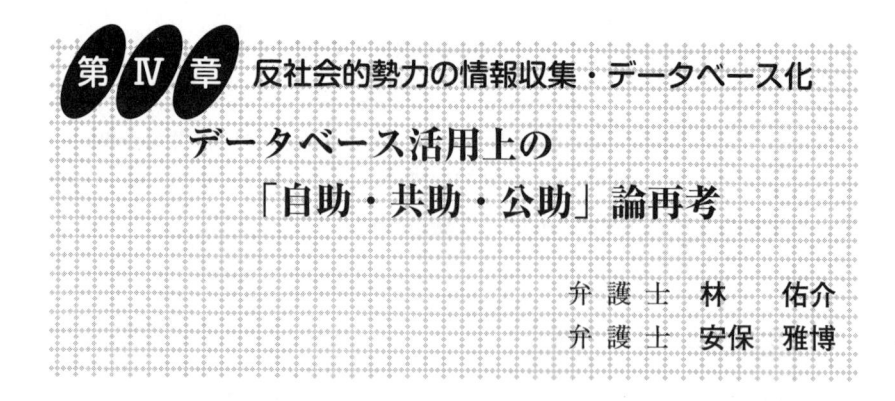

第Ⅳ章　反社会的勢力の情報収集・データベース化

データベース活用上の
「自助・共助・公助」論再考

弁護士　林　　佑介
弁護士　安保　雅博

1　はじめに～暴力団情報取得の必要性

　政府は、平成19年6月に発表した「企業が反社会的勢力からの被害を防止するための指針」（以下、「政府指針」という。（資料編646頁参照））において、企業に対し、反社会的勢力からの被害を防止するための基本原則の1つとして「反社会的勢力との一切の関係遮断」を示し、その達成手段として契約書等における暴力団排除条項の整備や反社会的勢力の情報を集約したデータベース（以下、「反社DB」という。）の構築を求めた。

　また、平成23年10月には、全都道府県において暴力団排除条例が施行され、その多くが、「取引の相手方が暴力団員等に該当するか否か」を確認する努力義務を事業者に課し[1]、暴力団員等に利益提供等をした事業者に対する勧告及び公表等の措置を規定している。

　このような社会の動向を踏まえると、企業活動からの反社会的勢力の排除は、企業にとって今や「事業活動を営む上での必須の遵守事項」となりつつ

　1　平成24年11月開催の「第77回民事介入暴力対策熊本大会協議会資料」によれば、39の都道府県において、事業者が契約の相手方が暴力団員（等）に該当するか確認するべき努力義務が定められていると報告された。
　たとえば、東京都暴力団排除条例第18条1項は、「事業者は、その行う事業に係る契約が暴力団を助長し、又は暴力団の運営に資することとなる疑いがあると認める場合には、当該事業に係る契約の相手方、代理又は媒介をする者その他の関係者が暴力団関係者でないことを確認するように努めるものとする。」と定める。

あり、かかる環境の変化に伴い、必然的に企業は取引の相手方の属性情報、すなわち取引相手が暴力団等の反社会的勢力に該当するか否かについて、きわめて高い関心を有するに至っている。

このような傾向は、現在、制定作業が進む市長村レベルの暴排条例に対するパブリックコメントとして、暴力団情報の迅速な提供を警察に求める意見が複数寄せられていることや、全国の企業を対象として実施された政府指針に関するアンケートにおいて、「反社会的勢力との関係を遮断するために、行政機関に実施して欲しい施策」という質問項目に対し、「反社会的勢力に関する警察からの情報提供」との回答が68.4％ともっとも多い結果となったことからも看取できる[2]。

本稿では、反社会的勢力情報の取得に対する企業のニーズの高まりを踏まえ、(1)反社情報の取得方法（自助・共助・公助）の現状を概観し、現状の情報取得の限界について論じ（**本稿第2**）、(2)相手方の属性立証が問題となった裁判例を検討し（**本稿第3**）、(3)「自助・共助・公助」論の再考について私見を述べる（**本稿第4**）。

2　反社会的勢力情報の取得方法とその限界

(1)　「自助・共助・公助」論と情報取得の態様

反社会的勢力情報の収集・集約については、従前から「自助・共助・公助」という考え方がある[3]。「自助」とは、情報を必要とする者が自ら情報の収集・集約を行うことをいい、「共助」とは、関係者間で互いに協力し合って情報の収集・集約を行うことをいい、「公助」とは、情報の収集・集約について警察などの公的機関からの助力を得ることをいう。

これらの情報取得方法については、自助・共助が基本的方法とされ、公助

---

[2]　平成24年度「企業が反社会的勢力からの被害を防止するための指針」に関するアンケート（調査結果概要）10頁。
[3]　証券保安連絡会実務者会議「証券取引及び証券市場からの反社会的勢力の排除について―証券保安連絡会実務者会議中間報告―」34頁以下参照。

はあくまで自助・共助を補うものとして補完的な位置付けが与えられてきたのが実情である。

　自助・共助の取組みとしては、新聞記事やインターネット等に掲載された情報を収集し、反社DBとして集約し、さらに自社の反社DBの情報不足を補うため、一部の業界では反社DBの共有が進められていることが挙げられる。

　他方、公助の推進としては、暴排条例の全国施行を契機として、平成23年12月22日に、警察の暴力団情報の外部提供に関する基準が見直され、警察庁刑事局組織犯罪対策部長通達「暴力団排除等のための部外への情報提供について」（以下、「平成23年通達」という。（資料編693頁参照））が発出されたことが挙げられる。同通達は、従前の平成12年通達と比較して、暴力団情報の提供を受けるための要件が緩和され、情報提供を受けられる場面が拡大した（関連論考376頁参照）。

　また、平成21年３月、日本証券業協会は国家公安委員会から暴対法上の不当要求情報管理機関の登録を受け、現在、同協会の反社DBと警察庁のデータベースとを連結させ、証券会社の店頭窓口の端末からリアルタイムで属性照会ができる反社情報照会システムの導入が進められていることも公助の一例である[4]。

(2) 自助・共助の限界

　政府指針が指摘するように企業防衛の観点から、反社排除は、事業者の内部統制システムの一環として、自己の職責・業務として遂行されなければならない。この考え方に従い、各企業は、文字通り自助努力として反社情報の収集・集約と反社DBの構築が求められてきた。

　しかしながら、政府指針が示されてからすで５年が経過したものの、政府指針に関するアンケートによれば、反社DBを構築していると回答した企業は未だ21％に留まっている[5]。

---

[4]　松坂規生・前警察庁組織犯罪対策部暴力団排除対策官「暴力団排除の展開と課題」（金融法務事情1938号28頁）。

[5]　前掲注２・政府指針アンケート８頁によれば、「反社会的勢力による被害防止のための取組み内容について」という質問項目で、反社DBを構築していると回答した企業は21％、反社DBを業界と共有していると回答した企業は12.1％に留まる。

その要因は、①反社DBの構築・維持のコストの負担の重さ、②人的資源の不足、③費用対効果の観点から反社DB構築の積極的な意欲が乏しいことなどが考えられるが、いずれにしても反社DBを構築した企業が21％に留まっているというアンケート結果からは、自助・共助の限界が垣間見える。

　今般、東京都において、中小企業における暴排への取組みが遅れているとして、「東京都中小企業四団体暴力団等排除対策連絡協議会」が発足し[6]、今後、暴排条項の整備や反社DBの構築が都内の中小企業に促されるものと予想される。しかし、反社DB構築のコスト等の上記問題点は、中小企業においてこそ顕在化しやすいものであり、同協会の発足により直ちに反社DBの構築が進展するとは考えにくい。

　当然のことながら、コスト等の問題から反社DBを構築できない企業であっても、反社排除が求められる場面では、相手方の属性調査を行う必要があるから、それに備えて反社情報の収集・集約に努める必要がある。

　他方、多額のコストを負担して反社DBを構築したとしても、それによって確認できる情報は、証券業協会における反社情報照会システムを除き、基本的にはデータベースに登録した過去の時点のものであり、反社DB照会時点における対象者の現在活動性は明らかではない以上、反社排除のためのツールとして必ずしも効果的に機能しない場面がありうる[7]。

　したがって、自助・共助には限界があるといわざるを得ない。

　しかしながら、近年、反社排除の機運が高まり、従来の「警察vs暴力団」から「社会vs反社会的勢力」という構図の変化が指摘されているように、企業・市民など社会の構成員に対し、反社排除を着実に実践することが求められるようになった。

　また、暴排条例は、反社DBの有無にかかわらず、すべての事業者に等しく取引の相手方の属性を確認する努力義務を課し、一定の場合には勧告・公

6　園部洋士「『暴力団排除条例』全国施行1年を迎えて～暴力団排除のさらなる進展に向けて」（銀行法務21・2012年10月号1頁）。
7　日弁連民事介入暴力対策委員会編『反社会的勢力と不当要求の根絶への挑戦と課題』；久保井聡明・野村太爾「反社会的勢力概念とその該当性に係る問題」96頁（金融財政事情研究会）も、その意味で、企業における具体的な属性判断には困難が伴うと指摘する。

表といった措置が講じられてることからすれば、事業者が警察に暴力団情報の提供を求めるのはいわば当然である。このような現状からすれば、暴力団情報は、社会で共有すべき価値がある。

にもかかわらず、反社情報の取得方法について、あくまでも従前の自助・共助の理解の下では、事業者が取得できる情報はきわめて限定的であるため、自ずから属性要件の判断が困難となり、結果として社会からの暴力団排除が進まず、ひいては政府指針や暴排条例が有名無実化しかねない。

したがって、自助・共助の限界を打破する必要があると考える。

(3) **自助・共助の限界の打破**

警察情報は、自助・共助により収集される情報と比較して、日々の暴力団捜査活動によって情報の更新が随時図られており、さらに平成23年通達によれば、外部への情報提供に際して補充調査をするものとされ、情報の正確性を担保する措置が講じられている。

したがって、現状においては、情報の更新、正確性の担保という2つの観点から、警察が保有する暴力団情報が反社排除にもっとも有用な情報でり、事業者の警察情報に対するニーズの高まりは当然である。

そうすると、自助・共助の限界を打破する方策は、警察情報の積極的活用を軸として検討すべきであり、1つのアプローチとしては、公助を補完的位置付けから格上げをすること、具体的には、事業者が反社情報の提供を警察に積極的に求めることが考えられる。

もう1つのアプローチとしては、警察は事業者からの照会を受けて初めて情報提供をするという従前の受動的な公助から脱却し、警察が主体となって能動的に暴力団情報を社会に提供することが考えられる。

3 暴力団排除に関する裁判例の検討から

さて、自助・共助の限界の打破を実践するための私見を提言するにあたっては、その前提として警察が保有する暴力団情報が実際の暴力団排除の現場でどのように機能し、どのような点に留意すべきかの検討が不可欠であると

考えられる。

そこで、以下では、実際にこれらの点が問題となった裁判例を分析する。

(1) JRA馬主登録拒否処分取消事件[8]

① 事案の概要

日本中央競馬会（JRA）が、原告の馬主登録申請に対し、原告が①六代目山口組の直参であるAと韓国でカジノなどに興じた事実があること、⑪六代目山口組三次団体周辺者Bと飲食を共にしたり、アルバイトとして雇用した事実があることなどを理由として、日本中央競馬会競馬施行規程第7条13号の「競馬の公正を害するおそれがあると認めるに足りる相当な理由のある者」に該当するものとして、申請を拒否した処分の取消訴訟である。

原告とA及びBとの親交の有無が争点となった。

② 判決の要旨

地裁判決は、JRAに広範な裁量を認め、「その判断の基礎とされた重要な事実に誤認があること等により、その判断が全く事実の基礎を欠くかどうか、又は事実に対する評価が明白に合理性を欠くこと等により、その判断が社会通念に照らし著しく妥当性を欠くことが明らかであるかどうかについて審理し、それが認められる場合に限り、当該判断が裁量権の範囲を超え、又はその濫用があったものとして違法であると判断すべき」であるとした。その上で、①については、原告とAとが韓国に渡航した時期が整合しないことなどから、拒否処分のうち「原告がAと韓国に渡航したことを理由としてされた部分については、その判断の基礎とされた重要な事実に誤認があり、その判断は、全く事実の基礎を欠いたものといえ、社会通念に照らし著しく妥当性を欠く」とし、⑪についても、原告とBとは顔見知り程度の交際があるだけであり、アルバイトも2〜3日間の1回限りであったこと、原告は地方競馬の馬主として活動しており、その間、競馬の公正を害するおそれがあるなどとして調査を受けたこともないことなどから、「Bと何らかの交際又は接触が認められることを理由としてされた部分についても、考慮した事項に

---

8 札幌地判平21.12.22（LLI/DBID06450839）、札幌高判平22.6.25（LLI/DBID06520703）。

対する評価が明らかに合理性を欠いており、その判断が、社会通念に照らし著しく妥当性を欠く」として、処分の取消しを認めた。

なお、控訴審は、一審判決のJRAに広範な裁量を認めた部分を取り消したうえで、原判決の結論を是認した。

③　コメント

本件は、いわゆる密接交際者の排除事例である。

JRAは、暴対法に基づく不当要求情報管理機関である競馬保安協会の調査報告書を立証の柱に据えたが、当該報告書の記載内容が伝聞形式であり、かつ、情報提供者の氏名も伏せられていたことなどからすると、当該報告書の信用性が排斥されたのはやむを得ないといえよう。

本件で、JRAが登録拒否処分以前に警察に対して、原告の属性等の情報提供を求めたか否かは明らかではないが、仮に、事前に警察から精度の高い情報の提供を受けていれば、立証に成功し、結論を異にした可能性がある。逆に、警察から有益な情報の提供を得ることができなければ、登録拒否事由の該当性に疑義があるとして登録拒否処分を回避し得た可能性もある。

その意味で、本件は、情報の精度が事件の帰趨に大きく影響を与えた事例といえ、暴排の実務において、警察情報を早期に入手することの重要性を指摘することができる。

なお、平成23年通達によると、密接交際者に関しては、暴力団員との交際の内容の軽重等の事情に照らし、具体的事案ごとに情報提供の可否を判断する必要があり、暴力団員と交際しているといった事実だけをもって漫然と「暴力団員と社会的に非難されるべき関係にある者である」といった情報提供をしない、という慎重な対応をとっている。

このことからしても、密接交際者の排除については立証の可否、証拠の具体的内容を中心として慎重な対応が求められるとともに、警察との緊密な連携が必要であるといえる。

(2) 宮崎市生活保護申請却下取消等請求事件[9]

① 事案の概要

宮崎市福祉事務所長が、宮崎県警本部の情報に基づき生活保護申請を行ったXを暴力団員であると認定して、厚労省通知[10]に基づき、生活保護法上の保護の補足性の要件（法4条）を満たさないとして申請を却下し、その後、Xの入院期間に限定して開始された保護を退院により廃止したことに対し、Xが各処分の取消しを求めた事案である（関連論考334頁参照）。

② 判決の要旨

第一審判決は、Xが脱退届を提出したため、すでに暴力団を離脱したと認定し、これを認めない警察の情報については、事実と異なる登録がなされているとして、その信用性を否定した。そして、警察の情報提供のみに依拠して暴力団員の認定を行うことは正当化できないとし、Xは補足性の要件を充足するものとして、当該却下及び廃止処分を取り消した。

これに対し、控訴審は、警察から提供された追加資料を踏まえ、Xは高利貸しをしており、暴力団との結びつきが強いと認定した上で、福祉事務所において不労所得を的確に把握するのが困難である以上は、補足性を満たさないとして原判決を取り消した。

③ コメント

本件は、警察が、原審及び控訴審を通じて、Xの暴力団員該当性の認定根拠とした各事実（破門状・絶縁状の不存在、組長の公判傍聴、放免式参加、事務所捜索時におけるゴム印ネームプレートの保管状況等）の立証に協力すべく積極的に資料の提供を行っており、平成23年通達における「情報の内容及び情報提供の正当性について警察が立証する責任を負わなければならないとの認識を持つこと」を体現したものと評価できる。

また、本件のように、相手方から離脱抗弁すなわち暴力団を離脱した旨の主張がなされた場合には、行政機関としては、警察に対し、現在活動性についての補充調査を委ねるとともに、情報提供を求めることが相当であり、こ

---

9 宮崎地判平23年10月3日・判例タイムズ1368号77頁、福岡高宮崎支判平24年4月27日。
10 平成18年3月30日厚労省通知「暴力団員に対する生活保護の適用について」。

れと軌を一にするものとして大阪地判平成23年8月23日がある[11]。

今後も、排除対象者の属性が問題となる事案において、警察からの資料提供等の支援が大いに期待できよう[12]。

(3) 暴排実務における警察情報の重要性

JRA事件は、警察情報が早い段階で得られていれば、事案の帰趨に影響があった事案といえる。また、宮崎事件では、離脱抗弁の主張も含めて属性が問題となる事案において警察からの立証面での支援が大いに期待できることが導かれる。

その意味で、上記裁判例の検討から、暴排の実務の現場において、警察情報の提供や警察の支援がきわめて重要であることが裏付けられる。

今や暴排条項や暴排条例など反社排除のツールが整備され、反社排除の流れは加速度的に早まっており、今後も、属性の有無が実質的な争点となる事案が発生する可能性がある。上記に述べたとおり自助・共助に限界が来ていることを踏まえ、さらに暴排実務における警察情報の重要性という観点からも、公助を自助・共助の補完的位置付けとする従来の枠組みを見直し、警察情報のより積極的な活用が検討されるべきである。

4 提 言

以上の検討を踏まえ、自助・共助の限界を打破するために警察情報をより

---

11 金融法務事情1958号118頁、ホテル運営会社が、暴力団を「破門」された元暴力団員との間で締結した結婚式および披露宴を行う契約を暴力団排除条項に基づき解除した場合の債務不履行または不法行為責任の成否が問題となり、消極に解された。
　この事案においても、元暴力団員から離脱の抗弁が主張されたが、警察への弁護士法に基づく照会に対する回答により元暴力団員は、警察に対し、暴力団幹部の肩書で上申書を提出したり、暴力団組織の会長から依頼を受け、警察の捜索に際して組事務所の立会をしたりしていた事実が認定され、上記主張は退けられた。

12 座談会「銀行取引からの暴力団排除の取組み～警察、金融検査、銀行実務の各視点から～」（銀行法務21（750号）、17頁）において、谷滋行警察庁組織犯罪対策部暴力団排除対策官は、警察の訴訟支援について、「警察が情報提供した以上、その当事者間で争われているのであれば証拠提出や証人出廷も含めて必要な訴訟支援をしていかざるを得ない」旨述べている。

積極的に活用する方策として、次のとおり、①平成23年通達の積極的活用と、②警察による暴力団員検挙者情報の公表の普及の２点を提言する。

(1) 平成23年通達の積極的活用

平成23年通達は、従前の平成12年通達と比較して、情報提供が可能な場合と範囲が拡大されており、積極的な情報提供に向けた警察の強い姿勢を窺うことができ、近時の実務家の論稿においても肯定的に評価されている[13][14]。

平成23年通達は、暴排条例に基づく取引の相手方の確認義務に関して、「事業者が、取引等の相手方が暴力団員等でないことを確認するなど条例上の義務を履行するために必要と認められる場合」には、「その義務の履行に必要な範囲で情報を提供するものとする。」とされ、情報提供を受けられる場面が拡大された上、必ずしも契約書や約款に暴排条項を定めていなくても情報の提供を受けることができると解されていることを特に指摘したい[15]。

また、平成23年通達では、情報提供の方式について、口頭での回答に留まらず、文書回答もありうるとされているほか、実際の運用においても、排除対象者に対し情報源が警察であることを排除の相手方に告知することを認めるなど柔軟な運用が予定されている[16]。

したがって、平成23年通達はその活用・運用次第により、暴力団情報の取得や利用が期待される。本稿第２項では、自助・共助の限界を指摘した上で、それを打破するアプローチとして、公助を補完的位置付けから格上げすることを述べたが、これを具体化するものとして、事業者が平成23年通達に基づき、積極的に警察に反社情報の提供を求めていくことを提唱したい。

一方で、警察としても事業者からの情報照会に対して積極的に情報提供することが求められるが、上記のような平成23年通達の柔軟な取扱いは、警察

---

13 前掲８・鈴木仁史「情報提供に関する警察庁通達、暴力団対策法改正案の動向」。
14 垣見隆「暴力団排除のための外部への情報提供の有効活用～『12年通達』（廃止）と『23年通達』との比較検証」（事業再生と債権管理136号125頁以下）。
15 前掲９・谷対策官は、暴排条項が約款に盛り込まれていなくても、排除実現の確信を得られる方法があれば提供することもあり得る旨述べている。
16 前掲９・谷対策官は、警察情報の提供は、「民間企業からの照会に対し情報提供の必要性を確認し、所定の手続を経たうえで提供しているものなので、必要に応じて『警察に確認した』と相手方に言ってもよい旨述べている。

に求められる態度に合致するものとして支持できる。

　もっとも、政府指針のアンケートによれば、警察の暴力団情報提供制度についての認知度は6割弱に留まっており、そもそも平成23年通達が十分に周知されていないことが懸念される。暴追センター主催の不当要求責任者講習会などの機会に、暴排条例と併せて平成23年通達を広報し、積極的活用を促すなどの措置を講ずるべきである。

(2) 警察による暴力団員検挙者情報の公表の普及

　平成23年通達を前提にする限りは、警察への照会がなければ情報提供もなされないこととなる。そうすると、たとえば、暴力団員が複数の金融機関と取引をしているような場合には、照会をして警察から提供を受けた金融機関は取引からの排除に取り組むが、そうでない者は排除に取り組まないことになり、排除の趣旨が貫徹されない。

　先に述べたように暴力団情報は、暴排条例が普及した社会においては、社会全体として共有すべき価値を有しているのであるから、捜査への支障が出ないように配慮しつつ公表し、その上で反社排除を要請することも検討すべきではないだろうか。

　北海道警察など一部の警察においては、暴力団員の逮捕情報が期限付きでウェブサイトに掲載・公表されている[17]。

　公表される情報は、暴力団員の氏名、年齢、住所、職業、所属組織、逮捕の理由となった被疑事実、逮捕日、逮捕警察署であり[18]、いずれも報道機関に提供された範囲に留められている。報道される前提でプレスリリースされ

---

[17] 平成24年11月現在において、暴力団員の逮捕情報をウェブサイトで公表しているのは、北海道警察、福岡県警察、岡山県警察、山口県警察である。
　北海道警察
http://www.police.pref.hokkaido.lg.jp/info/keiji/bouryoku_taisaku/kenkyo/kenkyo.html
　福岡県警察
http://www.police.pref.fukuoka.jp/kenkyosokuho/index.html
　岡山県警察
http://www.pref.okayama.jp/page/detail-92554.html
　山口県警察
http://www.police.pref.yamaguchi.jp/0360/bouryukukenkyo/kenkyoichiran.html

ている情報であることから、これらをインターネットで公表してもプライバシー権侵害の程度は相対的に低いと考えられる[19]。

インターネットを利用した暴力団情報の公表は、平成23年通達に基づく情報提供をはじめとする個別照会方式と比較すると、「誰でも」「いつでも」「簡単に」情報にアクセスすることができ、必要な情報の簡便かつ迅速な取得に資する。また、ウェブサイトの画面をプリントアウトすることにより文書化・証拠化することも容易である。

したがって、インターネットを利用した公表方式は、情報提供方法として優れており、情報提供の内容や一般への周知の度合いによっては、今後の暴力団情報提供のあり方を革新的・飛躍的に進展させる可能性を秘めている。

そこで、現在は4道県に留まるこの取組みを全国の警察に普及させ、一般に広く周知を進めていくことを提言する。

ただし、現状で掲載されている情報について、暴力団員の生年月日は掲載されておらず、住所も地番は省略されている。暴排条例や暴排条項などを実効性のあるものとするには、事業者において、取引の相手方を特定するために、少なくとも生年月日は必要である。現在公表されている暴力団情報においても、すでに年齢は公表がなされており、事実上生年はおおむね明らかになっていることからすると、生年月日も公表することに特段の問題や不利益があるようには思われない。情報内容につき少なくとも生年月日の公表という点については、改善の余地があるので、全国への普及に際して併せて検討がなされるべきである。

---

18 ただし、県警によって、住所（福岡県警）、逮捕警察署（岡山県警）、職業（山口県警）など、一部掲載していない情報がある。
19 暴力団員の個人情報の提供とプライバシーの問題に関しては、平成12年通達の発出時に既に検討がなされている。
　具体的には、池田宏「暴力団員の個人情報に関する一考察」（『警察學論集』第54巻第2号98頁以下）において、「①反社会的な団体であると法的に位置づけられている暴力団に自らの意思で所属しているという事実をプライバシー情報として保護する必要性は、他の社会的利益と比較して著しく低い。②前科、前歴とは異なり、自らの意思によって現に暴力団員であるという属性はいつでも放棄できることにかんがみれば、暴力団員該当性情報を提供することによる当該暴力団員の不利益は小さい。③一般に暴力団員が暴力団に所属する理由は、単に自己の内心にとどめるためではなく、その威力を他人に示して違法・不当な活動を行うためであると考えられることから、自分にとって都合の悪い場合にだけ自らが暴力団員であることを秘密にしたいという希望は社会的に容認しうるものではない。」とされている。

第Ⅳ章 反社会的勢力の情報収集・データベース化

反社会的勢力に関する情報の共有に向けて

全国暴力追放運動推進センター　担当部長　相原　秀昭

1　データベース構築の必要性

　平成19年6月に犯罪対策閣僚会議幹事会申合せ事項として示された「企業が反社会的勢力(注1)による被害を防止するための指針」で「取引を含めた一切の関係遮断」することを求め、その中の平素からの対応の1つとして反社会的勢力に関する情報を集約したデータベースの構築を推奨している。

　しかし、平成24年8月に実施した企業に対して行ったアンケート結果を見ると回答2,885件のうち、反社会的勢力に関するデータベースを構築していると回答したものは、わずか373社（12.9％）に過ぎず、平成22年の前回調査と比較しても2％強しか増えていない。さらに、その中で1万件以上の情報を蓄積していると回答したものは、その半分にも満たないし、従業員が少ない企業ほどデータベースを構築しているものが少なくなっているという傾向は変わっていない。

　平成23年12月、警察庁から警察が暴力団排除等のための部外への情報提供に関する通達が出されている（資料編693頁参照）。

　（注1）　反社会的勢力とは、暴力団、暴力団員、暴力団離脱後5年以内の者、暴力団関係企業、総会屋、社会運動標榜ゴロ（えせ右翼・えせ同和等）、特殊知能暴力集団、その他これらに準ずる者をいう。
　　反社関係者とは、反社が経営を支配、反社が実質的経営関与、反社を図利又は利用目的で不当利用、反社に資金提供・便宜供与、密接交際した者をいう。
　　行為要件による排除対象とは、暴力的要求行為、法的な要件を超えた不当要求、脅迫的な言動・暴力、風説流布・信用毀損、業務妨害などを行った者をいう（『企業対象暴力の現状と対策2012版』から）。

これによると、情報提供の正当性の検討で「……当該情報が暴力団排除等の公益目的のために必要であり、かつ、警察からの情報提供によらなければ当該目的を達成することが困難な場合」にはじめて行政機関以外の者に情報提供できるとしている。

これは何を意味するか。とくに、後段に意味がある。これこそ反社会的勢力に該当する蓋然性（同一氏名等）があるという「グレー情報」(注2)だけで排除できるものに関しては、まず自助努力（自社のデータベース、インターネット、週刊誌、信用調査会社等によるチェック）で排除することを原則とし、排除することで裁判等のトラブルが発生するおそれがあるもので反社会的勢力との同一性（ブラック情報(注3)）の確認を要するものについては、企業等に対しても情報提供していくというものである。

すべての情報に対して警察や暴追センターで反社会的勢力に関するチェックを行うことは、警察や暴追センターの体制をみても物理的に困難であることも事実であり、限界がある。

そこで、自助努力としてのデータベースの構築の必要性がいわれるのであるが、そこには問題点がいくつかある。

2　データベース構築の困難性

一口にデータベースといっても本格的なものは、高度な情報処理に関する知識が必要とされ、かつ、高額なコンピュータシステムが必要である。

これが(1)のアンケート結果で述べたとおり、データベースの構築が遅々として進まない大きな原因の1つとなっていると思われる。

また、情報の収集方法にも高いハードルがある。反社会的勢力に関する情

（注2）　この項における「グレー情報」とは、氏名・年齢等が同一であるが、本人とは確認できない状態のものをいう。通常データベースにヒットしたとうことは、この「グレー情報」に他ならない。
（注3）　この項における（ブラック情報）とは、氏名・年齢のみならず他の情報と合わせて本人と確認できる状態のものをいう。民間データベースでブラック情報として扱えるものは、本人特定のための情報が十分に収集できる自社に対して不当要求を行った者のデータくらいであろう。かつて警察から「ブラック」として情報提供を受けたことのあるものは、その認定時期等を十分に考慮して対応する必要がある。

報の収集には、個人情報保護法でいう相手の同意は必要ではないとしても、広範囲に情報を収集することは、経済的にも体制的にも大変困難である。このようなデータベースが有効なものとして機能するかどうかは、データ数が鍵であり、いかに多くの情報を集めることができるかが最大のポイントとなる。

　反社会的勢力を確認するための民間データベースの活用も1つの方法であるが、会費等の負担は、安価とはいえず、中小企業で民間データベース会社に入会して情報を得ようとしても、照会すべき頻度が少ないであろうことからいっても費用対効果が期待できないばかりか、経費負担が経理に重くのしかかることになることが容易に想像できる。平成22年に実施した企業を対象としたアンケートでのデータベースの構築は、企業規模が小さくなるほど遅れていると行った結果もこれを裏付けている。民間で収集できる反社会的勢力に関する情報でとくに属性情報の収集は、困難を極めているのが実情ではないだろうか。

3　収集情報の格付け

　データベースが機能するためには、正確性（データの信頼性）、大量性（管理データ数）、迅速性（回答）が必要であることに疑いはない。しかし、反社会的勢力に関してはどうだろうか。

　新聞からの暴力団関連情報は、警察の公表情報なので信頼はできるが、特定するための情報が、氏名、満年齢、住所（あったとしても番地なし）、会社名等であり、所詮これだけの情報でブラックと認定することはできない。あくまでもグレー情報であり、信頼できるとは、その情報に裏付けがあるということである。週刊誌やインターネットなどにおいては、その情報そのものの信頼性に疑問が残るものも少なくない。

　情報は、正確であることが必要だが、こと反社会的勢力については、どうであろうか。正確性は、データベースの必須要件ではあるが、それは使用用途によるのであって、こと反社会的勢力に関する情報に関しては、できるだけ多くの情報をデータベース化しておくことが重要なのである。

新聞等の情報ソースとして信頼できるものと、インターネット、週刊誌のような媒体から収集できるものとでは、反社会的勢力該当性の精度に差がある。しかし、このような週刊誌等からの情報は、出典を明らかにしておけば事後のトラブルに対応できるものであり、十分活用できるものであるから収集しなかったり、収集した情報を捨てる必要はない。
　また、自社に対する不当要求をしたものは、行為要件による反社会的勢力そのものであり、その行為により反社会的勢力と認定してデータベースに登録しておく必要性は論を待たない。なぜなら、これこそが自社で証明できる唯一のブラック情報となるからである。
　そして、新聞からの情報、自社に対する不当要求を行ったものと不確定要素が残るインターネット、週刊誌等の情報を分けて識別できるように登録しておき、それぞれに対応していけば良いのである。後者は、認定資料としては弱いものの、反社会的勢力性確認調査の端緒として重要なものとなるはずである。

4　反社会的勢力情報の収集方法

　組織において自社に対する不当要求等の情報を収集するには、収集者が情報に何の加工もせずに、データベースを管轄する管理者に届けるようなシステムを構築すべきである。そして、審査、追加調査は管理者が行うか、管理者が指揮をとって行うようにする。理由は簡単である。情報を正確に早く組織に乗せるためである。中間の幹部に知らせる必要があるなら、管理者が情報をフィードバックすれば足りるのだが、情報を扱う担当者が増えるほど情報漏洩事案を惹起するおそれが高くなることを理解しておく必要がある。
　情報収集においては、その情報により自社に対する不当要求を拒否できたなど自社に有益なものであった場合の推奨制度は、担当者のモチベーションを上げ、より良い情報の収集に繋がる。反対に報告を怠ったために不当要求に的確に対処できなかった場合は、ペナルティを課すべきである。
　新聞からの情報収集は、地方新聞からの情報収集が欠かせない。したがって、できれば系列各社が所在する地方のあらゆる新聞から反社会的勢力に関

する情報を収集する制度を構築してより広範囲に情報を収集すべきである。

5 共助による情報収集

　共助としての業界での情報収集は、同一情報を重複して収集しなくてもすむというメリットがある。さらに、もう1つメリットはある。それは、各個社に対して不当な要求をしたこと（行為要件該当）をもって反社会的勢力と認定した情報を収集できるということである。個社のみで収集するよりはるかに大量の情報収集が可能となり、個社に対して不当要求した者を業界から排除できるメリットは大きい。

　個社に対する不当要求を根拠に反社会的勢力としてデータベースに登録する場合に注意してほしいことは、反社会的勢力と認定した経緯を明らかにした資料を保存し、データベースに資料の在処を登録しておき、裁判等の場合には速やかに準備できるようにしておくことである。また、この資料は、業界のどこの個社で必要になるかわからないことから、業界において書式を定めて統一した認定手続を取るというような標準化を図り、さらに認定するための組織を立ち上げて、反社会的勢力の認定を行うなどして裁判等を考慮して、事後の活用に支障を来さないようにする配意が必須要件となる。

6 対応策

(1) 共助としてのデータベースの構築

　日本証券業協会は、各証券会社が会員となってデータベースを構築している。共助とは、複数社がまとまることである。同一業界がまとまることにより各社が把握した情報を集約管理できる。新聞等から得る情報は、各社が協力しても増えるものではないが、何といっても経費が分担できて個社の負担分が軽減されることが大きなポイントである。

　何回もいうが、個社が不当要求を受けた情報を収集ができるということが、なんといっても共助による情報収集の最大の強みであるといえる。この

場合の注意点については、前述したので参考にしてほしい。

同協会は、自主規制規則を定め、さらに不当要求情報管理機関として国家公安委員会に登録したことにより警察庁から暴力団情報を照会という形で情報提供を受けることになっている（詳細は、別稿297頁参照）。

このようなシステムが、金融業界、不動産業界等あらゆる業界に広まれば、さらに暴排に拍車をかけることになることは間違いない。

(2) 暴追センター提供データによるデータベースの構築

全国暴追センターが全国から収集した警察が公表した暴力団絡みの検挙情報や中止命令等の行政処分をかけた情報等から都道府県名、氏名、年齢、新聞名、事件名等9項目を抽出してエクセルで簡単に検索・管理できるCSV形式で毎月、全国暴追センターの賛助会員である協力会員及び都道府県暴追センターに提供している。都道府県暴追センターの中には、全国暴追センターと同様に賛助会員への特典として情報提供しているところもある[注4]。

これは、もともと前述したように企業規模が小さいほどデータベースの構築が遅れている現状を何とかしたいという思いから始めた対策ではあるが、すでに反社会的勢力を含むデータベースを構築している企業からも思いのほか未把握情報が多く含まれており、自社のデータベースの充実にとても有効であるとして好評である。

既存のデータベースがあるところは、全国暴追センターが提供する情報を追加登録して運用し、データベースがなく暴追センターからの提供データのみで運用する場合は、自社に対して不当要求を行った者や独自に収集した情報を追加するとともに、自社に対する不当要求の事実関係、処理結果等の情報を付加していくことにより、自社独自のデータベースとして進化していくことになる。是非、全国暴追センターを含む暴追センターの賛助会員に入会

（注4）　暴追センターに対して相談した場合の情報提供は、暴力団対策法に基づく暴追センターの任務であるからその範囲においては賛助会員以外の企業等に対しても一定の条件の下に行っているが、それは個別相談（照会）に対する回答であって、生の情報そのものの提供ではない。

され、情報の提供を受けて、これにより自社の反社会的勢力データベースを構築し、同勢力の排除に役立てていただければと願っている。

　暴追センター提供データを活用する場合の注意点は、データは、事件ごとのものであることから同姓同名の情報を一本化する「名寄せ」処理がなされていないことを念頭において活用していただきたい。

　また、このデータにヒットしたということのみで「ブラック」というわけではなく、あくまでも同姓同名であるとか、事件当時の満年齢に酷似しているとか、住所等が近いという「グレー」であるということを理解する必要がある。したがって、新規契約でお断りする情報としては使えたとしても、既契約を解除するなど将来裁判等に発展することが予想される場合は、昨年警察庁から発出された暴力団をはじめとする反社会的勢力の情報提供に関する「23年通達」に基づき、警察からの情報提供を求めて「ブラック」の確証を得ておく必要がある。

(3) 行政における反社会的勢力情報の一元公表化

　各省庁における反社会的勢力であることを理由としたものを含む指名停止処分の公表情報や福岡県警における暴力団員の検挙情報など行政庁においては、それぞれ反社会的勢力に関する情報を含むものを公表するシステムを

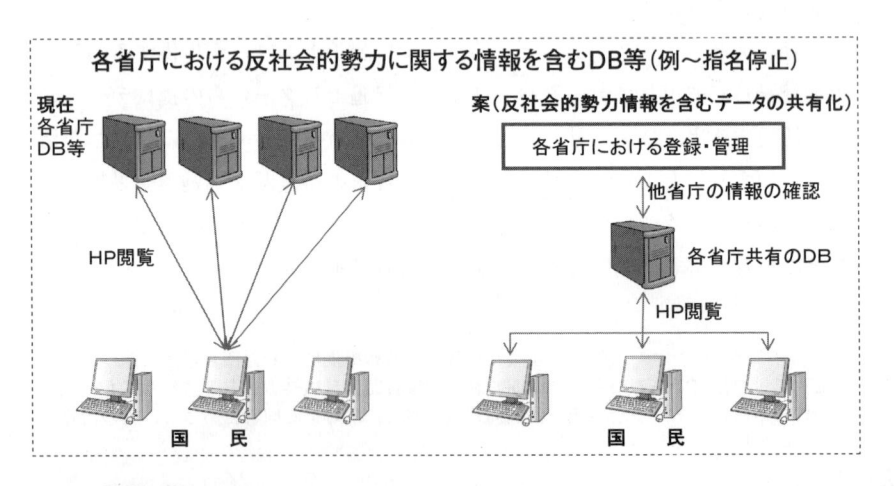

持っている。

　しかし、これらを確認するには、インターネット上のそれぞれのサイトを個別に見なければならず、その情報に行き着くためにはそれぞれ違う方法で見ていく必要がある。反社会的勢力に関する情報の情報源として有効ではあるが、反社会的勢力を検索する時間と労力が必要とされるあまり、このサイトでの反社会的勢力に関する情報は活用されているとは思えない。もちろん、このサイトは、反社会的勢力を確認するために各省庁が立ち上げたものではないことは承知しているが。

　しかし、反社会的勢力を排除しようとする国民の立場に立てば、折角そこに情報があることがわかっていても十分に活かしきれないというもどかしさが残る。

　国がこれらの情報を一元管理することにより、国民により多くの情報を提供することができるとともに、自らも反社会的勢力情報の共有、公表期間の管理などの有効活用も実現できるのである。国民が望む暴排を推進し、これを直接支援する官製データベースを構築することを考えるべき時期にきているのではないだろうか。

　　（筆者は、全国暴力追放運動推進センターの職員であるが、本稿は筆者個人の見解であり、警察庁や全国暴力追放運動推進センターの見解とはまったく無関係である。）

第Ⅴ章

犯罪収益移転防止法
～資金洗浄(マネーロンダリング)を断つ戦い

第Ⅴ章 犯罪収益移転防止法〜資金洗浄(マネーロンダリング)を断つ戦い

犯罪収益移転防止法改正の解説と運用上の課題

弁護士　垣見　　隆

　犯罪による収益の移転防止に関する法律の一部を改正する法律（以下「改正法」という。）が、第177回通常国会において成立し、平成23年4月28日公布され、平成25年4月1日より全面施行されることとなった。

　平成19年に制定された犯罪による収益の移転防止に関する法律（平成19年法律第22号、以下「犯罪収益移転防止法」という。）の今般の改正は、最近における犯罪による収益の移転に係る状況に鑑み、電話転送サービス事業者を規制対象の事業者に加えるとともに、規制対象の事業者が一定の取引に際し、顧客等について確認しなければならない事項の追加、預貯金通帳の不正譲渡等に係る罰則の強化等を行うことをその内容としている（改正法の提案理由説明1頁）。

　改正法のうちの顧客管理に関する改正部分は、FATF（Financial Action Task Force；金融活動作業部会）による第3次対日相互審査において指摘された事項に対応するものであり、対象事業者の拡大の部分及び罰則の強化の部分は、振り込め詐欺対策の強化等と言えるものであるが、以下改正の背景及び改正の内容ならびに我が国におけるマネー・ローンダリング対策の進捗状況について述べる。

1 改正の背景及び改正の内容

(1) 顧客管理に関する事項の改正

① 改正に至る経緯

　1989年（平成元年）のアルシュサミットにおける合意に基づき設置されたFATFは、マネー・ローンダリング対策及びテロ資金対策等に関し「40の勧告」及び「9の特別勧告」を提言し（注1）、国際社会においては、それらの提言を標準として各種対策が進められているところであるが、FATFにおいては、各国におけるFATF勧告の履行状況について加盟国相互で審査を行っており、我が国に対しては、平成19年から同20年にかけて、第3次対日相互審査が実施され、平成20年10月に、その審査結果が公表された。

　その審査結果によると、FATFの「40の勧告」中で重要勧告と位置づけられている4つの勧告のうち、資金洗浄の犯罪化に関する勧告（勧告1）、本人確認・取引記録の保存義務に関する勧告（勧告10）及び金融機関における疑わしい取引の届出に関する勧告（勧告13）については、4段階評価の上から2番目の評価である「概ね履行（LC：Largely Compliant）」との評価であったが、顧客管理に関する勧告（勧告5）については、もっとも低い評価である「不履行（NC：Non-Compliant）」と評価された（詳しくは、別稿○頁参照）。

　具体的には、「業務関係の目的及び意図された性質に関する情報を入手する義務を明示的に負わない」、「真の受益者の身元の確認及び照合に関する一般的義務がない」、「顧客の所有及び管理構造の把握若しくは最終的に法人を所有又は支配する者が誰であるかの判定の義務づけがない」、「法人顧客の代理人として活動する自然人が当該法人から権限委任されていることを確認する義務を負わない」、「リスクの高い分野の顧客、業務関係、取引が強化され

（注1）　FATFは、2012年2月の全体会合において、マネー・ローンダリング対策「40の勧告」とテロ資金供与対策「9の勧告」を統合して、新たに「40の勧告」としている。

た顧客管理の対象となっていない」、「マネロン、テロ資金供与の疑いがあっても、顧客管理の措置を実施する義務がない」などの指摘がなされた。

FATFの勧告や指摘は、拘束力のあるものではないが、FATF勧告は、国際社会において標準とされているところであり、FATF勧告に関して指摘された事項の改善を怠ることにより、マネー・ローンダリング対策、テロ資金対策が不充分な国として、国際的な信用が低下することにもなりかねないことから、指摘に応じた法整備を行うことが必要と考えられ、警察庁においては、平成22年に、学識経験者、金融取引の実務家等を委員とする「マネー・ローンダリング対策のための事業者による顧客管理の在り方に関する懇談会」を設置し、FATFの指摘を踏まえつつも、バランスのとれた実効あるマネー・ローンダリング対策の策定についての議論がされ、同年7月にとりまとめられた報告書の内容も踏まえ、犯罪収益移転防止法の改定作業が進められ、改正案が国会に提出され、審議を経て成立したものである。

② 顧客管理に関する改正点

犯罪収益移転防止法では、弁護士等を除く特定事業者（注2）は顧客等との間で、特定取引を行うに際しては、本人特定事項（自然人にあっては氏名、住居及び生年月日、法人にあっては名称及び本店または主たる事務所の所在地）の確認が義務付けられていたが、改正法では、士業者を除く特定事業者が一定の取引を行うに際しては、当該顧客等について本人特定事項のほか、「取引を行う目的」、「当該顧客等が自然人である場合にあっては、職業、当該顧客等が、法人である場合にあっては事業の内容」、「法人の事業経営を実質的に支配することが可能となる関係にある者がある場合にあっては、その者の本人特定事項」の確認を行わなければならないとされた（改正法による改正後の法（以下「新法」という。）第4条第1項）。

顧客等が行う取引の態様が、その取引を行う目的や職業や事業内容に照らし合せて不自然でないかどうかを吟味することにより、当該取引が疑わしい取引の届出を行うべき場合に該当するかどうかを判断できるようにしたものである（注3）。

（注2） 特定事業者とは、犯罪収益移転防止法第2条第2項で指定されている規制対象の事業者のことである。

また、改正法では、マネー・ローンダリングのリスクが高く、厳格な確認の対象として、①相手方が、関連取引時確認に係る顧客等または代表者等になりすましている疑いがある取引、または関連取引時確認が行われた際に、当該関連取引時確認に係る事項を偽っていた疑いがある顧客等との取引、②犯罪による収益の移転防止に関する制度の整備が十分に行われていないと認められる国または地域（特定国等）として政令に定めるものに居住しまたは所在する顧客等との取引等、③その他、犯罪による収益の移転防止のために厳格な顧客管理を行う必要性がとくに高いと認められる取引として政令で定めるものとし、これを受けて、改正された政令（以下「新令」という。）（注4）では、厳格な確認の対象となる取引を具体的に、（特定取引に該当することとなる契約に基づく）取引の相手方が当該契約に係る契約の締結に際して行われた取引時確認に係る顧客等または代表者等になりすましている疑いがある場合における当該取引または契約時確認が行われた際に当該契約時確認に係る事項を偽っていた疑いがある顧客等との間に行う取引（新令第12条第1項）と規定し、特定国等をイラン及び北朝鮮とした（新令第12条第2項）が、上記③に該当する取引は、現時点では政令において定められていない。

　特定事業者がこれらの取引を行うに際しては、本人特定事項に加えて、通常の取引と同様に取引を行う目的などの事項の確認をすることとされた外、当該取引が一定額（200万円（注5））を超える財産の移転を伴う場合においては、資産及び収入の状況（司法書士等にあっては、本人特定事項）の確認を行わなければならないとされた。

　そして、当該顧客等の本人特定事項の確認手続については、改正法により追加された確認事項の確認方法を定めることを主たる内容とした新しい規則（以下「新規則」という。）（注6）において、通常の取引の際の確認に加え、追加で書類またはその写しの提示または送付を受ける方法とするとされ、な

（注3）　松下和彦、髙塚洋志「犯罪による収益の移転防止に関する法律の一部を改正する法律の概要」（警察学論集第64巻第9号）44頁参照。

（注4）　犯罪による収益の移転防止に関する法律の一部を改正する法律の施行に伴う関係政令の整備等及び経過措置に関する政令（平成24年政令第56号による改正後の法施行令）。

（注5）　法第4条第2項に規定する政令で定める額は、200万円とする（新令第11条）。

りすましまたは偽りの疑いがある場合は、関連取引時確認において確認した書類以外の書類を少なくとも1用いることとされた（新規則第13条第1項）（注7）。

③ 取引時確認等を的確に行うための措置

改正法においては、特定事業者は、確認した本人特定事項等に係る情報を最新の内容に保つための措置を講ずるものとするほか、使用人に対する教育訓練の実施その他の必要な体制の整備に努めなければならないと規定された（新法第10条）が、この規定は、特定事業者が取引時確認、取引記録等の保存や疑わしい取引の届出義務等の措置を的確に行うためには、事業者内部において、本人特定事項に係る情報の更新のための措置を講じたり、その他必要な体制の整備を行うことが必要である（注8）との観点から規定されたもので、FATFの顧客管理に関する勧告（勧告5）に関する「業務関係に関する継続的な顧客管理を義務付ける法又は規制がない」との指摘やFATFの内部管理、法令遵守、監査に関する勧告（勧告15）に関する「マネロン・テロ資金対策のための内部管理制度を採用・維持することを明示的に義務づけられていない」との指摘にも対応するものである。

(2) 特定事業者として電話転送サービス事業者の追加

2003年のFATF「40の勧告」の改訂により、不動産業者、貴金属商及び宝石商等の非金融業者、法律専門家、公証人及び会計士等の職業専門家についても、特定事業者に追加すべきとされたこと（勧告12）を受けて、平成19年に犯罪収益移転防止法が制定され、特定事業者として金融機関等に加え、ファイナンスリース事業者、クレジットカード事業者、宅地建物取引業者、宝石・貴金属等取扱事業者及び司法書士、行政書士、公認会計士、税理士等

（注6） 犯罪による収益の移転防止に関する法律施行規則及び疑わしい取引の届出における情報通信の技術の利用に関する規則の一部を改正する命令（平成24年内閣府、総務省、法務省、財務省、厚生労働省、農林水産省、経済産業省、国土交通省令第1号による改正後の法施行規則）。

（注7） 髙須一弘「犯罪による収益の移転防止に関する法律の改正による顧客管理の強化」（季刊 事業再生と債権管理夏号第137号）163頁以下参照。

（注8） 前掲（警察学論集第64巻第9号）55頁参照。

を対象とするとともに、振り込め詐欺の騙取金の受領手段として利用されていることが明らかになった電話受付代行業者及び郵便物受取サービス業者も対象とされたが、その後の振り込め詐欺事案である還付金等詐欺や架空請求詐欺等の捜査において、電話転送サービス事業者までは特定できても、同事業者は、契約時に顧客の本人確認を行っていないことから、犯人である当該事業者の顧客を特定することが困難な事例が多く見られたことから、改正法において電話転送サービス事業者を特定事業者に追加することとしたものである（資料編699頁以下参照・新法第2条第2項第41号）（注9）。

(3) 罰則の引上げ

犯罪収益移転防止法において、本人特定事項を偽る行為については、50万円以下の罰金に処せられることとされ、預貯金通帳等の不正な譲渡・譲受行為についても同様に50万円以下の罰金とし、それが「業として」行われた場合には、2年以下懲役または300万円以下の罰金（併科も可）とされていた。

しかし、振り込め詐欺事件において、他人名義の預貯金通帳が利用されている事例が多く見られるにもかかわらず預貯金通帳等の不正譲渡、譲受が減少しない原因の1つとして、罰則の予防効果が薄れているものと考えられたことから、本人特定事項を偽る行為についての罰則の引上げと併せて、預貯金通帳等の不正譲渡行為についての罰則の引上げをしたもので、本人特定事項を偽る行為に対する罰則については、50万円以下の罰金から1年以下の懲役または100万円以下の罰金（併科も可）に（新法第26条）、預貯金通帳等の不正な譲渡・譲受行為に対する罰則について50万円以下の罰金から1年以下の懲役または100万円以下の罰金（併科も可）に（新法第27条第1項）、そして、「業として」行われたなりすまし目的の譲渡・譲受及び有償での譲渡・譲受行為に対する取引が、2年以下の懲役または300万円以下の罰金（併科も可）から3年以下の懲役または500万円以下の罰金（併科も可）に引き上げられた（新法第27条第3項）（注9）。

（注9）　小栗宏之「振り込み詐欺対策としての犯罪収益移転防止法の改正」（警察学論集第64巻第9号）18頁以下参照。

2 マネー・ローンダリング対策の進捗状況及び今後の課題

(1) 定着しつつあるマネー・ローンダリング対策

マネー・ローンダリング対策の柱である本人確認及び疑わしい取引の届出については、導入当初は、金融機関においても、そのような措置が、なぜ組織犯罪対策やテロ防止対策とつながるのかといった点についての問題意識を個々の銀行員に持たせることが、非常に困難であり、金融機関の窓口において顧客に対して、本人確認資料を提出することを納得させるに当っても多くの困難があったとされている（注10）。

しかしながら、平成2年に金融機関による顧客の本人確認制度が取り入れられ、平成4年に疑わしい取引の届出制度が実施されてから相当年数が経過し、その間における法制度の整備や金融庁、金融機関などの関係者の努力により、疑わしい取引の届出件数は、犯罪収益移転防止法が制定された平成19年には15万8,041件となり、平成23年には33万7,341件となるなど、着実に増加し、疑わしい取引に関する情報を端緒として警察が検挙した事件数の増加も著しいものがあるなど、我が国におけるマネー・ローンダリング対策も次第に定着しつつある。

(2) 犯罪収益移転防止法制定による組織犯罪対策の進展

マネー・ローンダリング対策に関する国際的な動向を背景に、我が国においても麻薬特例法（注11）の施行（平成4年7月）、組織的犯罪処罰法（注12）の施行（平成12年2月）、テロ資金供与処罰法（注13）の施行（平成14年7

（注10）　平成18年10月25日開催されたマネー・ローンダリング対策に関する警察政策フォーラムのパネルデイスカッションにおける阿部耕一氏（当時全国銀行協会業務部次長）の発言（警察政策研究第11号162頁）。
（注11）　国際的な協力の下に規制薬物に係る不正行為等を助長する行為等の防止を図るための麻薬及び向精神薬取締法等の特例に関する法律（平成3年法律第94号）
（注12）　組織的な犯罪の処罰及び犯罪収益の規制等に関する法律（平成11年法律第136号）

月)、本人確認法(注14)の施行(平成15年1月)などが行われてきたが、2003年(平成15年)6月に、FATFの「40の勧告」の再改訂が行われ、顧客の本人確認、疑わしい取引の届出等の措置を義務づけられる事業者として、従来から対象となっていた金融機関の外に,不動産業者、貴金属・宝石等取扱業者等の非金融業者や、法律家、会計士等の職業的専門家が加えられることとなったことを契機として、平成19年、本人確認の措置の対象となる事業者の範囲を拡大すること、国家公安委員会が、疑わしい取引に関する情報の集約、整理及び分析、ならびに関係機関に対する提供を行うこととすることなどを主たる内容とする犯罪収益移転防止法が制定された。

これにより、犯罪による収益に関する情報の集約・分析を行い、関係機関に提供する役割を担うFIU(資金情報機関)が、暴力団その他の組織犯罪対策、テロ対策の中核的役割を果たしている国家公安委員会(警察庁)に移管され、JAFIC(日本のFIUの英語名称でJapan Financial Intelligence Centerの略称)として活動することとなり、暴力団等組織犯罪やテロ集団に関し警察組織内に蓄積された情報も活用して、FIUとして収集する疑わしい取引に関する情報を多角的に分析することが可能となったものであり、マネー・ローンダリング対策からも、暴力団等組織犯罪対策からもその効果が期待されることとなった(注15)。

3 今後の課題

今般の改正は、「FATF指摘への対応等国際的要請を踏まえつつも、犯罪対策としての実効性、取引実務に鑑みた事業者の負担・国民の利便性を考慮し、バランスの取れた措置を講ずる」(注16)との基本的考え方で進められ

(注13) 公衆等脅迫目的の犯罪行為のための資金の提供等の処罰に関する法律(平成14年法律第67号)。
(注14) 金融機関等による顧客等の本人確認等及び預金口座等の不正な利用の防止に関する法律(平成14年法律第22号)。
(注15) 米田 壯「資金情報の充実と反社会的勢力の封圧」(警察学論集第60巻第7号)を参照。
(注16) 内藤浩文「犯罪収益移転防止法の一部改正と今後の犯罪収益対策について」(警察学論集第64巻第9号)4頁を参照。

たものであるが、その柱となっている顧客管理の強化は、本人確認のための事務手続の細部にも関連するものであり、特定事業者においては、事務処理規程や処理マニュアルを改訂する必要があるし、事務処理を支援するためのコンピュータシステムのソフトの手直しも必要であり、関係業務に携わる従業員に対し、新しい方式に沿った事務処理が出来るようにするための研修を実施する必要があるなど、大幅な負担が生ずるものである。

　このため、今後、特定事業者に課せられる負担が合理的なものになるように絶えざるチェックや関係機関ないしは対象事業者との間での情報交換を緊密に行うことにも配慮する必要がある。

　また、FATFのFIUに関する勧告（勧告26）における「JAFICは、法執行機関への提供並びに金融機関及びDNFBPs（注17）へのフィードバックのために手口等の戦略的分析能力を高めるべきである」との指摘や、ガイドライン及びフィードバックに関する勧告（勧告25）における「（疑わしい取引の）届出機関に対する具体的又はケースバイケースのフィードバックがない」との指摘も踏まえて、JAFICにおいては、マネー・ローンダリングの手口等の分析を的確に行い、警察、検察、税関等の関係機関に有用な情報を提供するとともに、情報をフィードバックする一環として、分析結果に基づき金融業界等の関係業界との対話を積極的に実施することが、特定事業者の取組み意欲の維持、向上を図ることとなり、マネー・ローンダリング対策の進展に益することになるであろうし、平成24年10月までに全国で制定された経済取引から暴力団等反社会的勢力を排除することを主たる目的とするいわゆる暴力団排除条例に基づく施策の徹底と相俟って、暴力団等組織犯罪対策の一層の前進に寄与することになろう。

（注17）　指定非金融業者及び職業専門家。

第Ⅴ章 犯罪収益移転防止法〜資金洗浄(マネーロンダリング)を断つ戦い

改正犯罪収益移転防止法ガイドラインと実務対応上の留意点

弁護士　行方　洋一

　改正犯罪収益移転防止法で強化された顧客等の確認義務や疑わしい取引の届出を的確に履行するため、特定事業者は、行政当局のガイドラインも踏まえてマネー・ローンダリング等の防止態勢を強化する必要がある。
　本稿では、ガイドラインの概要を解説するとともに、改正法とガイドラインも踏まえた態勢強化に際しての実務上の留意点等について述べたい。

1　改正法とガイドライン

　平成25年4月1日に全面施行となる改正犯罪収益移転防止法[1]（以下「改正法」という）に関して、金融機関等向けの「犯罪収益移転防止法に関する留意事項について」が平成24年10月25日に金融庁より、また、経済産業省からもクレジットカード事業者向けのものとファイナンスリース事業者向けのものが11月16日に公表されている（以下、これらを総称して「ガイドライン」という（資料編699頁以下参照））。
　改正前の犯罪収益移転防止法では、特定事業者（以下「事業者」という）に対して、特定取引を行うに際して顧客等の本人特定事項の確認を義務付けているところ、改正法では、これに加えて、①取引を行う目的、②自然人は職業、法人は事業の内容、および③法人の実質的支配者の有無とその者の本

---

[1]　正式名称は、「犯罪による収益の移転防止に関する法律の一部を改正する法律」（平成23年4月改正）。

人特定事項の確認（取引時確認）を義務付けている（以下、①から③の確認事項を「追加確認事項」といい、本人特定事項と追加確認事項を併せて「顧客等確認事項」という）。このように改正法は、マネー・ローンダリングやテロ資金供与（以下、併せて「マネロン等」という）防止の実効性向上ため、顧客等の確認事項を強化するなどしているところ、ガイドラインは、改正法を踏まえて、追加確認事項の確認やマネロン等の防止体制の整備に関連する留意事項を示すものなっている。

2 追加確認事項に係る類型の例示

ガイドラインでは、追加確認事項のうち、①取引を行う目的、および②職業・事業の内容について、類型が例示されている。これは、改正法の施行令・施行規則案[2]に対する平成24年3月26日付のパブコメ結果（以下「パブコメ結果」という）において、これらの事項につき各事業分野の実情を踏まえ、ガイドライン等で類型を示すとしたことに基づくものである。

(1) 「取引を行う目的」の類型

「取引を行う目的」の確認は、顧客等からの申告による方法で行われる。ガイドラインでは、この確認にあたり参考とすべき「取引を行う目的」の類型が記載されており、たとえば金融庁のガイドラインにおいて（前掲同）、預貯金契約の締結では、以下が示されている（複数選択可）。

自 然 人	法人／人格のない社団又は財団
□ 生計費決済 □ 事業費決済 □ 給与受取／年金受取 □ 貯蓄／資産運用 □ 融資 □ 外国為替取引 □ その他（　）	□ 事業費決済 □ 貯蓄／資産運用 □ 融資 □ 外国為替取引 □ その他（　）

ガイドラインで示された類型はすべて例示であり、それぞれの事業者において、これを参考としつつ、取引の内容や個別の業務・取引実態等に応じ、異なる類型により確認することは差し支えない。この点、その内容から目的が明らかである取引や、規約等によって目的が明らかである取引については、取引を行ったことをもって「取引を行う目的」の確認も行ったものと評価できる（パブコメ結果40番など）。

　「取引を行う目的」など追加確認事項は、疑わしい取引の届出を行うべきかどうかの判断に資する程度の確認が必要である。そのため、上記類型中の「その他（　）」については、単に選択されるだけでは足らず、その内容も確認することが必要である[3]。これに関して、「取引を行う目的」としてさまざまなものがあり得る取引では、すべてを漏れなく列挙することは困難であり、選択肢としての「その他（　）」は、欠かせないであろう。もっとも、「その他（　）」の申告・記載内容が不明確であるため取引時確認の完了が遅延し、（マネロン等とはおよそ無縁な）顧客との取引に支障が生じるような事態は好ましくない。事業者としては、各取引について自社であり得る「取引を行う目的」の類型を洗い出し、主要なものから順に可能な限り選択肢を設けておくことが望ましい。また、改正法施行後は、「その他（　）」であげられてきた内容を主管部署で集約し、選択肢を柔軟に拡充していくことが、実務対応として考えられる。

(2)　「職業」・「事業の内容」の類型

　ガイドラインでは、「職業」・「事業の内容」を確認するにあたり参考とすべき類型が記載されており、金融庁のガイドラインとファイナンスリース事業者向けのガイドラインでは、以下が示されている（複数選択可）。

　「職業」の確認について、勤務先の名称等の確認をもって「職業」の確認

2　正式名称は、「犯罪による収益の移転防止に関する法律の一部を改正する法律の施行に伴う関係政令の整備等及び経過措置に関する政令案（仮称）」。
3　金融庁「犯罪収益移転防止法に関する留意事項について（本ガイドライン）の考え方」7番。

に代えることは、「勤務先」の名称等から職業が明らかである場合を除いて不可である（パブコメ結果45番）。もっとも、「勤務先」の確認も併せて行うことは、マネロン等利用者に対する牽制効果が高まることが期待できる。

次に、「事業の内容」について、法人が複数の事業を営んでいる場合には、すべてを確認する必要があるが、多数であるとき等は、取引に関連する主たる事業のみを確認することも認められる（パブコメ結果47番）。また、主たる事業が取引に関連しない場合には、基本的には取引に関連する事業を確認する（同上）。「事業の内容」は、書面による確認が義務付けられている。この点、改正法施行前においても、未公開株等における詐欺被害や不法な商行為による消費者被害において法人の預金口座が悪用されるケースもあることから、法人顧客の口座開設時に際して書面の提示を受け、事業内容等を確認している金融機関も多数ある。

なお、「その他（　）」に該当する場合、内容の確認も要することは「取引の目的」と同じであり、確認完了遅延の防止に係る実務対応上のポイントも前記のとおりである。

職業	事業の内容
□ 会社役員／団体役員	□ 農業／林業／漁業
□ 会社員／団体職員	□ 製造業
□ 公務員	□ 建設業
□ 個人事業主／自営業	□ 情報通信業
□ パート／アルバイト／派遣社員／契約社員	□ 運輸業
	□ 金融業／保険業
□ 主婦	□ 不動産業
□ 学生	□ サービス業
□ 退職された方／無職の方	□ その他（　）
□ その他（　）	

3 体制の整備に関する留意事項

　改正法では、事業者に対して、取引時確認をした事項に係る情報を最新の内容に保つための措置を講ずるほか、必要な体制を整備する努力義務を定めている（10条）。体制の整備に関連して、ガイドラインでは、以下の図のように、(1)確認完了前の取引、および(2)「特定取引」に該当しない取引について、マネロン利用リスクを踏まえた十分な注意を、また、(3)非対面取引、および(4)写真付でない本人確認書類を用いる取引に対し、なりすまし等リスクに鑑み十分に注意を払うことのほか、(5)顧客等の継続的なモニタリングを求めている。

(1) 取引時確認の完了前に顧客等と行う取引に関する措置

　金融庁のガイドラインは、取引時確認の完了前に顧客等と行う取引について、確認が完了するまでの間に取引がマネロン等に利用されるおそれがあることを踏まえ、たとえば、取引の全部または一部に対し通常の取引以上の制限を課したり、顧客等に関する情報を記録したりするなどして、十分に注意

ガイドライン 留意事項	金融庁	クレジットカード 事業者向け	ファイナンスリース 事業者向け
(1)確認完了前の取引	○	○	
(2)「特定取引」に該当しない取引	○	—	○
(3)非対面取引	○	○	
(4)写真付でない本人確認書類	○	○	○
(5)顧客等の継続的なモニタリング	○	○	○

（注）　クレジットカード契約の締結はすべて「特定取引」に該当する。

を払うことを求めている。また、カード事業者向けのガイドラインでは、クレジットカードは、いったん交付等が行われると国内外を問わず販売店等において利用することができるという特性を有することから、交付される時点までに本人確認が実施されていることとしている。

取引時確認が完了できない顧客等については、疑わしい取引の届出の要否も検討する必要がある[4]。この点、金融庁の金融検査において、返戻郵便物の取扱いについて、キャッシュカードが返戻され、金融機関における疑わしい取引の届出要件に該当しているにもかかわらず届出漏れとなっている、といった指摘事例もある[5]。

(2) 特定取引に当たらない取引に関する措置

ガイドラインでは、特定取引にあたらない取引についても、敷居値を若干下回るなどの取引はマネロンに利用されるおそれがあることを踏まえ、十分に注意を払うこととしている。金融庁では、このような取引として、たとえばＡＴＭでの10万円以下の現金による振込みが連続して行われるなど、取引時確認を逃れるためと思われる不自然な取引が該当するとしている。

そのうえで、「十分に注意を払う」ための措置としては、たとえば、金融機関の窓口において上記のような行為が行われていないか注意を払うことが考えられるとしている[6]。

また、「特定取引」に該当しない取引でも、取引時確認を逃れるため分散して取引を行っている場合は、これら複数の取引全体を実質的に1つの取引と考えて取引時確認を行うとするのが金融庁の見解である[7]。この点、事業者が必要と認める場合には、「特定取引」でない取引でも取引時確認を求めることができる旨、取引規約や契約書に定めておくことも、実務対応として考えられる。

---

4 2008年のFATF対日相互審査では、顧客管理が完了できない場合に疑わしい取引の届出の提出を検討することを金融機関が義務づけられていないことが指摘されている。
5 金融庁「金融検査結果事例集（平成23検査事務年度後期版）」48頁。
6 金融庁「犯罪収益移転防止法に関する留意事項について（本ガイドライン）の考え方」26番。
7 同上。

(3) 非対面取引に関する措置

非対面取引については、顧客等がなりすまし・偽り等を行っているおそれがあることを踏まえ、十分に注意を払うことがガイドラインで求められている。

そのための措置として、金融庁ガイドラインでは、もう1種類の本人確認書類や本人確認書類以外の書類等を確認することが例示されている。この点、改正法施行前においても、非対面で預金口座を開設する場合には、本人確認書類に加えて、公共料金の領収済領収書の原本の送付を求めている金融機関も少なからず見受けられ、参考となる。

また、クレジットカード事業者向けのガイドラインでは、顧客等がカードの申請書に記載した、金融機関等によりすでに本人確認が行われている預貯金口座の名義を確認する方法が例示されている。

(4) 対面取引(写真付でない本人確認書類を用いる取引)に関する措置

対面取引についても、健康保険証や年金手帳のように顔写真が貼付されていない本人確認書類を用いて行うなどの取引は、顧客等がなりすまし・偽り等を行っているおそれがあることを踏まえ、十分に注意を払うことが求められている。

そのための措置として、金融庁では、顧客等の住居に宛てて転送不要郵便物により取引関係文書を送付することや、もう1種類の本人確認書類や補完書類を追加で確認することなどが考えられるとしている[8]。

(5) 顧客等の継続的なモニタリング

すでに、確認した顧客確認事項について顧客等がこれを偽っているなどの疑いがあるかどうかを的確に判断するため、ガイドラインでは、最新の内容に保たれた顧客確認事項を活用し、顧客等の取引状況を的確に把握するなどして、十分に注意を払うこととしている。モニタリングについては、頻繁な

---

8 金融庁「犯罪収益移転防止法に関する留意事項について(本ガイドライン)の考え方」45番等。

入手金など「疑わしい取引の届出の参考事例」に掲載されているような取引をシステム等で抽出し、届出の要否を検討している業者も多くある。改正法施行後は、取引内容を最新の内容に保たれた確認記録と照合・精査することにより、モニタリングや届出の実効性が向上することが期待される。

これに関し、「最新の内容に保たれた取引時確認事項」への対応としては、顧客等確認事項に変更があった場合に顧客等が事業者に届け出る旨を約款に定めることで一応は足りる。もっとも、そのような受動的な措置のみで「最新の内容」が保たれるかは疑問もある。

疑わしい取引の届出の的確な実施という観点からは、モニタリングを通じて取引内容と顧客等確認事項との齟齬が認められる場合には、必要に応じて、事業者の方から顧客等に対して変更の有無を確認するような措置も考えられよう。また、対面取引等において従業員が顧客等確認事項の変更を認識した場合には、顧客等に届出を促すとともに、変更を確認記録に追記することも必要であろう。

(6) KYC起点の防止措置

ガイドラインで挙げられている措置はあくまで例示であり、そのとおりの実施が事業者に義務付けられるものではない。行政当局としては、個々の事業者において業務や取引実態・マネロン等に利用されるリスクの程度等に応じた措置を講ずることが適切である、というスタンスである。もっとも、当局検査時などにおける説明・議論を避けたいといった「安全策」から、例示措置をそのまま講じようとする事業者もあり得なくはない。

しかし、そのような姿勢による対応では、マネロン等防止というより、「法令等遵守」自体が目的化してしまう懸念がある。改正法やガイドラインを踏まえた防止態勢の強化は、もちろん重要であるが、これらは公表されている以上、反社会的勢力などのマネロン等を企てる者は、その間隙を突いてくるであろう。そうなれば、多大な労力を費やして講じた措置も、マネロン等防止の実効性が上がらないばかりか、マネロン等とはおよそ無縁である大多数の顧客において負担感が増し、顧客満足度を低下させてしまう結果にもなりかねない。

マネロン等防止の実効性向上のために何をどこまでするかは、法令等遵守にとどまらない非公開での工夫がカギとなってこよう。これに関して、マネロン防止も顧客マーケティングと同じく、突きつめれば"KYC"（know your customer）が源であることからすれば、顧客のことを深く知ってニーズ等に応えた商品・サービスを提供するといった「顧客本位」の営業姿勢をより一層徹底していくことがもっとも根本的であり、かつ費用対効果の高い措置であると思われる。

　そのような姿勢で業務に臨めば、（KYCされたくない）マネロン等利用者は近寄り難く、同時に確認手続は、より良いサービスを受けるためのものと顧客がポジティブに捉えてくれることも期待できる。

4　ハイリスク取引と反社会的勢力との関係遮断

　改正法では、厳格な確認が必要となるハイリスク取引（マネロン等のリスクが高い一定の取引）として、(1)取引の相手方が、過去の取引の際に確認した顧客等になりすましている疑いがある取引、(2)過去の取引の際に顧客確認事項を偽っていた疑いがある顧客等との取引、(3)イラン・北朝鮮に居住または所在する顧客等との取引を定めている。

　他方において、取引の相手方が暴力団員等の反社会的勢力またはその疑いがある取引は、ハイリスク取引として直接的には定められていない。しかしながら、平成23年の警察白書からもマネロン事犯の検挙件数のうち暴力団構成員等によるものが約半数を占めていることがわかり、反社会的勢力等との取引は、「ハイリスク取引」の最たるものである。この点、金融庁からは、取引の相手方が暴力団員等またはその疑いがあることは、上記(1)および(2)のなりすまし等に該当するかを判断する際の１つの要素として考慮すべき内容であるとの考え方が示されている[9]。取引の相手方が反社会的勢力またはその疑いがある場合、「取引の目的」や「職業」・「事業の内容」を偽っている（たとえば、マネロン目的の預貯金口座開設であるにもかかわらず、別の取引目的を申告する）ことが十分想定される。事業者としては、暴力団排除条項の適用が困難であるなど取引を解消できない場合でも、ハイリスク取引としての

確認を通じて関係遮断に繋げていくことが要請されよう。

　この場合の確認については、改正法遵守のレベルではなく、「ハイリスク取引」であることを踏まえ、可能な限り実効性が高い方法を用いるべきである[10]。たとえば、「職業」については、申告でなく、在職証明書や社員証等の何らかの証明書等により確認することが考えられる。また、法人における「実質的支配者」（株式会社等の資本多数決の原則を採る法人では、議決権の総数の4分の1を超える議決権を有している者、それ以外の法人では、代表権限を有している者）の書面確認については、法人顧客に対する反社会的勢力チェックの範囲との整合性も踏まえ、より広範囲な確認を求めていくことも考えられる。

　これらのように、改正法の義務を越えた厳格な確認を事業者が行えるようにするためには、取引に係る規約・契約書等において、改正法で定められた範囲・方法以外でも業者が必要と認めた場合には確認を求めることができる旨を定めるとともに、合理的理由なく確認を拒否する場合には、取引の拒絶（さらには解消）ができることを定めることが考えられる。

5　おわりに

　改正法やガイドラインはその遵守自体が目的ではない。事業者においては、KYCを起点とし、本来の顧客には取引ニーズ等に応え「満足と感動」を与えるための顧客等確認事項の確認を、反社会的勢力などマネロン利用者には「脅威」を与える厳格な確認を行うことなどにより、マネロン等防止態勢の強化に取り組んでもらいたい。

9　金融庁「主要行等向けの総合的な監督指針」及び「金融検査マニュアル」等の一部改正（案）に対するパブリックコメントの結果等について」（平成24年11月28日）「別紙1」1番。
10　この点、FATFが2012年2月16日に公表した改訂後の勧告では、リスクベース・アプローチの強化が行われ、ハイリスク分野では厳格な措置が求められている。

第Ⅴ章 犯罪収益移転防止法～資金洗浄（マネーロンダリング）を断つ戦い

マネーロンダリング規制をめぐる国際動向と日本の課題

早稲田大学大学院法務研究科教授　久保田　隆

1　はじめに

　違法な起源を偽装する目的で犯罪収益を処理することをマネーロンダリング（Money Laundering資金洗浄：日本の官庁用語ではマネー・ロンダリングと読記）と言い、たとえば、麻薬密売人が麻薬密売代金を偽名で開設した銀行口座に隠匿したり、詐欺や横領の犯人が騙し取ったお金をいくつもの口座に転々と移動させて出所をわからなくするような行為などがこれに該当するが、その態様は多岐にわたる。この事態を放置すると、犯罪収益が将来の犯罪活動に再び使われたり、犯罪組織がその資金をもとに合法的な経済活動に介入し支配力を及ぼすおそれがあるため、マネーロンダリングの防止は世界中で犯罪対策上の重要課題となっている。

　そこで、組織犯罪処罰法等の法律で事前に列挙した一定の犯罪（前提犯罪）により得た収益をその出所や真の所有者が分からないようにすることで、捜査機関による収益の発見や犯罪の検挙から逃れようとする行為を「犯罪収益移転」と呼ぶことで新たに犯罪化し、対応に当たってきた。最近でも、オランダで起きた中国人誘拐事件に絡み、身代金を商取引の代金に見せかけたマネーロンダリングに関与した横浜市在住の中国人社長が組織犯罪処罰法違反容疑で逮捕されている[1]。

　マネーロンダリング規制は、国際動向に呼応する形で日本でも積極的に進められてきたが、残念ながら国際機関FATFが下した評価は意外なほど低

い。

そこで、本節では、①国際動向を紹介した後、②日本に対する国際的評価について検討を加え、③日本の課題について考察する。

2 マネーロンダリング規制をめぐる国際動向

マネーロンダリング規制は、米国の強い働きかけを受けて国際規制強化が先行し、日本の国内規制がこれに呼応する形で整備されてきた（次頁の【表1】参照）。日本国内の詳細な規制の解説は、次節に譲り、以下では国際動向を中心に簡単に概説する[2]。

マネーロンダリング対策は、麻薬問題への取組みから始まり、1988年に「麻薬及び向精神薬の不正取引の防止に関する国際連合条約」（麻薬新条約）が採択され、薬物犯罪を前提犯罪とするマネーロンダリングを犯罪化することが各国に義務付けられた。

その後、1989年のアルシュサミットで国際的な対策と協力の推進に指導的役割を果たす政府間会合（国際機関）である金融活動作業部会（FATF）[3]が設立され、1990年に対策の国際基準となる「40の勧告」を提言し、国内法制の整備、顧客の本人確認、疑わしい取引の報告を各国に求めた。対策強化のため、同勧告は、これまでに3度改訂されており、①1996年には、薬物犯罪のみならず重大犯罪も前提犯罪に含められ、②2003年には、従来の金融業者だけでなく非金融業者や職業的専門家も同勧告の対象に含められ、③2012年

---

1 産経新聞ウェブ版2012年11月21日の報道によれば、身代金約1億8000万円相当の米ドルが容疑者の会社名義の口座に振り込まれ、容疑者は商取引の手付金だと銀行に説明して虚偽の契約書等を提出したが、国際刑事警察機構（ICPO）を通じて照会を受けた日本の警察が捜査し2012年11月20日に逮捕に至った。また、日本経済新聞ウェブ版2012年12月11日の報道によれば、米国で起きた詐欺事件に絡んで別のマネーロンダリング事件も起きており、ナイジェリア人会社員と日本人暴力団組員が逮捕された。
2 警察庁ホームページ（http://www.npa.go.jp/sosikihanzai/jafic/index.htm）参照。
3 FATFには世界34カ国（日米英仏独中など。OECD加盟国が中心）と欧州委員会、湾岸協力理事会が参加し、①対策に関する国際基準（FATF勧告）の策定及び見直し、②FATF参加国・地域相互間におけるFATF勧告の遵守状況の監視（相互審査）、③FATF非参加国・地域におけるFATF勧告遵守の推奨、④犯罪の手口及び傾向に関する研究を主な活動としている。

【表1】：マネーロンダリング対策をめぐる国際動向と日本の対応

国際動向	国内動向
1988年12月　麻薬新条約の採択 1989年7月　国際機関FATF（Financial Action Task Force）設置を採択	
1990年4月　FATF「40の勧告」を提言（金融機関による顧客の本人確認、疑わしい取引の金融規制当局への報告を各国に求める）	1990年6月　大蔵省が顧客の本人確認義務等に関する通達を発出 1992年7月　麻薬特例法の施行（「疑わしい取引の届出制度」の創設）
1996年6月　FATF「40の勧告」を改訂（薬物犯罪だけでなく重大犯罪も前提犯罪に） 1997年2月　APGの設立 1998年5月　FIU設置の合意	2000年2月　組織的犯罪処罰法の施行（前提犯罪を一定の重大犯罪に拡大、日本版FIUの設置）
2001年10月　FATF「テロ資金供与に関する8の特別勧告」を発表（2004年10月以降、「9の特別勧告」に名称変更。内容は、テロ資金供与の犯罪化、テロ関係の疑わしい取引の届出の義務化）	2002年7月　テロ資金供与処罰法・改正組織的犯罪処罰法の施行（前提犯罪にテロ資金供与罪を追加） 2003年1月　金融機関等本人確認法の施行（顧客等に対する金融機関等の本人確認義務を法定化）
2003年6月　FATF「40の勧告」を再改訂（不動産業者・貴金属商等の非金融業者や弁護士・会計士等の職業的専門家への勧告の適用）	2004年12月　国際組織犯罪等・国際テロ対策推進本部「テロの未然防止に関する行動計画」を策定 2005年11月　国際組織犯罪等・国際テロ対策推進本部「FATF勧告実施のための法律の整備」を決定 2007年3月　犯罪収益移転防止法が成立 2007年4月　犯罪収益移転防止法の一部施行、FIUを金融庁から警察庁へ移管 2008年3月　犯罪収益移転防止法の全面施行 2010年4月　資金決済法制定に伴う犯罪収益移転防止法の一部改正法の施行（資金移動業者を特定事業者に追加等）
2008年10月　FATF第3次対日相互審査結果発表（顧客管理に関する勧告5で不履行（NC）と評価される）	2011年4月　改正犯罪収益移転防止法が成立（取引時の確認事項の追加、特定事業者の追加、預貯金通帳等の不正譲渡等に係る罰則の強化） 2013年4月　改正犯罪収益移転防止法の施行予定
2012年2月　FATF「40の勧告」と「9の特別勧告」を統合し新たなFATF勧告に改訂	4月　犯罪収益移転防止法の一部改正

参考：高須一弘・国際商取引学会2012年7月21日報告資料

には、同勧告と2001年にテロ資金対策の国際基準としてFATFが提言した「特別勧告」を統合して双方の対策をカバーする「40の勧告」とした。

最新の「40の勧告」では、①疑わしい取引である可能性がより高い金融取引についてはより厳しい注意を行う「リスクベース・アプローチ」を強化し、②法人、信託、電信送金システムに関する透明性を高め、③国際協力を強化するとともに対策当局の機能向上を求め、④国内外のPEPs（外国要人：Politically Exposed Persons）に対する顧客管理を求め、⑤脱税犯を前提犯罪に含めること（英米では既に含めているが、日本では未実現）等を求めている。また、FATF加盟国は勧告の遵守状況について相互に審査し、日本に対しても過去3度（1993年、1997年、2008年）実施した。さらに1998年以来、勧告の履行に問題がある国・地域に対する対抗措置や特別の注意を求めて定期的な呼びかけを実施しており、直近では2012年10月に、①FATF参加国及びその他の国々に対し、国際金融システム保護のためにイランと北朝鮮に対する対抗措置の適用を求め、②参加国に対し、キューバ、インドネシア、ミャンマー、タイ、トルコ、ベトナム、シリア、パキスタン等17カ国について重大な対策の欠陥から生じるリスクを考慮するよう求めた。

なお、1998年にはマネーロンダリング情報を専門に収集・分析・提供する機関（Financial Intelligence Unit：FIU）の設置が国際合意され、各国にFIUが設置された（日本は当初は金融庁。のち警察庁に移管）。エグモント・グループ（Egmont Group）は、各国FIUの交流や情報交換の促進を目的とする公式機関で、日本を含む100ヵ国以上が参加している。また、1997年2月にはアジア太平洋地域のFATF非参加国の対策を促す国際協力の枠組みとしてAPG（Asia/Pacific Group on Money Laundering）が設立され、日本を含む41ヵ国が参加し、FATF同様の相互審査等を実施している。

3　日本に対する国際的評価とその対応の問題点

詳細は、紙幅の関係で別稿[4]に譲るが、FATFが2008年10月に公表した日本に対する相互審査結果は驚くほど低かった。2008年6月に公表された香港と比べると、40の勧告項目中、日本が「履行」した項目は4（香港は10）、

「ほぼ履行」は17（同17）、「一部履行」は9（同10）、「未履行」は9（同3）、「その国の状況が項目に該当せず」が1（同0）で、"マネーロンダリング天国"とも揶揄される香港に比べても著しく低い。日本が未対応とされた項目について、その理由と他国の状況（露国は2008年6月、中国は2007年6月、米国は2006年6月公表結果）を比較したのが下段の【表2】である。なお、テロに対する9項目の特別勧告に対する評価でも日本は「ほぼ達成」が2、

【表2】：FATF 40勧告中、日本が「不履行」とされた項目

未対応項目	理由	日本	：香露中米
勧告5：顧客の身元確認及び写真照合を含む顧客管理	確認義務が法定されず写真照合等もなされず	×	：△△△△
勧告6：外国要人（PEPs）に対する付加的措置の実施	金融機関の義務が法定されず	×	：△△×○
勧告7：海外コルレス先金融機関の管理措置の実施	金融機関に義務化されず	×	：◎△△○
勧告12：職業専門家等による顧客管理	弁護士については、日弁連会則では不適切	×	：×△××
勧告15：資金洗浄対策に関する内部統制構築・従業員教育	金融機関に明示的に義務化されず不適切	×	：○△△○
勧告21：FATF勧告の遵守が不十分な国への対抗措置等	金融機関に義務化なく、政府に対抗手段不在	×	：○△×○
勧告22：勧告21の該当国（北朝鮮等）にある子会社等への勧告適用	金融機関に明示的に義務化されず	×	：○××○
勧告33：法人所有者の情報収集	情報収集義務がない	×	：△△××
勧告34：信託受益者の情報収集	情報開示が不足	×	：△◆△×

◎：履行、○：ほぼ履行、△：一部履行、×：不履行、◆：該当せず

---

4 久保田隆「マネーロンダリングと日本の課題」事業再生と債権管理123号（2009年）139頁以下及び久保田隆「マネーロンダリング問題を巡って」早稲田法学84巻2号（2009年）309頁以下を参照。

【表3】:「不履行」項目への対策として報告書が提案する主な内容

FATFによる指摘事項	提 案 内 容	残 る 課 題
取引目的情報の取得を事業者に義務付けていない。	△:取引類型に応じ、リストにチェックさせて顧客に自己申告させる。	依然義務化しないため対外説明力は乏しいまま。
法人の真の所有者の確認を義務付けていない。	△:融資等に限って顧客に自己申告させる。	依然義務化しないため説明力は乏しい。
代理権の確認について義務付けていない。	△:負担に鑑み、危険性の高い取引に限り委任状の提示を受ける。	偽造容易な委任状の提示だけでは対外説明力が乏しい。
法人の法的形態や定款等の確認を義務付けていない。	×:登記事項証明書の提出を求めるが、定款の取得は不適当。	履行段階でFATF要求に反対する日本の主張は通るか。
PEPs（外国要人）に対する情報確認を義務付けていない。	×:コストが過大なので、PEPs情報の取得義務付けは不適当。	履行段階でFATF要求に反対する日本の主張は通るか。
継続的な顧客管理を明文で義務付ける規定が不存在。	△:危険性の高い取引に絞って実施（リスクベース・アプローチ）。	危険性の低い顧客についても状況により要求され得る。
対策上の内部管理態勢構築を法的に義務付けていない。	△か×:主要金融機関はともかく、中小零細業者には義務付けは困難。	明文で義務化しなくても対外的な説明力はあるか。
本人確認書類の範囲が広く情報の質に懸念がある。	×:運転免許等を所持しない証明弱者に不利な限定は不適当。	履行段階でFATF要求に反対する日本の主張は通るか。
FATF勧告履行に問題ある国（イラン、北朝鮮等）への対応の義務付けがない。	×:顧客の国籍情報の取得義務付けや一律に危険性が高い取引として制限するのは不適当。	米国が働きかけを強める中、FATF要求に反対する日本の主張は通るか。

△:一部対応、×:対応せず【課題と△×は、筆者・久保田の評価による。】

「一部達成」が 6、「未達成」が 1（特別勧告 9：通貨等の物理的移送を探知するための措置を有すること）なので、2012年 2 月に40と 9 の 2 つの勧告が統合され改正された最新の勧告の下でも苦戦が予想される。

前頁【表 3】の「不履行」部分の対策について、日本政府（警察庁）は、2010年 7 月に「マネー・ローンダリング対策のための事業者による顧客管理の在り方に関する懇談会報告書」（警察庁HPから入手可能）を公表し、【表 3】のような提言を行っているが、FATFの具体的な指摘に対して一部またはまったく従わない提案であり、抜本的な改善はむずかしい。勧告の策定には、日本政府も当初から関与して合意したはずだが、今さら勧告通りの履行を不適当と提言するのでは対外説明力は不十分であろう。日本では、到底実施困難と判断するならば、実施段階ではなく、策定段階から日本の主張を強力に展開しなくては国際的な理解や評価は得られない。

4　日本の課題

日本は、世界で突出して 1 人当たりの紙幣・貨幣使用量が高く（約10年前の数字で英国の 5 倍、米国の 2 倍）、銀行口座が容易に誰でも開設でき（米国ではサブプライム層は不可）、ATMからの現金引出額も大きいため、水面下では日本がマネーロンダリングのキャッシュセンターになっている可能性も否めない。また、北陸銀行のように管理の甘さが国際的に問題とされたケース[5]もある。さらに、マネーロンダリング対策と称して合理的に理解できない自主規制を課している銀行[6]もある。それでも日本では、マネーロンダリング対策ソフトの導入や内部統制構築、各種法整備が進み、大規模な事件も起きておらず、香港・ロシア・中国等の近隣諸国と比べれば進展しているはずだというのが多くの実務家が語る一般認識である。真実の所在はともあ

5　2012年 7 月12日米国上院レポート（U.S. Vulnerabilities to Money Laundering, Drugs, and Terrorist Financing: HSBC Case History）は英HSBC銀行のマネーロンダリング対策の不備（後述）を指摘する中で、同行の日本のコルレス先＝北陸銀行について、顧客管理が不十分なまま中古車販売業のロシア人顧客を相手に大量の旅行小切手決済をしていた点やHSBCの問合せに対し同行が守秘義務を理由に顧客情報を伝達しなかった点を問題視している。

れ、FATF相互審査による国際的評価が不当なほど低い背景にはさまざまな事情で対策が法定化・明文化がなされない点が挙げられる。そこで、法制面から難易度順に日本の課題を検討しよう。

まず、政治的困難により法律による明文化がほぼ不可能な課題として、①日弁連が強く反対し、日弁連会則で代用している弁護士への「疑わしい取引」の届出義務化（勧告12）、②共謀罪を含むため、国会承認まではなされたが、民主党等の強い反対で条約実施の国内法が成立できない「国際的な組織犯罪の防止に関する国際連合条約」（パレルモ条約）の締結（勧告1）がある。ただし、弁護士の届出義務化は他国でも同様に不履行が多く、共謀罪はFATFも一部達成扱いとするため、これらの課題は短期間では克服し得なくても問題なかろう。

一方、政府のハンドリングのまずさで制度変更や法定化が進んでいない課題もあり、早急な対応が必要であろう。

第1に、「前提犯罪」に税法違反を含めて国税当局の強力な査察力を加えた国家総動員体制を確立することが挙げられ、すでに多くの論者が主張し、FATF最新勧告も前述の如く要求するが、依然改正法案の国会提出がなされていない。当初は、前述パレルモ条約に則った包括列挙で含まれる予定であったが、条約批准が困難になり個別に前提犯罪に追加せざるを得なくなった結果、他の前提犯罪と毛色が異なる税法違反は大変目立ち、審議を硬直しかねないので後回しにされたようである。しかし、どこかで政府主導で動く

6　筆者は、ゼミ学生が参加するVis Moot国際学生模擬仲裁大会の登録費700ユーロ（72870円）をオーストリア銀行のウィーン大学口座に送金するため、2012年10月17日に某銀行新宿某支店から送金依頼した。筆者は、同銀行の顧客で一定金額以上を預けると得られる「上級資格」を持つ。その際、備考欄（付記電文）に所属大学チーム名を記入したところ、大学名は法人名だから、マネーロンダリング対策諸法の趣旨に鑑みた「自主規制」により、受付不可と言われた（結局は、今回だけの特例として受付）。国内送金ですら付記電文への記入は一般に認められている。FATF勧告や関連する日本法に照らして自主規制の合理的根拠が理解できなかったため、登録費の請求書も提出し、送金目的・原因も記入し、私の本人確認もした上で、条文根拠や規制趣旨の説明を求めたが、十分な返事がなく、逆に煙たがられた。以前は、「上級資格者」用の部屋があり、椅子に座れて対応も丁寧であったが、最近は、顧客はすべて立たされたまま長時間待たされる。顧客サービス低下の口実のようにも思え、本気でこれをマネーロンダリング対策と考えたのか、知りたい所である。

必要がある。

　第2に、金融庁がプリンシプル・ベース重視の金融規制でルール行政からの脱皮を進める結果、前掲報告書のように義務化に消極的な志向が強まり、対外説明力を大幅に失った懸念がある。プリンシプル・ベース重視は世界金融危機以前に英米で支配的な標準で成長戦略に有効であったが、危機以後は全世界的にルール重視・規制強化の流れにある。対外発言力を減少しつつある日本が新たな流れを作る状況にはなく、マネーロンダリング対策に限ればむしろルール化を進めるべきである。

　さらに、対外説明で多用される「日本の特殊性」についても再検討が必要である。前掲報告書は、「我が国では、他国と比べ、職業に関する情報を申告することに対する抵抗が強い」（7頁）、「マネー・ローンダリング対策のために顧客管理を強化することは、国民生活の利便性を阻害し得るものであるため、国民の理解が得られにくい」（13～14頁）、などとするが、他国の環境が日本と大きく異なるとは言えず、説得力に乏しい。十分な論証根拠が示せないのであれば、やはり勧告の実施段階ではなく、策定段階から日本の主張を強力に展開し、それでも通ってしまった部分については明文化に従わざるを得まい。

5　新たな課題

　マネーロンダリング対策は、現在は日本も参画して策定したFATF勧告に対して国内法制をいかに調和させるかという問題が中心で比較的解決も容易であるが、国際的評価が低い事態をこのまま放置するならば、今後は「外国法の域外適用」、たとえばマネーロンダリングを行う外国銀行や外国人に対する域内適用を明文で認める米国Patriot Act317条を根拠に米国裁判所の裁判管轄権が日本国内に及んだり[7]、米国裁判所が日本国内に執行命令をかけてくる可能性が高まろう[8]。実際、域外のドル資金決済に対して規制管轄権を及ぼす米国が、邦銀を含む外国銀行に対してマネーロンダリングの不備を理由に、厳しい制裁金を課す事件がすでにいくつも生じている。

　たとえば、英国HSBC銀行は、2012年12月11日にマネーロンダリング対策

の不備（メキシコの麻薬組織から米国へ70億ドルの現金送金を許し、米国規制をかいくぐってイラン、北朝鮮等と多数のドル資金決済を行い、テロ資金と関係の深いサウジアラビアのAl Rajhi Bankに10億ドル近くを現金供与するなどした）により、米国司法省などに約19億ドル（約1,560億円）の罰金（米国当局が銀行に科した罰金では過去最大規模）を支払うことで合意した。

　一方、日本の三菱東京UFJ銀行も、2007年9月17日に子会社であるユニオン・バンク・オブ・カリフォルニアのマネーロンダリング対策の不備（同行口座を麻薬密売に悪用された）で、米国司法省に3,160万ドル（約36億3,000万円）の制裁金を支払ったほか、この機会に行った社内調査で発覚した米国の経済制裁対象国へのドル建て資金決済により、米国OFAC（財務省外国資産管理局）に和解金860万ドル（約7億円）を支払う合意に至った（2012年12月13日公表）。これらの事例で顕著なのは、日米の制裁金額の差である。日本では、犯罪収益を隠匿した場合の刑罰は、5年以下の懲役や300万円以下の罰金（組織犯罪処罰法10条）にとどまるのに対し、米国ではケタ違いに課される。したがって、米国等の主要取引相手国の法制を念頭に置いた「国際コンプライアンス」が今後ますます重要になる。問題がむずかしくなってからでは手がつけられないので、今できる問題から着実にクリアしていくことが肝要である。

7　317条は「JURISDICTION OVER FOREIGN PERSONS- For purposes of adjudicating an action filed or enforcing a penalty ordered under this section, the district courts shall have jurisdiction over any foreign person, including any financial institution authorized under the laws of a foreign country, against whom the action is brought.」と定めている。たとえば、賄賂防止法制では、国際条約が存在するにも拘らず、米国賄賂防止法（FCPA）が積極的に域外適用され、ナイジェリア・ボニー島事件では米国との関連性が薄いにも関わらず日揮と丸紅に多額の課徴金が課された。現在のPatriot Actでも仮にFCPA並みの取締り強化がなされれば大変な問題になるが、HSBC事件は、それを暗示するものかも知れない。

8　マネーロンダリングとは若干異なる事案だが、イラン政府を被告として損害賠償を命じた米国内の民事訴訟に絡んで、2012年5月2日に米国NY州裁判所が三菱東京UFJ銀行に対し、在米支店だけでなく東京本店も含むイラン関連資産約26億ドルの凍結命令を発した。同行は、日本のイラン貿易決済の7-8割を占めることから大パニックとなった。その後、同行が連邦裁判所へ異議申立てを行って命令が取り消されたため事なきを得たが、同様の「域外執行命令」は最近世界各国で散見されており、いったん公法的要請が絡むマネーロンダリング事案で生じれば民事訴訟よりも一層解決が困難になろう。

第VI章

治安＝暴力団対策、防災と危機管理

第Ⅵ章 治安＝暴力団対策、防災対策と危機管理

ヤクザ"必要悪論"との法的戦いの重要性

首都大学東京法科大学院教授　前田　雅英

1 「暴力団排除条例」の廃止を求め、「暴対法改正」に反対する表現者の共同声明

　「暴排条例は、権力者が国民のあいだに線引きを行い、特定の人びとを社会から排除しようとするものである。」。「暴対法は、ヤクザにしかなれない人間たちが社会にいることをまったく知ろうとしない警察庁のキャリア官僚たちにより作られたものである。」。「暴対法は国民すべてを規制する法律として運用されることになろう。これは、「治安維持法」の再来を含めた自由抑圧国家の成立を想起させる。」。

　これは、2012年のはじめに公表された、評論家の田原総一朗氏たちの"「暴力団排除条例」の廃止を求め、「暴対法改正」に反対する表現者の共同声明"の骨子である。
　「"治安維持法"の再来」とか何とかと言ってくれているうちは、「そんなことはあり得ない。何をばかなことを…」でいいのでしょう。そして、「ヤクザにしかなれない人間がいる…」というのも、否定できないのかも知れないのである。たしかに、世の中、そんな立派な人間だけでできていないともいえますよね。ただ、だからヤクザを肯定していいのかというと、そこに話のすりかえと言いますか、論理の飛躍があるのだと思います。たしかに、警察の側でも、企業の側でも「自分たちは絶対的な正義である。非の打ちどこ

ろはない」、あまり言い過ぎてもいけない。

　もちろん、スローガンとして暴排条例をつくったり、法律をつくったりしていくときには、ある意味で○×をはっきり付つけて、言っていかなければいけない。ただ、彼らが言っている「ヤクザにしかなれない人間たちが社会にいることを全く知ろうとしない」というのは、もちろん、そんなことはないわけで、そこを踏まえた上での暴排の考え方であるが、そこを最低限、認識しておく必要はあると思われる。彼らは、「心から暴力団みたいなものが抹殺されて、もうきれいきれいな世界なら、それは呼吸できないよ」、「水清ければ魚棲まず……」、「若いときに無菌のところにい過ぎるから、アトピーができるんだ。ある程度ばい菌の中でさらされているから、アトピーにならなくて生きていけるんだ」という言い方も、一面の真理を指摘してはいるのであるが、「だから暴力団的な風土・文化優れた青少年に鍛え上げるのに必要である」ということにはならないのである。

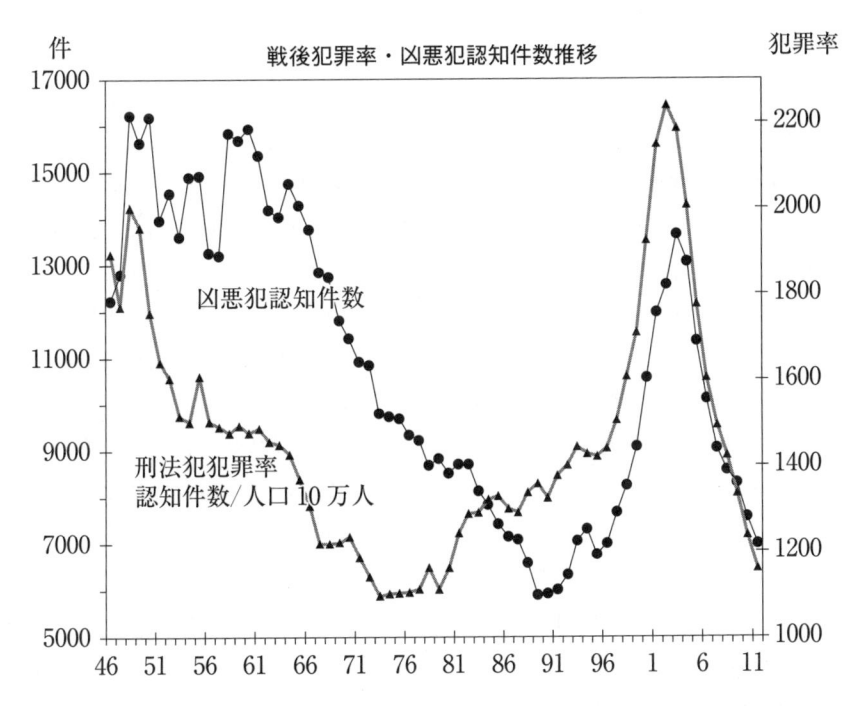

戦後犯罪率・凶悪犯認知件数推移

凶悪犯認知件数

刑法犯犯罪率
認知件数／人口10万人

ヤクザ"必要悪論"との法的戦いの重要性　439

2　日本の治安は回復した

　戦後全体で見ると、前頁図表のように犯罪発生状況には大きな波があった。ご承知のように、第二次世界大戦後の治安状況はかなり厳しかった。丸い玉は、凶悪犯（強盗、強姦、殺人、放火）である。どこの国でも、凶悪犯というのは、大体同じような犯罪類型を対象にしている。最近の日本では、重要犯罪とか別の基準で、もうちょっと別のものを加えることがあるが、外国と比較する上でも凶悪犯というのはわかりやすい。

　太い線に△の点は、刑法犯全部を人口10万人で割ったものである。犯罪率と呼ばれるものである。これが第二次世界大戦後、減り続けた。戦後前半の30年間の日本社会は、犯罪を減らした歴史であることは間違いないといえよう。

　1975年、ちょうど終戦から30年たったところで風向きが変わってきて、刑法犯全体としては増加傾向を示すが、、凶悪犯はまだ減り続けている。ですから、刑務所はお客さんがどんどん少なくなって、ガラガラになってくる。

　それが、平成に入って様相が一変する。窃盗とか一般の犯罪だけが増えただけではなくて、凶悪犯も増えている。その頃、警察庁や法務省は「犯罪白書」の中で、「犯罪は増えているから何とかしなきゃいけない」ということを盛んにおっしゃるし、そのとおりだと思いますが、それに対して一部の学者とか弁護士会は、「これはインチキだ。警察の原票の切り方、統計のもとになる数字のつくり方を知っているのか？　何で"○○週間"だと事件が増えるんだ？　操作しているんだよ」ということを平気で言う。結構高名な学者でも、そういうことを言う人がいたのである。

　しかし、われわれから見ると、それは違うと思われる。強盗、強姦、殺人、放火も増えたのだから。「警察官がこれらの事件数を勝手に増やせますか？」ということなのでである。全件送致されて検事がチェックする。検事がチェックした後でも起訴率は高いから、裁判官の吟味も加わる。警察官・検察官・裁判官が意思を通じて不正をすれば、操作は可能だが、そんなことはあり得ない。

もっとはっきりした証拠は、この時期に刑務所が溢れたという事実である。でっち上げた数字だけなら、何で刑務所が溢れなければいけないのか。この後、刑務所は一部民営化の流れになっていく。

　そして、2012年頃から、政府を中心に必死の犯罪対策をして、その成果が明確に表れた。ものすごい減り方である。マスコミの一部は、「まだ治安は悪い」、マスコミの報道で出てくる事件には重大な事案が多いが、全体の数値としては、明らかに変わってきている。何よりわかりやすいのは、刑務所がガラガラになってしまったという事実である。そしてその前に、裁判所の事件数が減っている。その前に、検察官が少し楽になっている。もっと、最初に留置場がガラガラになっている。

　そして、犯罪をこのように、なぜ減らすことができた理由は、全国一斉に治安対策をやって、日本の刑事司法の勝利だというのは間違いないのであるが、注目すべきポイントは、認知件数が3分の2になったと言ったけれど、警察官1人あたりの事件負担率は3分の2よりもっと減っている。これが治安が良くなった理由を解明する1つのポイントである。事件が減ったよりも負担率が減ったということは、警察官が増えたということなのである。この間の治安対策として、3年間で1万人ずつ警察官を増やしたのである。でも、これは政策としては非常に正しかった。これをやったのは小泉内閣である。規制緩和、規制緩和と言っていて、実は治安に関しては規制強化を徹底したということであった。

　検挙率が下がり、いま治安が良くなった中で非常に気になるのは、暴力団犯罪は減っていないという事実である。本日の話の中核部分である。

　もう1つ、非常に気味が悪いのは、検挙の件数と検挙人員の比率に変化が生じてきている点である。1人捕まえると何件解決できるかという点に変化が見られるのである。突き上げ捜査（捕まえた人間を調べて遡って犯人を捜していくこと）が、うまくいかなくなってきていると思われる。同じ人が、窃盗なら何件か芋づる式に捕まることがある。戦後ずっと、その率が上がって、1人捕まえると2.5件までになった。それが、近時、すとんと落ちて、いま1.5件となってしまった。

　「警察の捜査能力の低下」とか、種々の指摘もあるが、ちょっと気になる

のは、弁護活動で被疑者弁護が活発になった事実である。弁護士の先生方の前でちょっと申し上げにくいが、「なるべく同意なんかしない方が良い。明々白々証拠が挙がっている事件について認めるのはいいけれど、余罪についてしゃべる必要はないよ」などとアドバイスする。現に、接見すると態度が変わるというのは、はっきりしている。それで、今度は捜査を可視化する云々というのは、その意味では非常に厳しい。

ただ、そのような流れを踏まえて、どうやって客観的な証拠で犯罪を解決していくかを考えなければいけない。暴力団犯罪のような非常に重大な、数の多いものについて、どう抑止していくかという課題は、より一層重要性を増してきている。

3　社会の変化と犯罪発生状況〜反社会的勢力との戦い

最近、留置場がガラガラになった原因は、1つには、外国人の不法残留者半減計画の成功にあると考えられる。2002年をピークに犯罪が増えて、内閣は、「何とかしなければいけない。」という中で、法務省は「不法残留者を半分にします」とぶち上げた。他の省庁からは、「本当にできるのか」という冷ややかな目が向けられたのだが、実現したのである。ごく最近は、逆に「外国人に来てもらうことはいいことだから、なるべく規制を楽にして、ビザも楽にして、観光のために大勢来てもらいましょう」と。それもある部分は正しいけれど、あまりやり過ぎると、不法に単純労働の目的で入ってくる人が出てくるという問題が生じる。

ある時期、留置場の中で非常に目立ったのは外国人であった。ところが、いまは本当に外国人留置人が減っている。やはり、不法残留者をなくしたことの影響は非常に大きいのである。同じ外国人でも、不法残留者の犯罪率は非常に高い。とくに、凶悪犯は、暴力団ほどではないが、日本人の平均の十何倍の割合で犯罪を起こす。それは、もちろんニワトリと卵ではないが、「不法残留者は、そうやって違法扱いされて、まともな働きができないから悪いことをする方向に追い込んじゃっているんだ。正面から認めて向かい入れて仕事をさせれば、こんなに悪いことはしないよ」という議論は、一部は

当たっている。ただ、それを無制限に入れていくと、恐らく問題は起こってくる。現に、不法残留者を半分にしたら、治安状況に大きく影響が出て好転したという事実ははっきりしている。

　外国人問題についても、一定の成果が上がってきている。残された最大の課題は、「反社会的勢力との戦い」である。

　暴力団は、ありとあらゆる犯罪にかかわると言えばかかわるが、その「率」が違うのである。横領とか背任とか経済犯罪でも、この頃、企業舎弟とかいろいろな問題がでてきているるが、やはり薬物犯罪、風俗犯罪、もちろん殺人あるが、粗暴犯、すなわち傷害罪、恐喝罪も暴力団が犯しやすい犯罪である。殺人は45％、つまり約半分が家庭内で発生する。親子関係とか夫婦関係の憎しみの中で命を奪うことが多いのも事実だが、だからといって、暴力団の割合を軽視できるということはできない。

　まず、全体として見ますと、暴力団員は、一般国民（14歳以上）の平均値に比べて、刑法犯は63倍です。特別刑法犯は、薬物の影響がぽんと出ちゃうので、薬物犯罪は、刑法犯に入れてもそんなにおかしくないのだが、刑法典に載っている薬物犯罪は、麻薬とかアヘンとかの実際に問題にならないもので、覚せい剤とか大麻とかは、みんな特別法犯である。この特別刑法犯の平均値は、暴力団は184倍である。治安対策の上で、暴力団対策は、当然重視すべきことである。国を滅ぼしかねない薬物犯罪に占める暴力団のウエイトの高さは、やはり重大である。いま、一般国民に拡散しているから、女性までダイエットのために覚せい剤を使ったりして、暴力団の存在が見えにくくなっているが、覚せい剤事犯は、一般国民の1,500倍である。殺人の271倍に比し、その率の高さは決定的である。もちろん、基礎となる暴力団員、構成員、準構成員をどこまで切って、どれだけの母数として計算するかは、非常に微妙なところはある。しかし、「一般国民とはまるで違う犯罪集団だ」とはっきり言い切って間違いない。

　2002年の治安悪化から犯罪を大幅に減らしていく中で、暴力団取締り等総合対策ワーキングチームの申合せで、公共事業等について受注業者の指名基準、契約書に暴力団排除条項を規定する、警察に対する通報、民間の工事等に関係する業界、独立行政法人に対しても同様な取組みが推進されるような

指導要請をし、暴力団排除条例を制定・指定していこう方向性がはっきりしてくる。各種業とか取引等からの暴力団排除として暴力団排除条項が拡がっていく。2007年に、企業が反社会的勢力による被害を防止するための指針（資料編頁参照）を出して、金融業、証券業、建設業がそれを推進し、プロスポーツ界における暴力団排除も次第に太い流れになっていく。そして、地域住民等による暴力団排除活動として、暴追センター、暴力団事務所の撤去運動も、間違いなく着実に前に進んでいったといえよう。

4　犯罪発生状況と法意識

　こういう力の根底にあるものは何かというと、最後は国民の意識の変化だといえよう。
　条例とか法をつくって変えていく。宣言をしてマスコミに流す。それもみんな手段であって、最後はやはり国民がどう考えるかである。昔の東映のヤクザ映画は、今は消えてしまった。やはり、「それはもう要らないよ」と国民の意識が変わってきたのだと思う。「それを変えさせるために、いろいろ努力したんだ」、それはそのとおりだが、法律や条例をつくっただけではだめで、「そうだ。こんなの要らないんだ」という認識を共有することが重要である。
　法を変えるような形で国民の意識が変わった動きが、近時のイギリスで見られた。イギリスでは、70年代からものすごい勢いで治安が悪化した。いま何となく「イギリスは民主主義のお手本」とか、「二大政党制はイギリスに学べ」とか、政治の先生はいろいろ適当なことを言うが、イギリスの治安状況は、日本に比べれば非常に劣悪であった。それも急速に悪化した。原因の中心は、外国人犯罪。その中で、刑法理論が完全に変わってしまったのである。
　たとえば、不能犯を処罰するようになる。イギリスも「不能犯を処罰しない」と言っていたけれど、「未遂法」は不能犯は処罰するようにしたのである。呪い殺すために人形に釘を打っている。殺そうとする意志がはっきりしている。だったら、殺人未遂だということになったのである。

共犯も同じであった。唆しただけで共犯なのか、つまり教唆なのか。大部分の人は「いや、それは間違っているよ。唆された正犯が実行に着手して、つまり殺しかけて初めて、唆した人間も殺人の未遂で処罰できるのだ」と考えるであろう。これを従属性説と呼ぶ。イギリスもずっと従属性説の国であった。しかし、法律が変わって独立性説にしたのである。
　アメリカも、レーガン大統領狙撃事件で、3分の1くらいの州で責任能力規定をなくした。レーガン大統領を殺そうとした犯人は、行動制御能力がなかったということで、無罪になった。「われわれの代表である大統領を殺そうとして……」、もちろん、遡って処罰というのではないのだが、3分の1の州で責任能力規定をなくしたのである。
　日本でも、基本的には同じといってよい。内閣府のやっている日本で一番権威のある世論調査で、「治安が悪い方向に向かっている」と国民が思う割合の変化は、治安状況にきれいに比例する。もっと大事なのは、日本の全裁判所が言い渡した第一審の刑の平均値のグラフである。平均値の線は、2002年ではなく、2004年にピークを迎えて落ちていって、またどんどん落ちていっている。やはり、治安状況が国民・裁判官にもろに反映するのである。殺人と強殺で死刑を言い渡された人員を認知件数で割ったグラフ見ても、同様のことがいえるのである。

5　反社会勢力との法的戦いの最前線

　情のない正義は冷たいけれど、正義を欠く情は悪である。
　最後の最後の押さえとして、冷たい情だけでは国民の意識は絶対についてこない。でも、どうしても譲れないのは、「正義を欠く情は悪だ」ということなのである。
　防犯ボランティア団体の増加も、治安回復にとって大きな力になったし、暴排もこういう大きな流れの1つに位置づけられるが、今後この展望は、そう簡単にはいかない、非常に厳しいと思われる。つくり上げていく勢いのときと、これを維持していくコストというかエネルギーは、維持するほうがかかる。そこをどうしていくかというと、やはり常に新しいエネルギー源を注

入していかなければならない、モチベーションを引き出すものをつくっていかなければならないのである。

　法的な対応に目を転じると、組織犯罪処罰法は、最近、非常に効果があったと評価しうる。今後は、中国やアメリカとの組織犯罪に関しての連携も強めていかなければならない。国レベルの警察の努力が非常に重要だと思われるが、これから組織犯罪対策にとって１つの中心は、経済的な利益、詐欺罪の取締りである。経済的利益には彼らは非常に目ざといので、美味しいところは逃さず狙ってくる。

　暴排条例は、施行して何とかうまくいっているので、これを一歩も引かずに頑張ってやっていくことは先ほど言ったような意味で大事だし、暴排条例に対して、世論はついてきているといってよいであろう。

　最後にまとめとして、"暴力団擁護「勢力」の実質"に触れたい。
　最初に読み上げた「暴対法をつくっているキャリアの連中は、ヤクザにしかなれない人間が社会にいることを全く知らないとか、知ろうとしない人たちなんだ。社会というのは、そんなきれい・きれいな社会じゃない」という問題についてである。
　ご承知のように、暴力団問題は差別の問題と深く結びついている。しかし、「ヤクザにしかなれない人間たちが社会にいることを認める」ということを単純に結びつけていいとは思わない。ヤクザになる人たちというか、そこに追い詰められていく人たちに、それなりの理由があるというのは、そのとおりだが、それがヤクザを正当化することにはならないし、それをなくす方向で最大限努力しなければいけないのである。
　現に、ヤクザ組織があれだけの倍率で犯罪を起こし、人に迷惑をかけて、被害を生じせしめている。その被害を受けた人は「ヤクザなんだから、自分は殺されたって、強姦されたってしようがなかったんだ。狂犬にかまれたみたいなものなんだ。ヤクザというのは社会に必要なのだ」とは思わない。こんなことを国民が納得するわけがない。
　その意味でやはり、安全で安心できる社会を作っていくには、「反社会勢力をいかに少なくしていくか」が最大の課題である。

大事なのは「いかに少なくしていくか」という方向性の議論であって、どこまでの色の濃さ・グレーのものまで規制するか。だから、規制の仕方にも、またグラデュエーションがあることは認識しなければならない。
　ただ、そういう抽象論よりも、実際上ヤクザの世界とか、反社会勢力との対決で一番大事なのは、現実の具体的事件の中で、問題の局面でどれだけ毅然たる態度ができるか、ということが決定的なポイントだと思うのである。

第VI章 治安＝暴力団対策、防災対策と危機管理

東日本大震災の被災地における暴力団排除

立命館大学経済学部教授　久保　壽彦

1　福島県における暴力団排除（以下「暴排」という）

　筆者は、所属する立命館大学の研究チームの一員として、平成24年8月に被災地の1つである岩手県気仙地区（陸前高田市、気仙沼市、大船渡市）を初めて訪れた。当地区は、東日本大震災に伴う津波によって甚大な被害を被った地区でもある。今後の復興に向け都市計画が策定され、土地区画整理によって被災者住宅の高台移転等が計画され、訪問当時は瓦礫の2次処理の真只中にあった。関西の暴力団組員が東北で仕事をしているとのうわさを耳にはしていたが、このような瓦礫処理作業に従事しているかどうかははっきりしなかった。

　一方で、暴力団排除には弁護士の協力が不可欠である点は、周知されるところではあるが、陸前高田市などは震災前から弁護士過疎地域であり、平成24年4月に初めて日本弁護士連合会のひまわり基金によって弁護士事務所が開設されたという状況にある。現在は、新進気鋭の弁護士1名が被災者及び被災企業の法律問題の解決に奔走されているが、万一、暴力団排除などの事件が起こった場合には、とても対応する余裕などはないのではないかと今なお懸念している。

　平成24年9月には、東京電力福島第一原子力発電所事故（以下「原発事故」という）の被害状況を調査等するために福島県の被災地を訪れた。具体的には、除染作業の進む川内村や全村避難している飯舘村、さらに、原発事故と

津波といった二重の被災に見舞われている南相馬市を訪問し、桜井勝延市長との面談や仮設住宅におけるご婦人方との懇談を通じて、ほんのわずかではあるが、苦しみを共有した。また、同市南部の小高区は二重被災の典型地区であり、津波で建屋などすべてを失った上に、その後の原発事故で高い線量の放射能が計測される地域でもある。警戒区域へ向かう幹線道路は、原発作業関係車輌以外は通過することができず、その境界は福島県警によって、道路警備がなされている。この地点の放射線量は高い（自前の線量計で計測しても、ＪＲ福島駅前の1.5倍程度であった）ので、警察官の心労等については相当なものと想像される。

そして、ＪＲ福島駅から南相馬市へ向かう途中、約90分間に３回、福島県警の特捜車とすれ違い、また、県警のパトカーと頻繁に出会った。何故かと疑問を持ったが、上記の警備や全村避難中の自治体におけるパトロールであったことをその後知った。

本稿において福島県における暴力団排除を採り上げる理由は、上記のような二重被災に苦しむ県民に暴力団に関係する新たな苦痛を与えたくないこと、原発事故に係る復興・復旧作業に暴力団が係っているという可能性があること、今後原発復旧工事や除染作業が本格化するとさらに暴力団が係る可能性が増すこと等による。

具体的には、10月末に福島県を再度訪問し、いわき市で開催された「第23回暴力団根絶福島県県民大会」への出席、福島市役所及びいわき市役所では市暴力団排除条例（以下「市暴排条例」という）の制定について、福島県暴力追放運動推進センター（以下「福島暴追センター」という）では、県内の暴力団情勢等についてヒヤリングを行い、地元日刊紙である福島民報をベースに暴力団関係の事件を調査した。

2　福島県の現状

(1) 東日本大震災の被害状況

警察庁平成24年12月12日広報資料（以下「警察庁資料」という）によると、

人的被害として、死者数15,878人、行方不明者2,713人、うち福島県では死者1,606名、行方不明者211人と報告されている。つまり、福島県の被災状況は、原発事故に伴う放射能被害が中心と判断されがちであるが、実は地震と津波による被害も甚大であった。加えて、同県では、震災と原発事故に伴う避難生活による体調悪化や過労、自殺などで亡くなった「震災関連死」が1,184人にのぼると報道されている（平成24年12月7日福島民報より）。

(2) 市町村の区域再編

　原発事故に伴う放射能の飛散状況によって原発立地及びその近隣の市町村は、これまで全域が立入禁止の警戒区域と避難指示区域および計画的避難区域の区域指定から、年間の被爆放射線量に基づき、「帰還困難区域」、「居住制限区域」、「避難指示解除準備区域」の3つの区域指定に徐々に再編されつつある。たとえば、原発立地の大熊町（区域再編は6例目）は、全域が警戒区域であったが、平成24年12月10日に、3区域に再編された。もっとも、「帰宅困難区域」は、町の面積の約6割、人口は全体の96%の約1万560人に上り、立入りを制限するために23箇所の柵が設置されている。「居住制限区域」の人口は約370人、「避難指示解除準備区域」のそれは約20名であり、それぞれに立入る際には通行証が必要となる。

　なお、これらの区域再編に基づき、原発事故に伴う損害賠償額が算定されるため、被災者にとって、この再編はきわめて関心事の高いものとなっている。

(3) 福島県の犯罪発生状況

　警察庁資料によると、福島県警の活動部隊は、自県体制として約2,270名、さらに、他府県県警からの特別派遣約460名を加えた約2,720名体制にあり、宮城県警約850名、岩手県警約730名と比較すると約3倍強の要員で、パトロールや取締まりの強化がなされ、とくに原発被災区域では、警戒区域等の無人地域の防犯対策に積極的に取り組んでいるとのことである。

　また、福島県警により公表された「県内警察署別刑法犯総数（平成24年10月末）」によると、県内総数は、12,370件（前年比-1,192件、-8.8%）であ

り、大きく改善している。もっとも、警察庁平成23年回顧と展望「東日本大震災と警察」によると、原発周辺では空き巣が大幅に増加し、警戒区域等を管轄する警察署（田村警察署、双葉警察署、南相馬警察署）において、H24年8月末までに約2,300件の刑法犯が認知されている（大半が窃盗犯）とのことである。これは、立入りが制限されている警戒区域等内の無人居宅に、県警

【資料2】　新たな避難指示区域設定後の区域運用の整理

	区域の基本的考え方	区域の運用
避難指示解除準備区域	年間積算線量20ミリシーベルト以下となることが確実であることが確認された地域	①主要道路における通過交通、住民の一時帰宅（宿泊は禁止）、公益目的の立ち入りなどを柔軟に認める。 ②ア）製造業等の事業再開、イ）営業の再開、これらに付随する保守修繕・運送等を柔軟に認める。 ③一時的立ち入りの際には、スクリーニングや線量管理など放射線リスクに由来する防護措置を原則不要とする。
居住制限区域	年間積算線量が20ミリシーベルトを超えるおそれがあり、住民の被爆線量を低減する観点から引き続き避難の継続を求める地域	①基本的に現在の計画的避難区域と同様。 ②住民の一時帰宅（宿泊は禁止）、通過交通、公益目的の立ち入りなどを認める。
帰宅困難区域	5円間を経過してもなお、年間積算線量が20ミリシーベルトを下回らないおそれのある、現時点で年間積算線量が50ミリシーベルト超の地域	①区域境界においえ、バリケードなど物理的防護措置を実施し、住民に対して避難の徹底を求める。 ②可能な限り住民の意向に配慮した形で住民の一時的立入を実施する。その際、スクリーニングを確実に実施し個人線量管理や防護装備の着用を徹底する。

（注）これら自治体の庁舎の大半は、県内の他市町村に移転し、仮の庁舎で住民サービスを行っている。（たとえば、飯舘村（福島市）、広野町（いわき市）、富岡町（郡山市）、川内村（会津若松市）、大熊町（会津若松市）、双葉町（二本松市）、浪江町（二本松市）、葛尾町（三春町））。
出典：経済産業省「警戒区域、避難指示区域等の見直しについて」より、筆者作成。

の警備を掻い潜って財物等の窃盗目的で侵入するといった空き巣犯罪が後を絶たないことを意味し、避難住民にとってはきわめて深刻な問題となっており、その自衛手段として住民によるパトロール隊等が組成されているケースもある。たとえば、全村で福島市飯野町に全村で避難している飯舘村では、村民で「見守隊」が組成されている。これは単なるボランティア組織ではなく、村から公費で手当てが支給されているパトロール隊である。そして、県警との連携によって、空き巣犯罪を未然に防止するといった成果も報道されている。

(4) 福島県の暴力団情勢

　東北管区警察局では、平成23年の暴力団員等の検挙人数は、全国で約26,300人に対し、東北6県で569人（対前年－142人）と公表し、近年減少傾向にある（平成14年1,103人）とされる。福島県では、福島県警が公表している「平成23年福島県警察政策評価結果」によると、暴力団犯罪検挙件数及び検挙人数ともほぼ横ばいとし、具体的件数等は、以下の通りである。
・　暴力団検挙件数317件（前年比＋4件、＋1.3％）
・　暴力団検挙人員169名（前年比－3人、－1.7％）
・　福島県暴力団排除条例を活用し、共生者と暴力団との関係遮断3件
　次に、福島県内の暴力団情勢については、福島暴追センター発行の平成24年暴追センターだより『すくらむ』によると、平成24年1月1日現在の暴力団勢力は48団体、約1,100人の状況で、うち指定暴力団は約93％を占めており、山口組・稲川会・住吉会の主要3団体がそれぞれ30％前後と均衡し、その勢力も山口組は福島市などの県北地域と会津若松地域、稲川会は郡山市などの県南地域、住吉会は、いわき市や南相馬市などの相双地域を勢力基盤としている。
　さらに、先の平成23年暴力団検挙人数169人の内訳は、山口組関係者が36.7％、住吉会関係者が30.8％、稲川会関係者が23.7％、その他8.8％といった状況である。また、暴力団対策法に基づく、再発・中止命令は10件（前年13件）発出されている。
　また、暴追センターにおいて実施されている平成23年度「不当要求防止責

任者講習」において実施されたアンケート分析（アンケート回答者：1,253名）において、不当要求を受けたことがあるという回答が170名（13.5%）、うち暴力団ほか反社会的勢力から不当要求を受けたという回答は141名（82.9%）、不当要求の内容としては、機関誌の購読・広告掲載要求が61名ともっとも多く、以下クレーム示談名目の金品要求59名と続き、金銭を支払ったという回答は30名（17.6%）もあり、いわゆる反社会的勢力からの不当要求が引きも切らずの行われているという実態が明らかにされている。

(5) 福島県暴力団排除条例（以下「県条例」という）施行後の暴力団排除活動の変化

「福島県復興計画（第1次、平成23年12月）」では、『Ⅲ　主要施策、ⅱ　具体的取組と主要事業、2(4)災害に強く、未来を拓く社会づくり、⑥　防犯・治安体制の強化」』において、「暴力団等反社会的勢力の排除」を主要施策の1つに位置付け、「暴力団等反社会的勢力の排除気運を高め、関係機関や民間団体の育成を図るため、各関係機関や民間団体との連携を強化するとともに、各関係機関や団体に対して、指導・教養、情報提供などの必要な支援を行う。」旨の内容が組み入れられ、福島県の暴排に対する強い決意がそこに読み取れる。

また、これに先立ち、平成23年7月1日に県暴排条例が施行されていることから、最近の福島県民の暴排に対する意識の変化について調査するべく福島暴追センターにヒヤリングをお願いした。

以下、その際の記録の一部である。

Q1 県暴排条例施行に伴う県民の暴排に対する対応の変化について

A1 ・暴追センターは公益財団法人であり、賛助会員を募集している。県条例や全国においても全都道府県で暴排条例が施行されるということもあり、賛助会員として加入したいという照会が何件かある。
・また、県条例施行前ではあるが、全国的に県条例が施行されるとの報道が地元新聞でもなされたことから、現在暴力団に支払っているみかじめ料をこれを機会に止めるにはどうすればよいか。匿名だがそのような相談も数件あった。
・県条例施行後、不当要求防止責任者講習の受講者が増加している。平成23年の受講者数は1,284名であるが、平成22年と比較すると95名増加している。震災で、長期間会場を確保することができなかったことからすると大幅な増加ではないかと思われる。
平成24年度の受講者数は、10月16日現在837名で前年比＋82名と増加している。県条例の施行後、事業者の暴排意識の高まりを受けて、講習が開催されれば受講するといったスタンスの変化がみられるようだ。

Q2 県条例施行前後の暴追センターへの相談事例数等の変化について

A2 ・相談件数は平成22年602件、平成23年457件（－145減少）であり、平成23年と平成24年との対比では、平成23年9月末356件、平成24年9月末408件と52件増加している。
・相談件数の大半は、人物照会である。取引において暴力団ではないかとの照会である。この照会も相談の一環として扱っている。
・平成24年の増加については、平成23年12月のいわゆる23条通達に基づく照会が増えていると思われる。暴追センターと県警も受付けているので合計すると相当の数になるのではないかと思われる。

(6)　市町村における暴排条例施行状況

　福島県内の各自治体における、暴排条例の施行状況は、**次頁にある【資料1】**のとおりである（平成24年12月15日付）。

　福島県内59の自治体のうち、40の自治体で暴排条例が施行されている。もっとも、原発事故に伴う警戒区域等に指定されている自治体を除いて平成24年中には県内全自治体が制定の予定であると報道されている（平成24年10月6日付福島民友）。なお、その他未施行の自治体の中でも、「建設工事等暴力団排除措置要綱」などを定め、暴排条項を規定している自治体（会津美里町等）や、警察との連携協定を締結している自治体もある。福島市役所は、平成24年6月1日に暴排条例を施行している。同条例の施行前において、福島市と締結される各種契約書や入札申請書等にはすべて暴排条項が導入されていたが、県条例の中で市と読み替えることにやや難があるような箇所もあり、念のために市条例を施行し、暴排を徹底しているとのことであった。また、いわき市役所では、暴排と係るという観点から、市役所の法務セクションに福島県警から現役の警部の派遣を得て、暴排に取り組んでいるとのことであった。ヒヤリングを通じて、各自治体の暴排に関する並々ならぬ意欲を感じ取ることができた。

(7)　市民の暴排活動について

　平成24年10月28日にいわき市で開催された「第23回暴力団根絶福島県民大会」における暴力団根絶活動功労表彰において、暴力団進出阻止住民の会、暴力団排除推進連絡会、飲食街暴力団排除モデル地区推進連絡会、みかじめ料排除地区推進連絡会などの市民グループや個人が表彰された。その表彰理由として、暴排に向けた署名活動や決起集会の開催、また暴排ポケットティッシュの配布、暴排しめ飾りの作成、暴排パンフレットの作成と配布、各種祭礼からの暴排活動、地区内の飲食店に対する暴排ティッシュの配布、立ち寄りによるいみかじめ料拒否の呼びかけ、県条例の周知徹底の広報などの活動が評価されたようである。とくに、個人表彰において、県暴力団社会復帰対策協議会（井上勇会長）の会員が表彰されていた。暴排は、暴排活動

と社会復帰活動を車の両輪として行わなければならないということを実感した。これらは、地元警察署の強力なバックアップと連携があってなされる勇気ある活動を表彰するというものであり、より評価されてしかるべきである

【資料1】 福島県暴力団排除条例　施行状況（2012.12.15現在）

	自治体名		施行日		自治体名		施行日	移転先
	福島県		2011.07.01		相双地域			
	県北地域			30	相馬市	議会中	(2012.12.03)	
1	福島市		2012.06.01	31	南相馬市		2012.12.01	
2	二本松市		2012.10.01	32	相馬郡	新池町	なし	
3	伊達市		2012.04.01	33		飯舘村	なし	福島市
4	本宮市		2012.04.01	34	双葉郡	広野町	なし	楢葉町
5	伊達郡	桑折町	2012.01.01	35		楢葉町	なし	いわき市
6		国見町	2012.04.01	36		富岡町	なし	郡山市
7		川俣町	2012.03.25	37		川内村	なし	会津若松
8	安達郡	大玉村	2012.04.01					
				38		大熊町	なし	会津若松市
	県中地域			39		双葉町	なし	二本松
9	郡山市		2012.12.01					
10	菅賀川市		2012.10.01	40		浪江町	なし	二本松市
11	田村市		2012.04.01	41		葛尾村	なし	三春町
12	岩瀬郡	鏡石町	2012.04.01					
13		天栄村	なし		いわき地域			
14	石川郡	石川町	2012.04.01	42	いわき市		2012.07.05	
15		玉川村	2012.01.01					
16		平田村	2011.12.13		会津地域			
17		浅川町	2012.04.01	43	会津若松市		2012.07.01	
18		古殿町	2012.04.01	44	喜多方市		なし	
19	田村郡	三春町	2012.09.20	45	耶麻郡	北塩原村	2011.12.15	
20		小野町	2012.04.01	46		西会津町	2012.12.16	
				47		磐梯町	2012.01.01	
	県南地域			48		猪苗代町	2011.12.15	
21	白河市		2012.10.05	49	河沼郡	会津坂下町	2012.04.01	
22	西白河郡	西郷村	2012.04.01	50		湯川村	2012.04.01	
23		泉崎村	2012.10.01	51		柳津町	なし	
24		中島村	2012.07.01	52	大沼郡	三島町	2012.04.01	
25		矢吹町	なし	53		金山町	なし	
26	東白川郡	棚倉町	2012.01.01	54		昭和村	なし	
27		矢祭町	なし	55		会津美里町	なし	
28		塙町	2012.01.01					
29		鮫川村	2012.01.01		南会津地域			
				56	南会津郡	下郷町	2012.04.01	
				57		檜枝岐村	なし	
				58		只見町	2012.04.01	
				59		南会津町	2012.04.01	

と考える。

3 福島県における暴力団関係犯罪

　警察庁は、「平成24年上半期の暴力団情勢」(以下「平成24年情勢」という)において、東日本大震災に復興事業に絡み、暴力団犯罪は10件(前年同期比件増)と発表し、「暴力団が、被災者を対象とした貸付制度を悪用して貸付金を詐取したり、被災地の復旧・復興工事に労働者を違法に派遣するなど、震災の復旧・復興事業に介入している実態がうかがえる」とする。

　福島県における暴力団による犯罪(検挙)件数等は先に述べたが、具体的にはどのような事件が福島県内で発生しているのかについて地元新聞である「福島民報」の報道から調査を行った。また、調査期間は、平成23年4月1日～平成24年10月31日とした。

(1) 暴力団による傷害・恐喝・窃盗事件

① 平成23年の事件
・住吉会系暴力団のとび職ら6人が傷害容疑で逮捕(いわき、6月9日)。
・住吉会系暴力団組長が住宅侵入容疑で逮捕(いわき、7月20日)。
・稲川会系暴力団組員が、言いがかりをつけて30万円を恐喝で逮捕(郡山、8月26日)。
・住吉会系暴力団組員4名を拳銃不法所持容疑で逮捕。福島県警と宮城県警の合同捜査(拳銃27丁銃弾43発が相馬署管内で発見されたことによる)(12月27日)。

② 平成24年の事件
・原発仮払補償金を受けていた双葉郡の男性から100万円を脅し取った容疑で、住吉会系暴力団組員2名を逮捕(郡山・双葉、1月18日)。
・郡山の会社員への貸付に関する貸金業違反容疑(法定利息の60倍)で、稲川会系暴力団組員を逮捕(郡山、1月20日)。
・顔見知りの男性を暴力団幹部が金属バットで殴り、左肘を骨折させた傷害

容疑（会津若松、3月3日）。
・郡山うねめ祭りの提灯（1,500円相当）を盗んだ窃盗容疑で逮捕（郡山、9月5日）。
・住吉会系暴力団組員が経営する人材派遣会社の従業員男性が無断で震災復旧工事の仕事を辞めたことに因縁をつけ、自宅で825万円を脅し取ろうとした容疑で、同組員ら7人を恐喝未遂で逮捕（郡山、12月23日、以下「この恐喝事件」という）。

(2) 暴力団による詐欺事件

① 平成23年の事件
・被災世帯貸付制度を悪用し、貸付金を騙し取った（10万円）容疑で山口組系暴力団組長を逮捕。同貸付制度は、暴力団関係者は利用できないが、福島県社会福祉協議会に身分を偽って申請。他に、100件の不正利用がある模様（9月29日）。

② 平成24年の事件
・損保会社から交通事故に伴う休業補償金を騙し取った（118万円）容疑で警視庁は、郡山市の山口組系暴力団組長を逮捕（2月2日）。
・平成23年4月に、福島県社会福祉協議会の被災者向小口特別貸付制度を暴力団関係者を隠して20万円を騙し取った容疑で、相馬市の住吉会系暴力団組長を逮捕（2月21日）。
・暴力団関係企業が原発事故被災中小企業向融資制度を悪用しようとこれまで9件、12,500万円の申請を行っていたが、県産業復興センターから相談を受けた福島県警が審査段階で未然防止（9月19日）。

これらの詐欺事件等について、福島県警の幹部は「限りなくグレーだが、暴力団と確認できず、検挙できなかったケースも多い。逮捕できたのは一部にすぎない」と話すといった報道（平成24年10月28日朝日新聞）もあり、捜査の困難性が窺える。

(3) 暴力団関係者の違法派遣等事件

　東日本大震災の復興において、原発事故作業と放射能の除染作業に多額の資金が投入されているが、その資金を狙って作業請負等に暴力団が介入する可能性があるため、前者では、平成23年7月19日に警察庁の働きかけを受け、東京電力は工事元受23社と「福島第一原発暴力団等排除対策協議会（以下「東電協議会」）を設置し、その協議会を通じて下請けとの確認文章の締結の徹底や反社会的勢力企業のという）情報共有を図ることとした。また、後者では、平成24年3月13日に環境省でも除染作業から暴力団を排除するべく「環境省除染事業等暴力団排除対策協議会」（以下「環境省協議会」という）を発足させ、暴力団排除の徹底を図ろうとしているが、多重請負体質を逆手に取った暴力団の介入が引きも切らないという大きな課題に直面している。

① 平成24年の事件
・原発復旧関連工事で、平成23年7月以前に暴力団関係者の男性が就労していたことが、福島県警および福島県議会政調会で明らかにされた。東電協議会の設置以降は、暴力団関係者の不法就労は確認されていないとのこと（1月17日）。
・この恐喝事件にかかわって、平成23年5月から7月にかけて、原発原子炉建屋内外でケーブル施設工事に関して違法派遣を行っていた。元受が設定した作業員の日当は4～5万円なるも、末端には1万円程度しか支払われておらず、多重請負構造によって下請け各社が利益を差し引いている。「原発事故以前から原発作業は金のなる木で暴力団が群がる。」と捜査当局は指摘していたが、作業員の確保が難しい現状を逆手に、組員らを定期的に派遣し、資金源にしていた。（5月23日）。
・自称人材派遣業である暴力団幹部が、平成23年5月から7月の間、原発復旧工事に作業員として違法派遣を行っていた容疑で郡山署に逮捕される。また、同容疑者は平成19年から4年間にわたって原発作業員の日当を不法に詐取し、その合計額は数千万に上るとのこと。これらの資金は上部組織に納められ、暴力団の資金源になっていたとして裏付けを進める（5月24

日）。

4　今後の課題

　東日本大震災に係る復旧・復興事業からの暴力団排除等対策については、平成24年情勢では、警察では暴力団排除対策推進会議の開催等、関係各団体等への暴力団排除条項の導入要請、警察との暴力団排除連絡協議会の設置と関係機関・団体の連携などを強化することとされる（栗生俊一「暴力団対策法の改正と今後の暴力団対策」警察学論集　第65巻第11号）。是非とも実効ある施策とするよう近々の暴力団情勢を把握し、適宜これら対策を強化するべきであろう。加えて、東電協議会や環境省協議会の協議状況や対策を公表し、一層の注意喚起を行い、さらに、福島県に復興本社を設置することを機会に、東電は、原発工事からの暴排対策を強化すべきである。
　また、改正暴力団対策法が平成24年10月30日から施行され、特定抗争指定暴力団等の指定制度の創設や都道府県暴追センターによる暴力団事務所の使用差止め請求制度の創設等がなされた。とくに、指摘しておきたい点は、暴追センターの役割の強化である。暴追センターは消費者問題における都道府県消費者センターと同様に、より一層市民と警察との仲介的機能を果たすことで、より市民間の暴力団排除意識を醸成する必要がある。そのためには、公益財団法人である暴追センターの財政基盤や人材の強化を図るべきで、各企業の賛助会員としての寄付金の提供や地方公共団体からの補助金増などが大きな課題として指摘される。
　さらに、福島県内の暴力団排除活動としては福島弁護士会民事介入暴力被害者救済センターとの連携強化もより重要になってくるだろう。
　最後に、原発事故に伴う損害賠償が今後本格化するにつけ、被災者には賠償金の支払いがなされる。たとえば、4人家族、土地200m^2、建物140m^2（新築）、月収35万円のモデル家族では、帰宅困難区域で6,300万円程度、居住制限区域で4,400万円程度、避難解除準備区域では3,500万円程度といった金額の損害賠償がなされる。その賠償金を原資として、被災者は新たな生活を構築していくことになるが、一方で、その資金を狙って暴力団をはじめ反

社会的勢力（振込め詐欺等）が介入してくることも十分考えられる。それを徹底して排除するためには、地元警察・暴追センターと自治体および市民団体との情報共有や連携強化が必須であり、さらに介入手法の研究とフィードバックなどについても真剣に検討されねばならないだろう。

〈参考文献〉

- 栗生俊一「暴力団対策法の改正と今後の暴力団対策」（警察学論集・第65巻第11号 1～15頁（平成24年11月））。
- 警察庁組織犯罪対策部他「平成24年上半期の暴力団情勢」（平成24年9月）。
- 反社会的勢力対策研究センター『新版補訂暴力団の介入を防止するために』東京法令出版。
- 虎門中央法律事務所『暴慮億段排除条例で変わる市民生活』民事法研究会（平成24年10月）。
- 大井哲也他『暴力団排除条例ハンドブック』LexisNexis（平成23年12月）。
- 後藤啓二『暴力団排除条例入門』東洋経済社（平成24年5月）。
- 鈴木智彦『ヤクザと原発』文藝春秋（平成24年3月）。

第Ⅵ章 治安＝暴力団対策、防災と危機管理

東日本大震災・原発事故における危機管理

警察庁人事課長　松本　光弘

　筆者は、2011年3月11日の東日本大震災を福島県警察本部長として迎えた。当日朝にいただいていた警察庁人事課長への異動内示は当然取り消しになり、それから一年余り引き続いて福島で勤務した。

　本稿は、主として発災当初の危機管理を中心に振り返った体験談、感想録である。論文集採録に値する学問的考察はないことを、あらかじめお断りしておきたい。

1　危機管理の前提としてのインフラ

(1)　県警本部のインフラ問題

　大震災では、昭和29年（一階は昭和13年）築の県庁に同居する県警本部も長時間の激震に襲われた。耐震診断Ｄで震度6強なら倒壊すると言われていた建物が何とか持ったのは幸運であったが、そういう建物なので退避せざるを得ず、県警本部の災害警備対策本部は、耐震補強工事済みの福島警察署に置くことにした。対策本部は本来ならば東分庁舎（こちらも県警と県庁が同居）に置くこととしていたのだが、分庁舎の耐震性能はさらに低いとされ、震災直後から立ち入り禁止になってしまった（この庁舎内の誰とも連絡がつかなくなった時には倒壊を危惧した）ので、第2候補先として指定してあった福島署会議室へ本部機能を移転せざるを得なかったのだ。

県警本部（＝県庁）庁舎の耐震脆弱性は、かねてから一部県議会議員等有識者から問題視されており、筆者としても着任以来最大の課題と思い定めて県庁や県議会に働きかけてきていた。それが実って県警独立新庁舎建築への方向性が定まったのが震災前年の秋、そして震災前月の県議会では初めて知事部局から事実上の推進答弁がなされたばかりというタイミングであった。
　県警本部は、急造の対策本部に陣取って県内各地の災害警備を指揮する羽目になった。当初の大問題は通信回線の細さだった。警察は、有線・無線の通信システムを自前で保持しているのだが、有線システム（警察電話）の回線数が署では本部に比べて相当少ないため、警察電話が常に話し中でほとんど繋がらない状態となった。警察庁本庁では福島県警への電話が繋がらないので本部が全壊したと思われていた、とさえ聞く。こうした状態では、県内各署とも連絡が取れない。かろうじて生き残った警察無線（新式が入ったので撤去予定だった旧式の物が却って使えたりした）や携帯電話（これもあまり通じず）などで各地の状況につき情報収集に努めたが、現場も混乱をきわめていることもあり、なかなか被害の全体像は掴めなかった。管区局情報通信部の活躍で福島署の通信回線が大幅増強されるまでの間、こうした状態が続いていた。
　110番システム（通信司令室）も本庁舎内にあった。高度な大規模システムなので代替施設はない。当日夕方からは福島署内の回線に切り替えて対応していたが、そもそも電話が殺到して繋がらないうえ、繋がっても紙とペンのローテク対応になってしまう。県民にとっての命綱が機能しないのでは警察の責務を果たせないため、発災翌日の午後、立ち入り禁止の本庁舎へ戻り、大きな余震で倒壊の虞が拭えないなか、通常の110番業務を再開している。
　福島県警の場合、福島署が耐震化されていたのが救いで、不十分ながらも災害警備対策の司令部を設置できた。それでも110番業務の再開には、職員に大きなリスクを負わせて本庁舎で倒壊危惧のなか勤務してもらうしかなかった。そもそも本庁舎が倒壊していれば、職員の大量殉職はもとより、警察通信の中枢機器も全滅してしまい、県警察が組織的な災害警備活動に当たること自体が不可能になってしまっていた。危機管理のための施設整備は、平時においてはオオカミ少年と受け止めかねられないため、なかなか十分な

予算確保が出来にくい。往々にして、「地震なんていつくるか判らない」、「そもそも当県の地盤は固いから来ても被害は大きくならない」、「来てから考えればいいのでは」といった議論でお茶を濁されがちになる。しかし、「天災は忘れた頃にやってくる」、「今来たら県民の生命や財産を守れず、公共の秩序も崩壊する」、「まさかへの備えこそが勝負」という基本線に則った事前準備こそが、警察のような危機管理官庁においては不可欠だ。重要性は最大限でも緊急性が目に見えない（予測精度が低い）ことは後回しにされがちだが、それでは危機管理のスタートラインに立つことさえ難しくなりかねないのだ。

(2) 県警活動のインフラ問題

インフラが有事に肝要なのは、警察設備だけではない。社会一般のインフラが一斉に機能停止したことにより、警察活動も大きく制約された。民間事業者の電話や携帯電話は不通になり、道路もそこら中で通れない、水道も（福島市内では約一週間）断水。なかでもガソリン不足が堪えた。警察の足となる警察車両の運行が出来ないからだ。一部ガソリンスタンドとは非常時の特別供給契約を結んでいたのだが、一般の人が長蛇の列で並んでいるところへ警察車両（とりわけ、一見して警察とは判らない車）が割り込むわけにいかない。そもそも、スタンドにガソリンが入荷しなくなった。自衛隊から分けてもらったりもしたが、無制限とはならなかった。各地の警察署や現場部隊は、まず車の燃料確保に腐心せざるを得なかったのだ。

こうした反省に鑑み、その後、県北と県中の2ヵ所に警察自前のガソリンスタンドを建造し、将来への備えとしている。なお、水の確保のためには、機動隊敷地内に井戸を掘って備えとした。

2　警察活動の課題

(1) 地震・津波対策

地震に備えよ。しかし地震対策の第1原則は、地震の「危険箇所」が事前

には不可知なことだ、と思われた。県内で地震そのものにより大きな被害が出たのは三ヵ所（本震により、白河で山崩れと須賀川で貯水池決壊、余震により、いわきで山崩れ）であったが、いずれも被害の事前予測はなし得なかった、と考えられているからである。白河の山崩れ箇所は、崩れてみて初めて地盤構造が判明したそうだし、須賀川の山津波については、地震によるダム決壊で死者が出た世界初の例とされている。したがって、既存のハザードマップ等で安全とされている場所でも、必ずしも安心できないと考えるしかない。被害が生じてからの救出活動で一人でも多くの人を救い出す（そのための機材を準備ないし手配しておく）しかないのだろう。

　これに対して、津波の場合は高台等に逃げれば助かる。しかし、住民がすぐに逃げるかどうかには、津波に関する住民の歴史的記憶や伝承が大きく影響する。明治、昭和と繰り返し大津波に襲われてきた三陸海岸と異なり、福島県沿岸部には大津波被害の歴史的記憶が存在していなかった。同規模の地震・津波が襲った千年前には、そもそも余り人も住んでいなかった地域だし、当時の記憶も千年の時を超えては伝わらない。

　三陸海岸では、「津波てんでんこ」という伝承があるそうだ。家族や近所の人を助けに家へ戻ったりせず、各自がいる地点からそれぞれに高台を目指して避難せよ――との教えという。こうした伝承がない福島県沿岸部では、津波警報が出たので海の様子を見に行った人もいたそうだし、警察官が沿岸部へ急行して避難を呼びかけても即時に避難する人ばかりではなかったようだ。避難しようとしない人たちを強制的に避難させるわけにはいかない。殉職した警察官たちは、最後まで避難の広報や説得に努めていたと思われる。

　この点、警察や消防が自ら率先して血相を変えて逃げるべし、という意見も存在した。それを見た住民が危険の切迫を実感できるから、という。現に、岩手のある町では消防団が率先して逃げるとあらかじめ決めてあって、その通りに真っ先に逃げたので被害者数が少なかったそうだ。しかし、自力で動けない住民もいる。警察官は、そういう人たちを放置して逃げるわけにはいかない。ギリギリまで自らへの危険を顧みずに職務を遂行した結果、逃げ遅れてしまった殉職者たちの崇高な魂に対して、なぜ逃げ遅れたのかと問うことは、無礼きわまりない。

なお、歴史上の大津波の地質学的研究は、土壌に津波の痕跡を求めるそうだが、まだまだ研究の余地が残っている分野のようだ。第一原発周辺に至っては高い崖を切り崩して建造しているので、往時の大津波も崖の中腹で砕けただけで、土壌を分析しても何の痕跡も発見できないだろう。

(2) 救出・避難誘導

警察は、地震・津波に関する避難誘導や生存者救助に引き続き、原発事故後も消防、自衛隊とともに、自力で動けない被災者の避難誘導の任に当たった。困難をきわめたのが受け入れ先探しであった。特別養護老人ホームや病院から入所者・入院患者を安全な地域へ避難させなければならなかったのだが、受け入れ先が決まらないことには移動が開始できない。搬送用意が整ったのに行き先が決まらず、放射線の降り注ぐ中で延々と待機せざるを得なかったのだ。そもそも、移動に耐えられるだけの体力が残っていない高齢病弱者も多かったので、事前に有事の受け入れ先を決めていたとしても、安全な搬送は困難な場合が多かったと思われる。しかし、それでも受け入れ先が決まっていれば助けられた命もあっただろうと悔やまれる。

(3) 原 発 事 故

原発事故自体への警察対応は、震災当日の夜、電源車の誘導・搬入支援という形で始まった。東京電力は原発の全電源喪失事態に対し、冷却用電源を電源車から供給しようとしたのだ。地震により大きく損傷して方々で通れない道路の状況を具体的に把握できていたのは警察だけだったため、電源車の先導（道案内）が原発の運命を握る任務だと考えられた。多数の電源車を原発サイトまで先導することが出来たのだが、着いてみればケーブル長が足りない、ソケットが合わない、電圧が足りないなどの理由で電源車は役に立たず、東京電力が全電源喪失事態をまったく想定していなかったことが明らかになった。

かくして、第一原発の原子炉建屋は、１号機（３月12日）、３号機（14日）、４号機（15日）と順次爆発してしまい、２号機からも大きな異音（15日）がして、大気中に多量の放射線物質が放出されるに至った。

燃料プール冷却のため、17日にはまず警視庁機動隊が、次に自衛隊が放水を開始し、19日には東京消防庁も放水を開始した。ここで思い出すのは、警察庁から福島県警に対する、ある指令である。東京消防庁が車両と装備を貸すのには同意したが隊員の派遣を拒否しているので、県警は県境で消防車両を引き継ぎ、装備の操作方法を教わって原発サイトへ向え、というものだった。早速要員の選定を開始した後暫くして、さすがに取り消しになったが、警察が発災の瞬間から全国警察一体となって災害対策に当たったのに対し、自治体消防とはそういうものかと思わされたエピソードである。
　原発の爆発は、多くの困難な任務を警察にもたらした。上記の避難誘導に加え、大きな課題となったのは、原発周辺沿岸部での行方不明者捜索と原発周辺区域への立ち入り規制である。
　行方不明者捜索と発見できた御遺体の収容では、まず放射線対策が問題であった。警察職員も生身の人間であり、放射線から簡易に身を守る手段がない以上、むやみに高放射線地域へ赴かせるわけにはいかない。しかし、家族や友人が行方不明のまま避難している人たちの心情を考えると、一刻も早く現場で捜索を始める必要があった。そこで、福島県警が真っ先に行ったのは、警察職員が現場で活動するための基準作りだった。職員各人に個人線量計を持たせ、各自の被曝線量を計測・記録し、それが一定の基準値（生理的安全と心理的安心のために、相当低く設定した）を超えない範囲で活動させる（高くなったらローテーション）ことしたのだ。この基準作りにあたっては、放射線医学専門家の意見を聴取・反映させ、警察庁を通じて厚生労働省のお墨付きも得た。新たな基準を県警内部に示したのは、2011年3月26日である。県警職員や他都道府県警察からの応援部隊に対して放射線の基礎知識等を教えることも行った。こうした基準が存在しなかったこと自体が問題だという見方もあり得るが、今次大震災前の原発事故対策（原発事故対処訓練は毎年行っていた）では、サイト外への放射性物質大量放出という事態は誰も想定していなかったのだ。それでも個人線量計については、原発サイトを抱える福島県警にはすでに相当数が配備されていたのだが、全然足りなかったので全国警察から集めてもらい、2,000個以上を確保できた。併せて、原発周辺地域には空間線量計を持った部隊を派遣し、空間線量を計り（関係省庁

モニタリングチームは、避難指示後、半径20km圏内のモニタリングを被曝の虞を理由に止めてしまったので、警察が活動するためには独自で計る必要が生じた）、記録していった。発見された御遺体の放射線量を計り、結果に従って収容方法を決める基準も作った。こうして、沿岸部における行方不明者捜索の準備を整え、県警は4月14日、原発半径10km以内での大規模捜索を開始した（10km以遠は順次実施しており、10km圏内でも個別に発見した御遺体の収容は行っていた。）。

　その後、5月に入ると原発周辺沿岸部での捜索には自衛隊も加わってくれ、豊富な大型重機のパワーでがれき撤去が加速した。原発半径80km圏内からの退避を決めた米軍とは異なり、自衛隊はさすがに日本国の国家機関であった。ただ、自衛隊による捜索開始が警察より大きく遅れた（10km～20kmが5月1日、10km内が同3日）理由は良く判らなかった。推測すると、特殊部隊以外の一般部隊には放射線下での活動基準がなかった（警察も新たに作らざるを得なかった）、装備が足りなかった（警察は全国から集めた）、生存者の見込みがないと評価して隊員の安全を優先させた（警察も職員の安全に配慮したが、生存見込みがなくても行方不明者は探そうと考えた）、意志決定が東京だった（警察は福島県警が第一義的に判断した）、福島で活動した部隊が地元ではなかった（福島、郡山両駐屯地の自衛隊部隊は宮城県で活動したが、福島県警は福島県民であった）というような事情があったのだろうか。

　そろそろ紙幅が尽きてきた（震災警備全般を紹介するのは本小論の射程を超える）ので、原発周辺立入制限については簡記するに留める。第一原発20km圏内と第二原発10km圏内にはまず避難指示（3月12日）が出され、さらには第一原発20km圏内が警戒区域に指定（4月22日）された。警戒区域設定までは避難指示に基づき立入規制していたが、強制権限がなかったので現場部隊の苦労は大きかった。警戒区域設定後は、立ち入り規制が罰則で担保されるようになった。検問ポイント地点の空間線量が高めの場所もあるなか、他都府県警応援派遣部隊からなる検問班は、警戒区域内で犯罪者が跋扈することのないよう守りを固めていたが、検問ポイント以外からの区域内進入を完全に防ぐのは引き続き困難であった。避難住民の家屋・家財が残された半径20kmに及ぶ半円状無人地帯での治安維持という、日本警察として経

験のない業務は今も続いている。

3　警察活動の原点

　この震災と原発事故への対応を通じて見えてきた警察の原点や特質につき、まとめてみたい。

　基本は、住民とともにある姿である。警察職員が地域住民を残して自分たちだけ逃げることは絶対にできない。他方、地域住民の協力が見込めない地域（住民不在となった警戒区域が典型）や、社会インフラが機能しないなかでの警察活動は困難をきわめる。県民とともにある、という活動指針は正鵠を射ていると言えよう。

　この点、他組織と比べてみると警察の組織や活動の特質が浮かび上がる。発災と同時に全国から応援部隊が被災地に集結した警察と同様の全国展開力は、自衛隊も持つ。機械力や部隊自活能力は警察より上である。しかし、自衛隊には地域密着性が弱い。国家全体を外敵から守る任務のためには一地域の安全確保や住民感情は必ずしも最優先ではない、という合理的計算に依拠せざるを得ないところがあるようにも思える。地域住民と良好な関係を築いたからといって戦争に勝てるものでもない。

　他方、消防は警察同様の地域密着性を持つ。消防団であれば地域住民そのものなので、警察よりも密着性が上だ。しかし、消防には、上記東京消防庁の対応のように、自治体消防としての制約がある。そもそも、市町村消防が原則で組織単位が小さいこともあり、全国展開力は警察に比べて高いとは言い難い。かくして、全国展開力と地域密着性を併せ持った危機管理組織は、我が国においては警察しかないのが現状だと考える。

　このような警察組織で働く警察職員の活動の仕方にも、他にはない特質が見られる。そのことを震災当日に示してくれたのが、常磐線新地駅における新任（前年春任官）巡査たちによる乗客救出事案だった。大地震が襲った時、同駅で緊急停止した電車に乗り合わせていた２人の警察官が、ＪＲのマニュアル通り電車内に留まるのは危険と独自に判断し、乗客を誘導して高台に避難させ、40数名（秋篠宮妃の弟君もその一人）の命を救ったのだ。しかも、本

人たちが当然のことをしたとしか考えていなかったのは、この事案が明らかになった経緯から判る。まず、若い警察官に助けてもらったという話が地元で広まって県警本部の耳に入り、所轄の相馬署に問い合わせても該当なしという回答、再度の調査を命じてようやく本人たちが名乗り出たのだった。そもそも、大地震の時に沿岸部を走る電車に乗り合わせたらこうしろ、と警察学校で教えているわけではない。叩き込んでいるのは、警察は国民・県民のため（人々を助ける、守る、支えるため）にあるという目的意識だけだ。この意識を共有したならば、具体的な手段は現場における一人一人の判断に任せる（任せざるを得ない）のが警察活動の基本である。法令や規則の遵守は当然だが、それらが想定していない事態も往々にして起きる。知識の習得や訓練は大切であるが、あらかじめ訓練したことしかできないというのでは、警察の仕事は務まらないのだ。警察組織のあり方、職員の活動原則ともに、想定を超えた事態への危機管理・災害対処に対しての適合性が高いと言えよう。

　福島県警と全国警察から応援派遣に来た警察職員は、新地駅での新任巡査たちと同様、冷静さ、柔軟性、勇気を持って震災・原発事故に対処した。想定を遙かに超える事態に立ち向かう危機対処においては、現場の一人一人がこうした特質を共有していなければならなかったのだ。

　1　『ふくしまに生きる、ふくしまを守る〜警察官と家族の手記』2012年12月、福島民報社刊。
　2　「季刊　現代警察」134号（2012年3月、啓正社）所載の筆者インタビュー記事。
　3　「文藝春秋」平成25年2月号（2013年1月、文藝春秋社）所載の小笠原和美・前福島県警警務部長インタビュー記事。

第 VII 章

暴力団対策基本法制への考察

第Ⅶ章 暴力団対策基本法制への考察

国家・社会のあり方と暴力団・組織犯罪規制の原理

中央大学法科大学院名誉教授　渥美　東洋

目　次

1. 人々の社会性を劣化、崩壊させる暴力団、組織犯罪の活動
2. 暴力団、組織犯罪規制の目的と理論的基礎
3. 暴力団対策法と組織犯罪規制法の一層の充実の要求

1　人々の社会性を劣化、崩壊させる暴力団、組織犯罪の活動

(1)　古くから、共同体を劣化させ、人と人との交わりを害する集団はあった。その集団は、欧米では20世紀初頭から大きく変質し、我が国でも第2次大戦後の高度成長期から大きく変質してきた。

米国での1920年代の大恐慌は、庶民が懸命に蓄えた資産や職場を失わせ、家庭や地域共同体の安全の維持に大打撃を加えた。この大恐慌からの脱出を目的に、国家主導の公共事業中心の大投資計画（ニュー・ディール）が採用され、一定の所期の目的は達した。他方、この経済成長（計画）政策の下、経済利得至上の風潮は、秩序づけられた自由に基づく（適正手続）正義に反し、品位を外れた、社会の他の善や財、たとえば、家族や共同体の連帯を顧みない、利得目的の犯罪を生む結果となった。共謀（コンスピラシィ）による集団の身代金目的誘惑の発生がその一例である。世界最初の大西洋無着陸横断飛行に成功したリンドバーグの子供の身代金目的誘拐が典型例で、米国では、この象徴事例を契機として、1932年に通称リンドバーグ法「連邦

誘拐法」(18 U.S.C §1201) が制定され、現在に至っている。

　経済利得至上マインドは、この例のみならず、悪徳商法、高利貸、企業妨害をほのめかすか、行ってその防止助力名下に得る不当利得行為（みかじめ料要求）、粗暴手段にある威迫等による金品入手、競争相手の破壊（対立抗争、市場支配）、少年を含む輩下の勧誘や強制加盟、他の合法、とりわけ非合法な小集団の結集（不当合併、勢力拡大）、離合集散等々という、家庭や地域や職能共同体の安全を脅かし、劣化させる犯罪に繋がった。このマインドは、市場ルールを破り、不正に市場を支配する通常企業の活動まで誘発し、企業統治や不正競争防止法制定の契機となった。

　我が国でも、一定領域の経済、社会や文化活動の分野で、古くから、独特の正当・不当な規制手段を伴う集団が続いてきていたが、とりわけ、第2次大戦による廃墟、経済の崩壊後、ほどなくして採られた高度経済成長政策は、相当な日本社会の安定と成長に貢献したが、他方、経済成長、経済利得至上のマインドは、部分社会に一定の正当・不当な規制効を保持していた集団の体質を大きく、また根本的に変えることになった。米国での、先程挙げた、「ラケット」「ラケッティア」と呼ばれてきた犯罪行為が、日本のヤクザや「暴力団」の世界に入り込むようになった。この傾向は、今日も極貧国や途上国でも、今日強く見られており、不当に高い経済利得を目指す集団犯行を発生させ、身代金目的誘拐、人身売買、禁止薬物の製造・栽培と輸出入、テロ目的の武器の製造・輸出入、商標法違反、著作権侵害その他のさまざまの企業妨害等々の越境、国際犯罪を展開する集団を生んでいる。その集団が、一国の文化・政治・経済・社会の伝統的か人為的かは別として、社会の安定と人々の安心した交わりを大きく堀り崩す、深刻な要因となってきている。

　また、経済成長政策は、節度や一定の規律を欠くと、その負の側面結果として格差を増大させ、貧困層、失業者層を生む。この遠因が、家庭の劣化を生じ、犯行、非行の近因ともなり、社会の安定の基盤を揺がす。この負の結果の解消を目的として、福祉政策は今日では不可欠のものとなった。福祉政策を実施する給付行政を大きく損ねる不法活動が、ヤクザ、暴力団、組織（化された）犯罪によって行われてもいる。行政暴力と言われているものが

1　国家・社会のあり方と暴力団・組織犯罪規制の原理

その典型である。暴力団が生活困窮者をみずからが支配する住居に住まわせ、住民登録をさせ、生活保護費の全部または一部をピンハネするとか、困窮者を賭博に集めて、生活保護費を捲き上げるなど、福祉行政の根幹を揺がし、納税者の努力で成り立っている福祉財源を危うくさせてもいる。つまり、経済成長政策の負の結果を是正し、人と人との交わりや協力を支える安心の財政基盤さえも堀り崩している。

このように、古くから存在していた共同体の一部を規制していた集団は、その犯罪性を強め、今日では、不正な高度の経済利得を目指す体質に変化するとともに、その集団による巧妙さと、粗暴さは、ますますその度を増している。

(2) 我が国では、芸能、その他の文化活動や土木・建築の分野でその基底を支える分野で、社会を表と裏で規制する集団が伝統的に発展し、また、歓楽街での事業展開や賭博などの活動を一定の枠内にとどめ、社会の安定を大きく傷つけることなく展開できるように、それらの活動を「保護」したり、「規制」する集団が容認されてきていた。ところが、それが限度を超えた不法な経済的利得入手目的で、その活動を限度を超えて、市場原理を破り、家庭を劣化させ、ついには、国家の財政機能まで危うくする団体に変質してきた。これらの不正活動の前面には、粗暴な暴力犯罪が顕示されていたので、ヤクザは、「暴力団」と呼称されてもいる。暴力を前面に用いることで、この集団は維持され、不正な経済利得を可能にするという特徴が、日本の暴力団にはある。他の同種の暴力組織（企業）との競合を回避し、「市場」を独占する目的で、我が国の「暴力団」は、自己の暴力団名を表面に出して、他の競争集団と対立・抗争を重ね、徐々に寡占化してきた。この対立・抗争は、家庭や地域共同体での、人々の間の健全な交わりを危うくさせることになっている。

日本では、「暴力団」が自己を誇示して社会の表に顕れてきたのに対し、米国などでは社会の裏面で、あるいは硬い組織で、または軟かく離合集散したりしつつ、計画的共謀により社会の基盤を堀り崩しつつ、不法に利得を目指す「隠れ組織」として、組織された犯罪を展開している。双方とも、一方

で非合法活動を顕示しつつ、合法企業や組織に侵入したり、それと協同したり、一見合法な企業等をフロント企業として、さらに不当で相当な利得を目指す活動を展開し、市場原理や企業の責任原理に反しつつ、社会基盤を動揺させ、堀り崩している。

　ところが、最近、暴力団規制法と、全国的に採択されて暴力団排除条例が有効に執行され、暴力団構成員数も規制法違反行為も抑止・抑制され、住民の協力もそれを支えるようになってきた。その結果、何とか生き残ろうとして、北九州や福岡県に見られるように、暴力団排除に協力する住民や店舗に対し、銃器を用いる破壊威迫作戦に暴力団が出てきている。その破壊的活動は相当に凄じく、まさに法に定められている破壊活動に相当する程度にまで達している。暴力団が住民の暴排への協力を力で押え込もうとするものだとみることができる。

　他方で、暴対法の効果とともに、欧米で「ギャング」と呼ばれる体質を持つ、暴走族や地廻り不良（ジゴロ）の経歴を持つ者とＩＴ技術を利用したり、リアルとバーチャル双方のネットワークを時に応じて作り出して、各種の個人情報を入手しつつ、臨機に集団・組織を構成して、ベンチャー企業（起業家）のごとく、たとえば「振り込め詐欺」や不正に他人の預金を送金させる活動を社会の裏面で展開する欧米に見られるような組織犯罪が目立ってきた。

2　暴力団、組織犯罪規制の目的と理論的基礎

　(1)　この法の最大の目的は、最終的にできるだけ速やかに、暴力団や組織犯罪を解体するところにある。その究極目的を実現する手段としての目的は、計画的・体系的に編成されている。

　①　中間責任者が表面に出て、末端行為者が第一線で犯行に出たり、住民共同体を支配し、劣化させることを手段に用いる組織犯罪の犯行は、末端だけを処罰し、規制しても事態は変わらない。そこで、民・刑・行政の手段をフル稼動させ、相互に連携させつつ、事に対処してなくてはならない。大陸

法には、付帯私訴、英米には懲罰的損害賠償がある。一方は、刑事手続の利用、他方は民事手続の利用に特徴がある。日本は、民・刑・行政の「純化」のスローガンの下で、これらの手続の統合、相互活用を第2次大戦後放棄してしまった。そこで、まず、団体の活動責任(アカウンタビリティ)の基本原則である「上位者(使用者)責任」の活用が要求される。だが、上位者責任を問うことは重要な「社会問題」の解決の第一歩ではあるが、違法・不法活動自体の根絶の方途にはなりえない。そこで、不法収益の剥奪を刑罰とし、損害賠償として要件にしなければならない。不法収益を組織・団体に残すと、受刑した中間構成員や末端構成員は、金銭罰を団体に肩代りしてもらい、収監中は、自身と家族の生活を保障を団体に頼ることができ、団体は解体されない。

② また、その不法収益を次の不法な犯罪等の活動に用いて、さらには合法企業に浸透したり、一見合法な多収益を見込める企業を起こしたり、投資してさらに不法収益を蓄積し、一層、社会の基礎基盤を蝕み、破壊する。

③ そこで、不法収益を従来の刑事の没収刑として科する、つまり、犯罪の手段と犯罪による収益の剥奪にとどめずに、被害を生じた損害の補償として塡補賠償、しかも懲罰的（心理的、社会性を害した損害に相当する）損害賠償として剥奪し、さらには、不法な収益取得活動を監視し、捜査し、取り締る活動費用（トランズアクション・コスト）分を、資産没収の形式で行政的に徴収する。

④ そして、組織・団体の不法な収益取得活動が、刑事、民事、行政の手続で明らかに立証されたときには、その立証事実から、組織・団体の有する資産は、それらの違法活動の収益と推定することにする。組織・団体が、その資産が違法・不法活動によるものでないことを自分に身近な証拠として容易に立証できるはずだから、その立証できないときには、その資産を違法活動に由来するものと認定して、その資産とその権利を剥奪して、団体に帰属させる。

⑤ そのうえで、没収、権利剥奪した資産から、被害者に「原状回復」と社会復帰に必要な支援サービスを提供する。また、犯罪解明、不法行為の解明の費用に充当し、その活動のファンドを設立する。

⑥ 次に、団体・組織を解体し、その団体に身を置けなくなった者が、再犯に出ることを防止、予防するのに有効なサービス計画を樹立しなくてはならない。

⑦ 被害者支援サービス等の目的を実現するのに必要な基金(ファンド)創設を目的に、団体・組織から不法収益やそれに由来する資産の没収や権利剥奪を実現するには、これらの不法収益の洗浄・隠匿を可能にする「移転」、つまり資産洗浄(マネーロンダリング)を阻止しなくてはならない。つまり、資産洗浄を犯罪化することが要件となる。

⑧ また、これらの団体・組織の解体、不法収益の取得、移転を容易にさせないために、住民もこれらの団体・組織に積極・消極のいずれかを問わず「協力」しながら「当事者意識」＝責任感を持たなくてはならない。暴排活動への協力活動が暴力団によって威迫された時は、それを強力に守る警察・行政活動も肝要となる。

(2) これらの規制の理論的根拠

それには、いくつかのものを挙げることできる。

① 安全な生活空間、共同体の維持は、人々が社会で交流し、連帯し合うために不可欠な条件である。この共同体を劣化させ、そこから収益を得る活動は、共同体住民すべての基本的な生活基盤を破壊することを目的とし、実際それを破壊するものであるから、本質的に不正義である。

② 共同体や市場を維持する基本的ルールを根本から破って収益を上げる行為は、本来、他の人々がルールを守っているコストのうえに行われるもの

であり、「只乗り(フリー・ライド)」活動であり、これも正義に反する。「秩序ある」自由な市場が自由市場の原理であるからである。

③　他人を犠牲にした収益には、上位者が不法行為による損害賠償責任を負うのは当然の要請であり、完全に団体・組織として、「社会的な責任(アカウンタビリティ)」を果たさないものに、社会から「退出」することを強制しなければ、これらの団体・組織によって社会が正当根拠なく支配される結果になる。社会を劣化させる不正な活動の結果を「タレ流」す行為は、社会の存続を危うくし、それを否定することになる。

④　これらの不正により入手した収益・利得には、まったく根拠がなく、その団体・組織が社会から「退場」を命じられた後は、その収益・資産は、本来の共同体や社会に帰属することになる。

⑤　その結果、社会に帰属した資産を管理するために国家政府があり、その帰属財産は、第1に、填補賠償として被害者に配分しなくてはならない、この配分は、「不正を正す」「矯正の正義」に由来する。さらに、被害者に完全に社会に復帰するための経済的支援をし、劣化した共同体を回復させることは、回復の正義と配分の正義の要求するところである。

⑥　不正収益の隠匿、移転を阻止し、それを完全に封じ込める「推定」の原則の活用は、以上に示した正義の要求を実現するのに不可欠の方途である。しかも、この「推定」は、挙証責任の転換ではないので、無罪推定の原則にも違反しない。

⑦　不正に加担せず、共同体や社会の安全の確保に協力することは、それが可能な限り行うのが、「社会成員」の問題を解決し、社会性を維持するうえでの「当事者責任」であり、すべてを国家に委ねると、住民は国家による必要以上の制約を受ける結果となる。この種の暴力団と組織犯罪を解体し、共同体や社会の劣化を防止する責任は、住民、共同体、社会、国家のすべて

が分担し、連携して負うものある。このことにより、暴力団と組織犯罪を規制する政策と計画は、接続可能なものとなる。

3　暴力団対策法と組織犯罪規制法の一層の充実の要求

(1)　暴対法が効果を示し、市街地で店舗を開く住民やその他の住民が「暴排推進」のステッカーを貼るなどして、暴力団の解体・根絶を求め、その活動に協力を示すとき、ドアを破壊したり、暴力団対策を目的とする民間人による協力本部や、暴排に協力する企業に対し、拳銃を発砲したり、手榴弾を投げ込んだり、火炎瓶を投擲し、さらに、重武器に当たる対戦車、航空機の発射弾や装置を用意するなど、今までの暴力団の行動の限度を超えた暴力や法の定める破壊活動に当たるほどの活動が頻度高く重ねられている。追い詰められた末の断末魔の活動のようにもみられる。警察や都道府県、それに、市区町村の基定自治体による十分な危険防止の努力が求められてきた。

この異常事態に対応して、暴力団同士の対立抗争による「縄張り」争いの防止のため「特定抗争指定暴力団」、今挙げた住民に対する限度を超えた銃撃などの活動に対して、「特定危険指定暴力団」を一定期間、一定警戒区域を定めて指定する制度を導入する改正暴対法が施行されることになった（資料編596頁参照）。暴力団の新事務所の設置、警戒区域での住民への威迫には中止命令を要求せずに、直罰することが定められた。また、被害者に代って、「暴力団追放運動推進センター」にセンターの名で暴力団の事務所使用禁止等の訴訟適格を認め、被害者への報復・威迫の危険を回避する措置を導入した。解体命令・権利剥奪・没収措置と仕組みの一層の充実と強化が求められる。

(2)　裏社会での、ネットワーク型の社会の表にいる者や企業等と、裏にいるギャングや暴力団や組織犯罪者たちとの（共謀 コンスピラシィ）による、国際的に連携もする組織犯罪への対応は、現在の組織犯罪規制法では、およそ不十分である。国、または多国間の捜査・摘発・権利剥奪、没収に関する国際共助協定（MLAT）を締結するなり、さらには、組織犯罪規制法の前提犯罪を実際に

合法的に拡大し、社会の裏面に隠れたギャングや組織犯罪の活動を摘発できる通信傍受の範囲を広げ、中央政府の各部局と都道府県、市区町村と地域共同体の連携を可能にする体制を確立する努力と計画樹立を欠くわけにはいかない。目的とそれを実現する具体的方策と政策に基づいた、抜本的な改正が強く求められる。これほど、組織犯罪・暴力団の規制は、今日の重要な課題の1つなのである。

　最後に、被害者が生涯にわたって、通常の社会生活を営めることができる状態にまで回復できるように、支援と経済的補償を充実させることが、第1の目標にされなくてはならない。そのためには、刑事・民事・行政の制度を総合的に活用する、不正に組織犯罪がもたらした「不正収益」を没収し、権利剥奪する制度を充実する方向に目を十分に見開いて進むことがもっとも重要であることを示しておく。

第Ⅶ章 暴力団対策基本法制への考察

結社の自由と暴力団規制

中央大学法学部教授　橋本　基弘

はじめに

　暴力団をめぐる憲法上の論点は多い（拙稿「暴力団と人権」警察政策13巻（2011年）1頁等参照願いたい。）。暴力団員であることを理由に法的な取扱いを変えることは法の下の平等に反しないか、暴力団員であることを知りながら取引を行うことを規制することは営業の自由を侵害しないか、あるいは暴力団の情報を公にすることは団体や構成員のプライバシー権を侵害しないか等、それぞれが綿密な検討を必要とする論点となり得る。そして、実際に裁判で争われた例もある（福岡地判平成7年3月28日判例タイムズ894号92頁）。
　この小論では、暴力団規制の現状を踏まえて、暴力団の結成を禁止することは結社の自由（憲法21条1項）を侵害しないかを論じることにする。

1　暴力団対策と法規制

(1)　暴対法制定

　1992年暴対法（「暴力団員による不当な行為の防止等に関する法律」）の施行までは、暴力団対策はピンポイント型対応によるほかなかった。暴対法の制定は暴力団対策のスキームを根本から変える出来事であった。同法は、日本法制史上初めて暴力団を定義づけたことである。この定義に照らし合わせて

現存する暴力団を指定し、包括的に網掛けをするという規制方法は同法の施行により可能となったのである。1999年には組織犯罪処罰法（「組織的な犯罪の処罰及び犯罪収益の規制等に関する法律」）が制定された。これは暴対法とは視角を異にするものの、犯罪の遂行主体を個人から組織にシフトさせるものとして重要な意味をもっている。これら法律により、我が国の刑罰法規は、団体を単位として扱うことに途を開いたのである。

(2) 暴対法の意義

① 暴力団の定義

暴対法によると暴力団とは「その団体の構成員（その団体の構成団体の構成員を含む。）が集団的に又は常習的に暴力的不法行為等を行うことを助長するおそれのある団体をいう」と定義されている（第2条2号）。この定義の特徴は、暴力団の属性よりも、団体の構成員に着目して定義を置いたことである。暴力団とは何かを法的に定義づけることは容易ではない。暴対法制定にかかわった成田頼明教授は次のように述べている。

「日本の暴力団は、マフィアや、その他の国で問題となっているような犯罪それ自体を目的とする集団ではな」く、「そういう目的は形式上全くなく、任侠道をひろめるなどと謳ってい」て、「表面上・形式上は犯罪を目的とする集団というものではなくて、日本的な擬似的血縁関係、首領の命令を絶対とする掟などで結ばれて」いる（「座談会・暴力団対策法をめぐって」ジュリスト985号18頁）。

② 暴対法の姿勢

暴対法は、通常の市民ならば処罰されない行為でも、暴力団（員）が行った場合には処罰する規定や暴力団（員）による犯罪に対して罪を加重する規定を置いている（第9条各号）。また、指定暴力団が行う暴力的要求行為や対立抗争時の事務所利用に対する措置として当該要求行為に対して中止命令を出すことができ、この命令に違反した者を処罰するという規定も目を引く（第11条）。いわば刑罰的対応と行政的対応が1つの法律に併存している形をとるところに本法の特徴を見いだすことができる。

暴対法は、指定暴力団への加入を強制したり、脱退を妨害することも規制

している（第16条以下）。

これ以外にも平成20年に追加された損害賠償規定が注目される。暴力団がピラミッド構造からなり、階層性の元で存続していることを見据えた規定であると言える。また、民間活動への支援、行政目的から行われる立ち入り検査規定も存在する（第32条以下）。2012年には、さらに強力な規制手段を内容とする改正も行われている（後述）。

(3) 暴力団排除条例の制定

暴対法制定と規制の強化に歩調を合わせて、地方公共団体も暴力団への独自の対策を進めてきた。2009年には福岡県暴力団排除条例（資料編658頁参照）が全国の都道府県に先駆けて制定された。現在（2012年12月現在）すべての都道府県が同種の条例を制定するに至っている（関連論稿186頁参照）。

福岡県条例を例にとってその内容を見ると、暴力団を公共事業の入札から排除すること（第6条）、排除活動により暴力団から危害を受けるおそれのある住民を警察が保護すること（第7条）、暴力団排除のため民事訴訟を起こす住民に対して資金を貸し付けること（第9条）、学校周辺に暴力団事務所を開設したり運営したりすることを禁止すること（第13条）、暴力団排除特別強化地域を設定し、この地域内で標章を掲出した場所に暴力団員が立ち入ることを禁止すること（第14条）、暴力団への利益供与を禁止すること（第15条、第18条）、暴力団との契約を規制すること（第17条）などが盛り込まれている。また、とくに、暴力団への不動産譲渡の規制が興味深い（19条以下）。この条例では、「努めなければならない」との努力義務が置かれているところ、一歩進めて法律行為の効力を否定すること（契約の取り消し、無効）まで認められるかどうかも検討の余地はある（前掲拙稿20頁参照）。

このように福岡県条例は改正暴対法を一歩進めて、暴力団と関わること自体を規制対象としている。これは一種の連座制的な発想（guilt by association）に基づくものであり、ある意味で暴対法より強力な規制を課すものとして注目される。

では、このような暴力団対策法制を越え、暴力団そのものを違法化することは憲法上許されるのであろうか。

2　結社の自由と暴力団

(1)　結社の自由と人権

①　結社の自由の内容

　暴対法16条は暴力団への加入を強制することおよび脱退を妨害することを禁止している。ならば、一歩進んで暴力団へ加入することを禁止すること、あるいは暴力団を結成する行為自身を禁止し、解散を命ずることは憲法上可能なのだろうか。

　憲法21条が保障する結社の自由とは「第一に、人は団体の結成・不結成、団体への加入・不加入、団体の成員の継続・脱退につき公権力による干渉を受けず、第二に、団体が団体としての意思を形成し、その意思実現のための諸活動につき公権力による介入を受けないことをいう」(佐藤幸治『憲法[第3版]』550頁)。したがって、結社の自由の規範内容としては個人が結社とかかわる行為の自由と結社が独自に活動する自由が含まれるとするのが一般的な見方である。

②　公共の福祉と暴力団規制

　成田頼明教授が述べるように、暴力団は犯罪を目的として掲げる団体ではない。この点に配慮して、暴対法は暴力団を「その団体の構成員(その団体の構成団体の構成員を含む。)が集団的に又は常習的に暴力的不法行為を行うことを助長する恐れがある団体」と個々の構成員や行為に着目したした定義を置いたのである。もちろん、犯罪を目的とする団体を結成する自由があるということは、他者の権利や利益を侵害することを活動とする団体の結成を意味することであり、憲法の埒外にあるものと言わざるを得ない。しかし、暴力団は事実上犯罪組織でありながら、名目上は犯罪を目的とする団体ではないから、暴力団の存在そのものを禁止することには、理論上、実際上の難点がある。

③　結社規制の合憲性

　たとえば、芦部信喜教授は、「たしかに、憲法秩序の基礎を暴力により破壊することを目的とする結社は憲法の保障の対象とならない、と論理的・抽

象的には言明することもできるであろう」と述べている。しかし、「それを認めたとしても、破壊活動を目的とする結社の規制をどのように考えるのかが、厳しく問われる」のである（芦部信喜『憲法学Ⅲ人権各論(1)[増補版]』535頁2000)。憲法学者が危ぶむのは「犯罪的結社」とは何か、それを誰が定義づけるのかというプロセスの不明確さである。あるいは、そのような団体を定義づけられるとしてその規定が拡張解釈され政治結社にまで適用される危険性についての危惧もあろう。また、規制対象となる暴力団を過不足なく定義づけられたとしても暴力団はそのような定義をかいくぐり新しい形態での活動を続ける。暴対法を含む我が国の暴力団対策が直接的結社禁止という方法を選ばず、個々の違法行為に対象を絞ってきたのにはこういう理由もあった。憲法上、暴力団結成の自由は保護を受けないが、結社規制を行うに必要なコストは、規制効果に見合わないのである。

したがって、抽象的には、結社の自由の内在的制約に触れるような暴力団が存在し、その規制対象を明確に絞り込むことができ、過度に広範な規制となるおそれが払しょくできる場合には、結社規制も加入規制も可能であると考える余地はある。明確な定義を持って規制対象を限定し、暴力団の設立を禁止し、設立された暴力団の解散を命じるような規制は論理的には不可能ではない。ただし、伊藤正己教授が述べるように、「もとより、犯罪を行うための結社のごときは保護を受けないが、このような結社も、事後的に抑制できるのであり、結社の自由を事前に抑制すること（たとえば、許可制）は許されない」（伊藤正己『憲法入門【第4版補訂版】』156頁2006年）ならば、事後的な結社規制は検討の余地もある。

④　暴力団への解散命令

では、暴力団に対して解散することを命じることは可能か。破防法7条と類似の規定を設けて、暴力団そのものや暴力団のうち特定のものに解散命令を出すことは憲法上可能なのであろうか。

破防法による解散命令は、憲法上きわめて評判が悪い。これを積極的に合憲であるとする憲法学説は多くない。行政庁の処分によって団体を解散させることは「違憲の疑いがある」とされ（伊藤前掲）、またこの命令が憲法上許されるためには「厳格な限定が必要と言わなければならない」（佐藤幸治『日本国憲法論』295頁2011年）とされている。それゆえ、仮に暴力団に対する

解散命令が憲法上可能であるとすれば、事後的かつ司法的判断が条件となるであろう（高橋和之『立憲主義と日本国憲法第2版』222頁2010年）。その際、解散に必要な要件も厳格かつ明確に定められている必要がある。しかし、これら条件を充足するような立法作業は容易ではない。

さらに、暴力団組織の特性から考えたとき、暴力団を解散させることがどれほどの意味を持つのかについてもよく考えなければならない。暴対法施行以来、その組織実体は不透明化している（『平成15年犯罪白書』32頁）。実体や外延があいまいになっている団体を「解散」させることがどれほどの実益を有するのか。解散命令の立法化が進まないのは、憲法論より実益論にその要因があるというべきである。

⑤　加入禁止と結社の自由

結社の自由は、個々人が特定の結社に加入するか否か、そこから脱退するか否かの自由を包含している。暴力団の外延が明確でないならば、暴力団に加入する行為を規制することには困難が伴う。何が暴力団なのかを見極めることがむずかしいからである。ならば、むしろ暴力団と関係のある者の行為を規制すること、暴力団との関わりを規制すること、暴力団への利益供与や資金提供を違法とすることに力点を置く方が規制の実を上げることにつながるのである。

おわりに

暴力団の結成や維持を違法としたり、暴力団を解散させる法制度を設けることも憲法上不可能ではない。しかし、そのために費やす労力は、規制効果に比べてあまりに過大である。煩雑な憲法論や人権の観点からの反論にも対応しなくてはならない。そのようなコストを払うより、暴力団の活動を制限したり、資金源を断つことにより、暴力団の結成を違法化するのと同じ効果がもたらされることも事実である。

最近改正された暴対法は、特定危険指定暴力団として指定した組織について、警戒区域での不当行為を直罰化している（30条の8）。これは、暴力団そのものを解散させるよりはるかに実効的な制度設計であるといえよう。

第Ⅶ章 暴力団対策基本法制への考察

暴対法・暴排条例による
フロント企業の規制は違憲か？

中央大学法科大学院教授 **安念 潤司**

1 問題の所在

　暴力団のビジネス・フォーマットは、変幻自在である。もともと、法律の規矩準縄に気配りしながら世渡りする住人の織り成す世界ではないから、「フロント企業」（あるいは「企業舎弟」）なる言葉を、法の解釈・適用に相応しい形で定義しようとしても無駄な努力ではあろう。ここでは差し当たり、暴力団を背景として企業活動を行い、その利益を暴力団に還元している企業を指す、と理解しておく。

　巷間伝えられるところでは、フロント企業には、①もともと暴力団が設立し、その経営に関与しているものと、②暴力団の準構成員など暴力団と密接な関係を有する者が経営するものとがあるそうであるが、その来歴を穿鑿しても始まるものではない。いずれにせよ、暴力団への資金提供を主目的としているか、少なくともそれに協力している企業である。かつて、美空ひばりその他の芸人の興行を仕切った「神戸芸能社」は、その由緒正しい例であろう。もっとも、山口組直系であり、それを隠しもしなかった同社と比べれば、今日のフロント企業が、その背景を巧みに粉飾していることはいうまでもない。

　さて、上述の法的言語による定義づけの困難さ故に、フロント企業それ自体を規制対象とする法令は存在しないが、フロント企業は、さまざまな法令によってその営業活動を間接的・付随的にもせよ制約されている。この種の法令は、多岐にわたる[1]ので、ここでは、暴対法および暴排条例に限定して

考察することとする。

　まず暴対法は、「指定暴力団員」による暴力的要求行為（暴対法、以下「法」という。9条各号）を禁止するものであり、また、ここで「禁止」するとは、公安委員会による中止命令の対象となり、中止命令に違反すると刑罰が科せられることを意味する。

　暴力的要求行為の禁止は、指定暴力団員を対象にしていて直接にフロント企業を対象にしているわけではないが、フロント企業の役員、従業員、代理人等（以下「従業者等」と呼んでおく）が指定暴力団員であって、それらの者の、当該企業のためにする行為が暴力的要求行為に当たるときは、規制の対象となるから、間接的ではあれフロント企業の営業を制約していることになる。とくに、最近の同法改正（平成24年法律第53号）によって、預貯金受入れの要求（法9条12号）、宅地建物売買等の要求（法同条15号、16号）、建設工事の要求（法同条17号）等が新たに暴力的要求行為に加えられたこと（同年10月30日施行）は、フロント企業の営業活動を著しく困難にする措置として注目されよう。

　もっとも、以上の暴対法の規制は、従業者等に指定暴力団員以外の者を据えておけば潜脱できる[2]ので、フロント企業に止めを刺すような実効性を有するものではない。むしろ重要なのは、最近各自治体で相次いで制定されたいわゆる暴排条例であろう。そこで、東京都条例[3]（以下、都条例という。資料665頁参照）を例にとって、フロント企業にいかなる規制がなされるかを概観しよう。

　まずフロント企業は、都の契約から排除される。すなわち都は、都が締結する売買、貸借、請負その他の契約に関し、その契約の相手方が「暴力団関係者」でないことを確認しなければならず、また契約書には、契約の相手方が暴力団関係者であることが判明した場合には催告なしで当該契約を解除できる旨の特約を入れておかなければならない（都条例7条1項、2項1号）。

　1　いわゆる業法中のフロント企業規制については、宮﨑総合法律事務所編著『反社会的勢力排除の法務と実務』（きんざい、2012年）87～90頁。
　2　もっとも、厳密には、指定暴力団のいわゆる「準構成員」による「準暴力的要求行為」（法2条8号）が問題となるが、議論を簡単にするために、ここでは立ち入らない。
　3　「東京都暴力団排除条例」（平成23年東京都条例第54号・資料編665頁参照）。

「暴力団関係者」には、暴力団員ばかりではなく、暴力団・暴力団員と「密接な関係を有する者」も含まれる（都条例2条4号）から、当然、フロント企業（の従業者等）も含まれるケースがあろう。

さらに都条例は、民間の取引からも暴力団を排除しようとしている。すなわち、民間の事業者にも、取引の相手方が暴力団関係者でないことを確認する努力義務が課せられ（都条例18条）、さらに、「暴力団の活動を助長し、又は暴力団の運営に資することとなることの情を知って、規制対象者又は規制対象が指定した者に対して、利益供与」をすることが禁止される（都条例24条3項）。「規制対象者」には暴力団員のほか、「一の暴力団の威力を示すことを常習とする者であって、当該暴力団の暴力団員がその代表者であり若しくはその運営を支配する法人その他の団体の役員若しくは使用人その他の従業者若しくは幹部その他の構成員又は当該暴力団の暴力団員の使用人その他の従業者」（都条例2条5号ト）が含まれるから、フロント企業の従業者等も含まれよう。

では、以上のような暴対法・暴排条例の諸規制は、憲法の保障する諸権利に抵触しないか。抵触しないというのが本稿の結論である。

以下にその理由を述べる。

2　合憲性の検討

(1)　文言の明確性

まず、法令の文言の明確性が問題とされよう。刑罰法規の明確性が憲法31条によって要求されることはいうまでもない。暴対法・暴排条例の諸規制は、原則としていわゆる直罰方式をとっておらず、行政命令を介して、それに違反した場合に刑罰を科する方式をとっているが、間接的にもせよ刑罰に結びつく規制の文言には、当然に明確性が要求される。

都条例についていえば、上記の2条5号トの文言は十分に明確であるし、「暴力団関係者」に含まれる暴力団・暴力団員と「密接な関係を有する者」という文言も、一見すると曖昧であるように見えるが、ある個人の属性のう

ち暴力団員という属性に着目してこれと密接に関係を有する者を意味すると解され、暴力団員と親密な関係にあっても、単に、家族である、幼な馴染である、掛かりつけ医である、などというだけで「暴力団関係者」に含まれるものでないことは、容易に理解されよう[4]。してみれば、フロント企業の従業者等のうちいかなる属性を有するものが規制の対象になるかについて、とくに不明確さが残るものではない。

この点に関連して、大阪府が、条例中の「暴力団密接関係者」（大阪府条例[5] 2条4号）なる文言を下位法令で以下のように定義している（大阪府暴力団排除条例施行規則[6] 3条5号）ことは、規制対象たる事業者（俗にいえば、フロント企業）の範囲を明確化する試みとして評価されるべきである。

　事業者で、次に掲げる者（アに掲げる者については、当該事業者が法人である場合に限る。）のうちに暴力団員又は第1号から前号までのいずれかに該当する者[7]のあるもの

　　ア　事業者の役員（業務を執行する社員、取締役、執行役又はこれらに準ずる者をいい、相談役、顧問その他いかなる名称を有する者であるかを問わず、当該事業者に対し業務を執行する社員、取締役、執行役又はこれらに準ずる者と同等以上の支配力を有するものと認められる者を含む。）

　　イ　支配人、本店長、支店長、営業所長、事務所長その他いかなる名称を有する者であるかを問わず、営業所、事務所その他の組織（以下「営業所等」という。）の業務を統括する者

　　ウ　営業所等において、部長、課長、支店次長、副支店長、副所長その他いかなる名称を有する者であるかを問わず、それらと同等以上の職にあるものであって、事業の利益に重大な影響を及ぼす業務について、一切の裁判外の行為をする権限を有し、又は当該営業所等の業務を統括する者の権限を代行し得る地位にある者

　4　参照、「東京都暴力団排除条例Q&A」Q6（警視庁ホームページ）。
　5　「大阪府暴力団排除条例」（平成22年大阪府条例第58号）。
　6　平成23年大阪府公安委員会規則第3号。
　7　おおむね、東京都条例の暴力団員、暴力団関係者に当たる。

エ　事実上事業者の経営に参加していると認められる者

(2)　(フロント企業の) 営業の自由

　次に問題となるのが、暴排条例がフロント企業の営業の自由（憲法22条1項）を侵害していて違憲なのではないかという点である。「フロント企業の営業の自由」という表現自体、聊か奇異に聞こえようが、フロント企業も企業である以上、少なくも思考の手順としては、憲法上の保障がひとまず及ぶと考えなければならない。

　営業の自由を規制する法律の合憲性については、1970年代の2つの最高裁判例[8]によって基本的な考え方が提示されたと考えられてきた。すなわち、職業活動の自由な遂行が生み出す弊害を防止するための消極的・警察的な規制の場合には、当該規制が、規制目的を達成するための必要最小限度の規制であることが要求され、他方、所得再分配など経済政策を実施するための積極的・政策的規制である場合には、立法者の裁量が広汎に認められ、当該規制が裁量権の濫用であることが明白でない限り合憲である、というのである。暴対法・暴排条例は、消極的・警察的規制であろうから、そこにおける営業の自由に対する制限が合憲であるためには、これらの規制が目的達成のための必要最小限度のものでなければならない。

　してみれば、暴対法・暴排条例の規制が必要最小限度のものであるか否かは、その目的が何であるかに依存する。この点、暴対法は、本来違法と評価さるべき行為を禁止しているだけであるから、その合憲性にとくに疑義は生じないと思われるが、より広汎で日常的な行為にまで規制の網を被せている暴排条例はどうであろうか。暴排条例では、明確に「暴力団の排除」が目的として掲げられているから、規制の合憲性もまたこの目的との関係で検討されなければならない。

　このように定式化すると、合憲性の説明は困難に見えるが、そうではないと思われる。暴力団の「排除」が、暴力団員による個別の違法行為の予防・鎮圧を意味するに止まらず、暴力団それ自体の排除であって、有体にいえば

　8　最大判昭和47年11月22日・刑集26巻9号586頁（小売商業調整特別措置法事件）、最大判昭和50年4月30日・民集29巻4号572頁（薬事法事件）。

その「撲滅」[9]であるならば（そして、そう見るのが素直であろう）、暴力団本体による営業活動はもとより、暴力団のための資金の獲得を目的としているフロント企業（直接にはその従業者等）の営業活動をも広汎に禁止して「糧道」を絶つ以外に適当な方法は見出し難いからである。したがって、糧道遮断のために有効と思われる措置は、押し並べて、暴力団撲滅という規制目的を達成するための必要最小限度の手段である。

　もっとも、暴排条例中の、事業者が暴力団に対して利益を供与する行為を広く禁止している（都条例24条3項、大阪府条例14条各項）ことは、フロント企業の営業活動を、それが暴力団の威力を背景にしたものであれ、そうでないものであれ（大抵のフロント企業では、両者が綯交ぜになっている）、一律に不可能にするものであって、必要最小限度を超えた過剰な規制ではないか、という疑問があり得よう。

　しかし、この議論は当たらない。憲法21条1項は、結社の自由を保障しているが、犯罪を目的とする団体を結成し、維持する自由まで保障されているものではないことは、諸家の一致して認めるところである[10]。暴力団にとっても、犯罪は手段であって目的ではなかろうが、少なくとも、手段として犯罪行為を行うことを躊躇しない集団であることは明らかであり、その意味で、憲法上結社の自由が保障されない「犯罪を目的とする団体」に含まれる。してみれば、暴力団の存続をまったく不可能にする規制はもとより、暴力団の外郭組織ともいうべきフロント企業の存続をまったく不可能にする規制も、ともに憲法上是認されるのであって、暴排条例の規制が過剰であって違憲であるということはできない。

9　都条例は、「暴力団排除活動」を推進することを目的としており（1条）、それは、「……暴力団員による不当な行為を防止し、及びこれにより都民の生活又は都の区域内の事業活動に生じた不当な影響を排除するための活動」と定義されている（2条10号）。この定義によれば、同条例の目的は暴力団の「撲滅」にまでは至らないかのようにも見えるが、しかし、暴力団は「不当な行為」を行い、人々の生活に「不当な影響」を与えるが故に、またその限りで暴力団なのであるから、それらを防止・排除するとは、とりも直さず、ある団体の暴力団たる所以を払拭することである。してみれば、こうした目的もまた、暴力団の「撲滅」と言い換えて差し支えないのであり、ただ、「撲滅」という用語が法令中に用いるのに相応しくないという事情があるだけであろう。
10　佐藤幸治『日本国憲法論』（成文堂、2011年）295頁、野中俊彦＝中村睦男＝高橋和之＝高見勝利『憲法Ⅰ』（第5版、有斐閣、2012年）374頁。

(3) 法の下の平等

　さらに、暴対法・暴排条例は、フロント企業あるいはその従業者等を暴力団員あるいはその密接関係者であるという属性によって差別する点で、憲法14条1項に違反するという考え方があり得る。

　しかし、暴力団員等であるという属性は、女性などの先天的なそれでも、障害者などの、後天的ではあるが、自己の意思いかんによらないそれでもなく、(当人たちにはいろいろ言い分もあろうが) 自由意思によって獲得したとしか言いようがないから、通説的な理解に従う限り、同項にいう「門地」はもとより、「社会的身分」にも当たらない[11]。

　もっとも、同項前段に列挙する「人種」以下5つの事由による差別だけが差別なのではない。判例は、相当に異なる文脈においてではあるが、地方自治法244条1項にいう「公の施設」たる市民会館の使用について、「集会の目的や集会を主催する団体の性格そのものを理由として、使用を許可せず、あるいは不当に差別的に取り扱うことは許されない」、と述べた (泉佐野市民会館事件[12])。この考え方を延長すれば、(暴力団と関係を有するという) 企業あるいは個人の性格そのものを理由として営業活動を規制することは許されない、という考え方を導くこともできそうである。

　しかし、同事件で最高裁は、集会の主催団体が過激派あるいは過激派を背景とする団体だという一事で市民会館の使用を拒否することはできないと述べたに止まり、結局のところ、主催団体が、実力闘争方針を採っており、対立セクトからの攻勢にも積極的に対抗することが見込まれるときには、使用を拒否できる、としたのであった。

　暴力団とは、「その団体の構成員……が集団的に又は常習的に暴力的不法行為等を行うことを助長するおそれがある団体」のことである (法2条2号)。してみれば、この定義においてすでに、暴力団は、いったん緩急あれば実力闘争方針を採り、対立団体からの攻勢にも積極的に対抗することが見込まれる。そして、フロント企業がそうした暴力団の外郭組織である以上、暴力団員あるいはその密接関係者であるという属性によって差別することに違憲性はないのである。

11　広島高判平成21年5月29日・(2009WLJPCA05296004)。
12　最判平成7年3月7日・民集49巻3号687頁。

第Ⅶ章 暴力団対策基本法制への考察

提言～暴力団対策基本法制定の立法的根拠
～団体規制等の国際的検証

弁護士　田中　一郎

1　外国におけるマフィアとの闘い

(1) 概　要

　日本における暴力団対策を検討するにあたり、外国におけるマフィアとの闘いの実績が参考となる。本稿では、イタリアと米国におけるマフィアとの闘いを紹介する。

(2) イタリア[1]

　イタリアには、マフィアとして、コーザ・ノストラ（シチリア）、カモッラ（カンパーニャ）、サクラ・コロナ・ウニータ（プーリア）、ヌドランゲタ（カラブリア）が存在する。[2]

　イタリアマフィアは、暴力や脅迫を用いて市民から搾取するだけではなく、公共事業への介入や麻薬取引を資金源として、勢力を拡大し、地方政治や国政にさえ影響力を有するとされる。

　これに対し、イタリアでは、1965年に対マフィア法（1965年5月31日法律575号）が制定され、マフィア型結社に属する疑いのある者に対する予防処分という制度が導入された。また、1982年には、マフィア対策統合法（1982

1　イタリアの組織犯罪対策全体を解説する文献として、渡邉・石田「イタリアにおける組織犯罪対策（上）（下）」警察学論集50巻10号89頁、同50巻11号140頁。
2　イタリア議会反マフィア委員会ホームページ。(http://www.camera.it/_bicamerali/leg15/commbicantimafia/documentazionetematica/28/schedabase.asp)。

年9月13日法律646号）が制定され、マフィア型犯罪的結社罪（刑法416条の2）の導入及び予防処分の強化などがなされた。

　このような状況にあった1984年に、マフィアのボスの一人であったトマッソ・ブシェッタがファルコーネ予審判事に対し、マフィア犯罪を告白した。イタリアマフィアには、「オメルタ」（omerta）という沈黙の掟があり、これを破った者は必ず殺害される。ブシェッタの告白は、この「オメルタ」を破るものであった点で注目されるものであった。ブシェッタの告白に基づき、捜査当局は、証拠固めをしてマフィア大裁判を行った。

　マフィア大裁判は、1986年2月から1987年12月まで行われ、その結果、456人の被告人のうち342人に有罪が言い渡された。[3]

　ところが、マフィアは、捜査当局に対する報復として、1992年5月にファルコーネ予審判事を、同年7月にはボルセリーノ予審判事を爆殺した。

　イタリアにおける反マフィア運動の象徴であったファルコーネらが殺害されたことに対し、イタリア市民は黙っていなかった。

　すなわち、イタリアでは、マフィア対策のみを担当する専門組織の必要性が認識されて、反マフィア検察庁（Direzione Nazionale Antimafia、略称DNA）が設立されるとともに（1991年11月20日大統領令8号を1992年1月20日法律8号で法律に転換）、マフィア対策捜査局（Direzione Investigativa Antimafia、略称DIA）が設立された（1991年12月30日法律410号）。そのほかにも、司法当局への協力者の保護制度をはじめとするさまざまな対策を法律や政令によって制定して、マフィア対策を充実させてきたのである。

　イタリアでは、このような対策の結果、次のとおりマフィアのトップを次々と逮捕し、組織犯罪対策の実績を挙げている。

・1993年1月15日、イタリアマフィアで最有力とされたコルレオーネ・ファミリーのボスであったサルバトーレ・リーナ（通称トト・リーナ）を逮捕
　2006年4月11日、リーナの後継者であり、40年以上逃亡していたベルナルド・プロヴェンツァーノを逮捕
・2007年11月5日、プロヴェンツァーノの後継者とされるサルヴァトーレ・

---

[3] 森下忠「世紀のマフィア大裁判」判例時報1335号38頁。

ロ・ピッコロを逮捕

　また、イタリアにおける反マフィア運動のうち、民間の反マフィア団体であるリベラ（Libera）の活動にも注目すべきである。
　リベラは、1,500以上の団体の連合体であり、当局がマフィアから没収した不動産を農場とし、そこから生産された農産物を販売するなどして、その収益を反マフィアの教育やその他の反マフィア活動にあてるなどの活動を行っている。[4]

(3) 米　国

　ニューヨークでは、ボナンノ一家、コロンボ一家、ガンビーノ一家、ジェノベーゼ一家、ルッケーゼ一家）という5大ファミリーが存在し、ニューヨーク、ニューイングランド、フィラデルフィア、シカゴ及びデトロイトで重大な脅威となっている。[5]
　米国議会は、組織犯罪、とくにラ・コーザ・ノストラが米国中の非常に多くの合法的ビジネス及び労働組合に大量に浸透して不正な影響を及ぼしていたため、米国の経済システムに新たな脅威を与えると判断した。
　そこで、米国議会は、1970年10月5日にRICO法（Racketeer Influenced and Corrupt Organizations Act, 18 U.S.C. §§ 1961-1968）を制定した。[6]
　RICO法の概要は、次のとおりである。[7]
　RICO法は、四つの行為を禁止する。
　第1として、「ラケッティア活動の定型」または「不法債権の回収」から得た利益または収益により、「エンタプライズ」の権益等を獲得すること

4　リベラのホームページ（http://www.libera.it/）。
5　FBIのホームページ。(http://www.fbi.gov/news/stories/2011/january/mafia_012011/image/mafia-family-tree)。
6　CRIMINAL RICO : 18 U.S.C. §§ 1961-1968 A Manual for Federal Prosecutors, FIFTH REVISED EDITION OCTOBER 2009, p3.
7　RICO法の仮訳としては、森下忠「主要国の組織犯罪対策立法」『注解暴力団対策法』305頁、同法の解説としては、佐伯仁志「アメリカ合衆国のRICO法について（上）（下）」商事法務1221号9頁、同1222号33頁、飯柴・千野「アメリカにおける組織犯罪対策法制」ジュリスト960号47頁。

(18 U.S.C. §§1962(a))。[8]

　第2として、「ラケッティア活動の定型」または「不法債権の回収」を通じて、「エンタプライズ」の権益を獲得しまたは維持すること（18 U.S.C. §§1962(b)）。

　第3として、「エンタプライズ」に雇用されもしくは加入する者が、「ラケッティア活動の定型」または「不法債権の回収」を通じて、「エンタプライズ」の業務を遂行すること（18 U.S.C. §§1962(c)）。

　第4として、上記第1ないし第3の行為を共謀すること（conspiracy）（18 U.S.C. §§1962(d)）。

　RICO法違反の行為に対する刑事罰としては、罰金、20年を超えない自由刑に処し、またはこれを併科し、かつ、没収刑が規定されている（18 U.S.C. §§1963）。

　さらにRICO法には、民事的な救済手段として、連邦地方裁判所が「エンタプライズ」に関する権益の剥奪、「エンタプライズ」の解散・再編等の命令をすることができ、私人である被害者による三倍賠償の制度が規定されている（18 U.S.C. §§1963）。

　RICO法以外にも、米国には、口頭通信の傍受を含む強力な通信傍受、捜査協力型司法取引及び捜査協力をした証人に対する証人保護プログラムが存在する。

　以上のRICO法、通信傍受、捜査協力型司法取引、証人保護プログラムを組み合わせて有力なマフィアが検挙された事例として、ジョン・ゴッティの事件を紹介する。

　1985年12月、ガンビーノ一家のボスであったポール・カステラーノが射殺された。その結果、ゴッティがガンビーノ一家のボスとなった。ゴッティは、証人や陪審員を脅迫して、いくつかの無罪判決を勝ちとり、「テフロン・ドン」（テフロン加工のように決して捕まらないボスという意味）といわれ

　8　「ラケッティア活動」の定義は、18 U.S.C. §§1961(1)に詳細に例示されているが、一言で言えば、「組織犯罪として行われやすいとみられる行為」と理解される。
　「エンタプライズ」の定義は、18 U.S.C. §1961(4)に示され、「個人、組合、会社、社団又はその他の法人及び人格をもたないが事実上結合した個人の団体又は集団を含む。」とされる。

ていた。

これに対し、FBIとニューヨーク市警察は、長期間の通信傍受（ゴッティらの会話を含む）をして必要な証拠を収集し、かつ、ガンビーノ一家のアンダーボス（ナンバー2）であったサミー・グラバーノと司法取引をして捜査・公判に協力させた。グラバーノは、自らも多数の殺人に関与していたが、わずか5年の自由刑にとどまり、証人保護プログラムを適用された。

その結果、1990年12月にFBIとニューヨーク市警察は、ゴッティを逮捕し、1992年4月2日、ゴッティは、カステラーノの殺人を命令したことを含む13の訴因で有罪判決を受け、2002年6月に刑務所で死亡した。[9]

2　諸外国の組織犯罪対策立法

(1)　概　要

諸外国では、組織的な犯罪や暴力的不法行為等を行う団体の存在自体が法律によって規制され、また組織犯罪における共謀罪が規定されている例が少なくない。また、諸外国では、犯罪収益の剥奪、通信傍受をはじめとする新しい捜査方法及び証人保護制度が充実した内容とされている。

以下、イタリアと米国を中心として諸外国における組織犯罪対策立法の例を紹介する。

(2)　犯罪的結社罪、共謀罪

犯罪的組織の結成・参加が法律上犯罪とされ、または組織犯罪における共謀罪が規定される例は、次のとおりである。

犯罪的組織の結成・参加を犯罪とする立法例としては、フランス刑法450―1条（犯罪団体への参加）、ドイツ刑法129条（犯罪団体の結成、関与等）、オーストリア刑法278a条（犯罪組織の罪）、スイス刑法260条の3（犯罪組織への参加・支援罪）、イタリア刑法416条（犯罪的結社罪）、416条の2、3（マフィア型犯罪的結社罪）、韓国刑法114条（犯罪団体の組織）、同暴力行為等処

9　FBIホームページ（http://www.fbi.gov/news/stories/2007/april/gotti040207）。

罰に関する法律4条などがある。

共謀罪を規定する立法例としては、18 U.S.C.§§371条、同1962条、同1963条、イギリス1997年刑事法1条、3条などがある。

(3) イタリアの予防処分 (misure di prevenzione)[10]

予防処分は、イタリア独特の制度である。この制度は、犯罪発生後の対策ではなく、予防処分は理論的には犯罪が発生したことを前提とせず、裁判とは無関係に課される「行政」処分である。「行政」処分であって、「司法」処分ではないことがポイントの1つであり、したがって、司法処分の場合のように明確な証拠がなくとも、人的予防処分や財産の没収（一時的または永久的）ができる。予防処分に際して、犯罪の情報も不要である。財産的予防処分についても不法な作業で財産を構築したとの証拠があればよい。一般的な「マフィアの疑い」を証明する事実としては、（マフィア関連犯罪で）有罪判決を受けた者と交流があること、その者も（マフィア関連犯罪で）有罪判決を受けたことがあること、突如として生活レベルがアップしたことなどがあげられる。これらの証拠・情報は、行政処分のための資料であるので、司法処分のための証拠とすることはできない。

予防処分は、行政処分であるが、これを適用するのは裁判官であり、予防処分の発令段階において司法的チェックを受けるシステムになっている。

また、予防処分の対象者は、不服申立てをすることができ、その段階では、「裁判」になると考えられている。

1956年12月27日法律1423号によって、警察官の目から見て社会に害を及ぼすおそれのある者に対し何らかの措置をとることが認められた。たとえば、過去に有罪判決の経歴がある者に対して、生活態度を変えるように警告することができる。その警告にしたがわないときには、①ある地域から出られないように、または②ある地域に入らないように、生活範囲を限定することができる（人的予防処分）。1956年法は、1965年5月31日法律575号で強化され、

---

10 予防処分を紹介する文献として、森下忠「イタリアのマフィア型犯罪対策立法」判例時報1405号18頁、前掲渡邉・石田「イタリアにおける組織犯罪対策（上）」103頁。予防処分の条文翻訳は、前掲『注解暴力団対策法』330頁以下（森下忠執筆部分）。

「マフィア型結社に属する疑いがある者」も対象にできるようになり（同法1条）、人的予防処分に加えて、財産の没収が認められた（財産的予防処分、同法2条の3第2、3項）。

　予防処分の効果については、非常に効果があり、現在では、マフィアは、裁判所による刑事事件の有罪判決よりも予防処分をおそれている。

　没収によって、マフィアの疑いがある者は、不法な作業によって得られた財産を正常に再投資して財産の増大を図ることができなくなるほか、予防処分を受けた者には、10年間にわたり2,000万リラ以上の財産の変動を司法当局に連絡する義務が課される。[11]

　DIAの統計によれば、1992年から2011年までの間に、コーザ・ノストラ、カモッラらのマフィアは、予防処分によって計77億0636万0367ユーロ相当の財産の差押えを受け、計19億0214万5,373ユーロ相当の財産の没収を受けている。[12]

(4) 収益の剥奪

　諸外国には、多様な違法収益の剥奪制度があるが、本稿では、イタリアと米国の没収制度に絞り概説する。

　次のとおり、没収の性質が刑事罰としての没収に限定されないこと、犯罪収益の推定規定が存在すること、没収された財産の一部を犯罪被害者の救済に利用すべきとする法律が存在することに注目すべきである。

　イタリアでは、刑法416条の2第7項による没収（マフィア型犯罪的結社罪による没収）という保安処分としての没収が存在し、また予防処分による没収制度（これは、マフィアの疑いがあるにとどまる者に対してなされるものである点で、一種の行政没収であると理解できる）がある。さらに、「恐喝被害者のための連帯基金」の財源にマフィア型集団からの没収額の2分の1相当額を組み入れる制度があり[13]、マフィアによる恐喝の被害者の救済が図られている。

11　以上は、2002年8月27日、筆者がDIA及びDNAを訪問した際のDIAのマンティーニ部長、DNAのレドンネ副検事長・マンドーリ副検事長からのインタビュー結果。
12　DIAホームページ（http://www.interno.gov.it/dip_ps/dia/pagine/rilevazioni_stat.htm）。

また、イタリアでは、予防処分の適用に当たり、裁判所は、「正当な出所が示されなかった財産」の没収を命ずる（1965年法律575号2条の3第3項）。

　米国では、RICO法により、被告人が1962条に違反して取得しまたは維持した権益だけではなく、被告人が1962条に違反して運営等をしたエンタプライズに関する権益、影響力の原因を付与する財産または契約上の権利を没収できるとされている（18 U.S.C. §§1963(a)(1)(2)）。このエンタプライズに関する権益の没収は、『被告人を処罰するだけではなく、エンタプライズから被告人の影響力を排除することを目的としているので、没収の対象となる権益が犯罪と関係があるかどうかを問わない、と解されている。』[14]。

　また、米国では、21U.S.C. §§853(d)において、薬物犯罪の利益に関して推定規定が置かれ、被告人が合理的な期間内に当該財産を取得したこと及び他に当該財産の取得源がありそうにないことを国が証拠の優越の程度に証明した場合には、没収の対象となるものと推定される。[15]

(5) 新しい捜査方法

① 通信傍受

　米国では、18U.S.C. §§2510以下により、有線通信、口頭通信及び電子的通信の傍受を捜査機関が行うための要件や手続が定められている。

　米国と日本の通信傍受制度を比較すると、米国の方が対象犯罪の範囲が広い点、及び米国では傍受の対象に口頭通信が含まれている点が特徴的である。

　また、日本と比較して、米国の通信傍受の件数は、圧倒的に多い。

　すなわち、日本国における通信傍受の運用状況についてみると、傍受令状の発付数は、平成19年（2007年）が11件、平成20年（2008年）が22件、平成21年（2009年）が23件、平成22年（2010年）が34件にとどまる。[16]

　これに対し、米国における通信傍受の運用状況についてみると、傍受令状

13　1992年2月18日法律172号恐喝的要求の被害者救済基金創設法（1991年12月31日緊急政令419号を法律化）6条。
14　佐伯仁志「アメリカ合衆国の没収制度」『現代社会における没収と追徴』290頁。
15　脚注14文献291頁。
16　平成19～22年度「通信傍受法第29条に基づく通信傍受に関する国会への年次報告」。

の発布数は、2006年が1839件、2007年が2208件、2008年が1891件、2010年が2376件である。[17]

前述のジョン・ゴッティ事件では、長期間の通信傍受の結果（ゴッティらの会話、すなわち口頭通信を含む）がゴッティを有罪とする重要な証拠の1つとされている。

イタリアにおいても、傍受の対象犯罪には、長期5年以上の懲役刑が定められている故意の犯罪、長期5年以上の懲役刑が定められている公務に対する犯罪、名誉毀損、脅迫、迷惑または妨害の罪で電話により行われるものが含まれ（イタリア刑事訴訟法266条1項）、傍受の対象に口頭の通信が含まれている（同法266条2項）。[18]

② 司法取引

米国での捜査協力型司法取引を紹介する。

米国では、捜査協力型司法取引、すなわち、「検察官の訴追裁量権の行使が被告人との合意に基づき、訴追協力の見返りとして取引的に行われること」が存在する。組織犯罪対策としては、たとえば、マフィアのボスを訴追するために、子分である共犯者がボスの訴追に協力し、その見返りに子分自身の犯罪については検察官から不起訴とする旨の約束をしてもらうという類型が重要である。[19]

この具体例としては、前述のジョン・ゴッティの事件におけるサミー・グラバーノの証言がある。ジョン・ゴッティはガンビーノ一家のボスであり、グラバーノは同一家のアンダー・ボスであって、グラバーノ自身も19件の殺人に関与していたが、グラバーノは検察官の20年以下の求刑と引き替えに、そのうち11件はゴッティと意思を通じて行ったものであることなどを詳細に証言した。

その結果、陪審はゴッティを全訴因について有罪と認めた。[20]グラバーノは、前述のとおりわずか5年の自由刑にとどまった。

17　WIRETAP REPORT2006〜2009（http://www.uscourts.gov/Statistics/WiretapReports.aspx）。
18　法務大臣官房司法法制調査部編『イタリア刑事訴訟法典』。
19　宇川春彦「司法取引を考える(1)」判例時報1583号40頁。
20　同「司法取引を考える(14)」判例時報1613号33頁。

このような捜査協力型司法取引は、検察官と捜査協力者である証人が選任した弁護士との間で作成した合意書面に基づき行われる。合意書面には、次の内容が記載される。すなわち、①　証人が、正直、全面的、かつ正確な情報を提供する義務（真実約束）、②　証人が裁判所で証言する約束（証言約束）、③　検察官の不起訴の約束（不訴追約束）、④　証人が違約した場合、検察官は公訴提起が可能となり、証人が提供した自白を証拠として使用できる旨の合意（違約条項）である。[21]

　グラバーノのようなマフィアの有力者に捜査協力させようとすれば、証言者の生命身体の安全の確保とともに、このような司法取引なくして適正な証言を期待することはきわめて困難であることは一見明白であろう。

(6) 証人保護

　米国の証人保護プログラムでは、連邦保安局から証人に対し、新しい身分証明書、住居や基本的な生活費の重要部分及び医療費の提供、危険性の高い状況における24時間体制での保護があり、組織犯罪に関し、証人を「一生」保護する制度とされている。[22]

　実際に、グラバーノは、証人保護プログラムの適用を受け、刑務所を出所後も安全に生活していた。[23]

3　日本法への示唆

(1) 犯罪的結社罪、共謀罪の導入

　日本では、平成16年2月20日に、国会に対し「組織的な犯罪の共謀」の犯罪化を含む「犯罪の国際化及び組織化並びに情報処理の高度化に対処するた

21　同「司法取引を考える(13)」判例時報1604号37頁。
22　アメリカ合衆国の証人保護プログラムに関する文献としては、隅田陽介「組織犯罪からの被害者及び証人の保護対策」法学新報103巻6号189頁、同8号109頁。
23　ただし、その後、グラバーノは、薬物犯罪で刑務所に戻ることになった（ニューヨーク・タイムズ2001年6月30日）。このことは、本稿では触れなかったが「暴力団からの離脱」支援の重要性を端的に示している。

めの刑法等の一部を改正する法律案」が提出されたが、現在まで、法律化されていない。前述したとおり、諸外国と比較すると、共謀罪もなく、犯罪的結社罪もないという日本の暴力団対策は異例といわざるを得ない。

昨今の報道によれば、福岡県では、福岡県では、平成23年3月の大手企業トップ2名宅に対し手榴弾が投てきされるとの事件や、同年11月の建設会社役員が射殺されるとの事件が発生し、平成22年以降、元警察官に対する2件の銃撃事件とは別に、暴力団の関与が濃厚な企業対象の襲撃・脅迫事件は、福岡県を中心に全国で計41件あったとされる。

このことからもわかるように、日本の暴力団は、イタリアのマフィアに勝るとも劣らない実態を有している。

現在の日本の暴力団対策は、暴力団排除条例や各種契約における暴力団排除条項のように、暴力団の排除に民間の市民・企業の協力が要求されている点で、市民・企業が暴力団の暴力の標的にされてしまうおそれを含んでいる。

そこで、公権力が暴力団と直接対決する構造を基本に据える必要がある。そのためには、やはり、イタリアの「マフィア型犯罪的結社罪」を参考とした「暴力団型犯罪的結社罪」の導入を真剣に検討すべきであると考える。[24]

なお、「暴力団型犯罪的結社罪」は、「結社の自由」を侵害するものではない。前述のとおり、犯罪的結社罪や共謀罪の立法例は多数あるところ、いずれの国でも、「結社の自由」に基づき、犯罪的結社罪や共謀罪を一切否定するという議論はされていない。

(2) 予防処分

平成23年版「警察白書」によれば、平成17年以降、直近の平成22年までにおいて、暴力団構成員の数を暴力団準構成員の数が上回っている。また、暴力団準構成員以外にも暴力団関係者や共生者と呼ばれる者が存在する。現行の暴力団対策法では、暴力団内部情報や、たとえば、共生者と暴力団との関

---

[24] 「大陸法系の国は、1810年のナポレオン刑法以来、伝統的に犯罪的結社罪に親しんでいる。大陸法系に属するわが国は、イタリア刑法の犯罪的結社罪（416条）、マフィア型結社罪（416条の2）を範として、参加（participation）罪の導入を検討すべき」とする有力な見解がある（森下忠「国際刑事法と共謀罪」判例時報1949号21頁（2007年））。

係の調査方法が十分とは言えない。暴力団員に対し、損害賠償請求の判決を得ても、当該暴力団員の名義の財産が不明とされ、民事執行ができないという、暴力団員による財産隠しの事例もいくつも存在する。

そこで、日本においても、イタリアの「予防処分」を参考にして「暴力団（型犯罪的結社）に属する疑いがある者」に対し、行政処分によって、捜査機関がその財産を調査する権限を与え、かつ、暴力団に属する疑いのある者が合理的に原資を説明できない財産については、没収ができるとの「日本版予防処分」の導入を検討すべきである。

(3) 収益の剥奪

① 没収・追徴の拡充
(i) 行政没収

米国やイタリアでは、マフィアからの多額の行政没収の実績がある。これを参考として、日本でも、「日本版予防処分」の中で、暴力団に属する疑いのある者が合理的に原資を説明できない財産については、没収ができるという制度を検討すべきである。

(ii) 犯罪収益の推定規定の拡充

麻薬特例法8条は、薬物輸入等を「業とする」行為を独立の犯罪とし、同法18条にでは「不法収益と推定する」という推定規定が規定されている。

この手法を参考にして、日本でも、暴力団員が反復継続して行いやすいとみられる犯罪類型について、これらの犯罪行為を「業とする」ことを独立の犯罪としつつ、一定の事実が立証されたならば、業とする行為によって得られた財産であると推定する推定規定を設けることを検討すべきである。[25]

② 暴力団員に対する課税の適正化

米国では、1930年代にアル・カポネが脱税で有罪判決を受け、刑務所で受刑後、すべての罰金とともに遡及課税を支払ったというマフィアの大物に対する課税が行われた有名な事例がある。[26]

---

[25] 山口厚「わが国における没収・追徴制度の現状」『現代社会における没収・追徴』30頁以下では、麻薬特例法に定める没収・追徴制度について、「不法な利益の剥奪が犯罪対策として合理的かつ相当である限りにおいて、薬物犯罪対策にとどまらない意義を持たざるを得ないのではないか」と指摘されている。

これに対し、日本では、暴力団員に対する課税が十分に行われず、暴力団員のすべての収益（合法か違法かを問わない）に対する課税を検討する必要性がある。

課税に関する具体的な施策[27]としては、税務当局の施策として、税務当局の調査権限の行使にあたっての環境整備（警察との連携の強化）、安易な損金算入の防止（過去には恐喝のための出張費が必要経費として控除された例や[28]、上納金の支払が必要経費として控除された例がある[29]）、上納金に対する課税の検討、推計課税の活用を検討すべきである。警察・検察の施策としては、課税通報の積極的活用、警察・検察と税務当局との連携の強化を検討すべきである。

(4) 新しい捜査方法

イタリアや米国と比較すれば、日本における暴力団に対する捜査方法は不十分であり、暴力団員の処罰が適正に行われているとは言い難い。暴力団対策が本来的には国の責務であることからすれば、暴力団に対する新たな捜査方法等の検討が重要であると考える。検討すべき主要な具体的施策としては、次のとおりである。

① 通信傍受の拡充

対象犯罪に組織的な詐欺・恐喝をはじめとする暴力団関係の被疑者の割合が高い犯罪を含め[30]、暴力団対策法上の指定暴力団員については、対象犯罪を限定せず、口頭の会話（口頭通信）の傍受も対象とすべきである。[31]

---

26 FBIホームページ（http://www.fbi.gov/about-us/history/famous-cases/alcapone）。
27 金子正志・中城重光「上納金とその課税問題」『反社会的勢力と不当要求の根絶への挑戦と課題』337頁（金融財政事情研究会、2010年）。
28 1975年7月4日朝日新聞。
29 2004年5月19日共同通信。
30 前田雅英ほか「捜査手法、取調の高度化を図るための研究会最終報告（平成24年2月）」（以下「前掲最終報告」という）30頁には、現行法で規定されている一部の組織犯罪の外にも、暴力団事件、振り込め詐欺等について、通信傍受が実施できれば効果的・効率的な捜査が期待できる旨が指摘されている。
31 前掲最終報告30頁には、会話傍受について、暴力団事務所や振り込め詐欺の拠点等に対する捜査には有効と考えられると指摘されている。

② **捜査協力型司法取引の導入**[32]

　日本においても、暴力団員の犯罪については、捜査協力型司法取引を導入すべきである。現在の日本でも、検察官と弁護人との間で『以心伝心』による事実上の司法取引が行われているとみられる。しかし、『以心伝心』の司法取引では、検察官も弁護人も「違約」に関する保証がなく、適正な捜査協力の支障となることは明らかである。米国を参考にして弁護人と検察官が合意書面を作成し、検察官と弁護人の双方が捜査協力型司法取引を適正に運用すべきである。

(5) **証　人　保　護**

　日本の証人保護制度は、法廷の中だけに限定されている。すなわち、被告人・傍聴人の退廷（刑事訴訟法304条の2、同法281条の2）、証人に対する遮へい措置（同法157条の3）、ビデオリンク方式（同法154条の4）は、いずれも法廷の中においてだけ証人を保護するものにすぎない。これらの措置だけでは、証人は、暴力団員である被告人及び当該暴力団関係者から、後日、お礼参りをされるおそれがありうる。

　そこで、日本においても、米国の証人保護プログラムを参考とした証人保護制度（すなわち、証人を法廷の中だけではなく、「一生」保護する制度）の導入が不可欠である。すでに述べたとおり、ここで保護されるべき証人は、被害者にとどまらず、組織犯罪の情報を提供した組織内部者を含めることが重要である。

(6) **ま　と　め**

　暴力団による組織犯罪については、暴力団がなくならない限り、「お礼参り」のおそれが残り、国民の恐怖感が消えることはない。国民の生命、身体、自由、財産等への被害の抑止は重要な課題であり、国民の立場に立って

---

[32] 日本においても、捜査協力型司法取引を検察官の訴追裁量権の取引的行使ととらえ、「現行法上も特別な立法措置を講じなくても、関係者の工夫次第で十分に実施可能であり、また、訴追裁量権の重大明白な不当行使であることが示されない限り、その適法性が否定されることはないものと考えられる。」とする有力な見解が存在する（同「司法取引を考える(16)」判例時報1616号30頁）。なお、前掲最終報告32頁。

「国民が暴力団から被害を受けない権利」の保障を図るための安全で平穏な社会の実現へ向け、新たな暴力団対策の総合的施策を検討しなければならない。

　以上に述べた施策を実現していくためには、このような暴力団対策の根本理念を示した「暴力団対策基本法」の立法が必要かつ有益であると考え、筆者らは、「暴力団対策基本法」の立法提言をするものである。[33]

33　拙稿「暴力団対策基本法の制定に向けて」金融法務事情1947号1頁、拙稿「暴力団対策基本法（仮称）の構想」自由と正義2012年6月号24頁。

第Ⅶ章 暴力団対策基本法制への考察

提言～暴力団対策基本法制定へ
～同試案の基本構想と制度設計

弁護士　垣添　誠雄

　本稿では、我が国の暴力団対策を概括し、その脆弱・機能不全を指摘、暴力団の存在を否定し、非合法化を基本に据えた新たな暴力団対策の構築の必要を明らかにする。
　暴力団対策基本法は、暴力団壊滅を目的に、実効性のある総合的な基本法制を創設するところにある。
　本稿は、日本弁護士連合会民事介入暴力団対策委員会第4部会で収集された資料と研究成果に基づくものである。
　当然ではあるが、意見にわたるところは筆者の独自の見解であることをお断りしておく。

1　我が国の暴力団対策の現状

(1)　法　制　度

我が国の暴力団規制の法制度には、
・暴力団員による不当な行為の防止等に関する法律（暴対法）。
・組織的な犯罪の処罰及び犯罪収益の規制に関する法律
・犯罪捜査のための通信傍受に関する法律
・犯罪による収益の移転防止に関する法律
以上の4法律と暴力団排除条例がある。
　これらの立法や条例の中で、我が国の暴力団対策の中核をなす法律は暴対

法である。

(2) 暴対法と行政警察作用

行政警察立法としての暴対法

　我が国は、負の遺産というべき戦前の内務省による治安警察をGHQを主体とする戦後改革により解体、これに伴い行政警察作用に関しては過度なまでの厳しい制約が課され、警察組織の活動領域は司法警察中心となった（注1）（注2）（注3）。

　しかし、犯罪の予防・取締の強化による市民の平穏と安全良好な治安を確保するには警察の公権力の作用が必須であり、警察の適正な介入も必要である。

　かかる要請から、行政警察分野で新規立法や改正がなされ、警察に権限を帰属させる復権強化の傾向が現れる（注4）。

　かような背景の中で、平成3年暴対法が制定され（第Ⅰ章28頁参照）、本格的な行政警察立法が誕生した。

　これは司法警察から、行政警察への重点移動として評価に値する（注5）。

　捜査権限・捜査手法の分野でも、平成12年に制定された通信傍受法の制定過程の論議として、犯罪発生前の証拠収集を司法警察に含めることに関し、行政警察か司法警察かの論議がなされ、井上正仁教授は通信傍受賛成の立場から、「司法警察と行政警察という区別は実質的な理由がない」と指摘し、

（注1）　行政警察とは事前において犯罪を予防する機能であり、司法警察とは事後において犯罪を捜査する機能として理解されている。
（注2）　戦前の行政警察作用については、須見修『行政法講座6巻』行政作用（有斐閣1966年）39頁以下。
（注3）　警察制度の沿革については、田上穣治『警察法（増補版）』法律学全集（有斐閣1978年）3頁以下。
（注4）　成田頼男「社会の安全と法政策」警察政策1巻1号8頁（警察政策学会）。
（注5）　暴対法の行政法的意義について
　　櫻井敬子「行政法の観点から見た組織犯罪対策」（警察学論集6巻1号77頁以下）。
　　桜井教授は、戦後警察組織による行政警察作用は封印され、もっぱら司法警察を中心に組み立てられてきた。
　　暴対法は、予防的な観点から暴力団を取り締まるため、命令をはじめさまざまな行政上の措置をとることを可能にする法律が実現したことは、画期的なことであったとされる。

法制審の支配的見解となった経過がある（注6）。

(3) 暴対法の効果と限界

① 暴対法は、本格的な行政警察立法として戦後レジームを脱皮したエポックメーキングと評価し得る。またその内容において、予防的観点から暴力団を取り締まる、いわゆるグレーゾーンに属する暴力団の威嚇による不当要求行為を禁止、行政処分としての命令を発出し、もって指定暴力団の資金獲得活動に対する抑制効果が期待された。

② しかし、暴対法制定以来5回もの改正を重ね、その都度規制の強化が図られてきたが、以下に述べるとおり暴対法の限界が露呈し、見直しを迫られ、今日暴対法は我が国の暴力団対策の基本にはなり得ないのではないか、との疑問が提起されるに至っている（注7）。

⑦ そこで、**暴対法の限界について検討する**

暴対法によって期待された暴力団の根絶が実現されていないことはいうまでもない。暴力団の勢力を見ても、施行当時暴力団構成員の総数は9万人余、21年余を経た今日、7万人余とわずかな減少に留まり、依然として国民・社会の平穏と安全に深刻な影響を及ぼす脅威となっていることは否定できない（注8）。

暴対法の規制対象が指定暴力団の構成員に限定されることにより、規制対象外の暴力団の活動に対処できない。暴力団が潜在化、組織実態を

（注6） 井上正仁「捜査手段としての通信・会話の傍受(5)」ジュリスト1111号（1997年）213頁。
（注7） 今日暴対法の限界は各界から広く指摘される。
中川正浩・警察学論集64巻1号30頁、朝日新聞編集委員・緒方健二・警察学論集61巻4号71頁では、暴対法が意図した資金面で組織の弱体化を図るという本来の目的が達せられていないと指摘。
櫻井敬子・前掲論集61巻4号79頁は、相手は犯罪のプロだから、暴対法制定当初は効果があったが、以降は有効性が低下したという。
福岡県組織犯罪対策課長黒川浩一・警察学論集63巻1号110頁は、暴力団排除条例の制定に関与した立場から暴力団に団体規制的手法の必要を説き、暴対法の見直しの必要を指摘する。
（注8） 『平成24年版警察白書』33頁。
平成23年度の指定暴力団構成員等（準構成員含む）の総数は70,300人。

隠蔽し、暴対法による捕捉不能な事態が噴出している。

　この結果、暴対法によっては、暴力団の資金獲得活動自体を制圧するに限界が生じている。

　イ　**暴力団による襲撃事件、企業テロの頻発、常態化**

　　暴力団の威力利用による脅威、抗争による身体生命の危険といった従来の暴力団被害に加え、近年は暴力団が国民・企業・事業者を直接ターゲットにした襲撃事件が多発し、日本社会を震撼とさせている。

　　全国レベルでは、平成19年から平成24年6月までに105件発生。

　　その態様は拳銃、手榴弾の使用や放火といった危険極まりない。福岡県では、平成19年から平成24年6月までに60件も発生している。

　　全国で発生した事業者に対する襲撃事件の6割が福岡に集中し、さらに暴力団の対立抗争事件では、福岡県の道仁会、九州誠道会による対立抗争が制止されることなく、平成18年以来7年、現在も継続中である。

　　抗争による死者12名、負傷者は13名とされ、平成19年には入院中の一般市民が対立組員と誤認され射殺されている（注9）。

　　かように暴対法は、我が国の暴力団対策、資金源の封圧のみならず治安の根本である国民生活の平穏と安全に功を奏していない。そればかりか、後述する脆弱な警察の捜査権限・手法と相まって、今や暴力団は我が国の暴力団対策、なかんずく警察と国民・社会をなめきっているといっても過言ではあるまい。それは国民・事業者が暴力団の跳梁に孤立忍従を強いられている事態を結果として容認、放置することにつながる。

　　かかる我が国の暴力団対策の貧困と病理は、暴対法が行為規制にとどまっている点に由来するといえよう。

（注9）　警察学論集65巻11号2頁。

2 暴力団に対する団体規制の是非

(1) 行政警察に対する抑制論と同様、団体の規制解散立法について

　我が国の負の遺産である治安維持法により政党・結社の活動が規制され、警察権力が濫用された歴史を抱えている。
　治安維持法（昭和16年法律54号）を概観する。
　帝国の国体、私有財産制度を保護保益として、団体の変革、私有財産制度の否定を目的とする結社を禁止する。同法による当局の取締の焦点は、共産主義に集中し、無令状の拘束、捜索、拷問による行政警察権の行使と法執行がなされた。濫用の原因は、国体の変革、私有財産制度の否認といった構成要件の不明確性、行政執行権行使手続がルーズで、デュープロセスの欠如にあると非難される（注10）。

(2) 戦後の団体規制立法

　戦後の団体規制立法としては、破防法による行政処分としての解散指定、宗教法人法による裁判所による解散命令がある。
　近年、オウム真理教事件を契機に、無差別大量殺人行為団体規制法が制定された（平成11年12月7日）。無差別大量殺人行為とは、破防法の規定する暴力主義的破壊活動と同義であるところから、同法は、破防法の特別法として位置づけられる。
　規制の内容は公安調査庁による観察処分（破防法5条）、再発防止処分（同法8条）がなされる。
　観察処分は、当該団体が無差別大量殺人に及ぶ危険性が存在する場合、団体の活動について公安調査庁に定期的報告義務を負わせる。観察処分の実効

（注10）　奥平康弘『治安維持法小史』（岩波現代文庫2006年）。
三宅正太郎『治安維持法』現代法律学全集37巻。
日弁連民暴委員会第4部会（平成23年4月）田中一郎弁護士報告『治安維持法と暴力団の規制』。

性の確保のための手段として、公安調査官に立入検査権を付与している。

再発防止処分は、観察処分による報告義務の不履行ないし虚偽報告や立入検査の拒否・妨害をした場合、当該団体の活動等の禁止制限を命ずる処分をいう。

(3) **上記各立法の規制対象は、破防法は政治団体、宗教法人法は宗教団体**

無差別大量殺人行為団体規制法は、オウム真理教の事件が契機となり、同事件への適用について破防法、宗教法人法による解散規定が検討された経過からしても、規制対象は宗教団体も想定の対象とされた。

つまり、これらの団体規制立法には、相応の憲法上、あるいは社会的有用な価値の保護との調整が不可避であった。

(4) **暴力団規制の場合**

しかるところ、暴力団の実態は政治的・社会的にも思想的にも無価値な不法利得獲得のみを目的とした犯罪者集団であって、そこには法的に保護すべき社会的価値や有用性は一切ない。

それ故、後述する犯罪対策閣僚会議が策定した「犯罪に強い社会実現のための行動計画2008」（平成20年12月）も、暴力団はその存在自体が許容できない組織と認定し、京都地判平成11.8.27も、「暴力団は社会に有害な存在であることは多言を要しない」と判示するところである。

犯罪対策閣僚会議や裁判例が指摘するとおり、我が国の暴力団対策は暴力団の存在を否定し、団体を規制する方策と手法が検討されなければならない。

3 暴対法と団体規制

(1) **暴対法の規制対象**

いわゆる行為主義に立脚し、暴力団構成員による不当・違法な行為の取締

に限定している（暴対法1条、同法9条等）。暴力団組織、団体それ自体を規制の対象としなかったことに病理の根源があるといえる。

暴対法の制定過程に関与した立法担当者であった警察庁の吉田英法氏は、暴対法について、次のような趣旨説明をされている。

「警察庁では（中略）、個々の暴力団員の当該行為をとらえて規制を行うことが必要且つ合理的であって、（中略）暴力団員に効果的な打撃を与えることができることになる。従って今回の立法にあたり解散命令等の団体そのものに対する直接的な規制は当初より考慮の対象とはしなかったものである」。

立法担当者の警察庁は、暴力団の団体規制をことさら回避する考えに固執した。かかる警察庁の考えを忖度するに、暴対法が制定された平成3年当時の社会的背景、すなわち戦後司法警察の権限しか認められていなかった歴史状況の中で、暴対法という戦後最初の本格的な行政警察立法を創設、導入するには相当な困難があったことは予想される（治安対人権の二項対立論を想起されたい）。ましてや、公安審査委員会や行政警察権限によって暴力団の団体規制や解散指定を行う立法の制定に対しては、破防法に対する批判・抵抗が根強かった状況から、警察庁が強い謙抑性を示したものといえよう。

しかし、平成3年の暴対法制定以降、21年余を経過した今日、社会の価値観は変遷し、行政警察に対するアレルギーは緩和した。他方、立法者が唱えた行為規制に対する批判、暴対法の限界説、ひいては我が国の暴力団対策の根本的見直しを求める国民世論の高揚を等閑視することはできない。現実に、暴力団の脅威により我が国の治安が悪化し、国民生活の平穏が害され、国民経済に深刻な打撃を与えているのであるから、抜本的な対策を検討する必要性は明らかである。

(2) 国民・企業の暴力団排除義務

① 暴力団を規制する主体は本来、国と自治体、警察

国民・企業等の事業者は、国と行政に暴力団の規制と根絶を期待し、良好な治安と健全な経済活動に支障のない社会を期待してしかるべきである。

暴力団は合法・非合法を問わず、企業や取引社会に介入、侵蝕して資金利得を貪る。かかる暴力団ないしは反社会的勢力の行為を制圧・排除すること

は本来国の責務といえる。

　犯罪対策閣僚会議が平成19年６月に策定した「企業が反社会的勢力による被害を防止するための指針」いわゆる政府指針は、すべての取引から暴力団・反社会的勢力を拒絶、排除する責務を事業者・企業に負わせた。また、平成23年10月には、全国の都道府県のすべてで暴力団排除条例が制定された。

　暴力団排除条例は国民・事業者に対して、暴力団・反社会的勢力への利益供与を禁止する義務（法的努力義務）を負わせる。

　政府指針・暴力団排除条例によって、国民・企業は、暴力団と直接対峙して自ら排除しなければならなくなった。国・警察対暴力団から、国民・企業対暴力団へと暴力団対策はパラダイムシフトされたといえよう。我が国の社会には、暴力団との共存、暴力団の利用といった基層風土があり、かかる風土は断ち切らなければならない。

　また、暴力団に対する社会的包囲網を拡げるためにも、国民・企業が暴力団と毅然と対峙して、暴力団を排除することは肝要である。しかし、国家は、暴力団や反社会的勢力と直接対決・対峙し、排除に取り組む国民・企業を守らねばならない。暴力団排除・反社会的勢力排除に努めた国民・企業が襲撃されても検挙できなければ、到底国民・企業の了解は得られない。そればかりか、暴力団対策を推進する政府と警察に対する信頼は失墜し、国民・企業による暴力団排除は大きく後退すること必至といえる。

　警察や政府には従前とは違った新たな効果的な暴力団対策や法制度の整備が求められる。

② 　福岡・北九州市における市民・企業に対する襲撃事件

　先述したとおり、福岡県では平成19年から平成24年６月末までに市民・事業者に対する暴力団による襲撃事件が60件発生している。平成23年と24年に発生した特徴的な襲撃事件11件を列記すると、次の通りとなる(注11)。

・平成23年２月９日、北九州市小倉北区　清水建設の建設現場事務所で社員が銃撃され、負傷。

（注11）　週刊東洋経済　2012年１月28日号　68頁以下「福岡に見る暴力団との戦い」

・2月21日、飯塚市横田　建設会社の事務所に銃弾が撃ち込まれる。
・3月5日、福岡市東区　九州電力の会長宅に爆発物が投げ込まれ、車庫の壁が破損。
・3月5日、福岡市中央区　西部ガスの社長宅玄関先に手榴弾が投げ込まれる。
・5月31日、福岡市中央区　戸田建設九州支店の玄関に3ヵ所の銃弾が撃ち込まれる。
・6月20日、久留米市城島　土木工事会社役員の自宅が自動小銃の銃撃を受け、玄関が破損。
・9月7日、直方市上新入　建設会社社長の運転する車に銃弾2発が撃ち込まれる。
・11月26日、北九州市小倉北区　建設会社の役員が自宅前の路上で胸などを撃たれ、死亡。
・平成24年1月17日、中間市長津　建設会社前の路上で同社社長が銃撃され、重傷。
・4月19日、北九州市小倉南区　福岡県警の元警部がバイクに乗った男に銃撃され、重傷を負う。
・9月26日、北九州市小倉北区　「暴力団員立ち入り禁止」の標章を掲げた飲食店の経営者が、自宅前で尻を刺される。

　これら一連の襲撃事件の内、九州電力会長、西部ガス社長宅事件の狙いは、両社の共同事業であるLNG基地建設工事を暴力団との取引を拒絶し、下請参入を拒絶する大手ゼネコン、清水建設に発注させないことを狙ったものである。当該清水建設の事務所も襲撃されている。

・**平成24年1月17日に発生した中間市の建設会社の社長襲撃事件**
　工事を請負ったゼネコンから地元の二次下請業者の選定を任されるいわゆる「名義人」を襲撃された社長が務めていた。同社長は、暴力団が関係する業者を下請けや孫請に参入させるか否かの役割を果たす業者だった。同社長は、近年暴力団や反社との関係を断とうとして、社員に暴力団反対運動の集会にさせる等をしていた。これら一連の事件はまさしく、このままではこれまで主要な資金源としていた建設業から締め出されることを危惧した暴力団

による報復行為であったとみられる。

　福岡における平成23年以降発生した暴力団による発砲事件や民間人の襲撃事件は、全国最多の22件に及んでいる。

　しかし、実行犯が検挙された事件は、わずか2件にしかすぎないという深刻なかつ由々しき事態が生じている。

　先述した中間市の建設業の「名義人」襲撃事件は、事件発生から1年近くが経過した平成24年12月6日、指定暴力団工藤会系の組織の幹部と構成員1名が実行犯として逮捕され、殺人未遂罪等で起訴された。本件事件は、公判において、動機・目的、指定暴力団工藤会による組織的関与の実態が明らかにされることを期待したい。

　溝口敦氏は、本件事件は暴力団の実態が今や、マフィアに変質し、住民の敵、公共の敵へと変質・脱皮を裏付ける象徴的事件として捉えている（注12）。

・次に、平成24年9月以降続発している「標章」を提示したスナック・飲食店の経営者に対する襲撃事件

　暴力団へのみかじめ料の支払を拒絶する飲食店経営者に対する露骨な報復行為で、前述の建設業の名義人に対する襲撃事件の狙いと共通する。

・暴力団追放運動に取り組む住民を意図的に狙った襲撃・報復事件

　指定暴力団工藤会系の構成員が平成15年8月、北九州市小倉のクラブに手榴弾を投げ、従業員多数に重軽傷を負わせた事件である。クラブの経営者は、地元の暴力団追放運動のリーダーであった。平成22年3月にも、同じく小倉で、暴追運動に取り組む自治会総連合会役員の自宅が襲撃されている。

　さらには、平成24年4月19日には同じく小倉で、福岡県警察の元警部が銃撃されている。同警部は、在職中、暴力団対策の任務にあたっていた。

　かように上記一連の事件は、暴力団と対峙・対決する市民・事業者・企業が暴力団の襲撃の対象とされているばかりか、大半が検挙すらできていない事態には慄然とさせられる。

　　（注12）　溝口敦『続・暴力団』新潮新書13頁。
　　　　　これまで暴力団は事業主などの旦那衆、地場の社長を資金源としていたが、今や金主を殺してでもカネが欲しい。これは完全にマフィアへの変質であるとする。

まさに、暴力団によって治安が破壊され、市民が生命・身体の危険に晒されているのである。企業誘致によって福岡県に進出した企業の中には、暴力団による企業テロの恐怖から、近時福岡から転出する企業が続出し、他方、福岡の恐怖は当然のことながら、企業誘致に困難を来す。暴力団の存在は、福岡県の経済に深刻な影響を及ぼす事態となっている。

③　福岡における暴力団による企業へのテロ、市民へのテロ

この点は、決して福岡県独自の、あるいは福岡一地域の問題に曲解矮小化されてはならない。

福岡で彼ら暴力団が敢行する市民・企業を意図的にターゲットとした襲撃行為は本来、我が国の暴力団が本質的に有する属性、実態そのものなのである。

それ故、福岡で発生している市民・企業への襲撃は、全国各地の暴力団によって敢行される危険を内包している。また、福岡の事態は、我が国の暴力団対策、なかんずく国民・企業に利益供与・取引遮断をの責務を課し、暴力団との対峙・対決を迫る平成19年の政府指針や暴排条例を基軸とする今日の暴力団対策や暴対法に対する暴力団の側からの挑戦として理解される。

当然のことではあるが、我が国の警察・政府はかかる事態を深刻に受け止め、暴対法の限界、今日取り組まれている暴力団対策が機能不全に陥っていることを率直に認め、抜本的な見直しと改革が緊急焦眉の国民的課題であることを認識しなければならない。

行為主義にとらわれ、取締り・規制の対象を暴力団構成員の不当・違法行為に限定するのではなく、暴力団を違法とし、存在それ自体を規制の対象とする暴力団の非合法化、団体規制の法制化はもはや避けられない。

4　暴力団の団体規制・非合法化

(1)　福岡の事態を真摯に受けとめるべき

この事態は、市民・事業者・企業が平成19年の「政府指針」により要請された責務、暴力団排除条例の義務を守り、敢然と暴力団と対決し、暴力団の

拒絶・排除に及んだが故に生じた悲劇である。換言すれば、政府と自治体の定めたコンプライアンスに徹したが故に暴力団の餌食にされたのである。

政府と警察は、暴力団の壊滅を唱えながら、福岡の事態を未然に防止し得なかったばかりか、2年以上もの長期間20数件もの暴力団の凶悪事件が発生しているにもかかわらず、実行犯検挙数がわずか2件にすぎないという我が国の暴力団対策の手詰まりと憂うべき現実を真摯に受け止めねばならない。

我が国の暴力団対策と暴対法に対しては、かねてより規制強化、壊滅に向けた有効な対策・法制度の整備が要請されてきた。その中核は、団体規制とこれを担保する捜査手法の高度化と権限の拡大、そして資金収益の剥奪である（注13）。

暴力団の存在を否定し、非合法化ないしは解散させることが可能であれば、住民・市民や事業者は暴力団と対峙・対決しなくとも良い。その意味では、平成19年の政府指針も、暴力団排除条例も不要である。誤解を恐れずに言うと、今日の暴力団対策は、国民・企業の犠牲のうえに成り立っている。

今日、暴力団の非合法化、団体規制の法制度の枠組みとしては、暴対法を抜本的に改正して解散命令を導入するか、大陸法系の結社罪のような特別立法を創設するか、あるいは英米法系のコンスピラシー、共謀罪を創設するか、多様な見解が提起されている。

千葉県弁護士会民事介入暴力対策委員会は、平成19年に指定暴力団に対して公安委員会による解散命令を発令する暴対法の改正案を提言した（注14）。同提言は、日弁連民暴委員会の評価を得、マスコミも関心を示し、立法に向けた検討が期待された。

しかし、警察庁の対応は消極的で、その後進展が得られなかった。

（注13）　加藤久雄『組織犯罪の研究』（成文堂　平成4年）7頁以下、諸外国の組織犯罪の現状とその法的対応、151頁以下では、暴対法の中に犯罪結社罪と解散命令を導入し得るとされる。

（注14）　読売新聞「組壊滅への法改正提言」平成19年12月23日、朝日新聞「暴力団根絶へ対策急務」平成20年7月9日、「解散命令出せる法を」同年7月29日。

(2) 福岡県知事・北九州市長・福岡市長による暴力団壊滅のための抜本的措置に関する提言

　先述した暴力団による市民・企業に対する一連の襲撃事件が続発し、暴力団の危機に晒される福岡では、我が国の脆弱な暴力団対策を批判・危惧して、福岡県知事・公安委員会・福岡市長・北九州市長の４者が国家公安委員会と警察庁に対して、平成23年４月「暴力団壊滅のための抜本的措置に関する要請書」を提出した (注15)。

　要請の骨子は、
① 暴対法を抜本的に見直して、民間事業者等への襲撃を防止する実効性のある法的措置
② 暴力団等犯罪組織に対する有効な捜査手段の導入
③ 暴力団の所得に対する課税
④ 各省庁による許認可事務等における暴力団排除規定の整備

の４点である。

　福岡の行政当局による要請と提言は、暴対法に依拠した我が国の暴力団対策が、暴力団壊滅に功を奏していない現実を改めて明白にした。

　要請の①は、福岡の事態は、暴力団員の行為規制を目的とした暴対法では、民間事業者に対する襲撃事件を防止し得ないと断じていることに注目すべきである。暴力団壊滅に実効性のある対策として、団体規制の法的措置の実現を求めている。

　次に②の要請は、暴力団による組織犯罪の立証・首魁の検挙に必要な情報収集の捜査手法として、通信傍受の要件緩和、おとり捜査、司法取引等の導入により、暴力団犯罪の組織性の解明、客観的証拠の入手を容易にする立法措置を求めるものである。かかる要請は、暴力団の組事務所・住居や乗用車等に侵入して録音・録画機器等の監視機器を設置して、暴力団の首魁、幹部の言動を傍受記録して証拠化する、いわゆる「会話傍受」や捜査官が仮装の身分を使用して暴力団の首魁・幹部や関係者に接触して情報・証拠収集を行

(注15) 前掲（注９）14頁、注(4)。

ういわゆる「仮装身分捜査」等の捜査の高度化と捜査手法の導入を肯定するものといえよう。

規制の対象を当該暴力団員の行為に限定し、暴力団組織の存在を是認し、暴力団の組織犯罪自体を規制の対象としない現行暴対法や組織犯罪の処罰及び犯罪収益の規制に関する法律その他の既成の我が国の法制度の下では、福岡県知事らが導入を求める暴力団に対する捜査権限の拡大・捜査手法の高度化の実現は困難である。

かかる捜査手法を導入するには、暴力団の存在、暴力団組織それ自体を否定、違法とし、非合法化することが必要である。

けだし、かかる捜査手法を導入している欧米では、マフィア等犯罪組織それ自体を非合法としているが故である。

加えて、福岡の要請③④は、暴力団の資金・収益の剥奪と国・地方公共団体あげて行政事務事業から暴力団を排除する法制と施策の整備を求めるものである。これは、関係省庁・行政機関が統一した総合的な暴力団壊滅を目的とした政策を指向するものといえる。福岡県知事らによる要請は、新たな従来の暴力団対策を抜本的に改革し、我が国が総力をあげて取り組むべき新しい総合的な暴力団対策の提言として真摯に受け止めねばならない。

(3) 平成24年度暴対法改正と課題

平成24年8月1日、5次暴対法改正法が公布された（資料編596頁参照（注16））。

① 今回の改正は、先述の福岡県知事らの要請が契機

（注16）　前同3頁　改正の主要な項目は、次の8つである。
　① 特定抗争指定暴力団等の指定制度の創設、
　② 特定危険指定暴力団等の指定制度の創設、
　③ 都道府県暴力追放運動推進センター（以下「都道府県センター」という。）による暴力団事務所の使用差止請求制度の創設、
　④ 暴力的要求行為の規制の強化、
　⑤ 準暴力的要求行為の規制の強化、
　⑥ 縄張に係る禁止行為に関する規定の整備、
　⑦ 罰則の引上げ、
　⑧ 国及び地方公共団体ならびに事業者の責務に関する規定の整備、である。

今回の改正では、事業に関してではあるが、行政自体に暴力団排除の責務を明文化した（改正法32条１項・２項）ことは、福岡の提言との関係で、警察以外の行政組織との連携、暴力団行政を一歩進めることになり、一定の評価が可能である。
　適格団体による事務所使用差止請求制度の創設（改正法32条の４以下）については、本制度の趣旨目的が民事訴訟において当事者とされてきた付近住民の保護にあることからすれば、、訴訟と関係費用は、国・地方公共団体が負担すべきところ、今回の改正では、かかる施策が実現されなかった点では、画竜点晴を欠く制度である。我が国の暴力団対策の限界を露呈したものといえる。

②　今回の改正に際しては、福岡県知事らの要請と提言に応えるべき暴力団壊滅の法制度、暴対法の抜本的改正が求められた

　暴対法は、制定後数次の改正が重ねられているが、こうした改正が必要となるのは、暴対法が暴力団構成員の行為のみを規制対象とした暴力団の組織それ自体を規制の対象から除外したことに起因していることは先述したとおりである。
　しかるところ、今回の暴対法改正に際して設置された、改正案を検討する有識者会議においても、暴対法を抜本的に見直し、暴力団を根こそぎ取り締まる方法を検討すべきという意見や暴力団壊滅を国の責務とする暴力団対策基本法を制定すべきという意見が出されている（注17）。また、今回の暴対法改正に係る国会審議においても、「そもそも暴力団を非合法化すべきである」という指摘が度々なされた経過がある（注18）。
　ところが、暴力団の団体規制・非合法化論に対する警察庁の見解は、憲法との関係、また強制的に解散させる制度の実効性の担保に問題がある。暴力団が犯罪の実行を目的としていることが解散や団体規制の要件となるところ、これを立証するために必要な証拠を収集する手段が十分とはいえない旨

（注17）　http://www.npa.go.jp/sosikihanzai/kikakubunseki/bunseki/2012010 5_houkokusyo.pdf。
　　　　『暴力団対策に関する有識者会議報告書』12頁、22頁。
（注18）　警察学論集65巻11号12頁。
（注19）　前同　13頁。

を理由に、暴対法の非合法化に反対する（注19）。

　平成3年暴対法制定当時、暴対法が戦後最初の行政警察立法であったという社会的・歴史的制約から、行政警察権限により暴力団の解散・団体規制に対して、立法者の警察庁が謙抑的になったことは一応理解できるとしても、制定後21年を経た今日でさえ、警察庁が頑なまでに行為規制に固執し、暴力団の非合法化・団体規制に反対するのか理解できない。

　暴対法制定以降も暴力団活動の脅威と暴力団犯罪の横行がわが国の治安を害し、国民・事業者の生命身体・財産に甚大な危険を及ぼし、それ故、暴力団の存在を否定し、非合法化を必要とする立法事実が顕著に存在することは本稿において明らかにしてきたところである。

　今回の改正暴対法が創設した「対立抗争に伴う市民への危害の防止のための既成の強化」（改正法15条の二〜15条の四、15条1項・同2項）と「特定危険指定暴力団等の指定」（改正法30条の8、3の12、46条）の効果は未定である。しかし、一定の効果を期待し得たとしても、暴力団を非合法化することによる効果とは比べようもない。

　国民・事業者が求めるあるべき我が国の暴力団対策は、暴力団の非合法化を基本に据えて、これを実現する効果的な法制度と諸施策を検討する。非合法化が達成され、したがって地下に潜行した暴力団組織の壊滅にも対応し得る多面的・多角的な制度と施策を創設することである。

　それには、警察を含めた政府の政策として、全省庁と地方公共団体とが連携した暴力団対策の総合的施策が必要とされる。かかる総合的暴力団対策を推進するには、これを担保する法的財政的措置の裏付けと全体を統括する中核機関を設置しなければならない。そして、かかるスキームを実現する基本立法の制定が必要となる。

　それが暴力団対策基本法である。

5　暴力団対策基本法の構想

(1)　政策論の必要

①　政策目標の明確化

　暴力団壊滅政策を策定するにはまず、政策目標を明確にしなければならない。目標は、あくまでも暴力団の非合法化の実現と地下に潜行した暴力団犯罪組織の壊滅である。今日の我が国の暴力団対策は政策目標があいまいで、これによって混乱が生じている。

　暴力団非合法化のプロセスや方向については、前記4の1で述べた、暴対法の中に解散命令を導入するか、結社罪や共謀罪の特別立法その他が考えられる。我が国は何れを選択するか、どのような枠組み・スキームにするか、また警察庁が危惧する憲法論、解散の実効性や非合法化の要件とその立証問題等々の諸課題についても、その検討を暴対法の運用を踏襲してきた警察庁の専権に委ねるのではなく、暴力団対策の基本計画に係わるのであるから、別途、非合法化政策立案機関を設置して検討すべきである。

②　総合的な政策の必要

　暴力団の非合法化・暴力団壊滅の政策目標を実現する政策・施策は広汎かつ多様である。

　まず、㋐捜査権限の拡大と捜査手法の高度化が必須である (注20)。非合法化の要件・解散の要件を立証する資料の入手・情報収集に必要なツール。そして、非合法化・解散後なお地下に潜行し、あるいは偽装解散する暴力団の組織犯罪を摘発検挙する捜査手法と法制度の整備・創設。行政警察と令状による司法警察の権限の配分、法務省・税関行政当局、出入国管理行政当局との連携が少なくとも必要である。

　㋑暴力団の資金源・収益の剥奪である。これは刑事没収追徴の拡大のみな

(注20)　警察学論集65巻7号40頁以下、捜査手法・取調べの高度化を図るための研究会最終報告によれば、暴力団事件について通信傍受の要件緩和、仮装身分捜査の有効性が指摘された。しかし、会話傍受の導入を否定、司法取引は慎重である。

らず、税務行政当局と連携した課税徴収。行政上の義務履行確保手段として制裁金課懲金の法制化やその他の行政規制のツールを暴力団に集中することにより、資金剥奪の効率化を実現することが可能となる。それには、関連する各省庁や行政当局の一体的連携協働作業が不可欠となる。

㋕各行政庁の持つ許認可権・監督権限の行使や行政執行を暴力団に集中する。加うるに、国民・事業者の暴力団壊滅政策に対する理解と協力も不可欠である。

かように暴力団壊滅対策について、関連省庁・自治体その他の行政機関等による連携一体した協働対応が必須となり、これを実現する総合的政策が企画立案されなければならない。

③　各種政策を統御するための政策

暴力団壊滅には、広汎な総合的政策が必要であることが明らかとなった。しかし、総合的政策を支える政策論がなければ、バラバラな縦割セクショナル行政の元の状態に戻ってしまう。

総合的な暴力団政策を統御する政策と、これを推進するガバナンスシステムが不可欠である（注21）。

④　犯罪対策閣僚会議

㋐　政府は、治安強化を目的として、犯罪全般について、その対策の検討を行うために、平成15年9月、犯罪対策閣僚会議を設置

犯罪対策閣僚会議は、全閣僚を構成員とし、内閣総理大臣が主宰し、内閣官房に設置される。内閣官房に設置したのは、内閣官房が内閣と総理大臣の補佐機関として、各省庁を統合調整する権限と機能を有し、各省庁に対するリーダーシップと政策立案能力を有しているが故である（注22）。

犯罪対策閣僚会議では、犯罪対策を政府を挙げて取り組むべき課題として位置づけ、総合的な犯罪対策の企画立案がなされ、5年ごとに「犯罪に強い社会の実現のための行動計画」を策定している（2003年、2008年）。

（注21）　田村正博、警察学論集59巻5号56頁以下「社会安全政策論」は、暴力団壊滅の政策論を検討するうえで示唆に富む。

（注22）　http://www.kantei.go.jp/jp/singi/hanzai/konkyo.html
犯罪対策閣僚会議の政策形式過程、内閣官房の統合調整機能については、荻野徹・警察学論集59巻10号「内閣の重要課題としての犯罪対策」。

暴力団対策も犯罪対策閣僚会議の重要な検討課題の１つに挙げられており、2003年、2008年の犯罪に強い社会の実現のための行動計画の中にも暴力団対策が取り入れられている。

　㋑　**犯罪対策閣僚会議における暴力団対策の限界**

犯罪対策閣僚会議は、全閣僚がメンバーであるところから、全省庁が統一、統合して総合的な政策を検討できることになっている。

しかし、犯罪対策閣僚会議は閣議の口頭了解によって発足した政府の任意の機関であって、会議の設置が法的に義務付けられたものではない。それ故、会議で策定される政策・施策には法的措置、財政的措置を講じることは義務付けられていない。したがって、会議の了解、政府指針、会議の申合せといった体裁がとられることが多い。

犯罪対策閣僚会議の検討目的は、あくまでも犯罪全般であって、犯罪の一類型として暴力団ないしは暴力団犯罪が検討される。

犯罪の中でも暴力団犯罪は我が国の治安を害し、国民・事業者の生命身体・財産に危険を及ぼす最たるものである。暴力団犯罪は組織性、規模、巧妙性、被害の甚大性、反復継続性等から一般犯罪とは異なる政策課題が求められる。したがって、対策・政策を検討・策定するにあたっては、一般犯罪とは別に、暴力団や暴力団犯罪、暴力団対策に特化した検討と検討のための専門機関を別途設置しなければならない。

(2)　**暴力団対策基本法の必要**

①　**暴対基本法の構想と制度設計**

暴力団対策には、上記3(1)で触れた政策目標の設定、実効性のある総合的施策の企画立案と策定、ならびに各種施策を担う各省庁を統御し、施策の施行と適正な運用を監視監督する機関が必要である。かかる要請を実現するには、暴力団対策に特化した総合的施策の策定を国と地方公共団体の責務として法的に義務付ける意義と必要性は高い。

暴力団対策基本法の構想と設度設計は、

ⅰ暴力団壊滅施策の基本理念を明らかにする、

ⅱ基本的施策を定め、政府は施策を実施する法制・財政上の措置を講じ

る義務を負う、

ⅲ施策の総合的且つ計画的な推進を図るための基本計画を定める、

ⅳ基本計画を企画・立案し、運用推進する国の機関を設置する、

というものである。

② 基本法の性格

一般に、基本法は、重要な国政上の課題・政策に関して基本理念と基本方針・大綱を明示する。

基本法は、当該分野における法体系の中で親法としての優越的地位を有し、当該分野の施策を方向付け、関連する法律と行政を指導誘導する機能を有する(注23)。

近時多数の基本法が制定され、憲法→基本法→法律→命令という方体系が一般化されるに至っている。

③ 暴力団から被害を受けない権利の確立

従来我が国では、犯罪対策や暴力団対策は、警察ないし政府が主体であって、警察や他の行政機関による国民への係わり方を問題としてきたといえる。しかし、かような論理と思考からは、警察や政府の行う暴力団対策は、国民に対する恩恵ないし、反射的利益にすぎない帰結となる。

㋐ 国民は「暴力団から被害を受けない権利」を有する

暴力団から被害を受けない権利の性質には2つの側面がある。

1つは、暴力団排除の積極的施策を国家に求める社会権として、憲法25条の生存権から導き出される憲法上の権利である。

他の1つは、平和的生活環境の享受を妨げられない自由権として憲法13条の幸福追求権から導き出される憲法上の権利である。

㋑ 暴力団対策基本法に、暴力団から被害を受けない権利を基本理念として宣言することの意義

暴力団の壊滅は、本来国の基本的な責務であり、したがって国と地方公共団体は、暴力団壊滅を実現するために上述した暴力団対策の総合的政策と施策を策定する責務を有する。基本法の理念として国民の権利を宣言すること

(注23) 参議院法制局・法政執務コラム集。

によって、暴力団を壊滅する国と地方公共団体の責務を法的規範的責務として明確化することができる。これにより強力かつ積極的な総合的施策の策定と実施が期待できる。

公共サービス基本法（平成21年5月21日）、犯罪被害者等基本法（平成16年12月8日）、消費者基本法（昭和43年5月30日）には、基本理念としてこの権利を明記宣言している（国民の暴力団から被害を受けない権利については、熊本弁護士会林誠弁護士が日弁連民暴委員会第4部会に報告された憲法上の人権としての「暴力団から被害を受けない権利」の優れた論考を引用させていただいた。）。

(3) 暴力団対策基本法の立法過程

① 各政党の協力による議員立法

暴力団対策は、政治的立場を問わず、国民の共通の願いである。

そこで、各政党が協力して、暴力団対策法の制定に向けたプロジェクトチームを設置し、議員立法をしていくべきと考える。

② 立法化の展望

これまでの我が国の暴力団対策を国民は納得、了解していない。そればかりか、近時の厳しい暴力団情勢、ことに福岡における一連の襲撃事件は、暴力団の脅威に日本社会が震撼とさせられている。国民は、暴力団によって治安が悪化、生活の平穏と治安が脅かされる今日の事態を心底危惧している。

であるからこそ、国民は短期間に暴排条例を全国の都道府県で制定することに同意した。しかし、これで国民の恐怖と不安が解消されたわけではない。

国民は警察・政府が行う暴力団対策の抜本的改革を求めている。

暴力団対策基本法は、かかる国民の要望に応える立法といえる。

第Ⅶ章 暴力団対策基本法制への考察

暴力団対策基本法試案の概要

弁護士 三井 義廣

1 検討の経緯

　日弁連民事介入暴力対策委員会では部会制を取っており、平成20年以降は第1部会が「市民生活の安全と被害者の支援」、第2部会が「経済活動・取引活動」、第3部会が「行政対象暴力」という分野を担当し、第4部会はこうした具体的な対策から離れ「総合的対策と長期的課題を検討する部会」とされている。この第4部会において平成22年から暴力団対策基本法の制定が検討された。これまで述べたような状況認識を踏まえ、暴力団対策法による暴力団の規制に限界があり、さらに進んだ対策を検討する必要があるとの問題意識に基づくものであった。

　暴力団対策法は、暴力団を定義し、既存の暴力団を同法上の暴力団と指定し、その構成員が行う特定の行為を規制するという手法、すなわち行為規制を基本としている。このことが暴力団対策法による規制の限界をもたらしていることから、これを越える新たな対策は、暴力団という存在自体が許されるものではないという基本的な立場を明確にし、したがって暴力団あるいは暴力団員であることだけを理由とする規制を大幅に拡げるものでなければならない。これは、実質的には暴力団に対する団体規制とも評価できるが、単に結社罪や加入罪を新設し、あるいは直接的に暴力団の解散を命ずるという単純な団体規制だけでは不十分である。既存の暴力団が解散を命ぜられたとしても、名称を変えて新たな組織を立ち上げればいわゆるいたちごっこに陥

るだけである。新たな対策は、暴力団員であることによって社会生活上のあらゆる場面において制約を課し、暴力団員であり続けることを不可能とするものでなければならない。

こうした対策に合致する新たな立法として、基本法の制定という手法を検討することとした。基本法とは、国の制度・政策に関する理念・基本方針が示されているとともに、その方針に沿った措置を講ずべきことを定めている法律であり、具体的な諸施策は、個別法によって遂行されるものである。

基本法としてすでに成立しているものは40程あるが、比較的最近の法律で市民の被害を救済し防止するという理念に基づくものとして犯罪被害者基本法がある。この基本法が犯罪被害者の基本的権利を明確に構築し、種々の制度を実現した功績は大きいことから、これを手本として暴力団対策に関する基本法の構成を検討した。

2　基本法の構成

暴力団対策基本法試案は、制定文（前文）、総則、基本的施策、暴力団対策推進会議の各章から構成される。

制定文では、この法律を制定するに至った理由や目的を述べる（532頁参照）。

第1章総則では（534頁以降参照）、第1条で基本法の目的、第2条で用語の定義を定めた後、第3条では基本理念を明示し、第4条から第7条で国、地方公共団体、国民の責務、そしてそれらの連携協力を定める。第8条では、基本計画の制定を定め、第9条で、政府の法制上の措置を講ずる責務を定め、第10条により、政府の年次報告の義務を定める。

第2章基本的施策では（541頁以降参照）、基本理念に基づく具体的な諸施策を講ずべきことが列挙してある。

第3章の暴力団対策推進会議（552頁以降参照）では、基本計画の作成、諸施策の推進、その実施状況を検証、評価、監視する機関として内閣府に暴力団対策推進会議を置くことを定める。

以下、各条文について紹介する。

3 制定文

【制定文】

　わが国では、暴力団が国民の生命、身体、自由、財産等に対し被害を与えてきただけでなく、国民の健全な経済活動に対して重大な悪影響を与えてきた。さらに、わが国の暴力団は、薬物犯罪やマネーロンダリングなどにより、国際社会に対しても少なからぬ脅威を与えてきた。

　そこで、わが国では、暴力団員による不当な行為の防止等に関する法律（平成3年5月15日法律第77号）、組織的な犯罪の処罰及び犯罪収益の規制等に関する法律（平成11年8月18日法律第136号）などを制定し、暴力団員の行う暴力的要求行為や組織的な犯罪による収益の規制等について必要な法整備を行うなどして、市民生活の安全と平穏の確保を図り、もって国民の自由と権利を保護するために、様々な努力が積み重ねられてきた。

　しかしながら、かかる暴力団対策にもかかわらず、暴力団員等（暴力団の構成員及び準構成員）の数及び暴力団犯罪の検挙人員は、必ずしも奏功していると評価できるほどには減少していない。むしろ、暴力団が国民の生命、身体、自由、財産等に対し深刻かつ重大な被害を与えた事案や暴力団が国民の健全な経済活動に対して深刻かつ重大な悪影響を与えた事案が跡を絶たない情勢にある。

　わが国では、犯罪対策閣僚会議（平成15年9月2日閣議口頭了解）が平成19年6月に「企業が反社会的勢力による被害を防止するための指針」を策定して、民間企業に対し、暴力団を中心とする反社会的勢力の排除のための対応を求め、さらに平成21年12月に「公共事業等からの暴力団排除の取組について」を決定し、政府としてあらゆる公共事業等からの暴力団排除に取り組んできているが、暴力団の排除への取組みは、本来的には、国の責務である。また、わが国では、多数の地方公共団体によって暴力団排除条例が制定されてきているが、条例制定権の限界があるため条例では抜本的な施策を実現することが困難である。

　諸外国では、組織的な犯罪や暴力的不法行為等を行う団体の存在自体が法律によって規制され、または組織犯罪における「共謀罪」が規定されており、わが国のように、組織犯罪対策として、犯罪組織の結成・参加や組織犯罪における共謀罪が法律上規定されていないのは、極めて異例である。

　暴力団による組織犯罪については、暴力団がなくならない限り、国民の恐怖感が消えることはない。国民の生命、身体、自由、財産等への被害の抑止

> は重要な課題であり、国民の立場に立って「国民が暴力団から被害を受けない権利」の保障を図るための安全で平穏な社会の実現へ向け、新たな暴力団対策の総合的施策を検討しなければならない。
> 　ここに、暴力団根絶のための施策を総合的かつ計画的に推進して、もって国民の安全で平穏な生活を確保し、事業活動の健全な発展に寄与することを目的として、この法律を制定する。

(1) 制定の背景と理由

　暴力団は、暴力あるいは暴力による威力を利用して資金獲得活動を行う団体である。暴力団によって国民の生命、身体、自由、財産という個人的法益のみならず、健全な経済活動という社会的法益にまで被害が及ぶ。さらには、薬物犯罪やマネーロンダリングなどを考えれば、その被害は国際社会全体の平穏も害するものである。こうした被害から国民を守り、国際社会の平穏を維持する必要がある。

　これまでの暴力団対策を振り返れば、いわゆる暴力団対策法、組織犯罪処罰法などによる対策が取られて来たが、暴力団構成員及び準構成員の数は7〜8万人台で推移しており、明確に功をを奏しているものとは言い難い現状にある。

　さらに最近では、犯罪対策閣僚会議による「指針」の策定により、企業は反社会的勢力との一切の関係遮断が求められるなどし、また全国の都道府県において暴力団排除条例が制定され、市民が暴力団に対して利益を供与することが禁じられるなどの対策が取られている。これらは暴力団に流入する資金を断つことによってその勢力の衰退を図ろうとする対策であるが、これを行う主体は市民や企業とされる。しかし、暴力団を排除する責務は本来国が負うべきものであって、市民や企業の負担に頼るべきものではない筈である。また、条例はあくまで国の法令の下位に位置するものであり、それによる対策には自ずから限界がある。

　このような情勢に鑑みて新たに暴力団対策基本法を制定するという理由を述べるものである。

(2) 基本法の目的

　犯罪的組織の結成、参加を犯罪とする諸外国の立法例としては、フランス、ドイツ、オーストリア、スイス、イタリアなどに見られ、共謀罪を規定する立法例はアメリカ、イギリスなどに見られる。こうした犯罪を規定していない日本は先進諸国の中では異例である。

　国民の生命、身体、自由、財産等の被害の抑止は国の最重要課題であり、暴力団によるこれらの被害の抑止は暴力団の根絶なくして実現しない。国民は、暴力団からの被害を受けない権利を有するものであり、国はその権利の保障を図ることを目的として暴力団根絶に向けた総合的かつ計画的な施策を推進しなければならない。この基本法は、そうした目的のために制定されたものであることを宣言する。

4　第1章　総則

(1) 第1条　目的

> 　この法律は、暴力団による被害及び暴力団の根絶に向けて、基本理念を定め、並びに国、地方公共団体及び国民の責務を明らかにするとともに、その基本理念を実現するため施策の基本となる事項を定めること等により、当該施策を総合的かつ計画的に推進し、もって国民の暴力団から被害を受けない権利を保障し、事業活動の健全な発展に寄与することを目的とする。

① 暴力団による被害及び暴力団の根絶

　この法律の目的とするものが、暴力団による被害の根絶だけでなく、暴力団という組織自体の根絶をも目的とすることを明言する。暴力団の根絶すなわち壊滅を目的としても憲法上の結社の自由を侵害するものとはならない。暴力団は、常習的犯罪者集団であり、暴力あるいは暴力による威力を利用し

て資金獲得活動を行う団体であることから、そもそも結社の自由の保障の埒外にあると考えられる。

このような団体あるいは団体への所属を規制する法律を制定しようとする場合、戦前の治安維持法に類似する法律として議論される。しかし、治安維持法の問題点は、構成要件の不明確性と手続の杜撰さにあり、それ故に濫用が多発したことにあったと解されるところ、この基本法では第2条で述べるように、規制の対象は暴力団対策法の定義を利用し、同法において定義される暴力団と同様とされている。暴力団対策法はすでに施行後20年を経過しており、この間に同法による暴力団として指定された団体は暴力団以外に及んだことはなく適正に指定されている。したがって、基本法においても規制の対象が暴力団以外に及ぶ濫用の危険はないと言え、治安維持法類似の危険性の指摘はあたらない。

② 基本法の内容

基本法では、

① 基本理念を定める、

② 国、地方公共団体、国民の責務を明らかにする、

③ 基本理念を実現するための施策の基本となる事項を定める、

ことが内容となる。

この他、内閣府に暴力団対策推進会議を設置することも定められている。

(2) 第2条　定　義

> この法律において、次の各号に掲げる用語の意義は、それぞれ当該各号に定めるところによる。
> 　一　暴力団　「暴力団員による不当な行為の防止等に関する法律」（平成3年5月15日法律第77号）第2条第2号ないし第5号に規定する暴力団をいう。
> 　二　暴力団員　同法第2条第6号に規定する暴力団員をいう。
> 　三　暴力団員等　暴力団員又は暴力団員でなくなった日から5年を経過しない者をいう。
> 　四　暴力団密接関係者　暴力団又は暴力団員と密接な関係を有するものと

して国家公安委員会規則で定める者をいう。

　「暴力団」、「暴力団員」については、暴力団対策法第2条2ないし5号あるいは6号の規定を利用し定義している。2号が入ることにより必ずしも同法による指定を受けた暴力団ではない暴力団も含まれることとなるが、現状でも暴力団であると把握されながら指定を受けていない暴力団の数はごく少ないものであり、この規定をもって濫用の危険を指摘することはできない。あるいは、定義として指定を受けた暴力団に限定するということも可能である。

　「暴力団員等」については、暴力団員の他に暴力団員でなくなった日から5年以内の者を含む。暴力団員等が対象となる規定は第16条、第18条、第20条である。

　「暴力団密接関係者」については、大阪府暴力団排除条例（平成22年大阪府条例第58号）などに使用例がある。たとえば、暴力団員とゴルフをともにする者などをいい、密接な関係の内容については国家公安委員会規則で定めるとされている。暴力団密接関係者が対象となる規定は第12条、第13条、第14条、第15条、第16条、第18条である。

(3) 第3条　基本理念

1　すべて国民は、暴力団による被害から、その生命・身体・自由及び財産等の安全を保障される権利を有する。
2　暴力団による被害を根絶するための施策は、前項の権利を実現することを目的としつつ、暴力団による被害の根絶のためには、個々の行為だけに着目するのではなく、暴力団を根絶することが重要であることを前提として、実施されなければならない。
3　暴力団を根絶するための施策は、その存在自体が許容できないものであることを前提として、速やかに実施されなければならない。

① 安全を保障される権利

「暴力団による被害からその生命・身体・自由及び財産等の安全を保障される権利」をすべての国民が保有することを基本理念の1番に規定する。

基本法の性格上、それが憲法と個別法とをつなぐ機能を持ち、憲法の理念を具体化する役割を果たすものといわれている。また基本法は、国の制度・政策に関する理念・基本方針を示し、それに沿った立法上・行政上の措置を講ずべきことを定めるものである。こうした観点からは、暴力団からの安全を保障されることが、憲法上保障される新しい人権の1つとして確立されることが望ましい。検討の過程においては、これを権利とするか単に保障される「利益」とするかについて議論があったが、本稿では「権利」とした。現に、暴力団事務所使用差止訴訟では、差止の被保全権利として人格権の一態様としての権利性が認められている。

基本法に基づくすべての立法、諸施策は、国民がこうした権利を保有しているという認識に立って立案・遂行されなければならない。

② 暴力団の根絶

暴力団による被害を根絶するためには、暴力団対策法のように暴力団の行為を規制するだけでは不十分であり、暴力団という存在そのものを根絶すなわち壊滅するという考え方に立たなければならないことを宣言するものである。基本法を検討することとなった経緯において述べたとおり、現在の暴力団対策法による規制を一歩進めて、暴力団という属性自体を規制の対象とすることに基本法制定の目的があるが、その目指すところは暴力団の壊滅でなければならない。

すでに、平成20年12月に犯罪対策閣僚会議が発表した「犯罪に強い社会実現のための行動計画2008」では、「暴力団は、その存在自体が許容できない組織である」と明記されている。しかし、既存の法令では暴力団という組織の存在を否定することを前提として制定されているものはなく、基本法によってこれを切り開くものであることを明らかにする意図がある。

さらに、暴力団根絶のための施策は速やかに実施されなければならない。ことに、ここ数年の福岡県の状況などを見れば、暴力団による被害が続出しながら他方でその検挙は困難な事態に陥っており、暴力団の根絶が急務であ

ることがわかる。

(4) 第4条　国の責務

> 国は、前条の基本理念（以下「基本理念」という。）にのっとり、暴力団による被害を根絶するための施策及び暴力団を根絶するための施策を総合的に策定し、実施する責務を有する。

(5) 第5条　地方公共団体の責務

> 地方公共団体は、基本理念にのっとり、暴力団による被害を根絶するための施策及び暴力団を根絶するための施策を国との適切な役割分担を踏まえ、地域の状況に応じて策定し、実施する責務を有する。

(6) 第6条　国民の責務

> 国民は、基本理念にのっとり、国及び地方公共団体が実施する暴力団による被害を根絶するための施策及び暴力団を根絶するための施策に協力するよう努めなければならない。

(7) 第7条　連携協力

> 国、地方公共団体、暴力追放運動推進センター、その他の関係機関、暴力団による被害者の援助を行う民間の団体その他の関係を有する者は、基本理

> 念のための施策が円滑に実施されるよう、相互に連携を図りながら協力しなければならない。

　基本理念にのっとり暴力団被害を根絶し、暴力団そのものも根絶する責務は国が負うことが基本である。地方公共団体も同様の責務を負うが、国の施策との役割分担をし、地域の特殊性に応じたものにしなければならない。
　他方、国民はあくまで国が行う施策に対して協力する責務を負うだけであり、国民がその責務を負う主体となるものではない。
　さらに、国や地方公共団体、暴力追放運動推進センターなどの機関だけでなく暴力団被害者の支援や暴力団排除運動を行う民間団体あるいは個人も、暴力団の根絶に向けて相互に連携を図っていくことは重要である。

(8)　第8条　基本計画

> 1　政府は、暴力団による被害を根絶するための施策及び暴力団を根絶するための施策の総合的かつ計画的な推進を図ることを目的とした基本的な計画（以下「暴力団対策基本計画」という）を定めなければならない。
> 2　暴力団対策基本計画は、次に掲げる事項について定めるものとする
> 　一　総合的かつ長期的に講ずべき暴力団による被害を根絶するための施策及び暴力団を根絶するための施策（以下「暴力団対策」という）の大綱
> 　二　前号に掲げるもののほか、暴力団対策を総合的かつ計画的に推進するために必要な事項
> 3　内閣総理大臣は、暴力団対策基本計画につき閣議の決定を求めなければならない。
> 4　内閣総理大臣は、前項の規定による閣議の決定があったときは、遅滞なく、暴力団対策基本計画を公表しなければならない。
> 5　前2項の規定は、暴力団対策基本計画の変更について準用する。

　基本理念にのっとり政府は、暴力団被害の根絶と暴力団の根絶のための施

策を行うこととなるが、その施策が総合的かつ計画的に行われるように基本計画を策定しなければならないとするものである。この基本計画の案は、内閣府に設置する暴力団対策推進会議において検討され作成される（第25条）。その上で基本計画は閣議決定されて公表される。

　基本計画の策定が何年毎に行われるかについては明記していない。これまでの例では5年程度で見直しが行われることが多いと思われ、暴力団対策についても同様の期間程度が妥当と思われる。この間、暴力団対策推進会議は基本計画に基づく施策の実施状況を検証・評価することになり（第25条）、その結果を毎年国会に報告することになる（第10条）。

(9)　第9条　法制上の措置

> 　政府は、この法律の目的を達成するため、必要な法制上又は財産上の措置及びその他の措置を講じなければならない。

　政府に、基本法に基づく法制上または財政上の措置を講ずる義務を明記するものである。立法による措置のみでなく、財政上の措置も講じなければならない。暴力団の根絶が国の責務であることからすれば、これを行うために必要な資金は国が負担すべきであると言わなければならない。

(10)　第10条　年　次　報　告

> 　政府は、毎年、国会に政府が講じた暴力団対策のための施策についての報告を提出しなければならない。

　国会への毎年の報告義務を明記するものである。報告の内容は、基本計画にのっとり政府が講じた法制上あるいは財政上の措置などの施策、その実施状況の検証、評価である。

5　第2章　基本的施策

(1)　第11条　相談及び情報の提供等

> 　国及び地方公共団体は、暴力団による被害の回復及び被害の防止、暴力団の根絶のための活動等に関する各般の問題について相談に応じ、必要な情報の提供及び助言を行う等、必要な施策を講ずるものとする。

　暴力団による被害者、暴力団排除活動を行う民間の団体・個人などは、必ずしも十分な知識と経験あるいは情報を持つものではない。したがって、必要な相談体制、情報提供の体制は国あるいは地方公共団体が整備しなければならない。
　この規定によって講ずべき具体的な施策としては、以下のようなものが考えられる。
① 　全国暴力追放運動推進センター、各都道府県暴力追放運動推進センターに対する運営及び財政上の支援
② 　各都道府県暴力追放運動推進センター、各弁護士会民事介入暴力対策委員会を中心とする関係機関の連携により、相談窓口を整備・充実させること
③ 　同様にこれらの関係機関に対する総合的な情報提供の実施
④ 　民間の団体・個人に対する的確な情報提供の実施

(2)　第12条　事業の許可からの暴力団排除

> 　国及び地方公共団体は、事業又は事業者の許可を行う場合に、暴力団、暴力団員及び暴力団密接関係者に対しては許可を与えないようにする制度を設けるなど、暴力団、暴力団員及び暴力団密接関係者を排除するための施策を

講ずるものとする。

　暴力団対策法第9条21号及び22号に行政庁の許認可に関する規定がある。暴力団員が法令に定められた許認可の要件に該当しないにもかかわらず許認可をすることを要求すること、あるいは他の者がした申請が許認可の要件に該当するにもかかわらず許認可をしないことを要求することは、暴力的要求行為として中止命令の対象となる。しかし、そもそも許認可制度は何らかの事業を行う場合に一定の条件等を付してその事業の適正を図る制度であるから、常習的犯罪者集団として不法な利益追求を目的とする暴力団に許認可を得させることになるのは不当である。したがって、あらゆる許認可において暴力団あるいはその関係者であることが排除される制度でなければならない。

　また、許認可手続は、行政書士等が申請手続を代行することが多いことからすれば、行政書士等が暴力団員などからこれらの手続の代行を受任することも禁止されなければならない。

　この規定によって講ずべき具体的な施策としては、以下のようなものが考えられる。

① 許認可に関する法制度において暴力団員等でないことを条件とする規定を設けること
② 許認可を受けた者が暴力団員等であることが判明した場合には許認可を取り消す規定を設けること
③ 許認可を受けようとする者、受けた者が暴力団員等である場合には、その事実を公表する規定を設けること
④ 行政書士等が暴力団員等から許認可業務の依頼を受けることを禁止すること

(3) 第13条　公共契約からの暴力団排除

　国及び地方公共団体は、暴力団、暴力団員及び暴力団密接関係者が公共工

> 事相手方（以下「元請負人」という。）及び次に掲げる者（以下「下請負人等」という。）となることを許してはならないものとするための施策を講ずるものとする。
> 　一　下請負人（公共工事等に係るすべての請負人又は受託者（元請負人を除く。）をいい、第二次以下の下請契約又は再委託契約の当事者を含む。以下同じ。）
> 　二　元請負人又は下請負人と公共工事等に係る資材又は原材料の購入契約その他の契約を締結する者（下請負人に該当する者を除く。）

　すでに、各都道府県の暴力団排除条例等においては同趣旨の規定が設けられているところもある。しかし、国の契約においても各種の法律においてこれを徹底することが求められるし、条例についても全国的に一律化した取り扱いにならなければならない。
　そこで、具体的な施策としては、入札あるいは随意契約から暴力団員等を排除する規定を各種の法律に設けること、契約した者が暴力団員等であることが判明した場合には契約を解除し違約金条項を設けることなどが考えられる。

(4)　第14条　公共施設からの排除

> 　国及び地方公共団体は、公営住宅、公共施設等、その他運営・管理する施設について暴力団、暴力団員及び暴力団密接関係者に利用させないようにするための施策を講ずるものとする。

　公共の施設を利用することは国民の権利であるとも考えられるが、暴力団の反社会性を考慮すれば暴力団員等に対して一律に利用を禁止することも妥当性がある。現に、広島市の市営住宅からの暴力団員の退去を求めた訴訟では、「暴力団構成員という地位は暴力団を脱退すればなくなるものであって社会的身分といえず、暴力団のもたらす害悪を考慮すると、暴力団構成員であるということに基づいて不利益に扱うことは許されるというべきであるか

ら、合理的差別であって、憲法14条に違反するとはいえない」と判示している（広島高判平成21年5月29日、関連論考139頁参照）。

ただ、施設の種類によっては暴力団員であるか否かを問わず利用を許さなければならない場合もあると思われることから、その場合には暴力団の利益となる利用を禁止するなど、若干の制限が付されることになる。

(5) 第15条　損害賠償請求についての援助

> 　国及び地方公共団体は、暴力団、暴力団員又は暴力団密接関係者により被害を受けた者による損害賠償の請求についての援助、暴力追放運動推進センターとの連携、検察庁及び都道府県警察との連携などを図るための制度の拡充等、必要な施策を講ずるものとする。

暴力団によって被害を受けた者が、その構成員あるいは組長を相手に損害賠償請求を起こす場合には、多大な勇気と決断力そして労力が必要である。このことは、暴力団対策法で抗争時の巻き添えや威力利用資金獲得行為の被害について組長の責任が明記された後も同様である。この規定が設けられた後も、被害者による損害賠償請求事案がさほど増加していない現状は、こうした被害者の負担があるからと思われる。

そこで、請求をしようとする被害者の負担をできる限り軽減する方策を総合的に整備しなければならない。

たとえば、被害者の持つ損害賠償請求権を第三者が替わって行使し得る制度あるいは請求権自体を第三者に移転してしまう制度も考えられる。また、被害によって受けた心のダメージを速やかに回復させ、賠償請求を起こす意思を持てるようにするケア制度も必要である。さらに、関係機関が連携して被害者の支えとなる相談制度、訴訟遂行を容易にする刑事記録の提供などの情報開示制度、被害者の不安を解消するための安全保護対策も充実させなければならない。

(6) 第16条　暴力団事務所開設の禁止

> 　国及び地方公共団体は、暴力団、暴力団員等及び暴力団密接関係者が暴力団の活動の拠点としての事務所、その他暴力団の活動に使用する施設を開設することを禁止し、そのために必要な施策を講ずるものとする。

　これまで全国各所において人格権に基づく暴力団事務所使用差止訴訟が提起され、その成果を得てきた。しかし、前条の損害賠償請求の場合と同様、訴訟を提起しようとする住民には多大な負担が生じる。これを多少でも軽減しようとしたのが、平成24年の暴力団対策法の改正であり、住民らは直接訴訟の当事者となることなく各地の暴力追放運動推進センターが住民に替わって訴訟を遂行できることとなった（関連論考91頁参照）。しかし、この改正によっても住民の負担は多少軽減されるのみで大方は変わりがない。

　しかし、翻れば暴力団事務所はその存在自体が許容されない団体の活動拠点であり、事務所としての存在も許容されるものではない。したがって、そもそも暴力団の事務所を開設することを禁止する制度とし、違反して開設した場合には行政権限によりその使用を差し止めることを認めるべきである。同様のことは、暴力団事務所と明確には判断できない活動の拠点として使用されているような場所についても言える。これにより、近隣住民が勇気を振り絞って事務所撤去に立ち上がるという現状の負担はまったく解消される。

(7) 第17条　事業者の取引からの排除

> 　国及び地方公共団体は、事業者がその行う事業に係る取引が暴力団の活動を助長し、又は暴力団の運営に資することとなる場合には、その取引をしないこと、また取引をした後にこれが判明した場合に契約を解除することを推進するための施策を講ずるものとする。

全国の暴力団排除条例には、事業者が暴力団の活動を助長しあるいは運営に資することとなる取引を行うことを禁止する条項が設けられている。しかし、こうしたことを行おうとする事業者に対して、国あるいは地方公共団体がどのような支援をし、推進するべき責務を負うかについては明確な規定がない。
　そこで、条例で規定する内容を国の法律に引き上げて制定した上、事業者に対する支援や促進策を具体的に定めて事業者に提供することが必要である。
　この規定によって講ずべき具体的な施策としては、以下のようなものが考えられる。
① 暴力団員等あるいは暴力団密接関係者に関する情報を事業者に迅速に提供すること
② 禁止される取引の類型・具体的事例などを公表し、事業者に提供すること
③契約条項のひな形を提示し、その他排除のためのノウハウを提示すること
④ 違反した暴力団員に対する制裁の厳罰化及び不利益処分の創設
⑤ 排除を推進する事業者に対する安全保護対策の徹底

(8) 第18条　収益の剥奪

1　違法収益剥奪
　国及び地方公共団体は、暴力団、暴力団員等及び暴力団密接関係者が違法行為によって得た収益を保持させず、これを剥奪するための新たな制度を設ける等必要な施策を講ずるものとする。
2　暴力団及び暴力団員に対する課税
　国及び地方公共団体は、暴力団及び暴力団員が得た収益に対して、適正に課税するために必要な施策を講ずるものとする。

犯罪収益の剥奪に関して、現行法上では組織犯罪処罰法に規定がある。しかし、その方法は没収あるいは追徴に限られ、犯罪に対する処罰の一環である。そこで、新たな剥奪制度を設ける必要がある。新たな制度は、暴力団あるいは暴力団員等の収益の剥奪はそれ自体が公益であり、国あるいは政府の責務であることを基本にしなければならない。したがって、既存の法制度に囚われることなく犯罪の処罰とは異なる制度として検討されなければならない。

　たとえば、一部の法律で採用されている課徴金制度を暴力団に限って拡大し充実した制度とすることが考えられる。また、収益の把握が困難とされる実情から、暴力団員等には定期的な資産の報告義務を課するとか、資産の増殖について立証責任を転換し、暴力団員等の側に増殖の理由を証明させ、それができない場合には剥奪するという大胆な制度も考えられる。また、犯罪の捜査とは別に収益剥奪だけを目的とした強制的調査権限の付与も必要であろう。

　また、合法違法を問わずおよそ収益に対する適正な課税権の行使も推進しなければならない。現状では、税務当局と警察との守備範囲が縦割りとなっていることから、その課税は十分には行われていない。そこで、暴力団だけを対象として課税を行う新たな組織を作り、税務当局と警察から各々専門家を出向させ、調査権限についても独自の手法を是認して収益の把握を容易にするなど、現行制度の枠組みに囚われない施策を実行していく必要がある。

　さらに、地方税についても都道府県・市町村が適正に課税を行い、徴収する責務があるが、前記創設した新たな組織は、地方公共団体に対しても人的・物的な援助を行うことができるものとし、確実な徴収を図るべきである。

(9) 第19条　刑事法制の整備

　国は、暴力団及び暴力団員による犯罪の捜査に関して、通信傍受など被疑者の供述以外の証拠を得るための手段を拡充し、犯罪収益移転防止法に基づく疑わしい取引に関する情報を有効に活用する制度を充実させるなど暴力団

> 及び暴力団員の犯罪に対して適切に処罰を行うための施策を講ずるものとする。

　暴力団が飲食店経営者や建設業者などに対して危害を加えているものであることが確実とされながら、刑事手続による検挙にいたらない事件が続発している福岡県の現状を憂慮し、新たな捜査手法の創設を求める声は国民の間に高まっている。暴力団という組織を背景とした犯罪では、暴力団には犯罪の動機があっても暴力団員個人には何らの動機もない。
　したがって、特定の暴力団に所属する構成員による犯行であることは判明しても、その実行行為者が誰であるかを確定することはむずかしい。従前は、暴力団の側から実行行為者を差し出すという形で逮捕に至るケースも多々あったが、最近では暴力団は警察に対する敵対意識を前面に掲げ、たとえ逮捕されても自らが組員であることすら否認する程で、到底捜査への協力は得られない。さらに、今後取調べの可視化が進めば、被疑者の供述によって犯罪を立証することすら困難となり、また犯罪の背景や組織の指示などの突き上げ捜査も困難となる。
　そこで、こうした事態を打開するためには、供述証拠に依存しない客観証拠に基づく捜査を可能にする必要に迫られている。
　このような新たな捜査手法として暴力団犯罪に限って検討すべきものとして、以下のようなものが考えられる。
　① 　通信傍受の要件を緩和して拡充する
　② 　室内・車内の隠し撮り、盗聴
　③ 　GPS装置の装着による居所確認
　④ 　おとり捜査、仮装身分捜査の拡充
　⑤ 　暴力団員のDNAデータベースの創設
　⑥ 　捜査協力型司法取引、転向者保護制度
　また、現在は自治体警察のみが捜査権限を有していることから、地域割りの弊害があり、疑わしい取引の情報の利用などに障害が生じている。暴力団は地域を問わず活動領域を拡大していることから、その捜査も自ずから全国

に及ぶ。そこで、現在の警察組織の他に暴力団犯罪の捜査のみを行う専門的国家警察を創設する必要がある。

(10) 第20条　証人の保護

> 国は、暴力団及び暴力団員等による犯罪の捜査又は裁判において、犯罪を立証するために供述又は証言をする者が暴力団員等又は暴力団員等から依頼された者等から危害を加えられるおそれのある場合には危害を受けないようにするための措置をとることができる制度を設ける等必要な施策を講ずるものとする。

　刑事事件でも民事事件でも、暴力団の犯罪あるいは暴力団による被害を立証するために証人の証言は欠かせない場合がある。暴力団事件は組織による事件であり、たとえ被告人や加害者が勾留されていようと、証人が証言することで組織から威迫を受けあるいは報復を受ける危険性は高い。この危惧から十分な証言が得られなければ立証は困難を来す。
　現行の証人保護制度は、必ずしも法律に基づくものでなく制度の運用に頼る面が大きく、また時間的にも法廷の中に限られ、せいぜい自宅までの往復のレベルに止まる。証人の危惧は一時的なものではなく、組織が存続する限り一生続くものである。
　そこで、新たな証人保護制度は、諸外国の制度に倣い明確に法律の規定に基づくものとし、その期間も証人の一生を保護し得るものとしなければならない。

(11) 第21条　離脱の支援

> 国及び地方公共団体は、暴力団員が暴力団を離脱することを促進させ、離脱した者の就労を援助する等必要な施策を講ずるものとする。

暴力団を根絶するということは、これまで暴力団員であった者が暴力団員ではなくなるということである。この内、ある者は再び暴力団類似の組織を作って活動することが予想されるが、一定割合の者は、実質的にも暴力団を離脱して更生を目指すこととなる。しかし、暴力団員であった者が更生することには多大な困難が伴う。そこで、国あるいは地方公共団体による離脱の支援は重要な役割を果たす（関連論考99頁参照）。

　法務省及び厚生労働省による「刑務所出所者等総合就労支援対策」が平成18年から実施されているが、暴力団員にはほとんど利用されていない。また、暴力団から離脱しようとする者は刑務所出所者に限られない。

　このような離脱支援の施策としては、以下のようなものが考えられる。

① 　離脱者に対する新たな氏名、住所、職業の付与
② 　事業者に対する離脱者就労への特典の付与
③ 　一定年限暴力団員との接触を断ったことに対する奨励金制度

(12) 　第22条　国民の理解の増進

> 　国及び地方公共団体は、教育活動、広報活動等を通じて、暴力団による被害を回復又は予防すること及び暴力団を根絶することに向けた国、地方公共団体及び国民の活動の重要性等について国民の理解を深めるよう必要な施策を講ずるものとする。

　暴力団の根絶は、暴力団を許容する意識と土壌がある限り、単に規制だけを行っても実現しない。イタリアにおいても、マフィア被害者の組織は学校における反マフィア教育に力を注ぎ着実に成果をあげている。日本においても暴力団を任侠の組織だとし、あるいは社会的な必要悪としてこれを許容する風潮がある。そこで、常習的犯罪者集団、暴力あるいはその威力を利用した不正な資金獲得団体であるという実像、さらにはその被害の実際の具体例などを含め、その存在を根底から否定する趣旨の教育を義務教育期間中に全青少年に対して行っていくことが重要である。

また、同様の教育的効果を社会全体に拡げていくための広報活動もマスコミ媒体を通じるなどして継続的に行っていかなければならない。

(13) 第23条　民間の団体に対する援助

> 　国及び地方公共団体は、暴力団による被害を回復又は予防するため及び暴力団を根絶するために、民間の団体が果たす役割の重要性に鑑み、その活動の促進を図るため、財政上及び税制上の措置、情報の提供等必要な施策を講ずるものとする。

　暴力団排除を目的とする企業団体、地域事業者団体、市民団体など、現在でも多数の民間団体が組織されている。また、暴力団の抗争が起こった場合の住民運動など、地域の状況によって新たに組織される団体もある。こうした団体が暴力団の根絶に向けて果たす役割は大きく、前条の教育・広報活動とともに重要である。しかし、これらの団体は、ともすればもっぱら官製活動に終始してしまう虞もあることから、国あるいは地方公共団体はその活動を活性化させる援助を怠ってはならない。
　また、こうした活動を安心して行えるように安全保護のための措置も十分に取られなければならない。

(14) 第24条　意見の反映及び透明性の確保

> 　国及び地方公共団体は、暴力団による被害の回復と暴力団の根絶のための施策の策定及び実施に資するため、暴力団による被害者等の意見を施策に反映し、当該施策の策定の過程の透明性を確保するための制度を整備する等必要な施策を講ずるものとする。

　これまで列挙された基本計画や基本的施策の立案及びその実施については、それが次に述べる内閣府内の組織によって立案されることになるだけ

に、ともすれば官僚的発想による弊害に陥りやすい。こうした立案は、実際の暴力団対策にあたる現場の意見を反映したものでなければならないことから、そのことにとくに注意を要する。また、実際に暴力団によって被害を受けた人達が持つ意見はきわめて貴重なものがあり、その反映も重要である。

さらに、こうした意見が反映されたものであるかを検証できるように、施策等の策定の過程について情報を公開するなど透明性が確保できる制度としなければならない。

6　第3章　暴力団対策推進会議

(1)　第25条　設置及び所掌事務

> 1　内閣府に、特別の機関として、暴力団対策推進会議（以下、「会議」という）を置く。
> 2　会議は、次に掲げる事務をつかさどる。
> 　一　暴力団対策基本計画の案を作成すること。
> 　二　前号に掲げるもののほか、暴力団被害の根絶と暴力団の壊滅のための施策に関する重要事項について審議するとともに、その施策の実施を推進し、並びにその実施の状況を検証し、評価し、及び監視すること。

第8条に規定する基本計画を立案することを主要な目的として、内閣府内に暴力団対策推進会議を設置する。また、基本計画にしたがって具体的な施策が実施されているかを検証し、その評価・監視もこの会議の役割としている。これによって、基本計画の推進について主導的な機関となることが期待される。

【第26条ないし第31条】

(2) 第26条　組　織

会議は、会長及び委員10人以内をもって組織する。

(3) 第27条　会　長

1　会長は、内閣官房長官をもって充てる。
2　会長は、会務を総理する。
3　会長に事故があるときは、あらかじめその指名する委員がその職務を代理する。

(4) 第28条　委　員

1　委員は、次に掲げる者をもって充てる。
　一　内閣官房長官以外の国務大臣のうちから、内閣総理大臣が指定する者。
　二　暴力団対策に関し、優れた識見を有する者のうちから、内閣総理大臣が任命する者。
2　前項第二号の委員は、非常勤とする。

(5) 第29条　委員の任期

1　前条第1項第二号の委員の任期は、二年とする。ただし、補欠の委員

> の任期は、前任者の残任期間とする。
> 2　前条第１項第二号の委員は、再任されることができる。

(6)　第30条　資料提出の要求等

> 1　会議は、その所掌事務を遂行するために必要があると認めるときは、関係行政機関の長に対し、資料の提出、意見の開陳、説明その他必要な協力を求めることができる。
> 2　会議は、その所掌事務を遂行するために特に必要があると認めるときは、前項に規定する以外の者に対しても、必要な協力を依頼することができる。

(7)　第31条　政令への委任

> この章に定めるもののほか、会議の組織及び運営に監視必要な事項は、政令で定める。

　暴力団対策推進会議の組織に関する規定である。会長は、内閣官房長官とし、その他に国務大臣及び有識者10人の委員で構成される。有識者委員の任期は２年とする。
　第25条で定める所掌事務の遂行に必要な場合には、関係行政機関の長その他の者に協力をもとめることができるとする。

　ここに紹介した暴力団対策基本法はあくまで試案である。日弁連民事介入暴力対策委員会の部会において検討はされてはいるものの正式に承認されているものではない。また、本稿における解説も筆者の私見であり、委員会等の公式見解ではない。それでもここに紹介するについては、次のような理由

がある。

　すなわち、福岡県に端を発した暴力団排除条例は、短期間の内に全国に拡がった。また、平成19年の「企業が反社会的勢力による被害を防止するための指針」（資料編646頁参照）も経済界には拡がりを見せている。

　その原動力は、制定以来20年近く経過する暴力団対策法による規制に行き詰まりを意識せざるを得なかったからであろう。こうした意識の変化の情勢を捉え、暴力団対策はその本来の姿である暴力団の壊滅を基本とする制度に変革して行かなければならない。

　そのような意図の下、各位のご批判・ご意見を仰ぎたいとの思いから、敢えて暴力団対策法試案を紹介する次第である。

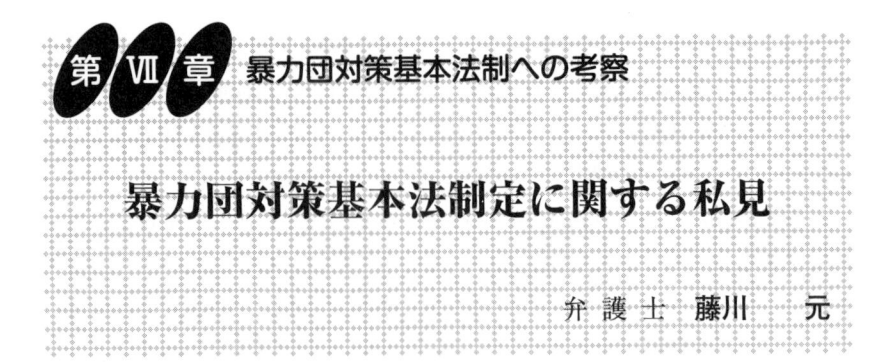

第Ⅶ章 暴力団対策基本法制への考察

暴力団対策基本法制定に関する私見

弁護士　藤川　元

1　福岡県の現状をどうみるか

（1）福岡県では、暴力団排除条例（以下「暴排条例」以下、法という。）が平成22年4月1日から施行された。この条例は、第15条において事業者に対して、暴力団などに対する利益供与を禁止した規定を設けている。また、平成23年10月14日改正で、事業者が書面で契約をする時には、暴力団関係者であることが判明したときは契約を解除することができる旨の条項を入れるよう努めること、などの規定が設けられた。

（2）福岡県の北九州地区では、土木・建設業者と暴力団との関係について、かつては下請けに暴力団のフロント企業を入れるなどしてみかじめ料を支払い、その代わりに他の暴力団による妨害などを排除してもらう、という、持ちつ持たれつの慣習があったという。しかし、近年は不況のあおりで官民を問わず仕事が減る傾向にあり、競争激化で、みかじめ料を支払う余裕がなくなってきた。市の発注工事でも、業者は損益ぎりぎりで入札しており、フロント企業を入れる余地は狭まってきたといわれる（新聞報道より）。

（3）このような状況の中で暴排条例が施行、改正されて、法律上も暴力団員等やその指定した者に対して工事を下請に出すことがしめ出されることになった。

（4）福岡県では、以前にも建築会社が暴力団に狙われる事件があったが、暴排条例が施行される直前ころより、土木・建築会社の会社事務所や工事現

No.	日　時	内　容
1	平22・3・25	建設会社の事務所の玄関のガラスに発砲され、ガラスが割られる。
2	平22・4・7	西部ガスの役員の親族宅の玄関付近に弾痕。
3	平22・6・20	№1と同じ建設会社の事務所から不審火。
④	平22・4・23	工事現場に置かれたパワーシャベルなど重機9台のオイルタンクに砂が詰められた。
5	平23・2・9	清水建設の現場事務所に入ってきた男が突然拳銃を数発発射し、跳ね返った弾が現場責任者の腹に当たる。
6	平23・2・19	建設会社会長の自宅の玄関に拳銃の弾が撃ち込まれ玄関扉が破損した。
7	平23・2・21	建設会社の事務所の入口ドア付近に数発の銃弾が撃ち込まれガラスや壁が破損。
8	平23・3・5	西部ガス社長宅の玄関先に手りゅう弾のようなものが置かれていた。
9	平23・3・5	九州電力会長宅の車庫コンクリート壁が爆発物により破壊された。
⑩	平23・3・18	大学病院の改修工事をめぐり下請参入を強要した。
11	平23・5・6	戸田建設の現場所長の自宅に銃弾6発が撃ち込まれる。
12	平23・5・31	戸田建設の支店の入口ガラスに数発の銃弾が撃ち込まれる。
13	平23・5・31	九州電力の営業所に拳銃の実弾のような物が入った封筒が届けられた。
14	平23・6・16	解体会社の事務所に火炎ビンが投げ込まれ、外壁がこげガラスが割られた。
15	平23・6・20	土木会社役員の自宅の玄関に銃弾が撃ち込まれ扉のガラスが破損。
16	平23・9・7	建設会社事務所車庫に銃弾が撃ち込まれた。1時間後に建設会社社長の車のボディーに銃弾が撃ち込まれた。
17	平23・9・9	建設会社役員が、後ろから近づいてきた男に頭などをバットのようなもので数回殴られ負傷した。
18	平23・11・26	建設会社会長が自宅前で拳銃で撃たれ死亡。
⑲	平24・1・17	建設会社社長が銃撃され重傷。
20	平24・2・7	建設会社の事務所に手りゅう弾のようなものが投げ込まれ、窓ガラスが割られた。
21	平24・6・26	建設会社会長が、いきなり男に背後から刃物で右太ももを刺された。

（注）　〇印は、平成24年12月28日時点で犯人が検挙されたもの

場、さらには会社の従業員や役員を狙った犯罪が多発するようになった。新聞報道などから拾い上げただけでも前頁のとおりである。

(5) とくに、危険・悪質な事件として次のものがある。

平成23年11月26日午後9時ころ、乗用車で帰宅した建設会社会長が、自宅前で、追い越したバイクから降りた人物が数メートルの至近距離まで近づいた上で拳銃2発を会長に向けて発射し、殺害された。会長は建設業の業界の有力者でもあったという。

また、平成24年1月17日早朝、福岡県下の建設会社社長が拳銃で腹部を撃たれ重傷を負う事件が発生した。

この建設会社は、地元でも有力業者であり、ゼネコンから2次下請の選定を任される「名義人」を務めているという。

なお、建設会社を狙った事件ではないが、平成24年4月19日には、福岡県警のもと警部(暴力団担当)がバイクに乗った男に左太ももを銃撃されて重傷を負う事件が発生している。

(6) 暴排条例施行後に建築工事会社を狙った事件は、けん銃などの凶器を用いたものが多く、ドアや窓ガラスに撃ち込むばかりでなく直接に建築工事会社の役員や従業員など人に対する殺傷を意図した凶悪なものも目につくようになった。そして、犯人は、ほとんど逮捕されていない。上述の、会長が殺害された事件も、犯人は未検挙である。

(7) 暴排条例の改正により、第14条の2として、飲食店などへの暴力団の立入りを禁止する「標章制度」が設けられ平成24年8月1日から施行された。

この標章は、「暴力団員立入禁止」などと書かれた福岡県公安委員会の名称入りのB5大のものであり、飲食店などがこの標章を掲示することを申し出ることに応じて公安委員会が掲示するとされる。この標章の貼られた店に暴力団員が入れば中止命令が出され、これに応じない者に対して罰則が科されることがある。福岡県内で対象となるスナック、バーなど4797店のうち、8月1日からの施行に備えて8割近い店が標章の掲示を申し出たという。

(8) ところが、施行直後から、飲食店が入るビルの不審火が続いたり、スナック経営者が襲われて負傷させられる事件が相次いだ。平成24年9月7日深夜、タクシーで帰宅したスナック経営の女性がタクシーを降りた直後、男

に刃物で顔を切りつけられ、助けようとしたタクシー運転手も刃物で負傷させられるという事件が発生した。この事件の犯人も未検挙である。新聞報道によれば、このスナックはその後閉店したとのことである。

　平成24年９月10日夜、標章を掲示したスナックなど70の飲食店に、「次はお前のところだ」などと脅迫する電話が立て続けにかかってきた。これらの事件の犯人も未検挙である。

⑼　福岡県や北九州市では、標章掲示対象地区に合わせて100台の防犯カメラを設置する措置をとることにした。

⑽　福岡県の上述のような現状は、法律に携る者に対して、深刻な問題を投げかけてくる。

①　福岡県で現在多発する事件は、ほとんど犯人が検挙されておらず、犯人が暴力団員であるかどうか確証は得られていない。しかし、拳銃など暴力団以外には入手がむずかしい凶器が使用されたり、暴排条例により、これまで暴力団に流れていたカネを断わったことに対してこれを阻止するための事件であること、など一連の事件は、暴力団によるものだという強い疑いをもつことができる。したがって、犯人が暴力団員であるとの想定をした上で今後の対策を立てなければならないことは当然である。

②　暴排条例に対しては、制定当初から、市民が矢面に立たされる制度であるとして、そうした市民の安全が守られるものかどうか危惧する声があった。福岡県では、市民の安全はおびやかされているのであり、警察への不信感や制度の見直しを求める声も出ている。

　そうした批判は、真摯に受けとめなければならない。しかし、福岡県の現状は、経済的に窮地に追いつめられた暴力団が、いよいよ牙をむき出しにして市民に襲いかかり始めたとみられるのであり、暴力団の本性があらわになった結果である。したがって、市民の安全に対する配慮とともに、暴力団対策が現在のままでよいのかどうか再考しなければならない。

　すなわち、現状では、人の生命が奪われ、身体が傷つけられても犯人がほとんど検挙できず、かつ、暴力団の恐怖の前に社会が屈服しかねない状況である。これでよいものであろうか。このような無法な状態を法の力によって本来の姿に戻すことこそが、私たちに課された使命ではなかろうか。

③　このたび、暴力団対策法が改正され、平成24年10月30日に改正法が施行された。改正法の中には、「特定危険指定暴力団」の制度が新設され（改正暴対法30条の8ないし12）、警戒区域内でみかじめ料や公共事業への参入などを求めるなど暴力的要求行為をした場合、中止命令の手続をへることなく直ちに逮捕することができることとされている。

　しかし、これで、福岡県の現状が収束するかどうかはわからない。この制度が威力を発揮するには、暴力的要求行為の相手方たる市民から警察に対して被害届が出されなければならない。しかし、暴力団からの報復をおそれて被害届けが出されない可能性がある。

　仮に、福岡県の現状はこれで収まったとしても、多くの事件で犯人が検挙できずにいることに変わりはないし、事件が発生したのちに、あと追いの形で暴対法を改正する方式には限界がある。

　そこで、次に、暴力団対策について、より抜本的な法改正を行うことができないかどうかが検討されることになる。

2　捜査手法の高度化及び暴力団の非合法化について

(1)　暴力団対策を抜本的に改めるには、捜査手法を高度化することと暴力団を非合法化することが考えられる。

(2)　捜査手法の高度化については、福岡県知事と北九州市長からも、このたびの福岡県の状況に鑑み、捜査手法の高度化の要望が国に出されている。また、暴対法改正を審議するための国会での議論においても、平成24年6月20日の参議院内閣委員会における松村龍二議員（自民）の質問に答えて松原仁・国務大臣（国家公安委員長）が「私も4月に福岡県を訪問したときに、住民の方や、また首長の皆さんから、警察に様々な捜査手法を高度化する武器を付与しないとなかなか難しい側面があるのではないかという御指摘を受けたところでありまして、捜査手法の高度化の必要性を強く認識いたしました」、「研究会で議論された捜査手法については、有効性、相当性を踏まえつつ、警察において取組みを進められるものは、その実現に向けて検討を進める所存であります。他方、刑事訴訟法案の改正を要するなど警察のみの取組みで実現しないものも多いことから、法務省を始めとする関係省庁と連携し

つつ、個々の捜査手法について検討を進める必要があると認識をいたしております。」などと答弁をしている。

　平成24年7月20日の衆議院内閣委員会でも、森山浩行議員（民主）の質問に対して松原仁・国務大臣は同様の答弁をしている。

　また、法務省の法制審議会における新たな捜査手法の検討状況については、同議員の質問に対して谷博之・法務副大臣が「司法取引を含む取調べ以外の方法による供述証拠の収集の在り方、あるいは通信傍受を含む客観的証拠の収集のあり方も論点として整理されており、（論点ごと）に議論がされるということになっております。」、「時代に即した新たな刑事司法制度を構築するためにどのようなものが必要となるのかについて、幅広い観点から十分な調査、議論を尽くしていただき、できる限り極力早期にその結論が得られるようになることを期待して推移を見守っているところでございます。」などと答弁している。

　そして、法制審議会の「新時代の刑事司法制度特別部会」では、平成25年2月に刑事司法の改革の枠組みとなる基本構想を示す予定である（新聞記事より）。

　(3)　捜査手法の高度化に関して松原国務大臣が答弁中で述べている「研究会」とは、国家公安委員長が主催する「捜査手法、取調べの高度化を図るための研究会」であり、平成22年2月から平成24年2月まで23日の会議を重ねた上で平成24年2月に最終報告をまとめた。この研究会は、近年、真犯人の有無により人違いであることが明らかになるなど警察の取調べのあり方が厳しく問われる無罪事件等が続き、警察の捜査に対する国民の信頼が大きく揺らいでいる状況を踏まえて、治安水準を落とすことなく取調べの可視化を実現することを目的とした検討を行うための研究会である。研究会のメンバーは、幅広い分野から専門家が集められている。この研究会の問題意識は、警察捜査に対する国民の信頼が揺らいでいることを踏まえて、取調べの可視化を具体的に実現することを目指すものであるが、捜査のあり方を現状のままとしつつ直ちに取調べの可視化だけを実施するとすれば、治安水準を落とすとする懸念もあることから、取調べ以外の捜査手法をどのように高度化するかという点も含めて幅広い観点から検討する、というものである。

　捜査手法の高度化として取り上げられた捜査手法としては、①DNA型

データベースの拡充、②通信傍受の拡大、③会話傍受、④仮装身分捜査、⑤量刑減免制度、⑥王冠証人制度、⑦司法取引、⑧刑事免責、⑨証人を保護するための制度、⑩被疑者・被告人の虚偽供述の処罰化、⑪黙秘に対する推定、⑫刑法その他の実体法（刑罰法令）の見直し、などである。

　これらの捜査手法に対しては、積極、消極さまざまな意見が出されており、さらに検討を重ねるべきであるとしつつ、導入には慎重な検討を要するものから導入に前向きに考えても良さそうなものまで差があるようである。

　平成24年2月に研究会の最終報告がなされたことを踏まえて松原・国務大臣が、前述のとおり、新たな捜査手法について検討を進める必要があることを答弁しているのであるから、今後、さらに議論が深まることが期待される。

3　暴力団の非合法化について

　(1)　平成3年に暴対法が制定された当時から、暴対法は、暴力団そのものの存在は容認しているとして批判する意見があり、他方で結社の自由を侵害するとして暴対法を違憲であるとする意見があった。そうした中で、暴対法は、「結社の自由を制限する法律であるものの、指定された暴力団に対して、(旧)団体等規正令や破壊活動防止法のように、団体の活動の制限、団体の解散の指定というような意味での団体の規制は行うことはしておらず、あくまで、指定された暴力団の構成員の具体的な行為のみが規制される。」として、結社の自由に対する合理的制約の範囲内のもであり合憲である、との説明がなされた（警察学論集45巻1号・42頁以下）。

　(2)　福岡の事件などを契機として、暴力団の非合法化を求める声は、暴対法制定時より一層高まっていると思える。

　国は、この問題に対してどう考えているのだろうか。

　前述の参議院内閣委員会（平成24年6月20日）の審議の際、松村議員は、「我が国においてはこれら諸外国のように暴力団を非合法化することができないのはなぜか」と質問したが、これに対して松原国務大臣は、「暴力団の非合法化することも将来的な課題であるとは認識いたしておりますが、団体

の存在を直接規制することについては憲法との関係で慎重な検討が必要であること、現在の暴力団のように大規模な団体を強制的に解散させるような制度の実効性をどう担保するのか十分検討する必要があることなどの問題があります。また、団体に対して解散を命じたり団体への加入を処罰するためには、その団体が犯罪の実行を目的としていることなどを要件とする必要があると考えられますが、我が国ではそのような目的を立証するために必要な証拠を収集するための手段、先ほどから申し上げているように、例えば通信傍受といった捜査手段が必ずしも十分ではないというような問題もあります。」と答弁をしている。また、衆議院内閣委員会（平成24年7月20日）においても、平沢議員と栗生・政府参考人との間で同様な問答が交わされている。

　すなわち、暴力団の非合法化について国は慎重であり、将来の課題であるとしつつも、そのためにも、まずは捜査手法の高度化を図りたい意向のようである。

　(3)　暴力団の非合法化に関しては、私も、今現在のところは国民的な議論が熟しているとは思わないが、今後、非合法化を目指すことを確たる指針とすべきだと思う。その上で、次のような問題を考えるべきだと思う。

　(4)　それは、まず破壊活動防止法に関して交わされてきた団体規制のあり方についての議論である。

　この法律は、暴力主義的破壊活動を行なった団体に対して公安審査委員会によって活動を規制し、最後は解散指定まで可能であること、個人に対する刑罰規定を「補整」するという内容をもっている。破防法は、制定時から大きな批判のあった立法であるが、制定後の運用においても、個人に対する罰則を課する刑事法制において裁判所が破防法を違憲とは判断しないながらも、限定解釈を加えて無罪とすることが続いた。また、団体規制に関しては、調査活動は行われても規制処分は長い間行われなかった。このような、不正常な状態を作った最大の原因は政治活動の自由、これを支える個人の思想、良心の自由や表現の自由に対する制約として、国民の多くが限度を超えた立法であると考えたところにある。少数者の政治的見解であっても、将来は多数意見になる可能性があり、また、そもそも個人的な自由を最大限尊重すべきであることからしても、政治活動の自由に対して規制を加えることについては、きわめて慎重でなければならないと思う。

また、地下鉄サリン事件（平成7年3月）などを巻き起こしたオウム真理教に対して公安調査庁から解散指定が請求された事件で、公安審査委員会は、平成9年1月請求を棄却した。
　これは、破防法7条が解散指定の要件として「継続又は反復して将来さらに団体の活動として暴力主義的破壊活動を行なう明らかなおそれがあると認めるに足りる十分な理由があり……」と規定する文言を「将来の危険性に関する心証の程度については、刑事裁判における心証の程度に準ずるような高度のものが要求されている」と厳格に解し、公安調査庁提出の証拠では「明らかなおそれがある」ときには当たらないと判断したためである。
　決定時には、すでにオウム真理教内で絶対の地位を有する教祖が逮捕されていたことに加え、オウム真理教は宗教法人であり、信教の自由への配慮が多分に働いたのではないかと推測する。すなわち、キリスト教や仏教など長い歴史を経て国民の中に安定的に根付いた宗教とは異なり、新興宗教は、外部の人間には理解できないような独自の教義や儀式をもつことがある。しかし、いかに世間の理解がえられなくとも、そのような信仰をもつことは個人の自由であり、多数者であってもそうした自由を侵してはならない。
　このように、政治活動の自由、信教の自由に関して規制を加えることについてはきわめて慎重でなければならない。
　これに対し、暴力団に対して団体的規制（解散すなわち非合法化）を加えることについてはどう考えるべきだろうか。
　暴力団の存在を肯定する見解はなきに等しいものと思うし、そのような見解は説得力がない。この点で、政治団体や宗教団体とは異なると思う。問題は、暴力団という悪をなくすにも、正しい手続を踏むべきだという点であろう。解散という、団体にとって重大な結果を与えるには、解散させられてもやむをえない理由が必要である。憲法の基本書によく挙げられるのが、「犯罪を行うことを目的とする結社はゆるされない」という例である（芦部信喜『憲法第三版』200頁）。前述の、松原国務大臣の答弁にも同様なところがある。しかし、これは1つの例示であって、犯罪目的という、高度の悪質性が備わらなければ解散させられないというわけではないであろう。
　どのような悪質性が備われば解散させられてもやむをえないといえるのか。また、個々の構成員ではなく、団体としての悪質性が証拠によってきち

んと証明される必要がある。今後の課題は、いろいろあると思う。

4　暴力団対策基本法の制定に関して

　日弁連民暴委員会では、暴力団対策基本法の制定を提言しようとしている。同委員会が長年暴力団対策に関して熱意をもって取り組んできたことの成果のあらわれであると思う。そこで、かつては同委員会に所属していた者として同委員会の活動を支持する立場からの感想を述べたい。

　(1)　通信傍受など新たな捜査手段の導入に関しては、すでに国が検討を始めている。そこで、この点に関し、抽象的な議論に終わらず具体的な議論に参加していただきたいと思う。

　日弁連では、取調べの可視化を求めるための議論が盛んであるが、取調べ可視化に伴って治安を守る力が低下しないよう手当てすることも必要である。このことは、暴力団対策に関してばかりではなく、犯罪対策一般にいえることである。

　そこで、これを機会に、新たな捜査手法に関して、同委員会の意見を提唱してみてはいかがであろうか。

　(2)　暴力団の非合法化について、抽象論に終わることなく、破防法に関する議論などを参考にしつつ、非合法化への道筋を具体的に検討してみてはいかがであろうか。

　(3)　日弁連民暴委員会は、当然のことながら日弁連内の一組織である。したがって、暴力団対策に関する提言は、まずは日弁連内部に対して行い、日弁連内部での議論を盛上げていただきたい。

　(4)　福岡県のような無法状態を許してはならない。他方、人権に対する配慮も重要である。要は、バランスをいかに調和よくとるか、ということだと思う。

　現実に起きた事実を議論の場に伝えていただきたい。

追想

民暴対策 初代委員長
故 佐長彰一先生

追想 民暴対策　初代委員長　故佐長彰一先生

先生を偲ぶ～
警察と弁護士を「ひっつけた」恩人

元警察庁長官　國松　孝次

　佐長先生は、「民暴の父」といわれる。日本弁護士連合会民事介入暴力対策委員会（民暴委員会）の初代委員長をお勤めになって以来、民暴対策の発展に偉大な足跡を残してこられた。佐長先生を語らずして、我が国の民暴対策を語ることはできない。

　私も、警察庁刑事局長として「暴力団対策法」の立法作業に取り組んでいた折、「暴力的要求行為」の類型の立て方等について、親身のご指導をいただいた想い出がある。

　そうした暴力団対策そのものに関することとともに、私が、今でも、感謝の念をもって想い出すのは、先生が、警察と弁護士の関係の「正常化」のために果たされた大きな役割に関することである。

　平成20年7月30日、佐長先生の弁護士生活50周年を記念するパーティが、東京会館で開かれた時のこと。挨拶に立たれた先生は、「警察と弁護士の関係は、敵にして味方である。」と喝破された上、『私には1つだけやったことがある。それは、警察と弁護士を「ひっつけた」ことだ。』とおっしゃった。

　佐長先生は、常々、直截で独特の物言いをされる方で、「佐長語録」でも作ったら面白いものができると思うが、この「ひっつけた」という言い方も、いかにも、佐長先生らしい表現である。さよう、警察と弁護士は、佐長先生に「ひっつけて」いただいた。

　警察と弁護士の関係ほど、微妙なものはない。めったやたらと仲がいいというのは、ろくでもないことだろうが、犯罪捜査の現場では、いやでも顔をつき合わせなければならない間柄なのだから、仲が悪くて口もきかないとい

うのも困りものだ。

　佐長先生がおっしゃるように、警察と弁護士は、「敵にして味方」で、その両方を棲み分けるというか、使い分けをうまくやってバランスをとるのが肝要なのだろう。

　その点、佐長先生の率いる民暴委員会が始動する前は、両者の関係は、まことに冷え切ったものであった。いつのことか忘れたが、警察庁刑事局幹部と日弁連人権擁護委員会メンバーとの会合に出たことがある。昼食をともにしながら話し合うという形をとって進行するのであるが、両者とも、用意された特定の議題について、自分の言いたいことを一方的に述べるだけ。相手の意見に耳を傾けようとか、一定の合意点に達しようとかいう姿勢はまったく見られない。これでは、やっても、あまり意味はないな、と思ったものである。

　これも、佐長語録の1つなのだが、要するに、警察と弁護士の間に、「共通言語がない」という状況が続いていたわけである。

　佐長先生が、渾身の力をこめて創業の道を拓かれた日弁連の民暴活動は、警察と弁護士が、その共通の敵である暴力団に対し、共通の言語を持って協働することの必要性と重要性を、両者に認識させる効果を遺憾なく発揮した。

　平成7年8月に発生した暴力団抗争警戒配備中の警察官誤射殺事件（いわゆる京都事件）において、山口組組長に対する使用者責任を追及した民暴弁護士の活動は、弁護側の主張を認める画期的な最高裁の判断（最判平16.11.12）（別関連論考117頁参照）を引き出すという大きな成果をあげた。そして、それは、警察の暴力団対策に影響を及ぼし、平成20年、暴力団の代表者等に対する無過失賠償責任を定める暴力団対策法の改正につながっていった。

　警察と弁護士が息の合った対応を見せた典型例が、そこにあると言えよう。

　警察と弁護士の関係の良化は、民暴対策の分野にとどまらず、たとえば、犯罪被害者対策の分野でも見られるようになっている。

　犯罪被害者を支援する活動は、平成8年、警察庁の定めた「被害者対策要

綱」に基づき、全国の警察により組織的に展開され、各地にさまざまな被害者支援団体が設立されていったが、従来、被害者のことにはあまり関心を示さなかった各地の弁護士会が機敏に反応し、それらの支援団体に積極的に参加するようになった。そして、弁護士の参加を得て、犯罪被害者支援活動には、民暴活動の場合と同じように、法的な幅の広がりと深化がみられるようになったのである。

　弁護士法の規定を引くまでもなく、弁護士の使命は、「基本的人権の擁護」と「社会正義の実現」である。被疑者の基本的人権を守るため、国家の統治権に基づき捜査を進める警察と、時に鋭く対峙するのは避けられないところであり、そこで腰が引けては、弁護士はつとまらない。ただ、社会正義の実現という使命を果たすためには、時として警察と協働することも必要である。暴力団との対決は、その典型的な場面である。

　基本的人権の擁護と社会正義の実現、この2つの使命を調和のとれた形で果たしていくためには、民暴対策の推進を通じて警察との関係を改善していく必要があることをいち早く洞察され、先駆者としての役割を果敢に果たされた佐長先生のご卓見と行動力に、今更ながら、深い畏敬の念を禁じ得ない。

追想 民暴対策 初代委員長 故佐長彰一先生

「偲ぶ会」～追悼の挨拶より

前日本弁護士連合会会長　弁護士　宇都宮　健児

　本日、故・佐長彰一（さいき・しょういち）先生を偲ぶ会を開催するにあたり、日本弁護士連合会を代表してご挨拶を申し上げます。

　佐長先生は、昭和33年（1958年）に検事任官した後、昭和36年（1961年）に弁護士登録をされ、高松弁護士会（現在の香川県弁護士会）に入会してから、39年の長きにわたり、弁護士として誠実に業務の遂行に力を尽くされ、様々な功績を残してこられました。

　この間、私たち弁護士の職業的使命である基本的人権の擁護と社会正義の実現に挺身され、昭和39年（1964年）に高松（現・香川県）弁護士会副会長になられたのを始めとして、昭和50年（1975年）に当連合会の常務理事を、そして昭和54年（1979年）には高松（現・香川県）弁護士会会長を務められると同時に、四国弁護士会連合会の理事長及び当連合会の副会長として、当連合会、四国弁護士会連合会及び香川県弁護士会の発展のため、多大な尽力をされました。

　佐長先生が民事介入暴力対策の分野に力を発揮されていたことは、みなさんご存じのとおりです。先生が高松（現・香川県）弁護士会会長を務められた翌年の昭和55年（1980年）には、当連合会に民事介入暴力問題対策委員会が設置されることになり、先生はその初代委員長となられ、その後も、副委員長や委員として、平成21年（2009年）まで、民事介入暴力対策の中心的存在として、全国の会員弁護士にとっての指導的役割を果たしてこられました。私も、当連合会の会長に就任するまで長年にわたり、当連合会の民事介入暴力対策委員会に所属しておりましたし、東京弁護士会の民事介入暴力対策特

別委員会では委員長を務めたこともありますので、この分野に佐長先生が情熱を注がれてきたことは直接存じ上げており、個人的にもたいへんお世話になりました。

　本年6月4日には、当連合会の民事介入暴力対策委員会の発足30周年全国大会が、警察庁、全国暴追センター及び当連合会の共催により開催されました。この開催地を香川県高松市としましたのは、佐長先生が弁護士活動をしておられた地であり、高松市は、当連合会における民事介入暴力対策活動の発祥の地と言っても過言ではないからであります。大会当日は、佐長先生のこれまでの功績に対して、私から謝辞を申し上げるとともに、先生に感謝状をお渡しする予定となっていました。しかしながら、佐長先生はご病気で体調を崩されているとのことで、大会にご出席することができず、先生の代理として出席されたご子息の佐長功弁護士（第一東京弁護士会所属）に対し感謝状をお渡ししたのですが、私が謝辞を申し上げている間中、ご子息の佐長功弁護士は、目に涙をいっぱい浮かべながら私の謝辞を聞いておられました。ご子息の涙をみて、私は先生の御身体が相当お悪いのではないかと感じるとともに、先生のお人柄やこれまでの先生のご活躍が思い出されて、私自身も胸がいっぱいになり、言葉に詰まりながら謝辞を申し上げることになりました。

　当連合会では、多くの若手会員が民事介入暴力による被害者救済活動をこころざしており、これからもなお一層、佐長先生のご活躍をお願いしなければならないと存じておりましたところ、去る8月10日に不帰の客となられたことは、誠に痛恨の極みであります。

　このたびは、発起人の皆様のご尽力により開催されました、この偲ぶ会を期に、佐長先生の偉大な功績に改めて思いを致し、ご冥福をお祈りするとともに、私たち弁護士が、民事介入暴力対策活動をより一層強化し、市民の人権の擁護と社会正義の実現を図ることにより、先生のご恩に報いることをお誓い申し上げ、私のご挨拶とさせていただきます。

　本日は、ありがとうございました（平成22年10月27日（水）「佐長彰一先生を偲ぶ会」ホテルニューオータニより悠の間にて）。

追想 民暴対策 初代委員長 故佐長彰一先生

先生の遺志を受け〜
西武グループの取組みから

㈱西武ホールディングス代表取締役社長　後藤　高志

はじめに

　2004年3月、西武鉄道は、不動産取引に関連して反社会的勢力に対する利益供与事件を起こし、元役員らが有罪判決を受けた。さらに同年10月、有価証券報告書の虚偽記載問題が明るみとなり、西武鉄道は同年12月に東証一部上場廃止となったうえ、当時の経営者も逮捕され、有罪判決を受けた。100年近い歴史を有し、社会的信用も高かった西武グループの信用は大きく毀損し、経営状態も極度に悪化した。こうした状況下、私は、2005年2月1日に西武グループ入りした。最初に取り組んだ課題は、信用不安からの脱却と反社会的勢力との決別も含めたコンプライアンス体制の確立であった。

　そこで、コンプライアンス体制の充実とコンプライアンス意識の浸透をはかるべく、「西武グループ企業倫理規範」を定め、これを実践・遵守するために反社会的勢力との絶縁宣言も含めた「西武グループ行動指針」を制定し、経営トップ自らが率先垂範してこの企業倫理規範を実現することを社内外に宣言した。あわせて、従業員に対しコンプライアンス・マニュアルを配布し、コンプライアンスに関する継続的な啓発活動も行ってきた。

　また、西武グループの共通規程として「西武グループ反社会的勢力対応基本規程」を制定したのをはじめ、グループ共通のマニュアルである「西武グループ反社会的勢力対応マニュアル」や「反社会的勢力排除条項を挿入するためのガイドライン」を制定し、あわせて、宿泊約款やゴルフ場利用約款など西武グループ各施設の利用約款を見直し、反社会的勢力排除のための仕組みを構築してきた。

このように、西武グループでは、コンプライアンス意識の浸透と規程を中心とした体制整備を反社会的勢力排除の取組みの２本柱としてきたが、以下ではこれらの取組みが実を結んだ具体的な成果について述べたい。

(1) 婚礼からの暴力団排除

　2009年１月、グランドプリンスホテル広島では、前年に受注した結婚式・披露宴の申込者が暴力団員であることが判明したため、「ご結婚披露宴規約」に記載された反社会的勢力排除条項に基づき契約を解除したところ、申込者はこれを不服として、（株）プリンスホテルに対し、損害賠償請求訴訟を提起した（関連論考150頁参照）。

　2010年４月、（株）プリンスホテルの全面勝訴判決となったが、裁判所は判決の中で「暴力団とのかかわりを避けるべきであるという最近の社会情勢から、当該ホテルの信用失墜にもつながり、不利益が大きい」として解約の正当性を認めた。

　この判決は、利用規約における反社会的勢力排除条項の有効性を認めた、ホテル業界にとってもきわめて意義深いものであると考えている。

(2) 宿泊・宴会・ゴルフ場からの排除

　コンプライアンス体制の確立を目指した当初には、従業員が相手を「反社会的勢力ではないか」と疑いをもったとしても、見て見ぬふりをしてしまうようなケースもあったが、従業員のコンプライアンス意識の浸透や体制の整備が進むにつれて、従業員の反社会的勢力の排除の意識が向上し、不審な人物が来場した際には、最前線の社員から責任者に報告がなされる体制が確立し、施設利用約款等に基づき反社会的勢力の排除を行い、成果を挙げている。

　以上、西武グループの取組みについて述べてきた。私は常日頃、グループの役職員に「築城３年、落城３日」と言い続けている。少しでも気を緩めれば、また、もと来た所へ逆戻りしてしまうという危機感からである。

　前述した西武グループのさまざまな仕組みは、自分自身の経験も踏まえ、故佐長先生の著書や危機管理研究会で学んだことを参考に構築したものであ

る。

おわりに

　佐長彰一先生の旗上げで1998年に危機管理研究会が開始されて今年で14年、開催回数も70回を超え、佐長先生のご意志は、諸先生に力強く受け継がれている。

　とはいえ、福岡の暴力団抗争事件による市民生活への脅威等、まだまだ暴力団対策法制のあり方について検討すべき点は多いかと思われる。

　私も及ばずながら佐長先生のご意志を受け継ぎ、一隅を照らしていきたい。

追想 民暴対策　初代委員長　故佐長彰一先生

先生の遺徳を偲ぶ
～民暴委員会の「産みの親・育ての親」

弁護士　深澤　直之

　平成22年6月4日、民事介入暴力対策委員会（以下、民暴委員会）が日弁連に設置されたのを記念した「民暴対策30周年全国大会in香川」が高松で開催されました。高松が初代日弁連民暴委員長佐長彰一先生のお膝元でもあり、いわば「民暴対策の聖地」だったからです。8月10日、佐長先生は、記念大会が成功裏に終了するのを見届けたように84歳でご逝去されました。

　お寺の家に生まれ、仏教の教えを受けて育った先生は、京都や奈良に祭られている高僧像のような顔立ちで、心やさしく温和で人情味にあふれ、とても暴力団と渡り合ったり、民暴事件を率先して扱う強面には見えませんでした。初代日弁連民暴委員長に就任されたのも、日弁連の理事者として偶々、その場に居合わせためぐり合わせだったといっても過言ではないようですが、民暴委員会の誕生と成長の30年間は、先生抜きには語れません。

　昭和54年当時、マスコミが暴力団等の違法行為を頻繁に取り上げて報じていたのが、警察の造語になる「民事介入暴力」事件でした。暴力団が各種の紛争に介入して、暴力を背景に理不尽な解決を強要し、市民に悲惨な事態が発生して社会問題になっていました。被害発生の抑止と速やかな被害救済が急務とされ、民事介入暴力対策のため、警察庁から日弁連に協力要請がなされました。弁護士は、警察と対立こそすれ協力などとんでもないこと、敵である警察に協力するか否か、日弁連内では激論が交わされました。昭和55年、民事介入暴力問題対策委員会が委員9名、1年限りの時限委員会として難産で生まれ、日弁連の担当責任者であった佐長先生が、初代委員長に就任されたのです。昭和55年7月、第1回大阪民暴拡大委員会で先生は、その産

みの苦しみを次のように語っています。

「日弁連が国家権力と協力して目的達成使用などとは一度もなかったこと。相互に不信感こそあれ、協力など従来なかった。しかし、弁護士は、事件を引き受けた以上は、法の枠内で依頼者の利益を擁護しなければならないのだから、必要とあれば警察力を借りるのもその使命である。不法者より依頼者を守り、社会秩序を維持することも弁護士としての義務である」と。

委員会の産みの親である先生は、以降、誕生30周年を迎えるまで、歴代日弁連会長から異例の特別推薦委員として任命を受け続け、我が子としての委員会を育み、自他ともに育ての親として認められていました。先生の口からも、「私の大事な委員会」と、何度かお聞きしたことがあります。

産声を上げた直後の昭和55年11月、先生のご指導もあって、岡山市での日弁連人権擁護大会で、「あらゆる分野に彼等の手がのびつつある。人権が蹂躙され、自殺、蒸発等の悲劇を招来して社会秩序に脅威を与えている。かかる事態を招来した一因として弁護士は、被害者を救済する厳しい姿勢に欠けていた反面、ややもすれば彼等の利用に甘んじる者もいたことを深く反省しなければならない。ねばり強い運動を展開することを決意し、裁判所の人的・物的不備については改善を求め、警察、検察当局には、積極的な態度を持って対処することを要望する」との反省決議がなされました。昭和58年10月、金沢市での日弁連人権擁護大会でも、「弁護士は高い倫理を保持し、いやしくも民事介入暴力に万一にも手を貸すことのないことはもちろん、次々と新しい手法をもって跳梁しようとする民事介入暴力の制圧と被害の救済に研鑽・努力する必要のあることを痛感し、民事介入暴力を断固排除することを改めて決意する」との宣言もなされたのです。

その後、昭和61年～63年の浜松一力一家事件等を経、暴力団が法律用語となった平成4年の暴力団対策法の施行時にも先生は、「国会で全党一致で可決された法だが、日弁連だけが反対をして国民的要望に背を向けたことは残念」と、所属もとの日弁連を批判しています。

委員会の成長過程では、「弁護士会と警察の協力」について、「弁護士会としての自己否定では？」との新聞記者からの質問もあったように、日弁連の他の委員会や多くの弁護士からは、「民暴委員会は警察と癒着」などと白い

目で見られ、日陰の子と自他ともに認めていたほど影の薄い委員会でした。

　佐長先生は、「民暴対策は、警察の協力なくしては成り立ち得ない。弁護士は、警察と協力はするが、その関係は同士的結合ではない。被害者救済や暴力団排除という共通の目的のためであっても、対立的協調であったし、今後もそうあるべき」と、機会あるごとに警鐘を鳴らし、警察と弁護士の各自の怠慢・不勉強を常に指摘し、委員会の立ち位置と進路を照らし、操舵し続けてきたのです。「寄って立つ位置を踏まえて、言うべきは遠慮なく言う、また辛辣に。でも、ユーモアも忘れずに、愛情を持って笑顔で」、それが佐長流で、いつも深い洞察と愛情に満ちていたのです。先生の操舵によって、ぶれない活動ができたからこそ、先生と委員会の「親子」は、警察から、また弁護士、弁護士会、市民からも信頼されるまでに成長し、民暴委員会が被害者の人権救済活動をなす立派な委員会として、今日広く認知されるようになっているのです。

　平成12年に「成人」を迎えた民暴委員会20周年記念行事の「委員会20年の歩み」の中で、万葉集の研究家でもあった先生は、大好きな万葉集の第14巻、3399番の東歌─

　「信濃路は今の墾道（はりみち）株ばねに足踏ましなむ沓はけわが背」─

を引用されて、次のように書いておられます。

　「歌意は、信濃路は、いま開墾されたばかりの道で、木の切り株がまだ残っていると思いますし、貴方がそれを踏んで怪我をされたら大変です。どうか素足で歩かず、沓（くつ）を求めてお履きくださいという妻の願いを込めた歌である。暴力団対策法ができても、暴力団がなくなってしまったわけではなく、すべて警察がやってくれると思って国民1人1人が無防備では困る。どうか、自分を守る靴を履く気持ちを捨てないでほしい。『沓はけわが背』は、現在でもなお通用すると考えている。国民の防備プラス暴力団対策法である」と。

　このように、日弁連民暴対策委員会初代委員長として「委員会の産みの親・育ての親」であった佐長彰一先生は、いまでも、やさしく、しかし厳しく、強い愛情をわれわれ弁護士のみならず警察、市民にも注いで、「民暴対策の仏様」として、暴力団の壊滅と民暴被害の根絶に向けた根幹を説き、絶えず各人の努力を惜しむなと、道を示してくれているのです。

追想　民暴対策　初代委員長　故佐長彰一先生

民暴の父〜先生の遺徳を偲ぶ

弁護士　村橋　泰志

1　昭和55年2月、日弁連民事介入暴力問題対策委員会は、難産ではあったが、紆余曲折を経て発足した。当初は1年間の時限委員会とされた。佐長先生は初代の委員長となられたのであるが、当時「この委員会はいつ迄続くのだろうか。どれほど社会に根を下ろしていけるのだろうか。また、委員会として何をすべきか。などの不安があった」と心配された。

大きく発展した民暴委員会の現状からは想像をすることがむずかしいような危なっかしいスタートであった。

その委員会が、数々の試練を乗り越えて30周年の節目を迎え、平成22年6月4日、全国暴力追放運動推進センター並びに警察庁との共催にて、「民暴対策30周年全国大会in香川」と題して、その記念大会を高松市において盛大に開催した。

開催地を高松としたのは、ひとえに佐長先生の民暴対策活動に対する敬意と感謝の意を表するためであったが、詳しくは、別な方が書いておられるので省くが、実は、先生の闘病生活に対するエールの念もこめられていたのであった。

だが、闘病生活2カ月後、平成22年8月永眠されてしまった。

享年85才。日弁連民暴委員会を30年前に生み、その後「一貫して民暴対策に力を注ぎ、弁護士生活の中心テーマとして取り組み（佐長功先生談）」、同委員会を成人になるまで育て上げられた民暴の父の大往生であった。

2 平成22年10月27日、「佐長彰一先生を偲ぶ会」が赤坂のホテルニューオータニにおいてしめやかに開催された。歴代の日弁連会長や日弁連民暴委員長を含む民暴対策にかかわる多数の弁護士の参加があったことはもちろんであるが、歴代の警察庁長官をはじめとする多くの警察庁の最高幹部のメンバーも参加された。暴力団対策法の制定に向けて共に苦労された国松孝次元警察庁長官（同568頁参照）や民間における民暴対策活動のパイオニアである堀龍児氏、さらには安藤隆春警察庁長官、宇都宮健児日弁連会長（別稿572頁参照）からも、心のこもった追悼の言葉がおくられた。その参加者の構成は、「民暴対策は弁護士と警察との強力な協力関係が必須である。」ということを常に強調し、かつ実践されてきた先生の軌跡を物語るものであった。

3 平成23年11月5日、佐長先生の菩提寺である高松市所在の光臨寺において、「佐長彰一先生を偲ぶ会」が開かれた。参加者は、弁護士としては深澤直之、藤川元、今井和男の3氏と小生、危機管理研究会からは、天利、那須のご両名、主治医であった麻田病院からは、麻田理事長（同588頁参照）、麻田昌子さん、村島誠先生、吉田、大浦さんであった。佐長家としては、奥様の佐長芳子さん、ご子息の佐長功弁護士ご夫婦、末孫の佐長奈生さんが参加された。この光臨寺（浄土真宗大谷派）は、佐長先生の父君たる故佐長芳雄氏がこの寺の住職の長男として生まれたので、本来ならば跡を継がれる関係にあったのだが、朝鮮で教誨師となられたため、双子の弟である文雄氏がそのご住職となられたというきわめて御縁の深いお寺であると

の由であった(**写真参照**)。

　墓参りの後、会食会場である高松市にある喜代美山荘「花樹海」において佐長先生の思い出話が盛り上がった。日頃の民暴委員会ではうかがえなかった、万葉集や写真そして家族をこよなく愛されたことなど、人間味あふれたエピソードの数々をうかがうことができた。

4　帰途、しみじみ不思議に思ったことが1つあった。佐長先生は、どうしてこんなに沢山の人々に敬愛されるのだろうか。それも一時的な話ではなくて30年間も民暴の父として尊敬され、かつ慕われ続けるのは尋常ではない。さらにいえば、これからも民暴対策活動が続く限り、佐長先生の足跡は忘れられることなく、先生の教えを振り返ろうという声が何度も繰り返されるにちがいないが、その理由はどこにあるのか。

　なおかつ、これに加えて、瀬戸大橋を渡って高松市を去る時、瀬戸内海を眺めていると、疑問がもう1つ生じてきた。高松は、小さな都市である。東京は海のかなたはるか遠くにある。それなのに佐長先生は、高松を弁護士活動の拠点とし、かつ永住の地と定めているのに、どうして全国各地の民暴対策にかかわる弁護士や関係者そして警察庁の最高幹部のみなさんに尊敬されかつ頼りにされたのか。

　先生の御存命の頃は、それはあたりまえのことであったが、亡くなられた今、あらためてこの事実をかみしめてみると、当然のようにも思われる反面、大変不思議な現象であるとも思えてくるのである。

　そこで、とつおいつ自分の疑問について愚考してみたのであるが、私の出した解答は、次のとおりである。

(1)　先生は、誰よりも早く人権擁護活動としての民暴対策の重要性を見抜かれた。卓抜した先見性を持っておられたのであった。

(2)　日弁連内部の反対論を押し切り、民暴対策委員会の設置を認めさせ、その初代委員長を務めて、日弁連としての民暴対策活動を開始した。そして、力尽きるまで民暴の父としての責任を全うされた。その変わらぬ情熱と行動力が多くの人の心を動かす源泉となったのである。

(3)　日弁連の民暴対策は全国的な運動でなければならないとして、各地で

拡大委員会を開催し、民暴対策活動の輪を拡大させた。その方向性の設定が大きなエネルギーを生みだし、現在の発展につながった。

(4) 民暴対策活動は、「日弁連と警察庁との緊密な関係なくしては実行できない」として、両者の協力関係の強化に腐心された。その結果、両者の協力の成果として、海老塚訴訟を皮切りとする数々の斗いの勝利や暴対法の制定を初めとする民暴対策立法が実現できた。

(5) その反面、「両者の関係は単なる仲間意識ではなく、遠慮なく相互批判を行う緊張関係でもなければならない」として、警察庁に対し、必要ある毎に率直な意見を述べておられた。その誠実な説得はしばしば警察庁に再考を促すことになった。

(6) 先生が長きにわたって民暴対策に全力を注がれた理由は、民暴対策の発展に純化されているのであって、個人的な名誉心や私利私欲の気配はまったく感じられなかった。その毅然とした古武士のような姿勢は終始一貫変わることがなかった。

以上書き出してみれば、誰しも存じ上げていることばかりであって、今さらことごとしくあげつらうような新しい知見はまったくない。

しかし、その一つ一つは、"言うは易く行うは難し"の事柄ばかりであるとともに、志の高さがなければかなうことではなかった。

5 民暴委員会の発足の際、1年間の時限委員会と期限が限定されたのであるが、そこには、日弁連内部の根強い警察不信と民暴委員会に対する無理解という2つの抵抗があった。当初日弁連と警察との打合せ会議を開いたところ、「雰囲気は非常に悪く、また刺々しかった」そうである。出席した某弁護士からは「ポリ公」という敵意のある不規則発言が飛び出すなど、今では考えられない警察不信の言葉が発せられたそうである。

他方、警察からは、「われわれは、無料で民暴被害者の対策をしているから、弁護士もタダでやるべきだ。弁護士の収入増を図るための協力はできない」と言うような、自分たちが給料を貰っている責任を忘れているかのような発言がされたようである。佐長先生は「共に天を載かない間柄」であると

いう双方の本音が露呈されたと慨嘆されている。

　しかし、佐長先生は、「刑事、公安事件については別問題として、こと民暴対策に関しては、両者の緊密な関係が必要不可欠である」ことを両者に粘り強く説得し、何度も両者の間に入って会合を重ねるなど協力関係を次第に構築されていったのである。

6　また、日弁連内部においては、民暴委員会に対する視線はなかなか冷たいものがあった。その理由は、主に弁護士の役割論に根ざすものであった。「弁護士は、警察権力とは批判的に対峙すべきであって、敵である警察と協力関係を結ぶことは基本的に矛盾している。暴力団対策は警察が行うべきであって、弁護士の職務ではない。」という考えは従前の弁護士のスタンスになじむものであった。そして、民暴対策活動は、人権活動ではなく、業務対策であるというような無理解や誤解による批判もかなりあった。さらに、当時大きな問題となっていた整理屋、競売における権利侵害などは大阪、兵庫など関西の地方的な問題であって、日弁連全体で取り組むまでのことはないという東京中心の考えも強かったようである。

　このような民暴対策及び民暴委員会に対する批判的な言辞は、消え去った過去の話ではなく、未だにかなりの弁護士から陰に陽に聞こえてくることから見れば、民暴委員会発足当時の逆風は生易しいものではなかったことであろう。

　佐長先生の獅子奮迅の働きがなければ、現在のような民暴委員会の発展と警察との緊密かつ緊張した協力関係は期待できなかったと断言してよい。

7　昭和60年に発生し、昭和62年に住民側が実質的に勝利を獲得した一力一家事件は、我が国の暴力団事務所追放運動の画期的な原点となった事件であった。

　暴力団は必要悪でなく、排撃すべき社会悪であることを明確にし、なおかつ、毅然とした勇気ある斗いをすれば、狂暴な暴力団に勝利できるという自信を初めて与えてくれた歴史的な事件でもあった。

　その勝利の条件としては、住民の英雄的な斗いと強力な弁護団の共闘がエ

ンジンとならなければならず、さらに警察の全面的なバックアップが必要であったことも明らかとなった。

ところが、警察のバックアップは、当初必ずしも十分ではなかった。警察による住民の保護対策も万全とは言えず、住民の被害も発生した。また、弁護団の会議の内容が警察を通じて一カ一家側に筒抜けとなったのも事実であった。

そのため、佐長先生は、警察庁の暴力団対策室に何度も脚を運んで直談判をされた。その熱意に応えて、警察庁は最終的には現地に多数の機動隊を送り込むなど、本格的な支援を敢行したのであった。これが住民側勝訴の大きな要因の1つとなったのであった。

この協力による闘いは、警察との緊密かつ緊張した関係というものが、テーブルの上で生まれるのではなくして、真摯な闘いの現場の中で構築されていくことを確認する営みでもあったのである。

8 暴力団対策法は、平成3年に成立し、平成4年3月に施行された。これは、一カ一家事件の痛切な教訓を学ぶことから生まれた立法化であった。

すなわち、一カ一家事件においては、住民に英雄的な斗いと多くの犠牲を強いる結果となったのであるが、このような過酷な条件を常に要求していくような民暴対策が発展するはずがない。そこで、立法による民暴対策の強化が目論まれたのである。

佐長先生は、暴対法制定の過程で警察庁に対し、いくつかの厳しい提言をされ、結局は、その意見が採り入れられた。若干例示するならば、1つは、暴力団対策のための法律であることを法文上明示すべきであるということであった。

佐長先生は、この法律が一人歩きして、暴力団以外に対しても適用されることを危惧し、その歯止めを明確にすべきであると主張されたのであった。

今1つは、暴力団の認定は、国家公安委員会が行うのではなく、民間人による審査専門委員会を設置して、警察とは別個の第三者的存在に行わせるべきであると主張されたのである。

佐長先生は、歯に衣着せぬ人であった。「警察庁は黒子であり、国家公安委員会は人形にすぎない。警察庁は、国家公安委員会という名誉職で釣り上げた人々を巧みに操っている。国家公安委員会の名において決めたとしても、実体は警察庁であり信用できない。」と迫ったのであった。

その結果、審査専門委員という制度を設置して、暴力団の認定を行わせることになったのであった。

9　最近、福岡県において、暴力団が関与しているとみられる事件が相次いで発生し、市民は暴力の恐怖におびえている。

たとえば、平成22年3月、北九州市で工藤会の事務所撤去を求める運動に取り組んでいた自治会長宅で手榴弾が爆発した。平成24年4月には、長年、工藤会の捜査を担当していた元警部が銃撃された。

北九州市の繁華街では、平成24年8月以降、雑居ビルなどで、3件の不審火が立て続けに発生し、9月にはスナック経営者の女性のクラブ経営役員が切りつけられる事件が4件あった。そのきっかけは、8月に制定された暴力団排除条例に基づき、暴力団員の立ち入りを禁ずるステッカーを掲示した飲食店が次々と攻撃の対象とされたのであった。

これらの被害は、暴力団の関与が疑われているが、いまだにほとんど検挙することができないのである。

そのため、現在、「ステッカーをはがしたい。」と申し出る飲食店が続出している。「警察は市民を守ってくれない」という警察不信の声が噴出しているようである。

10　平成22年に福岡県で暴力団排除条例が全国で初めて施行されたが、またたく間に全国すべての都道府県において、同様の条例が制定・施行された。

また、平成24年10月改正された暴力団対策法も施行された。

これらの暴力団対策立法は、「警察対暴力団」という対立構造から「社会対暴力団」という構造への転換を目指すものであった。

そのことはたしかに、市民や企業の暴力追放への自覚と自主的な取組みを

促すものであり、暴力追放活動の大きな前進を目的とするものであったと評価することができよう。

　しかし、これはあくまで、警察が市民や企業の安全を守る力のあることを前提とするものである。その安全を守ることができず、運動に積極的に参加する人達を危険にさらすことは許されない。警察が暴力団からの攻撃を防ぐ力を見せつけないかぎり、市民や企業は戦線から離脱していくであろう。

11　残念なことに、警察不信に火を注いでいるのが福岡県警の警察官の不祥事であった。

　強力な暴力団は、今やマフィア化の度を強めているといわれているが、その進出先は一般社会だけではなくして、警察内部をターゲットとし、暴力団を取り締まるべき警察官をも取り込もうとしていることを見逃すことはできない。しかも、この汚染の問題は福岡県警にとどまらないのであって、その根の深いことを憂うべきである。

12　この福岡の状況を率直に見るならば、民暴対策の課題は、佐長先生が民暴対策を開始された時代と比べてみても、本質的には何も変わっていないのである。暴力団は、より強力かつ悪質になっているのであり、暴力団対策法の改正や暴力団排除条例など数々の暴力団対策法を図ったものの、根本的な解決には至っていない。

　佐長先生がもしご存命でお元気であったならば、「九州のこの現状を直視せよ」と弁護士と警察を叱咤激励されることであろう。そして、弁護士と警察の協力関係を強化して、その対策に万全を尽くすことを求め、また、暴力団対策基本法の制定や捜査手法の根本的な見直しなどの立法的手当てを求めるなど必死の努力をされることは間違いない。

　佐長先生の遺徳を偲ぶにあたり、過去のご功績を賞讃することに満足しているだけでは不十分である。

　もし、佐長先生にこの拙文をお読み頂くことができたとすれば、きっとあの率直なお言葉で「そんなことをするヒマがあったら、もっと頭を使ったり、汗を流したらどうですか。」と、お叱りを受けるような感がしてならない。

【追想】民暴対策　初代委員長　故佐長彰一先生

地元の主治医のひとりとして
〜感謝の想い

麻田総合病院　理事長　麻田　ヒデミ

　今般、標記の表題で原稿のご依頼を受けました。

　そこで、改めて佐長先生の不在を感じています。亡くなられてもう3年を過ぎるというのに、本当にまだ実感が湧きません。今でもあの飄々とした足取りで、「うどんでも食べに行こうか」と病院にお顔を出されるような気がしているのです。

　私どもと佐長先生とのお付き合いは、私どもの病院が最悪の時から始まりました。病院の幹部職員に多額の不正・着服をされ、しかも近隣に病院を建設されたため病院の存続も絶望的な状態になっていた時期です。誰もが不可能と判断される状況の中、無謀にも病院再建に取り掛かった孤立無援の私どもを応援してくださったのが、佐長先生とのご縁の始まりでした。私どもの病院に対する"夢・愛着・理想"を一番よく理解して下さり、困難な銀行との交渉にまでご同道頂いたことは、終生忘れることはできません。

　現在、当病院があるのは、本当に偏に佐長先生のおかげと言っても過言ではありません。しかも、そんな状況の中でも、佐長先生は厳めしい弁護士のお顔だけではありませんでした。病院には、1週間に3〜4日ほどもおみえになって、外来看護師・事務員・医師それぞれのスタッフに気軽に声をかけられておられました。ある時には"おうどん食べ"にスタッフを誘って下さったり、ある時は職員の悩みに親身にいろいろな相談にのって下さったりと、本当に先生のおられる処はどこでも暖かい風が吹いている様でした。先生の何とも言えない優しい笑顔を見ると、よしまだ頑張れると、どんなに困難な時にも勇気が湧いてくるようで、頑張って来られたのだと思います。

また、私事ながら大病を患い手術入院をした時に頂いた、先生のお手紙の暖かさは本当に忘れられません。書いておられた童謡・万葉詩歌は今でも私の宝物です。万葉集といえば、先生は高松の女性群にも抜群の人気で、年に一度十数人で万葉の里を訪ねる旅行を企画されていらっしゃいましたが、その旅行は、いつも定員満員であったと伺っています。行かれるのは、秋や春が多かったようですが、万葉の昔を偲びながらゆっくりと古都を歩いておられる先生のお姿が目に見えるようで、ご一緒したかったな、とつくづく思います。

　私が入院していた時に、「退院したら必ず万葉の旅に行こう」とおっしゃって頂いたことが、どれほど慰めになったかしれませんでした。忙しさと、先生はいつまでもお元気でいらっしゃるものという思い込みから、時期を逃し、ご一緒出来なかったことが私の痛恨事です。

　そんな先生でしたが、先生にも弱いところがおありでした。忘れっぽいのです。帽子・財布・傘・マフラーはいうに及ばず、カバンまでお忘れになることは日常茶飯事で、私どもは、病院にいらしてから帰られるタクシーまで、どこで何を忘れられても分かるように、職員全体で佐長先生シフトとでも呼ぶべき体制を敷き、注意をしていたものでした。今でも、先生お気に入りのタクシーの運転手さんとは、載せて頂くたび、まるで佐長先生がご存命のように先生のお好きだった"おうどん屋さん"の話で盛り上がります。

　また、佐長先生の思い出といえば、特別忘れられないのは、危機管理研究会のことです。先生は、病院を含めた企業に対する社会のいろいろな危機を、まったく門外漢の私たちに認識させてくださいました。暴力団対策・乗っ取り・医療訴訟など、確かに少し考えるだけでも、病院を取り巻く社会情勢は危機に満ちています。医療業界と病院のことしか知らない私にとりまして、先生のご指摘は、ある部分は厳しいものがありましたが、それは常に優しさに満ち、なんでもご相談出来て、本当にありがたい存在でした。

　そんな中で、思いがけず先生に危機管理研究会へのお誘いをいただいたのです。医療とはまったく異質の世界で、お名前を聞くだけでも尻込みをしてしまいそうな、ご高名な弁護士・警察や検察関係者の方、企業の方々などが集まられる会に興味は持ちましたが、参加させていただくにはかなり抵抗感

があり、勇気が必要でした……。しかし、その会合でも先生の存在感は大きく、先生の知り合いだというだけで快く受け入れて頂き、いつも興味深く参加させて頂いています。これほど、どこでも誰にでも信頼され尊敬され、しかもその上敬愛される方がいらっしゃったものだと感動したものでした。

けれども、先生には持病がおありでした。肝臓を悪くなさっていて、最初お目にかかった頃は「僕はもうすぐ死ぬよ」と口癖のようにおっしゃっていました。それでいて、悲壮感もなく、ある意味淡々としておられるのです。さすがに、医者である私は心配になり、診察させて頂きたいと申しあげたのですが、「いやいや」と笑っておられるだけで、なかなか診察させて頂けません。何度も何度もお話して、お目にかかってから半年以上たってから、やっと「それじゃぁ、検査してもらおうか」と言っていただけました。

確かに、肝機能は十全ではありませんでしたが、きちんと管理をすれば、それほどの問題はなく生活して頂くことができる程度です。それを申し上げると、いつものようににっこりされ、「そしたら、また万葉の旅にいける。行こうな」とおっしゃった言葉が笑顔とともに忘れることができません。

それから、お亡くなりになられるまでの15年あまり、ずっと先生のお体を診させて頂きました。思いもかけない脳梗塞の重篤な発作で先生が倒れられたのは、かえすがえすも残念でなりません。先生のご闘病期間も長きに渡りましたが、本当に奥様はじめご家族の方のお世話はとても手厚く、頭が下がる思いでした。その間、私は医師のくせに、申し訳ないけれど父を診察しているような思いになり、一人で受け持つことができず、内科の副院長とともに診察をさせて頂きました。

闘病期間中に先生のご友人の方々のされた御心使いにも感動させられました。大阪の浅田先生はずっと、入院中病床のお花が枯れることなく送り続けてこられました。篠崎先生・藤川先生・その他たくさんの先生方が遠く東京や遠方からお見舞いに来られました。私自身も、亡くなられたときの喪失感は言葉に出来ませんでしたが、その先生方のお気持ちも同じであったと思います。

そのように人を大切にされ、また人から深く敬愛された先生は、亡くなられてなお「偲ぶ会」（2年後）に、遠く香川の地にまで村橋先生、深澤先生、

今井先生、きんざいなどをはじめとしてお忙しい方々を集められ、想い出を新たにする場を作られました（**写真参照・一同が会した「墓参会」・光臨寺（高松市内）**）。

　その会は、とても暖かく楽しいものでしたので、佐長先生もとても喜んでくださっておられるのでは、と思っております。

　またその後も、なんのご協力も出来ていませんのに暴力団追放に力を入れた病院として、香川県知事表彰を頂くことができました。今後も、危機管理研究会に長く出席させて頂き、佐長先生の残してくださった人間関係を大切にしたいと心から願っています。

　佐長先生、本当にありがとうございました。ご冥福を心からお祈りいたします。

　でも寂しい。出来るなら、もう何度でもお目にかかりたい気持ちでいっぱいです。

追想 民暴対策 初代委員長 故佐長彰一先生

父への想い～
「一日も早く、詩の栄える国にしたいと念じつつ……」

第一東京弁護士会会員　弁護士　佐長　　功

　私は、平成元年に弁護士登録後、主として企業法務の分野で業務を行って参りました。父である佐長彰一が関与してきた民暴の分野には、とくに関わることなく20数年が経過しましたが、再開された危機管理研究会に昨年から参加させていただいております。

　平成20年に病で倒れるまで、父は研究会が開催される度に高松から上京しておりました。80歳を超え心筋梗塞の持病を抱える父が、熱心に危機管理研究会に参加する理由が家族としては分りかねるところもございましたが、私自身が参加させていただくようになって、本研究会が企業・警察・法曹界を民暴対策という横軸で繋ぐ希有な存在であることに思い至りました。本研究会の再開にご尽力いただいた諸先輩方・諸先生方に深く感謝する次第です。

　以下の文章は、父が亡くなる直前に地元高松で開催された「民暴対策30周年全国大会in香川」の報告集（平成22年11月10日刊行）に私が書かせていただいた一文を、香川県弁護士会のご許可を得て転載したものです。民暴対策に後半生を掛けてきた弁護士佐長彰一に対する家族の思いの一端をご理解いただければ幸いに存じます。

　「民暴対策30周年全国大会in香川」（平成22年6月4日（金）：編集部注）が、皆様方のご尽力により成功裏に終わりましたことを、心よりお喜び申し上げます。

父佐長彰一は、大会終了後2か月余りを経た平成22年8月10日に他界しました。一昨年夏に病に倒れ入院しておりましたが、本年1月以降は日に日に状態が悪くなり、民暴大会のころには予断を許さない状態となっておりました。しかし、父は、民暴大会が香川県で開催されることを知っておりましたので、なんとしても大会までは頑張りたいと思っていたのでしょう。家族としても、「本当に良く耐えた」と誉めてあげたい気持で一杯です。

　本大会では、日弁連会長より父に対して功労者表彰を頂き、私が代理で賞状を頂戴しました。そのご挨拶の際にも申し上げたことですが、「我が国の民事介入暴力対策の歴史」と題する一文（『危機管理の法務と実務』危機管理研究会編（社団法人金融財政事情研究会刊））中で、父は、昭和54年に警察庁から日弁連に対して民事介入暴力対策に関する協力要請の打診があり、これが日弁連として民事介入暴力対策に取り組む切っ掛けとなったと、述べております。父は、その直後に日弁連の副会長に就任しておりますので、立場上、民暴対策に取り組まざるをえないことになり、結果として初代の委員長を拝命することとなったというのが事の真相の様です。民暴対策の高まりを受けて、一時期「民暴の鷹」という劇画が流行りました。父の葬儀にあたって頂戴した弔電の中では、これを模して「民暴の父」という有り難いお言葉を何人かの皆様より頂きましたが、このような経緯から見て、少々過分なお言葉ではないかと思います。

　立場上、取り組まざるを得なかった父ですが、その後は、民暴対策に力を注ぎ、一昨年に病で倒れるまで、弁護士生活の中心テーマとして取り組んで参りました。日々の弁護士業務とは別に、一つのことに30年間力を注ぎ続ける努力の大変さは、想像するに余りあります。しかし、父が民暴対策に取り組み続けることができたのは、警察関係の皆様、暴追センターの皆様、草創期から今日まで民暴対策に取り組まれた弁護士諸先生・諸先輩の皆様、そして何よりも、暴力との決別に積極的に取り組まれた市民の皆様方の、身を挺したご努力があってこそのことです。父も、これまでご尽力いただいた皆様方と共に、功労者表彰を受け取りたいと考えていたと思います。私は、このような父の思いを胸に、父に代わって宇都宮会長から賞を頂戴しました。

ところで、平成９年の金融不祥事の最中に出版された『企業対象暴力と危機管理』（社団法人金融財政事情研究会刊）の「はしがき」の冒頭で、父は、

　　　友よ　詩のさかえぬ国にあって
　　われらながく貧しい詩を書きつづけた

という三好達治の詩を引用しております。その上で、父は、「企業に暴力対策をする気があるのか疑いたくなる。まさに達治のいう詩の栄えぬ国に足を踏み入れて空念仏を唱えてきた思いがする」と述べ、「一日も早く、詩の栄える国にしたいと念じ、はしがきらしからぬはしがきとしたい」と結んでおります。父は思ったことを直ぐ口にする男で、失礼な物言いや文章で皆様にご不快な思いをさせることも屡々でした。私も、当時、金融不祥事の渦中にあった某銀行のお手伝いをしており、その立場からすれば、父の言い様は暴言に近いとすら感じた程でした。しかし、振り返ってみるに、つまるところ、民暴に対する父の思いは、今もこの「はしがき」に端的に集約されていると思います。

　父に対し生前に皆様方より頂戴したご厚情に対し、深く御礼申し上げると共に、今後も、皆様方のご努力により民暴対策の火が連綿と燃え続け、「一日も早く、詩の栄える国としたい」との父の思いが実現することを祈念しつつ、ご挨拶とさせていただきます（香川県弁護士会編「民暴対策30周年全国大会in香川」（平成22年６月４日開催）大会報告集より）。

資料編

> 第Ⅰ章分
>
> ○暴力団員による不当な行為の防止等に関する法律（【改正後】平成24年8月1日公布）

目　次

　第1章　総則（第1条—第8条）
　第2章　暴力的要求行為の規制等
　　第1節　暴力的要求行為の禁止等（第9条—第12条の6）
　　第2節　不当な要求による被害の回復等のための援助（第13条・第14条）
　第3章　対立抗争時の事務所の使用制限等（第15条—第15条の4）
　第4章　加入の強要の規制その他の規制等
　　第1節　加入の強要の規制等（第16条—第28条）
　　第2節　事務所等における禁止行為等（第29条・第30条）
　　第3節　損害賠償請求等の妨害の規制（第30条の2—第30条の4）
　　第4節　暴力行為の賞揚等の規制（第30条の5）
　　第5節　縄張に係る禁止行為等（第30条の6・第30条の7）
　第4章の2　特定危険指定暴力団等の指定等（第30条の8—第30条の12）
　第5章　指定暴力団の代表者等の損害賠償責任（第31条—第31条の3）
　第6章　暴力団員による不当な行為の防止等に関する国等の責務及び民間活動の促進
　　　　（第32条—第32条の15）
　第7章　雑則（第33条—第45条）
　第8章　罰則（第46条—第52条）
　附則

　　　第1章　総則

（目的）
第1条　この法律は、暴力団員の行う暴力的要求行為等について必要な規制を行い、及び暴力団の対立抗争等による市民生活に対する危険を防止するために必要な措置を講ずるとともに、暴力団員の活動による被害の予防等に資するための民間の公益的団体の活動を促進する措置等を講ずることにより、市民生活の安全と平穏の確保を図り、もって国

民の自由と権利を保護することを目的とする。

(定義)
第2条　この法律において、次の各号に掲げる用語の意義は、それぞれ当該各号に定めるところによる。
1　暴力的不法行為等　別表に掲げる罪のうち国家公安委員会規則で定めるものに当たる違法な行為をいう。
2　暴力団　その団体の構成員(その団体の構成団体の構成員を含む。)が集団的に又は常習的に暴力的不法行為等を行うことを助長するおそれがある団体をいう。
3　指定暴力団　次条の規定により指定された暴力団をいう。
4　指定暴力団連合　第4条の規定により指定された暴力団をいう。
5　指定暴力団等　指定暴力団又は指定暴力団連合をいう。
6　暴力団員　暴力団の構成員をいう。
7　暴力的要求行為　第9条の規定に違反する行為をいう。
8　準暴力的要求行為　1の指定暴力団等の暴力団員以外の者が当該指定暴力団等又はその第9条に規定する系列上位指定暴力団等の威力を示して同条各号に掲げる行為をすることをいう。

(指定)
第3条　都道府県公安委員会(以下「公安委員会」という。)は、暴力団が次の各号のいずれにも該当すると認めるときは、当該暴力団を、その暴力団員が集団的に又は常習的に暴力的不法行為等を行うことを助長するおそれが大きい暴力団として指定するものとする。
1　名目上の目的のいかんを問わず、当該暴力団の暴力団員が当該暴力団の威力を利用して生計の維持、財産の形成又は事業の遂行のための資金を得ることができるようにするため、当該暴力団の威力をその暴力団員に利用させ、又は当該暴力団の威力をその暴力団員が利用することを容認することを実質上の目的とするものと認められること。
2　国家公安委員会規則で定めるところにより算定した当該暴力団の幹部(主要な暴力団員として国家公安委員会規則で定める要件に該当する者をいう。)である暴力団員の人数のうちに占める犯罪経歴保有者(次のいずれかに該当する者をいう。以下この条において同じ。)の人数の比率又は当該暴力団の全暴力団員の人数のうちに占める

犯罪経歴保有者の人数の比率が、暴力団以外の集団１般におけるその集団の人数のうちに占める犯罪経歴保有者の人数の比率を超えることが確実であるものとして政令で定める集団の人数の区分ごとに政令で定める比率（当該区分ごとに国民の中から任意に抽出したそれぞれの人数の集団において、その集団の人数のうちに占める犯罪経歴保有者の人数の比率が当該政令で定める比率以上となる確率が10万分の１以下となるものに限る。）を超えるものであること。

イ　暴力的不法行為等又は第８章（第50条（第２号に係る部分に限る。）及び第52条を除く。以下この条及び第12条の５第２項第２号において同じ。）に規定する罪に当たる違法な行為を行い禁錮以上の刑に処せられた者であって、その執行を終わり、又は執行を受けることがなくなった日から起算して10年を経過しないもの

ロ　暴力的不法行為等又は第８章に規定する罪に当たる違法な行為を行い罰金以下の刑に処せられた者であって、その執行を終わり、又は執行を受けることがなくなった日から起算して５年を経過しないもの

ハ　暴力的不法行為等又は第８章に規定する罪に当たる違法な行為を行い禁錮以上の刑の言渡し及びその刑の執行猶予の言渡しを受け、当該執行猶予の言渡しを取り消されることなく当該執行猶予の期間を経過した者であって、当該刑に係る裁判が確定した日から起算して10年を経過しないもの

ニ　暴力的不法行為等又は第８章に規定する罪に当たる違法な行為を行い罰金の刑の言渡し及びその刑の執行猶予の言渡しを受け、当該執行猶予の言渡しを取り消されることなく当該執行猶予の期間を経過した者であって、当該刑に係る裁判が確定した日から起算して５年を経過しないもの

ホ　暴力的不法行為等又は第８章に規定する罪に当たる違法な行為を行い禁錮以上の刑に係る有罪の言渡しを受け、当該言渡しに係る罪について恩赦法（昭和22年法律第20号）第２条の大赦又は同法第４条の特赦を受けた者であって、当該大赦又は特赦のあった日（当該日において当該言渡しに係る刑の執行を終わり、又は執行を受けることがなくなっている場合にあっては、当該執行を終わり、又は執行を受けることがなくなった日）から起算して10年を経過しないもの

ヘ　暴力的不法行為等又は第８章に規定する罪に当たる違法な行為を行い罰金以下の刑に係る有罪の言渡しを受け、当該言渡しに係る罪について恩赦法第２条の大赦又は同法第４条の特赦を受けた者であって、当該大赦又は特赦のあった日（当該日において当該言渡しに係る刑の執行を終わり、又は執行を受けることがなくなっている場合にあっては、当該執行を終わり、又は執行を受けることがなくなった日）か

ら起算して5年を経過しないもの
　3　当該暴力団を代表する者又はその運営を支配する地位にある者（以下「代表者等」という。）の統制の下に階層的に構成されている団体であること。

第4条　公安委員会は、暴力団（指定暴力団を除く。）が次の各号のいずれにも該当すると認めるときは、当該暴力団を指定暴力団の連合体として指定するものとする。
　1　次のいずれかに該当する暴力団であること。
　　イ　当該暴力団を構成する暴力団の全部又は大部分が指定暴力団であること。
　　ロ　当該暴力団の暴力団員の全部又は大部分が指定暴力団の代表者等であること。
　　ハ　当該暴力団を構成する暴力団の全部若しくは大部分が指定暴力団若しくはイ若しくはロのいずれかに該当する暴力団であり、又は当該暴力団の暴力団員の全部若しくは大部分が指定暴力団若しくはイ若しくはロのいずれかに該当する暴力団の代表者等であること。
　2　名目上の目的のいかんを問わず、当該暴力団を構成する暴力団若しくは当該暴力団の暴力団員が代表者等となっている暴力団の相互扶助を図り、又はこれらの暴力団の暴力団員の活動を支援することを実質上の目的とするものと認められること。

（意見聴取）
第5条　公安委員会は、前2条の規定による指定（以下この章において「指定」という。）をしようとするときは、公開による意見聴取を行わなければならない。ただし、個人の秘密の保護のためやむを得ないと認めるときは、これを公開しないことができる。
　2　前項の意見聴取を行う場合において、公安委員会は、指定に係る暴力団を代表する者又はこれに代わるべき者に対し、指定をしようとする理由並びに意見聴取の期日及び場所を相当の期間をおいて通知し、かつ、意見聴取の期日及び場所を公示しなければならない。
　3　意見聴取に際しては、当該指定に係る暴力団を代表する者若しくはこれに代わるべき者又はこれらの代理人は、当該指定について意見を述べ、かつ、有利な証拠を提出することができる。
　4　公安委員会は、当該指定に係る暴力団を代表する者若しくはこれに代わるべき者若しくはこれらの代理人が正当な理由がなくて出頭しないとき、又は当該指定に係る暴力団を代表する者若しくはこれに代わるべき者の所在が不明であるため第2項の規定

による通知をすることができず、かつ、同項の規定による公示をした日から起算して30日を経過してもこれらの者の所在が判明しないときは、第１項の規定にかかわらず、意見聴取を行わないで指定をすることができる。

5　前各項に定めるもののほか、第１項の意見聴取の実施について必要な事項は、国家公安委員会規則で定める。

(確認)
第６条　公安委員会は、指定をしようとするときは、あらかじめ、当該暴力団が指定の要件に該当すると認める旨を証する書類及び指定に係る前条第１項の意見聴取に係る意見聴取調書又はその写しを添えて、当該暴力団が第３条又は第４条の要件に該当するかどうかについての国家公安委員会の確認を求めなければならない。

2　国家公安委員会は、当該暴力団が第３条又は第４条の要件に該当する旨の確認をしようとするときは、国家公安委員会規則で定めるところにより、当該暴力団が第３条第１号又は第４条第２号の要件に該当することについて、審査専門委員の意見を聴かなければならない。

3　国家公安委員会のする当該暴力団が第３条又は第４条の要件に該当する旨の確認は、前項の規定による審査専門委員の意見に基づいたものでなければならない。

4　国家公安委員会は、第１項の規定による確認をしたときは、確認の結果を速やかに当該公安委員会に通知するものとする。

5　当該公安委員会は、前項の規定により、当該暴力団が第３条又は第４条の要件に該当しない旨の確認の通知を受けたときは、当該暴力団について指定をすることができない。

(指定の公示)
第７条　公安委員会は、指定をするときは、指定に係る暴力団の名称その他の国家公安委員会規則で定める事項を官報により公示しなければならない。

2　指定は、前項の規定による公示によってその効力を生ずる。

3　公安委員会は、指定をしたときは、当該指定に係る指定暴力団等を代表する者又はこれに代わるべき者に対し、国家公安委員会規則で定めるところにより、指定をした旨その他の国家公安委員会規則で定める事項を通知しなければならない。

4　第１項の規定により公示された事項に変更があったときは、公安委員会は、その旨を官報により公示しなければならない。

(指定の有効期間及び取消し)
第8条　指定は、3年間その効力を有する。
2　公安委員会は、前項の規定にかかわらず、指定暴力団等が次の各号のいずれかに該当することとなったときは、当該指定暴力団等に係る指定を取り消さなければならない。
　1　解散その他の事由により消滅したとき。
　2　第3条各号又は第4条各号のいずれかに該当しなくなったと明らかに認められるとき。
3　公安委員会は、第1項の規定にかかわらず、指定暴力団連合が第3条の規定により指定暴力団として指定されたときは、当該指定暴力団連合に係る第4条の規定による指定を取り消さなければならない。
4　公安委員会は、指定暴力団等が第2項各号のいずれかに該当することとなったことを理由として同項の規定による指定の取消しをしようとするときは、あらかじめ、当該指定暴力団等が同項第1号又は第2号に掲げる場合に該当すると認める旨を証する書類を添えて、当該指定暴力団等が同項第1号又は第2号に掲げる場合に該当するかどうかについての国家公安委員会の確認を求めなければならない。
5　国家公安委員会は、前項の規定による確認をしたときは、確認の結果を速やかに当該公安委員会に通知するものとする。
6　当該公安委員会は、前項の規定により、当該指定暴力団等が第2項各号に掲げる場合に該当しない旨の確認の通知を受けたときは、当該指定暴力団等に係る指定を取り消すことができない。
7　前条第1項から第3項までの規定は、第2項又は第3項の規定による指定の取消しについて準用する。この場合において、同条第3項中「代表する者又はこれに代わるべき者」とあるのは、「代表する者又はこれに代わるべき者（次条第2項第1号に該当することとなったときの取消しの場合にあっては、当該消滅した指定暴力団等を代表する者又はこれに代わるべき者であった者）」と読み替えるものとする。

　　第2章　暴力的要求行為の規制等
　　　第1節　暴力的要求行為の禁止等

(暴力的要求行為の禁止)
第9条　指定暴力団等の暴力団員（以下「指定暴力団員」という。）は、その者の所属す

る指定暴力団等又はその系列上位指定暴力団等（当該指定暴力団等と上方連結（指定暴力団等が他の指定暴力団等の構成団体となり、又は指定暴力団等の代表者等が他の指定暴力団等の暴力団員となっている関係をいう。）をすることにより順次関連している各指定暴力団等をいう。以下同じ。）の威力を示して次に掲げる行為をしてはならない。
1 人に対し、その人に関する事実を宣伝しないこと又はその人に関する公知でない事実を公表しないことの対償として、金品その他の財産上の利益（以下「金品等」という。）の供与を要求すること。
2 人に対し、寄附金、賛助金その他名目のいかんを問わず、みだりに金品等の贈与を要求すること。
3 請負、委任又は委託の契約に係る役務の提供の業務の発注者又は受注者に対し、その者が拒絶しているにもかかわらず、当該業務の全部若しくは1部の受注又は当該業務に関連する資材その他の物品の納入若しくは役務の提供の受入れを要求すること。
4 縄張（正当な権原がないにもかかわらず自己の権益の対象範囲として設定していると認められる区域をいう。以下同じ。）内で営業を営む者に対し、名目のいかんを問わず、その営業を営むことを容認する対償として金品等の供与を要求すること。
5 縄張内で営業を営む者に対し、その営業所における日常業務に用いる物品を購入すること、その日常業務に関し歌謡ショーその他の興業の入場券、パーティー券その他の証券若しくは証書を購入すること又はその営業所における用心棒の役務（営業を営む者の営業に係る業務を円滑に行うことができるようにするため顧客、従業者その他の関係者との紛争の解決又は鎮圧を行う役務をいう。第30条の6第1項第1号において同じ。）その他の日常業務に関する役務の有償の提供を受けることを要求すること。
6 次に掲げる債務について、債務者に対し、その履行を要求すること。
イ 金銭を目的とする消費貸借（利息制限法（昭和29年法律第100号）第5条第1号に規定する営業的金銭消費貸借（以下この号において単に「営業的金銭消費貸借」という。）を除く。）上の債務であって同法第1条に定める利息の制限額を超える利息（同法第3条の規定によって利息とみなされる金銭を含む。）の支払を伴い、又はその不履行による賠償額の予定が同法第4条に定める制限額を超えるもの
ロ 営業的金銭消費貸借上の債務であって利息制限法第1条及び第5条の規定により計算した利息の制限額を超える利息（同法第3条及び第6条の規定によって利息とみなされる金銭を含む。以下この号において同じ。）若しくは同法第9条に定める利息の制限額を超える利息の支払を伴い、又はその不履行による賠償額の予定が同法第7条に定める制限額を超えるもの

ハ　営業的金銭消費貸借上の債務を主たる債務とする保証（業として行うものに限る。）がされた場合における保証料（利息制限法第8条第7項の規定によって保証料とみなされる金銭を含み、主たる債務者が支払うものに限る。以下この号において同じ。）の支払の債務であって当該保証料が同条第1項から第4項まで及び第6項の規定により支払を受けることができる保証料の上限額を超えるもの

7　人（行為者と密接な関係を有する者として国家公安委員会規則で定める者を除く。）から依頼を受け、報酬を得て又は報酬を得る約束をして、金品等を目的とする債務について、債務者に対し、粗野若しくは乱暴な言動を交えて、又は迷惑を覚えさせるような方法で訪問し若しくは電話をかけて、その履行を要求すること（前号に該当するものを除く。）。

8　人に対し、債務の全部又は1部の免除又は履行の猶予をみだりに要求すること。

9　金銭貸付業務（金銭の貸付け又は金銭の貸借の媒介（手形の割引、売渡担保その他これらに類する方法によってする金銭の交付又はこれらの方法によってする金銭の授受の媒介を含む。以下この号において単に「金銭の貸付け」という。）をいう。）を営む者（以下「金銭貸付業者」という。）以外の者に対してみだりに金銭の貸付けを要求し、金銭貸付業者に対してその者が拒絶しているにもかかわらず金銭の貸付けを要求し、又は金銭貸付業者に対して当該金銭貸付業者が貸付けの利率その他の金銭の貸付けの条件として示している事項に反して著しく有利な条件による金銭の貸付けを要求すること。

10　金融商品取引業者（金融商品取引法（昭和23年法律第25号）第2条第9項に規定する金融商品取引業者をいう。以下この号において同じ。）その他の金融商品取引行為（同法第34条に規定する金融商品取引行為をいう。以下この号において同じ。）に係る業務を営む者に対してその者が拒絶しているにもかかわらず金融商品取引行為を行うことを要求し、又は金融商品取引業者に対して顧客が預託すべき金銭の額その他の有価証券の信用取引（同法第156条の24第1項に規定する信用取引をいう。以下この号において同じ。）を行う条件として当該金融商品取引業者が示している事項に反して著しく有利な条件により有価証券の信用取引を行うことを要求すること。

11　株式会社又は当該株式会社の子会社（会社法（平成17年法律第86号）第2条第3号の子会社をいう。）に対してみだりに当該株式会社の株式の買取り若しくはそのあっせん（以下この号において「買取り等」という。）を要求し、株式会社の取締役、執行役若しくは監査役若しくは株主（以下この号において「取締役等」という。）に対してその者が拒絶しているにもかかわらず当該株式会社の株式の買取り等を要求し、

又は株式会社の取締役等に対して買取りの価格その他の買取り等の条件として当該取締役等が示している事項に反して著しく有利な条件による当該株式会社の株式の買取り等を要求すること。

12　預金又は貯金の受入れに係る業務を営む者に対し、その者が拒絶しているにもかかわらず、預金又は貯金の受入れをすることを要求すること。

13　正当な権原に基づいて建物又はその敷地を居住の用又は事業の用に供している者に対し、その意思に反して、これらの明渡しを要求すること。

14　土地又は建物（以下この号において「土地等」という。）について、その全部又は1部を占拠すること、当該土地等又はその周辺に自己の氏名を表示することその他の方法により、当該土地等の所有又は占有に関与していることを殊更に示すこと（以下この号において「支配の誇示」という。）を行い、当該土地等の所有者に対する債権を有する者又は当該土地等の所有権その他当該土地等につき使用若しくは収益をする権利若しくは当該土地等に係る担保権を有し、若しくはこれらの権利を取得しようとする者に対し、その者が拒絶しているにもかかわらず、当該土地等についての支配の誇示をやめることの対償として、明渡し料その他これに類する名目で金品等の供与を要求すること。

15　宅地建物取引業者（宅地建物取引業法（昭和27年法律第176号）第2条第3号に規定する宅地建物取引業者をいう。次号において同じ。）に対し、その者が拒絶しているにもかかわらず、宅地（同条第1号に規定する宅地をいう。）若しくは建物（以下この号及び次号において「宅地等」という。）の売買若しくは交換をすること又は宅地等の売買、交換若しくは貸借の代理若しくは媒介をすることを要求すること。

16　宅地建物取引業者以外の者に対して宅地等の売買若しくは交換をすることをみだりに要求し、又は人に対して宅地等の貸借をすることをみだりに要求すること。

17　建設業者（建設業法（昭和24年法律第100号）第2条第3項に規定する建設業者をいう。）に対し、その者が拒絶しているにもかかわらず、建設工事（同条第1項に規定する建設工事をいう。）を行うことを要求すること。

18　集会施設その他不特定の者が利用する施設であって、暴力団の示威行事（暴力団が開催する行事であって、多数の暴力団員が3加することにより、当該施設の他の利用者又は付近の住民その他の者に当該暴力団の威力を示すこととなるものをいう。）の用に供されるおそれが大きいものとして国家公安委員会規則で定めるものの管理者に対し、その者が拒絶しているにもかかわらず、当該施設を利用させることを要求すること。

19 人（行為者と密接な関係を有する者として国家公安委員会規則で定める者を除く。）から依頼を受け、報酬を得て又は報酬を得る約束をして、交通事故その他の事故の原因者に対し、当該事故によって生じた損害に係る示談の交渉を行い、損害賠償として金品等の供与を要求すること。

20 人に対し、購入した商品、購入した有価証券に表示される権利若しくは提供を受けた役務に瑕(か)疵(し)がないにもかかわらず瑕疵があるとし、若しくは交通事故その他の事故による損害がないにもかかわらず損害があるとして、若しくはこれらの瑕疵若しくは損害の程度を誇張して、損害賠償その他これに類する名目で金品等の供与を要求し、又は勧誘を受けてした商品若しくは有価証券に係る売買その他の取引において、その価格若しくは商品指数（商品先物取引法（昭和25年法律第239号）第2条第2項の商品指数をいう。）若しくは金融商品取引法第2条第25項に規定する金融指標（同項第1号に規定する金融商品の価格を除く。）の上昇若しくは下落により損失を被ったとして、損害賠償その他これに類する名目でみだりに金品等の供与を要求すること。

21 行政庁に対し、自己若しくは次に掲げる者（以下この条において「自己の関係者」という。）がした許認可等（行政手続法（平成5年法律第88号）第2条第3号に規定する許認可等をいう。以下この号及び次号において同じ。）に係る申請（同条第3号に規定する申請をいう。次号において同じ。）が法令（同条第1号に規定する法令をいう。以下この号及び次号において同じ。）に定められた許認可等の要件に該当しないにもかかわらず、当該許認可等をすることを要求し、又は自己若しくは自己の関係者について法令に定められた不利益処分（行政庁が、法令に基づき、特定の者を名宛人として、直接に、これに義務を課し、又はその権利を制限する処分をいう。以下この号及び次号において同じ。）の要件に該当する事由があるにもかかわらず、当該不利益処分をしないことを要求すること。

　　イ　自己と生計を1にする配偶者その他の親族（婚姻の届出をしていないが事実上婚姻関係と同様の事情にある者及び当該事情にある者の親族を含む。）

　　ロ　法人その他の団体であって、自己がその役員（業務を執行する社員、取締役、執行役又はこれらに準ずる者をいい、相談役、顧問その他いかなる名称を有する者であるかを問わず、当該団体に対し業務を執行する社員、取締役、執行役又はこれらに準ずる者と同等以上の支配力を有するものと認められる者を含む。第32条第1項第3号において同じ。）となっているもの

　　ハ　自己が出資、融資、取引その他の関係を通じてその事業活動に支配的な影響力を

有する者（ロに該当するものを除く。）

22　行政庁に対し、特定の者がした許認可等に係る申請が法令に定められた許認可等の要件に該当するにもかかわらず、当該許認可等をしないことを要求し、又は特定の者について法令に定められた不利益処分の要件に該当する事由がないにもかかわらず、当該不利益処分をすることを要求すること。

23　国、特殊法人等（公共工事の入札及び契約の適正化の促進に関する法律（平成12年法律第102　17号）第2条第1項に規定する特殊法人等をいう。）又は地方公共団体（以下この条において「国等」という。）に対し、当該国等が行う売買、貸借、請負その他の契約（以下この条及び第32条第1項において「売買等の契約」という。）に係る入札について、自己若しくは自己の関係者が入札３加資格（入札の３加者の資格をいう。以下この号及び次号において同じ。）を有する者でなく、又は自己若しくは自己の関係者が指名基準（入札３加資格を有する者のうちから入札に３加する者を指名する場合の基準をいう。同号において同じ。）に適合する者でないにもかかわらず、当該自己又は自己の関係者を当該入札に３加させることを要求すること。

24　国等に対し、当該国等が行う売買等の契約に係る入札について、特定の者が入札３加資格を有する者（指名基準に適合しない者を除く。）であり、又は特定の者が指名基準に適合する者であるにもかかわらず、当該特定の者を当該入札に３加させないことを要求すること。

25　人に対し、国等が行う売買等の契約に係る入札について、当該入札に３加しないこと又は１定の価格その他の条件をもって当該入札に係る申込みをすることをみだりに要求すること。

26　国等に対し、その者が拒絶しているにもかかわらず自己若しくは自己の関係者を当該国等が行う売買等の契約の相手方とすることを要求し、又は特定の者を当該国等が行う売買等の契約の相手方としないことをみだりに要求すること（第3号、第23号又は第24号に該当するものを除く。）。

27　国等に対し、当該国等が行う売買等の契約の相手方に対して自己又は自己の関係者から当該契約に係る役務の提供の業務の全部若しくは１部の受注又は当該業務に関連する資材その他の物品の納入若しくは役務の提供の受入れをすることを求める指導、助言その他の行為をすることをみだりに要求すること。

（暴力的要求行為の要求等の禁止）

第10条　何人も、指定暴力団員に対し、暴力的要求行為をすることを要求し、依頼し、又

は唆してはならない。
2 何人も、指定暴力団員が暴力的要求行為をしている現場に立ち会い、当該暴力的要求行為をすることを助けてはならない。

（暴力的要求行為等に対する措置）
第11条 公安委員会は、指定暴力団員が暴力的要求行為をしており、その相手方の生活の平穏又は業務の遂行の平穏が害されていると認める場合には、当該指定暴力団員に対し、当該暴力的要求行為を中止することを命じ、又は当該暴力的要求行為が中止されることを確保するために必要な事項を命ずることができる。
2 公安委員会は、指定暴力団員が暴力的要求行為をした場合において、当該指定暴力団員が更に反復して当該暴力的要求行為と類似の暴力的要求行為をするおそれがあると認めるときは、当該指定暴力団員に対し、1年を超えない範囲内で期間を定めて、暴力的要求行為が行われることを防止するために必要な事項を命ずることができる。

第12条 公安委員会は、第10条第1項の規定に違反する行為が行われた場合において、当該行為をした者が更に反復して同項の規定に違反する行為をするおそれがあると認めるときは、当該行為をした者に対し、1年を超えない範囲内で期間を定めて、当該行為に係る指定暴力団員又は当該指定暴力団員の所属する指定暴力団等の他の指定暴力団員に対して暴力的要求行為をすることを要求し、依頼し、又は唆すことを防止するために必要な事項を命ずることができる。
2 公安委員会は、第10条第2項の規定に違反する行為が行われており、当該違反する行為に係る暴力的要求行為の相手方の生活の平穏又は業務の遂行の平穏が害されていると認める場合には、当該違反する行為をしている者に対し、当該違反する行為を中止することを命じ、又は当該違反する行為が中止されることを確保するために必要な事項を命ずることができる。

第12条の2 公安委員会は、指定暴力団員がその所属する指定暴力団等に係る次の各号に掲げる業務に関し暴力的要求行為をした場合において、当該業務に従事する指定暴力団員が当該業務に関し更に反復して当該暴力的要求行為と類似の暴力的要求行為をするおそれがあると認めるときは、それぞれ当該各号に定める指定暴力団員に対し、1年を超えない範囲内で期間を定めて、暴力的要求行為が当該業務に関し行われることを防止するために必要な事項を命ずることができる。

1 指定暴力団等の業務であって、収益を目的とするもの　当該指定暴力団等の代表者等
2 前号に掲げるもののほか、指定暴力団員がその代表者であり、又はその運営を支配する法人その他の団体の業務であって、収益を目的とするもの　当該法人その他の団体の代表者であり、又はその運営を支配する指定暴力団員
3 当該指定暴力団員の上位指定暴力団員（指定暴力団員がその所属する指定暴力団等の活動に係る事項について他の指定暴力団員から指示又は命令を受ける地位にある場合における当該他の指定暴力団員をいう。以下この条において同じ。）の縄張の設定又は維持の業務　当該上位指定暴力団員
4 前号に掲げるもののほか、当該指定暴力団員の上位指定暴力団員の業務であって、収益を目的とするもの　当該上位指定暴力団員

（準暴力的要求行為の要求等の禁止）
第12条の3　指定暴力団員は、人に対して当該指定暴力団員が所属する指定暴力団等若しくはその系列上位指定暴力団等に係る準暴力的要求行為をすることを要求し、依頼し、若しくは唆し、又は人が当該指定暴力団員が所属する指定暴力団等若しくはその系列上位指定暴力団等に係る準暴力的要求行為をすることを助けてはならない。

（準暴力的要求行為の要求等に対する措置）
第12条の4　公安委員会は、指定暴力団員が前条の規定に違反する行為をした場合において、当該指定暴力団員が更に反復して同条の規定に違反する行為をするおそれがあると認めるときは、当該指定暴力団員に対し、1年を超えない範囲内で期間を定めて、同条の規定に違反する行為が行われることを防止するために必要な事項を命ずることができる。
2　公安委員会は、前項の規定による命令をする場合において、前条の規定に違反する行為に係る準暴力的要求行為が行われるおそれがあると認めるときは、当該命令に係る同条の規定に違反する行為の相手方に対し、当該準暴力的要求行為をしてはならない旨の指示をするものとする。

（準暴力的要求行為の禁止）
第12条の5　次の各号のいずれかに該当する者は、当該各号に定める指定暴力団等又はその系列上位指定暴力団等に係る準暴力的要求行為をしてはならない。

1　第12条第1項の規定による命令を受けた者であって、当該命令を受けた日から起算して3年を経過しないもの　当該命令において防止しようとした暴力的要求行為の要求、依頼又は唆しの相手方である指定暴力団員の所属する指定暴力団等
　　2　第12条第2項の規定による命令を受けた者であって、当該命令を受けた日から起算して3年を経過しないもの　当該命令に係る暴力的要求行為をした指定暴力団員の所属する指定暴力団等
　　3　次条の規定による命令を受けた者であって、当該命令を受けた日から起算して3年を経過しないもの
　　　当該命令の原因となった準暴力的要求行為においてその者が威力を示した指定暴力団等
　　4　前条第2項の規定による指示を受けた者であって、当該指示がされた日から起算して3年を経過しないもの　当該指示に係る第12条の3の規定に違反する行為をした指定暴力団員の所属する指定暴力団等
　　5　指定暴力団員との間で、その所属する指定暴力団等の威力を示すことが容認されることの対償として金品等を支払うことを合意している者　当該指定暴力団等
2　1の指定暴力団等の威力を示すことを常習とする者で次の各号のいずれかに該当するものは、当該指定暴力団等又はその系列上位指定暴力団等に係る準暴力的要求行為をしてはならない。
　　1　当該指定暴力団等の指定暴力団員でなくなった日から5年を経過しない者
　　2　当該指定暴力団等の指定暴力団員が行った暴力的不法行為等若しくは第8章に規定する罪に当たる違法な行為に共犯として加功し、又は暴力的不法行為等に係る罪のうち譲渡し若しくは譲受け若しくはこれらに類する形態の罪として国家公安委員会規則で定めるものに当たる違法な行為で当該指定暴力団等の指定暴力団員を相手方とするものを行い刑に処せられた者であって、その執行を終わり、又は執行を受けることがなくなった日から起算して5年を経過しないもの
　　3　当該指定暴力団等の指定暴力団員に対し、継続的に又は反復して金品等を贈与し、又は貸与している者
　　4　次のイからハまでのいずれかに掲げる者がその代表者であり若しくはその運営を支配する法人その他の団体の役員若しくは使用人その他の従業者若しくは幹部その他の構成員又は次のイからハまでのいずれかに掲げる者の使用人その他の従業者
　　　イ　当該指定暴力団等の指定暴力団員
　　　ロ　前項各号に掲げる者（当該指定暴力団等がそれぞれ当該各号に定める指定暴力団

ハ　当該指定暴力団等の威力を示すことを常習とする者で前3号のいずれかに該当するもの

（準暴力的要求行為に対する措置）
第12条の6　公安委員会は、前条の規定に違反する準暴力的要求行為が行われており、その相手方の生活の平穏又は業務の遂行の平穏が害されていると認める場合には、当該準暴力的要求行為をしている者に対し、当該準暴力的要求行為を中止することを命じ、又は当該準暴力的要求行為が中止されることを確保するために必要な事項を命ずることができる。
2　公安委員会は、前条の規定に違反する準暴力的要求行為が行われた場合において、当該準暴力的要求行為をした者が更に反復して当該準暴力的要求行為と類似の準暴力的要求行為をするおそれがあると認めるときは、その者に対し、1年を超えない範囲内で期間を定めて、準暴力的要求行為が行われることを防止するために必要な事項を命ずることができる。

　　　第2節　不当な要求による被害の回復等のための援助

（暴力的要求行為又は準暴力的要求行為の相手方に対する援助）
第13条　公安委員会は、第11条又は前条の規定による命令をした場合（当該命令に係る暴力的要求行為又は準暴力的要求行為をした者が当該暴力的要求行為又は準暴力的要求行為により次の各号に掲げる場合のいずれかに該当することとなったと認められる場合に限る。）において、当該命令に係る暴力的要求行為又は準暴力的要求行為の相手方から、その者が当該暴力的要求行為又は準暴力的要求行為をした者に対しそれぞれ当該各号に定める措置を執ることを求めるに当たって援助を受けたい旨の申出があり、その申出を相当と認めるときは、当該相手方に対し、当該暴力的要求行為又は準暴力的要求行為をした者に対する連絡その他必要な援助を行うものとする。
1　金品等の供与を受けた場合　供与を受けた金品等を返還し、又は当該金品等の価額に相当する価額の金品等を供与すること。
2　債務の全部又は1部の免除又は履行の猶予を受けた場合　免除又は履行の猶予を受ける前の当該債務を履行すること。
3　正当な権原に基づいて建物又はその敷地を居住の用又は事業の用に供していた者に

当該建物又はその敷地の明渡しをさせた場合　当該建物又はその敷地を引き渡すことその他当該暴力的要求行為又は準暴力的要求行為が行われる前の原状の回復をすること。

（事業者に対する援助）
第14条　公安委員会は、事業者（事業を行う者で、使用人その他の従業者（以下この項において「使用人等」という。）を使用するものをいう。以下同じ。）に対し、不当要求（暴力団員によりその事業に関し行われる暴力的要求行為その他の不当な要求をいう。以下同じ。）による被害を防止するために必要な、責任者（当該事業に係る業務の実施を統括管理する者であって、不当要求による事業者及び使用人等の被害を防止するために必要な業務を行う者をいう。）の選任、不当要求に応対する使用人等の対応方法についての指導その他の措置が有効に行われるようにするため、資料の提供、助言その他必要な援助を行うものとする。
2　公安委員会は、前項の選任に係る責任者の業務を適正に実施させるため必要があると認めるときは、国家公安委員会規則で定めるところにより、当該責任者に対する講習を行うことができる。
3　事業者は、公安委員会から第1項の選任に係る責任者について前項の講習を行う旨の通知を受けたときは、当該責任者に講習を受けさせるよう努めなければならない。

第3章　対立抗争時の事務所の使用制限等

（事務所の使用制限）
第15条　指定暴力団等の相互間に対立が生じ、当該対立に係る指定暴力団等の指定暴力団員により敢行され又は当該対立に係る指定暴力団等の事務所（暴力団の活動の拠点となっている施設又は施設の区画された部分をいう。第32条の11第1項を除き、以下同じ。）若しくは指定暴力団員若しくはその居宅に対して敢行される1連の凶器を使用した暴力行為（以下この章において「対立抗争」という。）が発生した場合において、当該対立に係る指定暴力団等の事務所が、当該対立抗争に関し、当該対立抗争に係る指定暴力団等の指定暴力団員により次の各号に掲げる用に供されており、又は供されるおそれがあり、これにより付近の住民の生活の平穏が害されており、又は害されるおそれがあると認めるときは、公安委員会は、当該事務所を現に管理している指定暴力団員（以下「管理者」という。）又は当該事務所を現に使用している指定暴力団員に対し、3月

以内の期間を定めて、当該事務所を当該各号の用又は当該指定暴力団等の活動の用に供してはならない旨を命ずることができる。
1 多数の指定暴力団員の集合の用
2 当該対立抗争のための謀議、指揮命令又は連絡の用
3 当該対立抗争に供用されるおそれがあると認められる凶器その他の物件の製造又は保管の用
2 公安委員会は、前項の規定による命令をした場合において、当該命令の有効期間が経過した後において更にその命令の必要があると認めるときは、3月以内の期間を定めて、その命令の期限を延長することができる。当該延長に係る期限が経過した後において、これを更に延長しようとするときも、同様とする。
3 前2項の規定は、1の指定暴力団等に所属する指定暴力団員の集団の相互間に対立が生じ、当該対立に係る集団に所属する指定暴力団員により敢行され又は当該対立に係る指定暴力団等の事務所(その管理者が当該対立に係る集団に所属しているものに限る。)若しくは当該対立に係る集団に所属する指定暴力団員若しくはその居宅に対して敢行される1連の凶器を使用した暴力行為(次条第4項及び第15条の3第1項において「内部抗争」という。)が発生した場合について準用する。この場合において、第1項中「事務所が」とあるのは「事務所(その管理者が当該対立に係る集団に所属しているものに限る。)が」と、「指定暴力団等の指定暴力団員により次の」とあるのは「集団に所属する指定暴力団員により次の」と、「当該指定暴力団等の活動」とあるのは「当該集団の活動」と、同項第1号中「多数」とあるのは「当該集団に所属する多数」と読み替えるものとする。
4 公安委員会は、第1項(前項において準用する場合を含む。以下この条において同じ。)の規定による命令をしたときは、当該事務所の出入口の見やすい場所に、当該管理者又は当該事務所を現に使用していた指定暴力団員が当該事務所について第1項の命令を受けている旨を告知する国家公安委員会規則で定める標章を貼り付けるものとする。
5 公安委員会は、前項の規定により標章を貼り付けた場合において、第1項の規定による命令の期限(第2項の規定によりその延長が行われたときは、その延長後の期限。以下この条において同じ。)が経過したとき、又は当該期限内において当該標章を貼り付けた事務所が第1項各号の用に供されるおそれがなくなったと認めるときは、当該標章を取り除かなければならない。
6 何人も、第4項の規定により貼り付けられた標章を損壊し、又は汚損してはならず、

また、当該標章を貼り付けた事務所に係る第1項の規定による命令の期限が経過した後でなければ、これを取り除いてはならない。

(特定抗争指定暴力団等の指定)
第15条の2　指定暴力団等の相互間に対立が生じ、対立抗争が発生した場合において、当該対立抗争に係る凶器を使用した暴力行為が人の生命又は身体に重大な危害を加える方法によるものであり、かつ、当該対立抗争に係る暴力行為により更に人の生命又は身体に重大な危害が加えられるおそれがあると認めるときは、公安委員会は、3月以内の期間及び当該暴力行為により人の生命又は身体に重大な危害が加えられることを防止するため特に警戒を要する区域(以下この条及び次条において「警戒区域」という。)を定めて、当該対立抗争に係る指定暴力団等を特定抗争指定暴力団等として指定するものとする。
2　公安委員会は、前項の規定による指定をした場合において、当該指定の有効期間が経過した後において更にその指定の必要があると認めるときは、3月以内の期間を定めて、その指定の期限を延長することができる。当該延長に係る期限が経過した後において、これを更に延長しようとするときも、同様とする。
3　公安委員会は、必要があると認めるときは、警戒区域を変更することができる。
4　前3項の規定は、1の指定暴力団等に所属する指定暴力団員の集団の相互間に対立が生じ、内部抗争が発生した場合について準用する。この場合において、第1項中「指定暴力団等を」とあるのは、「集団に所属する指定暴力団員の所属する指定暴力団等を」と読み替えるものとする。
5　公安委員会は、第1項(前項において準用する場合を含む。以下この条及び第15条の4第1項において同じ。)の規定による指定をしたときは、警戒区域内に在る当該指定に係る特定抗争指定暴力団等の事務所の出入口の見やすい場所に、当該特定抗争指定暴力団等が当該指定を受けている旨を告知する国家公安委員会規則で定める標章を貼り付けるものとする。公安委員会が第3項(前項において準用する場合を含む。以下この条において同じ。)の規定による警戒区域の変更をした場合において、新たに当該特定抗争指定暴力団等の事務所の所在地が警戒区域に含まれることとなったときは、当該事務所についても、同様とする。
6　公安委員会は、前項の規定により標章を貼り付けた場合において、第1項の規定による指定の期限(第2項(第4項において準用する場合を含む。)の規定によりその延長が行われたときは、その延長後の期限。次項及び第15条の4第1項において同じ。)が

経過したとき、第3項の規定による警戒区域の変更により当該標章を貼り付けた事務所の所在地が警戒区域に含まれないこととなったとき、又は同条第1項の規定により当該特定抗争指定暴力団等に係る第1項の規定による指定が取り消されたときは、当該標章を取り除かなければならない。

7　何人も、第5項の規定により貼り付けられた標章を損壊し、又は汚損してはならず、また、第1項の規定による指定の期限が経過し、第3項の規定による警戒区域の変更により当該標章を貼り付けた事務所の所在地が警戒区域に含まれないこととなり、又は第15条の4第1項の規定により当該特定抗争指定暴力団等に係る第1項の規定による指定が取り消された後でなければ、これを取り除いてはならない。

8　第5条（第1項ただし書を除く。次項において同じ。）及び第7条の規定は、第1項の規定による指定について準用する。この場合において、同条第1項中「その他の」とあるのは「、第15条の2第1項（同条第4項において準用する場合を含む。第4項において同じ。）に規定する警戒区域その他の」と、同条第4項中「事項」とあるのは「事項（第15条の2第1項に規定する警戒区域を除く。）」と読み替えるものとする。

9　第5条の規定は第3項の規定による警戒区域の変更（当該変更により新たな区域が当該警戒区域に含まれることとなるものに限る。）について、第7条第1項から第3項までの規定は第3項の規定による警戒区域の変更について、それぞれ準用する。この場合において、同条第1項中「その他の」とあるのは、「、第15条の2第1項（同条第4項において準用する場合を含む。）に規定する警戒区域その他の」と読み替えるものとする。

10　第1項の規定により特定抗争指定暴力団等として指定された指定暴力団連合が第3条の規定により指定暴力団として指定された場合において、当該指定暴力団連合に係る第4条の規定による指定が第8条第3項の規定により取り消されたときは、第1項の規定により当該指定暴力団連合について公安委員会がした指定は、同項の規定により当該指定暴力団について当該公安委員会がした指定とみなす。

11　第1項の規定により特定抗争指定暴力団等として指定された指定暴力団等に係る第3条又は第4条の規定による指定（以下この項において「旧指定」という。）の有効期間が経過した場合において、当該指定暴力団等について引き続き第3条又は第4条の規定による指定（以下この項において「新指定」という。）がされたときは、第1項の規定により旧指定に係る指定暴力団等について公安委員会がした指定は、新指定に係る指定暴力団等について引き続きその効力を有する。

（特定抗争指定暴力団等の指定暴力団員等の禁止行為）

第15条の3　特定抗争指定暴力団等の指定暴力団員は、警戒区域において、次に掲げる行為をしてはならない。

1　当該特定抗争指定暴力団等の事務所を新たに設置すること。

2　当該対立抗争に係る他の指定暴力団等の指定暴力団員（当該特定抗争指定暴力団等が内部抗争に係る特定抗争指定暴力団等である場合にあっては、当該内部抗争に係る集団（自己が所属する集団を除く。）に所属する指定暴力団員。以下この号において「対立指定暴力団員」という。）につきまとい、又は対立指定暴力団員の居宅若しくは対立指定暴力団員が管理する事務所の付近をうろつくこと。

3　多数で集合することその他当該対立抗争又は内部抗争に係る暴力行為を誘発するおそれがあるものとして政令で定める行為を行うこと。

2　特定抗争指定暴力団等の指定暴力団員又はその要求若しくは依頼を受けた者は、警戒区域内に在る当該特定抗争指定暴力団等の事務所に立ち入り、又はとどまってはならない。ただし、当該事務所の閉鎖その他当該事務所への立入りを防ぐため必要な措置を講ずる場合は、この限りでない。

（特定抗争指定暴力団等の指定の取消し）

第15条の4　公安委員会は、第15条の2第1項の規定による指定をした場合において、当該指定の期限を経過する前に同項に規定するおそれがないと認められるに至ったときは、その指定を取り消さなければならない。

2　第7条第1項から第3項までの規定は、前項の規定による指定の取消しについて準用する。

第4章　加入の強要の規制その他の規制等

第1節　加入の強要の規制等

（加入の強要等の禁止）

第16条　指定暴力団員は、少年（20歳未満の者をいう。以下同じ。）に対し指定暴力団等に加入することを強要し、若しくは勧誘し、又は少年が指定暴力団等から脱退することを妨害してはならない。

2　前項に規定するもののほか、指定暴力団員は、人を威迫して、その者を指定暴力団等に加入することを強要し、若しくは勧誘し、又はその者が指定暴力団等から脱退することを妨害してはならない。

3　指定暴力団員は、人を威迫して、その者の親族又はその者が雇用する者その他のその者と密接な関係を有する者として国家公安委員会規則で定める者（以下この項並びに第18条第１項及び第２項において「密接関係者」という。）に係る組抜け料等（密接関係者の暴力団からの脱退が容認されること又は密接関係者に対する暴力団への加入の強要若しくは勧誘をやめることの代償として支払われる金品等をいう。）を支払うこと又は密接関係者の住所若しくは居所の教示その他密接関係者に係る情報の提供をすることを強要し、又は勧誘することその他密接関係者を指定暴力団等に加入させ、又は密接関係者が指定暴力団等から脱退することを妨害するための行為として国家公安委員会規則で定めるものをしてはならない。

　　（加入の強要の命令等の禁止）
第17条　指定暴力団員は、その配下指定暴力団員（指定暴力団員がその所属する指定暴力団等の活動に係る事項について他の指定暴力団員に指示又は命令をすることができる場合における当該他の指定暴力団員をいう。以下同じ。）に対して前条の規定に違反する行為をすることを命じ、又はその配下指定暴力団員が同条の規定に違反する行為をすることを助長する行為をしてはならない。
２　前項に規定するもののほか、指定暴力団員は、他の指定暴力団員に対して前条の規定に違反する行為をすることを依頼し、若しくは唆し、又は他の指定暴力団員が同条の規定に違反する行為をすることを助けてはならない。

　　（加入の強要等に対する措置）
第18条　公安委員会は、指定暴力団員が第16条の規定に違反する行為をしており、その相手方が困惑していると認める場合には、当該指定暴力団員に対し、当該行為を中止することを命じ、又は当該行為が中止されることを確保するために必要な事項（当該行為が同条第３項の規定に違反する行為であるときは、当該行為に係る密接関係者が指定暴力団等に加入させられ、又は指定暴力団等から脱退することを妨害されることを防止するために必要な事項を含む。）を命ずることができる。
２　公安委員会は、指定暴力団員が第16条の規定に違反する行為をした場合において、当該指定暴力団員が更に反復して同条の規定に違反する行為をするおそれがあると認めるときは、当該指定暴力団員に対し、１年を超えない範囲内で期間を定めて、同条第１項若しくは第２項の規定に違反する行為の相手方若しくは同条第３項の規定に違反する行為に係る密接関係者を指定暴力団等に加入することを強要し、若しくは勧誘し、又はこ

れらの者が当該指定暴力団等から脱退することを妨害することを防止するために必要な事項を命ずることができる。
3　公安委員会は、指定暴力団員が第16条第１項の規定に違反する行為をし、かつ、当該行為に係る少年が当該指定暴力団等に加入し、又は当該指定暴力団等から脱退しなかった場合において、加入し、若しくは脱退しなかったことが当該少年の意思に反していると認められ、又は当該少年の保護者が当該少年の脱退を求めているときは、当該指定暴力団員に対し、当該少年を当該指定暴力団等から脱退させるために必要な事項を命ずることができる。

第19条　公安委員会は、指定暴力団員が第17条の規定に違反する行為をした場合において、当該指定暴力団員が更に反復して同条の規定に違反する行為をするおそれがあると認めるときは、当該指定暴力団員に対し、１年を超えない範囲内で期間を定めて、その配下指定暴力団員に対して第16条の規定に違反する行為をすることを命ずること若しくはその配下指定暴力団員が同条の規定に違反する行為をすることを助長する行為をすることを防止するために必要な事項又は他の指定暴力団員に対して同条の規定に違反する行為をすることを依頼し、若しくは唆すこと若しくは他の指定暴力団員が同条の規定に違反する行為をすることを助けることを防止するために必要な事項を命ずることができる。

　（指詰めの強要等の禁止）
第20条　指定暴力団員は、他の指定暴力団員に対して指詰め（暴力団員が、その所属する暴力団の統制に反する行為をしたことに対する謝罪又はその所属する暴力団からの脱退が容認されることの代償としてその他これらに類する趣旨で、その手指の全部又は１部を自ら切り落とすことをいう。以下この条及び第22条第２項において同じ。）をすることを強要し、若しくは勧誘し、又は指詰めに使用する器具の提供その他の行為により他の指定暴力団員が指詰めをすることを補助してはならない。

　（指詰めの強要の命令等の禁止）
第21条　指定暴力団員は、その配下指定暴力団員に対して前条の規定に違反する行為をすることを命じ、又はその配下指定暴力団員が同条の規定に違反する行為をすることを助長する行為をしてはならない。
2　前項に規定するもののほか、指定暴力団員は、他の指定暴力団員に対して前条の規定

に違反する行為をすることを依頼し、若しくは唆し、又は他の指定暴力団員が同条の規定に違反する行為をすることを助けてはならない。

（指詰めの強要等に対する措置）
第22条 公安委員会は、指定暴力団員が第20条の規定に違反する行為をしている場合には、当該指定暴力団員に対し、当該行為を中止することを命じ、又は当該行為が中止されることを確保するために必要な事項を命ずることができる。
2　公安委員会は、指定暴力団員が第20条の規定に違反する行為をした場合において、当該指定暴力団員が更に反復して同条の規定に違反する行為をするおそれがあると認めるときは、当該指定暴力団員に対し、1年を超えない範囲内で期間を定めて、他の指定暴力団員に対して指詰めをすることを強要し、若しくは勧誘すること又は指詰めに使用する器具の提供その他の行為により他の指定暴力団員が指詰めをすることを補助することを防止するために必要な事項を命ずることができる。

第23条 公安委員会は、指定暴力団員が第21条の規定に違反する行為をした場合において、当該指定暴力団員が更に反復して同条の規定に違反する行為をするおそれがあると認めるときは、当該指定暴力団員に対し、1年を超えない範囲内で期間を定めて、その配下指定暴力団員に対して第20条の規定に違反する行為をすることを命ずること若しくはその配下指定暴力団員が同条の規定に違反する行為をすることを助長する行為をすることを防止するために必要な事項又は他の指定暴力団員に対して同条の規定に違反する行為をすることを依頼し、若しくは唆すこと若しくは他の指定暴力団員が同条の規定に違反する行為をすることを助けることを防止するために必要な事項を命ずることができる。

（少年に対する入れ墨の強要等の禁止）
第24条 指定暴力団員は、少年に対して入れ墨を施し、少年に対して入れ墨を受けることを強要し、若しくは勧誘し、又は資金の提供、施術のあっせんその他の行為により少年が入れ墨を受けることを補助してはならない。

（少年に対する入れ墨の強要の要求等の禁止）
第25条 指定暴力団員は、他の指定暴力団員に対して前条の規定に違反する行為をすることを要求し、依頼し、若しくは唆し、又は他の指定暴力団員が同条の規定に違反する行

為をすることを助けてはならない。

   (少年に対する入れ墨の強要等に対する措置)
第26条 公安委員会は、指定暴力団員が第24条の規定に違反する行為をしており、かつ、当該行為に係る少年が困惑していると認め、又は当該行為が当該少年の保護者の意思に反していると認める場合には、当該指定暴力団員に対し、当該行為を中止することを命じ、又は当該行為が中止されることを確保するために必要な事項を命ずることができる。
2　公安委員会は、指定暴力団員が第24条の規定に違反する行為をした場合において、当該指定暴力団員が更に反復して同条の規定に違反する行為をするおそれがあると認めるときは、当該指定暴力団員に対し、1年を超えない範囲内で期間を定めて、少年に対して入れ墨を施すこと、少年に対して入れ墨を受けることを強要し、若しくは勧誘すること又は資金の提供、施術のあっせんその他の行為により少年が入れ墨を受けることを補助することを防止するために必要な事項を命ずることができる。

第27条 公安委員会は、指定暴力団員が第25条の規定に違反する行為をした場合において、当該指定暴力団員が更に反復して同条の規定に違反する行為をするおそれがあると認めるときは、当該指定暴力団員に対し、1年を超えない範囲内で期間を定めて、他の指定暴力団員に対して第24条の規定に違反する行為をすることを要求し、依頼し、若しくは唆すこと又は他の指定暴力団員が同条の規定に違反する行為をすることを助けることを防止するために必要な事項を命ずることができる。

   (離脱の意志を有する者に対する援護等)
第28条 公安委員会は、暴力団から離脱する意志を有する者(以下この条において「離脱希望者」という。)その他関係者を対象として、離脱希望者を就業環境に円滑に適応させることの促進、離脱希望者が暴力団から脱退することを妨害する行為の予防及び離脱希望者に対する補導その他の援護その他離脱希望者の暴力団からの離脱と社会経済活動への参加を確保するために必要な措置を講ずるものとする。
2　公安委員会は、暴力団から離脱した者が就職等を通じて社会経済活動に参加することの重要性について住民及び事業者の関心を高め、並びに暴力団から離脱した者に対する援護に関する思想を普及するための啓発を広く行うものとする。
3　公安委員会は、第1項の措置を実施するため必要な限度において、離脱希望者の状況

について、第32条の3第1項の規定により指定した都道府県暴力追放運動推進センターから報告を求めることができる。

第2節 事務所等における禁止行為等

(事務所等における禁止行為)
第29条 指定暴力団員は、次に掲げる行為をしてはならない。
1 指定暴力団等の事務所(以下この条及び第33条第1項において単に「事務所」という。)の外周に、又は外部から見通すことができる状態にしてその内部に、付近の住民又は通行人に不安を覚えさせるおそれがある表示又は物品として国家公安委員会規則で定めるものを掲示し、又は設置すること。
2 事務所又はその周辺において、著しく粗野若しくは乱暴な言動を行い、又は威勢を示すことにより、付近の住民又は通行人に不安を覚えさせること。
3 人に対し、債務の履行その他の国家公安委員会規則で定める用務を行う場所として、事務所を用いることを強要すること。

(事務所等における禁止行為に対する措置)
第30条 公安委員会は、指定暴力団員が前条の規定に違反する行為をしており、付近の住民若しくは通行人又は当該行為の相手方の生活の平穏又は業務の遂行の平穏が害されていると認める場合には、当該指定暴力団員に対し、当該行為を中止することを命じ、又は当該行為が中止されることを確保するために必要な事項を命ずることができる。

第3節 損害賠償請求等の妨害の規制

(損害賠償請求等の妨害の禁止)
第30条の2 指定暴力団員は、次に掲げる請求を、当該請求をし、又はしようとする者(以下この条において「請求者」という。)を威迫し、請求者又はその配偶者、直系若しくは同居の親族その他の請求者と社会生活において密接な関係を有する者として国家公安委員会規則で定める者(第30条の4及び第30条の5第1項第3号から第5号までにおいて「配偶者等」という。)につきまとい、その他請求者に不安を覚えさせるような方法で、妨害してはならない。
1 当該指定暴力団員その他の当該指定暴力団員の所属する指定暴力団等の指定暴力団

員がした不法行為により被害を受けた者が当該不法行為をした指定暴力団員その他の当該被害の回復について責任を負うべき当該指定暴力団等の指定暴力団員に対してする損害賠償請求その他の当該被害を回復するための請求

2　当該指定暴力団員の所属する指定暴力団等の事務所（事務所とするために整備中の施設又は施設の区画された部分を含む。以下この号、第32条の3第1項第2号及び第2項第6号並びに第32条の4第1項及び第2項において同じ。）の付近の住民その他の者で当該事務所若しくはその周辺における当該指定暴力団等の指定暴力団員の行為によりその生活の平穏若しくは業務の遂行の平穏が害されているもの又は当該事務所の用に供されている建物若しくは土地（以下この号において「建物等」という。）の所有権その他当該建物等につき使用若しくは収益をする権利若しくは当該建物等に係る担保権を有する者で当該指定暴力団等の指定暴力団員の行為により当該権利を害されているものが当該事務所に係る管理者に対してする当該行為の停止又は当該事務所の使用の差止めの請求その他当該事務所を当該指定暴力団等の指定暴力団員に使用させないこととするための請求

（損害賠償請求等の妨害に対する措置）

第30条の3　公安委員会は、指定暴力団員が前条の規定に違反する行為をしている場合には、当該指定暴力団員に対し、当該行為を中止することを命じ、又は当該行為が中止されることを確保するために必要な事項を命ずることができる。

（損害賠償請求等の妨害を防止するための措置）

第30条の4　公安委員会は、第30条の2各号に掲げる請求が行われた場合において、当該請求の相手方である指定暴力団員が当該請求に係る請求者又はその配偶者等の生命、身体又は財産に危害を加える方法で同条の規定に違反する行為をするおそれがあると認めるときは、当該指定暴力団員に対し、1年を超えない範囲内で期間を定めて、同条の規定に違反する行為を防止するために必要な事項を命ずることができる。

第4節　暴力行為の賞揚等の規制

第30条の5　公安委員会は、指定暴力団員が次の各号のいずれかに該当する暴力行為を敢行し、刑に処せられた場合において、当該指定暴力団員の所属する指定暴力団等の他の指定暴力団員が、当該暴力行為の敢行を賞揚し、又は慰労する目的で、当該指定暴力団

員に対し金品等の供与をするおそれがあると認めるときは、当該他の指定暴力団員又は当該指定暴力団員に対し、期間を定めて、当該金品等の供与をしてはならず、又はこれを受けてはならない旨を命ずることができる。ただし、当該命令の期間の終期は、当該刑の執行を終わり、又は執行を受けることがなくなった日から5年を経過する日を超えてはならない。

1 当該指定暴力団等と他の指定暴力団等との間に対立が生じ、これにより当該他の指定暴力団等の事務所又は指定暴力団員若しくはその居宅に対する凶器を使用した暴力行為が発生した場合における当該暴力行為

2 当該指定暴力団等に所属する指定暴力団員の集団の相互間に対立が生じ、これにより当該対立に係る指定暴力団等の事務所(その管理者が当該対立に係る集団に所属しているものに限る。)又は当該対立に係る集団に所属する指定暴力団員若しくはその居宅に対する凶器を使用した暴力行為が発生した場合における当該暴力行為

3 当該指定暴力団等の指定暴力団員がした暴力的要求行為をその相手方が拒絶した場合において、これに報復し、又は当該相手方を当該暴力的要求行為に応じさせる目的で、当該相手方又はその配偶者等に対してする暴力行為

4 当該指定暴力団等の指定暴力団員がした第12条の3の規定に違反する行為に係る準暴力的要求行為をその相手方が拒絶した場合において、これに報復し、又は当該相手方を当該準暴力的要求行為に応じさせる目的で、当該相手方又はその配偶者等に対してする暴力行為

5 第30条の2各号に掲げる請求を妨害する目的又は当該請求がされたことに報復する目的で、当該請求をし、若しくはしようとする者又はその配偶者等に対してする暴力行為

2 公安委員会は、前項の規定による命令をした場合において、当該命令の期間を経過する前に同項に規定するおそれがないと認められるに至ったときは、速やかに、当該命令を取り消さなければならない。

第5節　縄張に係る禁止行為等

(縄張に係る禁止行為)

第30条の6　指定暴力団員は、その者の所属する指定暴力団等又はその系列上位指定暴力団等の指定暴力団員の縄張内で営業を営む者のために、次に掲げる行為をしてはならない。当該行為をすることをその営業を営む者又はその代理人、使用人その他の従業者と

約束することについても、同様とする。
1 用心棒の役務を提供すること。
2 訪問する方法により、当該営業に係る商品を販売する契約又は当該営業に係る役務を有償で提供する契約の締結について勧誘をすること。
3 面会する方法により、当該営業によって生じた債権で履行期限を経過してもなおその全部又は1部が履行されていないものの取立てをすること。
2 営業を営む者又はその代理人、使用人その他の従業者(次条第4項において「営業を営む者等」という。)は、指定暴力団員に対し、前項前段の規定に違反する行為をすることを要求し、依頼し、又は唆してはならない。同項後段に規定する約束の相手方となることについても、同様とする。

(縄張に係る禁止行為に対する措置)
第30条の7 公安委員会は、指定暴力団員が前条第1項前段の規定に違反する行為をしている場合には、当該指定暴力団員に対し、当該行為を中止することを命じ、又は当該行為が中止されることを確保するために必要な事項を命ずることができる。
2 公安委員会は、指定暴力団員が前条第1項後段の規定に違反する行為をした場合には、当該指定暴力団員に対し、当該行為に係る同項各号に掲げる行為を防止するために必要な事項を命ずることができる。
3 公安委員会は、指定暴力団員が前条第1項の規定に違反する行為をした場合において、当該指定暴力団員が更に反復して当該行為と類似の同項の規定に違反する行為をするおそれがあると認めるときは、当該指定暴力団員に対し、1年を超えない範囲内で期間を定めて、同項の規定に違反する行為が行われることを防止するために必要な事項を命ずることができる。
4 公安委員会は、営業を営む者等が前条第2項の規定に違反する行為をした場合において、当該営業を営む者等が更に反復して当該行為と類似の同項の規定に違反する行為をするおそれがあると認めるときは、当該営業を営む者等に対し、1年を超えない範囲内で期間を定めて、同項の規定に違反する行為が行われることを防止するために必要な事項を命ずることができる。

第4章の2　特定危険指定暴力団等の指定等

（特定危険指定暴力団等の指定）

第30条の8　公安委員会は、次の各号のいずれかに掲げる行為が行われた場合において、指定暴力団員又はその要求若しくは依頼を受けた者が当該行為に関連して凶器を使用して人の生命又は身体に重大な危害を加える方法による暴力行為を行ったと認められ、かつ、当該指定暴力団員の所属する指定暴力団等の指定暴力団員又はその要求若しくは依頼を受けた者が更に反復して同様の暴力行為を行うおそれがあると認めるときは、1年を超えない範囲内の期間及び当該暴力行為により人の生命又は身体に重大な危害が加えられることを防止するため特に警戒を要する区域（以下この章において「警戒区域」という。）を定めて、当該指定暴力団等を特定危険指定暴力団等として指定するものとする。

1　当該指定暴力団等の指定暴力団員がした暴力的要求行為又は当該指定暴力団等の指定暴力団員がした第12条の3の規定に違反する行為に係る準暴力的要求行為であって、その相手方が拒絶したもの

2　当該指定暴力団等の指定暴力団員がした第30条の2の規定に違反する行為

2　公安委員会は、前項の規定による指定をした場合において、当該指定の有効期間が経過した後において更にその指定の必要があると認めるときは、1年を超えない範囲内で期間を定めて、その指定の期限を延長することができる。当該延長に係る期限が経過した後において、これを更に延長しようとするときも、同様とする。

3　公安委員会は、必要があると認めるときは、警戒区域を変更することができる。

4　第5条及び第7条の規定は、第1項の規定による指定について準用する。この場合において、第5条第1項ただし書中「個人の秘密」とあるのは「第30条の8第1項各号に掲げる行為又は同項の暴力行為の相手方に係る個人の秘密又は事業上の秘密」と、第7条第1項中「その他の」とあるのは「、第30条の8第1項に規定する警戒区域その他の」と、同条第4項中「事項」とあるのは「事項（第30条の8第1項に規定する警戒区域を除く。）」と読み替えるものとする。

5　第5条の規定は第3項の規定による警戒区域の変更（当該変更により新たな区域が当該警戒区域に含まれることとなるものに限る。）について、第7条第1項から第3項までの規定は第3項の規定による警戒区域の変更について、それぞれ準用する。この場合において、第5条第1項ただし書中「個人の秘密」とあるのは「第30条の8第1項各号に掲げる行為又は同項の暴力行為の相手方に係る個人の秘密又は事業上の秘密」と、第

7条第1項中「その他の」とあるのは「、第30条の8第1項に規定する警戒区域その他の」と読み替えるものとする。
6　第1項の規定により特定危険指定暴力団等として指定された指定暴力団連合が第3条の規定により指定暴力団として指定された場合において、当該指定暴力団連合に係る第4条の規定による指定が第8条第3項の規定により取り消されたときは、第1項の規定により当該指定暴力団連合について公安委員会がした指定は、同項の規定により当該指定暴力団について当該公安委員会がした指定とみなす。
7　第1項の規定により特定危険指定暴力団等として指定された指定暴力団等に係る第3条又は第4条の規定による指定（以下この項において「旧指定」という。）の有効期間が経過した場合において、当該指定暴力団等について引き続き第3条又は第4条の規定による指定（以下この項において「新指定」という。）がされたときは、第1項の規定により旧指定に係る指定暴力団等について公安委員会がした指定は、新指定に係る指定暴力団等について引き続きその効力を有する。

（特定危険指定暴力団等の指定暴力団員の禁止行為）
第30条の9　特定危険指定暴力団等の指定暴力団員は、暴力的要求行為を行う目的で、警戒区域において又は警戒区域における人の生活若しくは業務の遂行に関して、その相手方に対し、次に掲げる行為をしてはならない。
1　面会を要求すること。
2　電話をかけ、ファクシミリ装置を用いて送信し、又は電子メール（特定電子メールの送信の適正化等に関する法律（平成14年法律第26号）第2条第1号に規定する電子メールをいう。）を送信すること。
3　つきまとい、又はその居宅若しくは事業所の付近をうろつくこと。

（特定危険指定暴力団等の指定暴力団員の禁止行為に対する措置）
第30条の10　公安委員会は、特定危険指定暴力団等の指定暴力団員が前条の規定に違反する行為をしており、その相手方の生活の平穏又は業務の遂行の平穏が害されていると認める場合には、当該指定暴力団員に対し、当該行為を中止することを命じ、又は当該行為が中止されることを確保するために必要な事項を命ずることができる。
2　公安委員会は、特定危険指定暴力団等の指定暴力団員が前条の規定に違反する行為をした場合において、当該指定暴力団員が更に反復して同条の規定に違反する行為をするおそれがあると認めるときは、当該指定暴力団員に対し、1年を超えない範囲内で期間

を定めて、同条の規定に違反する行為が行われることを防止するために必要な事項を命ずることができる。

(特定危険指定暴力団等の事務所の使用制限)
第30条の11　公安委員会は、警戒区域内に在る特定危険指定暴力団等の事務所が、第30条の8第1項の暴力行為に関し、当該特定危険指定暴力団等の指定暴力団員により次の各号に掲げる用に供されており、又は供されるおそれがあると認めるときは、当該事務所に係る管理者又は当該事務所を現に使用している指定暴力団員に対し、3月以内の期間を定めて、当該事務所を当該各号の用又は当該特定危険指定暴力団等の活動の用に供してはならない旨を命ずることができる。
　1　多数の指定暴力団員の集合の用
　2　当該暴力行為のための謀議、指揮命令又は連絡の用
　3　当該暴力行為に供用されるおそれがあると認められる凶器その他の物件の製造又は保管の用
2　公安委員会は、前項の規定による命令をした場合において、当該命令の有効期間が経過した後において更にその命令の必要があると認めるときは、3月以内の期間を定めて、その命令の期限を延長することができる。当該延長に係る期限が経過した後において、これを更に延長しようとするときも、同様とする。
3　公安委員会は、第1項の規定による命令をしたときは、当該事務所の出入口の見やすい場所に、当該管理者又は当該事務所を現に使用していた指定暴力団員が当該事務所について同項の命令を受けている旨を告知する国家公安委員会規則で定める標章を貼り付けるものとする。
4　公安委員会は、前項の規定により標章を貼り付けた場合において、第1項の規定による命令の期限(第2項の規定によりその延長が行われたときは、その延長後の期限。以下この条において同じ。)が経過したとき、第30条の8第3項の規定による警戒区域の変更により当該標章を貼り付けた事務所の所在地が警戒区域に含まれないこととなったとき、又は当該期限内において当該標章を貼り付けた事務所が第1項各号の用に供されるおそれがなくなったと認めるときは、当該標章を取り除かなければならない。
5　何人も、第3項の規定により貼り付けられた標章を損壊し、又は汚損してはならず、また、当該標章を貼り付けた事務所に係る第1項の規定による命令の期限が経過し、第30条の8第3項の規定による警戒区域の変更により当該標章を貼り付けた事務所の所在地が警戒区域に含まれないこととなり、又は次条第1項の規定により当該特定危険指定

暴力団等に係る第30条の８第１項の規定による指定が取り消された後でなければ、これを取り除いてはならない。

（特定危険指定暴力団等の指定の取消し）
第30条の12　公安委員会は、第30条の８第１項の規定による指定をした場合において、当該指定の期限（同条第２項の規定によりその延長が行われたときは、その延長後の期限）を経過する前に同条第１項に規定するおそれがないと認められるに至ったときは、その指定を取り消さなければならない。
２　第７条第１項から第３項までの規定は、前項の規定による指定の取消しについて準用する。

第５章　指定暴力団の代表者等の損害賠償責任

（対立抗争等に係る損害賠償責任）
第31条　指定暴力団の代表者等は、当該指定暴力団と他の指定暴力団との間に対立が生じ、これにより当該指定暴力団の指定暴力団員による暴力行為（凶器を使用するものに限る。以下この条において同じ。）が発生した場合において、当該暴力行為により他人の生命、身体又は財産を侵害したときは、これによって生じた損害を賠償する責任を負う。
２　１の指定暴力団に所属する指定暴力団員の集団の相互間に対立が生じ、これにより当該対立に係る集団に所属する指定暴力団員による暴力行為が発生した場合において、当該暴力行為により他人の生命、身体又は財産を侵害したときも、前項と同様とする。

（威力利用資金獲得行為に係る損害賠償責任）
第31条の２　指定暴力団の代表者等は、当該指定暴力団の指定暴力団員が威力利用資金獲得行為（当該指定暴力団の威力を利用して生計の維持、財産の形成若しくは事業の遂行のための資金を得、又は当該資金を得るために必要な地位を得る行為をいう。以下この条において同じ。）を行うについて他人の生命、身体又は財産を侵害したときは、これによって生じた損害を賠償する責任を負う。ただし、次に掲げる場合は、この限りでない。
　１　当該代表者等が当該代表者等以外の当該指定暴力団の指定暴力団員が行う威力利用資金獲得行為により直接又は間接にその生計の維持、財産の形成若しくは事業の遂行

のための資金を得、又は当該資金を得るために必要な地位を得ることがないとき。
　2　当該威力利用資金獲得行為が、当該指定暴力団の指定暴力団員以外の者が専ら自己の利益を図る目的で当該指定暴力団員に対し強要したことによって行われたものであり、かつ、当該威力利用資金獲得行為が行われたことにつき当該代表者等に過失がないとき。

（民法の適用）
第31条の3　指定暴力団の代表者等の損害賠償の責任については、前2条の規定によるほか、民法（明治29年法律第89号）の規定による。

第6章　暴力団員による不当な行為の防止等に関する国等の責務及び民間活動の促進

（国及び地方公共団体の責務）
第32条　国及び地方公共団体は、次に掲げる者をその行う売買等の契約に係る入札に3加させないようにするための措置を講ずるものとする。
　1　指定暴力団員
　2　指定暴力団員と生計を1にする配偶者（婚姻の届出をしていないが事実上婚姻関係と同様の事情にある者を含む。）
　3　法人その他の団体であって、指定暴力団員がその役員となっているもの
　4　指定暴力団員が出資、融資、取引その他の関係を通じてその事業活動に支配的な影響力を有する者（前号に該当するものを除く。）
2　国及び地方公共団体は、前項に規定する措置を講ずるほか、その事務又は事業に関する暴力団員による不当な行為の防止及びこれにより当該事務又は事業に生じた不当な影響の排除に努めなければならない。
3　国及び地方公共団体は、事業者、国民又はこれらの者が組織する民間の団体（次項において「事業者等」という。）が自発的に行う暴力排除活動（暴力団員による不当な行為を防止し、及びこれにより事業活動又は市民生活に生じた不当な影響を排除するための活動をいう。同項において同じ。）の促進を図るため、情報の提供、助言、指導その他必要な措置を講ずるものとする。
4　国及び地方公共団体は、事業者等が安心して暴力排除活動の実施に取り組むことができるよう、その安全の確保に配慮しなければならない。

（事業者の責務）

第32条の2　事業者は、不当要求による被害を防止するために必要な第14条第1項に規定する措置を講ずるよう努めるほか、その事業活動を通じて暴力団員に不当な利益を得させることがないよう努めなければならない。

（都道府県暴力追放運動推進センター）

第32条の3　公安委員会は、次の各号に掲げる要件のいずれにも該当すると認められる者を、その申出により、都道府県に1を限って、都道府県暴力追放運動推進センター（以下「都道府県センター」という。）として指定することができる。
1　暴力団員による不当な行為の防止及びこれによる被害の救済に寄与することを目的とする1般社団法人又は1般財団法人であること。
2　次項第3号から第6号までの事業（以下「相談事業」という。）に係る相談の申出人、暴力団の影響を受けている少年、暴力団から離脱する意志を有する者又は暴力団の事務所の付近の住民その他の者（第3項において「相談の申出人等」という。）に対する助言について、専門的知識経験を有する者として国家公安委員会規則で定める者（以下「暴力追放相談委員」という。）が置かれていること。
3　その他次項に規定する事業を適正かつ確実に行うために必要なものとして国家公安委員会規則で定める基準に適合すること。
2　都道府県センターは、当該都道府県の区域において、次に掲げる事業を行うものとする。
1　暴力団員による不当な行為の予防に関する知識の普及及び思想の高揚を図るための広報活動を行うこと。
2　暴力団員による不当な行為の予防に関する民間の自主的な組織活動を助けること。
3　暴力団員による不当な行為に関する相談に応ずること。
4　少年に対する暴力団の影響を排除するための活動を行うこと。
5　暴力団から離脱する意志を有する者を助けるための活動を行うこと。
6　暴力団の事務所の使用により付近住民等（付近において居住し、勤務し、その他日常生活又は社会生活を営む者をいう。次条第1項及び第2項において同じ。）の生活の平穏又は業務の遂行の平穏が害されることを防止すること。
7　公安委員会の委託を受けて第14条第2項の講習を行うこと。
8　不当要求情報管理機関（不当要求に関する情報の収集及び事業者に対する当該情報の提供を業とする者をいう。）の業務を助けること。

9 　暴力団員による不当な行為の被害者に対して見舞金の支給、民事訴訟の支援その他の救援を行うこと。
10 　風俗営業等の規制及び業務の適正化等に関する法律（昭和23年法律第122号）第38条に規定する少年指導委員に対し第4号の事業の目的を達成するために必要な研修を行うこと。
11 　前各号の事業に附帯する事業
3 　都道府県センターは、相談事業を行うに当たっては、相談の申出人等に対する助言については、暴力追放相談委員に行わせなければならない。
4 　都道府県センターは、住民から暴力団員による不当な行為に関する相談の申出があつたときは、その相談に応じ、申出人に必要な助言をし、その相談に係る事項の迅速かつ適切な解決に努めなければならない。
5 　公安委員会は、都道府県センターの財産の状況又はその事業の運営に関し改善が必要であると認めるときは、都道府県センターに対し、その改善に必要な措置を採るべきことを命ずることができる。
6 　公安委員会は、都道府県センターが前項の規定による命令に違反したときは、第1項の指定を取り消すことができる。
7 　都道府県センターの役員若しくは職員（暴力追放相談委員及び第32条の5第3項第2号の弁護士を含む。）又はこれらの職にあった者は、相談事業に係る業務に関して知り得た秘密を漏らしてはならない。
8 　都道府県センターは、その業務の運営について都道府県警察と密接に連絡するものとし、都道府県警察は、都道府県センターに対し、その業務の円滑な運営が図られるように必要な配慮を加えるものとする。
9 　第1項の指定の手続その他都道府県センターに関し必要な事項は、国家公安委員会規則で定める。

（適格都道府県センターの権限等）

第32条の4　次条第1項の規定により認定された都道府県センター（以下「適格都道府県センター」という。）は、当該都道府県の区域内に在る指定暴力団等の事務所の使用により付近住民等の生活の平穏又は業務の遂行の平穏が害されることを防止するための事業を行う場合において、当該付近住民等で、当該事務所の使用によりその生活の平穏又は業務の遂行の平穏が違法に害されていることを理由として当該事務所の使用及びこれに付随する行為の差止めの請求をしようとするものから委託を受けたときは、当該委託

をした者のために自己の名をもって、当該請求に関する1切の裁判上又は裁判外の行為をする権限を有する。
2　適格都道府県センターは、前項の委託を受けたときは、当該事務所に関し、その他の付近住民等が当該委託をする機会を確保するために、その旨を通知その他適切な方法により、これらの者に周知するよう努めるものとする。
3　適格都道府県センターは、第1項の権限を行使する場合において、民事訴訟手続、民事保全の命令に関する手続及び執行抗告（民事保全の執行の手続に関する裁判に対する執行抗告を含む。）に係る手続については、弁護士に追行させなければならない。
4　適格都道府県センターは、第1項の委託をした者に対して報酬を請求することができない。
5　第1項の委託をした者は、その委託を取り消すことができる。

（適格都道府県センターの認定）
第32条の5　差止請求関係業務（前条第1項の権限の行使に関する業務をいう。以下同じ。）を行おうとする都道府県センターは、国家公安委員会の認定を受けなければならない。
2　前項の認定を受けようとする都道府県センターは、国家公安委員会に認定の申請をしなければならない。
3　国家公安委員会は、前項の申請をした都道府県センターが次に掲げる要件の全てに適合しているときに限り、第1項の認定をすることができる。
　1　差止請求関係業務の実施に係る組織、差止請求関係業務の実施の方法、差止請求関係業務に関して知り得た情報の管理及び秘密の保持の方法その他の差止請求関係業務を適正に遂行するための体制及び業務規程が適切に整備されていること。
　2　前条第1項の委託を受ける旨の決定及び当該委託に係る請求の内容についての検討を行う部門において暴力追放相談委員及び弁護士が共にその専門的知識経験に基づいて必要な助言を行い又は意見を述べる体制が整備されていることその他差止請求関係業務を遂行するための人的体制に照らして、差止請求関係業務を適正に遂行することができる専門的知識経験を有すると認められること。
　3　差止請求関係業務を適正に遂行するに足りる経理的基礎を有すること。
4　前項第1号の業務規程には、差止請求関係業務の実施の方法、差止請求関係業務に関して知り得た情報の管理及び秘密の保持の方法その他の国家公安委員会規則で定める事項が定められていなければならない。

5　次のいずれかに該当する都道府県センターは、第１項の認定を受けることができない。
　１　第32条の13第１項各号に掲げる事由により第１項の認定を取り消され、その取消しの日から３年を経過しない都道府県センター
　２　役員のうちに前号に該当する都道府県センターの役員であった者（その認定の取消しの日前６月以内にその職にあった者に限る。）がある都道府県センター

　（認定の申請）
第32条の６　前条第２項の申請は、当該申請に係る都道府県センターの名称及び住所並びに代表者の氏名その他の国家公安委員会規則で定める事項を記載した申請書を、国家公安委員会規則で定めるところにより、公安委員会を経由して、国家公安委員会に提出してしなければならない。この場合において、公安委員会は、当該申請に係る事項に関する意見を付して、国家公安委員会に送付するものとする。
２　前項の申請書には、定款、前条第３項第１号の業務規程その他の国家公安委員会規則で定める書類を添付しなければならない。

　（認定の公示等）
第32条の７　国家公安委員会は、第32条の５第１項の認定をしたときは、国家公安委員会規則で定めるところにより、当該適格都道府県センターの名称及び住所その他の国家公安委員会規則で定める事項を官報により公示するとともに、当該適格都道府県センターに対し、その旨を書面により通知するものとする。

　（変更の届出）
第32条の８　適格都道府県センターは、その名称若しくは住所又は代表者の氏名その他の国家公安委員会規則で定める事項に変更があったときは、国家公安委員会規則で定めるところにより、その旨を記載した届出書を遅滞なく国家公安委員会に提出しなければならない。

　（帳簿書類の作成及び保存）
第32条の９　適格都道府県センターは、国家公安委員会規則で定めるところにより、差止請求関係業務に関する帳簿書類を作成し、これを保存しなければならない。

（事業報告書等の作成及び提出）
第32条の10　適格都道府県センターは、毎事業年度の事業報告書、収支決算書、貸借対照表及び財産目録を作成し、当該事業年度経過後３月以内に国家公安委員会に提出しなければならない。

　（報告及び立入り）
第32条の11　国家公安委員会は、差止請求関係業務の適正な運営を確保するため必要があると認めるときは、この法律の施行に必要な限度において、適格都道府県センターに対しその業務若しくは経理の状況に関し報告をさせ、又は警察庁の職員に適格都道府県センターの事務所に立ち入り、業務の状況若しくは帳簿、書類その他の物件を検査させ若しくは関係者に質問させることができる。
２　前項の規定による立入検査をする職員は、その身分を示す証明書を携帯し、関係者の請求があったときは、これを提示しなければならない。
３　第１項の規定による立入検査の権限は、犯罪捜査のために認められたものと解釈してはならない。

　（改善命令）
第32条の12　国家公安委員会は、適格都道府県センターの差止請求関係業務の運営に関し改善が必要であると認めるときは、適格都道府県センターに対し、その改善に必要な措置を採るべきことを命ずることができる。

　（認定の取消し等）
第32条の13　国家公安委員会は、適格都道府県センターについて、次のいずれかに掲げる事由があるときは、第32条の５第１項の認定を取り消すことができる。
　１　第32条の５第３項各号に掲げる要件のいずれかに適合しなくなったとき。
　２　第32条の５第５項第２号に該当するに至ったとき。
　３　前２号に掲げるもののほか、この法律若しくはこの法律に基づく命令の規定又はこれらの規定に基づく処分に違反したとき。
２　国家公安委員会は、前項の規定により第32条の５第１項の認定を取り消したときは、国家公安委員会規則で定めるところにより、その旨及びその取消しをした日を官報により公示するとともに、当該適格都道府県センターに対し、その旨を書面により通知するものとする。

（国家公安委員会規則への委任）
第32条の14　第32条の4から前条までに規定するもののほか、適格都道府県センターに関し必要な事項は、国家公安委員会規則で定める。

　　（全国暴力追放運動推進センター）
第32条の15　国家公安委員会は、暴力団員による不当な行為の防止及びこれによる被害の救済に寄与することを目的とする1般社団法人又は1般財団法人であって、次項に規定する事業を適正かつ確実に行うことができると認められるものを、その申出により、全国に1を限って、全国暴力追放運動推進センター（以下「全国センター」という。）として指定することができる。
2　全国センターは、次に掲げる事業を行うものとする。
　1　暴力団員による不当な行為の予防に関する知識の普及及び思想の高揚を図るための2以上の都道府県の区域における広報活動を行うこと。
　2　暴力追放相談委員その他都道府県センターの業務を行う者に対する研修を行うこと。
　3　少年の健全な育成に及ぼす暴力団の影響その他の暴力団の市民生活に与える影響に関する調査研究を行うこと。
　4　都道府県センターの事業について、連絡調整を行うこと。
　5　前各号の事業に附帯する事業
3　第32条の3第5項、第6項、第8項及び第9項の規定は、全国センターについて準用する。この場合において、同条第5項及び第6項中「公安委員会」とあるのは「国家公安委員会」と、同条第8項中「都道府県警察」とあるのは「国家公安委員会及び警察庁」と読み替えるものとする。

　　第7章　雑則

　　（報告及び立入り）
第33条　公安委員会は、この法律の施行に必要があると認めるときは、国家公安委員会規則で定めるところにより、この法律の施行に必要な限度において、指定暴力団員その他の関係者に対し報告若しくは資料の提出を求め、又は警察職員に事務所に立ち入り、物件を検査させ若しくは指定暴力団員その他の関係者に質問させることができる。
2　前項の規定による立入検査をする職員は、その身分を示す証明書を携帯し、関係者に

提示しなければならない。

3 　第１項の規定による立入検査の権限は、犯罪捜査のために認められたものと解釈してはならない。

（意見聴取）

第34条　公安委員会は、第11条第２項、第12条第１項、第12条の２、第12条の４第１項、第12条の６第２項、第15条第１項（同条第３項において準用する場合を含む。次条、第39条及び第42条第１項において同じ。）、第18条第２項若しくは第３項、第19条、第22条第２項、第23条、第26条第２項、第27条、第30条の４、第30条の５第１項、第30条の７第２項から第４項まで、第30条の10第２項又は第30条の11第１項の規定による命令をしようとするときは、公開による意見聴取を行わなければならない。ただし、命令に係る者がした暴力的要求行為若しくは準暴力的要求行為、第16条、第24条、第30条の６第１項前段若しくは第30条の９の規定に違反する行為若しくは第30条の５第１項に規定する暴力行為の相手方又は第30条の４に規定する請求者若しくはその配偶者等に係る個人の秘密又は事業上の秘密の保護のためやむを得ないと認めるときは、意見聴取を公開しないことができる。

2 　前項の意見聴取を行う場合において、公安委員会は、当該命令に係る者に対し、命令をしようとする理由並びに意見聴取の期日及び場所を相当の期間をおいて通知し、かつ、意見聴取の期日及び場所を公示しなければならない。

3 　意見聴取に際しては、当該命令に係る者又はその代理人は、当該事案について意見を述べ、かつ、有利な証拠を提出することができる。

4 　第12条の２の規定による命令に係る第１項の意見聴取を行う場合において、当該命令に係る者が当該命令に係る暴力的要求行為をした指定暴力団員の出頭及び意見の陳述を求めたときは、公安委員会は、これを許可することができる。

5 　公安委員会は、当該命令に係る者又はその代理人が正当な理由がなくて出頭しないとき、又は当該命令に係る者の所在が不明であるため第２項の規定による通知をすることができず、かつ、同項の規定による公示をした日から起算して30日を経過してもその者の所在が判明しないときは、第１項の規定にかかわらず、意見聴取を行わないで同項に規定する命令をすることができる。

6 　前各項に定めるもののほか、第１項の意見聴取の実施について必要な事項は、国家公安委員会規則で定める。

（仮の命令）

第35条　公安委員会は、緊急の必要がある場合においては、前条第１項の規定にかかわらず、同項の意見聴取を行わないで、仮に、第11条第２項、第12条の４第１項、第12条の６第２項、第15条第１項、第18条第２項、第19条、第22条第２項、第23条、第26条第２項、第27条、第30条の４、第30条の５第１項、第30条の７第２項、第30条の10第２項又は第30条の11第１項の規定（以下この条において「第11条第２項等の規定」という。）による命令をすることができる。

2　前項の規定による命令（以下「仮の命令」という。）の効力は、仮の命令をした日から起算して15日とする。

3　公安委員会は、仮の命令をしたときは、当該仮の命令をした日から起算して15日以内に、公開による意見聴取を行わなければならない。

4　公安委員会がした仮の命令が第15条第１項、第30条の４、第30条の５第１項、第30条の７第２項及び第30条の11第１項に係るもの以外のものである場合において、当該仮の命令を受けた者の当該仮の命令に係る違反行為をした時における住所（当該違反行為をした者が指定暴力団員である場合で当該指定暴力団員の住所が明らかでないときにあっては、当該指定暴力団員の所属する指定暴力団等の主たる事務所。以下この項において「住所等」という。）が当該仮の命令をした公安委員会以外の公安委員会の管轄区域内に在るときは、当該仮の命令をした公安委員会は、前項の規定にかかわらず同項の意見聴取を行うことなく、速やかに、当該仮の命令をした旨をその者の住所等の所在地を管轄する公安委員会に通知しなければならない。この場合において、通知を受けた公安委員会は、当該仮の命令があった日から起算して15日以内に、公開による意見聴取を行わなければならない。

5　前条第１項ただし書、第２項、第３項及び第６項の規定は、前２項の意見聴取について準用する。この場合において、同条第２項中「命令をしようとする理由」とあるのは「仮の命令をした理由」と、「相当の期間をおいて」とあるのは「速やかに」と読み替えるものとする。

6　公安委員会は、第３項又は第４項の意見聴取の結果、仮の命令が不当でないと認めたときは、前条第１項の規定にかかわらず、同項の意見聴取を行わないで第11条第２項等の規定による命令をすることができる。

7　第11条第２項等の規定による命令をしたときは、仮の命令は、その効力を失う。

8　公安委員会は、第３項又は第４項の意見聴取の結果、仮の命令が不当であると認めた場合は、直ちに、その命令の効力を失わせなければならない。

9　仮の命令に係る者の所在が不明であるため第5項において準用する前条第2項の規定による通知をすることができないことにより又は仮の命令に係る者若しくはその代理人が出頭しないことにより、第3項又は第4項の意見聴取を行うことができず、かつ、次に掲げる命令をするため、当該仮の命令があった日から起算して15日以内に同条第1項の意見聴取に係る同条第2項の規定による公示がされているときは、第2項の規定にかかわらず、当該仮の命令の効力は、当該意見聴取の期日（同条第5項の規定に該当する場合にあっては、当該意見聴取に係る公示をした日から起算して30日を経過する日）までとする。

1　当該仮の命令に係る違反行為に関する第11条第2項等の規定（第15条第1項、第30条の4、第30条の5第1項及び第30条の11第1項の規定を除く。）による命令
2　当該仮の命令に係る指定暴力団等の事務所に関する第15条第1項又は第30条の11第1項の規定による命令
3　当該仮の命令に係る請求に関する第30条の4の規定による命令
4　当該仮の命令に係る暴力行為に関する第30条の5第1項の規定による命令

（公安委員会の報告等）
第36条　公安委員会は、暴力団の活動の状況、暴力団の事務所の所在地その他暴力団の実態を把握して、これらに関する事項を国家公安委員会に報告しなければならない。
2　国家公安委員会は、前項の規定による報告に基づき、報告に係る暴力団の主たる事務所と認められる事務所を決定し、その旨を各公安委員会に通報するものとする。
3　公安委員会は、指定暴力団員に対しこの法律の規定による命令をした場合における当該命令の内容、命令の日時その他指定暴力団等又は指定暴力団員に係る事項で国家公安委員会が定めるものを国家公安委員会に報告しなければならない。この場合において、国家公安委員会は、当該報告に係る事項を各公安委員会に通報するものとする。
4　公安委員会は、第3条、第4条、第15条の2第1項（同条第4項において準用する場合を含む。第39条第11号において同じ。）及び第30条の8第1項の規定による指定並びにこの法律の規定による命令をするについて必要があるときは、官庁、公共団体その他の者に、これらの指定又は命令をするため参考となるべき資料の閲覧又は提供その他の協力を求めることができる。

（不服申立て等）
第37条　第3条又は第4条の規定による指定に不服がある者は、国家公安委員会に審査請

求をすることができる。
2　国家公安委員会は、指定暴力団等の指定についての審査請求に対する裁決に当たっては、国家公安委員会規則で定めるところにより、審査専門委員の意見を聴かなければならない。
3　指定暴力団等の指定の取消しを求める訴えは、当該指定についての審査請求に対する国家公安委員会の裁決を経た後でなければ、提起することができない。

（審査専門委員）
第38条　国家公安委員会に、第3条又は第4条の規定による指定暴力団等の指定に係る確認及び不服申立てについて、第3条第1号又は第4条第2号の要件に関する専門の事項を調査審議し、意見を提出させるため、審査専門委員若干人を置く。
2　審査専門委員は、人格が高潔であって、指定暴力団等の指定に関し公正な判断をすることができ、かつ、法律又は社会に関する学識経験を有する者のうちから、国家公安委員会が任命する。
3　審査専門委員の任期その他審査専門委員に関し必要な事項は、政令で定める。

（命令等を行う公安委員会）
第39条　この法律における公安委員会は、次の各号に掲げる事項に関しては、当該各号に定める公安委員会とする。
　1　第5条第2項の規定による通知及び公示　同条第1項の意見聴取に係る指定をしようとする暴力団の主たる事務所の所在地を管轄する公安委員会
　2　第5条第1項の意見聴取　同条第2項の規定による公示をした公安委員会
　3　第3条又は第4条の規定による指定　第5条第1項の意見聴取に係る公安委員会
　4　第8条第2項又は第3項の規定による指定の取消し　指定の取消しをしようとする指定暴力団等の主たる事務所の所在地を管轄する公安委員会
　5　第11条第2項、第12条第1項、第12条の4第1項、第12条の6第2項、第18条第2項若しくは第3項、第19条、第22条第2項、第23条、第26条第2項、第27条、第30条の7第3項若しくは第30条の10第2項の規定による命令（仮の命令を除く。）又はこれらの命令に係る第34条第1項の意見聴取　当該命令又は意見聴取に係る違反行為が行われた時における当該違反行為を行った者の住所地（当該違反行為を行った者が指定暴力団員である場合で当該指定暴力団員の住所が明らかでないときにあっては、当該指定暴力団員の所属する指定暴力団等の主たる事務所の所在地）を管轄する公安委

員会

6 第12条の2の規定による命令又は当該命令に係る第34条第1項の意見聴取　当該命令又は意見聴取に係る暴力的要求行為が行われた時における当該命令又は意見聴取に係る第12条の2各号に定める指定暴力団員の住所地（当該指定暴力団員の住所が明らかでない場合にあっては、当該指定暴力団員の所属する指定暴力団等の主たる事務所の所在地）を管轄する公安委員会

7 第11条第1項、第12条第2項、第12条の6第1項、第18条第1項、第22条第1項、第26条第1項、第30条、第30条の3、第30条の7第1項若しくは第2項若しくは第30条の10第1項の規定による命令若しくは第15条第1項、第30条の4、第30条の5第1項及び第30条の11第1項の規定に係る仮の命令以外の仮の命令又は第30条の7第2項の規定による命令に係る第34条第1項の意見聴取　当該命令又は意見聴取に係る違反行為が行われた場所を管轄する公安委員会

8 第13条の規定による援助　第11条又は第12条の6の規定による命令をした公安委員会

9 第14条第1項の規定による援助又は同条第2項の規定による講習　当該援助又は講習に係る事業者の主たる事業所の所在地を管轄する公安委員会

10 第15条第1項若しくは第30条の11第1項の規定による命令（これらの規定に係る仮の命令を含む。）又はこれらの命令に係る第34条第1項の意見聴取　当該命令又は意見聴取に係る事務所の所在地を管轄する公安委員会

11 第15条の2第1項又は第30条の8第1項の規定による指定　これらの規定による指定において定めようとする区域を管轄する公安委員会

12 第30条の4の規定による命令（同条の規定に係る仮の命令を含む。）又は当該命令に係る第34条第1項の意見聴取　当該命令又は意見聴取に係る第30条の2各号に掲げる請求が行われた時における当該請求の相手方である指定暴力団員の住所地（当該指定暴力団員の住所が明らかでない場合にあっては、当該指定暴力団員の所属する指定暴力団等の主たる事務所の所在地）を管轄する公安委員会

13 第30条の5第1項の規定による命令（同項の規定に係る仮の命令を含む。）又は当該命令に係る第34条第1項の意見聴取　当該命令又は意見聴取に係る暴力行為が行われた時における当該暴力行為を行った指定暴力団員の住所地（当該指定暴力団員の住所が明らかでない場合にあっては、当該指定暴力団員の所属する指定暴力団等の主たる事務所の所在地）を管轄する公安委員会

14 第30条の7第4項の規定による命令又は当該命令に係る第34条第1項の意見聴取

当該命令又は意見聴取に係る違反行為が行われた時における当該違反行為を行った者の主たる営業所（当該違反行為を行った者が営業を営む者の代理人、使用人その他の従業者である場合にあっては、その者が勤務する営業所）の所在地（これらの営業所がない場合にあっては、当該違反行為が行われた時における当該違反行為を行った者の住所地）を管轄する公安委員会

15　第32条の3第1項の規定による指定、同条第5項の規定による命令又は同条第6項の規定による取消し　同条第1項の規定による申出を受け、又は指定をした公安委員会

（命令等に係る書類の送達）
第39条の2　この法律の規定による命令又は指示は、国家公安委員会規則で定める書類を送達して行う。ただし、第11条第1項、第12条第2項、第12条の6第1項、第18条第1項、第22条第1項、第26条第1項、第30条、第30条の3、第30条の7第1項又は第30条の10第1項の規定による命令については、緊急を要するため当該書類を送達するいとまがないときは、口頭ですることができる。

2　前項の規定により送達すべき書類について、その送達を受けるべき者の住所及び居所が明らかでない場合には、当該命令又は指示をする公安委員会は、その送達に代えて公示送達をすることができる。

3　公示送達は、送達すべき書類の名称、その送達を受けるべき者の氏名及び公安委員会がその書類をいつでも送達を受けるべき者に交付する旨を当該公安委員会の掲示板に掲示して行う。

4　前項の場合において、掲示を始めた日から起算して2週間を経過したときは、書類の送達があったものとみなす。

（警察庁長官への権限の委任）
第40条　この法律又はこの法律に基づく命令の規定により国家公安委員会の権限に属する事務（第6条第1項の規定による確認及び同条第2項の規定による意見聴取、第8条第4項の規定による確認、第32条の5第1項の規定による認定、第32条の13第1項の規定による認定の取消し、第37条第1項の規定による審査請求及び同条第2項の規定による意見聴取並びに第38条第2項の規定による任命に係るものを除く。）は、政令で定めるところにより、警察庁長官に委任することができる。

(方面公安委員会への権限の委任)
第41条　この法律又はこの法律に基づく政令の規定により道公安委員会の権限に属する事務は、次に掲げる事務を除き、政令で定めるところにより、方面公安委員会に委任することができる。

1　第3条及び第4条の規定による指定
2　第5条第1項の意見聴取
3　第6条第1項及び第8条第4項の規定による確認の請求
4　第6条第4項及び第8条第5項の規定による通知の受理
5　第7条第1項（第8条第7項において準用する場合を含む。）及び第7条第4項の規定による公示
6　第7条第3項（第8条第7項において準用する場合を含む。）の規定による通知
7　第8条第2項及び第3項の規定による指定の取消し

(公安委員会の事務の委任)
第42条　公安委員会は、仮の命令に関する事務、第12条の4第2項の規定による指示（緊急の必要がある場合におけるものに限る。）に関する事務、第15条第1項の規定に係る仮の命令に係る同条第4項及び第5項に規定する事務並びに第30条の11第1項の規定に係る仮の命令に係る同条第3項及び第4項に規定する事務を警視総監又は道府県警察本部長に行わせることができる。

2　方面公安委員会は、前条の規定により道公安委員会から委任された事務のうち、前項の事務を方面本部長に行わせることができる。

3　公安委員会は、第11条第1項、第12条第2項、第12条の6第1項、第18条第1項、第22条第1項、第26条第1項、第30条、第30条の3、第30条の7第1項又は第30条の10第1項の規定による命令を警察署長に行わせることができる。

(行政手続法の適用除外)
第43条　第2章から第4章の2まで及びこの章の規定による命令については、行政手続法第3章の規定は、適用しない。

(経過措置)
第44条　この法律の規定に基づき命令を制定し、又は改廃する場合においては、その命令で、その制定又は改廃に伴い合理的に必要と判断される範囲内において、所要の経過措

置（罰則に関する経過措置を含む。）を定めることができる。

（国家公安委員会規則への委任）
第45条 この法律に定めるもののほか、この法律の実施のための手続その他この法律の施行に関し必要な事項は、国家公安委員会規則で定める。

第8章 罰則

第46条 次の各号のいずれかに該当する者は、3年以下の懲役若しくは500万円以下の罰金に処し、又はこれを併科する。
1 第11条の規定による命令に違反した者
2 第15条の3の規定に違反した者
3 特定危険指定暴力団等の指定暴力団員で、第30条の8第1項に規定する警戒区域において又は当該警戒区域における人の生活若しくは業務の遂行に関して、暴力的要求行為又は第30条の2の規定に違反する行為をしたもの

第47条 次の各号のいずれかに該当する者は、3年以下の懲役若しくは250万円以下の罰金に処し、又はこれを併科する。
1 第12条の規定による命令に違反した者
2 第12条の2の規定による命令に違反した者
3 第12条の4第1項の規定による命令に違反した者
4 第12条の6の規定による命令に違反した者
5 第15条第1項（同条第3項において準用する場合を含む。）の規定による命令に違反した者
6 第18条の規定による命令に違反した者
7 第19条の規定による命令に違反した者
8 第22条の規定による命令に違反した者
9 第23条の規定による命令に違反した者
10 第26条の規定による命令に違反した者
11 第27条の規定による命令に違反した者
12 第30条の規定による命令に違反した者
13 第30条の3の規定による命令に違反した者

14　第30条の4の規定による命令に違反した者
15　第30条の5第1項の規定による命令に違反した者
16　第30条の10の規定による命令に違反した者
17　第30条の11第1項の規定による命令に違反した者

第48条　第30条の7第1項から第3項までの規定による命令に違反した者は、1年以下の懲役若しくは100万円以下の罰金に処し、又はこれを併科する。

第49条　第33条第1項の規定に違反して報告をせず、若しくは資料を提出せず、若しくは同項の報告若しくは資料の提出について虚偽の報告をし、若しくは虚偽の資料を提出し、又は同項の規定による立入検査を拒み、妨げ、若しくは忌避し、若しくは同項の規定による質問に対して陳述をせず、若しくは虚偽の陳述をした者は、1年以下の懲役又は50万円以下の罰金に処する。

第50条　次の各号のいずれかに該当する者は、6月以下の懲役又は50万円以下の罰金に処する。
1　第30条の7第4項の規定による命令に違反した者
2　第32条の3第7項の規定に違反した者

第51条　第15条第6項、第15条の2第7項又は第30条の11第5項の規定に違反した者は、100万円以下の罰金に処する。

第52条　第32条の11第1項の規定に違反して報告をせず、若しくは虚偽の報告をし、又は同項の規定による立入検査を拒み、妨げ、若しくは忌避し、若しくは同項の規定による質問に対して陳述をせず、若しくは虚偽の陳述をした者は、50万円以下の罰金に処する。

別表（第2条関係）

1　爆発物取締罰則（明治17年太政官布告第32号）に規定する罪
2　刑法（明治40年法律第45号）第2編第5章、第7章、第22章、第23章、第26章、第27章、第31章から第33章まで、第35章から第37章まで及び第40章に規定する罪
3　暴力行為等処罰に関する法律（大正15年法律第60号）に規定する罪

4	盗犯等の防止及び処分に関する法律（昭和5年法律第9号）に規定する罪
5	労働基準法（昭和22年法律第49号）第13章に規定する罪
6	職業安定法（昭和22年法律第141号）第5章に規定する罪
7	児童福祉法（昭和22年法律第164号）第6章に規定する罪
8	金融商品取引法第8章に規定する罪
9	風俗営業等の規制及び業務の適正化等に関する法律第7章に規定する罪
10	大麻取締法（昭和23年法律第124号）第6章に規定する罪
11	船員職業安定法（昭和23年法律第130号）第6章に規定する罪
12	競馬法（昭和23年法律第158号）第5章に規定する罪
13	自転車競技法（昭和23年法律第209号）第6章に規定する罪
14	建設業法第8章に規定する罪
15	弁護士法（昭和24年法律第205号）第10章に規定する罪
16	火薬類取締法（昭和25年法律第149号）第5章に規定する罪
17	小型自動車競走法（昭和25年法律第208号）第7章に規定する罪
18	毒物及び劇物取締法（昭和25年法律第303号）に規定する罪
19	港湾運送事業法（昭和26年法律第161号）第5章に規定する罪
20	投資信託及び投資法人に関する法律（昭和26年法律第198号）第5編に規定する罪
21	モーターボート競走法（昭和26年法律第242号）第7章に規定する罪
22	覚せい剤取締法（昭和26年法律第252号）第8章に規定する罪
23	旅券法（昭和26年法律第267号）に規定する罪
24	出入国管理及び難民認定法（昭和26年政令第319号）第9章に規定する罪
25	宅地建物取引業法第8章に規定する罪
26	酒税法（昭和28年法律第6号）第9章に規定する罪
27	麻薬及び向精神薬取締法（昭和28年法律第14号）第7章に規定する罪
28	武器等製造法（昭和28年法律第145号）第5章に規定する罪
29	出資の受入れ、預り金及び金利等の取締りに関する法律（昭和29年法律第195号）に規定する罪
30	売春防止法（昭和31年法律第118号）第2章に規定する罪
31	銃砲刀剣類所持等取締法（昭和33年法律第6号）第5章に規定する罪
32	割賦販売法（昭和36年法律第159号）第5章に規定する罪
33	著作権法（昭和45年法律第48号）第8章に規定する罪
34	廃棄物の処理及び清掃に関する法律（昭和45年法律第137号）第5章に規定する罪

第Ⅰ章分　〇暴力団員による不当な行為の防止等に関する法律（【改正後】平成24年8月1日公布）

35　火炎びんの使用等の処罰に関する法律（昭和47年法律第17号）に規定する罪
36　建設労働者の雇用の改善等に関する法律（昭和51年法律第33号）第8章に規定する罪
37　銀行法（昭和56年法律第59号）第9章に規定する罪
38　貸金業法（昭和58年法律第32号）第5章に規定する罪
39　労働者派遣事業の適正な運営の確保及び派遣労働者の保護に関する法律（昭和60年法律第88号）第5章に規定する罪
40　港湾労働法（昭和63年法律第40号）第7章に規定する罪
41　国際的な協力の下に規制薬物に係る不正行為を助長する行為等の防止を図るための麻薬及び向精神薬取締法等の特例等に関する法律（平成3年法律第94号）第3章に規定する罪
42　不動産特定共同事業法（平成6年法律第77号）第7章に規定する罪
43　保険業法（平成7年法律第105号）第6編に規定する罪
44　資産の流動化に関する法律（平成10年法律第105号）第5編に規定する罪
45　債権管理回収業に関する特別措置法（平成10年法律第126号）第6章に規定する罪
46　児童買春、児童ポルノに係る行為等の処罰及び児童の保護等に関する法律（平成11年法律第52号）に規定する罪
47　組織的な犯罪の処罰及び犯罪収益の規制等に関する法律（平成11年法律第136号）第2章に規定する罪
48　著作権等管理事業法（平成12年法律第131号）第7章に規定する罪
49　高齢者の居住の安定確保に関する法律（平成13年法律第26号）第8章に規定する罪
50　使用済自動車の再資源化等に関する法律（平成14年法律第87号）第8章に規定する罪
51　インターネット異性紹介事業を利用して児童を誘引する行為の規制等に関する法律（平成15年法律第83号）第6章に規定する罪
52　裁判外紛争解決手続の利用の促進に関する法律（平成16年法律第151号）第5章に規定する罪
53　信託業法（平成16年法律第154号）第7章に規定する罪
54　会社法第8編に規定する罪
55　探偵業の業務の適正化に関する法律（平成18年法律第60号）に規定する罪
56　犯罪による収益の移転防止に関する法律（平成19年法律第22号）に規定する罪
57　電子記録債権法（平成19年法律第102号）第5章に規定する罪
58　資金決済に関する法律（平成21年法律第59号）第8章に規定する罪

> **第Ⅰ章分** (資料)
> 企業が反社会的勢力による被害を防止するための指針について

　近年、暴力団は、組織実態を隠ぺいする動きを強めるとともに、活動形態においても、企業活動を装ったり、政治活動や社会運動を標ぼうしたりするなど、更なる不透明化を進展させており、また、証券取引や不動産取引等の経済活動を通じて、資金獲得活動を巧妙化させている。

　今日、多くの企業が、企業倫理として、暴力団を始めとする反社会的勢力＊と一切の関係をもたないことを掲げ、様々な取組みを進めているところであるが、上記のような暴力団の不透明化や資金獲得活動の巧妙化を踏まえると、暴力団排除意識の高い企業であったとしても、暴力団関係企業等と知らずに結果的に経済取引を行ってしまう可能性があることから、反社会的勢力との関係遮断のための取組みをより一層推進する必要がある。

　言うまでもなく、反社会的勢力を社会から排除していくことは、暴力団の資金源に打撃を与え、治安対策上、極めて重要な課題であるが、企業にとっても、社会的責任の観点から必要かつ重要なことである。特に、近時、コンプライアンス重視の流れにおいて、反社会的勢力に対して屈することなく法律に則して対応することや、反社会的勢力に対して資金提供を行わないことは、コンプライアンスそのものであるとも言える。

　さらには、反社会的勢力は、企業で働く従業員を標的として不当要求を行ったり、企業そのものを乗っ取ろうとしたりするなど、最終的には、従業員や株主を含めた企業自身に多大な被害を生じさせるものであることから、反社会的勢力との関係遮断は、企業防衛の観点からも必要不可欠な要請である。

　本指針は、このような認識の下、反社会的勢力による被害を防止するため、基本的な理念や具体的な対応を取りまとめたものである。

1　反社会的勢力による被害を防止するための基本原則
　　○　組織としての対応
　　○　外部専門機関との連携

＊　暴力、威力と詐欺的手法を駆使して経済的利益を追求する集団又は個人である「反社会的勢力」をとらえるに際しては、暴力団、暴力団関係企業、総会屋、社会運動標ぼうゴロ、政治活動標ぼうゴロ、特殊知能暴力集団等といった属性要件に着目するとともに、暴力的な要求行為、法的な責任を超えた不当な要求といった行為要件にも着目することが重要である。

- ○ 取引を含めた一切の関係遮断
- ○ 有事における民事と刑事の法的対応
- ○ 裏取引や資金提供の禁止

2 基本原則に基づく対応

(1) 反社会的勢力による被害を防止するための基本的な考え方

- ○ 反社会的勢力による不当要求は、人の心に不安感や恐怖感を与えるものであり、何らかの行動基準等を設けないままに担当者や担当部署だけで対応した場合、要求に応じざるを得ない状況に陥ることもあり得るため、企業の倫理規程、行動規範、社内規則等に明文の根拠を設け、担当者や担当部署だけに任せずに、代表取締役等の経営トップ以下、組織全体として対応する。
- ○ 反社会的勢力による不当要求に対応する従業員の安全を確保する。
- ○ 反社会的勢力による不当要求に備えて、平素から、警察、暴力追放運動推進センター、弁護士等の外部の専門機関（以下「外部専門機関」という。）と緊密な連携関係を構築する。
- ○ 反社会的勢力とは、取引関係を含めて、一切の関係をもたない。また、反社会的勢力による不当要求は拒絶する。
- ○ 反社会的勢力による不当要求に対しては、民事と刑事の両面から法的対応を行う。
- ○ 反社会的勢力による不当要求が、事業活動上の不祥事や従業員の不祥事を理由とする場合であっても、事案を隠ぺいするための裏取引は絶対に行わない。
- ○ 反社会的勢力への資金提供は、絶対に行わない。

(2) 平素からの対応

- ○ 代表取締役等の経営トップは、(1)の内容を基本方針として社内外に宣言し、その宣言を実現するための社内体制の整備、従業員の安全確保、外部専門機関との連携等の一連の取組みを行い、その結果を取締役会等に報告する。
- ○ 反社会的勢力による不当要求が発生した場合の対応を統括する部署（以下「反社会的勢力対応部署」という。）を整備する。反社会的勢力対応部署は、反社会的勢力に関する情報を一元的に管理・蓄積し、反社会的勢力との関係を遮断するための取組みを支援するとともに、社内体制の整備、研修活動の実施、対応マニュアルの整備、外部専門機関との連携等を行う。

- ○ 反社会的勢力とは、一切の関係をもたない。そのため、相手方が反社会的勢力であるかどうかについて、常に、通常必要と思われる注意を払うとともに、反社会的勢力とは知らずに何らかの関係を有してしまった場合には、相手方が反社会的勢力であると判明した時点や反社会的勢力であるとの疑いが生じた時点で、速やかに関係を解消する。
- ○ 反社会的勢力が取引先や株主となって、不当要求を行う場合の被害を防止するため、契約書や取引約款に暴力団排除条項＊を導入するとともに、可能な範囲内で自社株の取引状況を確認する。
- ○ 取引先の審査や株主の属性判断等を行うことにより、反社会的勢力による被害を防止するため、反社会的勢力の情報を集約したデータベースを構築する。同データベースは、暴力追放運動推進センターや他企業等の情報を活用して逐次更新する。
- ○ 外部専門機関の連絡先や担当者を確認し、平素から担当者同士で意思疎通を行い、緊密な連携関係を構築する。暴力追放運動推進センター、企業防衛協議会、各種の暴力団排除協議会等が行う地域や職域の暴力団排除活動に参加する。

(3) **有事の対応（不当要求への対応）**

- ○ 反社会的勢力による不当要求がなされた場合には、当該情報を、速やかに反社会的勢力対応部署へ報告・相談し、さらに、速やかに当該部署から担当取締役等に報告する。
- ○ 反社会的勢力から不当要求がなされた場合には、積極的に、外部専門機関に相談するとともに、その対応に当たっては、暴力追放運動推進センター等が示している不当要求対応要領等に従って対応する。要求が正当なものであるときは、法律に照らして相当な範囲で責任を負う。
- ○ 反社会的勢力による不当要求がなされた場合には、担当者や担当部署だけに任せずに、不当要求防止責任者を関与させ、代表取締役等の経営トップ以下、組織全体として対応する。その際には、あらゆる民事上の法的対抗手段を講ずるとともに、刑事事件化を躊躇しない。特に、刑事事件化については、被害が生じた場合に、泣き寝入りすることなく、不当要求に屈しない姿勢を反社会的勢力に対して鮮明に

＊ 契約自由の原則が妥当する私人間の取引において、契約書や契約約款の中に、①暴力団を始めとする反社会的勢力が、当該取引の相手方となることを拒絶する旨や、②当該取引が開始された後に、相手方が暴力団を始めとする反社会的勢力であると判明した場合や相手方が不当要求を行った場合に、契約を解除してその相手方を取引から排除できる旨を盛り込んでおくことが有効である。

し、更なる不当要求による被害を防止する意味からも、積極的に被害届を提出する。
- ○ 反社会的勢力による不当要求が、事業活動上の不祥事や従業員の不祥事を理由とする場合には、反社会的勢力対応部署の要請を受けて、不祥事案を担当する部署が速やかに事実関係を調査する。調査の結果、反社会的勢力の指摘が虚偽であると判明した場合には、その旨を理由として不当要求を拒絶する。また、真実であると判明した場合でも、不当要求自体は拒絶し、不祥事案の問題については、別途、当該事実関係の適切な開示や再発防止策の徹底等により対応する。
- ○ 反社会的勢力への資金提供は、反社会的勢力に資金を提供したという弱みにつけこまれた不当要求につながり、被害の更なる拡大を招くとともに、暴力団の犯罪行為等を助長し、暴力団の存続や勢力拡大を下支えするものであるため、絶対に行わない。

3 内部統制システムと反社会的勢力による被害防止との関係

　会社法上の大会社や委員会設置会社の取締役会は、健全な会社経営のために会社が営む事業の規模、特性等に応じた法令等の遵守体制・リスク管理体制（いわゆる内部統制システム）の整備を決定する義務を負い、また、ある程度以上の規模の株式会社の取締役は、善管注意義務として、事業の規模、特性等に応じた内部統制システムを構築し、運用する義務があると解されている。

　反社会的勢力による不当要求には、企業幹部、従業員、関係会社を対象とするものが含まれる。また、不祥事を理由とする場合には、企業の中に、事案を隠ぺいしようとする力が働きかねない。このため、反社会的勢力による被害の防止は、業務の適正を確保するために必要な法令等遵守・リスク管理事項として、内部統制システムに明確に位置付けることが必要である。

企業が反社会的勢力による被害を防止するための指針に関する解説

(1) 本指針の対象や法的性格

　本指針は、あらゆる企業を対象として、反社会的勢力による被害を防止するための基本的な理念や具体的な対応を定めたものであり、法的拘束力はない。

　したがって、本指針の内容を完全に実施しなかったからといって、直ちに、罰則等の何らかの不利益が、与えられるものではない。また、中小企業や零細企業においては、これらの内容を忠実に実施することは困難を伴うため、適宜、企業規模に応じて、指針の5つの基本原則を中心とした適切な対応をすることが大切である。

　なお、法的拘束力はないが、本指針策定後、例えば、取締役の善管注意義務の判断に際して、民事訴訟等の場において、本指針が参考にされることなどはあり得るものと考えている（例えば、東証一部上場のミシン等製造販売会社の取締役に対する損害賠償請求訴訟における最高裁判決（平成18年4月10日）が参考となる）。

(2) 反社会的勢力との関係遮断を社内規則等に明文化する意義

　今日、反社会的勢力との関係遮断については、（社）日本経済団体連合会の「企業行動憲章」のほか、多くの企業が、当該企業の企業倫理規程の中に盛り込んでいる。

　かかる企業倫理規程は、従業員の倫理に期待し、従業員の自発的な適正処理を促すために有用であるものの、反社会的勢力への対応を、単に従業員の倫理の問題としてとらえると、企業内に、反社会的勢力の不当要求を問題化せず安易に解決しようとする者がいる場合に、反社会的勢力と直接に対峙する担当者が、相手方の不当要求と当該社内関係者の判断との間で板挟みになり、従業員の倫理だけでは処理しきれない問題に直面し、判断を誤らせるおそれがある。また、反社会的勢力への対応は、その性質上、企業の担当者が当該問題を企業にとって不名誉なことと受け取ったり、相手方に対する恐怖心を抱いたりすることから、適切に処理することに困難が伴う。

　そこで、反社会的勢力との関係遮断を更に確実なものとするため、反社会的勢力との関係遮断を、単なる倫理の問題としてとらえるのではなく、法令遵守に関わる重大な問題としてとらえ、外部専門機関と連携して、その助言・助力を得て法的に対応し、問題を解決することを手順化することが有効となる。

　そのためには、企業は、反社会的勢力との関係遮断を、内部統制システムの法令等遵守・リスク管理事項として明記するとともに、社内規則等の服務規程の中にも規定することが重要と考えられる。

(3) 不当要求の二つの類型（接近型と攻撃型）

反社会的勢力による不当要求の手口として、「接近型」と「攻撃型」の2種類があり、それぞれにおける対策は、次のとおりである。
① 接近型（反社会的勢力が、機関誌の購読要求、物品の購入要求、寄付金や賛助金の要求、下請け契約の要求を行うなど、「一方的なお願い」あるいは「勧誘」という形で近づいてくるもの）
　→　契約自由の原則に基づき、「当社としてはお断り申し上げます」「申し訳ありませんが、お断り申し上げます」等と理由を付けずに断ることが重要である。理由をつけることは、相手側に攻撃の口実を与えるのみであり、妥当ではない。
② 攻撃型（反社会的勢力が、企業のミスや役員のスキャンダルを攻撃材料として公開質問状を出したり、街宣車による街宣活動をしたりして金銭を要求する場合や、商品の欠陥や従業員の対応の悪さを材料としてクレームをつけ、金銭を要求する場合）
　→　反社会的勢力対応部署の要請を受けて、不祥事案を担当する部署が速やかに事実関係を調査する。仮に、反社会的勢力の指摘が虚偽であると判明した場合には、その旨を理由として不当要求を拒絶する。また、仮に真実であると判明した場合でも、不当要求自体は拒絶し、不祥事案の問題については、別途、当該事実関係の適切な開示や再発防止策の徹底等により対応する。

(4) 反社会的勢力との一切の関係遮断

　反社会的勢力による被害を防止するためには、反社会的勢力であると完全に判明した段階のみならず、反社会的勢力であるとの疑いを生じた段階においても、関係遮断を図ることが大切である。
　勿論、実際の実務においては、反社会的勢力の疑いには濃淡があり、企業の対処方針としては、
① 直ちに契約等を解消する
② 契約等の解消に向けた措置を講じる
③ 関心を持って継続的に相手を監視する（＝将来における契約等の解消に備える）
などの対応が必要となると思われる。
　ただ、いずれにせよ、最終的に相手方が反社会的勢力であると合理的に判断される場合には、関係を解消することが大切である。
　なお、金融機関が行った融資等、取引の相手方が反社会的勢力であると判明した時点で、契約上、相手方に期限の利益がある場合、企業の対応としては、関係の解消までに一定の期間を要することもあるが、不当要求には毅然と対応しつつ、可能な限り速やかに関係を解消することが大切である。

(5) 契約書及び取引約款における暴力団排除条項の意義

暴力団を始めとする反社会的勢力が、その正体を隠して経済的取引の形で企業に接近し、取引関係に入った後で、不当要求やクレームの形で金品等を要求する手口がみられる。また、相手方が不当要求等を行わないとしても、暴力団の構成員又は暴力団と何らかのつながりのある者と契約関係を持つことは、暴力団との密接な交際や暴力団への利益供与の危険を伴うものである。

こうした事態を回避するためには、企業が社内の標準として使用する契約書や取引約款に暴力団排除条項を盛り込むことが望ましい。

本来、契約を結ぶまでの時点では、＜契約自由の原則＞に基づき、反社会的勢力との契約を、企業の総合的判断に基づいて拒絶することは自由である。また、契約関係に入ってからの時点においても、相手方が違法・不当な行為を行った場合や、事実に反することを告げた場合には、＜信頼関係破壊の法理＞の考え方を踏まえ、契約関係を解除することが適切である。

したがって、暴力団排除条項の活用に当たっては、反社会的勢力であるかどうかという属性要件のみならず、反社会的勢力であることを隠して契約を締結することや、契約締結後違法・不当な行為を行うことという行為要件の双方を組み合わせることが適切であると考えられる。

(6) 不実の告知に着目した契約解除

暴力団排除条項と組み合わせることにより、有効な反社会的勢力の排除方策として不実の告知に着目した契約解除という考え方がある。

これは、契約の相手方に対して、あらかじめ、「自分が反社会的勢力でない」ということの申告を求める条項を設けておくものである。

この条項を設けることにより、

○ 相手方が反社会的勢力であると表明した場合には、暴力団排除条項に基づき、契約を締結しないことができる。

○ 相手方が反社会的勢力であることについて明確な回答をしない場合には、契約自由の原則に基づき、契約を締結しないことができる。

○ 相手方が反社会的勢力であることについて明確に否定した場合で、後に、その申告が虚偽であることが判明した場合には、暴力団排除条項及び虚偽の申告を理由として契約を解除することができる。

(7) 反社会的勢力による株式取得への対応

反社会的勢力が、企業の株式を取得した場合、株主の地位を悪用して企業に対して不

当要求を行うおそれがあり、また、反社会的勢力が企業の経営権を支配した場合、他の株主、取引先、提携先、従業員等の犠牲の下、支配株主たる反社会的勢力のみの利益をはかるような経営が行われ、企業価値が不当に収奪されるおそれがある。そのため、反社会的勢力に企業の株式を取得されないように対策を講ずる必要がある。

　反社会的勢力による株式取得には、不当要求の手段として取得する場合や、買収・乗っ取りの手段として取得する場合があるが、これらに対抗するためには、まず前提として、株式を取得しようとする者が反社会的勢力であるか否かを判断することが重要であると考えられる。

(8) 反社会的勢力の情報を集約したデータベースの構築
① 企業に対するアンケート調査結果について
　　平成18年10月、全国暴力追放運動推進センターが行った「企業の内部統制システムと反社会的勢力との関係遮断に関するアンケート調査」によると、
　　＜各業界ごとに、反社会的勢力に関する公開情報及び各企業からの情報を集約・蓄積し、加盟企業が情報照会を行うデータベースを構築すること＞
について、その良否を質問したところ、「よいと思う」との回答が大部分（87％）を占めた。このアンケート結果を踏まえると、確かに
　○　情報共有の仕組みを構築するには、参加企業間に信頼関係が必要であること
　○　反社会的勢力排除の取組姿勢について、企業間に温度差があること
　○　民間企業の保有する情報には限界があること
など、様々な実務的な検討課題があるものの、各業界団体ごとに反社会的勢力に関する情報データベースを構築することは、極めて有効な取組ではないかと考えられる。
② 不当要求情報管理機関について
　　暴力団対策法は、不当要求情報に関する情報の収集及び事業者に対する当該情報の提供を業とする者として、「不当要求情報管理機関」という任意団体の仕組みを規定しており、現在、①財団法人競艇保安協会、②財団法人競馬保安協会、③社団法人警視庁管内特殊暴力防止対策連合会の3つが登録されている。
　　また、警察庁、金融庁、日本証券業協会、東京証券取引所等による証券保安連絡会においては、証券会社間における反社会的勢力に関する情報の集約・共有を行うための証券版＜不当要求情報管理機関（仮称）＞の設置を検討中であり、今後、本指針の普及過程において、他の業界から証券業界と同様の要望があるならば、警察としては、証券保安連絡会における議論の推移を踏まえつつ、前向きに検討したいと考えている。

(9) 警察署や暴力追放運動推進センターとの緊密な関係

　警察署の暴力担当課の担当者や、暴力追放運動推進センターの担当者と、暴排協議会等を通じて、平素から意思疎通を行い、反社会的勢力による不当要求が行われた有事の際に、躊躇することなく、連絡や相談ができるような人間関係を構築することが重要である。

　また、暴力追放運動推進センターが行っている不当要求防止責任者に対する講習等を通じて、不当要求に対する対応要領等を把握することも重要である。

(10) 警察からの暴力団情報の提供

　暴力団情報については、警察は厳格に管理する責任（守秘義務）を負っているが、国民を暴力団による不当な行為から守るとともに、社会から暴力団を排除するため、警察の保有する情報を活用することも必要である。

　そこで、警察庁においては、平成12年に、「暴力団排除等のための部外への情報提供について」（平成12年9月14日付警察庁暴力団対策部長通達）において、暴力団情報の部外への提供についての判断の基準及び手続を定め、暴力団による犯罪等による被害の防止又は回復等の公益を実現するため適切に情報を提供するとともに、提供の是非の判断に当たっては組織としての対応を徹底している。

　本指針における反社会的勢力排除のための企業からの照会についても、上記の基準及び手続に即して、適正に対処するものである。

(11) 個人情報保護法に則した反社会的勢力の情報の保有と共有

　企業が、反社会的勢力の不当要求に対して毅然と対処し、その被害を防止するためには、各企業において、自ら業務上取得した、あるいは他の事業者や暴力追放運動推進センター等から提供を受けた反社会的勢力の情報をデータベース化し、反社会的勢力による被害防止のために利用することが、極めて重要かつ必要である。

　反社会的勢力に関する個人情報を保有・利用することについては、事業者が個人情報保護法に違反することを懸念する論点があることから、本データベースを構成する反社会勢力の情報のうち個人情報に該当するものについて、反社会的勢力による被害防止という利用目的の下において、①取得段階、②利用段階、③提供段階、④保有段階における個人情報の保護に関する法律（以下「法」という。）の適用についての基本的な考え方について整理すると、以下のとおりである。

① 取得段階

　事業者が、上記目的に利用するため反社会的勢力の個人情報を直接取得すること、又は事業者がデータベース化した反社会的勢力の個人情報を、上記目的に利用するた

め、他の事業者、暴力追放運動推進センター等から取得すること。

→ 利用目的を本人に通知することにより、従業員に危害が加えられる、事業者に不当要求等がなされる等のおそれがある場合、法18条4項1号（本人又は第三者の生命、身体又は財産その他の権利利益を害するおそれがある場合）及び2号（事業者の正当な権利又は利益を害するおそれがある場合）に該当し、本人に利用目的を通知または公表する必要はない。

② 利用段階

事業者が、他の目的により取得した反社会的勢力の個人情報を上記目的に利用すること

→ こうした利用をしない場合、反社会的勢力による不当要求等に対処し損ねたり、反社会的勢力との関係遮断に失敗することによる信用失墜に伴う金銭的被害も生じたりする。また、反社会的勢力からこうした利用に関する同意を得ることは困難である。

このため、このような場合、法16条3項2号（人の生命、身体又は財産の保護のために必要がある場合であって、本人の同意を得ることが困難であるとき）に該当し、本人の同意がなくとも目的外利用を行うことができる。

③ 提供段階

事業者が、データベース化した反社会的勢力の個人情報を、上記目的のため、他の事業者、暴力追放運動推進センター等の第三者に提供すること

→ 反社会的勢力に関する情報を交換しその手口を把握しておかなければ、反社会的勢力による不当要求等に対処し損ねたり、反社会的勢力との関係遮断に失敗することによる信用失墜に伴う金銭的被害も生じたりする。また、反社会的勢力からこうした提供に関する同意を得ることは困難である。

このため、このような場合、法23条1項2号（人の生命、身体又は財産の保護のために必要がある場合であって、本人の同意を得ることが困難であるとき）に該当し、本人の同意がなくとも第三者提供を行うことができる。

④ 保有段階

事業者が、保有する反社会的勢力の個人情報について、一定の事項の公表等を行うことや、当該本人から開示（不存在である旨を知らせることを含む。）を求められること

→ 反社会的勢力の個人情報については、事業者がこれを保有していることが明らかになることにより、不当要求等の違法又は不当な行為を助長し、又は誘発するおそ

れがある場合、個人情報の保護に関する法律施行令3条2号（存否が明らかになることにより、違法又は不当な行為を助長し、又は誘発するおそれがあるもの）に該当し、法2条5項により保有個人データから除外される。

このため、当該個人情報については、法24条に定める義務の対象とならず、当該個人情報取扱事業者の氏名又は名称、その利用目的、開示等の手続等について、公表等をする必要はない。

本人からの開示の求めの対象は、保有個人データであり、上記のとおり、事業者が保有する反社会的勢力の個人情報は保有個人データに該当しないことから、当該個人情報について、本人から開示を求められた場合、「当該保有個人データは存在しない」と回答することができる。

(12) 反社会的勢力との関係遮断を内部統制システムに位置づける必要性

会社法上の大会社や委員会設置会社の取締役会は、健全な会社経営のために会社が営む事業の規模、特性等に応じた法令等の遵守体制・リスク管理体制（いわゆる内部統制システム）の整備を決定する義務を負い、また、ある程度以上の規模の株式会社の取締役は、善管注意義務として、事業の規模、特性等に応じた内部統制システムを構築し、運用する義務があると解されている。反社会的勢力による不当要求は、

○ 取締役等の企業トップを対象とするものとは限らず、従業員、派遣社員等の個人や関係会社等を対象とするものがあること

○ 事業活動上の不祥事や従業員の不祥事を対象とする場合には、事案を関係者限りで隠ぺいしようとする力が社内で働きかねないことを踏まえると、反社会的勢力による被害の防止は、業務の適正を確保するために必要な法令等遵守・リスク管理事項として、内部統制システムに明確に位置づけることが必要である。このことは、ある程度以上の規模のあらゆる株式会社にあてはまる。

また、反社会的勢力の攻撃は、会社という法人を対象とするものであっても、現実には、取締役や従業員等、企業で働く個人に不安感や恐怖感を与えるものであるため、反社会的勢力による被害を防止するための内部統制システムの整備に当たっては、会社組織を挙げて、警察や弁護士を始めとする外部専門機関と連携して対応することが不可欠である。すなわち、

○ 取締役会が明文化された社内規則を制定するとともに、反社会的勢力対応部署と担当役員や従業員を指名すること

○ 制定した社内規則に基づいて、反社会的勢力対応部署はもとより、社内のあらゆる部署、会社で働くすべての個人を対象としてシステムを整備することが重要である。

(13) 内部統制システムを構築する上での実務上の留意点

　内部統制システムの世界基準と言われているＣＯＳＯの体系によれば、内部統制システムは、①統制環境、②リスク評価、③統制活動、④情報と伝達、⑤監視活動の５項目から構築されるとされている。

　反社会的勢力との関係遮断を内部統制システムに位置付けるに際して、それぞれの項目における留意事項は次のとおりであるが、特に、リスク評価の部分は、重点的に管理すべき項目である点に留意する必要がある。

ア　統制環境
- 経営トップが、反社会的勢力との関係遮断について宣言を行う。
- 取締役会において、反社会的勢力との関係遮断の基本方針を決議する。
- 企業倫理規程等の中に、反社会的勢力との関係遮断を明記する。
- 契約書や取引約款に暴力団排除条項を導入する。
- 反社会的勢力との関係遮断のための内部体制を構築する（例えば、専門部署の設置、属性審査体制の構築、外部専門機関との連絡体制の構築等）。

イ　リスク評価
- 反社会的勢力による不当要求に応じることや、反社会的勢力と取引を行うことは、多大なリスクであることを認識し、反社会的勢力との関係遮断を行う。
- 特に、事業活動上の不祥事や従業員の不祥事を理由とする不当要求に対して、事案を隠ぺいするための裏取引を行うことは、企業の存立そのものを危うくするリスクであることを十分に認識し、裏取引を絶対に行わない。

ウ　統制活動
- 反社会的勢力による不当要求への対応マニュアルを策定する。
- 不当要求防止責任者講習を受講し、また、社内研修を実施する。
- 反社会的勢力との関係遮断の取組について、適切な人事考課（表彰や懲戒等）を行うとともに、反社会的勢力との癒着防止のため、適正な人事配置転換を行う。

エ　情報と伝達
- 反社会的勢力による不当要求がなされた場合には、直ちに専門部署へその情報が集約されるなど、指揮命令系統を明確にしておく。
- 反社会的勢力の情報を集約したデータベースを構築する。
- 外部専門機関への通報や連絡を手順化しておく。

オ　監視活動
- 内部統制システムの運用を監視するための専門の職員（リスク・マネージャーやコンプライアンス・オフィサー等）を配置する。

第Ⅱ章分

福岡県暴力団排除条例

目次

第1章　総則（第1条―第5条）

第2章　暴力団の排除に関する基本的施策等（第6条―第12条）

第3章　青少年の健全な育成を図るための措置（第13条・第14条）

第4章　暴力団員等に対する利益の供与の禁止等（第15条―第17条）

第5章　暴力団員等が利益の供与を受けることの禁止等（第18条）

第6章　不動産の譲渡等をしようとする者の講ずべき措置等（第19条・第20条）

第7章　義務違反者に対する措置等（第21条―第23条）

第8章　雑則（第24条）

第9章　罰則（第25条・第26条）

附則

　　　第1章　総則

（目的）

第1条　この条例は、暴力団が県民の生活や社会経済活動に介入し、暴力及びこれを背景とした資金獲得活動によって県民等に多大な脅威を与えている福岡県の現状にかんがみ、福岡県からの暴力団の排除（以下「暴力団の排除」という。）に関し、基本理念を定め、並びに県及び県民等の役割を明らかにするとともに、暴力団の排除に関する基本的施策、青少年の健全な育成を図るための措置、暴力団員等に対する利益の供与の禁止等を定めることにより、暴力団の排除を推進し、もって県民の安全で平穏な生活を確保し、及び福岡県における社会経済活動の健全な発展に寄与することを目的とする。

（定義）

第2条　この条例において、次の各号に掲げる用語の意義は、それぞれ当該各号に定めるところによる。

一　暴力団暴力団員による不当な行為の防止等に関する法律（平成3年法律第77号）第2条第2号に規定する暴力団をいう。

二　暴力団員　暴力団員による不当な行為の防止等に関する法律第2条第6号に規定する暴力団員をいう。
三　暴力団員等　暴力団員又は暴力団員でなくなった日から5年を経過しない者をいう。
四　県民等　県民及び事業者をいう。
五　暴力団事務所　暴力団の活動の拠点である施設又は施設の区画された部分をいう。

（基本理念）
第3条　暴力団の排除は、県民等が、暴力団が社会に悪影響を与える存在であることを認識した上で、暴力団の利用、暴力団への協力及び暴力団との交際をしないことを基本として、県、市町村及び県民等が相互に連携し、及び協力して推進されなければならない。

（県の役割）
第4条　県は、県民等の協力を得るとともに、暴力団員による不当な行為の防止等に関する法律第32条の2第1項の規定により公安委員会から福岡県暴力追放運動推進センターとして指定を受けた者その他の暴力団員による不当な行為の防止を目的とする団体との連携を図りながら、暴力団の排除に関する施策を総合的に推進するものとする。

（県民等の役割）
第5条　県民は、暴力団の排除のための活動に自主的に、かつ、相互の連携協力を図って取り組むとともに、県が実施する暴力団の排除に関する施策に協力するよう努めるものとする。
2　事業者は、その行う事業（事業の準備を含む。以下同じ。）により暴力団を利することとならないようにするとともに、県が実施する暴力団の排除に関する施策に協力するものとする。
3　県民等は、暴力団の排除に資すると認められる情報を知ったときは、県に対し、当該情報を提供するよう努めるものとする。

第2章　暴力団の排除に関する基本的施策等
（県の事務及び事業における措置）
第6条　県は、公共工事その他の県の事務又は事業により暴力団を利することとならないよう、暴力団員又は暴力団若しくは暴力団員と密接な関係を有する者を県が実施する入札に参加させない等の必要な措置を講ずるものとする。

（警察による保護措置）
第7条　警察本部長は、暴力団の排除のための活動に取り組んだこと等により暴力団か

ら危害を加えられるおそれがあると認められる者に対し、警察官に警戒をさせるなど、当該者の保護のために必要な措置を講ずるものとする。

(県民等に対する支援)
第8条　県は、県民等が暴力団の排除のための活動に自主的に、かつ、相互の連携協力を図って取り組むことができるよう、県民等に対し、情報の提供その他の必要な支援を行うものとする。

(訴訟の援助)
第9条　県は、暴力団事務所の使用の差止めの請求、暴力団員等による犯罪の被害に係る損害賠償の請求その他の暴力団員等に対する請求に係る訴訟であって、暴力団の排除に資すると認められるものを提起し、又は提起しようとする者に対し、規則で定めるところにより、その訴訟に関する費用に充てる資金の貸付けを行うとともに、当該訴訟に関し、情報の提供その他の必要な援助を行うことができる。

(貸付金の償還等)
第10条　前条の規定による資金の貸付けを受けた者は、当該貸付けに係る訴訟が終了したときは、当該訴訟に係る請求の全部が棄却された場合を除き、その貸付金を償還しなければならない。

2　知事は、規則で定めるところにより、前条の規定による貸付金の償還金の支払を猶予し、又は当該貸付金の全部若しくは一部の償還を免除することができる。

(広報及び啓発)
第11条　県は、県民等が暴力団の排除の重要性について理解を深めることができるよう、暴力団の排除の気運を醸成するための集会を開催するなど、広報及び啓発を行うものとする。

(市町村への協力)
第12条　県は、市町村において暴力団の排除のための施策が講じられるよう、市町村に対し、情報の提供、技術的助言その他の必要な協力を行うものとする。

第3章　青少年の健全な育成を図るための措置
(暴力団事務所の開設及び運営の禁止)
第13条　暴力団事務所は、次に掲げる施設の敷地の周囲200メートルの区域内においては、これを開設し、又は運営してはならない。
　一　学校教育法(昭和22年法律第26号)第1条に規定する学校(大学を除く。)又は同法第124条に規定する専修学校(高等課程を置くものに限る。)
　二　児童福祉法(昭和22年法律第164号)第7条第1項に規定する児童福祉施設又は

同法第12条第１項に規定する児童相談所
　三　図書館法（昭和25年法律第118号）第２条第１項に規定する図書館
　四　博物館法（昭和26年法律第285号）第２条第１項に規定する博物館
　五　社会教育法（昭和24年法律第207号）第20条に規定する公民館
　六　裁判所法（昭和22年法律第59号）第２条第１項に規定する家庭裁判所
　七　少年院法（昭和23年法律第169号）第１条に規定する少年院又は同法第16条に規定する少年鑑別所
　八　更生保護法（平成19年法律第88号）第29条に規定する保護観察所
　九　前各号に掲げるもののほか、特にその周辺における青少年の健全な育成を図るための良好な環境を保全する必要がある施設として公安委員会規則で定めるもの
２　前項の規定は、この条例の施行の際現に運営されている暴力団事務所及びこの条例の施行後に開設された暴力団事務所であってその開設後に同項各号に掲げるいずれかの施設が設置されたことにより同項に規定する区域内において運営されることとなったものについては、適用しない。ただし、ある暴力団のものとして運営されていたこれらの暴力団事務所が、他の暴力団のものとして開設され、又は運営された場合は、この限りでない。

（青少年に対する教育等のための措置）
第14条　県は、学校（学校教育法第１条に規定する中学校、高等学校、中等教育学校、特別支援学校（中学部及び高等部に限る。）若しくは高等専門学校又は同法第１２４条に規定する専修学校（高等課程に限る。）をいう。）において、その生徒又は学生が暴力団の排除の重要性を認識し、暴力団に加入せず、及び暴力団員による犯罪の被害を受けないようにするための教育が必要に応じて行われるよう適切な措置を講ずるものとする。
２　青少年の育成に携わる者は、当該青少年が暴力団の排除の重要性を認識し、暴力団に加入せず、及び暴力団員による犯罪の被害を受けないよう、当該青少年に対し、指導し、助言し、その他適切な措置を講ずるよう努めるものとする。
３　県は、前項に規定する者に対し、職員の派遣、情報の提供その他の必要な支援を行うものとする。

　　　第４章　暴力団員等に対する利益の供与の禁止等
（利益の供与等の禁止）
第15条　事業者は、その行う事業の円滑な実施を図るため、暴力団員等又は暴力団員等が指定した者に対し、次に掲げる行為をしてはならない。

一　暴力団の威力を利用する目的で、金品その他の財産上の利益の供与（以下単に「利益の供与」という。）をすること。
　二　暴力団の威力を利用したことに関し、利益の供与をすること。
2　事業者は、前項に定めるもののほか、その行う事業に関し、暴力団の活動又は運営に協力する目的で、暴力団員等又は暴力団員等が指定した者に対し、相当の対償のない利益の供与をしてはならない。
3　事業者は、前２項に定めるもののほか、その行う事業に関し、暴力団員等又は暴力団員等が指定した者に対し、情を知って、暴力団の活動を助長し、又は暴力団の運営に資することとなる利益の供与をしてはならない。ただし、法令上の義務又は情を知らないでした契約に係る債務の履行としてする場合その他正当な理由がある場合は、この限りでない。
4　事業者は、その行う事業に関し、暴力団員等に対し、不当に優先的な取扱いをしてはならない。

　（暴力団の威力を利用することの禁止）
第16条　事業者は、前条第１項に定めるもののほか、その行う事業に関し、暴力団の威力を利用してはならない。

　（取引の関係者の確認）
第17条　事業者は、その行う事業に係る取引が暴力団の活動を助長し、又は暴力団の運営に資することとなるものである疑いがあると認めるときは、当該取引の相手方、当該取引の媒介をする者その他の関係者が暴力団員でないことを確認するよう努めるものとする。

　　　　第５章　暴力団員等が利益の供与を受けることの禁止等
第18条　暴力団員等は、情を知って、事業者から当該事業者が第15条第１項の規定に違反することとなる利益の供与を受け、又は事業者に当該事業者が同項の規定に違反することとなる当該暴力団員等が指定した者に対する利益の供与をさせてはならない。
2　暴力団員等は、情を知って、事業者から当該事業者が第15条第２項の規定に違反することとなる利益の供与を受け、又は事業者に当該事業者が同項の規定に違反することとなる当該暴力団員等が指定した者に対する利益の供与をさせてはならない。
3　暴力団員等は、情を知って、事業者から当該事業者が第15条第３項の規定に違反することとなる利益の供与を受け、又は事業者に当該事業者が同項の規定に違反することとなる当該暴力団員等が指定した者に対する利益の供与をさせてはならない。

第6章 不動産の譲渡等をしようとする者の講ずべき措置等

(不動産の譲渡等をしようとする者等の責務)

第19条 県内に所在する不動産(以下この章において単に「不動産」という。)の譲渡又は貸付け(地上権の設定を含む。以下この章において「譲渡等」という。)をしようとする者は、当該譲渡等に係る契約の締結の前に、当該契約の相手方に対し、当該不動産を暴力団事務所の用に供するものでないことを確認するよう努めなければならない。

2 何人も、自己が譲渡等をしようとしている不動産が暴力団事務所の用に供されることとなることを知って、当該譲渡等に係る契約をしてはならない。

3 不動産の譲渡等をしようとする者は、当該譲渡等に係る契約において、次に掲げる旨のすべてを定めるよう努めなければならない。

一 当該契約の相手方は、当該不動産を暴力団事務所の用に供してはならない旨

二 当該不動産が暴力団事務所の用に供されていることが判明したときは、当該譲渡等をした者は、催告をすることなく当該契約を解除し、又は当該不動産の買戻しをすることができる旨

4 前項第2号に規定する場合においては、当該譲渡等をした者は、速やかに当該契約を解除し、又は当該不動産の買戻しをするよう努めなければならない。

(不動産の譲渡等の代理等をする者の責務)

第20条 不動産の譲渡等の代理又は媒介をする者は、当該譲渡等をしようとする者に対し、前条の規定の遵守に関し助言その他の措置を講じなければならない。

2 何人も、他人が譲渡等をしようとしている不動産が暴力団事務所の用に供されることとなることを知って、当該譲渡等に係る契約の代理又は媒介をしてはならない。

第7章 義務違反者に対する措置等

(調査)

第21条 公安委員会は、第15条第2項、第18条第2項、第19条第2項又は前条第2項の規定に違反する行為をした疑いがあると認められる者その他の関係者に対し、公安委員会規則で定めるところにより、その違反の事実を明らかにするために必要な限度において、説明又は資料の提出を求めることができる。

(勧告)

第22条 公安委員会は、第15条第2項、第18条第2項、第19条第2項又は第20条第2項の規定に違反する行為があった場合において、当該行為が暴力団の排除に支障を及ぼし、又は及ぼすおそれがあると認めるときは、公安委員会規則で定めるところによ

り、当該行為をした者に対し、必要な勧告をすることができる。
　（事実の公表）
第23条　公安委員会は、第21条の規定により説明若しくは資料の提出を求められた者が正当な理由がなく当該説明若しくは資料の提出を拒んだとき、又は前条の規定により勧告を受けた者が正当な理由がなく当該勧告に従わなかったときは、公安委員会規則で定めるところにより、その旨を公表することができる。
２　公安委員会は、前項の規定による公表をしようとするときは、公安委員会規則で定めるところにより、当該公表に係る者に対し、意見を述べる機会を与えなければならない。

第8章　雑則
（委任）
第24条　この条例に定めるもののほか、この条例の施行に関し必要な事項は、規則、教育委員会規則又は公安委員会規則で定める。

第9章　罰則
第25条　次の各号のいずれかに該当する者は、1年以下の懲役又は50万円以下の罰金に処する。
　一　第13条の規定に違反して暴力団事務所を開設し、又は運営した者
　二　第15条第1項の規定に違反して利益の供与をした者
　三　第18条第1項の規定に違反して利益の供与を受け、又はその指定した者に対して利益の供与をさせた者
２　前項第2号の罪を犯した者が自首したときは、その刑を減軽し、又は免除することができる。
第26条　法人（法人でない団体で代表者又は管理人の定めのあるものを含む。以下この条において同じ。）の代表者又は法人若しくは人の代理人、使用人その他の従業者が、その法人又は人の業務に関し、前条第1項の違反行為をしたときは、行為者を罰するほか、その法人又は人に対しても、同項の罰金刑を科する。
　　附　則
この条例は、平成22年4月1日から施行する。

> 第Ⅱ章分

東京都暴力団排除条例

平成23年3月18日
東京都条例54号

目次

第1章　総則（第1条―第4条）
第2章　暴力団排除活動の推進に関する基本的施策等（第5条―第14条）
第3章　都民等の役割（第15条―第20条）
第4章　禁止措置（第21条―第25条）
第5章　違反者に対する措置等（第26条―第30条）
第6章　雑則（第31条・第32条）
第7章　罰則（第33条・第34条）
附則

第1章　総則

（目的）

第1条　この条例は、東京都（以下「都」という。）における暴力団排除活動に関し、基本理念を定め、都及び都民等の責務を明らかにするとともに、暴力団排除活動を推進するための措置、暴力団排除活動に支障を及ぼすおそれのある行為に対する規制等を定め、もって都民の安全で平穏な生活を確保し、及び事業活動の健全な発展に寄与することを目的とする。

（定義）

第2条　この条例において、次の各号に掲げる用語の意義は、それぞれ当該各号に定めるところによる。

　一　暴力的不法行為等　暴力団員による不当な行為の防止等に関する法律（平成3年法律第77号。以下「法」という。）第2条第1号に規定する暴力的不法行為等をいう。

　二　暴力団　法第2条第2号に規定する暴力団をいう。

三　暴力団員　法第２条第６号に規定する暴力団員をいう。
四　暴力団関係者　暴力団員又は暴力団若しくは暴力団員と密接な関係を有する者をいう。
五　規制対象者　次のいずれかに該当する者をいう。
　イ　暴力団員
　ロ　法第11条の規定による命令を受けた者であって、当該命令を受けた日から起算して３年を経過しないもの（イに該当する者を除く。）
　ハ　法第12条又は第12条の６の規定による命令を受けた者であって、当該命令を受けた日から起算して３年を経過しないもの
　ニ　法第12条の４第２項の規定による指示を受けた者であって、当該指示を受けた日から起算して３年を経過しないもの
　ホ　暴力団員との間で、その所属する暴力団の威力を示すことが容認されることの対償として、金品その他の財産上の利益を供与すること（以下「利益供与」という。）を合意している者
　ヘ　一の暴力団の威力を示すことを常習とする者で、当該暴力団の暴力団員が行った暴力的不法行為等若しくは法第８章に規定する罪に当たる違法な行為に共犯として加功し、又は暴力的不法行為等に係る罪のうち譲渡若しくは譲受け若しくはこれらに類する形態の罪として東京都公安委員会規則（以下「公安委員会規則」という。）で定めるものに当たる違法な行為で当該暴力団の暴力団員を相手方とするものを行い刑に処せられたものであって、その執行を終わり、又は執行を受けることがなくなった日から起算して５年を経過しないもの
　ト　一の暴力団の威力を示すことを常習とする者であって、当該暴力団の暴力団員がその代表者であり若しくはその運営を支配する法人その他の団体の役員若しくは使用人その他の従業者若しくは幹部その他の構成員又は当該暴力団の暴力団員の使用人その他の従業者
　チ　第29条第１項第２号に規定により公表をされ、当該公表をされた日から起算して１年を経過しない者
六　都民等　都民及び事業者をいう。
七　事業者　事業（その準備行為を含む。以下同じ。）を行う法人その他の団体又は事業を行う場合における個人をいう。
八　青少年　18歳未満の者をいう。
九　暴力団事務所　暴力団の活動の拠点となっている施設又は施設の区画された部分を

いう。
十　暴力団排除活動　次条に規定する基本理念に基づき、暴力団員による不当な行為を防止し、及びこれにより都民の生活又は都の区域内の事業活動に生じた不当な影響を排除するための活動をいう。

(基本理念)
第3条　暴力団排除活動は、暴力団が都民の生活及び都の区域内の事業活動に不当な影響を与える存在であるとの認識の下、暴力団と交際しないこと、暴力団を恐れないこと、暴力団に資金を提供しないこと及び暴力団を利用しないことを基本として、都、特別区及び市町村（以下「区市町村」という。）並びに都民等の連携及び協力により推進するものとする。

(適用上の注意)
第4条　この条例の適用に当たっては、都民等の権利を不当に侵害しないように留意しなければならない。

第2章　暴力団排除活動の推進に関する基本的施策等

(都の責務)
第5条　都は、都民等の協力を得るとともに、法第32条の2第1項の規定により東京都公安委員会（以下「公安委員会」という。）から東京都暴力追放運動推進センターとして指定を受けた公益財団法人暴力団追放運動推進都民センター（以下「暴追都民センター」という。）その他の暴力団排除活動の推進を目的とする機関又は団体（以下「暴追都民センター等」という。）との連携を図りながら、暴力団排除活動に関する施策を総合的に推進するものとする。

(都の行政対象暴力に対する対応方針の策定等)
第6条　都は、法第9条第15号から第20号までに掲げる行為その他の行政対象暴力（暴力団関係者が、不正な利益を得る目的で、地方公共団体等の行政機関又はその職員を対象として行う違法又は不当な行為をいう。）を防止し、都の職員の安全及び公務の適正かつ円滑な執行を確保するため、具体的な対応方針を定めることその他の必要な措置を講ずるものとする。

（都の事務事業に係る暴力団排除措置）
第７条　都は、公共工事その他の都の事務又は事業により、暴力団の活動を助長し、又は暴力団の運営に資することとならないよう、都が締結する売買、貸借、請負その他の契約（以下「都の契約」という。）及び公共工事における都の契約の相手方と下請負人との契約等都の事務又は事業の実施のために必要な都の契約に関連する契約（以下この条において「関連契約」という。）に関し、当該都の契約の相手方、代理又は媒介をする者その他の関係者が暴力団関係者でないことを確認するなど、暴力団関係者の関与を防止するために必要な措置を講ずるものとする。

２　都は、都の契約を書面により締結する場合には、次に掲げる内容の特約を契約書その他の書面に定めるものとする。

一　当該都の契約の相手方又は代理若しくは媒介をする者が暴力団関係者であることが判明した場合には、都は催告することなく当該都の契約を解除することができること。

二　関連契約の当事者又は代理若しくは媒介をする者が暴力団関係者であることが判明した場合には、都は当該都の契約の相手方に対し、当該関連契約の解除その他の必要な措置を講ずるよう求めることができること。

三　前号の規定により必要な措置を講ずるよう求めたにもかかわらず、当該都の契約の相手方が正当な理由なくこれを拒否した場合には、都は当該相手方を都の契約に関与させないことができること。

３　都は、前項第１号に掲げる内容の特約を定めた都の契約の相手方又は代理若しくは媒介をする者が暴力団関係者であることが判明した場合には、当該都の契約を解除するよう努めるとともに、当該相手方を都の契約に関与させないよう努めるものとする。

４　都は、第２項第２号及び第３号に掲げる内容の特約を定めた都の契約に係る関連契約の当事者又は代理若しくは媒介をする者が暴力団関係者であることが判明した場合には、当該都の契約の相手方に対し、当該関連契約の解除その他の必要な措置を講ずるよう求めるとともに、当該相手方が正当な理由なくこれを拒否したときは、当該相手方を都の契約に関与させないよう努めるものとする。

５　都は、前２項に規定する措置を講じた場合には、当該措置の理由、期間等を公表するとともに、国及び区市町村に対して通知するものとする。

（広報及び啓発）
第８条　都は、都民等が暴力団排除活動の重要性について理解を深めることにより暴力団

排除活動の気運が醸成されるよう、暴追都民センター等と連携し、広報及び啓発を行うものとする。

（都民等に対する支援）
第9条　都は、都民等が暴力団排除活動に自主的に、かつ、相互に連携して取り組むことができるよう、暴追都民センター等と連携し、都民等に対し、情報の提供、助言その他の必要な支援を行うものとする。

（青少年の教育等に対する支援）
第10条　都は、青少年の教育又は育成に携わる者が第16条に規定する措置を円滑に講ずることができるよう、暴追都民センター等と連携し、職員の派遣、情報の提供、助言その他の必要な支援を行うものとする。

（区市町村との協力）
第11条　都は、区市町村が、暴力団排除活動のための施策を円滑に講ずることができるよう、情報の提供、助言その他の必要な協力を行うものとする。

（暴力団からの離脱促進）
第12条　都は、暴力団員の暴力団からの離脱を促進するため、暴追都民センター等と連携し、情報の提供、指導、助言その他の必要な措置を講ずるよう努めるものとする。

（請求の援助）
第13条　公安委員会は、暴力団事務所の使用の差止めの請求、暴力団員の犯罪行為により被害を受けた者の当該暴力団員に対する損害賠償請求その他の暴力団員に対する請求であって暴力団排除活動に資すると認められるものをし、又はしようとする者に対し、当該請求に関し、暴追都民センターと連携して、情報の提供その他の必要な援助を行うよう努めるものとする。

（保護措置）
第14条　警視総監は、暴力団排除活動に取り組んだこと等により暴力団又は暴力団員から危害を受けるおそれがあると認められる者（以下「保護対象者」という。）に対し、警察官による警戒活動その他の保護対象者の安全で平穏な生活を確保するために必要な措

置を講ずるものとする。

第3章　都民等の役割
（都民等の責務）
第15条　都民等は、第3条に規定する基本理念に基づき、次に掲げる行為を行うよう努めるものとする。
　一　暴力団排除活動に資すると認められる情報を知った場合には、都又は暴追都民センター等に当該情報を提供すること。
　二　都が実施する暴力団排除活動に関する施策に参画又は協力すること。
　三　暴力団排除活動に自主的に、かつ、相互に連携して取り組むこと。

（青少年に対する措置）
第16条　青少年の教育又は育成に携わる者は、青少年が、暴力団が都民の生活等に不当な影響を与える存在であることを認識し、暴力団に加入せず、及び暴力団員による犯罪の被害を受けないよう、青少年に対し、指導、助言その他の必要な措置を講ずるよう努めるものとする。

（祭礼等における措置）
第17条　祭礼、花火大会、興行その他の公共の場所に不特定又は多数の者が特定の目的のために一時的に集合する行事（第21条第4号において「祭礼等行事」という。）の主催者又はその運営に携わる者は、当該行事により暴力団の活動を助長し、又は暴力団の運営に資することとならないよう、当該行事の運営に暴力団又は暴力団員を関与させないなど、必要な措置を講ずるよう努めるものとする。

（事業者の契約時における措置）
第18条　事業者は、その行う事業に係る契約が暴力団の活動を助長し、又は暴力団の運営に資することとなる疑いがあると認める場合には、当該事業に係る契約の相手方、代理又は媒介をする者その他の関係者が暴力団関係者でないことを確認するよう努めるものとする。
2　事業者は、その行う事業に係る契約を書面により締結する場合には、次に掲げる内容の特約を契約書その他の書面に定めるよう努めるものとする。
　一　当該事業に係る契約の相手方又は代理若しくは媒介をする者が暴力団関係者であることが判明した場合には、当該事業者は催告することなく当該事業に係る契約を解除

することができること。
　二　工事における事業に係る契約の相手方と下請負人との契約等当該事業に係る契約に関連する契約（以下この条において「関連契約」という。）の当事者又は代理若しくは媒介をする者が暴力団関係者であることが判明した場合には、当該事業者は当該事業に係る契約の相手方に対し、当該関連契約の解除その他の必要な措置を講ずるよう求めることができること。
　三　前号の規定により必要な措置を講ずるよう求めたにもかかわらず、当該事業に係る契約の相手方が正当な理由なくこれを拒否した場合には、当該事業者は当該事業に係る契約を解除することができること。

（不動産の譲渡等における措置）
第19条　都内に所在する不動産（以下「不動産」という。）の譲渡又は貸付け（地上権の設定を含む。以下「譲渡等」という。）をする者は、当該譲渡等に係る契約を締結するに当たり、当該契約の相手方に対し、当該不動産を暴力団事務所の用に供するものでないことを確認するよう努めるものとする。
2　不動産の譲渡等をする者は、当該譲渡等に係る契約を書面により締結する場合には、次に掲げる内容の特約を契約書その他の書面に定めるよう努めるものとする。
　一　当該不動産を暴力団事務所の用に供し、又は第三者をして暴力団事務所の用に供させてはならないこと。
　二　当該不動産が暴力団事務所の用に供されていることが判明した場合には、当該不動産の譲渡等をした者は、催告することなく当該不動産の譲渡等に係る契約を解除し、又は当該不動産の買戻しをすることができること。

（不動産の譲渡等の代理又は媒介における措置）
第20条　不動産の譲渡等の代理又は媒介をする者は、自己が譲渡等の代理又は媒介をする不動産が暴力団事務所の用に供されることとなることの情を知って、当該不動産の譲渡等に係る代理又は媒介をしないよう努めるものとする。
2　不動産の譲渡等の代理又は媒介をする者は、当該譲渡等をする者に対し、前条の規定の遵守に関し助言その他の必要な措置を講ずるよう努めるものとする。

　　　　第4章　禁止措置
（妨害行為の禁止）
第21条　何人も、次の各号のいずれかに該当する行為を、当該行為を行い、若しくは行お

うとする者（当該行為に係る事務を行う者を含む。以下この条において「行為者」という。）又はその配偶者、直系若しくは同居の親族その他当該行為者と社会生活において密接な関係を有する者（以下「行為者等」という。）を威迫し、行為者等につきまとい、その他行為者等に不安を覚えさせるような方法で、妨害してはならない。

一　暴力団から離脱する意思を有する者又は離脱した者に対し、その離脱を援助するため、雇用機会を提供し、就労をあっせんし、又は住居若しくは資金の提供を行う行為

二　都民等が所有し、占有し、又は管理する施設のうち、不特定又は多数の者の利用に供するものであって、暴力団員による利用を制限しているものについて、暴力団員による利用を拒絶する行為

三　青少年が暴力団に加入すること又は青少年が暴力団員による犯罪の被害を受けることを防止するために指導、助言その他の必要な措置を行う行為

四　祭礼等行事について、暴力団又は暴力団員が当該行事の運営に関与すること又は当該行事に参加することを拒絶する行為

五　事業者が、その事業に係る契約において定められた第18条第2項各号に掲げる内容の特約により、当該事業に係る契約を解除し、又は当該契約の相手方に対して必要な措置を講ずるよう求める行為

六　不動産の譲渡等をした者が、当該譲渡等に係る契約において定められた第19条第2項第2号に掲げる内容の特約により、当該不動産の譲渡等に係る契約を解除し、又は当該不動産を買い戻す行為

七　不動産の譲渡等の代理又は媒介をする者が、当該不動産が暴力団事務所の用に供されることとなることの情を知った場合において、当該不動産の譲渡等の代理又は媒介をすることを拒絶する行為

八　第24条第1項又は第3項の規定により禁止されている利益供与を拒絶する行為

九　第25条第2項の規定により禁止されている自己の名義を利用させることを拒絶する行為

（暴力団事務所の開設及び運営の禁止）

第22条　暴力団事務所は、次に掲げる施設の敷地（これらの用に供せられるものと決定した土地を含む。）の周囲200メートルの区域内において、これを開設し、又は運営してはならない。

一　学校教育法（昭和22年法律第26号）第1条に規定する学校（大学を除く。）又は同法第124条に規定する専修学校（高等課程を置くものに限る。）

二　裁判所法（昭和22年法律第59号）第2条第1項に規定する家庭裁判所

三　児童福祉法（昭和22年法律第164号）第7条第1項に規定する児童福祉施設若しくは同法第12条第1項に規定する児童相談所又は東京都安全・安心まちづくり条例（平成15年東京都条例第114号）第19条の規定に基づき同法第7条に規定する児童福祉施設に類する施設として東京都規則で定めるもの
　四　少年院法（昭和23年法律第169号）第1条に規定する少年院又は同法第16条に規定する少年鑑別所
　五　社会教育法（昭和24年法律第207号）第20条に規定する公民館
　六　図書館法（昭和25年法律第118号）第2条第1項に規定する図書館
　七　博物館法（昭和26年法律第285号）第2条第1項に規定する博物館
　八　更正保護法（平成19年法律第88号）第29条に規定する保護観察所
　九　前各号に掲げるもののほか、特にその周辺における青少年の健全な育成を図るための良好な環境を保全する必要がある施設として公安委員会規則で定めるもの
2　前項の規定は、同項の規定の施行又は適用の際に、現に運営されている暴力団事務所については、適用しない。ただし、一の暴力団のものとして運営されていた暴力団事務所が、他の暴力団のものとして開設され、又は運営される場合には、この限りでない。

（青少年を暴力団事務所へ立ち入らせることの禁止）
第23条　暴力団員は、正当な理由なく、青少年を自己が活動の拠点とする暴力団事務所に立ち入らせてはならない。

（事業者の規制対象者等に対する利益供与の禁止等）
第24条　事業者は、その行う事業に関し、規制対象者が次の各号のいずれかに該当する行為を行うこと又は行ったことの対償として、当該規制対象者又は当該規制対象者が指定した者に対して、利益供与をしてはならない。
　一　暴力的不法行為等
　二　当該規制対象者が暴力団員である場合において、当該規制対象者の所属する暴力団の威力を示して行う法第9条各号に掲げる行為
　三　暴力団員が当該暴力団員の所属する暴力団の威力を示して行う法第9条各号に掲げる行為を行っている現場に立ち会い、当該行為を助ける行為
2　規制対象者は、事業者が前項の規定に違反することとなることの情を知って、当該事業者から利益供与を受け、又は当該事業者に当該規制対象者が指定した者に対する利益供与をさせてはならない。
3　事業者は、第1項に定めるもののほか、その行う事業に関し、暴力団の活動を助長

し、又は暴力団の運営に資することとなることの情を知って、規制対象者又は規制対象者が指定した者に対して、利益供与をしてはならない。ただし、法令上の義務又は情を知らないでした契約に係る債務の履行としてする場合その他正当な理由がある場合には、この限りでない。

4　規制対象者は、事業者が前項の規定に違反することとなることの情を知って、当該事業者から利益供与を受け、又は当該事業者に当該規制対象者が指定した者に対する利益供与をさせてはならない。

（他人の名義利用の禁止等）

第25条　暴力団員は、自らが暴力団員である事実を隠蔽する目的で、他人の名義を利用してはならない。

2　何人も、暴力団員が前項の規定に違反することとなることの情を知って、暴力団員に対し、自己の名義を利用させてはならない。

第5章　違反者に対する措置等

（報告及び立入り）

第26条　公安委員会は、この条例の施行に必要があると認める場合には、この条例の施行に必要な限度において、事業者、規制対象者その他の関係者に対し、報告若しくは資料の提出を求め、又は警察職員に事業所、暴力団事務所その他の施設に立ち入り、帳簿、書類その他の物件を検査させ、若しくは関係者に質問させることができる。

2　前項の規定による立入検査をする警察職員は、その身分を示す証明書を携帯し、関係者に提示しなければならない。

3　第1項の規定による立入検査の権限は、犯罪捜査のために認められたものと解してはならない。

（勧告）

第27条　公安委員会は、第24条又は第25条の規定に違反する行為があると認める場合には、当該行為を行った者に対し、第24条又は第25条の規定に違反する行為が行われることを防止するために必要な措置をとるよう勧告をすることができる。

（適用除外）

第28条　第24条第3項又は第25条第2項の規定に違反する行為を行った者が、前条の規定により公安委員会が勧告を行う前に、公安委員会に対し、当該行為に係る事実の報告又

は資料の提出を行い、かつ、将来にわたってそれぞれ違反する行為の態様に応じて第24条第3項又は第25条第2項の規定に違反する行為を行わない旨の書面を提出した場合には、前条の規定を適用しない。

(公表)
第29条 公安委員会は、次の各号のいずれかに該当する場合には、その旨を公表することができる。
　一　第23条の規定に違反する行為を行った者が、次条第3項又は第4項の規定による命令を受けた場合
　二　第24条第1項又は第2項の規定に違反した事実に基づき第27条の規定による勧告を受けた者が、当該勧告を受けた日から起算して1年以内に、正当な理由なく、再び第24条第1項又は第2項の規定に違反する行為を行った場合
　三　第24条第1項又は第2項の規定に違反した事実に基づき第27条の規定による勧告を受けた者が、当該勧告を受けた日から起算して1年以内に、正当な理由なく、第24条第3項の規定に違反して、相当の対償のない利益供与その他の不当に優先的な利益供与をした場合、又は同条第4項の規定に違反して、相当の対償のない利益供与その他の不当に優先的な利益供与を受け、若しくはさせた場合
　四　第24条第3項又は第4項の規定に違反した事実に基づき第27条の規定による勧告を受けた者が、当該勧告を受けた日から起算して1年以内に、正当な理由なく、第24条第1項又は第2項の規定に違反する行為を行った場合
　五　第24条第3項又は第4項の規定に違反した事実に基づき第27条の規定による勧告を受けた者が、当該勧告を受けた日から起算して1年以内に、正当な理由なく、第24条第3項の規定に違反して、相当の対償のない利益供与その他の不当に優先的な利益供与をした場合、又は同条第4項の規定に違反して、相当の対償のない利益供与その他の不当に優先的な利益供与を受け、若しくはさせた場合
　六　第25条の規定に違反した事実に基づき第27条の規定による勧告を受けた者が、当該勧告を受けた日から起算して1年以内に、正当な理由なく、再び第25条の規定に違反する行為を行った場合
　七　第26条第1項の規定により、報告若しくは資料の提出を求められ、又は立入りを受けた者が、同項の報告をせず、若しくは資料を提出せず、若しくは同項の報告若しくは資料の提出について虚偽の報告をし、若しくは虚偽の資料を提出し、又は同項の立入検査を拒み、妨げ、若しくは忌避した場合
　八　前条の規定による事実の報告又は資料の提出を行い、かつ、将来にわたって第24条

第3項又は第25条第2項の規定に違反する行為を行わない旨の書面を提出した者が、前条の報告若しくは資料の提出について虚偽の報告をし、若しくは虚偽の資料を提出し、又はそれぞれ提出した当該書面の内容に反して再び第24条第3項若しくは第25条第2項の規定に違反する行為を行った場合

2　公安委員会は、前項の規定による公表をする場合には、青少年の氏名、住居、容貌等が推知されることのないよう必要な配慮をしなければならない。

3　公安委員会は、第1項の規定による公表をする場合には、当該公表に係る者に対し、意見を述べる機会を与えなければならない。

（命令）

第30条　公安委員会は、第21条の規定に違反する行為を行っている者に対し、当該行為を中止することを命じ、又は当該行為が中止されることを確保するために必要な事項を命ずることができる。

2　公安委員会は、第21条の規定に違反する行為を行った者が、行為者等の生命、身体又は財産に危害を加える方法で同条の規定に違反する行為を行うおそれがあると認める場合には、当該行為を行った者に対し、1年を超えない範囲内で期間を定めて、同条の規定に違反する行為を防止するために必要な事項を命ずることができる。

3　公安委員会は、第23条の規定に違反する行為を行っている者に対し、当該行為を中止することを命じ、又は当該行為が中止されることを確保するために必要な事項を命ずることができる。

4　公安委員会は、第23条の規定に違反する行為を行った者が、更に同条の規定に違反する行為を行うおそれがあると認める場合には、当該行為を行った者に対し、1年を超えない範囲内で期間を定めて、同条の規定に違反する行為を防止するために必要な事項を命ずることができる。

5　公安委員会は、前条第1項第2号の規定による公表に係る者が、当該公表の日から起算して1年以内に、更に第24条第1項又は第2項の規定に違反する行為を行った場合には、当該行為を行った者に対し、1年を超えない範囲内で期間を定めて、同条第1項又は第2項の規定に違反する行為を防止するために必要な事項を命ずることができる。

第6章　雑則

（委任）

第31条　この条例に定めるもののほか、この条例の施行に関し必要な事項は、公安委員会規則で定める。

(公安委員会の事務の委任)
第32条　公安委員会は、第30条第1項又は第3項の規定による命令を警察署長に行わせることができる。

第7章　罰則

(罰則)
第33条　次の各号のいずれかに該当する者は、1年以下の懲役又は50万円以下の罰金に処する。
一　第22条第1項の規定に違反して暴力団事務所を開設し、又は運営した者
二　第30条第1項、第2項又は第5項の規定による命令に違反した者
2　第30条第3項又は第4項の規定による命令に違反した者は、6月以下の懲役又は50万円以下の罰金に処する。

(両罰規定)
第34条　法人(法人でない団体で代表者又は管理人の定めのあるものを含む。以下この項において同じ。)の代表者若しくは管理人又は法人若しくは人の代理人、使用人その他の従業者が、その法人又は人の業務に関し、前条の違反行為を行った場合には、行為者を罰するほか、その法人又は人に対しても、同条の罰金刑を科する。
2　法人でない団体について前項の規定の適用がある場合には、その代表者又は管理人がその訴訟行為について法人でない団体を代表するほか、法人を被告人又は被疑者とする場合の刑事訴訟に関する法律の規定を準用する。

附　則

(施行期日)
第1条　この条例は、平成23年10月1日から施行する。

(検討)
第2条　この条例の施行後5年以内に、この条例の施行の状況について検討を加え、必要があると認める場合には、その結果に基づいて所要の措置を講ずるものとする。

> 第Ⅲ章分
> 普通預金規定等に盛り込む暴力団排除条項の参考例について

　普通預金規定、当座勘定規定および貸金庫規定の各規定において、反社会的勢力との取引は拒絶する旨の基本方針を規定するとともに、既存の解約に関する規定に、反社会的勢力であることが判明した場合には、取引を解約できる旨を規定した。

　また、新規の取引申込者からは、申込時に「反社会的勢力には該当しない」旨を申込書等において表明・確約してもらうこととし、この表明・確約が虚偽であった場合には、虚偽申告を理由に解約できる旨を前述の規定に併せて規定した。

【普通預金規定に盛り込む暴力団排除条項の参考例】

> ○．（反社会的勢力との取引拒絶）
> 　この預金口座は、第11条第3項第1号、第2号AからFおよび第3号AからEのいずれにも該当しない場合に利用することができ、第11条第3項第1号、第2号AからFまたは第3号AからEの一にでも該当する場合には、当行はこの預金口座の開設をお断りするものとします。
>
> 11．（解約等）
> (1)　（略）
> (2)　（略）
> (3)　前項のほか、次の各号の一にでも該当し、預金者との取引を継続することが不適切である場合には、当行はこの預金取引を停止し、または預金者に通知することによりこの預金口座を解約することができるものとします。
> 　①　預金者が口座開設申込時にした表明・確約に関して虚偽の申告をしたことが判明した場合
> 　②　預金者が、次のいずれかに該当したことが判明した場合
> 　　A．暴力団
> 　　B．暴力団員
> 　　C．暴力団準構成員

    D．暴力団関係企業
    E．総会屋等、社会運動等標ぼうゴロまたは特殊知能暴力集団等
    F．その他前各号に準ずる者
  ③ 預金者が、自らまたは第三者を利用して次の各号に該当する行為をした場合
    A．暴力的な要求行為
    B．法的な責任を超えた不当な要求行為
    C．取引に関して、脅迫的な言動をし、または暴力を用いる行為
    D．風説を流布し、偽計を用いまたは威力を用いて当行の信用を毀損し、または当行の業務を妨害する行為
    E．その他前各号に準ずる行為

【当座勘定規定に盛り込む暴力団排除条項の参考例】

○．（反社会的勢力との取引拒絶）
　この当座勘定は、第24条第2項第1号、第2号AからFおよび第3号AからEのいずれにも該当しない場合に利用することができ、第24条第2項第1号、第2号AからFまたは第3号AからEの一にでも該当する場合には、当行はこの当座勘定の開設をお断りするものとします。

第24条（解約）
① （略）
② 前項のほか、次の各号の一にでも該当し、当行が取引を継続することが不適切である場合には、当行はこの取引を停止し、または解約の通知をすることによりこの当座勘定を解約することができるものとします。
 1．当座勘定開設申込時にした表明・確約に関して虚偽の申告をしたことが判明した場合
 2．本人が、次のいずれかに該当したことが判明した場合
    A．暴力団
    B．暴力団員
    C．暴力団準構成員
    D．暴力団関係企業
    E．総会屋等、社会運動等標ぼうゴロまたは特殊知能暴力集団等

F．その他前各号に準ずる者
　3．本人が、自らまたは第三者を利用して次の各号に該当する行為をした場合
　　　A．暴力的な要求行為
　　　B．法的な責任を超えた不当な要求行為
　　　C．取引に関して、脅迫的な言動をし、または暴力を用いる行為
　　　D．風説を流布し、偽計を用いまたは威力を用いて当行の信用を毀損し、または当行の業務を妨害する行為
　　　E．その他前各号に準ずる行為
（以下、略）

【貸金庫規定に盛り込む暴力団排除条項の参考例】

○．（反社会的勢力との取引拒絶）
　この貸金庫は、第11条第3項第1号、第2号AからFおよび第3号AからEのいずれにも該当しない場合
に使用することができ、第11条第3項第1号、第2号AからFまたは第3号AからEの一にでも該当する場合には、当行はこの貸金庫の使用申込をおことわりするものとします。

11．（解約等）
(1)　（略）
(2)　（略）
(3)　前項のほか、次の各号の一にでも該当し、借主との取引を継続することが不適切である場合には、当行はこの貸金庫の利用を停止し、または借主に通知することによりこの契約を解約することができるものとします。この場合、当行から解約の通知があったときは、直ちに第1項と同様の手続をしたうえ貸金庫を明渡してください。
　①　借主が貸金庫使用申込時にした表明・確約に関して虚偽の申告をしたことが判明した場合
　②　借主または代理人が、次のいずれかに該当したことが判明した場合
　　　A．暴力団
　　　B．暴力団員

C．暴力団準構成員
　　D．暴力団関係企業
　　E．総会屋等、社会運動等標ぼうゴロまたは特殊知能暴力集団等
　　F．その他前各号に準ずる者
③　借主または代理人が、自らまたは第三者を利用して次の各号に該当する行為をした場合
　　A．暴力的な要求行為
　　B．法的な責任を超えた不当な要求行為
　　C．取引に関して、脅迫的な言動をし、または暴力を用いる行為
　　D．風説を流布し、偽計を用いまたは威力を用いて当行の信用を毀損し、または当行の業務を妨害する行為
　　E．その他前各号に準ずる行為
（以下、略）

> 第Ⅲ章分
>
> 　　銀行取引約定書に盛り込む暴力団排除条項参考例の一部改正

（下線部分が改正箇所。）

改　正　後	現　行
第○条（反社会的勢力の排除） ①　私または保証人は、現在、暴力団、暴力団員、暴力団員でなくなった時から5年を経過しない者、暴力団準構成員、暴力団関係企業、総会屋等、社会運動等標ぼうゴロまたは特殊知能暴力集団等、その他これらに準ずる者（以下これらを「暴力団員等」という。）に該当しないこと、および次の各号のいずれにも該当しないことを表明し、かつ将来にわたっても該当しないことを確約いたします。 1．暴力団員等が経営を支配していると認められる関係を有すること 2．暴力団員等が経営に実質的に関与していると認められる関係を有すること 3．自己、自社もしくは第三者の不正の利益を図る目的または第三者に損害を加える目的をもってするなど、不当に暴力団員等を利用していると認められる関係を有すること 4．暴力団員等に対して資金等を提供し、または便宜を供与するなどの関与をしていると認められる関係を有すること 5．役員または経営に実質的に関与している者が暴力団員等と社会的に非難さ	第○条（反社会的勢力の排除） ①　私または保証人は、現在、次の各号のいずれにも該当しないことを表明し、かつ将来にわたっても該当しないことを確約いたします。 1．暴力団 2．暴力団員 3．暴力団準構成員 4．暴力団関係企業 5．総会屋等、社会運動等標ぼうゴロまたは特殊知能暴力集団等 6．その他前各号に準ずる者

改正後	現行
れるべき関係を有すること ② 私または保証人は、自らまたは第三者を利用して次の各号の一にでも該当する行為を行わないことを確約いたします。 　1．暴力的な要求行為 　2．法的な責任を超えた不当な要求行為 　3．取引に関して、脅迫的な言動をし、または暴力を用いる行為 　4．風説を流布し、偽計を用いまたは威力を用いて貴行の信用を毀損し、または貴行の業務を妨害する行為 　5．その他前各号に準ずる行為 ③ 私または保証人が、暴力団員等もしくは第1項各号のいずれかに該当し、もしくは前項各号のいずれかに該当する行為をし、または第1項の規定にもとづく表明・確約に関して虚偽の申告をしたことが判明し、私との取引を継続することが不適切である場合には、私は貴行から請求があり次第、貴行に対するいっさいの債務の期限の利益を失い、直ちに債務を弁済します。 ④ 手形の割引を受けた場合、私または保証人が暴力団員等もしくは第1項各号のいずれかに該当し、もしくは第2項各号のいずれかに該当する行為をし、または第1項の規定にもとづく表明・確約に関して虚偽の申告をしたことが判明し、私との取引を継続することが不適切である場合には、全部の手形について、貴行の請求によって手形面記載の金額の買戻債務を負い、直ちに弁済します。この債務を履行するまでは、貴行は手形所持人と	② 私または保証人は、自らまたは第三者を利用して次の各号に該当する行為を行わないことを確約いたします。 　1．暴力的な要求行為 　2．法的な責任を超えた不当な要求行為 　3．取引に関して、脅迫的な言動をし、または暴力を用いる行為 　4．風説を流布し、偽計を用いまたは威力を用いて貴行の信用を毀損し、または貴行の業務を妨害する行為 　5．その他前各号に準ずる行為 ③ 私または保証人が、第1項各号のいずれかに該当し、もしくは前項各号のいずれかに該当する行為をし、または第1項の規定にもとづく表明・確約に関して虚偽の申告をしたことが判明し、私との取引を継続することが不適切である場合には、私は貴行から請求があり次第、貴行に対するいっさいの債務の期限の利益を失い、直ちに債務を弁済します。 ④ 手形の割引を受けた場合、私または保証人が第1項各号のいずれかに該当し、もしくは第2項各号のいずれかに該当する行為をし、または第1項の規定にもとづく表明・確約に関して虚偽の申告をしたことが判明し、私との取引を継続することが不適切である場合には、全部の手形について、貴行の請求によって手形面記載の金額の買戻債務を負い、直ちに弁済します。この債務を履行するまでは、貴行は手形所持人としていっさいの権利

改　正　後	現　行
していっさいの権利を行使することができます。 ⑤　前2項の規定の適用により、私または保証人に損害が生じた場合にも、貴行になんらの請求をしません。また、貴行に損害が生じたときは、私または保証人がその責任を負います。 ⑥　第3項または第4項の規定により、債務の弁済がなされたときに、本約定は失効するものとします。	を行使することができます。 （免責・損害賠償規定を追加） ⑤　前2項の規定により、債務の弁済がなされたときに、本約定は失効するものとします。

以　上

[第Ⅲ章分]

当座勘定規定に盛り込む暴力団排除条項参考例の一部改正

（下線部分が改正箇所。）

改 正 後	現 行
○．（反社会的勢力との取引拒絶） 　この当座勘定は、第24条第２項<u>各号</u>のいずれにも該当しない場合に利用することができ、第24条第２項<u>各号</u>の一にでも該当する場合には、当行はこの当座勘定の開設をお断りするものとします。 第24条（解約） ①　（略） ②　前項のほか、次の各号の一にでも該当し、当行が取引を継続することが不適切である場合には、当行はこの取引を停止し、または解約の通知をすることによりこの当座勘定を解約することができるものとします。<u>なお、この解約によって生じた損害については、当行は責任を負いません。また、この解約により当行に損害が生じたときは、その損害額を支払ってください。</u> １．当座勘定開設申込時にした表明・確約に関して虚偽の申告をしたことが判明した場合 ２．本人が、<u>暴力団、暴力団員、暴力団員でなくなった時から５年を経過しない者、暴力団準構成員、暴力団関係企業、総会屋等、社会運動等標ぼうゴロ</u>	○．（反社会的勢力との取引拒絶） 　この当座勘定は、第24条第２項<u>第１号、第２号ＡからＦおよび第３号ＡからＥ</u>のいずれにも該当しない場合に利用することができ、第24条第２項<u>第１号、第２号ＡからＦまたは第３号ＡからＥ</u>の一にでも該当する場合には、当行はこの当座勘定の開設をお断りするものとします。 第24条（解約） ①　（略） ②　前項のほか、次の各号の一にでも該当し、当行が取引を継続することが不適切である場合には、当行はこの取引を停止し、または解約の通知をすることによりこの当座勘定を解約することができるものとします。 １．当座勘定開設申込時にした表明・確約に関して虚偽の申告をしたことが判明した場合 ２．本人が、<u>次のいずれかに該当したことが判明した場合</u> 　　<u>Ａ．暴力団</u> 　　<u>Ｂ．暴力団員</u>

改　正　後	現　行
または特殊知能暴力集団等、その他これらに準ずる者（以下これらを「暴力団員等」という。）に該当し、または次のいずれかに該当することが判明した場合 　A　暴力団員等が経営を支配していると認められる関係を有すること 　B　暴力団員等が経営に実質的に関与していると認められる関係を有すること 　C　自己、自社もしくは第三者の不正の利益を図る目的または第三者に損害を加える目的をもってするなど、不当に暴力団員等を利用していると認められる関係を有すること 　D　暴力団員等に対して資金等を提供し、または便宜を供与するなどの関与をしていると認められる関係を有すること 　E　役員または経営に実質的に関与している者が暴力団員等と社会的に非難されるべき関係を有すること	C．暴力団準構成員 D．暴力団関係企業 E．総会屋等、社会運動等標ぼうゴロまたは特殊知能暴力集団等 F．その他前各号に準ずる者
3．本人が、自らまたは第三者を利用して次のいずれか一にでも該当する行為をした場合 　A．暴力的な要求行為 　B．法的な責任を超えた不当な要求行為 　C．取引に関して、脅迫的な言動をし、または暴力を用いる行為 　D．風説を流布し、偽計を用いまたは威力を用いて当行の信用を毀損し、	3．本人が、自らまたは第三者を利用して次の各号に該当する行為をした場合 　A．暴力的な要求行為 　B．法的な責任を超えた不当な要求行為 　C．取引に関して、脅迫的な言動をし、または暴力を用いる行為 　D．風説を流布し、偽計を用いまたは威力を用いて当行の信用を毀損し、

改正後	現行
または当行の業務を妨害する行為 　　E．その他AからDに準ずる行為 ③　当行が解約の通知を届出の住所にあてて発信した場合に、その通知が延着しまたは到達しなかったときは、通常到達すべき時に到達したものとみなします。 ④　手形交換所の取引停止処分を受けたために、当行が解約する場合には、到達のいかんにかかわらず、その通知を発信した時に解約されたものとします。	または当行の業務を妨害する行為 　　E．その他前各号に準ずる行為 ③　当行が解約の通知を届出の住所にあてて発信した場合に、その通知が延着しまたは到達しなかったときは、通常到達すべき時に到達したものとみなします。 ④　手形交換所の取引停止処分を受けたために、当行が解約する場合には、到達のいかんにかかわらず、その通知を発信した時に解約されたものとします。

> 第Ⅲ章分　反社会的勢力への対応に関する保険約款の規定例

【約款規定例】

第○条

① 会社は、次のいずれかの事由（重大事由）がある場合には、保険契約を将来に向かって解除することができます。

1．保険契約者または死亡保険金受取人が、死亡保険金（他の保険契約の死亡保険金を含み、保険種類および保険金の名称の如何を問いません。）を詐取する目的または他人に詐取させる目的で事故招致（未遂を含みます。）をしたとき

2．保険契約者、被保険者または高度障害保険金の受取人が、この保険契約の高度障害保険金を詐取する目的または他人に詐取させる目的で事故招致（未遂を含みます。）をしたとき

3．この保険契約の保険金の請求に関し、その保険金の受取人が詐欺行為（未遂を含みます。）をしたとき

4．保険契約者、被保険者または保険金の受取人が、次のいずれかに該当するとき

　イ．暴力団、暴力団員（暴力団員でなくなった日から5年を経過しない者を含みます。）、暴力団準構成員、暴力団関係企業その他の反社会的勢力（以下「反社会的勢力」といいます。）に該当すると認められること

　ロ．反社会的勢力に対して資金等を提供し、または便宜を供与するなどの関与をしていると認められること

　ハ．反社会的勢力を不当に利用していると認められること

　ニ．保険契約者または保険金の受取人が法人の場合、反社会的勢力がその法人の経営を支配し、またはその法人の経営に実質的に関与していると認められること

　ホ．その他反社会的勢力と社会的に非難されるべき関係を有していると認められること

5．前各号に定めるほか、会社の保険契約者、被保険者または保険金の受取人に対する信頼を損ない、この保険契約の存続を困難とする第1号から第4号までと同

等の重大な事由があるとき
② 会社は、保険金の支払事由が生じた後でも、保険契約を解除することができます。この場合には、つぎのとおり取り扱います。
 1．第1項各号に定める事由の発生時以後に生じた支払事由による保険金（第1項第4号のみに該当した場合で、第1項第4号イ．からホ．までに該当したのが保険金の受取人のみであり、その保険金の受取人が保険金の一部の受取人であるときは、保険金のうち、その受取人に支払われるべき保険金をいいます。以下、本号について同じ。）を支払いません。また、すでにその支払事由により保険金を支払っているときは、会社は、その返還を請求します。
 2．（略）
③ 本条の規定によって保険契約を解除したときは、会社は、解約返戻金と同額の返戻金を保険契約者に支払います。
④ 前項の規定にかかわらず、第1項第4号の規定によって保険契約を解除した場合で、保険金の一部の受取人に対して第2項第1号の規定を適用し保険金を支払わないときは、保険契約のうち支払われない保険金に対応する部分については第3項の規定を適用し、その部分の解約返戻金と同額の返戻金を保険契約者に支払います。

＜解　説＞
　社団法人生命保険協会および生命保険会社は、生命保険事業に対する公共の信頼を維持し、業務の適切性および健全性を確保するために、市民社会の秩序や安全に脅威を与える反社会的勢力との関係遮断を徹底することとしています（「生命保険業界における反社会的勢力への対応指針」
（平成23年6月））。
　「反社会的勢力への対応に関する保険約款の規定例」は、生命保険会社が反社会的勢力とは一切の関係をもたず、また、反社会的勢力およびその関係者に資金が流入することを阻止するために、保険契約においても以下のとおり取扱うことができることとしています。
・生命保険会社は、保険契約者、被保険者または保険金の受取人が、保険期間中、反社会的勢力（暴力団、暴力団員、暴力団準構成員、暴力団関係企業等）（注1）（注2）に該当した場合には、保険契約を解除する（1項4号イ）とともに、反社会的勢力に該当した時以降に発生した保険事故については、保険金等を支払わない（既に支払っているときは、その返還を請求する）（2項1号）。

(注1) 遡って5年以内に暴力団員に該当すると客観的に認められる事情がある場合には、暴力団員として取扱う（1項4号イ「暴力団員（暴力団員でなくなった日から5年を経過しないものを含みます。）」）。

(注2) 反社会的勢力に対して資金等を提供していると認められる者等、反社会的勢力と社会的に非難されるべき関係を有している者についても、同様に取扱う（1項4号ロ以下）。

なお、上記規定は保険法（平成20年法律第56号）の重大事由解除（第57条、第86条）に準拠しており、告知義務違反による解除権とは異なり、保険法上、契約の締結時や解除権発生時からの行使期間制限（5年）や会社が知ったときからの行使期間制限（1か月）はありません。

［本規定例は、各生命保険会社における反社会的勢力への対応の参考の用に供するものであり、各社を拘束するものではありません］

> 第Ⅲ章分
>
> 暴力団排除条項の参考例（ひな型）

Ⅰ　契約解除条項

> 1．甲は、乙又は乙の下請負者及びその代表者、責任者、実質的に経営権を有する者（下請負が数次にわたるときはその全てを含む）が次の各号の一に該当する（①）場合、何らの催告を要さずに（②）、本契約（③）を解除することができる（④）。
>   (1)　暴力団、暴力団員、暴力団準構成員、暴力団関係者、総会屋その他の反社会的勢力（以下、まとめて「反社会的勢力」という）に属すると認められるとき（⑤）
>   (2)　反社会的勢力が経営に実質的に関与していると認められるとき（⑥）
>   (3)　反社会的勢力を利用していると認められるとき（⑦）
>   (4)　反社会的勢力に対して資金等を提供し、又は便宜を供与するなどの関与をしていると認められるとき（⑧）
>   (5)　反社会的勢力と社会的に非難されるべき関係を有しているとき（⑨）
>   (6)　自らまたは第三者を利用して、甲または甲の関係者に対し、詐術、暴力的行為、または脅迫的言辞を用いたとき（⑩）
>
> 2．甲は、前項の規定により、個別契約を解除した場合には、乙に損害が生じても甲は何らこれを賠償ないし補償することは要せず、また、かかる解除により甲に損害が生じたときは、乙はその損害を賠償するものとする。賠償額は甲乙協議して定める（⑪）。

Ⅱ　通報・報告条項

> 1．乙は、乙又は乙の下請負者（下請負が数次にわたるときは、その全てを含む。）が暴力団、暴力団員、暴力団準構成員、暴力団関係者、総会屋その他の反社会的勢力（以下、まとめて「反社会的勢力」という）による不当要求または工事妨害（以下、「不当介入」という。）を受けた場合には、断固としてこれを拒否し、または下

請負者をして断固としてこれを拒否させるとともに、不当介入があった時点で、速やかに甲にこれを報告し、甲の捜査機関への通報及び発注者への報告に必要な協力を行うものとする（⑫）。

2．乙が正当な理由なく前項に違反した場合、甲は何らの催告を要せずに、個別契約を解除することができる（⑬）。

Ⅲ　表明・確約条項

乙又は乙の下請負者（下請負が数次にわたるときはその全てを含む。）は、暴力団、暴力団員、暴力団準構成員、暴力団関係者、総会屋その他の反社会的勢力（以下、まとめて「反社会的勢力」という）のいずれでもなく、また、反社会的勢力が経営に実質的に関与している法人等ではないことを表明し、かつ将来にわたっても該当しないことを確約する（⑭）。

※　カッコ内の番号は解説に対応している
※　本条項の「甲」は元請を、「乙」は一次下請を指す

以　上

> 第Ⅳ章分

原議保存期間 10 年
（平成34年3月31日まで）

各地方機関の長
各都道府県警察の長　殿
（参考送付先）
　庁内各局部課長
　各附属機関の長

警察庁丙組企分発第42号、丙組暴発第19号
平成23年12月22日
警察庁刑事局組織犯罪対策部長

暴力団排除等のための部外への情報提供について

　暴力団情報については、法令の規定により警察において厳格に管理する責任を負っている一方、一定の場合に部外へ提供することによって、暴力団による危害を防止し、その他社会から暴力団を排除するという暴力団対策の本来の目的のために活用することも当然必要である。

　近年、各都道府県警察において、暴力団排除条例（以下「条例」という。）が施行され、事業者が一定の場合に取引等の相手方が暴力団員・元暴力団員等に該当するかどうかを確認することが義務付けられるとともに、暴力団が資金獲得のために介入するおそれのある建設・証券等の業界を中心として、暴力団員に加え、元暴力団員等を各種取引から排除する仕組みが構築されている。一方、暴力団は、暴力団関係企業や暴力団と共生する者を通じて様々な経済取引に介入して資金の獲得を図るなど、その組織又は活動の実態を多様化・不透明化させている。このような情勢を受けて、事業者からのこれらの者に関する情報提供についての要望が高まっており、条例においても事業者等に対し、必要な支援を行うことが都道府県の責務として規定されているところである。

　以上のような情勢の変化に的確に対応し、社会からの暴力団の排除を一層推進するため、暴力団情報の部外への提供については、下記のとおりとするので、その対応に遺漏のないようにされたい。

　なお、「暴力団排除等のための部外への情報提供について」（平成12年9月14日付け警察庁丙暴暴一発第14号）は、廃止する。

記

第1 基本的な考え方
　1　組織としての対応の徹底
　暴力団情報の提供については、個々の警察官が依頼を受けて個人的に対応するということがあってはならず、必ず、提供の是非について警察本部の暴力団対策主管課長又は警察署長の責任において組織的な判断を行うこと。
　2　情報の正確性の確保
　暴力団情報を提供するに当たっては、必要な補充調査を実施するなどして、当該情報の正確性を担保すること。
　3　情報提供に係る責任の自覚
　情報の内容及び情報提供の正当性について警察が立証する責任を負わなければならないとの認識を持つこと。
　4　情報提供の正当性についての十分な検討
　暴力団員等の個人情報の提供については、行政機関の保有する個人情報の保護に関する法律及び個人情報保護条例の規定に従って行うこと。特に、相手方が行政機関以外の者である場合には、法令の規定に基づく場合のほかは、当該情報が暴力団排除等の公益目的の達成のために必要であり、かつ、警察からの情報提供によらなければ当該目的を達成することが困難な場合に行うこと。

第2　積極的な情報提供の推進
　1　暴力団犯罪の被害者の被害回復訴訟において組長等の使用者責任を追及する場合や、暴力団事務所撤去訴訟等暴力団を実質的な相手方とする訴訟を支援する場合は、特に積極的な情報提供を行うこと。
　2　債権管理回収業に関する特別措置法及び廃棄物の処理及び清掃に関する法律のように提供することができる情報の内容及びその手続が法令により定められている場合又は他の行政機関、地方公共団体その他の公共的機関との間で暴力団排除を目的として暴力団情報の提供に関する申合せ等が締結されている場合には、これによるものとする。暴力団排除を目的として組織された事業者団体その他これに準ずるものとの間で申合せ等が締結されている場合についても、同様とする。
　なお、都道府県警察においてこの申合せ等を結ぶ場合には、事前に警察庁刑事局組織犯罪対策部企画分析課及び暴力団対策課と協議するものとする。
　3　条例上の義務履行の支援、暴力団に係る被害者対策、資金源対策の視点や社会経済

の基本となるシステムに暴力団を介入させないという視点からは、以下の第3に示した基準に従いつつ、可能な範囲で積極的かつ適切な情報提供を行うものとする。

第3 情報提供の基準等

1 情報提供の基準

暴力団情報については、警察は厳格に管理する責任を負っていることから、情報提供によって達成される公益の程度によって、情報提供の要件及び提供できる範囲・内容が異なってくる。

そこで、以下の(1)、(2)及び(3)の観点から検討を行い、暴力団対策に資すると認められる場合は、暴力団情報を当該情報を必要とする者に提供すること。

(1) 提供の必要性

ア 条例上の義務履行の支援に資する場合その他法令の規定に基づく場合

事業者が、取引等の相手方が暴力団員、暴力団準構成員、元暴力団員、共生者、暴力団員と社会的に非難されるべき関係を有する者等でないことを確認するなど条例上の義務を履行するために必要と認められる場合には、その義務の履行に必要な範囲で情報を提供するものとする。

その他法令の規定に基づく場合についても、当該法令の定める要件に従って提供するものとする。

イ 暴力団による犯罪、暴力的要求行為等による被害の防止又は回復に資する場合

情報提供を必要とする事案の具体的内容を検討し、被害が発生し、又は発生するおそれがある場合には、被害の防止又は回復のために必要な情報を提供するものとする。

ウ 暴力団の組織の維持又は拡大への打撃に資する場合

暴力団の組織としての会合等の開催、暴力団事務所の設置、加入の勧誘、名誉職への就任や栄典を受けること等による権威の獲得、政治・公務その他一定の公的領域への進出、資金獲得等暴力団の組織の維持又は拡大に係る活動に打撃を与えるために必要な場合、その他暴力団排除活動を促進する必要性が高く暴力団の組織の維持又は拡大への打撃に資する場合には、必要な情報を提供するものとする。

(2) 適正な情報管理

情報提供は、その相手方が、提供に係る情報の悪用や目的外利用を防止するための仕組みを確立している場合、提供に係る情報を他の目的に利用しない旨の誓約書を提出している場合、その他情報を適正に管理することができると認められる場合に行うものとする。

(3) 提供する暴力団情報の範囲

ア 第3の1(1)アの場合

条例上の義務を履行するために必要な範囲で情報を提供するものとする。この場合において、まずは、情報提供の相手方に対し、契約の相手方等が条例に規定された規制対象者等の属性のいずれかに該当する旨の情報を提供すれば足りるかを検討すること。

イ　第3の1(1)イ及びウの場合

次の(ア)、(イ)、(ウ)の順に慎重な検討を行う。

(ア)　暴力団の活動の実態についての情報（個人情報以外の情報）の提供

暴力団の義理掛けが行われるおそれがあるという情報、暴力団が特定の場所を事務所としているという情報、傘下組織に係る団体の名称等、個人情報以外の情報の提供によって足りる場合には、これらの情報を提供すること。

(イ)　暴力団員等該当性情報の提供

上記(ア)によって公益を実現することができないかを検討した上で、次に、相談等に係る者の暴力団員等（暴力団員、暴力団準構成員、元暴力団員、共生者、暴力団員と社会的に非難されるべき関係を有する者、総会屋及び社会運動等標ぼうゴロをいう。以下同じ。）への該当性に関する情報（以下「暴力団員等該当性情報」という。）を提供することを検討する。

(ウ)　上記(イ)以外の個人情報の提供

上記(イ)によって公益を実現することができないかを慎重に検討した上で、それでも公益実現のために必要であると認められる場合には、住所、生年月日、連絡先その他の暴力団員等該当性情報以外の個人情報を提供する。

なお、前科・前歴情報は、そのまま提供することなく、被害者等の安全確保のために特に必要があると認められる場合に限り、過去に犯した犯罪の態様等の情報を提供すること。また、顔写真の交付は行わないこと。

2　提供する暴力団情報の内容に係る注意点

(1)　指定暴力団以外の暴力団について

指定暴力団以外の暴力団のうち、特に消長の激しい規模の小さな暴力団については、これが暴力団、すなわち「その団体の構成員が集団的に又は常習的に暴力的不法行為等を行うことを助長するおそれがある団体」（暴力団員による不当な行為の防止等に関する法律第2条第2号）に該当することを明確に認定できる資料の存否につき確認すること。

(2)　暴力団準構成員及び元暴力団員等の場合の取扱い

ア　暴力団準構成員

暴力団準構成員については、当該暴力団準構成員と暴力団との関係の態様及び程度について十分な検討を行い、現に暴力団又は暴力団員の一定の統制の下にあることなどを確認

した上で、情報提供の可否を判断すること。
　　イ　元暴力団員
　現に自らの意思で反社会的団体である暴力団に所属している構成員の場合と異なり、元暴力団員については、暴力団との関係を断ち切って更生しようとしている者もいることから、過去に暴力団員であったことが法律上の欠格要件となっている場合や、現状が暴力団準構成員、共生者、暴力団員と社会的に非難されるべき関係にある者、総会屋及び社会運動等標ぼうゴロとみなすことができる場合は格別、過去に暴力団に所属していたという事実だけをもって情報提供をしないこと。
　　ウ　共生者
　共生者については、暴力団への利益供与の実態、暴力団の利用実態等共生関係を示す具体的な内容を十分に確認した上で、具体的事案ごとに情報提供の可否を判断すること。
　　エ　暴力団員と社会的に非難されるべき関係にある者
　「暴力団員と社会的に非難されるべき関係」とは、例えば、暴力団員が関与している賭博等に参加している場合、暴力団が主催するゴルフコンペや誕生会、還暦祝い等の行事等に出席している場合等、その態様が様々であることから、当該対象者と暴力団員とが関係を有するに至った原因、当該対象者が相手方を暴力団員であると知った時期やその後の対応、暴力団員との交際の内容の軽重等の事情に照らし、具体的事案ごとに情報提供の可否を判断する必要があり、暴力団員と交際しているといった事実だけをもって漫然と「暴力団員と社会的に非難されるべき関係にある者である」といった情報提供をしないこと。
　　オ　総会屋及び社会運動等標ぼうゴロ
　総会屋及び社会運動等標ぼうゴロについては、その活動の態様が様々であることから、漫然と「総会屋である」などと情報を提供しないこと。
　情報提供が求められている個別の事案に応じて、その活動の態様について十分な検討を行い、現に活動が行われているか確認した上で情報を提供すること。
　　カ　暴力団の支配下にある法人
　暴力団の支配下にある法人については、その役員に暴力団員等がいることをもって漫然と「暴力団の支配下にある法人である」といった情報提供をするのではなく、役員等に占める暴力団員等の比率、当該法人の活動実態等についての十分な検討を行い、現に暴力団が当該法人を支配していると認められる場合に情報を提供すること。
　3　都道府県暴力追放運動推進センターに対する情報提供について
　都道府県暴力追放運動推進センター（以下「センター」という。）に対して相談があった場合も、警察において上記基準等に従って判断した上で必要な暴力団情報をセンターに

提供し、センターが相談者に当該情報を告知することとする。

第4　情報提供の方式

　1　第3の1(1)アによる情報提供を行うに当たっては、その相手方に対し、情報提供に係る対象者の住所、氏名、生年月日等が分かる身分確認資料及び取引関係を裏付ける資料等の提出を求めるとともに、提供に係る情報を他の目的に利用しない旨の誓約書の提出を求めること。

　2　情報提供の相手方に守秘義務がある場合等、情報の適正な管理のために必要な仕組みが整備されていると認められるときは、情報提供を文書により行ってよい。これ以外の場合においては、口頭による回答にとどめること。

　3　情報提供は、原則として、当該情報を必要とする当事者に対して、当該相談等の性質に応じた範囲内で行うものとする。ただし、情報提供を受けるべき者の委任を受けた弁護士に提供する場合その他情報提供を受けるべき者本人に提供する場合と同視できる場合はこの限りでない。

第5　暴力団情報の提供に係る記録の整備

　1　警察本部及び警察署の暴力団対策主管課においては、部外への暴力団情報の提供（警察部内の暴力団対策主管部門以外の部門から部外への暴力団情報の提供について協議を受けた場合を含む。）に関し、上記第3の基準による判断を行ったときは、情報提供の求めの概要、提供の是非についての判断の理由及び結果等について、確実に記録した上、決裁を受けて対応すること。

　2　常に所属長又はこれに相当する上級幹部が実際に最終判断を下すものとする。ただし、情報提供を行うことについて緊急かつ明確な必要が認められる場合においては、事後報告としても差し支えない。

　3　部外からの暴力団情報に係る照会及びそれに対する警察の回答状況については、情報の適正な管理に万全を期するため、各警察本部の暴力団対策主管課において定期的に把握すること。

> 第Ⅴ章分

犯罪収益移転防止法に関する
留意事項について

平成24年10月
金融庁総務企画局
企画課調査室

(注) 本文書は、犯罪による収益の移転防止に関する法律の一部を改正する法律(平成23年法律第31号)の施行の日(平成25年4月1日)から適用するものとする。

本文書は「犯罪に、よる収益の移転防止に関する法律」(以下「法」という。)第2条第2項第1号から第36号までに掲げる特定事業者のうち金融庁所管事業者(以下「金融機関等」という。)が法第4条に規定する確認義務、法第8条に規定する疑わしい取引の届出義務等を履行するに当たり、留意すべき事項を示したものである。

なお、個別の事情に応じて、法令等の範囲内においてこれと異なる取扱いとすることを妨げるものではない。

1 取引を行う目的の類型

以下は、金融機関等が法第4条第1項又は第2項の規定により、「犯罪による収益の移転防止に関する法律施行令」第7条第1項第1号イ又はタに掲げる取引に際して「取引を行う目的」を確認するに当たり、参考とすべき類型を例示したものである(複数選択可)。

なお、これらの類型は例示であるため、各金融機関等において、これらの類型を参考としつつ、特定取引の内容や個別の業務・取引実態等に応じ、異なる類型により確認することとしても差し支えない。

(1) 預貯金契約の締結

自然人	法人／人格のない社団又は財団
☐ 生計費決済	☐ 事業費決済
☐ 事業費決済	☐ 貯蓄／資産運用
☐ 給与受取／年金受取	☐ 融資
☐ 貯蓄／資産運用	☐ 外国為替取引

☐ 融資 ☐ 外国為替取引	☐ その他（　　　　） ☐ その他（　　　　）

(2) 大口現金取引（為替取引）

自然人	法人／人格のない社団又は財団
☐ 商品・サービス代金 ☐ 投資／貸付／借入返済 ☐ 生活費 ☐ その他（　　　　）	☐ 商品・サービス代金 ☐ 投資／貸付／借入返済 ☐ その他（　　　　）

2　職業及び事業の内容の類型

　以下は、金融機関等が法第4条第1項又は第2項の規定により「職業」又は「事業の内容」を確認するに当たり、参考とすべき類型を例示したものである（複数選択可）。

　なお、これらの類型は例示であるため、各金融機関等において、これらの類型を参考としつつ、個別の業務・取引実態等に応じ、異なる類型により確認することとしても差し支えない。

職業	事業の内容
☐ 会社役員／団体役員 ☐ 会社員／団体職員 ☐ 公務員 ☐ 個人事業主／自営業 ☐ パート／アルバイト／派遣社員／契約社員 ☐ 主婦 ☐ 学生 ☐ 退職された方／無職の方 ☐ その他（　　　　）	☐ 農業／林業／漁業 ☐ 製造業 ☐ 建設業 ☐ 情報通信業 ☐ 運輸業 ☐ 卸売／小売業 ☐ 金融業／保険業 ☐ 不動産業 ☐ サービス業 ☐ その他（　　　　）

3　取引時確認、取引記録等の保存、疑わしい取引の届出等を的確に行うための措置

　以下は、マネー・ローンダリング及びテロ資金供与（以下「マネー・ローンダリング等」という。）への対策に関する国際的な要請を踏まえ、我が国の金融機関等によるマネー・ローンダリング等への対策をより確実なものとすべく、法第10条に規定する「体制の整備」に関連して、取引時確認、取引記録等の保存、疑わしい取引の届出等を的確に行うために考えられる措置を例示したものである。

なお、これらの措置は例示であるため、各金融機関等において、これらの措置を参考としつつ、個別の業務・取引実態、マネー・ローンダリング等に利用されるおそれの程度等に応じ、より適切な措置を講ずることとしても差し支えない。

(1) 取引時確認の完了前に顧客等と行う取引に関する措置

取引時確認の完了前に顧客等と行う取引については、取引時確認が完了するまでの間に当該取引がマネー・ローンダリング等に利用されるおそれがあることを踏まえ、例えば、取引の全部又は一部に対し通常の取引以上の制限を課したり、顧客等に関する情報を記録したりするなどして、十分に注意を払うこと。

(2) 特定取引に当たらない取引に関する措置

特定取引に当たらない取引についても、例えば敷居値を若干下回るなどの取引は、当該取引がマネー・ローンダリング等に利用されるおそれがあることを踏まえ、十分に注意を払うこと。

(3) 非対面取引に関する措置

非対面取引については、当該取引の顧客等がなりすまし・偽り等を行っているおそれがあることを踏まえ、例えば、もう一種類の本人確認書類や本人確認書類以外の書類等を確認することで、顧客等と取引の相手方の同一性判断に慎重を期するなどして、十分に注意を払うこと。

(4) 対面取引に関する措置

対面取引についても、例えば取引時確認に写真が貼付されていない本人確認書類を用いて行うなどの取引は、当該取引の顧客等がなりすまし・偽り等を行っているおそれがあることを踏まえ、十分に注意を払うこと。

(5) 顧客等の継続的なモニタリング

上記のほか、既に確認した取引時確認事項について、顧客等がこれを偽っている（例えば、マネー・ローンダリング等目的の取引であるにもかかわらず、本来の目的を秘して別の取引目的を申告することは、取引目的の偽りに該当し得る。）などの疑いがあるかどうかを的確に判断するため、当該顧客等について、最新の内容に保たれた取引時確認事項を活用し、取引の状況を的確に把握するなどして、十分に注意を払うこと。

犯罪収益移転防止法に関する留意事項について
（クレジットカード事業者）

平成24年11月
経済産業省
商務情報政策局
商取引監督課

　本文書は、「犯罪による収益の移転防止に関する法律」（平成19年3月31日法律第22号）（以下「法」という。）の改正にあたり、第2条第2項第38号（現行の同条同項第35号）に規定する特定事業者（以下「クレジットカード事業者」という。）が法第4条に規定する確認義務、法第8条（現行の第9条）に規定する疑わしい取引の届出義務等を履行するに当たり、留意すべき事項を示したものである。

　なお、個別の事情に応じて、法令等の範囲内においてこれと異なる取扱いとすることを妨げるものではない。

1　取引を行う目的の類型

　以下は、クレジットカード事業者が法第4条第1項又は第2項の規定により、「犯罪による収益の移転防止に関する法律施行令」（平成20年政令第20号）第7条第1項第3号（現行の第8条第1項第3号）に掲げる取引に際して「取引を行う目的」を確認するに当たり、参考とすべき類型を例示したものである（複数選択可）。

　なお、これらの類型は例示であるため、各クレジットカード事業者において、類型の表現を消費者にとってより分かりやすいものにしたり、個々のクレジットカードにより、融資を行わないなど明らかに該当する機能が備わっていない場合、目的が明確な場合には該当しない類型を削除することができる。一方で更に詳細な類型等により確認することとしても差し支えない。

- ☐　生計費決済
- ☐　事業費決済
- ☐　融資

　なお、クレジットカード事業者が「取引を行う目的」を確認するに当たっては、クレジットカード契約を締結する際の申込書・規約等により、当該内容を確認できる場合は、「取引を行う目的」は明白であることから、あらためて確認する必要はない。

2　職業及び事業の内容の類型

以下は、クレジットカード事業者が法第4条第1項又は第2項の規定により「職業」又は「事業の内容」を確認するに当たり、参考とすべき類型を例示したものである（複数選択可）。

なお、これらの類型は例示であるため、各クレジットカード事業者において、これらの類型を参考としつつ、個別の業務・取引実態等に応じ、異なる類型により確認することとしても差し支えない。

また、クレジットカード事業者が「職業」又は「事業の内容」を確認するに当たっては、クレジットカード契約を締結する際の申込書・規約等により、当該内容を確認できる場合は、「職業」又は「事業の内容」は明白であることから、あらためて確認する必要はない。

職業	事業の内容
□　会社員 □　公務員 □　自営業 □　派遣社員等 □　パート・アルバイト □　年金受給	□　農業／林業／漁業 □　製造業 □　建設業 □　情報通信業 □　運輸業 □　卸売／小売業 □　金融業／保険業 □　不動産業 □　サービス業

3　取引時確認、取引記録等の保存、疑わしい取引の届出等を的確に行うための措置

以下は、マネー・ローンダリング及びテロ資金供与（以下「マネー・ローンダリング等」という。）への対策に関する国際的な要請を踏まえ、我が国のクレジットカード事業者によるマネー・ローンダリング等への対策をより確実なものとすべく、法第10条に規定する「体制の整備」に関連して、取引時確認、取引記録等の保存、疑わしい取引の届出等を的確に行うために考えられる措置を例示したものである。

なお、これらの措置は例示であるため、各クレジットカード事業者において、これらの措置を参考としつつ、個別の業務・取引実態、マネー・ローンダリング等に利用されるおそれの程度等に応じ、より適切な措置を講ずることとしても差し支えない。

(1) 取引時確認の完了前に顧客等と行う取引に関する措置

　クレジットカードは、一旦交付等が行われると、国内外を問わず販売店等において利用することができるという特性を有することから、クレジットカード等が交付される時点までに本人確認が実施されていること。

(2) 非対面取引に関する措置

　非対面取引によりクレジットカード契約の申込みを受け付ける場合には、当該取引の顧客等がなりすまし・偽り等を行っているおそれがあることを踏まえ、例えば、顧客等がカードの申請書に記載した、金融機関により既に本人確認が行われている預貯金口座の名義を確認することなどにより、顧客等と取引の相手方の同一性判断に慎重を期するなどして、十分に注意を払うこと。

(3) 対面取引に関する措置

　対面取引についても、例えば取引時確認に写真が貼付されていない本人確認書類を用いて行うなどの取引は、当該取引の顧客等がなりすまし・偽り等を行っているおそれがあることを踏まえ、十分に注意を払うこと。

(4) 顧客等の継続的なモニタリング

　上記のほか、既に確認した取引時確認事項について、顧客等がこれを偽っている（例えば、マネー・ローンダリング等目的の取引であるにもかかわらず、本来の目的を秘して別の取引目的を申告することは、取引目的の偽りに該当し得る。）などの疑いがあるかどうかを的確に判断するため、顧客等について、カード約款等で職業等の変更時の届け出を義務付けるなど、取引時確認事項を最新の内容に保つよう取り組むこと、オーソリゼーション等により疑わしい取引の状況を的確に把握することなどにより、十分に注意を払うこと。

4　本文書の適用について

　本文書は、犯罪による収益の移転防止に関する法律の一部を改正する法律（平成23年3月31日法律第31号）の施行の日（平成25年4月1日）から適用するものとする。

犯罪収益移転防止法に関する
留意事項について

(ファイナンスリース事業者)

平成24年11月
経済産業省商務情報政策局
消費経済企画室

(注) 本文書は、犯罪による収益の移転防止に関する法律の一部を改正する法律(平成23年3月31日法律第31号)の施行の日(平成25年4月1日)から適用するものとする。

本文書は、「犯罪による収益の移転防止に関する法律」(以下「法」という。)第2条第2項第37号(現行の同条同項第34号)に定めるファイナンスリース事業者(以下「ファイナンスリース事業者」という。)が法第4条に規定する確認義務、法第8条(現行の第9条)に規定する疑わしい取引の届出義務等を履行するに当たり、留意すべき事項を示したものである。

なお、個別の事情に応じて、法令等の範囲内においてこれと異なる取扱いとすることを妨げるものではない。

1 取引を行う目的の類型

以下は、ファイナンスリース事業者が法第4条第1項又は第2項の規定により、「犯罪による収益の移転防止に関する法律施行令」第7条第1項第2号(現行の第8条第1項第2号)に掲げる取引に際して「取引を行う目的」を確認するに当たり、参考とすべき類型を例示したものである(複数選択可)。

なお、これらの類型は例示であるため、各ファイナンスリース事業者において、これらの類型を参考としつつ、特定取引の内容や個別の業務・取引実態等に応じ、異なる類型により確認することとしても差し支えない。

☐ 業務用設備
☐ 業務外設備

2　職業及び事業の内容の類型

　以下は、ファイナンスリース事業者が法第4条第1項又は第2項の規定により「職業」又は「事業の内容」を確認するに当たり、参考とすべき類型を例示したものである（複数選択可）。

　なお、これらの類型は例示であるため、各ファイナンスリース事業者において、これらの類型を参考としつつ、個別の業務・取引実態等に応じ、異なる類型により確認することとしても差し支えない。

職業	事業の内容
□　会社役員／団体役員	□　農業／林業／漁業
□　会社員／団体職員	□　製造業
□　公務員	□　建設業
□　個人事業主／自営業	□　情報通信業
□　パート／アルバイト／派遣社員／契約社員	□　運輸業
□　主婦	□　卸売／小売業
□　学生	□　金融業／保険業
□　退職された方／無職の方	□　不動産業
□　その他（　　　）	□　サービス業
	□　その他（　　　）

3　取引時確認、取引記録等の保存、疑わしい取引の届出等を的確に行うための措置

　以下は、マネー・ローンダリング及びテロ資金供与（以下、「マネー・ローンダリング等」という。）への対策に関する国際的な要請を踏まえ、我が国のファイナンスリース事業者によるマネー・ローンダリング等への対策をより確実なものとすべく、法第10条に規定する「体制の整備」に関連して、取引時確認、取引記録等の保存、疑わしい取引の届出等を的確に行うために考えられる措置を例示したものである。

　なお、これらの措置は例示であるため、各ファイナンスリース事業者において、これらの措置を参考としつつ、個別の業務・取引実態、マネー・ローンダリング等に利用されるおそれの程度等に応じ、より適切な措置を講ずることとしても差し支えない。

(1)　特定取引に当たらない取引に関する措置

　特定取引に当たらない取引についても、例えば敷居値を若干下回るなどの取引が反復継続的に行われているなどの不自然な取引は、当該取引がマネー・ローンダリング等に利用されるおそれがあることなどを踏まえ、十分に注意を払うこと。

(2) 取引時確認の徹底

　顧客等がなりすまし・偽り等を行っているおそれがあることを踏まえ、例えば取引時確認に写真が貼付されていない本人確認書類を用いて行うなどの取引は、特に、顧客等と取引の相手方の同一性判断に慎重を期すなどして、十分に注意を払うこと。

(3) 顧客等の継続的なモニタリング

　上記のほか、既に確認した取引時確認事項について、顧客等がこれを偽っている（例えば、マネー・ローンダリング等目的の取引であるにもかかわらず、本来の目的を秘して別の取引目的を申告することは、取引目的の偽りに該当し得る。）などの疑いがあるかどうかを的確に判断するため、当該顧客等について、最新の内容に保たれた取引時確認事項を活用し、取引の状況を的確に把握するなどして、十分に注意を払うこと。

犯罪収益移転防止法に関する留意事項について
（郵便物受取サービス業者）

平成 24 年 12 月
経 済 産 業 省
商務情報政策局
商 取 引 監 督 課

　本文書は、「犯罪による収益の移転防止に関する法律」（平成19年3月31日法律第22号）（以下「法」という。）の改正にあたり、第2条第2項第41号（現行の同条同項第38号）に規定する特定事業者（以下「郵便物受取サービス業者」という。）が法第4条に規定する取引時確認義務、法第8条（現行の第9条）に規定する疑わしい取引の届出義務等を履行するに当たり、留意すべき事項を示したものである。

　なお、個別の事情に応じて、法令等の範囲内においてこれと異なる取扱いをすることを妨げるものではない。

1　取引を行う目的の類型

　以下は、郵便物受取サービス業者が法第4条第1項又は第2項の規定により、「犯罪による収益の移転防止に関する法律施行令」（平成20年政令第20号）第7条第1項第6号（現行の第8条第1項第6号）に掲げる取引に際して「取引を行う目的」を確認するに当たり、参考とすべき類型を例示したものである（複数選択可）。

　なお、これらの類型は例示であるため、類型の表現を郵便物受取サービス業者の利用者にとってより分かりやすいものにする一方で、更に詳細な類型等により確認することとしても差し支えない。

　また、郵便物受取サービス業者が「取引を行う目的」を確認するに当たっては、郵便物受取サービス契約を締結する際の申込書・規約等により、当該内容を確認できる場合は、「取引を行う目的」は明白であることから、改めて確認する必要はない。

- ☐　セキュリティー対策やプライバシー保護のため
- ☐　自社／自己宛ての大量の郵便物・書類の保管のため
- ☐　賃借料金や保管業務コスト削減のため
- ☐　郵便物・書類管理の能率を向上するため
- ☐　一般の郵便物と分けて受け取りたいものがあるため

| □ | 出張時、長期不在、海外居住等の場合の連絡拠点として郵便物を受け取りたいため |
| □ | その他（　　　　　　　　　　　　　　　　　　　　　　　　　　　　　） |

2　職業及び事業内容の類型

　以下は、郵便物受取サービス業者が法第4条第1項又は第2項の規定により、顧客が自然人（個人）である場合にあっては「職業」、顧客が法人である場合にあっては「事業の内容」を確認するに当たり、参考とすべき類型を例示したものである（複数選択可）。

　なお、これらの類型は例示であるため、個別の業務・取引の実態等に応じ、これ以外の類型等により確認することとしても差し支えない。

　また、郵便物受取サービス業者が「職業」又は「事業の内容」を確認するに当たっては、郵便物受取サービス契約を締結する際の申込書・規約等により、当該内容を確認できる場合は、「職業」又は「事業の内容」は明白であることから、改めて確認する必要はない。

職業 （顧客が自然人（個人）の場合）	事業の内容 （顧客が法人の場合）
□　会社員 □　公務員 □　自営業 □　派遣社員等 □　パート・アルバイト □　年金受給 □　その他（　　　　　　　　）	□　農林／林業／漁業 □　製造業 □　建設業 □　情報通信業 □　運輸業 □　卸売／小売業 □　金融業／保険業 □　不動産業 □　サービス業 □　その他（　　　　　　　　）

3　取引時確認、取引記録等の保存、疑わしい取引の届出等を的確に行うための措置

　以下は、マネー・ローンダリング及びテロ資金供与（以下「マネー・ローンダリング等」という。）への対策に関する国際的な要請を踏まえ、我が国の郵便物受取サービス業者によるマネー・ローンダリング等への対策をより確実なものとすべく、法第10条に規定する「体制の整備」に関連して、取引時確認、取引記録等の保存、疑わしい取引の届出等を的確に行うために考えられる措置を例示したものである。

　なお、これらの措置は例示であるため、各郵便物受取サービス業者において、これらの措置を参考としつつ、個別の業務・取引実態、マネー・ローンダリング等に利用されるお

それの程度等に応じ、より適切な措置を講ずることとしても差し支えない。
(1) 取引時確認の完了前に顧客等と行う取引に関する措置

郵便物受取サービス業に係る取引については、送付される郵便物の内容物が外形からは判別困難であること、及び必ずしも当該顧客等との次回の接触が想定されるとは限らないことから、当該顧客等への郵便物の引渡し時点までに、本人確認が実施されていること。

(2) 非対面取引に関する措置

非対面取引については、当該取引の顧客等がなりすまし・偽り等を行っているおそれがあることを踏まえ、犯罪による収益の移転防止に関する法律施行規則（平成20年2月1日内閣府・総務省・法務省・財務省・厚生労働省・農林水産省・経済産業省・国土交通省令第1号）第5条第1項第1号ロ及びハ（現行の第3条第1項第1号ロ及びハ）に規定する「取引関係文書を書留郵便等により転送不要郵便物等」として送付することは当然のこととして、以下に例示するように、顧客等と取引の相手方の同一性判断に慎重を期するなどして、十分に注意を払うこと。

例えば、当該顧客等に対して電話による所在確認をするほか、本人確認書類がある場合にはその有効期限を確認するとともに、当該本人確認書類に偽造の疑い（複数の申込書に同一の写真が用いられている、運転免許証の発行年月日が生年月日から起算して整合性がとれていない等）がないか確認する。仮に、本人確認書類に偽造の疑いがある場合には所轄の警察署に相談すること。

(3) 対面取引に関する措置

対面取引についても、例えば取引時確認に写真が貼付されていない本人確認書類を用いて行うなどの取引は、当該取引の顧客等がなりすまし・偽り等を行っているおそれがあることを踏まえ、十分に注意を払うこと。

(4) 顧客等の継続的なモニタリング

上記のほか、既に確認した取引時確認事項について、顧客等がこれを偽っている（例えば、マネー・ローンダリング等目的の取引であるにもかかわらず、本来の目的を秘して別の取引目的を申告することは、取引目的の偽りに該当し得る。）などの疑いがあるかどうかを的確に判断するため、当該顧客等について、取引時確認事項を最新の内容に保つよう取り組み、取引の状況を的確に把握するなどして、十分に注意を払うこと。

4　本文書の適用について
　本文書は、犯罪による収益の移転防止に関する法律の一部を改正する法律（平成23年4月28日法律第31号）の全面施行の日（平成25年4月1日）から適用するものとする。

『実戦！ 社会 vs 暴力団～暴対法 20 年の軌跡』

平成 25 年 3 月 27 日　初版発行

編　者　危機管理研究会
　　　　篠崎　芳明／深澤　直之／中川　正浩／
　　　　中林　喜代司／今井　和男／
　　　　藤川　元／鈴木　仁史

発 行 者　倉田　勲
印 刷 所　三松堂印刷株式会社

〒 160-8519　東京都新宿区南元町 19
発 行 所　一般社団法人　金融財政事情研究会
編 集 部　TEL 03（3355）1758　FAX 03（3355）3763
販　売　株式会社　きんざい
販売受付　TEL 03（3358）2891　FAX 03（3358）0037
　　　　URL　http://www.kinzai.jp/

・本書の内容の一部あるいは全部を無断で、複写・複製・転訳載および磁気または光記録媒体、コンピュータネットワーク上等へ入力することは、法律で認められた場合を除き、著作者および出版社の権利の侵害となります。

・落丁・乱丁本はお取替えいたします。価格はカバーに表示してあります。

ISBN978-4-322-12185-8